国家出版基金项目

NATIONAL PUBLICATION FOUNDATION

【第三卷】 （1966—1976）

中宣部2019年主题出版重点出版物

郑谦 庞松 主编

中华人民共和国通史

郑谦 张化 著

SPM
南方传媒 广东人民出版社

·广州·

图书在版编目（CIP）数据

中华人民共和国通史. 第三卷，1966—1976 / 郑谦，庞松主编；郑谦，张化著. —广州：广东人民出版社，2020.1（2024.10 重印）

ISBN 978-7-218-14151-0

Ⅰ. ①中… Ⅱ. ①郑… ②庞… ③张… Ⅲ. ①中国历史—现代史—1966—1976 Ⅳ. ①K27

中国版本图书馆 CIP 数据核字（2019）第 292419 号

中华人民共和国通史·第三卷（1966—1976）

郑谦、庞松主编　郑谦、张化著　　　　　　　　版权所有 翻印必究

出 版 人：肖风华

出版策划：钟永宁
责任编辑：卢雪华　曾玉寒　廖智聪　伍茗欣　李宜励
责任校对：王立东　梁敏岚　胡艺超　林　俏　吴丽平
装帧设计：书窗设计工作室
责任技编：吴彦斌

出版发行：广东人民出版社
地　　址：广州市越秀区大沙头四马路 10 号（邮政编码：510199）
电　　话：（020）85716809（总编室）
传　　真：（020）83289585
网　　址：http://www.gdpph.com
印　　刷：广州市豪威彩色印务有限公司
开　　本：787mm×1092mm　1/16
印　　张：301.25　字　数：3900 千
版　　次：2020 年 1 月第 1 版
印　　次：2024 年 10 月第 4 次印刷
定　　价：1380.00 元（全七卷）

如发现印装质量问题，影响阅读，请与出版社（020-85716849）联系调换。
售书热线：020-87716172

总　序

一

在中华人民共和国成立 70 周年之际，我们组织撰写了这部《中华人民共和国通史》。

本书所叙史事，始于 1949 年中华人民共和国成立，截止于 2019 年书稿完成。全书共分七卷，前后贯通共和国 70 年发展中政治、经济、文化、国防、外交等各领域，其中包括国体与政体、中央与地方、中国与世界相互关系的历史演变和不同时期人民生活的变化，以及经济变革、政治发展、社会变迁带来的人口、环境、教育、城镇化、社会分层、利益结构等相当丰富又复杂交织的历史内容，依时间顺序，分卷次予以叙述。

1949 年 9 月 30 日，中国人民政治协商会议第一届全体会议向世界庄严宣告中华人民共和国成立，中国人民从此站起来了。这一伟大事件，彻底改变了近代以来 100 多年中国积贫积弱、受人欺凌的悲惨命运，中华民族从此走上了实现伟大复兴的道路。

以中华人民共和国成立为起点，在中国共产党的坚强领导下，在第二次世界大战后并不宽松的国际环境中，依靠社会主义制度，依靠全国各族人民的团结奋斗，中国从一个近代史上不断走向衰败、贫穷落后的东方大国，发展成为独立自主、巍然屹立于国际社会、以坚定的步伐走向社会主义现代化的国家。这无论如何是一个奇迹。综观中华人民共和国 70 年历史发展，"我国相继实现了从半殖民地半封建社会到民族独立、人民当家作主新社会的历史性转变，从新民主主义革命到社会主义革命和建设的历史性转变，从高度集中的计划经济体制到充满活力的社会主义市场经济体制、从封闭半封闭到全方位开放的历史性转变"。这是执政的中国共产党站在时代的高度，对中华人民共和国历史发展主线的科学概括。

中国的成功有哪些独特的背景、内容、原因和经验？中国的崛起面临哪些问题和挑战？又是如何渐次解决的？中国的崛起向世界贡献了哪些独特经验？中国的复兴还会经历哪些考验，还需要进行哪些探索？这些问题对于中外有识之士始终具有特殊的魅力。

二

中国改革开放 40 多年来，共和国史研究出现空前活跃的局面，从官方到民间，从科研院所到高等学校，从资料发掘到专题研究，从宏观叙事到微观考察，从译介国外学术动态到向国外介绍国内研究成果，都有许多值得重视的新观点、新成果、新方法。经过多年的积累和提升，学界对共和国史的认识已经今非昔比。

历史学的发展，一是要靠史料的发掘和积累，一是要靠认识方法、分析方法的提高、更新。历史事实是既定的，一旦发生了就不可更改，历史研究必须忠实于史实。但是，认识历史的理论、方法、分析框架却是在不断发展、更新的。在不同的历史时期，人们对历史可以有不同的认识，不同的理论高度和深度。在理性的、专业的研究和写作中，应该注意学习、借鉴国外一些科学的历史研究方法和成果。但我们觉得，迄今为止，开放的、不断发展的马克思主义的历史唯物主义，仍被证明是观察和解释历史、经济、政治、文化及国际事务的科学、有效的分析工具，这是我们写作这部通史的理论遵循。中国特色社会主义理论作为马克思主义在当代中国的最新形态，不断开阔我们的研究视野，提升我们的认识高度，给我们与时俱进的勇气与追求。用它来审视当代中国史，会有许多新的视角，产生一些新结论、新认识。

国家的发展、规律性的揭示和对未来的正确把握，需要深刻的历史经验和历史智慧的支撑。谁在这方面做得好，谁就掌握了话语权和主动权，就能顺应历史潮流引领时代发展，就能真正让历史智慧之光照进现实。一个对历史浮光掠影、浅尝辄止、一知半解或采取虚无主义、实用主义态度的民族，无法企及"历史的高度"，无缘于历史的自觉。

三

这部通史为七卷本，按照历史的发展顺序及其内在逻辑，在总体结构上将中华人民共和国史分为三个大的阶段：

第一阶段——社会主义革命和建设时期（1949—1976），包括：第一卷（1949—1956）；第二卷（1956—1966）；第三卷（1966—1976）。

第二阶段——改革开放和加快现代化建设时期（1976—2012），包括：第四卷（1976—1992）；第五卷（1992—2002）；第六卷（2002—2012）。

第三阶段——建设中国特色社会主义新时代，以第七卷

（2012—2019）作为进入新时代及其后续篇章的开卷。

我们认为，通史采用这种历史分期法，既能较好地展现三个阶段各自的历史特点，又能贯通新中国成立 70 年发展脉络的内在联系，特别是反映建设中国特色社会主义新时代的由来及历史方位。当然，我们也注意到共和国史研究中其他一些有见地的分期方法及其所体现的治史理念。例如，在社会主义革命和建设时期，本书是按目前较通行的分期法，把新中国成立的头七年作为一个整体来叙述的。但我们注意到这七年中前三年和后四年明显的阶段性区分，即"新中国的成立和新民主主义建国纲领在全国的实施"（1949—1952）和"社会主义基本制度在中国的确立"（1953—1956）两个阶段。把头三年的"新民主主义建设"作为一个阶段，本是历来的分期法，是当时中央领导人的共识，党中央的文件也是这样表述的。过去中共党史、共和国史及经济史著作曾把这三年概括为"国民经济恢复时期"，但现在看来，这并不能充分反映这个时期的历史本质。按照历史的原貌，那时中国共产党就是以新民主主义的《共同纲领》来号召人民的，其实质内容是对新民主主义建国方略的稳健实施。本书虽然在形式上未将这头三年单独分期，但吸取了它的精华要义，即：突出而不是刻意淡化新民主主义建国论、新民主主义改革论及新民主主义建设论；强调新中国成立初期经历了一个由半殖民地半封建社会向新民主主义社会的转变过程，通过发展新民主主义经济、政治，为向社会主义过渡准备基本条件。由于 1949—1952 年坚持贯彻《共同纲领》进行新民主主义建设，新中国发生了翻天覆地的变化，政治昌明，经济迅速恢复，社会面貌焕然一新。正是在从半殖民地半封建社会到民族独立、人民当家作主新社会的历史性转变所创造的现实基础上，1953 年中国共产党提出党在过渡时期的总路线，团结全国各族人民为实现向社会主义转变的总任务而奋斗，反映了历史必然性。

又如，中华人民共和国历史发展的新时期应该从何时算起？历史学家胡绳先生在20世纪90年代提出并体现在《中国共产党历史》第二卷中的分期法，是以中共十一届三中全会为标志，把新中国的历史划分为两大时期，即"社会主义革命和建设时期"和"改革开放新时期"。胡绳强调这不仅是一个编写历史划分篇章的形式问题，其"实质意义是在把党的十一届三中全会的历史地位突出出来"，说明不是以1976年粉碎"四人帮"、结束"文化大革命"作为新时期的开始，而是以1978年中共十一届三中全会作为共和国发展史上具有开辟新时期、新道路，开创新理论意义的历史标志。这在编写中国共产党历史的分期上，当然是一种卓见。

但是在编写共和国史的时候，我们考虑到不妨有另一种叙史的角度，即如本书第三卷就写到1976年粉碎"四人帮"，这在客观历史上也标志着十年"文化大革命"时期的结束。第四卷书写开辟改革开放的新时期，首先是1976—1978年中共十一届三中全会之前徘徊前进的两年。这两年的历史进程非常重要，面对"文化大革命"十年内乱造成的重大损失，国家建设百业待兴，党内外强烈要求纠正"文化大革命"的错误，使党和国家从危难中重新奋起。随着党和国家正常政治生活的逐步恢复，国民经济的复苏，平反冤假错案的开始，关于真理标准问题的讨论在全党全国引发思想解放的大潮，批判因袭着历史重负的"两个凡是"错误方针，推动了党和国家工作重点转移思想的酝酿和提出。这两年安定社会政治秩序、恢复国民经济的举措和指导理论上的正本清源，都为1978年中共十一届三中全会实现伟大历史转折做了充分和必要的准备，这是促进理性回归、达成社会和解、逐步实现伟大转折不可或缺的客观历史进程，是开辟新时期、新道路，开创新理论的前奏。通观中华人民共和国史，这些内容不宜放到第三卷的末尾捎带来写，而应放在第四卷的开头作为实现伟大转折的历史背景来写。如同历史发展中存在多种选择一样，对历史的叙述也可以有不同的考虑，以上两种分期法各有侧重，各有所长，为新中国史的进一步研究提供了选择的多样性，体现了唯物史观在治史的切入点和叙述角度上亦当有所不同。

再如，关于建设中国特色社会主义新时代，2017 年 10 月，中共十九大报告对我国发展新的历史方位作了科学的判断，指出："经过长期努力，中国特色社会主义进入了新时代，这是我国发展新的历史方位。"这是基于我国社会主要矛盾发生新变化的新特点，与分两步走全面建设社会主义现代化国家的新目标有机结合起来而作出的重大政治论断。"进入新时代"最关键的理论和实践基础是，我国社会主要矛盾已经从"人民日益增长的物质文化需要同落后的社会生产之间的矛盾"，转化为"人民日益增长的美好生活需要和不平衡不充分的发展之间的矛盾"。这表明，人民美好生活的需要已经不再局限于物质文化层面，还包括民主法治、公平正义、公共服务、社会福利、生态环境等更多层面。同时，经济社会发展中还存在着城乡之间、地区之间、群体之间、行业之间及社会福利、公共服务等方面的不平衡，并且已成为经济社会发展新的制约因素。

社会主要矛盾发生新变化，针对发展不平衡不充分状况提出解决新矛盾的总任务，是中国特色社会主义进入新时代的重要标志，也是新时代的重要特征。这意味着中国特色社会主义站到更高层级的历史方位上，要求全面提升物质文明、政治文明、精神文明、社会文明和生态文明，实现国家治理体系和治理能力现代化，使中国成为综合国力和国际影响力领先的国家，中国人民基本实现共同富裕、享有更加幸福安康的生活，中华民族以更加自信、昂扬的姿态屹立于世界民族之林。历史起点和逻辑前提在这里结合起来得到统一。

第七卷（2012—2019）主要记述中共十八大以来，以习近平同志为核心的中央领导集体提出一系列新理念、新思想、新战略，出台一系列重大方针政策，推出一系列重大举措，推进一系列重大工作，推动党和国家事业取得全方位、开创性成就的历史进程。当然，第七卷所书写的内容，还仅仅是一个开端，必须随着人民共和国的新征程新发展而续写新篇章。

四

我们从哪里来，到哪里去？我们为什么会选择这样的发展道路和战略而不是别样的发展道路和战略？本书希望从对历史的学习、研究中，发掘历史的深层规律和意义，进一步接近历史演进的肌理和纹路。例如，对新中国成立初期选择重工业优先的发展战略，我们在书中强调了它并不只是简单地学习苏联模式，而是当时国际冷战环境和国内经济结构性矛盾演化的必然结果。朝鲜战争的爆发和美国为首西方国家的封锁禁运，使得中国领导人不得不把国家安全放在首位来考虑，不能不更多地强调国家工业化要以重工业（国防工业）为中心。优先发展重工业不是一种照搬外国经验的外源性战略，不取决于人们的主观意志，而是当时特定历史条件下中国政治、经济现实状况内生的需要，是历史背景决定的。如果新中国在成立之初不采取重工业优先的国策，而是像西方发达国家早期现代化那样采取农业—轻工业—重工业的发展路径，显然是一条不适合中国亟需改变落后面貌、迎头赶上的发展道路。历史上的选择从来不会只是在"全优"或"全劣"中进行的，有的只能是在反复权衡利弊后的次优选择。工业化道路如此，其他各方面的选择又何尝不是如此。

进一步的研究使我们发现，正所谓"牵一发而动全身"，当年工业化道路这个重大的战略选择又引起了经济基础和上层建筑领域一系列深刻的变化。而对这些变化，有些我们至今认识得还比较肤浅。例如，为保证重工业优先，必须加快经济的计划化，限制"看不见的手"的作用；强调运用行政权力来引导和推动经济发展；强调领导体制的高度集中；强调意识形态领域的集中统一领导，如此等等。所以，如同优先发展重工业是内生型的一样，社会其他方面的变革也是具有内生性的，是前者的派生物。当然，还有历史、人文等其他方面的各种因素的影响。半个多世纪过去了，当年中国工业化起步时起过重要历史作用的那些体制、机制，如今很多已成为改革的对象。如同恩格斯所论述："一切依次更替的历史状态都只是人类社会由低级到高级的无穷发展进程中的暂时阶段。每一个阶段都是必然的，因此，对它发生的那个时代和那些条件说来，都有它存在的理由；但是对它自己内部逐渐发展起来的新的、更高的条件来说，它就变成过时的和没有存在的理由了；它不得不让位于更高的阶段。"

本书还注重考察国际环境因素的变化对中国发展的影响，在各个发展阶段抓住中美关系、中苏（俄）关系、中日关系的折冲和演变的基本线索，包括中国与发展中国家、周边民族独立国家以及西欧发达国家之间关系的发展变化等，把中国的事情放在国际形势和全球环境背景下加以全面考量，以证中国不断融入国际社会和经济全球化的必然趋势，以及倡导构建人类命运共同体的历史逻辑。

许多中外学者在面对改革开放以来中国的巨变时，都会不约而同地发问：这种巨变从何而来？其原因何在？人们可以列出的原因很多，几乎所有人都注意到1978年中共十一届三中全会前后的思想解放运动对当代中国的影响。但是，迄今为止，对这场思想解放运动的深层原因、意义、影响的发掘似乎还欠"火候"。当代社会主义各国的改革从上世纪50年代就已开始，而且多是以不同形式、不同程度的思想解放为先导，并一度都取得一些成就，但这些改革又多以"改旗易帜"而告终。同样都有思想解放，为什么结果却如此不同？这就不能不考虑到中国的思想解放运动对"左"倾教条主义冲击的广度、深度和力度。如果再进一步思考，为什么这种思想解放只能产生于 70 年代末至 80 年代初？中国的改革开放的进程与之前的历史尤其是"文化大革命"刻骨铭心的教训有着怎样的深层关联？

中华人民共和国的主要缔造者毛泽东说过："人类的历史，就是一个不断地从必然王国向自由王国发展的历史。这个历史永远不会完结。""因此，人类总得不断地总结经验，有所发现，有所发明，有所创造，有所前进。停止的论点，悲观的论点，无所作为和骄傲自满的论点，都是错误的。"中国道路的成功，正在于以毛泽东为主要代表的中国共产党人，把马克思列宁主义基本原理同中国革命具体实践结合起来，团结带领全党全国各族人民，经过长期浴血奋斗，完成了新民主主义革命，建立了中华人民共和国，确立了社会主义基本制度，成功实现了中国历史上最深刻最伟大的社会变革，为当代中国一切发展进步奠定了根本政治前提和制度基础。在探索过程中，虽然经历了严重曲折，但党在社会主义革命和建设中取得的独创性理论成果和巨大成就，为在新的历史时期开创中国特色社会主义提供了宝贵经验、理论准备、物质基础。中共十一届三中全会以后，以邓小平为主要代表的中国共产党人，团结带领全党全国各族人民，深刻总结我国社会主义建设正反两方面经验，借鉴世界社会主义历史经验，顺应经济社会发展的规律和需要，成功开创了中国特色社会主义道路。

中华人民共和国成立 70 年特别是经过 40 多年的改革开放，极大改变了中国的面貌、中华民族的面貌、中国人民的面貌、中国共产党的面貌。中华民族迎来了从站起来、富起来到强起来的伟大飞跃！中国特色社会主义迎来了从创立、发展到完善的伟大飞跃！中国人民迎来了从温饱不足到小康富裕的伟大飞跃！中华民族正以崭新姿态屹立于世界的东方！

"为什么我的眼里常含泪水？因为我对这土地爱得深沉"。主编这部《中华人民共和国通史》的我们，同为共和国的同龄人，这是我们永远的骄傲。"中国应当对于人类有较大的贡献"——毛泽东的这句话，我们在中学时代就铭记于心。50多年过去了，它一直在我们这一代人的灵魂深处闪耀，成为我们精神世界的一部分，给我们以勇气、胸怀和力量。如今，青年时代的憧憬、梦想已成为现实，这是我们的荣耀与幸福。我们毫不怀疑，祖国的明天会更加美好。我们庆幸能生活在这样一个充满奋斗、巨变与希望的新时代。

与人民共和国同龄、同行，共同经历了风风雨雨、沧桑巨变，目睹了中国道路的曲折与辉煌。这种亲身的经历及长期的理性思考，使我们加深了一个认识，70年中，不论是巨大的成就还是发展中的曲折，都是中国人民在中国共产党的领导下，探索中国自己的建设社会主义道路过程中获得和发生的。正确地总结这些历史经验是非常必要的，因为它们无论是正面的还是反面的，都是中国人民的宝贵财富，都是中华民族贡献给世界文明的智慧结晶。

郑谦　庞松

2019年10月

于北京·中关村西区

目 录 | Contents

第一章 "文化大革命"的爆发

一、"文化大革命"产生的原因

（一）在"什么是社会主义"问题上的分歧

到 20 世纪 60 年代中期，在以毛泽东为首的中国共产党第一代中央领导集体的坚强领导下，全党、全国人民战胜了严重的经济困难，取得了调整工作的胜利。党和国家调整扭转了"大跃进"和人民公社化运动所造成的困难局面，提出了一些正确或比较正确的经济、政治政策，取得了一批初步的成果。例如，大幅度地降低不切实际的高指标，确立人民公社"三级所有，队为基础"的经营管理体制，中央许多负责同志对"包产到户"认可或赞同，给知识分子"脱帽加冕"，平反 1958 年以来一些错案以缓和各方面的政治关系，制定和实施一系列比较符合实际的有关发展工业、农业、商业、科学、教育的条例，等等。更重要的是，这些努力都从不同方面反映着某种对社会主义的新认识。调整既是对传统模式的修复，也是对其一定程度的改革。20 世纪 50 年代末，毛泽东的秘书田家英在一次书生式的议论中说："如果可以重新从头搞社会主义，我将用另一种方法来搞。"[①] 田家英的

①《毛泽东和他的秘书田家英》，中央文献出版社 1989 年版，第131 页。

这番话，在一定程度上反映了当时党内许多高级干部的想法。

但是，在当时的情况下，在马克思主义当代化尚未取得明显进展，社会主义各国的改革仍然步履蹒跚、没有取得实质性突破的大背景下，在中国还落后的经济条件仍然在不同程度上限制着人们对"什么是社会主义"这个基本问题的认识的条件下，在政治方面的调整落后于经济调整的环境中，加之当时整个国际形势方面的诸多因素，中国社会主义全面改革的条件还不成熟。这样，调整时期产生的这些对社会主义的新认识、新举措与有关社会主义的传统观念之间的矛盾加深了、发展了。

1962 年以后，随着"以阶级斗争为纲"指导思想的确立，随着调整时期中共高层在有关社会主义建设中一些问题上分歧的发展，随着中苏两党分歧的加深和争论的升级，毛泽东对中国共产党内出现修正主义、特别是在中央内部出现修正主义的忧虑加深了。这种忧虑使他更迫切地思考着使中国共产党永远坚持马克思列宁主义、永远坚持社会主义方向、有效地抵御帝国主义"和平演变"的阴谋、反对修正主义的有效方法和途径。针对美国及其西方盟国对社会主义国家推行的"和平演变"战略，他提出全党要注意培养千百万无产阶级革命事业的接班人，警惕出现赫鲁晓夫那样的人物，使帝国主义的预言和阴谋彻底破产。从 1964年起，毛泽东把中央出现修正主义的问题越来越尖锐地提到全党面前。这种忧虑从深层次上反映了当时中国实践中的社会主义与毛泽东理想中的社会主义的一些矛盾。随着对中央一线领导不满的加深，他对培养接班人的考虑更加迫切了。

怎样才能找到一种既能有效地防止修正主义的出现特别是在中央出现修正主义，同时又能培养大批无产阶级革命事业接班人的途径呢？"四清""五反"以及种种文化批判都尝试过了，但他认为这些运动仍不能解决问题，其原因在于中央内部存在着修正主义。1967 年初，毛泽东在一次谈话中谈到发动"文化大革命"的原因时曾经说到，过去农村的斗争，工厂的斗争，文化界的斗争以及社会主义教育运动，都不能解决问题，所以才需要用这样一种方式发动这样一场革命。

毛泽东对中央出现修正主义的忧虑，对中国赫鲁晓夫的警惕，在很大程度上来源于新中国成立后在如何认识和建设社会主义的一些基本问题上的分歧，以及因此引出的对中央一线领导的不满。新中国成立以后，在由新民主主义向社会主义过渡、三大改造、反冒进、"大跃进"等问题上，党内的确存在着不同程度的分歧。这种分歧是正常的，而且后来往往都统一到毛泽东的认识上。20世纪60年代初的调整时期，这种分歧逐渐发展了，其直接表现为1957年至1966年十年探索中党的指导思想上逐渐发展起来的两种发展趋向。

在两种发展趋向中，一种发展趋向是正确的和比较正确的，这就是党在探索中国自己的建设社会主义道路的过程中，形成的一些正确的和比较正确的理论观点和方针政策，积累的一些正确的和比较正确的实践经验。例如：在农业合作化运动中主张稳步推进的方针；党的八大前后毛泽东在《论十大关系》《关于正确处理人民内部矛盾的问题》《在中国共产党全国宣传工作会议上的讲话》中所提出的一系列重要思想；刘少奇、周恩来提出的既反保守又反冒进、在综合平衡中稳步前进的经济建设方针；周恩来有关知识分子阶级属性的讲话；陈云有关"三个主体、三个补充"的重要思想；邓小平有关发扬党内民主、健全党的民主集中制、反对个人崇拜的党建思想；1958年底至1959年庐山会议之前，毛泽东、刘少奇等在纠正"大跃进"错误时所提出的应重视经济规律、重视发展商品经济、重视按劳分配、国民经济应当有计划和按比例发展、不能混淆社会主义与共产主义的界限等重要思想和方针政策，以及在60年代初调整时期所取得的一批重要成果，等等。

另一种发展趋向是错误的，这就是党在探索中国自己的建设社会主义道路的过程中，形成的一些错误的理论观点、政策思想和实践经验。这主要有经济建设上急于求成的"大跃进"；从反右派斗争扩大化到庐山会议"反右倾"，再到八届十中全会以后阶级斗争扩大化的"左"倾错误，等等。值得注意的是，这些错误往往是因为真理越过了界限而产生的。正是这两种发展趋向的存在，成为毛泽东提出"党内赫鲁晓夫"的基础和原因。

同时，还应看到，在这十年曲折的探索中，正确的发展趋向与错误的发展趋向也并不是泾渭分明地截然分开的。这两种发展趋向，在许多时候都是相互渗透和交织的，它们不但共存于全党的探索过程中，而且往往存在于同一个人的认识发展过程之中。正如众所周知的那样，毛泽东是"大跃进"的积极倡导者，但他又是最早发现"大跃进"的错误并着手纠正这些错误的主要领导人之一。他虽然一直坚持"大跃进"的一些基本设想，但又支持了20世纪60年代初期中央一线领导的一些重要调整措施。他虽然在党的八届十中全会上确立了"以阶级斗争为纲"的基本路线，但又要求阶级斗争不要妨碍当时的经济调整。在20世纪60年代初期的调整中，刘少奇在主持中央一线工作期间，提出了一系列带有改革色彩的重要思想和政策措施。对于1963年以后逐渐发展起来的阶级斗争扩大化错误，他的态度基本上是低调的和比较消极的。在"四清"运动中，他虽然不赞成"走资本主义道路的当权派"一类的提法，但对当时基层干部中存在的问题，他的估计也显得过于严重了。

自1953年起，中央便分为一线、二线，由刘少奇在一线主持中央日常工作。虽然不少重要决策仍由身居二线的毛泽东主持作出，但在决策程序上，特别是在60年代前期，在一线实权大大扩大的局面下，毛泽东进行的全局性布置，已很难绕过刘少奇主持的政治局常委会和政治局会议。① 在客观上存在两种发展趋向的情况下，这样一种领导格局，使毛泽东容易产生一种"大权旁落"的感觉。

一方面是党内存在着两种不同的发展趋向，另一方面是两种发展趋向的复杂交织，而且这两种趋向同时都在发展。这也就蕴含着发生"文化大革命"的可能性。因为，如果只是"左"的错误单方面地发展，那也就没有发动"文化大革命"的必要了。而如果只是正确的或比较正确的发展趋向在发展，"文化大革命"也发动不起来。只有当"左"倾错误的积累和发展暂时压倒了正确的发展趋向，"文化大革命"才有可能被发动起来。当然，"文化大革命"以前的错误，无论在规模、程度、性质上都不能同"文化大革命"的错误等量齐观，忽视了两者在质的方面的区别，也就无法理解"文化大革命"产生的原因。从阶级斗争必须"年年讲、月月讲、天天讲"到"中央出修正主义怎么办"再到"睡在我们身边的赫鲁晓夫式的人物"，阶级斗争扩大化的重点不断上移，目标越来越明确，对其的估计越来越严重。

1964 年 2 月，毛泽东曾对身边工作人员说："我多次提出主要问题，他们接受不了，阻力很大。我的话他们可以不听，这不是为我个人，是为将来这个国家，这个党，将来改变不改变颜色、走不走社会主义道路的问题。我很担心，这个班交给谁我能放心。我现在还活着呢，他们就这样！要是按照他们的作法，我以及许多先烈们毕生付出的精力就付诸东流了。"② 1965 年 8 月，毛泽东在同外宾谈话时又说："中国也有两个前途，一种是坚决

① 参见《刘少奇传》（下），中央文献出版社 1998 年版，第 743、838 页。

② 《毛泽东传（1949—1976）》（下），中央文献出版社 2003 年版，第 1398—1390 页。

走马列主义的道路、社会主义的道路，一种是走修正主义的道路。我们有要走修正主义道路的社会阶层。我们采取了一些措施，避免走修正主义道路，但谁也不能担保，几十年后会走什么道路。"① 这些深切的忧虑从一个侧面反映了毛泽东对社会主义的一些深层理解。那么，什么是他心目中的社会主义呢？

1966 年 5 月 7 日，也就是"文化大革命"发动的前夕，毛泽东在给林彪的一个报告的批示（即"五七指示"）中，又一次比较系统地谈到了他对社会主义的一些基本看法。他说：

军队应该是一个大学校。这个大学校除打仗之外，还可做各种工作。第二次世界大战的八年中，我们的各抗日根据地就是这样做的。这个大学校，学政治、学军事、学文化，又能从事农副业生产，又能办一些中小工厂，生产自己需要的若干产品和与国家等价交换的产品，又能从事群众工作，参加工厂农村的社教"四清"运动。"四清"运动完了，随时都有群众工作可做，使军民永远打成一片，又要随时参加批判资产阶级的文化革命斗争。这样，军学、军工、军民这几项都可以兼起来。但要调配适当，要有主有从，农、工、民三项，一个部队只能兼一项或两项，不能同时都兼起来。这样，几百万军队所起的作用就是很大的了。

他认为，工人也是这样，以工为主，也要兼学军事、政治、文化，也要搞"四清"，也要参加批判资产阶级。在有条件的地方，也要从事农副业生产，例如大庆油田那样。农民以农为主（包括林、牧、副、渔），也要兼学军事、政治、文化，在有条件的时候也要由集体办些小工厂，也要批判资产阶级。学生也是这样，以学为主，兼学别样，即不但学文，也要学工、学农、学

① 《毛泽东传（1949—1976）》（下），中央文献出版社 2003 年版，第 1393 页。

军，也要批判资产阶级。学制要缩短，教育要革命，资产阶级知识分子统治我们学校的现象再也不能继续下去了。商业、服务行业、党政机关工作人员，凡有条件的，也要这样做。

最后，毛泽东指出，以上所说，已经不是什么新鲜意见、创造发明，多年以来很多人已经是这样做了，不过还没有普及。至于军队，已经这样做了几十年，不过现在更要有所发展罢了。

毛泽东的这些意见，反映了他当时对社会主义的一些基本设想。这些设想在"大跃进"和人民公社化运动中已经有一定程度的表现。在随后的调整时期，毛泽东根据自己对1958年经验的总结和思考，对"什么是社会主义"的问题进行了进一步的思索。他放弃了"大跃进"时的一些不切实际的想法，发展了对社会主义革命与建设长期性的认识。随着党内在社会主义建设问题上意见分歧的加深和阶级斗争扩大化错误的发展，毛泽东在他的社会主义建设构想中进一步增加了阶级斗争的内容。这些新的发展在"文化大革命"爆发前的一些重要文件——如"五一六通知"以及"五七指示"中比较充分地表现出来。

在一些重要的方面，"五七指示"与"大跃进"、人民公社有许多近似的地方，它反映出毛泽东心目中所向往和憧憬的社会主义的一些重要特征。这种社会主义是"以阶级斗争为纲"的，它以阶级斗争为经济建设和社会发展的动力和保障，对生产者个人来说，则以阶级觉悟、革命精神作为压倒一切的激励源泉。在这个社会中，每个社会成员实行亦工亦农、亦文亦武，在经济上自给自足或半自给自足。对于商品生产，虽然不能不借助它来发展经济，但因其资产阶级的属性，因而必须加以限制。社会分工虽然是当前生产所必需，但因其会导致人们在生产过程中的不平等，也要加以限制，并应创造条件使其逐步缩小。在分配领域中，也应缩小差别，甚至可以实行大体平均的供给制。因为物质利益总会诱发人们的物质欲望，所以会直接威胁到道德的纯洁和高尚，导致精神的堕落，而革命的理想和阶级觉悟能够提供最强大和持久的动力，使劳动者能够并乐于完成任何艰难困苦的体力劳动和脑力劳动。这种社会可能并不那么富裕，但这可能正是它的优越性所在，因为在一个富裕或高度富裕的社会里，人们往往会付出精神堕落、意志消沉和社会主义变质的代价。

毛泽东有关社会主义的这些认识，既反映了马克思主义经典作家当年对未来社会的某些构想，也包含了他对苏联模式弊端的超越意识；既有我国革命战争时期根据地建设经验和军事共产主义的深刻烙印，也有中国文化传统源远流长的影响。"五七指示"所展示出来的社会主义模式，虽然包含一些大胆的设想和富于想象的预见，反映出对当代资本主义社会弊端的一些尖锐批判，体现了一种理想主义追求，但从总体上来看，它是不现实的。它忽视了生产力发展水平对一种社会形态的决定性作用，脱离了发展生产力这一社会主义的主题，忽视了商品经济对于社会主义的重要意义。它把以残余形态存在着的阶级斗争当作社会主义的主要矛盾，希望用不间断的阶级斗争和限制分工、限制差别、限制物质利益等方式来取得对资产阶级的胜利，这些都带有经验主义和空想主义的色彩。毛泽东提出的这些设想，正如他自己所说，在抗日根据地时已经这样做了，军队"已经这样做了几十年"。但他似乎没有注意到，在革命战争时期有效的经验，在军队里是正确的做法，是不是能无条件地推广到整个社会，特别是推广到全面的社会主义建设中？社会主义需要发展和改革，但这必须以生产力的现状与发展为出发点；社会主义建设必须弘扬战争年代的革命传统和英雄主义气概，但却不能简单地直接搬用；马克思主义的基本原理是不能违背的，但它也是必须随着时代的发展而不断发展的，而且，这种发展的正确与否也必须由实践来检验。这些严重脱离中国实际的社会主义构想，不能不受到党内许多同志不同程度上的抵制。在这样的背景下，毛泽东把走社会主义道路还是走资本主义道路,作为异常尖锐的问题提到全党和全国人民面前。他把不赞成他的错误意见、提出某些正确主张的一些中央领导人看成是搞修正主义或走资本主义道路,因而必须发动群众加以批判、打倒。①

5月15日,党中央向全党转发了这封信。转发指示中指出,"五七指示""是马克思列宁主义划时代的新发展"。8月1日,为庆祝建军三十九周年,《人民日报》发表了经毛泽东审定的社论《全国都应该成为毛泽东思想的大学校——纪念中国人民解放军建军三十九周年》。社论公布了"五七指示"的部分内容,并给予极高的评价:

"毛泽东同志提出的各行各业都要办成亦工亦农、亦文亦武的革命大学校的思想,就是我们的纲领。按照毛泽东同志所说的去做,就可以大大提高我国人民的无产阶级意识,促进人们的思想革命化","就可以促进逐步缩小工农差别、城乡差别、体力劳动和脑力劳动的差别","就可以实现全民皆兵","我国七亿人民就都会成为旧世界的批判者,新世界的建设者和保卫者。他们拿起锤子就能做工,拿起锄头犁耙就能种地,拿起枪杆子就能打敌人,拿起笔杆子就能写文章。这样,全国就都是毛泽东思想的大学校,都是共产主义的大学校"。

"五七指示"中的基本思想和一些具体要求,在1969年后开始的全面"斗、批、改"运动中被全面付诸实施。它深入到几乎所有部门和领域,表现为无数的实验、典型和令人眼花缭乱的形式。这种对社会主义的不同认识及其在党内引起的分歧,成为发动"文化大革命"的一个重要原因;对这种社会主义模式的追求,成为"文化大革命"的一个重要内容。

---

① 参见《中国共产党历史·第二卷(1949—1978)》下册,中共党史出版社2011年版,第779页。

（二）趋于严峻的国际形势

在一定程度上，可以说，"文化大革命"的发生与20世纪五六十年代整个世界范围形势的左倾化、激进化是相关的。当时，中国对世界形势的发展和格局的变化有一个经典的概括：大动荡、大分化、大改组。这个概括是比较贴切的。因为其时虽然在世界上不同地区、不同国家、不同集团或阵营中，程度不同地存在着激进化和保守化的倾向，但从总体上看，激进化处于主导方面。

自50年代起，第三世界民族国家反对帝国主义和新老殖民主义、争取民族独立和解放的武装斗争此伏彼起，一浪高过一浪，旧殖民主义国际秩序土崩瓦解，资本主义阵营矛盾重重。对第三世界来说，60年代是一个反对帝国主义、新老殖民主义和霸权主义革命运动高涨的年代。武装起义、游击战争、军事政变、外国干涉、血腥杀戮、政治动荡成为这十年的鲜明标记。在60年代，第三世界民族解放运动达到了20世纪的最高潮，它们基本上完成了民族解放、国家独立的使命。"四海翻腾云水怒，五洲震荡风雷激"（毛泽东诗）、"赤道雕弓能射虎，椰林匕首敢屠龙"（叶剑英诗）、"一座座火山爆发，一顶顶王冠落地"便是这种振奋人心的形势的真实写照。当时那些雄姿英发、无私无畏、浴血奋战在丛林莽原、崇山大泽中的格瓦拉式的游击战士，长期成为全世界进步青年和西方左翼激进派心目中的偶像。

美国在全球范围内到处伸手，推行霸权主义，支持各种反动势力，镇压、破坏各国人民的正义斗争，受到各国热爱和平、追求进步人民的激烈谴责。在发达资本主义国家里，反对资本主义社会中各种弊端的左翼思潮、学生运动和反对种族歧视运动也在迅速发展。特别是60年代美国侵越战争不断升级后，西方发达国家内广泛的反战运动更是空前高涨，沉重地打击了以美国为首的西方各国政府当局。1968年，全球学生起来闹事，从西方世界的美国、法国、英国、德国以及日本等，到社会主义的波兰、捷克斯洛伐克、南斯拉夫，各地一片学潮。青年人对现状的愤怒和反叛，汇成一股汹涌澎湃的大潮。

1968年5月，发端于年初的法国学生运动迅速达到高潮。学生与警察的冲突不断升级，终于酿成5月10日的"街垒之夜"。整个巴黎烽烟四起，处处街垒。一位学生领袖声称："今夜街上所发生的一切是整整一代人在反抗某种社会制度。"28日，总人口5000多万的法国有1000多万人罢工、罢课，300多个工厂被工人占领，30多所大学被学生占领。"五月风暴"中，学生、工人、市民的游行队伍高举着胡志明、格瓦拉、毛泽东的画像，赫然在目的还有"沿着毛泽东指引的道路前进"等大幅标语。当时，毛泽东的思想在西方左翼知识分子中享有很高的威望，以致一位著名法国学者竟说："在法国，你可以批评总统，却不能批评毛泽东"。"五月风暴"打碎了二战后西欧"升平盛世"的神话，成为1968年甚至整个60年代左翼思潮和行动高涨的形象标志。人们甚至已经习惯于将1968年与1789年、1793年、1871年那些不朽的革命相提并论。

1969年4月，中国共产党九大的政治报告中说："日本、西欧、北美资本主义'心脏'地区，暴发了空前巨大的革命群众运动。越来越多的人民正在觉醒。"

与第三世界和西方发达国家左翼的激进化相比，当时的社会主义国家却表现出一种或隐或现的趋于保守的倾向。第二次世界大战后，一度出现了强大的社会主义阵营。社会主义各国在消灭剥削、发展经济、推进平等、捍卫和平等方面所取得的巨大成就，使全世界进步力量感到鼓舞，也使美国及其盟友惶惶不安。从50年代中期开始，在国际共产主义运动内，对斯大林模式的全面反思已经开始，多数社会主义国家也开始对苏联模式进行改革。改革一度使许多社会主义国家的政治与经济出现了盎然的生机，但也难免因各自的历史传统、地缘政治、国情、对马克思主义的不同理解以及各自领导人的不同经历、素质等因素，产生了对改革的不同理解和实践，并因此导致了社会主义阵营的分歧、分化甚至分裂。应当说，这种争论、分歧和分化在当代社会主义发展进程中是难以避免的。它既给当代国际共产主义运动带来了损失，又推动着社会主义理论和实践的发展。在这一过程中，不论社会主义各国、世界范围内各工人党及共产党取得什么成就，发生过什么曲折，都是社会主义运动从古典、近代走向当代的这一历史必然性的反映。

苏联的赫鲁晓夫、勃列日涅夫等在没有先例的改革中，进行了一些有益尝试，取得了一些成果，但也因历史的局限出现一些曲折和反复。特别值得注意的是，已经开始的改革，尽管还只是初步的，也都是对原有模式和传统观念在某种程度上的否定。这种否定对于那些经济已经比较发展、各种物质条件已经比较成熟、社会化程度比较高的社会主义国家来说，是一个比较自然的历史过程。而对于那些生产力仍然比较落后的国家来说，对于那些第一位的任务还是在新制度下迅速发展经济的国家来说，对于那些刚刚结束大规模的革命战争，轰轰烈烈的群众性阶级斗争运动仍保持着巨大惯性的党来说，要理解和接受这些不同于经典理论、更不同于战争经验的改革实践，是存在一些困难的。

斯大林去世后，苏联的大国、大党沙文主义一度有所收敛，但没多久便又故态复萌，并愈演愈烈，引起了社会主义各国各党的不满和反对。由于在改革问题上的分歧，由于苏联大国沙文主义和霸权主义的所作所为，中苏两党的关系不断恶化，直到60年代初展开了影响遍及全世界的大论战。毛泽东认为，苏联共产党已经被"和平演变"为一个修正主义的党，背叛了国际共产主义事业；欧洲以至亚洲、南美洲等一些国家的共产党也已经被演变或处于演变过程之中；苏联等一些共产党的这种变化不是偶然的，是其国内新资产阶级和国际帝国主义势力共同作用的产物；如果中国不及时进行反对现代修正主义和帝国主义"和平演变"的斗争，则苏联的悲剧也有可能在中国重演。1966 年上半年，毛泽东曾几次谈到，全世界站在修正主义那边的党是大多数。同年 7 月，他在一封信中以一种沉重的心情写道，全世界一百多个党，大多数不相信马列了，马克思、列宁也被人们打得粉碎了。这反映了他对当时正在发生着深刻变化的整个社会主义运动的看法。

60 年代以后，中国所处的国际环境出现了一些新的重大变化。美苏两个超级大国分别从南北两个方向对中国施加压力，甚至进行赤裸裸的战争威胁，这种情况使毛泽东产生了相当严重的危机感。他多次向全党提出帝国主义会不会进攻中国，中国有没有亡国危险这类问题。这种担心不是没有道理的。但他在思考这类问题时，对于第二次世界大战后资本主义国家经济政治状况的变化、世界经济发展的新特点、新技术革命兴起及其引起的世界形势发展的新趋势和新特征注意不够。他从马克思、列宁关于战争与革命的一些结论出发，认为战争与革命仍然是当前时代的主要特征；世界形势总的格局不是革命制止战争，就是战争引起革命。他要求全党不要怕打仗，要做好早打、大打的准备，要准备美国人来打，也要准备修正主义来打。他过高地估计了爆发世界战争的紧迫性，以及由这种战争引发的世界革命的可能性。这种估计一方面使他对世界革命的前途充满了信心和乐观精神，另一方面使他对处于两个超级大国压力下的国家安全感到忧虑。

20 世纪 60 年代全球性的反对帝国主义和殖民主义的革命形势和左翼运动、思潮的高涨，社会主义各国改革的曲折以至停滞，对战争很快爆发的紧迫感觉，深刻地影响着我们党和国家领导人对世界形势和对社会主义前途的看法，进而也深刻地影响着其对国内形势的看法并影响着国内政策的走向。

（三）"文化大革命"为什么能够被发动起来？

希望发动"文化大革命"是一回事，能不能发动起来又是另外一回事。毛泽东发动"文化大革命"时，他的意见在党内并不占多数。正因为如此，他才特别倚重林彪和中央文革小组，而疏远了中央政治局和书记处等多数中央一线领导。为什么少数人的意见能够不顾多数人的反对，将"文化大革命"发动起来呢？为什么多数人不仅无法制止这场可怕的动乱，甚至大部分人都成为被打倒的对象？

在"文化大革命"从一种愿望变成现实的过程中，中国领导体制中的弊端是一个重要条件。权力过分集中于个人，个人崇拜现象日益普遍，使党和国家的领导集体难于纠正不断发展的"左"倾错误，是"文化大革命"得以发生的体制原因。

中国是一个有着长期封建社会历史的国家，封建专制主义在中国社会生活中有着悠久的历史传统和深厚的社会基础。中国共产党领导的新民主主义革命彻底摧毁了封建主义的经济政治制度，但是，对社会政治生活中仍然存在的封建专制主义残余影响进行系统批判和彻底清除，却不是一次激烈的革命就可以完成的。

社会主义改造完成后，为适应高度集中的计划经济，中国建立了高度集中的政治经济体制。实践证明，这种高度集中的政治经济体制在新中国成立初期的社会主义改造中，在中国工业化建设的早期发展阶段，是必要的和有效的。但是，随着社会与经济的发展，对这种体制必须进行必要的调整和改革。五六十年代，党对改革这种权力过分集中的领导体制认识不足，又由于阶级斗争扩大化的发展及克服严重经济困难的需要，致使领导体制不断向高度集权化的方向演变。与此同时，党对于建立和完善人民民主政治制度以及社会主义法律制度长期缺乏重视，没有能把党内民主和国家政治生活的民主加以制度化、法律化，或者虽然制定了党规和法律，却没有应有的权威。这就提供了一种可能，使党和国家的领导权力越来越集中于个人，领袖个人获得了一种难以被约束的权力，而党则失去了监督、约束自己领袖的能力。从1958年初批"反冒进"起，中央政治局委员已难于与毛泽东平等地讨论问题了，毛泽东实际上成了中央政治局的上级。"制度是决定因素，那个时候的制度就是那样。那时大家把什么都归功于一个人。有些问题我们确实也没有反对过，因此也应当承担一些责任。当然，在那个条件下，真实情况是难于反对。"①

此外，在领导中国革命和社会主义事业不断取得胜利的过程中，由于毛泽东建立了伟大的功绩，成为全党和全国人民衷心热爱的政治领袖，使他在全党和全国人民中的威望达到高峰。他逐渐骄傲起来，逐渐脱离群众，脱离实际。他的主观主义和个人专断的作风日益严重。在中国这个有着长期封建历史的国家，对领袖的个人崇拜一经宣扬，很快就会形成浓厚的个人崇拜的空气。人们把维护领袖的威望，与保持党的团结、维护党的形象联系在一起。因此，受到全党和全国人民尊敬的领袖的思想观点就具有很大的影响力。尽管毛泽东的某些思想认识不符合中国实际，但是由于他在全党全国人民心目中具有崇高的威望，他的指示也就容易成为人们认识问题的指导思想。即使一些干部和党员还"不理解、不认真、不得力"，但也尽量检查自己，努力从思想上去理解，在行动上"紧跟""照办"。

这样一种体制背景，为党内一些充满权力欲望的野心家、阴谋家提供了进行种种阴谋活动的方便，使他们能够借助鼓吹个人崇拜攫取更多的权力。

个人崇拜强化了领导体制的集权化，权力的集中又助长了个人专断，严重削弱了党内民主。这就形成一种难以扭转的发展趋

① 《邓小平文选》第 2 卷，人民出版社 1994 年版，第 308—309 页。

势，使党和人民的领袖在犯错误的过程中未能受到限制，而竭力鼓吹个人崇拜的林彪、江青等野心分子却能够得势横行。

新中国成立后，一直处于严峻的冷战环境之中，由于帝国主义的封锁，对外交往的渠道不多，处于一种半封闭的状态。在国内，由于阶级斗争扩大化的发展，舆论环境、信息传递不能不受到各种限制。人们往往只能得到那些经过各种筛选的、上面希望群众知道的消息。例如"大跃进"时只能看到亩产万斤、十万斤的报道，在"四清"运动中只能看到"阶级斗争越来越尖锐"之类的典型。1978年5月出国考察西欧五国的广东省副省长王全国后来回忆说："那一个多月的考察，让我们大开眼界，思想豁然开朗，所见所闻震撼着每一个人的心，可以说我们很受刺激！闭关自守，总以为自己是世界强国，动不动就支援第三世界，总认为资本主义腐朽没落，可走出国门一看，完全不是那么回事。你中国属于世界落后的那三分之二。"① 这样一种封闭的环境大大限制了人们的眼界，弱化了他们比较、思考、选择的能力，使他们容易不假思索、习以为常地听信各种宣传，接受各种"迷信"，积极地参加要他们参加的各种运动。"文化大革命"只有在信息闭塞的条件下才能发动起来。

在"文化大革命"得以发动的诸因素中，还有一点是应当注意的。1957年中国刚刚进入社会主义社会时，毛泽东在他的名篇《关于正确处理人民内部矛盾的问题》中指出，社会主义社会中仍然存在着矛盾，但这种矛盾不同于旧社会的矛盾，它可以通过社会主义制度本身不断地得到解决。社会主义的优越性，不在于它没有矛盾，而在于它能通过自身的制度优势，在解决这些矛盾的过程中不断发展。这是毛泽东和中国共产党人对当代社会主义

---

① 《追寻1978——中国改革开放纪元访谈录》，福建教育出版社1998年版，第558页。

的一大贡献，在当时的国际共产主义运动中产生了巨大的影响。但是，自 1957 年起，由于在认识社会主义社会主要矛盾问题上的失误，党改变了党的八大对社会主义社会主要矛盾的正确认识，把无产阶级与资产阶级的阶级矛盾当成社会主义的主要矛盾。这一理论上的重大失误使社会主义越来越难于正确处理社会主义社会中的各种矛盾。从 1957 年反右派斗争扩大化起，经 1959 年的庐山会议，到 60 年代对包产到户、甄别平反和意识形态领域里一些看法的错误批判，直到"四清"运动等，阶级斗争扩大化的错误逐渐发展起来。扩大化不仅人为地制造了许多混淆敌我的矛盾，加重了官僚主义的危害，也使整个社会失去了许多解决矛盾的能力和渠道。加之三年严重经济困难，使一些矛盾更难于在短期内解决。1966 年以前积累下来的各种社会矛盾，在"文化大革命"的无政府主义环境中，在"继续革命"理论的号召下，迅速以畸形的状态和尖锐的形式爆发出来。"因各种原因对社会现状不满，或对一些干部官僚主义作风与特殊化现象不满的群众，将'文化大革命'当成是反对官僚主义、铲除等级特权的斗争，也加入到造反的行列中。一些对工作状况和待遇不满的临时工和返乡知识青年，以为这场运动的到来是改善自身境遇的机会，也纷纷组成各种名目的造反组织，要求转正、回城和提高待遇。在反右派、'反右倾'、'整风整社'和'四清'运动中受过批判处理的一些人，也以为这场运动的到来，或许有助于改正自己受到的不公正处理，因而借造反要求平反。"① 应当看到，在亿万投身"文化大革命"的群众、干部中，有相当多的人是出于自己对运动的理解，根据的是个人各种具体的利益诉求，而不仅仅是"继续革命"这个抽象的大目标来参加这场运动的。

---

① 《中国共产党历史·第二卷（1949—1978）》下册，中共党史出版社 2011 年版，第 774 页。

二、"文化大革命"的导火线

（一）批判新编历史剧《海瑞罢官》及其引发的严重分歧

1965 年 11 月 10 日，上海《文汇报》发表了由江青亲自领导落实、由姚文元领衔写成的文章《评新编历史剧〈海瑞罢官〉》。一年多后，人们才逐渐认识到，正是这篇气势汹汹的文章，揭开了"文化大革命"的序幕。

姚文元的文章刚一发表，一些有政治经验的人便感觉它与当时许多批判文章不同，因为它与 60 年代初起一些敏感的政治问题密切相连。姚文十分荒谬地把写成于 1960 年的《海瑞罢官》（简称《海》剧）中"退田""平冤狱"等情节同 1961 年的所谓"单干风""翻案风"联系起来，对剧本作了猛烈的政治攻击。文中写道："一九六一年，正是我国因为连续三年自然灾害而遇到暂时的经济困难的时候，在帝国主义、各国反动派和现代修正主义一再发动反华高潮的情况下，牛鬼蛇神们刮过一阵'单干风'、'翻案风'……'退田'、'平冤狱'就是当时资产阶级反对无产阶级专政和社会主义革命的斗争焦点。阶级斗争是客观存在，它必然要在意识形态领域里用这种或者那种形式反映出来，在这位或那位作家的笔下反映出来，而不管这位作家是自觉的还是不自觉的，这是不以人们意志为转移的客观规律。《海瑞罢官》就是这种阶级斗争的一种形式的反映。"

姚文元文章所批判的《海瑞罢官》，是当时北京市副市长、著名明史专家吴晗写的一个反映明朝著名清官海瑞的京剧剧本。早于 1959 年 4 月党在上海召开工作会议期间，在总结"大跃进"中"浮夸风"的经验教训时，许多人都谈到要提倡敢讲真话的问题。毛泽东对此深有同感，在讲话中赞扬了海瑞不惧权贵、刚正不阿的精神，提出要学习海瑞，宣传海瑞。为响应毛泽东的号召，吴晗在时任中央宣传部副部长胡乔木的约请下，开始写评价海瑞的文章和以海瑞为主人公的戏。

1959年8月，在庐山会议错误地对彭德怀开展批判后，毛泽东对上海会议关于要学习海瑞的讲话作了修改，提出要区分左派海瑞与右派海瑞的问题，认为彭德怀表现的海瑞精神是"右派海瑞"。1960年，吴晗写成《海瑞罢官》的剧本，主要描写海瑞任应天巡抚时除霸、"退田"的事迹。此剧于1961年1月开始在北京上演。1962年，在党的八届十中全会上，毛泽东严厉地批评了"单干风"（指在农村实行"包产到户"）、"翻案风"（指纠正一部分干部、群众在反右派、"反右倾"运动中受到的错误处理）和"黑暗风"（实际上是对1961年下半年至1962年全国经济形势实事求是的而非弄虚作假、自欺欺人的估计和报告），对中央一线领导在调整时期所采取的一些重大措施表示不满。他还因此对社会主义时期的阶级斗争问题作了新的解释和发挥，提出了在社会主义时期对阶级斗争要"年年讲、月月讲、天天讲"，并把这些观点上升为党在社会主义时期的"基本路线"。

在这样的背景下，当时在党内除担任毛泽东秘书外没有其他职务的江青兴奋起来。她多次向毛泽东说，《海瑞罢官》有问题，要批判。对此，毛泽东开始时是不同意的。1964年，中央政治局候补委员、中央书记处书记康生也向毛泽东说，《海瑞罢官》与庐山会议有关，同彭德怀有关。显然，江青等人蓄意炮制的这篇文章，攻击的矛头并不限于吴晗。从开始构思起，这篇文章就是以某些中央领导同志为批判目标，要触及1962年甚至1959年以来党中央领导层内一些非常敏感的政治问题。这正如江青后来所说："批判《海瑞罢官》，不单是学术问题，还是反击彭德怀的翻案。"正因为如此，江青在上海组织的整个写作活动都是在秘密状态下进行的。江青后来说，之所以要对其他中央领导人保密，是因为"一叫他们知道，他们就要扼杀这篇文章了"。

姚文发表之后，中宣部、北京市委都因事出意外，感到十分震惊。吴晗是北京市副市长、民盟负责人之一，又是中共党员，《文汇报》点名批判这样一位知名学者，为什么事先一点风也不向中宣部、北京市委透露？1965年上半年中央五人小组①已经指示，学术批判不要戴政治帽子，点名要经中宣部，批判要以中央报刊为准。为什么姚文一下子就给吴晗、《海》剧戴上那样大的政治帽子？这样的做法，还要不要党的纪律？11月中旬，北京市委和《人民日报》等分别向上海方面了解情况，但因江青、张春桥下令《文汇报》封锁消息而一无所获。

因不知道文章是经毛泽东审阅并批准发表的，在姚文发表十多天内，除华东一些省市的报纸迅速转载外，北京和其他省市的报刊均未转载。文艺界、学术界一则不知其底细，二则畏其来势汹汹，大多以沉默的态度对待。其他部门和领域里的人们，对几年来文学艺术领域中不断升级的过火批判已经习以为常，对此也未予重视。但没多久，学术理论界对姚文蛮横无理、无限上纲的普遍反感便反映出来，一些人投书报社表示不同意姚文元的文章，一些著名学者也在不同场合表示了对姚文的不满。

本来，姚文元未经任何中央主管部门批准，就点了一位知名学者兼北京市负责人之一的名，并把问题说得耸人听闻，是不符合党的纪律和党内生活准则的。而且，在上海一家报纸上发表的批评文章，北京和其他各地报纸本来也没有一定要转载的义务。但是，那些有来头的发难者却为此大动肝火，立即添枝加叶地将

---

① 这个小组是1964年下半年由毛泽东提议成立的，经党中央指定，政治局委员、书记处常务书记彭真为组长，组员为中央宣传部部长陆定一，中央理论小组组长康生，中央宣传部副部长、文化部副部长周扬，人民日报社总编辑吴冷西。

此事报告了毛泽东。当时已在上海的毛泽东并没有对姚文元违反组织程序的行为提出批评，相反，他于 11 月 20 日要上海将姚文印成小册子，由全国新华书店发行。在征订时，北京新华书店的征订数很少。这样，在姚文发表后十天内，由于江青、张春桥等的欺骗和挑拨，围绕着"转载"的问题，毛泽东发展了对北京市委和中央一些主要领导人的怀疑和不满，认为北京市委是一个"针插不进，水泼不进"的独立王国。

11 月下旬，中央政治局委员、北京市委第一书记彭真从外地回到北京后，立即着手处理"转载"问题。他先后对《红旗》杂志和北京市委表示，关于发表批判吴晗文章的问题，中央报刊还要考虑一下再说；吴晗的性质不属于敌我矛盾，对姚文错误的地方也要批判。中央书记处在大体了解文章发表的背景并几经讨论后，决定有条件地转载姚文。11 月 29 日，《北京日报》转载了姚文。根据彭真指示写成的编者按中指出："我们认为，有不同的意见应该展开讨论"，要"实事求是地弄清是非"，等等。11 月 30 日，根据周恩来、彭真意见，《人民日报》在第五版"学术讨论"专栏中转载了姚文，这种安排本身就表明了不同意对《海》剧进行政治批判的意向。《人民日报》在编者按中指出："我们希望，通过这次辩论，能够进一步发展各种意见之间的相互争论和相互批评。我们的方针是：既容许批评的自由，也容许反批评的自由；对于错误的意见，我们也采取说理的方法，实事求是，以理服人。"显然，编者按的基本倾向与江青等人借批判《海瑞罢官》作政治文章的意图是大相径庭的。此后，北京和各地报刊陆续发表了一些从不同角度批判《海瑞罢官》的文章，同时也发表了少量批驳姚文元文章的稿件。无疑，北京方面的这种态度是很不合江青等人口味的。

1965 年 12 月 21 日，毛泽东在杭州与陈伯达、关锋等人的谈话中肯定了姚文，认为它点了名，但没有打中要害，要害问题是

"罢官"。嘉靖皇帝罢了海瑞的官，1959年我们罢了彭德怀的官。彭德怀也是"海瑞"。"要害"从"退田"变为"罢官"，仅仅两字之差，使得《海》剧政治问题的严重性大大增加了。对《海》剧的批判已经十分明显地与1959年庐山会议、与60年代初围绕着调整工作所产生的分歧联系起来，与对中央一线领导的不满联系起来。从11月10日姚文的发表至12月21日，在四十多天的时间里，北京方面对姚文的态度，使毛泽东进一步加深了"中央出修正主义"的感觉。而且，"要害"升级之后，谁要是再像过去那样对批判《海》剧采取抵制或消极的态度，谁就会成为新的、更大的"要害"。

12月下旬后，由于点出了"要害"问题，进一步加重了批判《海瑞罢官》的政治分量。1966年初，在文艺批评中搞牵强附会、唯心主义"影射史学"的恶劣风气迅速流行，批判运动范围不断扩大。批判不仅涉及所有以海瑞为题材的戏剧和文艺作品，而且扩展到史学界、文艺界、哲学界，形成思想文化领域广泛的、大规模的政治批判运动。

在批判所造成的混乱局面中，各方面都遇到了一些难以解决的问题，纷纷报到了中宣部，要求指示、解决。当时，中宣部虽然不能摆脱"左"的影响，但与江青等人也有着明显的区别，希望尽力在力所能及的范围内，限制各种极左行为，控制运动的发展。1966年1月中旬，有关方面将关锋、戚本禹为进行政治投机批《海》剧"政治要害"的文章交中宣部。还不了解背景的中宣部要求他们改写，把批判的调门降低一点，但他们却态度强硬地拒不同意。中宣部只得将此事上报中央五人小组处理。在此期间，中宣部先后送了四篇有关文章政治性提法的摘要上报请示。这就是后来"五一六通知"中所说的"扣压左派稿件"。中央五人小组、中宣部、北京市委任何试图对恶性膨胀起来的极左思潮加以约束的努力都有意无意地、直接间接地得罪了江青、张春桥这一伙"左"派。

为了研究处理这些迫在眉睫的问题，1966年2月3日，彭真主持召开了文化革命五人小组会议。彭真在发言中指出，经调查，吴晗与彭德怀、《海》剧与庐山会议并无联系，并否定了关锋等对邓拓的诬蔑。会议认为要把这场讨论置于党中央的领导下，要降温，真正做到"百家争鸣，百花齐放"，并起草了向中央政治局常委汇报的《文化革命五人小组关于当前学术讨论的汇报提纲》（简称"二月提纲"）。这个提纲虽然也有许多在当时情况下不可避免的"左"的提法和认识，但主旨在于对已经出现的极左的倾向加以适当约束，把运动置于党的领导下和学术讨论的范围内，不赞成把它变为严重的政治批判。"二月提纲"提出："要坚持实事求是，在真理面前人人平等的原则，要以理服人，不要象学阀一样的武断和以势压人"；"在报刊上的讨论不要局限于政治问题，要把涉及到各种学术理论的问题，充分地展开讨论。如果最后还有不同意见，应当容许保留，以后继续讨论"；"报刊上公开点名作重点批判要慎重，有的人要经过有关领导机构批准"。"二月提纲"虽然不可能直截了当地去反驳"要害说"，但却通篇不提"要害"二字，并用各种形式规定了这场运动的学术批判性质。"二月提纲"的这一中心思想，再一次给恶性膨胀起来的极左思潮以有力的限制，它也因此得到了大多数中央领导同志的赞同。不难想象，当时的运动如果是按照"二月提纲"的规定进行下去，"文化大革命"就不会在几个月之后爆发，或者说，"文化大革命"的导火线就将不是对《海》剧的批判。

2月5日，刘少奇召集政治局常委会议，讨论并通过了"二月提纲"，同意在学术讨论的文章中不涉及庐山会议。会后，"二月提纲"于2月7日报告正在武汉的毛泽东。2月8日，彭真、陆定一等和康生到武汉向毛泽东汇报。因毛泽东没有表示反对，"二月提纲"于2月中旬作为中央文件转发全党。根据"二月提纲"精神，中宣部没有同意发表关锋、戚本禹批"要害"的文章。"二月提纲"的发出，反映了当思想文化领域的政治批判运动迅猛发展时，党内和知识界相当多数同志所持的消极抵制态度。它使全国学术批判的形势有所缓和，"左"派无限上纲的文章被主管部门"压"下了，从政治上抓"要害"的文章少了，从学术思想角度进行讨论的成分增加了，文学艺术界又稍稍松了一口气。正如张春桥在几个月后所说，"二月提纲"的发出，"不动声色地束缚了我们的手脚，硬把运动拉向右转，弄得很多文章不能发表"。

江青、张春桥等人从"二月提纲"中清楚地看到，在这场斗争中，他们不可能得到中央有关部门以至中央一线领导的支持。但是，"二月提纲"是经中央政治局常委讨论通过，并向毛泽东汇报后以中央名义发出的。张春桥等一时不知底细，不便立即发作，姚文元甚至已经根据"二月提纲"的精神为《文汇报》起草"四个月来运动总结"，作结束运动的准备。当然，江青等人不情愿吞下这颗苦果，对于"二月提纲"中所说"学阀""以势压人""在真理面前人人平等"等话，他们更是耿耿于怀。

2月中旬以后，在贯彻执行"二月提纲"的过程中，开始了一场新的、更严重的斗争。斗争的焦点，已从对《海》剧的批判转移到对"二月提纲"的否定；与《海》剧相联系的政治问题从彭德怀发展到彭真、中宣部、北京市委；斗争的对象从《海》剧、资产阶级学术权威转移到"支持""包庇"他们的"党内资产阶级代表人物""睡在我们身边的赫鲁晓夫"；斗争的范围，从意识形态领域转移到政治领域和党的高级领导机关。此时，江青等人的注意力已不在对《海》剧的批判，而在于由它所"暴露"出来的在中央出现的"修正主义"了。

可以设想，如果姚文发表后中央一线领导能采取与毛泽东一样的态度，那就不会有之后矛盾的升级，甚至不会有那样的"文化大革命"，起码"文化大革命"不会在那时发生。但历史不是这样。姚文发表后，在是否转载、是否抓"要害"直至发出"二月提纲"等问题上，中央一线领导与毛泽东的分歧不断升级。在毛泽东看来，解决"中央出修正主义"的问题已迫在眉睫。

"二月提纲"的发出，成为矛盾升级、转换的关键，对《海》剧的批判，迅速明确、直接地和"中央出修正主义"联系起来。

（二）江青主持召开的部队文艺工作座谈会

1966年2月8日，当彭真等向毛泽东汇报"二月提纲"时，毛泽东并没有表示什么不同意见，但这并不表示他同意"二月提纲"的观点。就在这一段时间里，他通过另一条途径，用另一份重要文件，实际上否定了"二月提纲"的观点，表明了自己的态度。

1966年2月2日至20日，得到林彪"完全支持"的江青，邀请部队四位政治思想工作和文艺工作方面的负责人，到上海召开部队文艺工作座谈会。这个会议开得既仓促又奇特。会前，连解放军总政治部都不知道要座谈什么问题，无从做任何准备。这种座谈会往往是先看电影，边看边听江青发议论，然后再开几个座谈会。所谓座谈会，其实是既无军职也无党政领导职务的江青，用林彪个人委托的名义谈她对文艺界形势的估量。

在座谈会上，江青实际上针对着"二月提纲"和当时对《海》剧的批判，对文艺方面的问题谈了一通看法：我们的文艺界不像样，让帝王将相、才子佳人、洋人死人统治舞台；有一条与毛主席思想相对立的反党反社会主义的黑线专了我们的政；现在该是我们专他们的政的时候了；现在的论战，还只是前哨战，决战时期尚未到来，等等。这些言论实际上就是此次江青召开座谈会的主题和基调。根据座谈内容整理的座谈会纪要，全盘否定

30 年代党领导的进步文艺的积极作用，极力抹杀新中国成立以来文艺工作的成绩，提出："十多年来，文化战线上存在着尖锐的阶级斗争"，文艺界"被一条与毛主席思想相对立的反党反社会主义的黑线专了我们的政，这条黑线就是资产阶级的文艺思想，现代修正主义的文艺思想，和三十年代文艺思想的结合"；号召要"坚决进行一场文化战线上的社会主义大革命，彻底搞掉这条黑线"；"这是一场艰巨、复杂、长期的斗争，要经过几十年甚至几百年的努力。这是关系到我国革命前途的大事，也是关系到世界革命前途的大事"。毛泽东审阅修改了这份《纪要》，并将《纪要》的标题改为《林彪同志委托江青同志召开的部队文艺工作座谈会纪要》。此外，他还加写了诸如"搞掉这条黑线之后，还会有将来的黑线，还得再斗争"；"过去十几年的教训是：我们抓迟了"；"只抓过一些个别问题，没有全盘的系统的抓起来，而只要我们不抓，很多阵地就只好听任黑线去占领，这是一条严重的教训"；"一九六二年十中全会作出要在全国进行阶级斗争这个决定之后，文化方面的兴无灭资的斗争也就一步一步地开展起来了"等内容。这个《纪要》于 4 月 10 日以中共中央文件的形式批转全党，并加按语说《纪要》对文艺战线上阶级斗争形势的分析和所提出的原则、方针、政策，不仅适合于军队，也适合于地方，适合整个文艺战线。

这个《纪要》的发出，使当时意识形态领域中的批判迅速发展为猛烈的政治运动。"文艺黑线专政论"一类论断的提出，不仅整个地否定了新中国成立后文艺界的成就，而且很快扩展到其他领域，为全盘否定新中国成立后 17 年各方面的工作成绩，进行所谓"一个阶级推翻一个阶级的政治大革命"提供了理论依据。

《纪要》的炮制，是林彪和江青勾结起来，互相利用，进行篡党夺权阴谋活动的开始。还在召开部队文艺工作座谈会之前，江青于 1966 年 1 月 21 日从上海到苏州与林彪密商，得到林彪的"完全支持"。1 月 22 日，林彪在给解放军总政治部的指示中对在部队本来没有任何职务的江青作了吹捧，说江青"对文艺工作方面在政治上很强，在艺术上也是内行，她有很多宝贵的意见，你们要很好重视，并且要把江青同志的意见在思想上、组织上认真落实"。江青则在《纪要》中吹捧林彪"主持军委工作以来，对文艺工作抓得很紧，作了很多很正确的指示"。江青后来露骨地说，她去找林彪，是要请"无产阶级专政的'尊神'"，去"攻那些混进党内的资产阶级代表人物"。

由于江青、张春桥等人的挑拨和歪曲性的汇报，随着《纪要》的定稿，毛泽东对文化界阶级斗争的估量更加严重。1966年 3 月，毛泽东在杭州召开的一个会议上提出，要对资产阶级学术权威进行彻底批判，这是一场严重的阶级斗争。他认为，学术界、教育界的问题，过去我们是蒙在鼓里的，事实上是资产阶级、小资产阶级掌握了实权，将来要搞修正主义的，就是这一批人，他们实际上是"国民党党员"。与此同时，毛泽东对"二月提纲"的起草者和中央其他领导同志的不满也在进一步加深。3 月底，毛泽东连续找康生、江青、张春桥等谈话，严厉指责"二月提纲"混淆阶级界限，不分是非，是错误的。中宣部、彭真、北京市委包庇坏人是阎王殿，要"打倒阎王，解放小鬼!"毛泽东还说，十中全会做过决议，要在全国搞阶级斗争，为什么学术界、历史界、文艺界不可以搞阶级斗争? 要把十八层地狱统统打破。他历来主张，中央做坏事，他就号召各地造反，向中央进攻;如果中央出现修正主义，地方要造反。要支持小将，保护孙悟空。再不支持，就解散五人小组、中央宣传部、北京市委，不管哪个省市委都解散。他还强调:文化革命能不能坚持到底? 政治上能不能顶得住? 中央会不会出现修正主义? 没有解决。

这次讲话之后，形势急转直下。4 月 1 日，张春桥就拿出一份批判"二月提纲"的三点意见。4月2日之后，《人民日报》、《红旗》杂志、《光明日报》分别发表了被中宣部"扣压"的戚本禹、关锋等"左派"批"要害"的文章。自此，报刊上批判的调子又提高了，态度也更为激烈了，而且，此时中宣部已被抛在一边。4月上旬，以邓拓为首的"三家村"开始被公开批判。此风一开，几乎每个省、市都"揪"出了各自的"三家村""四家店"。4月9日至12日，中央书记处在北京开会。康生、陈伯达先后在会上发言，批判彭真在学术批判中的态度和历史上的"错误"。会议决定起草一个撤销并彻底批判"二月提纲"的党内通知（即后来的"五一六通知"）。会议还决定成立文化革命文件起草小组（即后来的中央文化革命小组）。

在4月22日的中央政治局常委扩大会议上，毛泽东指出：我们面临严重的文化革命任务；吴晗问题的严重性，就在于朝中有人，中央有，各省市有，军队也有，斗争涉及面是很广的。4月下旬，彭真被停止工作。5月10日，姚文元的《评"三家村"》发表，公开把矛头指向北京市委。从对《海》剧的批判到"二月提纲"的发出，从对"二月提纲"的批判到"文化大革命"的全面发动，1957年以来逐步发展起来的阶级斗争扩大化错误，经过一系列量变，终于发生了一个全面的、质的转变。以对《二月提纲》的批判为标志，文化革命开始转变为一场政治大革命——尽管它还被称作是"文化大革命"。

（三）对"彭、罗、陆、杨"及"三家村"的批判

就在批判《海瑞罢官》并由此升级到对"二月提纲"的批判这一段时间里，在党内高层又接连发生了几起震动全党的严重政治事件。1965年11月10日，就在姚文元批判《海瑞罢官》文章发表的同一天，中共中央书记处候补书记、中央办公厅主任杨尚昆被免去了中央办公厅主任职务，罪名是"背着中央私设窃听

器""把大量的机密文件和档案擅自提供别人抄录"等。其实，这些罪名都是康生、江青等的诬陷，完全是强加的罪名。所谓抄录档案问题，是由于编写党史、军史、战史的需要而对档案资料的正常利用，事先均经过严格的审查和批准手续，并不存在"泄密"问题。可是，这些正常的工作当时却被怀疑为"里通外国"，成了制造冤案时捏造罪名的根据。

紧接着这一事件，11月30日，林彪写信给毛泽东，并让叶群带着他们指使别人写的几份诬陷中央军委秘书长、解放军总参谋长、中央书记处书记、国务院副总理罗瑞卿的材料去上海见毛泽东，诬告罗瑞卿反对"突出政治"，要夺取军权。毛泽东听信了林彪、叶群的诬告。12月2日，毛泽东在一个批示中认为罗瑞卿不相信突出政治，对于突出政治表示阳奉阴违而自己另外散布一套折中主义（即机会主义），要求大家应当有所警惕。12月上旬至中旬，在上海召开中央政治局常委扩大会议，对罗瑞卿进行揭发批判，并以强加的"反对突出政治""篡军反党"等罪名将罗瑞卿隔离审查。1966年4月16日，毛泽东在杭州召开了中央政治局常委扩大会议，集中对彭真进行揭发批判。与此相联系，中共中央宣传部部长、中央书记处书记、国务院副总理陆定一也难免厄运，被加以诸如"反对活学活用毛泽东思想""在立场和观点上同彭真完全一致"等各种罪名，随即被停止工作。

彭真、罗瑞卿、陆定一、杨尚昆这些在党中央身负重责，享有很高声望的领导同志突然间变成了"修正主义分子""里通外国""反革命"，这不能不在全党引起巨大的震动，在党内造成了一种中央果然出了修正主义的巨大错觉，使全党绝大多数人不能不接受当时已经发展得十分严重、系统的阶级斗争扩大化理论，强有力地推动着已经十分严重的阶级斗争扩大化迅速发展，使由意识形态领域发端的"文化革命"难以避免地转入政治领域。这些事件的发生，也为江青、林彪、康生等野心分子进行阴谋活动，夺取党和国家的权力提供了难得的机遇。

自从 1962 年党的八届十中全会提出"以阶级斗争为纲"的基本路线以来，毛泽东对中国社会的阶级斗争作出了一系列不符合实际的错误估量：从农村政权有三分之一不在我们手里，到工厂企业里一个相当大的多数的领导权不在马克思主义者和工人群众手里；从文艺界的大多数已经跌到修正主义的边缘到资产阶级知识分子统治我们的学校；从中国存在一个"吸工人血"的"官僚主义者阶级"到党内存在"走资本主义道路的当权派"，如此等等。批判《海瑞罢官》以来，半年实践的发展又使他对全国阶级斗争形势的估量更加严重。在他看来，阶级斗争不仅依然存在，越来越激烈，而且中国已经面临着"党变修，国变色"的现实危险。1966 年 3 月，毛泽东在修改部队文艺工作座谈会纪要时，同意提出文艺界已经被一条"反党反社会主义的黑线专了我们的政"。在此之后，他又陆续提出大学、中学、小学大部分被资产阶级、小资产阶级、地富出身的人垄断了；中央和中央各机关，各省、市、自治区有一大批反党反社会主义的资产阶级代表人物，等等。据此，他认为这半年来进行的各种斗争是"严重的阶级斗争"，"阶级斗争展开的面很广，包括各个方面"。所以，单反赫鲁晓夫的修正主义是不够的，还要反我们党内的修正主义，不然的话，再过多少年，中国的颜色就会变了，到那时候就会晚了；这样的阶级斗争过去虽然做了一些，但只是修修补补，没有当作整个阶级斗争去做。

在毛泽东防止中国出修正主义的思考中，还有一个重要的方面，即接班人的问题。培养无产阶级革命事业的接班人，警惕出现赫鲁晓夫那样的人物，是毛泽东从 60 年代以来特别关注的问题。他针对美国及其西方盟国对社会主义国家推行的"和平演变"战略，要求全党注意培养接班人，使帝国主义的预言彻底破产。为此，他在 1964 年 6 月提出了无产阶级革命事业接班人的具体条件。在阶级斗争扩大化错误不断发展的过程中，随着他对党中央第一线许多领导同志的不满日益加深，这一问题看来是显得更为紧迫了。在他看来，不仅要打倒已经出现的修正主义，而且要使青年一代在"反修防修"的大风大浪中，锻炼成长为合格的无产阶级革命事业接班人。毛泽东之所以采取那样一种形式来发动"文化大革命"，与他培养接班人的思想密切相关。

总之，在1966年春天，毛泽东要在全国全面地开展一场阶级斗争的想法形成了。此时，他想要搞的这场阶级斗争，固然是"四清"运动和文化领域批判运动的继续，但又有了进一步的发展，这就是在全国范围展开矛头指向党中央内部的一场"大革命"。用毛泽东后来明确概括的话来讲，就是要"公开地、全面地、由下而上地发动广大群众来揭发我们的黑暗面"。

这时，党中央的绝大多数领导人对毛泽东的这些想法并没有多少深刻认识，或者虽然有所感觉，但在认识和行动上仍有不少距离。王光美后来回忆说："'文革'要爆发，少奇他事先完全不知道。""岂止他不知道，彭真就讲过，他也不知道。"① 实际上，就毛泽东本人来说，即将爆发的"文化大革命"也未必完全在他的意料之中。但有两点是可以肯定的：其一，围绕着对《海》剧和"二月提纲"的分歧（还可以包括1966年6月在派工作组问题上的分歧等），导致了早已存在的毛泽东与中央一线领导矛盾的严重升级，而这种升级又将引发更大的矛盾和斗争。而这种斗争将采取什么形式、在什么时候爆发，则带有一定的偶然性。其二，正是江青、康生等野心家的种种阴谋活动，大大激化了这些矛盾，缩短了矛盾爆发的时间，并使"文化大革命"具备了后来人们所看到的许多鲜明特点。

---

① 《南方周末》2008年11月20日。

三、"文化大革命"的全面发动

"文化大革命"的正式发动，以 1966 年 5 月中央政治局扩大会议的召开为标志。会后，由于"左"倾方针在党内受到了一定程度的抵制，8 月召开的八届十一中全会又再次进行发动。全面发动"文化大革命"的这两次会议，使毛泽东"左"倾错误的个人领导实际上取代了党中央的集体领导，"文化大革命"的"左"倾方针开始在党中央占据主导地位。

（一）5 月中央政治局扩大会议和"五一六通知"

1966 年 5 月 4 日至 26 日，中央政治局扩大会议在北京召开。会议期间，毛泽东在外地，没有与会，但会议是根据他 4 月在杭州主持的中央政治局常委扩大会议定的中心以及会前的一些重要讲话精神召开的。会议由刘少奇主持，却由康生负责向毛泽东汇报、请示。

会议前三天由康生、张春桥、陈伯达等"介绍情况"。他们在发言中分别传达了 1962 年以来毛泽东有关阶级斗争的论述，重点介绍了 1965 年 11 月批判《海瑞罢官》以来在中央高层内部所发生的"尖锐""激烈"的"阶级斗争"以及毛泽东对中宣部、北京市委及彭真、陆定一等的批判，传达了毛泽东有关开展"文化大革命"、防止中央出现修正主义的指示，介绍了《中国共产党中央委员会通知》起草的经过。康生在传达毛泽东 1966 年 3 月底的 3 次讲话后说："我个人体会，毛主席这三次谈话，概括起来是两条，一条是批评彭真、中宣部包庇右派、压制左派，不准革命；第二条是给任务，要支持左派，建立新的文化学术队伍，进行文化大革命；贯串一个中心问题是中央到底出不出修正主义？出了怎么办？现在已经出了。"① 康生等人打着传达毛泽东指示的旗号，使与会者受到强烈的震动，也使他们难以抵制发动"文化大革命"的基本理论。

5月16日，会议通过了《中国共产党中央委员会通知》（简称"五一六通知"）。"五一六通知"对"二月提纲"作了种种歪曲和指责，不顾事实地说"二月提纲""实际上只是彭真同志一个人的汇报提纲，是彭真同志背着'五人小组'成员康生同志和其他同志，按照他自己的意见制造出来的"，并"采取了极不正当的手段，武断专横，滥用职权，盗窃中央的名义，匆匆忙忙发到全党"。"五一六通知"从批判"二月提纲"入手，说它掩盖了这场学术批判的政治性质，是一个"为资产阶级复辟作舆论准备"的修正主义纲领。"五一六通知"指责彭真等人"对于一切牛鬼蛇神却放手让其出笼，多年来塞满了我们的报纸、广播、刊物、书籍、教科书、讲演、文艺作品、电影、戏剧、曲艺、美术、音乐、舞蹈等等，从不提倡要受无产阶级的领导，从来也不要批准"，"总之，这个提纲是反对把社会主义革命进行到底，反对以毛泽东同志为首的党中央的文化革命路线，打击无产阶级左派，包庇资产阶级右派，为资产阶级复辟作舆论准备。这个提纲是资产阶级思想在党内的反映，是彻头彻尾的修正主义。同这条修正主义路线作斗争，绝对不是一件小事，而是关系我们党和国家的命运，关系我们党和国家的前途，关系我们党和国家将来的面貌，也是关系世界革命的一件头等大事"。

"五一六通知"对社会主义时期的阶级斗争作出了歪曲性的论断，对当时中国的阶级斗争形势作出了严重的错误估计。它认为，中央和中央各机关，各省、市、自治区，都有这样一批资产阶级代表人物；因而必须进行无产阶级反对资产阶级、无产阶级

---

① 康生在中央政治局扩大会议上的讲话，1966年5月25日。

专政反对资产阶级专政的斗争；无产阶级必须进行在上层建筑其中包括在各个文化领域的对资产阶级的专政，必须继续清除资产阶级钻在共产党内打着红旗反红旗的代表人物；"混进党里、政府里、军队里和各种文化界的资产阶级代表人物，是一批反革命的修正主义分子，一旦时机成熟，他们就会要夺取政权，由无产阶级专政变为资产阶级专政。这些人物，有些已被我们识破了，有些则还没有被识破，有些正在受到我们信用，被培养为我们的接班人，例如赫鲁晓夫那样的人物，他们现正睡在我们的身旁，各级党委必须充分注意这一点。"

"五一六通知"认定："我国正面临着一个伟大的无产阶级文化革命的高潮"，要求全党"高举无产阶级文化革命的大旗，彻底揭露那批反党反社会主义的所谓'学术权威'的资产阶级反动立场，彻底批判学术界、教育界、新闻界、文艺界、出版界的资产阶级反动思想，夺取在这些文化领域中的领导权。而要做到这一点，必须同时批判混进党里、政府里、军队里和文化领域的各界里的资产阶级代表人物，清洗这些人，有些则要调动他们的职务。尤其不能信用这些人去做领导文化革命的工作"。

"五一六通知"同时也承认："绝大多数党委对于这场伟大斗争的领导还很不理解，很不认真，很不得力"。这预示着发动"文化大革命"时所必然会遇到的阻力，以及破除这些"阻力"时所必然引起的"激烈斗争"和社会动荡。

"五一六通知"处处以"二月提纲"为对立面，尖锐激烈地批判了主持制定"二月提纲"的彭真等同志，从而实际上把矛头指向了中央一线领导集体。它集中反映了毛泽东当时对党和国家政治形势的十分严重的估计。他认为，文化领域的领导权已经被资产阶级篡夺，因而需要进行全面的夺权斗争。而且，他又进一步把文化领域的夺权同党里、政府里、军队里的所谓"资产阶级代表人物"联系起来，认为国内无产阶级同资产阶级的斗争到了十分严重的地步，资产阶级复辟的危险已经迫在眉睫。因此要通过一场激烈的、广泛的"文化大革命"去"清洗这些人"，从而达到"巩固无产阶级专政"的目的。这些严重的估计和认识，是发动"文化大革命"的主要论点和依据。

5月中央政治局扩大会议的另一项内容，是揭发批判彭真、罗瑞卿、陆定一、杨尚昆等所谓"反党错误"。会议决定停止彭真、罗瑞卿、陆定一的中央书记处书记职务，停止杨尚昆的中央书记处候补书记职务，撤销彭真的北京市委第一书记和市长职务，撤销陆定一的中宣部部长职务。

按照"五一六通知"关于"重新设立文化革命小组，隶属于政治局常委之下"的规定，会议决定撤销原来以彭真为首的文化革命小组，以新的文化革命小组取而代之。其成员是：组长陈伯达，顾问康生，副组长江青、张春桥，组员王力、关锋、戚本禹、姚文元等（小组中另有一些成员不久即受到迫害而被排除）。实际上，这个小组一成立就成了不受中央政治局约束的、"文化大革命"的直接指挥机构。

会议期间，林彪于5月18日作了长篇讲话。他大讲古今中外的政变事例，大肆散布党中央内部有人要搞政变的谎言，毫无根据地提出有所谓"彭真、罗瑞卿、陆定一、杨尚昆阴谋反党集团"。他煞有介事地说："最近有很多鬼事，鬼现象，要引起注意。可能发生反革命政变，要杀人，要篡夺政权，要搞资产阶级复辟，要把社会主义这一套搞掉"，"危险就是出在上层"。林彪这些耸人听闻的话，进一步加重了出现资产阶级复辟危险的紧张气氛。林彪还竭力鼓吹个人崇拜，声称："十九世纪的天才是马克思、恩格斯。二十世纪的天才是列宁和毛泽东同志。""毛主席的话，句句是真理，一句超过我们一万句"，"毛主席活到哪一天，九十岁、一百多岁，都是我们党的最高领袖，他的话都是我们行动的准则。谁反对他，全党共诛之，全国共讨之"。① 林彪这些鼓吹个人崇拜的话，对会议产生了恶劣的影响。

会议对彭真等同志的批判，尽管与会者事实上存在着不同意见，但在极不正常的政治气氛中，这些意见未能公开表达，彭真等也没有据实申辩的可能。这次中央政治局扩大会议的召开表明，在党的民主集中制遭到严重破坏的特定历史条件下，发动"文化大革命"的"左"倾理论观点，已经为党中央所接受，"左"倾错误方针开始在党内占据主导地位。5月中央政治局扩大会议的召开和"五一六通知"的发出，基本上为"文化大革命"的全面发动做好了组织上和理论上的准备。

就在这次会议期间，毛泽东又于5月7日写了给林彪的那封后来被称作"五七指示"的信。"五一六通知"和"五七指示"从"大破"和"大立"两个方面反映了毛泽东所要建设的社会主义的目标模式，以及实现这种社会主义理想的基本方针。这两个同时发表于1966年5月的重要文件，实际上已经深刻地说明了发动"文化大革命"的原因。

在5月中央政治局扩大会议进行过程中，江青、康生等已将会议的一些内容散布到社会上去。报纸上"革命大批判"的势头越来越凶猛，对吴晗的批判，进一步株连到同吴晗一起撰写《三家村札记》的中共北京市委书记（当时设第一书记）邓拓和中共北京市委统战部部长廖沫沙。接着，又株连到刊登《三家村札记》的中共北京市委刊物《前线》和市委机关报《北京日报》。5月8日，《解放军报》发表署名为高炬的文章——《向反党反社会主义的黑线开火》。文章把批判矛头集中在邓拓、吴晗、廖沫沙等身上及《北京日报》《前线》等报刊上，无限上纲，声称："一定不会放过一切牛鬼蛇神，一定要

---

① 林彪在中央政治局扩大会议上的讲话，1966年5月18日。

向反党反社会主义的黑线开火，把社会主义文化大革命进行到底"。5月10日，《解放日报》《文汇报》同时发表姚文元的《评"三家村"——〈燕山夜话〉〈三家村札记〉的反动本质》。5月11日，《红旗》杂志发表戚本禹的《评〈前线〉〈北京日报〉的资产阶级立场》。5月14日，《人民日报》发表林杰的《揭破邓拓反党反社会主义的面目》。这些文章公开把矛头指向北京市委，一方面是配合政治局扩大会议对彭真等人的批判，为"五一六通知"提供了"事实"根据，一方面也为改组北京市委埋下了伏笔。5月14日，中共中央华北局派工作组进入北京市委，"协助"北京市委开展"文化大革命"。与此同时，全国各地的批判活动普遍升级。

（二）北京大学一张大字报引发全面动乱

在这股来势凶猛、颠倒黑白的批判浪潮中，5月25日，北京大学哲学系党总支书记聂元梓等人贴出了一张诬陷、攻击北京大学党委和中共北京市委的大字报。大字报对北京市委和北大党委关于党组织在运动中要"加强领导，坚守岗位"的要求横加批判，号召"一切革命的知识分子，是战斗的时候了"，"打破修正主义的种种控制和一切阴谋诡计，坚决、彻底、干净、全部地消灭一切牛鬼蛇神、一切赫鲁晓夫式的反革命的修正主义分子"。大字报贴出后，受到北大师生员工的强烈反对，仅半天时间，全校就贴出了1500多张反对、批驳它的大字报。

5月29日，刘少奇、周恩来、邓小平三位主持中央日常工作的政治局常委召集中央有关部门研究决定：鉴于宣传舆论工作需要和北京大学急需加强领导，由中央文革小组组长陈伯达带领临时工作组到人民日报社掌握报纸版面，并指导新华社和中央广播电台的对外新闻；由河北省委书记处书记张承先带领华北局工作组到北京大学领导文化革命。这一决定当场即由周恩来电话请示了在杭州的毛泽东，取得其同意。第二天，刘少奇又与周恩来、邓小平联名向毛泽东正式发出请示报告："拟组织临时工作组，在陈伯达同志直接领导下，到报馆（人民日报社）掌握报纸的每天版面，同时指导新华社和广播电台的对外宣传。"毛泽东当天批示："同意这样做"。次日，陈伯达率临时工作组进驻人民日报社。① 这是"文化大革命"开始后派出的第一个工作组。

聂元梓的大字报贴出后，康生预感到它的分量，立即将其内容报给当时还在南方的毛泽东。6月1日，毛泽东指示，此文可以由新华社全文广播，而且在全国报刊发表，十分必要。同日，已由陈伯达带领工作组接管的《人民日报》发表了题为《横扫一切牛鬼蛇神》的社论。社论是由陈伯达连夜主持起草的，标题也由他拟定。这篇发表前未通过中央政治局常委会讨论的社论称："目前，我国无产阶级文化大革命的规模和声势，在人类历史上还不曾有过，它的威力之大，来势之猛，在运动中所迸发出的劳动人民无限的智慧，远远超出了资产阶级老爷们的想象。""这一场文化大革命，正在大大推动中国人民社会主义事业的前进，也必将对世界的现在和未来，发生不可估量的深远影响。"社论要求群众起来"横扫盘踞在思想文化阵地上的大量牛鬼蛇神……把所谓资产阶级的'专家'、'学者'、'权威'、'祖师爷'打得落花流水"，并号召"彻底破除几千年来一切剥削阶级所造成的毒害人民的旧思想、旧文化、旧风俗、旧习惯"。

当晚，新华社全文广播了聂元梓等人的大字报。次日，《人民日报》在刊载这张大字报的同时，发表了欢呼这张大字报的评论员文章。文章称："聂元梓等同志的大字报，揭穿了'三家村'黑帮分子的一个大阴谋"，并公开号召造党委的反，彻底摧毁

---

① 参见《共和国史记·第3卷》（上），吉林人民出版社1996年版，第95页。

"黑帮、黑组织、黑纪律"。在中国最具权威的舆论工具上公开发表聂元梓等人的大字报，并给予这样高的评价，立即在全国引起了空前的强烈反响。广大群众特别是年轻幼稚、充满革命理想和激情的青年学生立即群起响应，起来"造修正主义的反"。几乎是在一夜间，全国的大、中学校中便贴出了大量大字报，矛头直指学校领导、教师。

6月4日，《人民日报》公布中共中央改组北京市委的决定，宣布北京市的"文化大革命"由新市委直接领导。同时，发表经中央政治局常委会同意并报毛泽东批准的关于改组北京大学党委的决定：派工作组进驻北京大学，"代行党委的职权"，对"文化大革命进行领导"，撤销北大党委正、副书记的一切职务，改组北大党委。当天《人民日报》就此发表的社论称，前北京市委的领导贯穿着一条反党反社会主义的黑线。北京市委和北大党委是"文化大革命"发动时第一批被冲垮的党组织。

6月4日，《人民日报》发表题为《撕掉资产阶级"自由、平等、博爱"的遮羞布》的社论，不指名地公开批判了"二月提纲"。社论说，我们就是要当无产阶级的"爆破手"，把一切反党反社会主义的黑村黑店炸个粉碎。我们就是要当无产阶级的"金棍子"，把一切牛鬼蛇神打个落花流水。6月5日，《人民日报》发表社论《做无产阶级革命派，还是做资产阶级保皇派？》。社论将北大党委书记等称为资产阶级保皇派、保皇党，称北京大学的斗争是革命派与保皇派、马列主义与修正主义的斗争。社论说，文化大革命的开展，向一切人提出一个尖锐的问题：在无产阶级和资产阶级、社会主义和资本主义两个阶级、两条道路的生死斗争中，究竟站在哪一边，是做无产阶级革命派，还是当资产阶级保皇派？每个人都必须做出自己的选择。社论首次提出了在群众中划分"革命派"和"保皇派"的问题，鼓动"一切革命同志"起来同"保皇派"进行坚决的斗争。这些非常措施造成了一种咄咄逼人的形势，学生们的情绪更加高涨，行动更为激烈。

这一年5月间，在连续不断的政治批判运动和"教育革命"氛围影响下，北京的一些中学生积极投入校内的所谓"反修防修""批判资产阶级"的学习和讨论。5月底，清华大学附中的一些学生在当时形势的影响下，为了保卫毛泽东和红色政权，自发集会，成立了一个名为"红卫兵"的学生造反组织。在随后急剧发展的形势推动下，北京其他中学也相继建立起类似的学生组织。狂热的青年学生臂戴红色袖章，身穿绿色军装，表示向"旧世界"宣战。由于这些学生组织没有得到校方和驻校工作组的支持，引起红卫兵发起者的不满，双方的矛盾急剧发展。

聂元梓等的大字报和《人民日报》的几篇措辞激烈文章的发表，在短短几天里就使"文化大革命"在全国空前猛烈地开展起来。在运动浪潮的冲击下，各种学校和文化部门的党委首当其冲，普遍成为群众"造反"的目标。许多学校的领导机构开始陷于瘫痪，无法行使领导职能，混乱局面开始出现。但是，多数群众出于对各级党组织的信任，出于对正在出现的混乱局面的忧虑，仍然希望保持党组织对各单位运动的领导。于是，北京许多学校的师生成群结队涌到党中央、国务院、北京市委所在地，要求上级向各单位派工作组加强对运动的领导。

当时，毛泽东不在北京，党中央工作由刘少奇、邓小平主持。对于"文化大革命"的到来，虽然党中央大多数领导人已经接受了这个现实，但是对它的目的和酝酿过程仍知之不多。他们都从积极的方面来理解这场运动，认为这是继社会主义教育运动之后，纠正干部队伍中存在的官僚主义作风，克服干部脱离群众现象的又一次尝试，对于防止"党变修""国变色"具有重要意义。他们与相当多的群众一样，希望加强党对运动的领导，保证运动有秩序、有组织地进行。正如刘少奇在6月21日中央政治局常委扩大会议上所说，这一场斗争咱们都没有经验，不要党的领导、中断党的领导是不好的。

6月3日，刘少奇主持中央政治局常委扩大会议，听取北京市委第一书记李雪峰关于北京地区"文化大革命"情况的汇报。刘少奇在会上指出，社会主义文化革命已是高潮，要使北京市大、中学校有良好的秩序，要把学生很快地组织起来，走上轨道。会议决定，为控制局面，依照毛泽东批准向人民日报社、北京大学派出工作组领导运动的先例，决定向北京市大、中学校派出工作组。同时，会议还同意转发北京新市委准备向下发的"八条指示"，提出要"内外有别""注意保密""大字报不要上街""不要示威游行""不要搞大规模声讨会""不要包围黑帮住宅"等要求。会议决定，哪里出事，就派人到哪里去，派工作组要快，要"像派消防队救火一样"快。邓小平在会上说，八条传达要快，开个十万人大会，一竿子插到底。此后，随着运动的发展，根据大多数学校党组织陷于被动瘫痪的情况和学校师生的强烈要求，北京市的大学、中学普遍派驻了工作组。许多省、市也依照北京市的做法，相继向当地的大学和部分中学派出了工作组。

采取派工作组领导运动的方式，是沿用多年来党发动群众开展政治运动的传统方法，目的在于保持党对运动的领导，维持正常的社会和工作秩序。6月上旬，在派工作组的问题上毛泽东开始时是同意的，只是在与中央政治局常委们议论时表示，派工作组太快了并不好，没有准备，不如让它乱一下，混战一场，情况清楚了再派。但这时工作组基本上已经派出。由于中央领导层对这场运动的认识又不一致，众多工作组更是仓促上阵，对运动的目标、方法知之甚少，这就注定了工作组不仅不可能扭转正在出现的混乱局面，反而使自己成为矛盾斗争的焦点。6月4日，入校仅4天的北京邮电学院工作组就因"保护院党委"的罪名被造反派赶走，而新派来的工作组进院不到4天又被赶走。6月6日，西安交通大学一些学生要赶走工作组，并提出省委有黑帮。与派工作组一样，"八条指示"也是想对运动有所控制，但这在当时一浪高过一浪的鼓动"造反"的宣传面前，已经显得无力。对那些已被鼓动起来的极端分子来说更没有多少约束力。

6月18日，北京大学的一些学生避开工作组，将四十多位干部、教师拉出来批斗，并出现了抹黑脸、戴高帽、罚跪、扭打、侮辱妇女等行为。工作组发觉后立即予以制止，扭转了局势。根据刘少奇的意见，党中央于6月20日将北京大学工作组关于这次事件处理情况的简报转发全国。刘少奇在为简报所加的按语中说："中央认为北大工作组处理乱斗现象的办法，是正确的，及时的。各单位如果发生这种现象，都可参照北大的办法处理。"文件的发出，使工作组得到鼓舞，乱批乱斗的现象得到一定的控制，但这又必然进一步加深了造反派与工作组的对立。

北京大学"六一八"事件后，陈伯达、江青等以调查文化革命为由，先后到北大召开座谈会，挑起对"六一八"事件的辩论，鼓动反对工作组，并宣布"六一八"事件是革命事件。

鉴于运动已使工业、交通生产普遍受到冲击，致使事故增多，产量、质量下降，6月30日，刘少奇、邓小平致信毛泽东，要求发出《中共中央、国务院关于工业交通企业和基本建设单位如何开展文化大革命运动的通知》（简称《通知》）。信中说，最近工业交通和基本建设的计划完成得不算好，特别是钢、钢材、煤的产量开始下降，质量下降的情况尤为突出，事故增多。在京同志讨论后，认为在文化革命运动的部署方面，重点应放在文化教育部门、党政机关。《通知》应强调工交基建战线的"文化大革命"要和"四清"运动结合起来，"在工作队的领导下"，"分期分批地有领导地有计划地进行"。不要打无准备、无把握的仗，不要全国所有厂矿企业"一哄而起"。否则，不但不能取得"文化大革命"的成功，而且会使生产建设遭到损害。

当时，就毛泽东的本意来看，虽然他已决意通过大规模群众运动的方式发动一场前所未有的文化革命运动，但他可能如同1962年八届十中全会后不愿阶级斗争干扰经济工作一样，也不愿意运动过多地冲击生产。所以，一天之后，也就是 7 月 2 日，他就在此件上批示：同意你们的意见，应当迅速将此《通知》发下去。① 遵照他的指示，《通知》当天下发。《通知》的发出，对动乱起到了一定的遏制作用，尽管其作用十分短暂。

各地工作组在贯彻党中央上述精神的过程中，得到了大多数干部群众的支持。但是，他们对学校的情况并不熟悉，对“文化大革命”的目的和意义更是似懂非懂，知之甚少。按照以往的惯例，工作组往往是在特殊情况下实施党政领导职能的组织，在运动中建立或恢复某种秩序，以保证运动和工作能在党的领导下正常进行。但这些传统的认识和做法却与“文化大革命”的宗旨和要求相去甚远。“文化大革命”首先需要解决的，是中央出了“修正主义”的问题，采取的是自下而上的做法，所以它必然要求广泛地发动群众，打破各种常规，“向上”造反，即使发生大规模的混乱，党的基层组织一时停止活动也在所不惜。对于这样的背景，工作组几乎是一无所知。他们只看到了这场运动字面上的含义，认为它只是在文化、教育、艺术领域里进行，目标是一些资产阶级知识分子以及支持和保护他们的党政领导。这使他们几乎不约而同地采用了与反右派运动和“四清”运动相近的做法。工作组在学校里恢复秩序，代行党的领导，把矛头指向了各种“资产阶级知识分子”、一些领导干部和刚刚在运动中“跳出来”的“右派”——造反派。无疑，这些做法不仅使他们违背了运动发动者的初衷，也加剧了自身同造反派的对立。

------

① 转引自《共和国史记·第 3 卷》（上），吉林人民出版社 1996 年版，第 106 页。

在如何领导运动的问题上，具体来说，也就是在如何对待工作组的问题上，实际上已经出现了指导方针上的分歧，发生了对"文化大革命"的最初的抵制。刘少奇、邓小平等中央一线领导同志出于自己对运动的理解，在已经难于维护基层党组织的情况下，寄希望于通过派工作组的形式实现党的领导，稳定和恢复秩序。刘少奇在6月中、下旬的一些会上先后指出，对这一场斗争，咱们都没有经验，工作组也没有经验，有的工作组是好的；要划一个界线，不要把什么人都说成是黑帮，不要党的领导、中断党的领导是不好的，大部分党委是好人嘛。刘少奇等的这些意见，加深了他们同中央文革小组之间的分歧。在江青、康生一伙的挑动和支持下，社会上轰赶工作组的事件不断增多。6月中旬，康生、江青、陈伯达等几次向刘少奇等提出对工作组的非议，要求支持各校的造反派，均遭中央政治局多数人的否决。

在这几次会议上，刘少奇、邓小平等多数中央政治局常委还是主张要工作组。在7月19日的中央政治局常委扩大会议上，邓小平说，有的机关和学校，不派工作组可以；有的要夺权的，就要派工作组。工作组主要是起行政和党委的领导作用，因此是否通盘考虑，对工作组要正确估计。主持会议的刘少奇支持多数同志的意见。他说，工作组有好的，有坏的。他们在第一线，有他们的辛苦，要求不能过高，现在是如何帮助他们，教育他们，总结工作经验。① 在7月22日的会上，刘少奇说，多数工作组是好的，还是教育帮助，改正错误。"现在工作组还是要的。实在不行的，撤了，撤了还要换，因为没有其他力量领导"。邓小平

---

① 参见《刘少奇年谱（1898—1969）》下卷，中央文献出版社1996年版，第645页。

表示："撤工作组我不赞成"。① 由于参加会议的大多数同志不同意立即撤出所有工作组，陈伯达的意见被否决。江青等人的意见一再被中央政治局常委会否定，更加深了他们对刘少奇、邓小平等的不满。他们一方面阴谋煽动造反派反工作组，将矛头指向刘少奇等中央一线领导；另一方面私下搜集材料，向毛泽东报告工作组"镇压学生""镇压运动"。

"文化大革命"发动初期党内关于派工作组的争论，实际上反映了对"文化大革命"在理解和指导上的深刻分歧。这种分歧，又集中表现为对"乱"的不同看法。在当时的条件下，党内绝大多数干部都对运动初起时对群众参加运动的自发性的鼓励及由此引发的混乱感到疑虑，于是就出现了要在运动中坚持党的领导，反对大乱天下的主张。可是，既然已经对形势作了那样严重的估计，既然是为了揭露和打倒中央内部的"走资派"，为了扫除党内和社会上的黑暗面并锻炼广大青少年，"文化大革命"就不可能那样循规蹈矩、文质彬彬、按部就班地进行。

1966 年 6 月，也就是在北京等地的运动如火如荼地进行时，毛泽东正在南方，但仍然密切地关注着运动的发展和动向。当月，他在一首《七律·有所思》中这样写道：

> 正是神都有事时，
> 又来南国踏芳枝。
> 青松怒向苍天发，
> 败叶纷随碧水驰。
> 一阵风雷惊世界，
> 满街红绿走旌旗。

---

① 刘少奇、邓小平在中央政治局常委扩大会议上的讲话，1966 年 7 月 22 日。

凭阑静听潇潇雨，

故国人民有所思。

毛泽东深知，已经发动起来的这场运动，不论是在范围上还是在程度上，都已超出了"四清"运动甚至1957年的反右派运动。他被运动的形势所鼓舞，坚信这场运动的正确性、必要性和及时性。他对运动的前景充满信心，也希望"故国人民"能够深刻地、及时地理解他发动这场运动的目的和苦心。

1966年6月26日，毛泽东在离开湖南湘潭滴水洞赴武汉时，对送行的人说："以前我带你们长征，现在我又要带你们长征了"①。

7月8日，毛泽东在被他称作是"白云黄鹤的地方"（即武汉）给江青写了一封信，谈到了对当时运动的一些看法。他认为：天下大乱，达到天下大治，现在的任务是要在全党全国基本上（不可能全部）打倒右派，而且在七八年以后还要有一次横扫牛鬼蛇神的运动，尔后还要有多次扫除。这次"文化大革命"，就是一次认真的演习。毛泽东的这个想法同他后来明确提出要"公开地、全面地、由下而上地发动广大群众来揭发我们的黑暗面"，要把所有干部放到火里烧一烧，来一次"反修防修大演习"的思想，在总的方面是一致的。正是从这样一种思路出发，他认为凡是乱得彻底的地方，资产阶级、修正主义暴露得就越彻底，形势就越好。在信的最后，毛泽东写道："这是一次全国性的演习，左派、右派和动摇不定的中间派，都会得到各自的教训。结论：前途是光明的，道路是曲折的。还是这两句老话。"②

---

① 中共湖南省委党史研究室编：《毛主席五十次回湖南》，第372页。

② 《给江青的信》（1966年7月8日）。

7月16日，毛泽东在武汉畅游长江。在烟波浩渺的滔滔长江中，在两岸群众的欢呼声中，他像以往临江下海一样，从容自信，击水中流，畅游1小时零5分钟。游毕，他又在快艇上向江中和两岸的群众挥手致意。这时，他已73岁高龄。7月26日，《人民日报》发表社论《跟着毛主席在大风大浪中前进》。社论引用了毛泽东的一段话："大风大浪也不可怕，人类社会就是从大风大浪中发展起来的。"

总的来看，在回到北京之前，毛泽东对运动的发展是满意的。7月18日，毛泽东从武汉回到北京，情况随即发生了变化。回京当天，他听取了江青等人关于工作组的歪曲性汇报，调阅了北京一些高等院校反工作组的材料，这加深了他对工作组和运动进展情况的不满。他说，回到北京后，感到很难过，冷冷清清，有的学校大门都关起来了，甚至有些学校镇压学生运动。谁去镇压学生运动？只有北洋军阀。说"内外有别"是怕革命。贴出来又盖起来，这样的情况不能允许。共产党怕学生运动，是反马克思主义的，这是方向性错误，赶快扭转，把一切框框打个稀巴烂。他还说，现在这个文化大革命是个惊天动地的事情，能不能、敢不敢过社会主义这一关？这一关是最后消灭阶级，缩短三大差别，等等。① 又过了几天，毛泽东的态度更明确了。7月22日，他在接见中央文革小组和各中央局书记时说，要改变派工作组的做法，工作组起了阻碍运动的作用。② 7月24日，他在一次会议上提出，不要搞工作组，要由师生中的左派自己搞，才能搞好。这次会上，他作出了撤销工作组的决定。7月25日，他在接

① 参见《共和国史记·第3卷》（上），吉林人民出版社1996年版，第109页。

② 参见《共和国史记·第3卷》（上），吉林人民出版社1996年版，第110页。

见中央文化革命小组时说，不要工作组，要由革命师生自己搞革命，成立革命委员会。他指责工作组"一不会斗，二不会改，起坏作用，阻碍运动"。他表示，"要允许群众通天"，认为工作组规定的不准打电话、不准打电报、不准写信、不准包围报馆、不准包围省委、不准包围国务院、不准到中央来，都是阻碍群众革命。毛泽东明确表示否定工作组的意见后，刘少奇、周恩来、邓小平等都没再提出什么不同意见。

7月26日，在中央政治局常委扩大会议上，传达、讨论了毛泽东两次谈话的内容，并正式决定撤销工作组。当天，陈伯达、康生、江青等在北京大学的万人大会上公布了撤销工作组的消息。7月28日，北京市委正式发出《关于撤销各大专院校工作组的决定》（简称《决定》），文件注明"这一决定也适用于中等学校"。《决定》要求：工作组撤销之后，大专学校的文化大革命由全校师生员工分别选举、成立各级文化革命的群众组织进行领导。接着，工作组被指责为犯了方向、路线错误，派出的工作组被指责为"实际上是站在资产阶级立场，反对无产阶级革命"。

7月29日，根据中央指示，北京市委在人民大会堂召开全市大专院校和中专学校文化革命积极分子大会，宣读了这个决定。刘少奇、邓小平代表中央对派工作组这种做法承担了责任。刘少奇说："怎样进行无产阶级文化大革命，你们不大清楚，不大知道，你们问我们，我老实回答你们，我也不晓得。我想党中央其他许多同志、工作组的成员也不晓得"①。他表示，过去派工作组是中央决定的，现在看来工作组的方式已经不适应于当前"文化大革命"形势的需要，所以中央决定撤出工作组。他的这些话代表了当时中央一线领导的共同处境：怎样革命，现在只能讲一

---

① 《中国共产党历史·第二卷（1949—1978）》下册，中共党史出版社2011年版，第766页。

句话，放手发动群众，依靠广大的群众，团结广大的群众，更具体的方法你们不知道，我也不知道。

邓小平、周恩来在讲话中也都认为这是"老革命遇到了新问题"，说明以新市委名义向各大、中学校派出工作组是根据中央意见办的。他们在讲话中都对工作组在学校的工作作了客观的分析，肯定工作组绝大多数的同志是好的，主观愿望是好的。这些讲话反映了运动初期中央一线领导的困惑与被动，以及他们与毛泽东在认识上的差距，反映了在个人专断作风影响下，中央领导层出现的不正常现象。

8月1日，毛泽东就清华大学附属中学红卫兵给他的两份宣传"革命造反精神万岁"的大字报回信。他表示，红卫兵的行动"说明对反动派造反有理，我向你们表示热烈的支持"。他还说："我和我的革命战友，都是采取同样态度的。不论在北京，在全国，在文化大革命运动中，凡是同你们采取同样革命态度的人们，我们一律给予热烈的支持"。同时，他也向红卫兵提出："我们支持你们，我们又要求你们注意争取团结一切可以团结的人们。对于犯有严重错误的人们，在指出他们的错误以后，也要给以工作和改正错误重新作人的出路"。① 毛泽东的这封信很快在红卫兵和全社会上传开，给正处于造反初期的红卫兵们以极大的鼓舞。

（三）中共八届十一中全会对运动的进一步发动

5月中央政治局扩大会议后，"文化大革命"虽然已经兴起，但是很快便由于工作组的派出和广大党团员的冷淡而出现了"冷冷清清"的局面，这正如周恩来所说"开始时的轰轰烈烈转为中

---

① 《给清华大学附属中学红卫兵的信》（1966年8月1日）。

间的冷冷清清"①。这使毛泽东感到，对于这场运动来说，整个社会特别是党内还存在着相当大的阻力。为了冲破阻力，对"文化大革命"作进一步的发动，根据他的意见，中共八届十一中全会于 8 月 1 日在北京举行。会议原定会期为 5 天，主要议程为四项：一是通过《关于无产阶级文化大革命的决定》；二是讨论和批准十中全会以来中央在国内、国际问题上采取的重大措施；三是通过《会议公报》；四是补行 5 月中央政治局扩大会议关于人事变动决定的手续。但是会议开始后，却根据毛泽东的意见改变了会期和议程，会议延长为十二天。全会不仅开展了对刘少奇、邓小平等人的批判，还进行了中央领导机构的大改组。

会议第一天，毛泽东在发言中表示，这次会议要解决问题，否则很危险；如果不开这次全会，再搞几个月，他看事情就要坏得多。刘少奇在当天的报告中简要叙述了党的八届十中全会以来中央所做的工作，特别是在国际国内问题上所采取的重大措施，并再次就工作组问题进行检查。在谈到派工作组的动机时，他说，当时他曾考虑，这样大的运动，北京各院校部分组织已经瘫痪了，怕中断了党的领导不好。他又说，当陈伯达三次提出撤工作组问题时，多数同志还是不主张撤，他认为这一方法较机动，没有下决心撤，要看一看，同时，毛主席快回来了，等毛主席回来再请示决定。他表示派工作组的责任主要在他。在刘少奇谈工作组问题时，毛泽东多次插话，指责派工作组是"犯了方向、路线错误"，"是站在资产阶级立场，反对无产阶级革命"。

由于对"文化大革命""很不理解"以及会议的准备工作十分仓促，与会的大多数同志缺乏必要的思想准备。在会议开始后的头三天里，国务院一些部委和各大区负责人都无法就如何开展

---

① 《周恩来年谱（1949—1976）》下卷，中央文献出版社 1997 年版，第 43 页。

"文化大革命"提出系统的意见或建议，而是纷纷检讨自己"跟不上形势"，"犯了方向路线错误"，"仍然是很不理解，很不认真、很不得力"，等等。为了加深与会者对运动的理解，8月1日，会议印发了毛泽东给清华大学附中红卫兵的复信。在8月4日举行的中央政治局常委扩大会议上，毛泽东对派工作组提出了更加严厉的指责。他说，在前清时代，以后是北洋军阀，后来是国民党，都是镇压学生运动的。现在到共产党也镇压学生运动。自己下命令要学生起来造反，人家起来了又加以镇压。新市委镇压学生群众，为什么不能反对？他认为派工作组和在运动中强调党纪国法是"明明白白站在资产阶级方面反对无产阶级"，这是镇压，是恐怖，这个恐怖来自中央，这些问题是方向性问题，是路线错误。他甚至在插话中指责说："牛鬼蛇神，在座的就有。"①

8月7日，会议印发了使大多数同志深感震惊的毛泽东的大字报，即《炮打司令部——我的一张大字报》②，并附有聂元梓等七人的大字报。在这份大字报里，毛泽东从严厉批评工作组开始，最后实际上点明了发动这场运动的原因和目的。他写道，自6月上旬派工作组以来的50多天里，从中央到地方的某些领导同志，"站在反动的资产阶级立场上，实行资产阶级专政，将无产阶级轰轰烈烈的文化大革命运动打下去，颠倒是非，混淆黑白，围剿革命派，压制不同意见，实行白色恐怖，自以为得意，长资产阶级的威风，灭无产阶级的志气，又何其毒也！"由此，大字报引申到过去党中央领导层在社会主义建设问题上的争论，意味深长地提示说："联系到一九六二年的右倾和一九六四年形

---

① 参见《刘少奇年谱（1898—1969）》下卷，中央文献出版社1996年版，第648页。

② 这份大字报写于8月5日。

'左'而实右的错误倾向，岂不是可以发人深醒的吗?"这里，虽然还未点名，但与会的中央委员实际上都已明了这是对在这一段时间里主持中央一线工作的刘少奇、邓小平等人的严厉批评。

毛泽东的大字报发出后，中央文革小组的陈伯达、康生、江青、张春桥、姚文元等纷纷发言或撰文表示拥护并加以发挥。江青在会上对《炮打司令部——我的一张大字报》解释道："北京有两个司令部"，"一个是代表资产阶级的司令部，一个是代表无产阶级的司令部"。8月8日，被紧急召回北京仅两天的林彪接见了中央文革小组。他在讲话中表示，这场运动要"弄得翻天覆地，轰轰烈烈，大风大浪，大搅大闹，这半年就要闹得资产阶级睡不着觉，无产阶级也睡不着觉"。自此，会议的原定议程、内容发生变化，转向揭发批判所谓的"资产阶级司令部"。尽管如此，由于刘少奇、邓小平等人在党内的地位以及调整时期有目共睹的成就，与会者的批判往往还是"不得要领"，达不到要求。

从批判派工作组开始，追溯到1962年以来党中央在工作指导方针上的某些分歧，提出在以毛泽东为首的党中央之外，另有一个以刘少奇为首的"资产阶级司令部"，并号召炮打这个司令部，显然，这是完全缺乏事实根据的。以这张大字报的发表为标志，"文化大革命"的斗争锋芒更加明确、直接地指向了刘少奇、邓小平等中央一线领导。而且，自此以后，中央各党政部门和省市各级党政机关普遍成为被"炮打""炮轰"的各级"资产阶级司令部"。

8月8日，全会通过了由中央文革小组起草、经毛泽东审定的《关于无产阶级文化大革命的决定》（简称"十六条"）。"十六条"是当时指导"文化大革命"的一个纲领性文件，它对当时运动的形势作出了判断，对运动的目的、重点、依靠力量、方法等作出了比较具体的规定。"十六条"一开始就指出："当前开展的无产阶级文化大革命，是一场触及人们灵魂的大革命，是我国社会主义革命发展的一个更深入、更广阔的新阶段","在当前，我们的目的是斗垮走资本主义道路的当权派，批判资产阶级的反动学术'权威'，批判资产阶级和一切剥削阶级的意识形态，改革教育，改革文艺，改革一切不适应社会主义经济基础的上层建筑，以利于巩固和发展社会主义制度"。"十六条"一再强调要"'敢'字当头，放手发动群众"，"充分运用大字报、大辩论这些形式，进行大鸣大放"，"不要怕出乱子"，"不能那样雅致，那样文质彬彬，那样温良恭俭让"，要"让群众在运动中自己教育自己"。它明确指出"这次运动的重点，是整党内那些走资本主义道路的当权派"。"十六条"认定，在这场运动中"一大批本来不出名的革命青少年成了勇敢的闯将"，"他们的革命大方向始终是正确的"，"党的领导要善于发现左派，发展和壮大左派队伍，坚决依靠革命的左派……彻底孤立最反动的右派，争取中间派"。"十六条"还提出，由群众选举产生的"文化革命小组、文化革命委员会、文化革命代表大会……是无产阶级文化大革命的权力机构"。

"十六条"对于"文化大革命"的规定和要求，标志着当时党内关于社会主义条件下阶级斗争的错误认识进一步向系统化、理论化方向发展。它不仅认定党内已经出现了一个"资产阶级司令部"，这个"司令部"对1962年以来中国社会主义建设中出现的所谓"修正主义"倾向负有责任，而且提出通过直接发动广大群众，把党的各级领导排除在运动之外，用"革命"的方式向"走资派"夺权。同"五一六通知"一样，"十六条"也没有对"走资派""左派""右派""中间派"这些不论是在理论上还是在实践中都十分重要的概念提出明确的判别标准。虽然"十六条"也提出要区别两类不同性质的社会矛盾，"要用文斗，不用武斗"等政策要求，但是运动性质本身决定了这些规定必定是软弱无力的，对"文化大革命"的发展难以产生约束力。而"十六条"中那些具有很大任意性的概念和助长过火斗争的号召，却在更大范围内引起了剧烈的、盲目的、人为制造的阶级斗争，造成了难以计数的冤假错案和严重的社会动乱。

根据毛泽东的提议，会议于 8 月 12 日临时增加了改组中央领导机构的议程。中央政治局常委由原来的 7 人扩大为 11 人，增加了陶铸、陈伯达、康生、李富春。原中南局第一书记陶铸是由 5 月中央政治局扩大会议决定调任中央书记处常务书记兼任中宣部部长的，但他在成为中央政治局常委后不久就被排斥（后来被迫害致死），李富春不久后也被排斥。在中央政治局常委的名次排列中，林彪排在毛泽东之后，名列第 2 位，刘少奇则由原来的第 2 位降到第 8 位。全会没有重新选举中央副主席，但以后只有林彪被称为中央副主席，刘少奇、周恩来、朱德、陈云的副主席职务都不再提及。这些情况都是极不正常的。这次中央领导机构的改组，实际上取消了原来以刘少奇为代表的中央一线领导。会议期间和会后，刘少奇、邓小平等一些中央领导人相继受到批判。毛泽东"左"倾错误的个人领导实际上取代了党中央的集体领导。

同一天，会议通过了八届十一中全会公报。公报提出：毛泽东关于"文化大革命"的一系列指示，"是马克思列宁主义的一个重大发展"，"毛泽东同志天才地、创造性地、全面地继承、捍卫和发展了马克思列宁主义，把马克思列宁主义提高到一个崭新的阶段。毛泽东思想是在帝国主义走向全面崩溃，社会主义走向全世界胜利的时代的马克思列宁主义"。公报认为："搞好这场文化大革命，关键在于信任群众，依靠群众，放手发动群众，尊重群众的首创精神。……要敢于革命，善于革命。不要怕出乱子。"公报还说："全会认为，林彪同志号召人民解放军在全军展开学习毛泽东同志著作的群众运动，为全党全国树立了光辉的榜样。"

在八届十一中全会闭幕会上，毛泽东发表了重要讲话。与会议前一阶段的讲话及 8 月 5 日的大字报相比,这个讲话显得缓和一些。他说,这次会议所决定的问题,究竟是正确的还是不正确的,要看以后的实践;决定能不能实行,还要靠各级领导去做。他要求,对犯错误的同志总是要给他出路,要准许改正错误;不要认为别人犯了错误,就不许他改正错误,我们的政策是惩前毖后,治病救人,一看二帮,团结—批评—团结,等等。

八届十一中全会公报发表的当天,毛泽东来到党中央所在地的群众接待站,直接面对群众发出号召:"你们要关心国家大事,要把无产阶级文化大革命进行到底!"

8 月 13 日,林彪在中央工作会议上讲话。他说,我们要大搞无产阶级"文化大革命",用无产阶级思想代替孔孟之道、资产阶级思想和一切旧思想。"不要走过场,干脆大闹几个月,弄得人们睡不着觉。这一次一定要大搞,这是破旧立新的重大战略措施","我们对干部要来个全面考察,全面排队","这次要罢一批人的官,升一批人的官,保一批人的官。组织上要有一个全面的调整"。① 他又说,主席处理问题,有全盘考虑,高瞻远瞩,还有他的想法,有很多他的想法我们是不了解的。我们对主席的指示,理解的要执行,不理解的也要执行。

八届十一中全会及之后的中央工作会议期间,党中央领导层如此重大而突然的人事变动,以及运动中"不要怕出乱子"之类的号召,使许多与会者感到震惊、困惑和怀疑。他们被告知要批判刘、邓,但却很难理解这样做的原因,更难以把握在实际工作中贯彻执行的方法和尺度。正如"十六条"所说:"许多单位的负责人"对"文化大革命"是"很不理解,很不认真,很不得力"。尽管存在这种情况,经过 1966 年 5 月中央政治局扩大会议

---

① 《中国共产党历史·第二卷(1949—1978)》下册,中共党史出版社 2011 年版,第 769 页。

和八届十一中全会两次会议的发动，"文化大革命"还是在全国全面地开展起来了。正如《关于建国以来党的若干历史问题的决议》指出："一九六六年五月中央政治局扩大会议和同年八月八届十一中全会的召开，是'文化大革命'全面发动的标志。"

四、迅速升级、扩展的全面动乱

"文化大革命"虽然已"全面发动"起来，但如果只是两次中央会议的发动，仍不会出现后来人们所见到的那种面貌。即使在八届十一中全会后，不论是从中央到地方，还是从党内到党外，"文化大革命"仍然面临着很大的阻力。真正使运动从"炮打司令部"发展到"天下大乱"的，是支持红卫兵运动和大串连、提出批判"资产阶级反动路线"和把运动扩展到工农业领域这四个重大步骤。

（一）红卫兵运动和大串连

20世纪60年代初以来，在不断发展的阶级斗争扩大化影响下，越来越多的单纯的青年学生，出于理想主义的激情和"革命化""反修防修""防止资本主义复辟"的狂热，较快接受了一些阶级斗争扩大化的理论与实践。他们自视为新世界的创造者，肩负着埋葬"帝、修、反"的历史使命。在这样一种大背景下，清华大学附中的一些情怀激烈、消息灵通、关心时事、充满使命感的学生，于1966年5月29日自发组织了红卫兵组织。6月2日北京各报转载"第一张马列主义大字报"的同时，清华大学附中正式贴出署名为"红卫兵"的大字报。之后，北京许多中学、大学的学生纷纷响应，成立了各种名目的红卫兵组织。他们表示："我们是保卫红色政权的卫兵，党中央毛主席是我们的靠山，解放全人类是我们义不容辞的责任，毛泽东思想是我们一切行动的最高指示"。"我们宣誓：为保卫党中央，为保卫伟大的领袖毛主席，我们坚决洒尽最后一滴血！"学生在最初的造反活动中，把矛头指向学校党政领导和广大教师，把他们说成是"走资派""黑帮分子"进行批判、斗争，学校的党组织和行政领导很快陷于被动甚至瘫痪。

6月24日，清华大学附中红卫兵贴出《无产阶级的革命造反精神万岁》的大字报，号召学习毛主席著作，"要在'用'字上狠下功夫。就是说，主要在'造反'二字上下功夫。敢想、敢说、敢做、敢闯、敢革命，一句话敢造反"，"不造反就是百分之一百的修正主义！""革命者就是孙猴子"，"要抡大棒、显神通、施法力，把旧世界打个天翻地覆，打个人仰马翻，打个落花流水，打得乱乱的，越乱越好"。7月4日和27日，他们又分别贴出《再论无产阶级的革命造反精神万岁》和《三论无产阶级的革命造反精神万岁》的大字报，极富煽动性地一再宣传"造反有理""一反到底"，鼓动大反工作组，大反党委。红卫兵组织因符合"文化大革命"发动的内在需要，虽经历了一点曲折，但很快就因势乘便，从1966年夏秋起迅速发展起来。在党的八届十一中全会上，毛泽东复信清华大学附中红卫兵，表示对他们革命造反精神的热烈支持。

8月18日，首都举行有百万人参加的"庆祝无产阶级文化大革命"群众大会，毛泽东醒目地穿着绿军装，首次在天安门接见全国各地到北京串连的红卫兵。毛泽东接受了一个红卫兵给他戴上的"红卫兵"袖章，表明他对红卫兵的支持。会上，他对林彪说："这个运动规模很大，确实把群众发动起来了，对全国人民的思想革命化有很大的意义"。林彪在集会的讲话中说："我们坚决地支持你们敢闯、敢干、敢革命、敢造反的无产阶级革命精神"，"我们要打倒走资本主义道路的当权派，要打倒资产阶级反动权威，要打倒一切资产阶级保皇派，要反对形形色色的压制革命的行为，要打倒一切牛鬼蛇神"。他号召"我们要大破一切资产阶级的旧思想，旧文化，旧风俗，旧习惯"，"要扫除一切害人虫，搬掉一切绊脚石"。①

"八一八"大会是红卫兵发展中的一件大事，也是推动"文化大革命"走向高潮的一件大事。它几乎在一夜之间就把红卫兵运动推向社会，推向全国。此后，以"红五类"② 出身为主体的红卫兵组织在北京和全国各地纷纷建立，并迅猛扩展。在北京，继而在全国爆发了一场震惊世界的红卫兵运动。这场运动，是在理论纲领和中央人事上解决发动"文化大革命"遇到的问题之后，将"文化大革命"进一步推向全国的重要步骤。红卫兵因此被称作是"文化大革命"的急先锋，成为实现"天下大乱"从而使"文化大革命"迅速达到高潮的工具。

在"八一八"大会的鼓动下，按照自己对"反修防修"的理解，同时也为表现自己的"革命造反"精神，自8月下旬开始，北京红卫兵率先走上街头，破除"四旧"（即"旧文化、旧思想、旧风俗、旧习惯"）。8月19日，北京第二中学在北京市各主要街道墙壁上贴出《向旧世界宣战》的大字报，宣称：要批判、砸烂一切旧思想、旧文化、旧风俗、旧习惯，所有为资产阶级服务的理发馆、裁缝铺、照相馆、旧书摊等统统都不例外。大字报指责"飞机头""螺旋宝塔式"等"稀奇古怪"的发型，以及"牛仔裤""港式衣裙"和有"黄色照片"的书刊；提出社会主义中国的首都不能容忍帝国主义、封建主义和资产阶级留下的

---

① 国防大学党史党建政工教研室：《"文化大革命"研究资料》上册，1988年，第88页。

② 即家庭出身为工人、贫下中农、革命干部、革命军人和革命知识分子的子女。

"臭名字",等等。8月20日,《人民日报》全文转载此文。当日,红卫兵走上街头,张贴传单和大字报,集会演说,开始大规模的"破四旧"活动。

红卫兵身穿绿色军装,头戴军帽,腰扎皮带,胸前佩戴毛主席像章,臂上戴着红卫兵袖章,手拿《毛主席语录》,在街上集会游行,高唱毛主席语录歌,跳自己创作的"忠字舞",极大地影响了当时的社会风气。在他们的带动下,机关、工厂、商店、农村、部队到处都搞起了"早请示,晚汇报",跳起"忠字舞",把对毛泽东的个人崇拜推向高潮。

"破四旧"中,红卫兵把自己认定带有"封、资、修"内容的街道、商店、医院、学校的名称、标记等统统取缔或砸掉,换上被认为是具有"革命"意义、体现"四新"(即"新文化、新思想、新风俗、新习惯")内容的新名称、新牌号。如将"全聚德"烤鸭店改为"北京"烤鸭店,协和医院改为"反帝医院",同仁医院改为"工农兵医院",女二中改为"反修战校",苏联驻华大使馆前的"扬威路"改为"反修路",长安街改为"东方红大路",王府井改为"防修路",东安市场改为"东风市场",东交民巷改为"反帝路",如此等等。红卫兵还在王府井等主要街道贴出命令、告示,设立"红卫兵破旧立新站",当场强迫过路的人剪去长发,砸掉皮鞋的高跟,剪开牛仔裤裤管……在"破四旧"的高潮中,许多商店停售所谓"封、资、修"的商品;服务行业以"不为资产阶级老爷服务"为名,取消了应有的服务内容,要求顾客自己端饭菜、洗碗筷,"自我服务";以"大众化"为名取消了传统的服务项目或具有特色的品种;以"消灭私有制"为名砍掉了合作商店、合作小组及个体劳动等经济形式。诸如此类的做法不仅使国家和企业遭受巨大损失,也使市场陷于萧条,严重影响了市民的生活。

更为严重的是,一些红卫兵还肆意冲击、查抄许多享有很高名望的民主党派领导人、民族宗教界人士住地，甚至向民主党派机关团体下达无条件"解散"的"最后通牒"；通令银行停止向资本家支付利息，号召群众自动放弃银行利息，因为"利息是资产阶级不劳而获的表现"；向私房主发出"最后通牒"，令其交出房契；以至强迫宗教职业者还俗。

红卫兵的狂热行为受到中央文革小组控制的舆论工具的高度赞扬。8月21日，《红旗》杂志评论员文章说，千百万红卫兵由学校走上街头，形成一股不可抗拒的革命洪流，他们荡涤着旧社会留下来的一切污泥浊水，清扫着堆积了几千年来的垃圾脏物，他们是"革命的急先锋"，是"新生事物"，号召人们"擂鼓助威，鸣锣开道，高举双手，欢迎新生事物"。8月22日，中央转发了公安部的一个报告，"严禁出动警察镇压革命学生运动"。同日，新华社播发了北京红卫兵"大破四旧"的消息，并给予高度赞扬。8月23日，全国各大报均以"新华社二十二日讯"的形式在头版刊登了题为《无产阶级文化大革命的浪潮席卷首都街道，红卫兵猛烈冲击资产阶级的风俗习惯》的报道。《人民日报》同时发表了题为《好得很！》和《工农兵要坚决支持革命学生》的两篇社论。8月下旬，新华社连续报道全国各地红卫兵"破四旧"运动，称赞"各地革命小将向一切剥削阶级的旧思想、旧文化、旧风俗、旧习惯发动总攻击"。8月26日，新华社以《横扫"四旧"的革命风暴席卷全国各城市》为题报道全国各地"破四旧"的情况。8月31日，林彪亲自参加接见红卫兵的大会并发表讲话，表示支持红卫兵"破四旧"的行动。

这些本来就缺乏历史知识和社会经验、几乎没有什么政策法制观念的青少年，在一种盲目的革命狂热驱使下，在"破四旧"的过程中，更滋生和发展了一种无政府主义思潮。他们充满了幼稚的革命理想主义精神，被献身于世界革命的精神所鼓舞，具有很大的社会能量。但他们的思维方式简单甚至肤浅，崇尚种种极端的甚至是暴力的行为，很容易从一个极端滑向另一个极端。全国各地的红卫兵组织尽管在成员构成、组织形式乃至所持观点上各不相同，但它们都是摆脱各级党团组织领导、实现"天下大乱"需要的产物。这种特点决定了红卫兵必然要被某些阴谋人物所利用，自觉或不自觉地成为制造一系列更大动乱的工具。

中央领导和中央权威报刊如此热烈、坚定的肯定和鼓励，使那些原先往往还不那么自信的青少年更加冲动和狂热。红卫兵运动很快由北京蔓延到天津、上海、广州等全国各大中城市。"破四旧"运动在全国迅速推广，并且更加激烈和肆无忌惮，打人、砸物、抄家之风也因不受约束而愈演愈烈，造成极为严重的后果。与此同时，各地红卫兵还将千百年留存的文物古迹或捣毁或焚烧，造成一场空前的文化大破坏。全国重点文物保护单位山东曲阜孔庙、孔府、孔林遭砸、抄后，被毁文物达六千多件，其中国家一级文物七十余件，珍版书籍一千七百余册。① 北京北海团城玉佛身上镶嵌的珍珠、钻石被盗窃一空，八大处珍藏的一万多卷佛经被送到造纸厂化为纸浆，就连万寿山最高处大殿南墙上雕刻的无数尊小佛的面部，也被一一削平，颐和园长廊上的油饰彩画也被涂得面目全非。据记载，北京1958年第一次文物普查中保存下来的6843处文物古迹，竟有4922处受到不同程度的破坏，其中大多数被毁于1966年8、9月间。② 8月下旬，浙江省各地红卫兵开始冲击寺院，掘古墓，捣毁神像、文物，焚烧书画、戏装。杭州的平湖秋月碑、虎跑泉的老虎塑像、岳王坟的岳飞、秦桧像等或被砸被毁，或被丢弃。红卫兵们继而要冲击全国重点文物保护单位灵隐寺，省委和当地驻军都出面保护，直到8月底周

① 参见《历史的审判》（续集），群众出版社1986年版，第17页。
② 参见同兴：《十年浩劫，京城血泪》，载北京日报社《宣传手册》编辑部编：《彻底否定"文化大革命"》（专集），1985年2月。

恩来发来"灵隐寺暂加封存"的电报，才得以幸免于难。8月中旬以来，在湖南南岳的 15 所寺庙中珍藏的自唐朝以来历代所铸塑的 479 尊佛像、395 尊菩萨像、649 尊罗汉像和珍藏的 54 部佛经书、503 幅贝叶像以及大量珍贵的佛事设施，基本上被砸被焚，仅运下山当废旧物资处理的铜铁碎片就达六十余吨，使蜚声海内外的千年古刹变成一片废墟。①

1966 年 8 月 26 日，当时的公安部部长谢富治在北京市公安局扩大会上的讲话中宣布："过去规定的东西，不管是国家的，还是公安机关的，不要受约束"，"民警要站在红卫兵一边，跟他们取得联系，和他们建立感情，供给他们情况，把五类分子情况介绍给他们"。这个讲话在公安系统传达以后，北京城乡迅速掀起一个以批斗"地、富、反、坏、右"五类分子为名的打人、抄家的浪潮。在学校里不断出现由红卫兵主持集会，批判、殴打附近居民中"五类分子"的事件。在北京一些郊区县，打杀之风更盛。"破四旧"所造成的严重后果，使社会各方面惶惶不安。为防止事态进一步恶化，《人民日报》于 9 月 5 日发表社论《用文斗，不用武斗》，其中传达了毛泽东有关"要用文斗，不用武斗"的指示。这一做法对红卫兵的极端行为产生了一些暂时的约束作用。但既然要红卫兵充当"革命的急先锋"以更进一步地发动"文化大革命"，这种作用只能是相当微弱和暂时的。

为借助红卫兵的力量将"文化大革命"之火迅速燃遍全国，9 月初，中共中央、国务院发出关于组织外地师生来京参观"文化大革命"的通知，全国红卫兵纷纷涌入北京。同时，北京的红卫兵也奔赴各地"传经送宝"，大串连在全国出现高潮。到这一年 11 月，毛泽东在北京共计八次接见来自各地的红卫兵达一千

---

① 参见《共和国史记·第 3 卷》（上），吉林人民出版社 1996 年版，第 130 页。

三百万人次。由此，大串连遍及全国城乡，红卫兵运动达到高潮。全国红卫兵大串连，不仅给铁路交通秩序、社会生活秩序造成严重混乱，使工农业生产受到直接影响，而且更使"革命造反"的邪火到处燃烧，难以遏制。各级党政机关及其主要领导人大都处于被责难、受冲击的地位，以"怀疑一切""炮打一切"为主要标志的极左思潮泛滥全国，正常的生产、工作秩序已经难于保证。为稳定局面，减轻财政负担，减少客货运输积压，10月29日，中共中央、国务院发出《关于北京大中学校革命师生暂缓外出串连的紧急通知》。11月16日和12月18日，又连续发出通知，一律暂停乘火车、轮船、汽车来北京和到各地串连。

（二）批判"资产阶级反动路线"与"踢开党委闹革命"

党的八届十一中全会后，红卫兵运动席卷全国，"文化大革命"似乎轰轰烈烈地发动起来了。实际上，如此激烈、"彻底"的"革命"，仍未被大多数工人、农民、党团员和党内多数领导干部所接受，很不理解、很不认真、很不得力的情况依然普遍存在。红卫兵运动中，各地、各部门的党政领导机关和负责人，绝大多数被视为害怕"革命"甚至反对"革命"，几乎全部遭到"炮打"和批判，这显然同"十六条"中所说干部中"好的"和"比较好的"是"大多数"这一论断相悖。违背常理的"革命"越发展、越"深入"，所遇到的抵触情绪和阻力也就越大。

为进一步解决来自党内高、中层对"文化大革命"的阻力，根据毛泽东的意见，中共中央在10月9日至28日召开了以批判"资产阶级反动路线"为主题的工作会议。参加会议的有各大区负责人，各省、市、自治区党委负责人和中央、国家机关党组织负责人。会议原定开7天，但由于多数与会者对运动仍然是"很不理解"，结果不得不开了近20天。它实际上是继5月中央政治局扩大会议和8月八届十一中全会之后，在党内高层对"文化大革命"的再一次发动。"资产阶级反动路线"的提法，在八届十一中全会实际上已经提出。当时把刘少奇、邓小平指责为"资产阶级反动路线"的主要制定者和推行者。这样，在党中央不仅存在一个"资产阶级司令部"，还有一条与正确路线相对抗的所谓"资产阶级反动路线"。1966 年 10 月 1 日，林彪在国庆讲话中说："以毛主席为代表的无产阶级革命路线，同资产阶级反对革命路线的斗争还在继续。"同一天出版的《红旗》杂志第十三期发表的《在毛泽东思想的大路上前进》社论中，号召"对资产阶级反动路线，必须彻底批判"。10 月 6 日，首都红卫兵"三司"（"首都大专院校红卫兵革命造反总司令部"）在北京召开有 10 万人参加的"全国在京革命师生向资产阶级反动路线猛烈开火誓师大会"，带头把"打倒资产阶级反动路线"的口号捅向全社会。

本来，路线问题特指党内的分歧和矛盾，既然是"资产阶级"的和"反动"的，就只能是党外的、两大对抗阶级之间的矛盾，那就谈不上路线问题。这种违背形式逻辑的概念，正反映了"文化大革命"的荒谬。它的出现，是"文化大革命"进一步升级的需要和产物。对此，当时中央领导层中是存在不同意见的。10 月间，周恩来就曾为此专门找了毛泽东，表明党内历来提路线问题都是说"左"倾、右倾，并没有"资产阶级反动路线"这样的提法。之后，他又在多次接见群众代表的讲话中，反复强调了"资产阶级反动路线"错误是认识问题，属于人民内部矛盾，表示不同意把刘、邓的问题公开化。

会议初期，由于大多数与会者仍然对"文化大革命""很不理解"，他们的发言或是文不对题、不得要领，或是流露出不满和牢骚，或是达不到中央文革小组所要求的"高度"。10 月 16 日和 25 日，陈伯达、林彪先后作主题发言，点名攻击刘少奇、邓小平，指责他们是"资产阶级反动路线"的提出者和代表人，并鼓吹群众运动"天然合理"。陈伯达在发言中解释什么是"毛主席的无产阶级革命路线"和"资产阶级反动路线"时提出：毛主席的革命路线，"是让群众自己教育自己、自己解放自己的路线"；错误路线"则是反对让群众自己教育自己、自己解放自己"。他在发言中点名批判了刘少奇和邓小平，说党内路线斗争是社会阶级斗争的反映。刘、邓的错误路线的社会基础主要是资产阶级。在刘少奇、邓小平已经基本停止工作两个月后，陈伯达居然声称"两条路线的斗争还在继续，而且还会经过多次的反复"，这更使与会者感到疑惑与震惊。陈伯达在讲话中还对已经使社会陷于动乱的红卫兵运动大加赞扬："伟大的红卫兵运动震动了整个社会，而且震动了全世界。红卫兵运动的战果辉煌。可以无愧地说，整个文化革命运动，比巴黎公社，比十月革命，比中国历来几次大革命的群众运动，都来得更深刻，更汹涌澎湃。这是国际上更高阶段的无产阶级革命运动。"

林彪在讲话中也对"文化大革命"作了高度评价：广大群众轰轰烈烈，收获很大，尤其是政治上的收获；党内揪出了一批走资本主义道路的当权派，社会上搞臭了很多资产阶级的反动"权威"，还挖出了很多潜藏的反革命分子、坏分子，但最主要的是在思想上，确实触及了人们的灵魂；这个运动在世界上树立了史无前例的榜样，对于反对修正主义，中国这种做法很有示范的作用。他又说："几个月来文化大革命中的情况是两头的劲很大，中间就有一点劲头不足，中间甚至还有一点顶牛"，"绝大多数党委对于这场伟大斗争的领导还很不理解，很不认真，很不得力"，重要的原因是"中央有几个领导人，就是刘少奇、邓小平，他们搞了另外一条路线，同毛主席的路线相反"，"在一个短时期内，刘邓的这条路线是取得了一个差不多统治的地位"，"一直到这次会议以前，我看还是这样的情况"，"一个是群众路线，一个是反群众路线。这就是我们党内两条路线的尖锐的对立"，"革命的群众运动，它天然是合理"。① 在林彪、陈伯达的讲话中，贯穿着一条鲜明的主线，这就是颂扬"文化大革命"的成就和意义，鼓吹群众运动"天然合理"，这是为否定党的领导、煽动无政府主义、制造"天下大乱"提供的重要依据。林、陈把坚持党的领导的做法斥为"资产阶级反动路线"，别有用心地大肆称颂群众"自己教育自己""自己解放自己"，实际上不过是"运动群众"和愚弄群众。在这种"天然合理"的群众运动中，群众不可能成为运动的主人，而只能是运动的对象。

中央工作会议期间，刘少奇、邓小平按照毛泽东《炮打司令部——我的一张大字报》的口径，被迫作出书面检查。他们虽然不得不承认工作组犯了"方向性""路线性"错误，但坚持认为工作组的绝大多数同志是好同志，在这段工作中所犯错误主要责任不应由他们来承担，而应由自己来承担。毛泽东对刘、邓二人的检查均表示认可。他在刘少奇检讨初稿上批示认为"基本上写得很好，很严肃，特别是后半段更好"②。

10月24日，毛泽东在会上的讲话中说："文化大革命这个火是我放起来的。时间很仓促，只几个月。跟28年的资产阶级民主革命，17年的社会主义革命比较起来，这个文化革命不到半年。不那么通，有抵触，这是可以理解的，是自然的。你们过不了关，我也着急呀。时间太短，可以原谅，不是存心要犯路线错误。他说，我的责任是分一、二线，我想在死之前树立他们的威信，没有想到反面，现在闹独立王国，许多事情不与我商量；刘、邓二人是搞公开的，不是秘密的。"他又说："把刘、邓的大

---

① 参见《共和国史记·第3卷》（上），吉林人民出版社1996年版，第142—147页。

② 《对刘少奇〈在北京各工作组领导干部会议上的检讨提纲（草案）〉的批语》（1966年9月14日）。

字报贴到街上去不好，要准人家革命，不要不准人家革命。""对刘、邓要准许革命，准许改，说我和稀泥，我就是和稀泥"。①会上，当康生恶意地说刘、邓在党的八大所做报告有"阶级斗争熄灭论"时，毛泽东表示："我们都看了的嘛，大会通过了的，不能单由刘、邓负责"。10月25日，中央工作会议结束。林彪在大会上讲话时，再次对"文化大革命"进行了高度评价。他说："革命的群众运动，它天然是合理"，几个月来的运动"收获很大"。他还说："我们应该不要怕出点乱子，应该敢字当头。否则，我们就要犯政治上的大错误"。毛泽东的讲话同他在八届十一中全会闭幕时的讲话一样，显得平和、宽容。他肯定了红卫兵造反行动，又说："17年来，有些事情，我看是做得不好，比如文化意识形态方面的事情"，"引起警觉，是'二十三条'那个时候，从许多问题看来，这个北京就没有办法实行解决，中央的第一线中存在的问题就是这样。所以，我就发出警告说，北京出了修正主义怎么办？"毛泽东的讲话侧重点放在缓和党内矛盾方面。他表示，北京的问题，到现在可以说基本解决了。"无非是犯一些错误，那有什么了不起的呀？路线错误，改了就是了。谁人要打倒你们呀？我是不要打倒你们的，我看红卫兵也不一定要打倒你们。""也不能完全怪刘少奇同志、邓小平同志。他们两个同志犯错误也有原因。"

周恩来在10月28日总结性的讲话中提出，"文化大革命"是否可以设想一个时间表，各省、市党委机关的运动，设想春节前后告一段落。他指出，红卫兵还是一种学生的组织，学校以外的农村生产队、城市的工矿企业、机关团体一般不组织红卫兵。他还说，做梦也没有想到这么大的局面，深感跟不上主席。只有共产党才能领导。周恩来还谈到他在与红卫兵谈政策时提出，罢

① 《刘少奇传》（下），中央文献出版社1998年版，第82页。

官你们可以提议，但不能罢，你们自己的领导可以换，党和国家的各级领导不能罢官。不能搞扣人、抄家，也不要打人和体罚。①

当时，在毛泽东看来，刘、邓虽然犯了错误，但仍然是党内的问题，是批评教育的问题。而且，在经过近半年运动后，到中央工作会议结束，他心目中的"两个司令部"问题已经基本解决了。这是当时毛泽东对"文化大革命"和刘、邓的基本看法，也是他与江青、康生等人最大的区别之一。基于这样一些基本认识，毛泽东估计"文化大革命"再搞两个或五个月或更长一点时间就可以结束。但是，他没有想到，像"文化大革命"这样的运动一经发动起来，它就会超出人们——甚至是其发动者——的想象和规划，在一系列巨大的破坏和动荡中按照其内在的规律向前发展。运动并没有在两个或五个月后结束，而是持续了十年之久。实践证明，"天下大乱"不仅不能消除党和国家肌体中确实存在的阴暗面，反而由于对党和国家根本秩序的破坏，给社会主义事业造成极大损失，使原有的阴暗面大大增长，并给野心家、阴谋家篡夺党和国家的领导权造成了可乘之机。

10 月中央工作会议后，林彪、陈伯达在中央工作会议上的讲话大量印发，实际上是把刘少奇、邓小平的"问题"进一步在社会上扩散，而这种扩散又必将导致对刘、邓批判的升级。在批判"资产阶级反动路线"的号召下，各级党政领导机关和领导普遍受到更为强烈的冲击，维持社会秩序的权威急剧下降，无政府主义思潮和行动横行无忌，全国性的动乱进一步发展。10 月中央工作会议通过对"资产阶级反动路线"的批判，实现了对"文化大革命"的又一次发动，并引发了全国动乱的又一次升级。

1966 年 10 月 5 日，也就是在公开提出"批判资产阶级反动

---

① 参见《共和国史记·第 3 卷》（上），吉林人民出版社 1996 年版，第 149 页。

路线"后第 4 天，根据林彪提议，中央军委、总政治部发出《关于军队院校无产阶级文化大革命的紧急指示》（简称《紧急指示》）。这个《紧急指示》，实际上是由中央文革小组的陈伯达、江青、康生、张春桥等人直接参与起草的。其基本点是：军队院校要和地方院校一样开展"文化大革命"，"把那些束缚群众运动的框框统统取消"，原来党委领导运动的有关规定一律取消。同日，中共中央转发了《紧急指示》，认为该文件"很重要"，"对于全国县以上大中学校都适用"，应"坚决贯彻执行"，这就在实际上宣布取消党组织对运动的领导。

在运动中要不要党的领导以及如何实现这种领导，这是自"文化大革命"全面发动以来从上到下激烈争论的一个重要问题。"批判资产阶级反动路线"的提出和《紧急指示》的发出，实际上是以否定各级党的领导的结局，结束了这场斗争。如果说，以批判"资产阶级反动路线"为主旨的 10 月中央工作会议为进一步克服"文化大革命"的阻力提供了理论依据，那么，《紧急指示》则是给否定党的领导、"无法无天"提供了合法依据，其目的都是要冲破现行的党政领导体制（即所谓"那些束缚群众运动的框框"）——而不仅仅是冲击一些具体的党政领导人，进一步鼓动群众起来在体制外造体制的反，为打倒从中央到地方一大批"走资本主义道路的当权派"开辟道路。《紧急指示》的中心思想马上被造反派准确地概括为"踢开党委闹革命"，并以狂热的形式推向全国。也就是说，1966 年 10 月后，通过对"资产阶级反动路线"的批判，"文化大革命"实际上已变成了一场由党的最高领导者直接指挥的反对现行体制的运动。这些做法直接引发了无政府主义的泛滥和"天下大乱"局面的形成。

正是在这种"天下大乱"思想的指导下，从北京到全国，从军队到地方，到处出现"炮打"、冲击党政军机关的局面，到处发生揪斗、围攻各级领导干部的事件。10 月 18 日，清华大学和北京街头出现"打倒刘少奇"的标语口号。11月8日，北京大学聂元梓等人贴出攻击邓小平的大字报。与此同时，国防部也遭到军事院校学生的多次冲击。10月底至11月间，建材部部长赖际发被批斗、罚跪；农垦部部长王震被抄家；组织部部长安子文被"揪出"；高级党校校长林枫被拉走"游斗"；刚调到中央不到半年的"中央第四号人物"陶铸也受到学生的公开批判。而在地方，在各省、市、自治区直至基层，情况更加严重。10月底至12月，长春、济南、合肥、天津、上海以及华东各省、市都发生了学生及其他各种造反派冲击省委、市委，召开大会批判负责同志的严重事件。

因为违背了党心和民意，违背了历史发展的方向和进程，"文化大革命"在其发动阶段不能不面临着这样一种深刻的矛盾：越是"深入"发展，遇到的矛盾、阻力就越大、越多。这种阻力除了大量表现为广大党员、干部、群众的很不理解、很不得力外，还突出地表现为一些逐渐发展和加强起来的理性思考，以及由此支配的某种程度上的比较自觉的抵制。

面对严重动乱的形势，在中央和国务院负责日常工作的周恩来等老一辈革命家忧心忡忡，在十分困难的条件下，采取不同的方式对动乱进行抵制和抗争。在批判"资产阶级反动路线"的浪潮中，周恩来努力向红卫兵说明，路线问题只是表现在一些具体问题上，而且时间也不长，在八届十一中全会上已经解决。他还对红卫兵打倒一切的做法提出了严厉的批评，希望他们遵照毛泽东"团结一切可以团结的人"的指示，要注意政策，等等。

11月13日，中共中央军委副主席陈毅、贺龙、徐向前、叶剑英等在军队院校师生大会上讲话。陈毅说："搞路线斗争要识大体、顾大局，要团结—批评—团结，惩前毖后、治病救人"，"我不赞成现在的逐步升级，不是口号提得愈高愈好。'工作组就是资产阶级反动路线，搞资产阶级反动路线就是反革命'，这就是错误的，就是逐步升级。搞校党委不过瘾，还要搞部长，现在还要搞副总理"，"搞路线斗争要有一定限度，有多大错误，作多大估计，不要一味扩大"。徐向前说，希望你们从国家最高利益出发，从大局出发，保证部队领导和领导机关能很好地指挥部队。叶剑英在讲话中说："我们要按毛主席的指示办事，允许人家犯错误，要允许人家改正错误。有少数人，有的干部心脏病都发了，倒下了，还要抓人家斗，还不让人家走。我对这件事很愤恨！这些人没有无产阶级的感情，不是无产阶级的军人。"[1] 他们还在军内另外一些场合批驳了"文化大革命"以来的种种极端做法，严厉抨击无政府主义给军队工作带来的恶劣影响。他们强调："人民解放军不能乱，一定要有秩序"，不能一味搞斗争，不能搞扩大、升级，不要简单化；反复申明，军队不能乱，要保持战斗状态，不要冲击军委、国防部等领导机关，不要揪住工作组不放，不能搞解放军打解放军。这些言论一度扼制了在军队内部一些单位膨胀起来的无政府主义和极左思潮，在社会上引起了强烈的反响。

随着"批判资产阶级反动路线"的升级，在广大群众中，也出现了一些质疑中央文革小组直至"文化大革命"本身的思潮和组织。从 1966 年 11 月下旬起到 12 月，主要是在北京和上海等地，出现了一股质疑"文化大革命"、反对中央文革小组的思潮和活动。在北京，以全国著名劳动模范时传祥为首的群众组织公开表明不同意对刘少奇的批判。北京农学院附中两个高三学生以伊林·涤西为笔名，在清华大学贴出题为《给林彪同志的一封公开信》，批评林彪 9 月 18 日接见高等军事学院、政治学院、总政宣传部负责人时所宣传的两个观点，即"毛主席比马克思、恩格

---

① 参见《共和国史记·第 3 卷》（上），吉林人民出版社 1996 年版，第 152 页。

斯、列宁、斯大林高明得多"，"马克思、列宁的书太多，读不完。他们离我们又太远，在马克思列宁主义的经典著作中，我们要99%地学习毛主席著作"。北京矿业学院红卫兵总部联络十几个持相同观点的院校的红卫兵组织，组成"批判戚本禹联络站"，反驳戚本禹指责他们是"保皇派"。北京航空学院的"八一纵队"连续贴出《三问中央文革》的大字报，质问中央文革小组为什么只支持少数派，为什么揪着工作组不放，此事被说成是"升起了大规模炮轰中央文革的第一颗信号弹"。北京航空学院另一群众组织也贴出题为《也问中央文革》的大字报，批评中央文革小组纵容少数派压多数派。北京林学院有人在题为《踢开中央文革小组，紧跟毛主席闹革命》的大字报中，明确指出中央文革小组执行了一条"左"的路线，"中央文革挑动群众斗群众"。此外还有一些大字报点名批判陈伯达、江青、关锋、戚本禹的一系列讲话。12月5日，北京一些"老红卫兵"成立与"首都三司"等造反派对立的"首都红卫兵联合行动委员会"（即"联动"），他们因自己特权的丧失也公开表示反对批判"资产阶级反动路线"并反对中央文革小组，等等。在全国各地以不同形式出现的类似现象，被中央文革和造反派指责为"十一月黑风""炮打无产阶级司令部的黑风"。其实，正是这股"黑风"在一定程度上反映了广大干部、群众对"批判资产阶级反动路线"的不满与抵制。

　　狂热的造反风潮严重地干扰了整个国民经济的正常运行。为维持正常的工作、生产秩序，周恩来、陶铸、李富春等利用一切场合说服和制止造反派的极端行为，竭尽全力减轻"革命"对生产的破坏。他们利用"抓革命，促生产"的口号，突出其"促生产"的一面，要求广大群众不要因"革命"而耽误生产，不要因运动而耽误国民经济的正常运转。9月上旬，《人民日报》发表体现周恩来等观点的《抓革命，促生产》社论，提出要"一手抓革命，一手抓生产，保证革命和生产两个不误"。之后，在周恩来主持下，经毛泽东批准，党中央于 9 月 14 日发出《关于抓革命、促生产的通知》（即"工业六条"）和《关于县以下农村文化大革命的规定》（即"农村五条"）两个文件。在这两份文件中，都明确提出要加强党的领导，恢复和加强已陷于瘫痪的领导机构，停止串连，坚守岗位，保证完成好本地区、本单位的生产任务，不搞"群众罢官"，坚决执行党的各项政策，等等。11 月 10 日，《人民日报》又发表经周恩来审定的社论《再论"抓革命，促生产"》，意在限制"革命"，保障生产，试图对扩展到工农业生产领域的"文化大革命"的势头加以约束。社论和文件虽然对战斗在工业、农业战线的广大党员、基层干部和群众是一种鼓舞，但是，在当时的形势下，这些努力已经很难发挥什么作用了。

在批判"资产阶级反动路线"的浪潮中，各地还出现了"抓叛徒"的活动。其中最有影响的是揪所谓"六十一人叛徒集团"事件。这一事件，对于打倒从中央到地方的一大批领导干部，直至制造刘少奇冤案，都起到了直接、特殊的作用。早在 1966 年 8、9 月间，康生就提出，他对 1936 年主持北方局工作的刘少奇决定要安子文、薄一波等人"自首出狱"的事情"长期怀疑"，并认定"这一决定是完全错误的，是一个反共的决定"。11 月下旬，当红卫兵提出六十一人之一的刘澜涛出狱问题时，周恩来即致信毛泽东，明确提出：六十一人出狱之事，"当时确为少奇同志代表中央所决定，七大、八大又均已审查过，故中央必须承认知道此事"。经毛泽东同意，周恩来以中共中央名义给西北局起草电报，要求红卫兵"不要在大会上公布和追查"这件事。然而，在康生等人的怂恿、支持下，红卫兵不仅没有停止和纠正"抓叛徒"的行动，反而将此风刮向全国，甚至还对历史上国民党伪造的"启事"信以为真，把矛头指向周恩来。"抓叛徒"活动人为地造成许多冤假错案，大批久经考验的党的干部因此蒙冤受屈，以致身陷囹圄，受到残酷的迫害打击。

"十六条"认为："只要充分发动群众，妥善安排，就能够保证文化革命和生产两不误，保证各项工作的高质量。"然而，"文化大革命"发展的实际情况，却一次次突破"十六条"的设想。运动中，"革命"与生产之间种种不可调和的矛盾，随着运动的深入而日益尖锐。红卫兵大串连造成了全国铁路交通秩序严重混乱的局面，运动扩展到工农业使各级生产指挥机关在各种冲击下濒于瘫痪，经济建设面临严重困难，"革命"给工业生产带来的灾难性后果均已经是有目共睹的事实。某省一个县在 8 月 22 日召开"点火"大会、提出"炮打司令部"之后，县委书记和县长当场被批斗。到 9 月 2 日止，全县 21 个公社中，已有 11 个公社开始"炮打司令部"，公社和大、小队干部大多数已被斗了。在刚刚经历了"四清"运动后，许多农村干部已是心有余悸，面对更为猛烈的动乱，不少社队干部出走，有的不知下落，生产无人负责了。

（三）溢出文化领域的"文化大革命"

按照字面上的意义理解，"文化大革命"并不涉及工农业生产领域。"五一六通知"和"十六条"中都规定"文化大革命"主要是在文化、教育等领域和党政领导机关里进行。但是，这种动乱的一个鲜明特点，便是其任意性和不确定性。进入 10 月以后，"文化大革命"事实上已从反对一个个具体的党政领导干部和领导机关发展到接近于反对整个体制，这必然致使动乱就像高温下的一锅牛奶，爆发式地溢出文化领域，以狂暴的形式向工业、农业等各个领域迅速发展。10 月的中央工作会议是"文化大革命"发展、升级的一个重要转折点。自此，动乱所带来的破坏不再仅仅局限于文化、教育领域和党政领导机关，而是波及关系国计民生的各行各业，演变为一场"政治大革命"，造成的破坏和损失也就更为严重。

自10月起，运动更为高涨和激进。红卫兵铺天盖地涌向全国各个角落，冲向各级党政机关。从中央、国务院各部委到省、市、县，各级党组织普遍受到冲击，各级领导干部大多被戴上"执行资产阶级反动路线"和"走资派"的帽子，遭到批判、斗争、游街，"火烧""炮打""罢官"之风遍及全国。各级党政机关越来越多地陷于瘫痪或半瘫痪状态，社会动乱进一步加剧。与此同时，红卫兵两大派的对立加剧，有的甚至已达到以武斗相向的地步。更有甚者，在党政机关和许多工矿企业中，五花八门、形形色色的造反组织也开始出现或酝酿出现。这些组织与学校的红卫兵组织相呼应，积极参加社会上的两派争斗，普遍形成了"保皇派"（保本单位、本地区党政领导机关及领导人）与"造反派"（主张矛头向上，造领导机关和领导干部的反）两大基本派别的对立。其中，"保皇派"成员以党团员、干部、老工人、劳动模范等为主，在1966年底至1967年初为多数派。反之，造反派在这一段时间里为少数派。

当时，造反派人数虽少，但由于符合运动的"大方向"，或多或少、或明或暗地得到中央文革小组的支持和指点，具有很大能量。11月10日，也就是《人民日报》发表《再论"抓革命、促生产"》社论的同一天，上海发生了由王洪文①等人策划的工人卧轨拦车事件（即"安亭事件"）。11月初，上海一些工厂的造反派代表串连筹建"上海工人革命造反总司令部"（即"工总司"），对此，上海市委根据中央关于工矿企业不要成立跨行业组织的规定，对此未予支持、承认。上海市委的态度被"工总司"

---

① 王洪文，时为上海国棉十七厂保卫干部，"工总司"主要领导成员之一。

的王洪文等人视为"压制革命造反""资产阶级反动路线对工人的迫害"。11月10日凌晨，王洪文率两千余人冲入上海北站强行登车，声称要赴京请愿。列车行至上海附近的安亭站时被阻留。为此，王洪文煽动工人卧轨断路，造成沪宁线全线中断三十多个小时的严重事件。在处理"安亭事件"的过程中，中央文革小组副组长张春桥公然置周恩来、陶铸以及中共中央华东局、中共上海市委的正确意见于不顾，擅自发表肯定"安亭事件"的言论，并承认以王洪文等人为首的"工总司"是合法组织。紧接着，中央文革小组对张春桥的做法表示同意。当时，显然是为了给发动"文化大革命"进一步"加温"，毛泽东同意了这种"先斩后奏"的处理意见，表示"总是先有事实，后有概念"。这样的结局，实际上等于同意了由产业工人成立跨行业造反组织进行"造反""夺权"，承认了工矿企业和学校一样搞"停产闹革命"的合理性和合法性。毛泽东对"安亭事件"的态度，实际上表明了他决心把"文化大革命"进一步升级，把它从文化教育单位和党政机关扩展到工厂、农村中去，从而展开"全面的"阶级斗争。

"安亭事件"之后，全国工矿企业里的"文化大革命"很快冲破原有的各项规定，迅速发展起来。一些工人除在厂矿企业里组织造反队伍、批斗各级干部外，也开始走向社会，与其他各方面的造反派结合起来，成立跨行业甚至跨地区的造反组织，批判、冲击各级党政领导干部和机关。工矿企业要不要开展"文化大革命"和怎样开展"文化大革命"的问题，越来越尖锐地摆在中央领导层面前。

"文化大革命"自发动以来，党中央一直强调运动不能冲击生产和其他各项工作，希望"抓革命"能真正"促生产"。1966年7月间，当时主持中央日常工作的刘少奇、邓小平曾先后两次主持制定有关确保工交企业生产正常进行的文件并下发。八届十一中全会后，刘、邓二人不再主持工作，周恩来等人在十分困难的局面中，想方设法制止造反派的过激行为，竭尽全力阻止动乱向工矿企业和广大农村蔓延，这不能不引起中央文革小组的强烈不满。江青等人污蔑主持国务院日常工作的周恩来是"救火队长"，指责协助周恩来抓经济工作的国务院其他领导人是"救火队员"，还多次攻击周恩来等是"用生产压革命"，公然声称"文化大革命"中存在着"新文革与旧政府的矛盾"。当时，毛泽东虽然执意对"文化大革命"做进一步发动，但也不希望运动过多地冲击生产。10月24日，他在审阅陈伯达在中央工作会议上的讲话稿时批示："抓革命，促生产这两句，是否在什么地方加进去。"

为研究、解决工业交通企业在运动和生产中迫切需要解决的问题，以及对1967年国民经济计划进行安排，11月17日至12月23日，全国计划、工交会议在北京召开。会前，周恩来要余秋里抓紧做好准备，力求把1967年的计划安排得早些、好些；要谷牧组织一个班子，研究工交系统如何贯彻"抓革命、促生产"的方针，使工业生产减少损失。

会议期间，与会者一一陈述了运动给工交企业造成的混乱，表示了极大的不安。"安亭事件"后，中央文革小组提出一份由陈伯达主持起草的《关于工厂文化大革命的十二条指示》（草案），其中明白地写有"允许工厂成立派系组织""允许学生到工厂串连"等条款。这些内容受到与会人员的强烈反对。他们认为，工厂与学校不同，生产的连续性很强，不能中断，希望工厂的运动一定要慎重，要有步骤，千万不要影响和妨碍生产。为此，经周恩来同意，决定在此次会议期间再召开由重点工业省、市和国务院有关部门负责人参加的工交座谈会，讨论中央文革小组的文件稿。座谈会上，对几个月来工交企业受冲击、遭破坏有着切身体会的领导干部群情激愤，纷纷以事实批驳中央文革小组的意见稿。他们尖锐地指出，对工交系统的形势应有一个正确的估计，认为"工业战线还是高举毛泽东思想伟大红旗的"；开展运动应当坚持党的领导，工交企业不能"停产闹革命"，不能建立群众造反组织；运动只能在业余时间进行，学生不能到工厂串连；不论怎样搞运动，生产一定要搞好，等等。根据讨论的结果，草拟了工交企业进行"文化大革命"的若干规定。

11 月 19 日，周恩来在会上的讲话中把当时的形势概括为"方兴未艾，欲罢不能，大势所趋，因势利导"四句话，要大家抱着"我不入苦海，谁入苦海"的态度，因势利导，挺身而出，保卫党和国家的利益，个人被冲垮了也毫不抱怨。会议中，他指示组织成立国务院业务组管理经济工作，抓工交企业的生产。他指出，工交战线搞"文化大革命"运动必须在党委领导下进行；运动必须分期分批进行；坚持业余闹革命；不得擅自离开工作岗位，不搞跨地区的串连，等等。根据他的指示精神和会议意见，国务院业务组组织有关部门起草了《工交企业进行文化大革命的若干规定》（即"十五条"）。"十五条"在肯定"十七年来，工交战线基本上是执行毛主席革命路线的"前提下，规定：工厂企业不能停产闹革命，只能有步骤分期分批地搞文化革命；工人参加"文化大革命"活动，只能在业余时间内进行；学生不能到工厂串连，等等。"十五条"遭到陈伯达和中央文革小组的反对和指责。周恩来得知后，于 22 日同李富春到毛泽东处将此情况作了汇报。毛泽东听后表示，工矿企业还是要分期分批进行"文化大革命"；八小时生产不能侵犯，工人只能在业余时间闹革命；文件提出后，让谷牧带人到上海、沈阳等地听取各派工人意见，继续进行修改，等等。①

工交座谈会期间，与会人员对于中央文革小组所提主张众口

---

① 参见《周恩来年谱（1949—1976）》下卷，中央文献出版社 1997 年版，第 92 页。

一词的激烈批驳，反映出党内高、中层领导干部对于"文化大革命"给经济工作造成的严重后果所表示的强烈不满和不安。出于对党、对国家、对人民利益的高度责任感，他们不随波逐流，不计个人得失，对"左"倾错误和极左思潮的煽动者进行抵制和斗争，进行了"文化大革命"初期党和人民对"左"的错误和极左思潮的一次重要抗争。

但是，这次正义的抗争却被林彪和中央文革小组两股势力联合压制下去。12月3日，林彪在中央政治局常委会上的讲话中提出，工交系统也必须开展"文化大革命"，因为工交系统也有刘、邓的影响；完全从生产上看"文化大革命"是片面的，我们用别的方法也可以提高生产；用生产大小来评议"文化大革命"的成败是大错特错的，生产受点损失，在政治上得到收获也是重大的收获。他说："文化大革命开始搞学术界，现在进入工人、农民，进入全社会，要席卷全国。"①

12月4日至6日，林彪主持召开中央政治局扩大会议。会上，林彪、陈伯达、王力等对谷牧根据周恩来的指示写成的《关于工矿企业文化革命座谈会的汇报提纲》（简称《汇报提纲》）进行指责和批判，称《汇报提纲》"集中地反映了一套错误的东西，就是不要搞文化大革命"。江青等人还对谷牧等工交系统的领导人进行了激烈的批判，给他们扣上了"反革命""修正主义"的帽子，说工厂的问题比学校还严重，指责《汇报提纲》"就是不要搞文化大革命"。王力甚至把批判的矛头指向了刚刚调任中央工作不久、在中央政治局常委中排名第四的陶铸，指责他用生产压革命。周恩来在会上表示，《汇报提纲》是他要他们写的，虽然有些错误，但总还做了些工作；多数同志是对"文化大

---

① 参见《共和国史记·第3卷》（上），吉林人民出版社1996年版，第162—163页。

革命"不理解，他所接触的那些部长们和各地省委来的人，没有几个通的。

林彪在总结讲话中武断地下结论说，工交座谈会"是错误的""需要来一个一百八十度的大转变"。他提出，这次大革命是个大批判运动，对全国、全党是个大批判、大审查、大教育，是批判干部的运动。他还说，"文化大革命"开始搞学术界，现在进入工人、农民，进入全社会，要席卷全国，要渗透到每个领域。他又说，如果我们完全从生产收获的多少来论"文化大革命"的成败，那是大错特错的！林彪的这种论点，同张春桥在处理"安亭事件"时提出的"如果工厂文化大革命不搞，即使导弹上了天，卫星上了天，生产大发展，中国还会变颜色"的说法一脉相承、如出一辙。这种最为典型的"文化大革命"语言，道出了这场"革命"理论的核心。

中央政治局扩大会议批判和否定了全国工交会议起草的《工交企业进行文化大革命的若干规定》，通过了陈伯达起草的反映中央文革小组观点的《关于抓革命、促生产的十条规定（草案）》（即"工业十条"）。"工业十条"经毛泽东批准，12月9日由中共中央发出。① 12月15日，类似"工业十条"的《关于农村无产阶级文化大革命的指示（草案）》（即"农业十条"）也以中共中央名义下发。② 这两个文件的发出，标志着"文化大革命"开始

---

① "工业十条"提出工矿企业可以成立派别组织，允许学生到工厂串连，工人也可以到学校串连，改变了中央关于工矿企业原则上不开展"文化大革命"的决定。

② "农业十条"规定，农村"文化大革命"的重点，是整党内"走资派"和没有改造好的"地富反坏右"分子，也要采用"四大"（大鸣、大放、大字报、大辩论）的方法，也可以串连，还可以组织一批革命学生下乡串连，等等。

全面地、合法地进入工农业生产领域，这是运动又一次重大升级、导致"天下大乱"的又一个极其严重的步骤。这正如 12 月 13 日《红旗》杂志第 15 期社论《夺取新的胜利》所说："目前形势的一个重要特点，就是广大的革命工人群众起来投入了无产阶级文化大革命运动，革命的学生同工人群众相结合，出现了新的开端。"工交座谈会之后，在许多问题上坚持正确主张的陶铸受到内部点名批判，其他各地、各部门主管生产的领导干部受到更大的压力。

（四）"造反"大旗下的众生相

"文化大革命"号称是一场规模空前的群众运动，使亿万人民群众被充分发动起来，自觉地投身其中。其实这只是一种假象。千千万万参加到运动中去的人们，有着十分不同的目标和诉求。对许多人来说，他们首先必须高举"继续革命"的大旗，以取得活动的合法性，但除了少数造反骨干，多数人更关心的可能还是利用无政府主义氛围实现自己一些平日难以实现的目的。

社会主义条件下，社会中各种利益群体之间仍然存在着一些难以避免的差异和矛盾。毛泽东在有关正确处理人民内部矛盾的理论中对此进行过比较深入的分析，并提出了一些正确的处理原则和方法。但是，在 1957 年反右派运动严重扩大化后，经过1958 年"大跃进"、人民公社化运动，1959 年"反右倾"运动后日益发展起来的阶级斗争扩大化错误，以及之后严重的经济困难时期，又造成了大量的社会矛盾。在"以阶级斗争为纲"的大背景下，社会缺乏对这些矛盾及时了解、疏通、解决的有效机制、方法和渠道。一次又一次政治运动不但增加了新的矛盾，而且又深化了一些老的矛盾。这些积累下来的矛盾在"天下大乱"的特定环境中，在党组织和政府控制力被削弱的情况下，在社会几乎没有什么约束力的背景下，以畸形的状态大范围地、尖锐地、迅速地表现出来。

亿万被发动起来的群众虽然都自认为是响应党中央和毛主席的号召，"高举"着"文化大革命"的旗帜，但他们对运动的理解、投入运动的动机和目的是千差万别的。除了认识方面的因素外，1966年以前的社会地位、在历次政治运动中的遭遇在相当大的程度上决定了他们在这次运动中的态度和选择。他们根据各自的经历、利益、需要和认识水平去理解"走资派"和"资产阶级反动路线"这些十分陌生却又十分实用的概念，去使用"四大"的武器，成立各种组织去"造反"和"夺权"。运动前期政治色彩浓厚的造反派与"保皇派"两大基本对立派别的分野，基本上出于这些原因。这两大基本派别中又因地域、单位以及激进或温和等因素分为无数中、小派别。

这些造反者和造反组织中，有一类与1966年以前历次政治运动直接相关。1957年反右派运动后，一系列以阶级斗争扩大化为特征的运动一方面使党内外一批干部、群众蒙受不白之冤，另一方面使党内外民主生活受到严重破坏，这必然给官僚主义、特权的滋长提供了丰厚的土壤，造成各种形式的干群矛盾。"文化大革命"爆发后，一部分群众出于对官僚主义作风和特权的不满，以为这场运动是解决干群矛盾和官僚主义的时机，有利于发挥人民群众对于国家机关和干部队伍的监督作用，也起而响应毛泽东的号召，把他们压抑着的不满诉诸大字报和各种批判活动，以激烈的语言向所在单位、所在地的领导"开火"。一部分曾经受到错误批判、打击的干部、群众则希望运动能解决自己所受的不公正处理。还有一些在"四清"等运动中受到冲击的人，也希望这场"大革命"能解决自己的问题。这些人也把矛头指向了各级领导机关和领导干部。

"文化大革命"所造成的动乱局面，使平时被压抑、被控制的各种矛盾暴露或激化。

那些因各种原因对社会现状存在这样那样不满的人纷纷加入

到造反队伍当中。在辽宁省，各级干部普遍反映，当时要求翻案的人日益增多，这些人中有在"反右倾""整风整社""四清"等运动中挨过整的干部，有过去被戴高帽游街的地主子弟和贪污分子等。在福建省，一部分革命老区及原地下党活动地区的农民进城与造反学生、工人结合起来，批判省委负责人，要求给当年受到错误处理的地下党员平反和恢复党籍，给他们的子女安排工作，批判某些南下干部的错误。山西绛县县委书记反映，该县起来造反的大都是些过去受过干部迫害或受过处分的人。在安徽、江苏等地，出现许多"四不清"分子要求重新审查、改变结论的问题。在全国范围内，都不同程度地出现过1957年的右派、1959年的"右倾机会主义"分子要求解决自己所受不公正处理的问题，有的以某种松散组织的形式提出"平反""返城"及回原单位之类的要求。

在福建省农民造反组织的领导或骨干分子中，有相当部分是当地公社及大队的基层干部，其中不乏多次政治运动中的"有问题"者，即所谓"政治不纯"分子。如"毛泽东思想老区人民反帝反修赤卫军连江总部"成员281人中，有在"四清"运动中有所谓"四不清"问题的干部15人，有有政治历史问题及重大社会关系问题的干部21人。"毛泽东思想老区人民反修战斗团罗源总部"下属11个分团共有团长、政委43人，其中有在"四清"运动中下台干部3人，有有一般历史问题和历次政治运动中受到打击处理的24人。在晋江地区的"毛泽东思想工农福建仙游县指挥部"1283名骨干成员中，在历次政治运动中被开除或清洗的干部有132名，有政治或历史问题的有186名，"四不清"干部有59名。①

———————

① 参见赖正维：《"文革"时期的农民"造反"组织及其活动管窥——以福建为个案的分析》，《福建师范大学学报》2006年第4期。

在这些具有浓厚政治色彩的派别外，1966 年底至 1967 年初，还一度出现过一种被称为"经济主义"的派别。他们对运动的理解和要求不同于造反派和"保皇派"，没有那么多政治色彩。他们只是打着造反的旗帜，去冲击那些他们不满意的领导干部和领导机关，迫切希望解决一些关系自身利益的经济问题，如增加工资，临时工转正式工，60 年代初下放工人返城，下乡、支边知识青年要求返城安排工作，集体企业转国有企业，等等。在不长的一段时间里，诸如此类的组织大量涌现，相当活跃。

1966 年 10 月 24 日，无锡市工厂企业临时工五百多人集会成立"无锡市临时工革命筹委会"，要求固定工作、提高工资。11 月以后，该市手工业系统集体所有制的厂、社、组的职工、临时工、学徒工以及调整时期精简回家的工人，也组织起来，要求转正、复工和提高待遇。他们组织或参加了各种造反组织，"活动非常积极"。11 月间，天津"革命青年临时工造反总部"在一份题为《坚决彻底砸烂反动的临时工制度》的传单中，列举了临时工制度滋生资产阶级思想、阻碍社会生产力发展等六大"罪状"，认定它是剥削阶级的反动制度，是违背毛泽东思想的，因而要"砸烂"和废除。12 月，由成都地区几十家企业的数千名合同工组成的"铲资战斗团"提出，合同工制度是资本主义的产物，在社会主义制度下实行合同工制，标志着资本主义复辟，并成为"走资派"推行"资反路线"的工具。11 月至 12 月间，长春市一百多个单位的部分炊事员成立了"长春市炊事员红色造反团"，他们联合了一些保育员、保洁员、售货员、小学代课教师和装卸工人等，要求提高工资，减少工作时间，改善劳动保护，增加福利和粮食定量。镇江市一些社会闲散人员 10 月起也纷纷活跃起来，他们与下乡知青串连，成立了"文革"委员会、红卫兵、战斗队等组织，要求解决工作问题。在全国范围内，一些转业、复员军人成立了"红卫军"或其他名义的组织进行串连、活动，要求解决工作或安置中的一些问题……"文化大革命"希望通过造成某种类似无政府主义的局面来发动群众，造"走资派"的反，结果却像打开了"潘多拉"盒子，放出许多自己未曾料到的、防不胜防的"新生事物"。这些聪明的造反者也意识到，打着"造反""打倒走资派"之类堂皇、革命的旗帜，穿上"反对修正主义""防止资本主义复辟"之类鲜亮的外衣，把各自的利益诉求上升到批判"资产阶级反动路线"的高度，实在是解决问题的一条"捷径"。

更有甚者，一些农村造反头头更是用赤裸裸的物质刺激煽动农民造反。1966年12月28日，福建老区反修团闽侯反修团廷坪分团团长在动员农民进城造反时说："我们这次去螺洲，三顿上等白米饭，随你吃饱饱的，一天七八角伙食，自己不要出一分钱，大家都可以去。今年生产搞不好，由叶飞（时任福建省委书记）负责，县委和公社党委要负责，谁叫他们要走资本主义道路，我们只好放下生产去反他们"。有的造反派头头宣扬："参加我们的反修团，到县里省里造反，吃饭、搭车、理发都不要钱"。这些物质利益确实迎合了一批贫困农民的心理，导致大批农民脱离生产第一线，忙于进城开会、"造反"。①

在上海，自1966年10月后，各个工厂企业的造反队纷纷成立，他们互相斗争、争抢旗帜，又各自斗争当权派。当时，这些造反组织往往还没有什么明确的政治目标，最先提出的大多都是些经济方面的要求，往往带有经济主义和福利主义色彩，在当时被称作"经济主义歪风"。这股风真正成气候又是从"签字风"开始的，而"签字风"则始于张春桥。自1966年11月中旬张春桥在处理"安亭事件"时在"工总司"的"五项请求"上签字

————————

① 参见赖正维：《"文革"时期的农民"造反"组织及其活动管窥——以福建为个案的分析》，《福建师范大学学报》2006年第4期。

后，造反派们发现了签字的甜头。许多过去要经过处、局、部层层审批的请示、报告，现在抓住一个"头头"签一个字就解决问题了。"那一阵批斗会开得既多又凶，批斗会的目的往往就是要头头签字，不签就斗，狠斗，一直斗到你签字为止。造反派越来越发现，不但表面看来冠冕堂皇的要求能通过签字得到解决，许多不正当的、掺杂个人私欲的、过去不敢提到桌面上的要求，只要能得到一个签字也能解决"①。"当时，有些干部怕批斗，凡是群众提出要求他们就签字，助长了这股经济主义的歪风"②。这种局面大大刺激了一些人的私欲。他们认为"文化大革命"给自己带来了解决切身利益的前所未有的机会，因而组织形形色色的造反组织，提出各自的经济要求。一时间，各种造反组织如雨后春笋，令人眼花缭乱。例如在上海就有：上海精简去外地农村下放工人司令部、上海工人支农回沪革命造反司令部、支内返沪造反总司令部、初小毕业生造反司令部、某某届农业中学毕业生造反司令部、工人革命造反司令部住房问题调查指挥部，仅川沙县就有一百多个组织。

广大工农群众没有那么多乌托邦情怀和浪漫，这些造反者也没有什么"反修防修"的远大理想和政治觉悟，更不可能自发地产生什么"打倒资产阶级反动路线"的冲动。他们所能自发产生的更多的是提高生活水平、改善工作条件、在祥和安宁的环境中生活这类想法，在经历了"大跃进"、三年困难时期和一次次政治运动后更是如此。对于他们来说，"文化大革命"就应解决诸如集体企业转国营、1958 年后精简下放工人全部回

① 《陈丕显回忆录——在"一月风暴"的中心》，上海人民出版社2005 年版，第 127—130 页。

② 徐景贤：《十年一梦》，香港时代国际出版有限公司 2004 年版，第 70 页。

原厂复工、社会青年要求安排工作、临时工转正、日薪改月薪、补发工资、增加福利、报销外出串连费用、预领工资之类的问题，因为这些问题都是"资产阶级反动路线"造成的。更有甚者，还有的要汽车、要军大衣、要房子、要买红布做袖章、要外出造反补贴，如此等等。例如，"上海人力运输装卸工人革命造反总司令部"提出的"八项要求"中就有：涨工资、转为正式工、提高待遇，以及"刻一个上海人力运输装卸工人革命造反总司令部的图章，并且供应红布，做红袖章，上面印上黄字。共红布十匹，立即供应"，等等。他们拿着这"八项要求"要陈丕显签字，不签就斗。这个司令部的司令戴立清，是从兰州倒流回上海的，摆过小摊，做过投机倒把生意。当时在上海标准件材料厂当临时工，领了一群临时工、合同工起来造反。因临时工、合同工转正是涉及国家政策的大事，市委无法让步，戴立清便率众闹到北京去了。

12月25日晚，由合同工、临时工组成的"全国红色劳动者造反总团"占领和封闭了劳动部。同时，他们还要电告各省、区分团，采取统一行动，封闭各省、市的劳动厅、局、科及街道劳动介绍所等部门，并计划在27日占领并接管全国总工会。1966年12月26日，康生、陈伯达、江青、张春桥、姚文元、戚本禹等接见了戴立清等人。江青在听了戴立清等人对上海市委的控诉后，还当场流下了眼泪。她当着这些造反派的面，当即叫劳动部和全国总工会负责人到会，训斥道："我们听到同志们反映合同工制度，是你们发明的？还是你们刘主席发明的？这是反动的资产阶级旧制度！你们不为工人阶级服务，还是回家好！你们这些大部长是怎么对待工人的？照这样下去，工人得到什么前途？什么合同工，简直是像包身工！"她又说："我建议，马上以中央文革名义发个通知，一、必须允许合同工、临时工参加文化大革命，不得有所歧视。二、不得解雇，必须照发工资。从 1966 年 6 月 1 日以后解雇的工人，必须马上返回单位参加生产，工资补发。"康生说："制定合同工制度的是赫鲁晓夫，哪里是什么共产党员？你们想把中国变成资本主义！这是夺权的大问题。那些不给工人办事的，全部解散。"江青等人无视国家政策法规，几句话就把国家行之有效的政策化为乌有。戴立清等自恃拿到尚方宝剑，回到上海后更加起劲地闹转正、闹补发工资、闹增加工资。

由于中央文革小组的鼓动、纵容，1966 年底至 1967 年初，无政府主义和经济主义之风大盛，社会秩序更加混乱，造成国家经济上的严重损失。在上海，由于工业、财贸系统基层普遍增加工资和福利，仅 1967 年 1 月 3 日一天就发生几百个单位到银行提款。来提款的单位越来越多，金额越来越大。上海各家银行仅从 1967 年 1 月 1 日到 4 日的四天时间里货币流失量就达千万元。①上海港的几个装卸区，有一批工人闹着要发"串连费"，结果拿了钱擅自离开生产岗位到外地串连，致使上海港的运输几乎瘫痪，港口物资严重堵塞。1 月 1 日至 9 日平均每天约有七十多艘中外轮船因无人装卸而停止生产，有一天竟停了 114 艘轮船。外国运输船在港时间超过规定时间的，需赔偿非生产停泊损失。仅此一项，九天就要损失好几万英镑。同时，由于上海港货物堵塞，北方海区各港口也起了连锁反应，造成恶性循环。一个英国轮船大副对驻海港的官员说："你们搞文化大革命生产下降了。""我今年来过三次，一次不如一次。这不是一天天好起来，而是落下去"。1 月 4 日，一艘希腊船应在 5：30 开，但直到 17：50 才有人去解缆，致使船长挥旗抗议。还有一批外轮停靠在码头上没人卸货，有些外轮船长提出抗议。有从船上卸下来的货物堆放在

---

① 参见《陈丕显回忆录——在"一月风暴"的中心》，上海人民出版社 2005 年版，第 127—130 页。

露天没人运往仓库，整个港务局系统积压的货物达四十多万吨。①

尽管在一段时间里这股"经济主义妖风"刮得很大，参与其中的群众及其组织多如牛毛，但却不仅未能成为造反的主流，而且存在的时间也很短暂。到 1967 年 1 月中旬，其便被定性为"反革命经济主义妖风"，受到严厉批判，被中央和处于主流地位的造反派强行制止。究其原因，在于诸如此类的造反，根本不符合"文化大革命"的本意，脱离了运动的大方向。"文化大革命"是要解决上层建筑领域里的问题，是要打倒"走资派"，是要解决中国"变不变色"这样关系到国际共产主义运动成败的大问题，对事关老百姓切身利益的经济问题不感兴趣。

形形色色的造反者中，真正一度与毛泽东的某些设想比较接近的还是一些青年学生。当时青年中的相当一部分人，受到五六十年代社会氛围的熏陶和学校教育的影响，倾向于认为"文化大革命"之所以发生，是因为中国存在着一个特权阶层。这个阶层具有资产阶级的性质，严重地破坏了社会平等，背离了共产主义理想，必须用阶级斗争的武器将其打倒。这种思想方法要求矛头向上，打倒"新生的资产阶级"，它与毛泽东的"资产阶级就在党内"的理论在一定程度上是吻合的。②

早在 1966 年"文化大革命"初起时，一些学生、红卫兵就提出：我们现在的制度是从资产阶级那里来的组织形式，是一个没有资产阶级的资产阶级国家，这仍然是产生资产阶级、修正主义、官僚主义的温床和社会条件；这种领导机构从形式上与旧社会资产阶级专政机器是一样的。所以他们的结论是：文化革命就

---

① 参见徐景贤：《十年一梦》，香港时代国际出版有限公司 2004 年版，第 70 页；上海市革命委员会反对经济主义联络总部：《无产阶级文化大革命中上海反对经济主义大事记》1967 年 3 月 17 日。

② 参见《中国青年报》1990 年 10 月 17 日。

是要实现巴黎公社的原则。① 还有的红卫兵组织提出：时代要求我们进一步消除资产阶级法权残余，铲除产生官老爷的社会基础，使每一个干部都成为焦裕禄式的真正的普通"国家工作人员"，而不是什么首长之类，要使群众的每一个人都管理国家大事。②

北京"四三派"在其《论新思潮》中认为，在社会主义条件下，主要矛盾不再是无产阶级劳动人民同"地富反坏右资"的矛盾，而主要是同逐渐蜕化变质的特权人物、当权派的矛盾。无产阶级在社会主义时期将采取一个又一个变革行动来促使财与权的公有化，这就是毛主席革命路线"革"的实质；而特权人物竭力避免再分配、再变革，这就是资产阶级反动路线"保"的实质。③

1967 年后，当中央已开始通过建立革命委员会结束动乱时，一些激进的红卫兵仍执意要按照自己有关理想社会的设想把运动再推向前进。湖南的杨曦光等在《中国向何处去》中以"极左派"自称，把当时逐渐趋于和缓的形势称为"改良主义"和"阶级妥协"。他们认为，引起"文化大革命"的基本社会矛盾是新的官僚资产阶级的统治和人民大众的矛盾，这个矛盾要求推翻新的官僚资产阶级，彻底砸烂旧的国家机器，实现社会革命，实现财产和权力的再分配，建立新的社会——中华人民公社。他们认为革委会的建立并没有消除新的资产阶级与人民大众的尖锐对立，声称要推翻革命委员会这个资产阶级改良主义的产物，重新建立巴黎公社式的政权，推进革命迅速深入发展，因为中华人民公社才是无产阶级和革命人民这次文化革命必须实现的社会。

---

① 北京师范大学李文博，1966 年 10 月 17 日。
② 北航红卫兵八一野战兵团，1966 年 12 月 12 日。
③ 参见《论新思潮——四三派宣言》1967 年 6 月 11 日。

"文化大革命"前期，一些青年学生在读了南斯拉夫德热拉斯的《新阶级》后，不约而同地产生巨大共鸣，认为书中的观点与毛泽东的"继续革命"理论有某些合拍之处，并从这个角度对运动表示认可。但不久他们便发现，"文化大革命"不仅不能消灭"新阶级"，反而成了特权、腐败的又一个温床。

出于不同的社会地位、不同的认识水平、不同的利益诉求投入"文化大革命"的人们，对运动有着各种各样的理解和要求，但在总的、基本的方面还是遵循"五一六通知""十六条"等的规定的。这正如一千个观众的眼里就会有一千个哈姆雷特，但真正属于莎士比亚的哈姆雷特只有一个一样。

从1966年6月至12月，在短短几个月的时间里，经过几次发动，"文化大革命"确实被"全面发动"起来了：到处是"炮轰""打倒"的口号，到处都有游行示威的队伍，到处都有"走资派""黑帮""叛徒"被揪出来，到处都有专家、学者被批斗、游街甚至毒打，到处都有狂热的红卫兵小将在造反、串连，到处都可以看到"横扫四旧"留下的一片狼藉。在"革命""造反"的旗号下，文明道德被弃之不顾，党纪国法一朝废弛。上至国家主席、开国元勋，下到生产队长、车间主任以至街道居委会干部，或遭批斗，或"靠边站"，各级党组织和政府部门大都陷于瘫痪、半瘫痪状态。"文化大革命"的狂涛猛烈冲击着国家政治、经济生活的各个角落，人们工作生活无序，整个社会动荡不安。

"文化大革命"的全面发动，使党和国家的各项政策、制度遭到全面破坏。

在组织和干部方面，一批久经考验的革命家、各级党和国家的领导干部，因各种"罪名"而被"炮打"、受批判，实际上被剥夺了继续工作的权力。党经过长期历史经验总结出来的一整套行之有效的干部政策和组织制度被践踏、被丢弃，使一大批党在各个时期培养、教育出来的干部被当作敌人去对待。这种前所未有的"怀疑一切""炮打一切"的做法本身，也是对新中国成立以来包括新中国成立前党的工作及其取得成绩的一种否定。

在统战工作方面，由于红卫兵运动的冲击及其他政治压力，在中国革命和建设中长期与中国共产党风雨同舟、结成"长期共存、互相监督"亲密合作关系的八个民主党派①、无党派人士和爱国民主人士，或机构停止办公，或中断外界联系。不少民主党派领导人和著名人士受到冲击、批判，一些人被抄家。与此同时，党的统战政策被任意解释、歪曲，各级政治协商制度已不复存在。

在民族宗教方面，党的有关政策也被严重破坏。在"破四旧"当中，一些少数民族的风俗习惯、宗教礼仪等，一概被斥为"封、资、修黑货"和"精神鸦片"而被勒令"取缔"，一批少数民族领导干部也遭诬陷迫害。一些地区民族关系紧张，党的民族区域自治政策受到损害。

在知识分子政策方面，党在知识分子工作方面的正确方针政策丢弃殆尽，广大知识分子包括新中国成立后培养的大批专业人才被扣上"资产阶级知识分子和技术权威""臭老九"的帽子，列为打击、批判、改造的对象。由于"停课闹革命"，使得教育停滞，研究中断，专业荒疏，造成人才断层的重大损失。

在文艺政策方面，更是受到所谓"革命文艺理论"的扫荡，大批新中国成立以来创造出的优秀文艺作品（包括新中国成立前的许多好作品）几乎全部被否定、被批判。各文艺部门、团体、

---

① 即中国国民党革命委员会、中国民主同盟、中国民主建国会、中国民主促进会、中国农工民主党、中国致公党、九三学社和台湾民主自治同盟。

院校或被取消，或停止活动，各类专业人员横遭打击迫害，有的文艺界著名人士被斗身亡。

在外交政策方面，新中国成立以来的外交路线、方针受到空前严重的干扰，一些领导人被指责为"三和一少"① "三降一灭"② 路线的制定者和推行者。外事部门和驻外机构也按照"革命化"要求开展"四大"，使正常的外交业务工作难以开展。在对外宣传上，更是不顾实际情况，搞"输出革命"，强加于人，损害了党和国家的声誉。

此外，党的农业、商业、手工业和合作的经济政策及相关的一些制度、法规等，也都受到不同程度的冲击和破坏。

但是，由于"文化大革命"发动的时间还不长，运动初期对经济工作的影响还带有某种局部的性质。60年代初以来，国民经济的调整已经打下较好的基础，农业生产一直稳步增长，多年来行之有效的经济政策和规章制度还在发挥作用，广大干部、群众尽可能地抵制动乱、坚守生产和工作岗位，因此，至1966年底，整个工农业生产仍然得到较大幅度的增长，完成或超额完成了国家计划，城乡人民的生活暂时没有受到明显的影响。例如，社会总产值达到3062亿元，比1965年增长13.6%。工农业总产值按当年价格计算，达到2534亿元，超额10.2%完成年度计划，比上年增长13.4%。其中，农业总产值达到910亿元，超额完成年度计划的6.8%，比上年增长9.2%；工业总产值达到1624亿元，超额完成年度计划的11.5%，比上年增长

① 即对帝国主义、修正主义、各国反动派要"和气"，对亚、非、拉人民革命斗争要"少些"。

② 即"投降"帝国主义、修正主义和各国反动派，"扑灭"各国人民革命和民族解放运动。"三降一灭"，是康生对"三和一少"说法的进一步拔高。

15.8%。工农业主要产品产量有了较大的增长。可惜的是，这种欣欣向荣的恢复、发展局面，马上就面临着动乱更为严重的干扰和冲击。

"文化大革命"经过连续不断的发动，开始出现某种形式上的"全民参与"局面。这场运动之所以能够在半年多时间里迅速发起、蔓延、深入，固然与发动者的某些主观因素有着直接的、密切的关系。但是，从根本的、全局的、长远的观点看，则不能不说新中国成立后党的领导体制上存在的一些弊端，对于"文化大革命"的最终发动起到了更为重要的乃至决定性的作用。例如，前述三次党内发动"文化大革命"的会议，表面上看似乎都采取了正常的组织程序，但从实质上看，它们却是党的民主集中制和集体领导制度遭到破坏的结果。而这种不正常的党内生活，早在"文化大革命"前的一段时间里就已在党内上层滋生和发展了。正如邓小平所指出的那样："从一九五八年批评反冒进、一九五九年'反右倾'以来，党和国家的民主生活逐渐不正常，一言堂、个人决定重大问题、个人崇拜、个人凌驾于组织之上一类家长制现象，不断滋长"①。"文化大革命"发动之际，这种体制上的弊端表现得更为明显、突出。"林彪鼓吹'顶峰'论，说毛主席的话是最高指示，这种说法在全党全军全国广为流传。"②正是这种"个人凌驾于组织之上，组织成为个人的工具"的家长制，给始终受到全党衷心敬爱和拥戴的毛泽东本人以重大影响，"以至对党对国家对他个人都造成了很大的不幸"，"就是林彪、江青这两个反革命集团所以能够形成，也同残存在党内的这种家

----

① 《邓小平文选》第2卷，人民出版社1994年版，第330页。
② 《邓小平文选》第2卷，人民出版社1994年版，第330页。

长制作风分不开"。① 此外，党和国家在领导制度、政治生活方面的一些缺陷，还使包括中央决策层在内的党的高中级领导干部难于进行抵制"左"的错误和反对林彪、江青两个集团的斗争。

---

① 《邓小平文选》第 2 卷，人民出版社 1994 年版，第 329、331、333 页。

第二章 从"一月夺权"到省级革委会成立

一、"全面夺权"与对动乱的抵制

（一）"一月风暴"与"全面夺权"

经历了反工作组、"炮打司令部"、红卫兵运动、"批判资产阶级反动路线"以及工交座谈会后，"天下大乱"的局面已经初步形成。"文化大革命"下一步如何开展、采取什么形式、开展到什么时候、达到怎样的目标，这些重大问题不仅全党和全国人民无从知晓，就连包括"文化大革命"的发动者毛泽东在内，也没有具体的计划和部署。

1966 年 12 月 26 日，毛泽东设家宴庆祝 73 岁生日。被邀参加的有陈伯达、张春桥、王力、关锋、戚本禹、姚文元，江青也在场。没有林彪、周恩来、陶铸、康生等。席间，毛泽东讲了一大番话，主要内容有：社会主义革命发展到新的阶段，苏联（资本主义）复辟了，十月革命的策源地不行了。苏联的教训说明，无产阶级夺取政权以后能不能保持住政权，能不能防止资本主义复辟，这是新的中心课题。问题出在党内，堡垒最容易从内部攻破。阶级斗争没有完结，无产阶级"文化大革命"是同资产阶级、特别是小资产阶级在党内代理人的全面较量，这种较量从夺取政权开始就存在。中国现代史上的革命运动都是从学生开始，发展到与工人、农民、革命知识分子相结合，才有结果。这是客观规律。"五四"运动就是这样,"文化大革命"也是这样。① 宴会上,毛泽东举杯祝酒:"为全国全面的阶级斗争干杯!"②

1967 年 1 月 1 日,《人民日报》、《红旗》杂志发表了由王力、关锋起草,经毛泽东审定的题为《把无产阶级文化大革命进行到底》的元旦社论。从社论中,人们或多或少地对"文化大革命"在新的一年中的走向有了一些感觉。社论说:十月革命解决了用暴力革命夺取政权,建立无产阶级专政的问题;"文化大革命"则解决了巩固无产阶级专政,防止资本主义复辟的问题,给全世界无产阶级树立了新的伟大的榜样。在高度评价了"文化大革命"发动以来的"伟大的胜利"后,社论又说:"文化大革命"出现了新局面,这个新局面的特点就是,广大工人、农民起来了,他们冲破各种阻力,建立自己的革命组织,投入"文化大革命"运动;我国现代史上的文化革命运动,都是从学生运动开始,发展为工人运动和农民运动,这是客观的规律,1967 年的运动将按照这个客观规律进一步展开。"无产阶级文化大革命一定要从机关里、学校里和文化各界里,发展到工矿企业和农村,让毛泽东思想去占领一切阵地。如果运动停留在机关、学校和文化各界里,无产阶级文化大革命就会半途而废。"针对 1966 年 11 月工交座谈会上的争论,社论又说:"一切抵制在工矿企业和农村中搞无产阶级文化大革命的论调,都是错误的","工矿企业和农村中的无产阶级文化大革命群众运动,是不可阻挡的历史潮流。一切阻挡这个潮流的论调,一切阻挡这个潮流的人,都将被革命群众送到垃圾堆里去"。社论指出:"1967 年,将是全国全

---

① 参见《王力反思录》下册,香港北星出版社 2001 年版,第 693—695 页。

② 参见阎长贵:《毛泽东号召"开展全国全面的阶级斗争"》,《炎黄春秋》2008 年第 5 期。

面展开阶级斗争的一年"，"将是无产阶级联合其他革命群众，向党内一小撮走资本主义道路的当权派和社会上的牛鬼蛇神，展开总攻击的一年"，"将是更加深入地批判资产阶级反动路线，清除它的影响的一年"，"将是一斗、二批、三改取得决定性的胜利的一年"。

同日出版的《红旗》杂志发表了姚文元的文章《评反革命两面派周扬》。文章系统地回顾了新中国成立以来思想文化艺术领域内的几次主要的政治批判运动，把这段时间里文化艺术界的历史说成是两条路线斗争史。毛泽东在审阅此稿时加写了一段话："无产阶级文化大革命是触及人们灵魂的大革命，它触动到人们根本的政治立场，触动到人们世界观的最深处，触动到每个人走过的道路和将要走过的道路，触动到整个中国革命的历史。这是人类从未经历过的最伟大的革命变革，它将锻炼出整整一代坚强的共产主义者。"

这两篇带有定调性质的文章，反映出当时对"文化大革命"形势的估计和对下一步运动的设想，预示着1967年更为猛烈的政治风暴，也反映出毛泽东对这场运动的深层追求。人们从"全国全面展开阶级斗争"这样一句话中，不难得到一个明确的信号：尽管1966年的运动已经乱得让人难以置信，但1967年的运动不论从规模还是从程度上来讲，都要超过1966年。人们的预想很快得到了证实。1967年元旦之后，很快就出现了上海的"一月夺权"，进而出现当年夏季"天下大乱"到几乎失控的局面。从一定意义上说，上海的"一月夺权"是"文化大革命"自身逻辑发展的必然产物。

1966年10月间，江青等人就已在考虑打倒上海市委的问题。这里既有中央文革小组对上海市委的不满，也有在工人阶级高度集中的城市掀起造反高潮，"以点带面"掀起更大的政治风暴，将运动引向深入的用意。11月间，在江青等人的指使下，全国第一张大字报的作者聂元梓率人赴上海"点火"。他们一到上海就亮出"打倒上海市委"的旗号。与此同时，王洪文等上海造反派在"安亭事件"后，也在积极筹划造上海市委的反。

按照中央文革小组的指点，聂元梓向上海造反派提出：要"联合起来"，"把矛头对准上海市委"，"要求中央罢曹荻秋的官，改组上海市委"。"工总司"之类的造反派组织立即行动起来，大造舆论，多方活动，挑起事端。他们倒行逆施的激烈行为，引起了广大工人群众和党团员的不满，激化了两大基本派别（即造反派与"保皇派"或说"保守派"）的矛盾，各种争执以至武斗接连不断，许多工人擅自离开生产岗位参加派别活动，串连上访，大部分领导干部"靠边站"，管理机构瘫痪，许多工厂停工、停产，国民经济面临严重危机。

1967 年 1 月初，在号召"全国全面展开阶级斗争"的大背景下，运动升级已是必然。问题只是如何升级、向哪方面升级。1 月 4 日和 1 月 5 日，上海《文汇报》《解放日报》中的造反派相继"夺权"，宣布"接管"报社，用实际行动回答了这个问题。1 月 8 日，毛泽东对此作了高度评价："这是一个大革命，是一个阶级推翻另一个阶级的大革命。这件大事对于整个华东，对于全国各省市的无产阶级文化大革命运动的发展，必将起着巨大的推动作用。"种种迹象表明，更大规模、更高层次的"夺权"已经呼之欲出。

1966 年底出现的那股"经济主义妖风"，客观上推动和加速了 1967 年的夺权。1966 年底，动乱的局面已在全国特别是一些大、中城市形成，各级党政领导机构相继瘫痪，无政府主义之风越刮越猛，机关、工厂、企业的正常工作已难以进行，多如牛毛的群众组织提出的"经济主义"要求已使国家经济不堪重负。这种状况是任何一个正常社会所不能允许的。权威必须建立，社会秩序必须恢复。然而，对"资产阶级反动路线"的荒唐批判使上海市委、市政府已经失去了填补权力真空的资格。这种混乱的局面本是"文化大革命"的必然结果，但在当时却被认为是"资产阶级反动路线的新反扑"。张春桥等人阴险地把这种严重的局面归咎于上海市委，为进一步的夺权造舆论、找由头。而那些直接听命于中央文革小组、制造动乱的造反组织却成为收拾乱局的英雄。

1月4日，上海"工总司"等十一个造反组织在《文汇报》发表《抓革命，促生产，彻底粉碎资产阶级反动路线的新反扑——告上海全市人民书》。该文宣称批判上海地区党内一小撮"走资派"的斗争，已"取得了初步的胜利"，但"一小撮走资派和顽固坚持资产阶级反动路线的人十分仇视文化大革命，对抗'抓革命，促生产'的方针"，"煽动大批被蒙蔽的工人赤卫队队员借口北上'告状'，破坏生产，破坏交通运输"。文中还号召"打垮资产阶级反动路线的一切新反扑，将工厂的文化大革命推向一个新高潮"。当天，刚刚以"中央文革小组调查员"身份来沪的张春桥向"工总司"等造反组织负责人发出夺上海市委领导权的动员令，说："基本问题是把领导权夺过来，把走资本主义道路的当权派揪出来打倒"，"希望革命造反派把要害部门控制起来"。

1月6日，"工总司"等上海市造反派组织联合召开"高举毛泽东思想伟大红旗，打倒以陈丕显、曹荻秋为首的上海市委大会"，批斗陈、曹等上海市领导人。同时，将全市各单位、各部门几百名领导干部揪到会场"陪斗"。在大会发出的《通令》中公开宣布："不再承认反革命修正主义分子曹荻秋为上海市委书记处书记和上海市市长"，"以陈丕显、曹荻秋为首的上海市委，必须彻底打倒"，等等。这次大会的发言稿和口号都经张春桥、姚文元修改、审定。会后，中共上海市委、市人民委员会机构被迫停止办公，上海市"造反组织联络站"和"抓革命，促生产指挥部"取代了原上海党政部门的职能，上海市的党政大权实际落入由张春桥、姚文元、王洪文操纵的造反派的手中。

同日，《文汇报》发表社论《革命造反有理万岁》。社论说：造反派深深地懂得，革命是暴动，是一个阶级推翻一个阶级的暴烈的行动。他们为了保卫毛主席的革命路线，作出了许多所谓"越轨"行动。"越轨"就是革命，"越轨"就是造反，这些"越轨"是革命的创举。这篇社论反映了"全面展开阶级斗争"的需要，在全国产生很大影响。

上海"一月夺权"得到毛泽东的肯定和支持。他认为：这是一个阶级推翻一个阶级的大革命。上海革命力量起来，全国就有希望。它不能不影响整个华东、影响全国各省市。经毛泽东批准，1月9日的《人民日报》转载了上海《文汇报》1月5日的《告上海全市人民书》，并加上反映毛泽东对上海"一月夺权"评价内容的编者按。编者按说《告上海全市人民书》是一个极其重要的文件，"这不仅是上海市的问题，而且是全国性的问题"。

1月9日，《文汇报》又发表了上海"工总司"等32个造反派组织的《紧急通告》。《紧急通告》说，"一小撮党内走资本主义道路的当权派……与社会上资本主义势力相结合，以经济福利问题来转移斗争的大方向，挑动群众斗群众，造成工厂停工、铁路中断、公路阻塞，甚至挑动港务工人停止生产，影响港口工作，破坏我国国际威望。他们任意挥霍国家财富，随意增加工资、福利，滥发各种补助费，煽动群众强占公房。这是上海市委坚持执行资产阶级反动路线的新形式"，是"利用经济福利问题来转移斗争的大方向，企图把一场严肃的政治斗争引入经济斗争的邪路上去，同时以物质利益来腐蚀群众的革命意志，推行和平演变，使资产阶级思想泛滥成灾"①。

---

① 《文汇报》1967年1月9日。

　　1月11日，中共中央、国务院、中央军委、中央文革小组联名给上海市各革命造反团体发去贺电。该贺电称："你们在1967年1月9日发出的《紧急通告》，好得很。你们提出的方针和采取的行动，是完全正确的"①。同日，中共中央发出《关于反对经济主义的通知》（简称《通知》）。《通知》说："有一小撮党内走资本主义道路的当权派，为了破坏无产阶级文化大革命，转移斗争目标，挑动不明真相的少数人大闹经济主义"，"他们用各种经济收买的手段，企图把一些群众引向经济主义邪路"，"他们煽动一些群众要晋级加薪，随便向国家伸手要钱，要物资"，"煽动前几年下放到农村已参加农业生产的群众，回到城市，提出不合理的经济要求"。《通知》要求：必须立即停止大闹经济主义的倾向，保护国家、集体财产；前几年下放农村参加农业生产的群众，应当安心农业生产；责成各级银行对所有不符合国家规定的支出都要一律拒绝支付；集体所有制企业、商店等，现在都不要改变为国家所有制。

　　之后，《人民日报》、《红旗》杂志连续发表社论、文章，宣传和介绍上海"一月夺权"的"经验"，号召"展开全国全面的夺权斗争"，"坚决向党内一小撮走资本主义道路的当权派夺权"。在1月16日《红旗》杂志发表的评论员文章中，引述了毛泽东的"最新指示"："从党内一小撮走资本主义道路当权派手里夺权，是在无产阶级专政条件下，一个阶级推翻一个阶级的革命，即无产阶级消灭资产阶级的革命"。1月22日《人民日报》发表社论《无产阶级革命派大联合，夺走资本主义道路当权派的权》。社论说，夺权是今年展开全国全面阶级斗争的一个伟大开端，是国际共产主义运动中的极其伟大的创举。社论还将这种自下而上的群众夺权斗争，说成是"毛主席对马克思列宁主义关于

---

① 《人民日报》1967年1月12日。

无产阶级革命和无产阶级专政学说的重大发展","我国无产阶级文化大革命的一个新的飞跃","无产阶级文化大革命，从一开始就是一场夺权斗争","只有展开这样伟大的群众运动，展开一个群众性的全面夺权斗争，才能彻底解决无产阶级的夺权问题，彻底解决无产阶级专政的问题"。

自从 1962 年八届十中全会提出党在社会主义时期的基本路线之后，有关"夺权""夺印"之类的说法，逐渐出现于报端和一些文艺作品中。"四清"运动中，"夺权"的方法被用于那些"烂掉了"的农村生产队一类的基层组织。1966 年的"五一六通知"中，基于对意识形态领域中阶级斗争的严重估计，夺权被延伸到上层建筑中的"文化领域"。范围扩大了，内容增加了，但还远没有"全面夺权"的意思。况且，这种夺权还有一定的组织程序，即先由上级组织作出决定，尔后由下属部门执行，是"自上而下"，而不是"自下而上"地搞群众性"夺权"。中共八届十一中全会通过的《关于无产阶级文化大革命的决定》里，提出要把"领导权夺回到无产阶级革命派手中"。这里，问题提得比较抽象，其结果便是涉及面更广，但基本上仍然没有超出文化和教育领域，而且也不是这些领域里的全部组织。

1967 年上海发生的"一月夺权"，无论其性质、范围和方式，都已大不同于以前了。它基于对党和国家阶级斗争形势的严重估计，基于对各级党政领导机关的权力已经不掌握在马克思主义者手里的判断，基于展开"全面阶级斗争"的需要，认定夺权必须是"全面的""彻底的"。根据这样一种需要，夺权必须抛开党的各级组织和正常组织程序，采取自下而上的、以造反派组织为核心的、违背宪法的强制形式。对于一个由工人阶级政党执政的社会主义国家来说，对于一个现代国家来说，这样一种方式是很难让人理解的。它完全曲解了科学社会主义的基本观点，也违背了毛泽东本人对社会主义的正确认识。从整个"文化大革命"发展的过程看，这种"全面夺权"的思想和实践，正是所谓"无产阶级专政下继续革命"理论发展到极端的结果，也是"文化大革命"由"天下大乱"发展到"全面内战"的关键所在。

上海"一月夺权"在全国开了一个先例，作出了一个"示范"，拉开了全国范围内"打倒一切""全面内战"的序幕。

（二）"全面夺权"导致全面内乱

上海的"一月夺权"立即在全国引起巨大反响，各省、市纷纷起来响应。1 月 14 日，"山西革命造反总指挥部"发布《通告》，宣布夺取中共山西省委、省人委，中共太原市委、市人委等党政机关的领导权。1 月 22 日，在康生的策划下，"青岛市革命造反委员会"等造反团体夺取中共青岛市委、市人委领导权，继而又夺了山东省的党政大权。1 月 25 日，"贵州无产阶级革命造反总指挥部"发布《通告》，宣布自即日起"接管"中共贵州省委、省人委，中共贵阳市委、市人委等党政机关党、政、财等一切领导权。1 月 31 日，"黑龙江省红色造反者革命委员会"发布《通告》，宣布中共黑龙江省委、省人委的党、政、财、文等一切领导权归该"委员会"所有。

《人民日报》对这些省、市的"夺权"行动都作了报道，并一一发表社论给予充分肯定和高度赞扬。例如：《山西省无产阶级文化大革命的伟大胜利》（1 月 14 日）、《关键在于大联合》（青岛）（1 月 30 日）、《西南的春雷》（贵州）（2 月 1 日）、《东北的新曙光》（黑龙江）（2 月 1 日）。1 月 22 日，《人民日报》发表社论《无产阶级革命派大联合，夺走资本主义道路当权派的权》。社论说，夺权是今年展开全国全面阶级斗争的一个伟大开端，是国际共产主义运动中极其伟大的创举。发动群众自下而上夺权，是毛主席对马列主义关于无产阶级革命和无产阶级专政学说的重大发展。社论说："无产阶级文化大革命，从一开始就是一场夺权斗争","是发动亿万群众自己起来解放自己，向党内一小撮走资本主义道路的当权派夺权"。在这样的鼓动和指引下，广东、江苏、安徽、北京等省市，以及在京的许多中央国家机关的造反派也不甘落后，一哄而起地展开"夺权"。一时间，从地方到中央，从工矿企业、城市街道直到农村社队，到处喊"造反"，到处在"夺权"。为了"夺权"，全国大小山头迭起，各种派别林立。许多地方的"夺权"，实际已变成造反派组织之间的"争权""抢权"，由此酿成的派性武斗层出不穷，"打、砸、抢、抄、抓"日甚一日。与红卫兵运动相比，"夺权"的主体涉及更为广阔的社会层面，包括产业工人、财贸职工、机关干部、科技人员和农民等各方面人员，所造成的破坏和损失也远远超过了红卫兵运动。当然，与几个月后的"全面内战"相比，这还不过是"小巫见大巫"。

"全面夺权"的"热闹"场面使中央文革小组的江青、张春桥等极左分子热昏了头脑。1月19日，张春桥将"一月风暴"称作"一月革命"，并狂妄地把它与巴黎公社和十月革命相提并论。他们全盘否定新中国成立以来党和政府各部门的工作，把绝大多数各级领导干部当作"走资本主义道路的当权派"。以此为基础，赤裸裸地把"夺权"看作是"改朝换代"的同义语。1967年1月22日，张春桥在上海提出："无产阶级文化大革命自始至终就是夺权，从基层到中央，党权、政权、财权、文权以及其他权"，"对所有的权都要夺"。"文化大革命"的不断"深入发展"，使江青、张春桥等人野心急剧膨胀，迫不及待地希望通过"全面夺权"实现"改朝换代"，以造反派为主体重建党和国家的各级领导机构。

既然是"改朝换代"，新机构就要有一个与以往截然不同的名称。率先夺权的张春桥、姚文元又要在这方面给全国树立一个榜样。1月下旬至2月初，张春桥等与上海几个最大的造反组织多次酝酿，给上海新权力机构定名为"上海人民公社"。2月5日，"上海人民公社"举行成立大会，张春桥、姚文元参加大会并发表讲话。大会宣读了《上海人民公社宣言》。该《宣言》称："一个新型的无产阶级专政的地方国家机构、新型的上海人民公社，以崭新的面貌出现在地平线上，诞生在黄浦江畔，屹立在世界东方，一切权力归上海人民公社"；它是"重新创造无产阶级专政的地方国家机构的一种新的组织形式"。《文汇报》头版刊登了题为《上海人民公社今天宣告诞生》的长篇报道。文章宣布：20世纪60年代的新巴黎公社——上海人民公社今天宣告诞生了。"从此，上海进入了一个崭新的历史时期，上海的党权、政权、财权、文权，真正回到了无产阶级革命派手中，上海人民获得了第二次解放，真正成了自己土地的主人"①。在这个有上百万人参加的"上海人民公社"成立大会上，张春桥被任命为"上海人民公社"主任，姚文元、王洪文被任命为副主任。姚文元在会上说：上海人民公社是"无产阶级专政下的新形式"，是经过革命群众自下而上向党内"走资派"展开"夺权"的"革命风暴"中产生的"新型无产阶级专政的地方国家机构"。2月7日，《文汇报》《解放日报》发表了张春桥、姚文元炮制的"上海人民公社"成立宣言。《文汇报》还发表了题为《伟大的历史性的革命创举——欢呼上海人民公社的诞生》的文章。

　　毛泽东虽然支持了上海夺权，但他对夺权的想法不同于江青、张春桥等人的"改朝换代"。他所理解的夺权，是夺"走资本主义道路当权派"的权。虽然他激烈地批判了"走资派"，但他并不认为所有干部都是"走资派"。而且，他当时的态度还含有用群众运动冲击一下干部的官僚主义习气和特权思想，待运动后期再区别对待、落实政策的用意。这正如历次政治运动所重复

① 《文汇报》1967年2月5日。

的那样。

毛泽东对 19 世纪 70 年代法国无产阶级先驱创立的巴黎公社怀有深深的敬意，马克思的名著《法兰西内战》深刻地影响着他对中国社会主义的认识和构想。新中国成立后，特别是 60 年代后，从他对一些干部不民主、脱离群众、搞特权、扩大差别、与群众工资差别悬殊、不让群众直接参与等的批评中，可以看出他往往是以巴黎公社原则为参照物的。"文化大革命"发动后，他不仅希望清除一批"走资派"，也希望按照巴黎公社的若干原则来改造中国社会主义社会中一些不尽如人意的地方，其中也包括国家体制。1966 年 6 月后，他曾几次把聂元梓等人的大字报称作是"20 世纪 60 年代的巴黎公社宣言""北京人民公社宣言"。"十六条"中提出：文化革命小组、文化革命委员会等的成员的产生，"要像巴黎公社那样，必须实行全面的选举制"，要由革命群众充分酝酿、反复讨论后进行选举。

1967 年初"全面夺权"开始后，立刻面临着一个用什么样的机构、形式取代被否定的"旧机器"的问题。1967 年 2 月 3 日，《红旗》杂志第 3 期的社论《论无产阶级革命派的夺权斗争》中说："马克思在总结巴黎公社的经验时指出，无产阶级决不能接受资产阶级的现成的国家机器，而必须把它彻底打碎"，"这是一个伟大的真理"。社论说，被一小撮"走资派"盘踞的一些单位，"变成了资产阶级专政的机构"，"不能把它现成地接受过来，不能采取改良主义，不能合二而一，不能和平过渡，而是必须把它彻底打碎"。社论又说，全面夺权运动"已经开始创造并将继续创造无产阶级专政国家机构的新的组织形式"，"要尊重群众的首创精神，大胆地采取在群众运动中涌现出来的具有生命力的新形式，来代替剥削阶级的旧东西"，"绝不能只是把权接过来，一仍旧章，按老规矩办事"。紧接着，社论又重提 1966 年 6 月 1 日毛泽东把聂元梓等人的大字报称为"20 世纪 60 年代的北京人民公社宣言"的事，实际上对未来政权形式作了某种暗示。社论号召：在全面夺权中"创立新形式"，"大大地丰富和发展巴黎公社的经验，大大地丰富和发展苏维埃的经验"。

但是，当"上海人民公社"成立并很快引起连锁反应时，毛泽东的思想发生了变化。他对这个名称没有立即表态。正因为如此，在"上海人民公社"成立的最初几天里，《人民日报》等中央舆论工具对它只字未提。2月12日，毛泽东把张春桥、姚文元召到北京，在几次谈话中表明了自己的态度。他说，上海成立人民公社后，如果各省、市都叫"人民公社"，国务院和中华人民共和国是不是也要改名，是不是要改成"中华人民公社"，这涉及改变政体和国号的问题。而且，如果叫"公社"，党怎么办？党委放在哪里？终究还是有个党的。按照毛泽东的意见，2月19日，中央专门发出《关于夺权斗争宣传报道问题的通知》，规定各地建立新政权时不要使用"人民公社"的名称。2月23日，上海再次召开百万人集会，庆祝"上海市革命委员会"的成立，实际上废止了"上海市人民公社"的名称。

1967年1月之后，全国陷于"打倒一切""全面夺权"的混乱状态，局势进一步恶化。各级党政机关相继瘫痪或半瘫痪，军队的各个部门和中高级指挥机关也开始被卷入这场政治运动，公安、检察、法院等专政机关已经无法正常履行其职能，大批工矿企业面临停产或半停产，国民经济停滞，社会秩序混乱，整个局势变得更加难以控制。

在任何一个正常运行的现代国家里，政府的权威、法律的尊严、正常的社会秩序都是不可或缺的。不论以什么理由对它们进行否定或变相否定，都只能导致社会混乱和动荡，造成严重的后果。"全面夺权"开始后，在全国范围内，动乱的程度陡然上升。中央文革小组极左分子们的野心更加膨胀，作风更加跋扈霸道，行动更加肆无忌惮。在他们的策划、指使和支持下，从中央到地方连续发生了一系列严重的重大事件。

1月4日，中央文革小组的陈伯达、康生、江青等竟然蓄意捏造罪名，在未经中央政治局常委会讨论的情况下发表讲话，擅自宣布中共中央政治局常委、中央文革小组顾问陶铸是"中国最大的保皇派""资产阶级反动路线的忠实执行者"，突然将当时位居中央政治局常委会第四位的陶铸打倒。陶铸是1966年6月从中共中央中南局调来北京担任中央宣传部部长一职的。在当年8月召开的中共八届十一中全会上，他被补选为中央政治局常委，同时任国务院副总理。陶铸到中央后，虽然身为中央文革小组顾问，但却与周恩来等一样，与中央文革小组的极左思潮和行为格格不入。在许多问题上，他坚决抵制了"文化大革命"中的一些错误做法，与江青等人进行了尖锐的斗争。陶铸的立场成为江青等人煽动极左思潮的严重障碍，不打倒陶铸，中央文革小组就难以为所欲为。毛泽东曾就陈伯达这种"一个常委打倒一个常委"的极不正常的做法提出严厉批评，但中央文革小组却已造成了既成事实。继陶铸之后，原中共中央中南局第一书记、中央文革小组副组长王任重，中央文革小组副组长、全军文化革命小组组长刘志坚，中国人民解放军总政治部主任萧华等，也先后被打倒。

1月6日，在江青等人的策划下，清华大学"井冈山兵团"①的红卫兵于光天化日下，将国家主席刘少奇的夫人王光美骗出中南海，强行带到清华大学批斗。后来，在周恩来干预下，他们才不得不将王光美放回。与此同时，在中央文革小组操纵下，一些红卫兵和造反派多次包围、冲击中共中央和国务院驻地北京中南海。这些群众组织提出要揪斗住在中南海内的刘少奇、邓小平、陶铸等领导人，并声称要将李富春、陈毅、谭震林、李先念、余

---

① "文化大革命"初期清华大学成立的红卫兵组织，其负责人是北京大专院校红卫兵"五大领袖"之一的蒯大富。

秋里等一批国务院负责同志揪走。1月，戚本禹在中南海内煽动围攻刘少奇、邓小平、陶铸等。在中央文革小组的煽动下，北京连续出现"打倒"周恩来、朱德的标语，朱德、贺龙的家也被造反派所抄。在各省、市、自治区，几乎所有的党政领导人都被斗、被批、被抄家。其中，上海市委书记陈丕显、安徽省委书记李葆华、福建省委书记叶飞等被打倒后的一段时间里，连中央都不知道其生死或去向。

1月10日，经江青授意，在中央文革小组的关锋、王力等人起草的《关于〈解放军报〉宣传方针问题的建议》中，明确地提出了"彻底揭穿军内一小撮走资本主义道路的当权派"的主张。在经林彪同意后，1月14日的《解放军报》在《一定要把我军的无产阶级文化大革命搞彻底》的社论中，公布了这一说法。社论说，军队"文化大革命"的阻力"主要是来自混进军内的一小撮走资本主义道路的当权派，来自极少数坚持资产阶级反动路线的顽固分子"。《人民日报》次日便加以转载，"揪军内一小撮"的口号迅速流传全国，为造反派把矛头指向解放军提供了合理依据，从而使动乱的危机更为严重。

1月17日，中央批转公安部《关于各级公安部门开展文化大革命的通知》。该通知说，公安机关过去的某些规定已不适应形势，应立即作废；公安机关要坚决支持革命"左"派的一切革命行动，彻底粉碎"资产阶级反动路线"，把公安机关的"文化大革命"搞深搞透。①

"全面夺权"极大地助长了无政府主义的思潮和行为。全国除了中央最高层领导和军队野战部队外，几乎已经没有权威的领导。这种情形在古今中外历史上都是十分少见的。在十分艰难的

---

① 参见《共和国史记·第3卷》（上），吉林人民出版社1996年版，第192页。

局面中，按照毛泽东的指示，周恩来一直坚守在中央领导岗位上，夜以继日地了解各方面情况，及时作出各种指示，限制江青等人的种种极端行为，领导党和国务院各部门维持最基本的工作。他不顾年迈体弱，频繁地接见各种红卫兵和造反派代表，对他们进行劝说和引导，严厉批评他们的种种无政府主义言行，要求他们放弃过激行动，保证党和国家的正常工作。他把一批受到造反派揪斗的党、政、军领导干部安排到中南海暂住，使他们得以避免狂热的批斗和迫害。他还亲自部署，使一批民主党派领导人、著名无党派人士和著名专家学者得到保护，免受造反派的冲击和中央文革小组的迫害。1月8日，在参加一次群众大会时，当有造反派呼喊打倒刘、邓的口号时，他立即背过身去以示抗议。次日，在接见外事口造反派代表时，当造反派提出要打倒陈毅时，他当即表示：他反对，他不能接受。1月26日，在接见工交口各单位造反派代表时，他表示，夺权必须坚持中国共产党的领导这个前提。① 周恩来等人的努力虽然不可能阻止"全面夺权"之风，但毕竟在一定程度上限制了它的严重危害。

1967年初，"全面夺权"之风一起，在短短一个多月里，从中央到地方的大批党政军领导干部，普遍被揪出、批斗、打倒，一些领导干部被迫害致死：1月8日，中共云南省委书记、昆明军区第一政委阎红彦，因不满并抵制造反派的胡作非为，在遭到中央文革小组组长陈伯达的电话训斥后在当地愤然辞世，以死相争；1月中旬，中共天津市委几位书记刚开完市委机关干部大会，便被外面的造反派一拥而上，强行绑架，不知去向；1月21日，海军东海舰队司令员陶勇，因公开反对林彪及其同伙的倒行逆施，在连续遭受打击迫害后突然身亡，死因不明；1月22日，被

---

① 参见《周恩来年谱（1949—1976）》下卷，中央文献出版社1997年版，第117页。

江青、戚本禹诬蔑为"煤炭系统最大的走资派"的国家煤炭工业部部长、党组书记张霖之，在遭造反派长达一个月之久的毒打、逼讯后，带着遍体鳞伤死在北京矿业学院；1 月 29 日，中共山西省委第一书记卫恒，在被"夺权"的造反派宣布为"山西省最大的走资派"后不久，便在造反派关押处饮恨而死……与此同时，各级党政领导机关、企事业领导部门大多已处于瘫痪半瘫痪状态。为了夺权，各个造反组织拳脚相加，刀兵相见，各种各样的武斗在全国普遍出现。

1 月 26 日，新疆石河子市发生严重武斗流血事件，双方死伤近百人。武斗不仅给人民的生命财产造成日益严重的威胁，也使国家财产遭受重大损失。更使人们不安的是，在中央文革小组的鼓动下，军队中的不稳定因素也在激增，一些军事部门也面临失控的危险。人们的思想狂热而又混乱，固执而又迷惘。一个处在和平建设时期的社会主义大国，却突然出现了如此动荡、混乱的局面，谁也说不清这种愈演愈烈的局面会朝什么方向发展，会发展到什么程度。

在当时的条件下，人们虽然还不可能从根本上认识到眼前所发生的一切，但党内外一些有识之士都已在不同程度上认识到这样的"大乱"是"全面夺权"造成的，是中央文革小组推波助澜的结果。他们强烈地意识到，国家不能乱，特别是军队不能乱。面对着不断恶化的局势，老一辈革命家忧心如焚、寝食不安。他们的忍耐已达到了极限，又一次对"左"和极左思潮的抗争一触即发。

（三）正义的抗争

1967 年 1 月初，经毛泽东批准，中央军委从 1 月 8 日起连续在北京召开军委碰头会和军委扩大会议，集中讨论处理军队开展"文化大革命"的问题。会议中，林彪主张在军队也要开展"大民主"，认为"机关要彻底搞"。江青、陈伯达、康生等攻击人民解放军"滑到了修正主义的边缘"，鼓吹军队不是"世外桃源"，不能搞特殊，要立即开展"四大"。

林彪、江青等人的意见，遭到军委其他几位领导和大多数与会者的坚决反对。他们纷纷在发言中指出，军队承担着紧张的战备任务，必须保持稳定，不能开展"四大"。他们还以激愤的语言，对随意揪斗军队领导干部、抄家、戴高帽子等做法表示强烈不满。经过争论，会议决定不在野战部队进行"大民主"，军事院校可以搞，但不能搞串连。1月14日，经过中央军委多数领导和大多数与会者的斗争，在周恩来的支持下并经毛泽东批准同意，党中央发出了《关于不得把斗争锋芒指向军队的通知》。但是，由于林彪、江青等人处心积虑地破坏，这个《通知》并未得到有力的执行。

1月19—20日，中央军委在北京京西宾馆召开碰头会，讨论军队开展"四大"问题。参加会议的有中央军委领导，各总部、各大军区、各军兵种的负责人，以及中央文革小组成员。会议一开始，便围绕着军队要不要开展"四大"的问题，展开了激烈的争论。江青、康生、陈伯达等以"军队不能特殊"为由，继续鼓吹军队应和地方一样搞"四大"。对此，叶剑英、徐向前、聂荣臻三位军委副主席坚决反对。他们表示：军队是无产阶级专政的柱石，战备任务很重，如果稳不住，敌人入侵时将无法应付；如果开展"四大"，必然发生无政府主义，什么个人服从组织，下级服从上级，都成了一句空话；军队没有铁的纪律，怎么能保证执行党的路线、方针、政策？怎么能打仗？不服从命令，打起仗来"放羊"，军队还成其为军队吗？军队一乱，将无法担负保卫国家、抵御外敌入侵的重任，后果不堪设想。

在1月20日的会议上，当得知总政治部主任萧华被中央文革小组指使的造反派抄家时，徐向前气愤地拍案而起，对着江青等人说："我们搞了一辈子军队，人民的军队，难道就叫他们几个毁了吗？"盛怒之下，茶杯盖子和碟子都被震落到地上。叶剑英在斥责江青等人时说："萧华是我保护起来的，如果有窝藏之罪，我来承担。"他接着说："谁想搞乱军队，决不会有好下场。"激愤之中，他竟因拍桌子时用力过猛致使右手掌骨骨折。老一辈革命家无私无畏、为党为国的凛然正气，震慑了江青等人，使他们的气焰不得不有所收敛。这就是所谓"大闹京西宾馆"。

1月22日，毛泽东接见参加军委碰头会的军队干部。参加接见的军队领导干部纷纷向毛泽东诉说"文化大革命"给军队造成的破坏及挨斗被整的情况。毛泽东对这些现象表示气愤。他说，"那还得了"，"到处抓人怎么行"，"要允许工作，不能过头了，不能搞逼供信"。对戴高帽子一类做法，他说，那些做法是对土豪劣绅的，用来对付共产党的干部，是不好的。① 他表示，人民解放军是无产阶级专政的柱石，要防止帝国主义的侵略，要求军队要抓紧备战，要稳定，要团结，不要你搞我，我搞你，不要闹分裂。他批评了当时把矛头指向朱德的做法，说："朱德还是要保。他还有国际国内威望。"同时，毛泽东要求军队干部吸取经验教训，不要吃老本，要支持"左"派，在"文化大革命"中立新功。②

随后，徐向前又当面向林彪要求制定一个稳定军队的文件，林彪表示同意，并口授了几条意见。在此基础上，经叶剑英、徐向前、聂荣臻以及周恩来等商讨、修改，拟定了中央军委的《八条命令》。1月28日，《八条命令》由毛泽东批准下发。《八条命

---

① 参见《共和国史记·第3卷》（上），吉林人民出版社1996年版，第195页。

② 参见《共和国史记·第3卷》（上），吉林人民出版社1996年版，第195页。

令》的核心内容，是军队一切指战员必须坚守岗位，不得擅离职守；军内开展"文化大革命"的单位应严格区别两类矛盾，不得随意抓人、抄家、搞武斗；部队的运动应坚持正面教育的方针，以利于加强战备；一切外出串连人员应迅速返回本单位；一律不许冲击军事领导机关，等等。很明显，《八条命令》实际上是对军队的运动作出了严格的规定和约束，使之与地方区别开来，对保持军队的稳定起了积极作用。2月21日，中央发出通知，肯定《八条命令》"很好"，"这个命令，除第七条关于军队的文化大革命的部署外，其他各条，都适用于地方"①。

此后，根据《八条命令》的主要精神，中央军委又连续制定了一些旨在稳定军队的文件，如《重申军队"文化大革命"分期分批进行的指示》（1月28日），《关于军以上领导机关文化大革命的几项规定》（2月11日），《关于军队夺权范围的规定》（2月16日），《关于外出串连人员限期返回本单位的通知》（2月18日），等等。其中，在中央军委《重申军队"文化大革命"分期分批进行的指示》中，强调各大军区暂缓运动，以稳定自己。《关于军以上领导机关文化大革命的几项规定》强调，各级军事领导机关一律不允许自下而上地夺权，军队领导机关必须保持严密完整的指挥体系，不宜成立各种文化革命战斗组织，要反对无政府主义、极端民主化、小团体主义，等等。这些文件有力地遏制了"文化大革命"对军队的冲击和影响，是叶剑英、徐向前、聂荣臻等老一辈革命家抵制"文化大革命"错误做法、反对江青等人阴谋搞乱军队的斗争的结果，反映了广大指战员的要求和愿望。

但是，既然"文化大革命"已经发展到这样一种地步，对军队运动作出的这些规定，已不可能从根本上扭转因"全面夺权"

---

① 《中国共产党执政四十年》，中共党史资料出版社1989年版。

所导致的"天下大乱"了。军委《八条命令》下达后，地方造反派的派性争斗以及造反派与军队的矛盾和冲突仍在发展、加剧。《八条命令》中关于"一律不许冲击"军事机关的明文规定，对自恃有中央文革小组支持、处于夺权狂热中的造反派来说并没有多少约束力。在此后一段时间里，北京以及昆明、贵阳、长沙、广州、杭州、南京、沈阳等地频繁发生造反派冲击驻军领导机关、揪斗军队领导干部的事件，在全国范围内形成了一股冲击解放军的邪风。

自 2 月上旬起，周恩来在北京中南海怀仁堂主持召开由部分中央政治局委员、国务院和中央军委领导人，以及中央文革小组成员参加的碰头会，商讨党政业务工作。① 怀仁堂的碰头会，从一开始就成为老一辈革命家揭露、抨击中央文革小组一伙人乱党乱军行径的场合。

在 2 月 11 日的碰头会上，叶剑英再次拍案而起，斥责康生、陈伯达和张春桥，指他们把党搞乱了，把政府搞乱了，把工厂、农村搞乱了，他们还嫌不够，还一定要把军队搞乱！那样搞，他们想干什么？他又质问说，上海夺权，改名为"上海公社"，这样大的问题，涉及国家体制，不经政治局讨论，就擅自改变名称，又是想干什么？革命，能没有党的领导吗？能不要军队吗？徐向前也激愤地拍着桌子说，军队是无产阶级专政的支柱，这样把军队乱下去，还要不要支柱？会上，针对江青等人迫害一些对中央文革小组表示不满的老干部子女的做法，聂荣臻指出，他们不能为了要打倒老子，就揪斗孩子，株连家属。残酷迫害老干部，搞落井下石，这就是不安好心！老一辈革命家的激烈抗争，实际上已经触及"文化大革命"的三个要害问题，那就是：还要

---

① 怀仁堂碰头会，是当时中央党、政、军合一的一种临时办公、决策形式。

不要党的领导？应不应该把老干部都打倒？要不要稳定军队？正是在这些根本原则问题上，老一辈革命家以他们对党、对国家、对人民利益的高度责任感，针锋相对，寸步不让，同煽动动乱的中央文革小组的几个头面人物展开了一场面对面的尖锐斗争。

上海"一月风暴"后全国动乱急剧升级的局面，以及中央文革小组不可一世的胡作非为及其所造成的严重后果，毛泽东也有所感觉。他虽然支持了上海夺权，但却不愿看到全国的局势因动乱而失控；他虽然号召造反，却不赞成由中央文革小组煽动而急剧膨胀起来的无政府主义；他虽然提出"打倒走资本主义道路的当权派"，但不是不要党的领导或削弱党的领导。2月3日，毛泽东在同外宾讲话时，一方面肯定了"文化大革命"的意义，一方面又批评说，现在流行着一种无政府主义思想，口号是"一切怀疑，一切打倒"，"结果弄到自己身上。你一切怀疑，你自己呢？你一切打倒，你自己呢？资产阶级要打倒，无产阶级呢？他那个理论就是不行。"①

2月12日及其后的几天里，毛泽东在与张春桥、王力等人谈话时，一方面肯定了"文化大革命"的成就，另一方面针对性很强地批评了当时一些甚嚣尘上的极左思潮。他说，"彻底改善无产阶级专政"的口号是反动的，是推翻无产阶级专政，建立资产阶级专政。正确的说法只能是部分地改善无产阶级专政。青年人在这次"文化大革命"中做了不少贡献，但是让他们马上接省委书记、市委书记的班还不行。针对全面夺权时否定党的领导的思潮，他强调说，还要有一个党，我们共产党不能不要党，人民代表大会还要开，国务院也还叫国务院。他又说："上海人民公社就改为上海革命委员会吧！如果还叫上海人民公社，优点是保护上海人民的热情，缺点是全国只你们一家，不是很孤立吗？《人

---

① 《中国共产党执政四十年》，中共党史资料出版社 1989 年版。

民日报》不能登，一登大家都叫人民公社了，就会发生一系列的问题。"①

2月上旬，毛泽东连续召开中央政治局常委扩大会议。会上，他批评中央文革小组在重大问题上不经请示就擅自做主，发号施令，还批评他们任意打倒老干部的做法。在2月10日的中央政治局常委扩大会议上，毛泽东又就陶铸被打倒一事严厉地批评陈伯达说，他是一个常委打倒一个常委。他又严厉地批评江青眼高手低，志大才疏，眼里只有一个人；打倒陶铸，别人都没有事，就是他们两个人（指江青与陈伯达）干的。他当场指示，中央文革小组开一个会批评陈伯达、江青。毛泽东虽然对陶铸到中央工作后的一些做法不满，但他也绝不同意陈伯达、江青用那样一种方法打倒陶铸。2月上旬毛泽东亲自召开的一系列会议对中央文革小组的一些批评，在老一辈革命家中引起了强烈的共鸣，事实上成为"二月逆流"的重要原因之一。

2月16日，怀仁堂会议上的斗争达到高潮。这天的会议本来是讨论"抓革命、促生产"问题，但一开始便又展开了对几个根本问题的争论。谭震林首先怒斥张春桥等人不要党的领导，一天到晚老是群众自己解放自己，自己教育自己，自己搞革命，那是形而上学！他又说，他们（指张春桥等）的目的，就是要整掉老干部，把老干部一个一个打光。这一次（指"文化大革命"）是党的历史上斗争最残酷的一次，超过历史上任何一次！谭震林还义正词严地当场申明："我不是为自己，我是为整个老干部，是为整个党！"

陈毅说，这些家伙上台，就是他们搞修正主义。历史不是证明了到底谁是反对毛主席的吗？以后还要看，还会证明。

---

① 《共和国史记·第3卷》（上），吉林人民出版社1996年版，第212页。

叶剑英说："老干部是党和国家的宝贵财富。对犯有错误的干部，我们党向来是惩前毖后，治病救人，哪有随便打倒的道理？照这样，人身都不能保证，怎么做工作？"

李先念说："我们党一贯强调绝大多数干部和群众是好的。现在这样搞，团结两个百分之九十五还要不要？老干部都打倒了，革命靠什么？现在是全国范围内的大搞逼供信……从（1966年）《红旗》第十三期社论开始，在全国范围内就开始了大规模的斗争，还有什么大串连，老干部统统打倒了。"①

周恩来当即问康生："这篇社论，你看了吗？"康生竟谎称没有看过。周恩来气愤责问陈伯达等："《红旗》第十三期社论，这么大的问题，你们也不跟我们打个招呼，送给我们看看。"②

谭震林又说："我看（1966年）10月5日的紧急指示，消极面是主要的。"

会上，余秋里等也作了言辞激烈的发言，对"文化大革命"以来的一系列极端做法表示强烈不满，对江青、陈伯达、康生、张春桥等中央文革小组里几个不可一世的人物给以痛快淋漓的揭露、抨击。这便是著名的"大闹怀仁堂"。

16日晚，带着怀仁堂抗争的激情，陈毅又在对归国留学生代表的长篇讲话中对中央文革小组进行了猛烈的抨击。他说："现在有些人，作风不正派！你要上去，你就上去嘛，不要踩着别人嘛，不要拿别人的鲜血去染红自己的顶子。中央的事，现在动不动就捅出来，弄一些不懂事的娃娃在前面冲。""现在把刘少奇的100条罪状贴在王府井，这是泄密！八大的政治报告是政治局通

① 纪希晨：《一切场捍卫党的原则的伟大斗争》，《解放军报》1979年2月26日。

② 《周恩来年谱（1949—1976）》下卷，中央文献出版社1997年版，第127页。

过的嘛，怎么叫他一个人负责呀？"他激愤地说："这样一个伟大的党，只有主席、林副主席、周总理、伯达、康生、江青是干净的，承蒙你们宽大，加上我们五位副总理。这样一个伟大的党，就只有这十一个人是干净的？！如果只有这十一个人是干净的，我陈毅不要这个'干净'！把我揪出去示众好了！一个共产党员，到了这个时候还不敢站出来讲话，一个铜板也不值！""我不是乱放炮，我是经过认真思考的。要我看，路线斗争要消除后果要很长时间。现在的文化大革命的后遗症，10 年、20 年不治！"①

当晚，周恩来在接见内蒙古自治区党委、军区负责人及内蒙古造反派代表时，再次强调军队要稳定，指出军区不能冲，军事工厂不能串连，军队不能夺权，要信任、爱护解放军。他批评那些冲击解放军的人是"没有从国家整体利益着想"。次日凌晨，他在接见财贸口造反派代表时，当场下令逮捕拒不执行命令、操纵造反派让党委"靠边站"、抢夺财政部业务的一个副部长。他告诫造反派，财政大权不能夺，他们要走到邪路上去了。他严正申明：凡是没有经过中央承认的夺权都不算数，财政部、商业部的党组要恢复，党组还要行使职权。周恩来严厉地批评造反派说："你们以敌对的态度对待领导干部，一斗十几天不放，戴高帽，挂黑牌，搞'喷气式'，这样的搞法是'残酷斗争，无情打击'，把老干部一概打倒行吗？难道能得出领导干部都是走资本主义道路当权派的结论吗？我想到这里就很难过，很痛心。现在到了关键时刻，我不能不说话，否则，我就要犯罪。"②

2 月 17 日，谭震林致信林彪，指责江青等人"比武则天还凶"，其"手段毒辣是党内没有见过的。一句话，把一个人的政

---

① 《陈毅传》，当代中国出版社 1991 年版，第 610 页。
② 《周恩来年谱（1949—1976）》下卷，中央文献出版社 1997 年版，第 127—128 页。

治生命送掉了"。"他们有兴趣的是打老干部，只要你有一点过错，抓住不放，非打死你不可"。他表示对江青等人"这个反，我造定了，下定决心，准备牺牲，斗下去，拼下去"。①

面对老一辈革命家在怀仁堂会议前后正气凛然的抗争，中央文革小组的几个头面人物无言以对，惊恐异常。在江青的策划下，张春桥、姚文元、王力整理出《二月十六日怀仁堂会议》的记录，并由张、姚二人当面向毛泽东汇报。2月18日晚至19日凌晨，毛泽东亲自召集会议，周恩来、康生、李富春、叶剑英、李先念、谢富治、叶群等参加。会上，毛泽东批评了谭震林、陈毅等参与二月抗争的老同志，认为他们是搞复辟、搞翻案，提出"文化大革命"不容否定。他说：中央文革小组执行十一中全会精神，错误是百分之一、二、三，百分之九十七都是正确的。谁反对中央文革小组，他就坚决反对谁！他们要否定"文化大革命"，办不到！会上还决定陈毅、谭震林、徐向前三人"请假检讨"。2月25日至3月18日，中央政治局连续召开七次"政治生活会"，批判谭震林等人。康生等人趁机攻击参加二月抗争的几位老同志，并把矛头指向了在思想上同谭震林等息息相通的周恩来。

2月27日，中央文革小组组长陈伯达别有用心地将一份所谓"闹资本主义复辟例子"的材料呈送毛泽东，毛泽东在批语中认为从上至下都有反革命复辟的现象，值得注意。3月间，林彪、江青两个集团趁批判"二月逆流"之机，打着"反复辟"的旗号，指使北京造反派召开数次上万人或10万人的大会，批斗谭震林、陈毅、彭德怀、罗瑞卿等。在北京的带动下，全国掀起"反击自上而下的复辟逆流"的浪潮，更大规模地打击迫害对

---

① 参见《共和国史记·第3卷》（上），吉林人民出版社1996年版，第216页。

"文化大革命"不满和抵制的各级领导干部，更激烈地鼓动造反、夺权。"反复辟"运动大大刺激着自下而上的各种夺权活动，推动着无政府主义急剧膨胀，使本来已经混乱的局势更趋恶化。二月抗争失利后，中央政治局被迫停止活动，中央文革小组实际上取代了中央政治局的职能。①

1967年2月前后，谭震林、陈毅、叶剑英、李富春、李先念、徐向前、聂荣臻等中央政治局、国务院和中央军委的领导同志，在党内、军内会议上及其他场合同中央文革小组所进行的一系列斗争，实质是对"文化大革命"中的种种错误做法提出的严正批评和抗议，是对"一月夺权"以来全国动乱急剧升级，大批党政军领导干部相继被打倒、被批斗、被虐待的状况表示的极大的愤慨和深深的忧虑。面对如此险峻严酷的现实，这些久经考验的老一辈革命家凭着他们丰富的斗争经验，觉察到党内出现了极不正常的情况，对"文化大革命"的实质有了更深一层的了解。他们挺身而出、义无反顾地捍卫党的一系列基本原则的行动，实际上就是对"文化大革命"理论与实践的某种否定和批判。

历史已经证明，1967年2月前后的这场斗争，是党和人民与"左"倾错误和林彪、江青两个集团长期斗争的组成部分，是党内正义力量要求纠正"文化大革命"错误的一次意义重大的抗争，它对于后来党和人民日益深入、广泛的斗争产生了极为深远的影响。

---

① 这时原由周恩来主持的党、政、军业务合一的怀仁堂碰头会，改为中央文革小组碰头会，吸收部分中央政治局成员、国务院副总理、中央军委领导人参加。

二、稳定局势的初步措施

(一) 党中央、毛泽东约束动乱局面

"全面夺权"开始后,各省、市、自治区均陷于"打倒一切"的混乱状态,各级党政机关相继瘫痪或半瘫痪,公安、检察、法院等专政机关也都无法正常履行其职能,大批工矿企业面临停产或半停产,国民经济停滞,社会秩序混乱,整个局势变得更加难以控制。

"文化大革命"自发动起,就一直处于一种"两难"的基本矛盾之中。为发动运动,就必须突破现行体制、秩序的束缚,削弱各级党政领导机关的权威,这就要制造出一种力量,不断地制造、扩大动乱,这在运动初期尤其明显。而当这种动乱已经威胁到整个国家经济运行及国家稳定和安全时,党和国家的最高领导及党内其他健康力量又会采取措施抑制动乱,约束动乱力量。这种抑制、约束达到一定程度时,必然会使"文化大革命"的合理性受到怀疑,使各种动乱力量受到压制。这又必然引起维护"文化大革命"力量的反对,引发形形色色的"反复辟""反击右倾翻案"活动,开始新一轮动乱升级,如此循环往复。"文化大革命"基本上就是按照这个规律进行的。这种"两难"处境和"两极"震荡超出了运动发动者的设想,使他难以驾驭。

1967年初,一方面是号召展开全面的阶级斗争,进行自下而上的夺权,另一方面,为了稳定形势,保证夺权斗争的顺利进行,经毛泽东批准,以党中央、国务院的名义发布了一系列文件、通告,对造反派的种种极端行为进行约束。1967年1月11日,中共中央发出《关于广播电台问题的通知》,宣布各地广播电台一律由当地人民解放军实行军管,停止编辑和播送本地节

目，只能转播中央广播电台的节目。1月13日，中共中央、国务院发出《关于在无产阶级文化大革命中加强公安工作的若干规定》（即"公安六条"），规定对反革命分子应依法惩办；攻击毛泽东与林彪的都是现行反革命，要依法惩办；严禁武斗；不准反革命分子等串连、成立组织；不得利用大民主散布反动言论。2月3日，中共中央、国务院发出《关于革命师生和红卫兵进行步行串连问题的通知》，要求在全国停止长途步行串连。2月12日，中共中央、国务院发布关于取缔全国性群众组织的通告，这是限制造反派活动范围，阻止动乱升级的一个重要措施。同日，中共中央发出《关于党员党籍处理问题的通知》，宣布按照党章规定，党员的处分必须由党组织报告，群众及其组织，无权对党员进行党纪处分。2月16日，中央军委作出《关于军队夺权范围的规定》，规定军队可以夺权的范围只限于部队院校、文艺团体、体工队、医院、军事工厂，对领导干部要严格区分两类不同性质的矛盾。2月17日，中共中央、国务院发出《关于处理下乡上山知识青年外出串连、请愿、上访的通知》，要求他们立即返回原单位。同日，中共中央还发出《关于对待无产阶级文化大革命中工作组问题的通知》，指出不应长期揪住工作队不放，各单位今后不要再揪工作队去斗争。根据毛泽东对大学、中学和小学高年级学生进行军训的批示，2月19日，中共中央发出《关于中学无产阶级文化大革命的意见》（供讨论和试行用），规定中学师生停止串连，实行军训和复课闹革命。对中学生的这一约束，使许多"革命小将"不得不脱离了派性争斗的第一线。

2月20日，中共中央发出《给全国农村人民公社贫下中农和各级干部的信》，号召贫下中农"认真地抓革命，促生产"。信中特别指出"农村人民公社各级干部绝大多数是好的和比较好的。犯过错误的同志，也应该努力在春耕生产中将功补过"。信中还建议考虑各地农村开一次三级干部会，布置春耕生产工作，并建议人民解放军各地部队和各级军事机关大力支持、帮助春耕生产工作。2月23日，中央军委发出《关于军队大力支援地方抓好春耕生产的指示》。同日，《人民日报》刊登《红旗》杂志第4期社论《必须正确地对待干部》。社论指出，在夺权斗争中怎样对待干部的问题，是一个关键问题。"必须清醒地看到，大多数干部是好的，犯错误的干部，在党和群众的教育下，大都是可以改正的。绝不能把走资派和钻进干部队伍里来的阶级异己分子估计得过多"。3月7日，毛泽东批示肯定了《天津延安中学以教学班为基础，实现全校大联合和整顿巩固发展红卫兵的体会》，并要求转发全国，参照执行。他在批示中要求："军队应分期分批对大学、中学和小学高年级实行军训，并且参与关于开学、整顿组织、建立三结合领导机关和实行斗、批、改的工作"。次日，中共中央转发了毛泽东的批示和天津延安中学的材料，要求各地参照执行。此后，军队除"支左""军管"外，又增加了军训的任务。3月7日，中共中央发出《关于大专院校当前无产阶级文化大革命的规定（草案）》，要求停止串连，返校进行军训，成立学校临时权力机构，对除"走资派"和"反动学术权威"外的各级领导干部、教授、讲师、助教、职工，都应采取团结教育的方针，吸收他们参加"文化大革命"，并且安排他们的工作。同日，中共中央还发出《关于农村生产大队和生产队在春耕期间不要夺权的通告》，要求在春耕大忙期间，农业生产大队和生产队不要进行夺权斗争。3月11日，中共中央发出《关于成立"抓革命、促生产"第一线指挥部的问题的通知》，要求在农业、工业、财贸各方面成立"三结合"①的指挥部，以利"抓革命、促生产"。3月16日，中共中央、国务院、中央军委发布《关于

---

① "三结合"指造反派负责人、党政部门负责人与人民解放军负责人三者结合。

保护国家财产，节约闹革命的通知》。3 月 17 日，中共中央发出关于地方夺权的通知，要求地方在采取夺权行动之前，应事先取得中央同意，派代表来京同中央商量；未经中央同意不要成立革命委员会，不要在地方报纸上报道和在广播电台上广播夺权。3 月 18 日，中共中央发出《给全国厂矿企业革命职工、革命干部的信》，号召巩固劳动纪律，坚持八小时工作制，坚持民主集中制，建立社会主义生产和"文化大革命"的良好秩序。3 月 19 日，中共中央发出《关于停止全国大串连的通知》。同日，中央军委发出《关于集中力量执行支左、支农、支工、军管、军训任务的决定》，要求部队全面介入地方"文化大革命"，开展"三支两军"。①

在不到两个月的时间里，由中共中央、国务院和中央军委出面，发出这么多文件、社论，对各领域、各行业各项工作事无巨细地作出规定，这一方面反映了政府权威在无政府主义狂潮中流失后的困难处境，另一方面反映了党中央和毛泽东希望扼制无政府主义、一定程度上恢复权威、限制动乱的愿望。但是，既然要"全面夺权"，要"反复辟"，这些指示、通知、号召和命令的作用就不能不大打折扣。其中有些文件，如"公安六条"等，负面影响还相当大。

（二）解放军正式介入地方"文化大革命"

在狂热的无政府主义使党和国家的权威受到严重削弱的时候，为有效地遏制混乱局面，确保"文化大革命"的顺利进行，毛泽东决定人民解放军以"支持左派广大群众"名义，正式介入"文化大革命"。

---

① 参见《共和国史记·第 3 卷》（上），吉林人民出版社 1996 年版，第 231 页。

"文化大革命"爆发后的一段时间里，相对于地方来说，军队所受到的冲击要少一些。为使部队的运动区别于地方，中央军委和总政治部曾发布一系列指示、文件，要求部队加强党的领导，基层单位和野战部队不开展"四大"，着重进行正面教育，以保持全军的稳定和集中统一。红卫兵运动兴起特别是大串连开始后，军委和总政又于 1966 年 10 月发出指示，要求军队和军队院校不干涉、不介入地方运动。但就在同一个月里，在掀起批判"资产阶级反动路线"的浪潮后，各地开始发生冲击军事领导机关、揪斗部队领导干部的事件。但是，即使在这个时候，除首脑机关、一些大单位和军事院校外，全军从整体上讲，还没有更多地受到地方"文化大革命"的影响，部队正常的战备训练、国防建设和生产科研等命令、计划尚能下达、实施。1966 年底，按照中共中央、国务院发出的《关于对大中学校革命师生进行短期军政训练的通知》，军队开始执行军训任务。同时，面对着造反派肆无忌惮的打、砸、抢、抄、抓，军队也自然而然地按照中央指示担当起对一些重要目标的保卫、军管任务。

"全面夺权"使局面进一步恶化后，军队的各个部门和中高级指挥机关也开始被迫卷入运动。特别是由于许多大军区、省军区的领导人，同时又是各中央局和各省、市、自治区的负责人，各地造反派把斗争矛头对准地方党政领导机关的同时，不可避免地也会指向军队领导人。在此之前，为避免造反派的冲击，一些军队机关还按中央要求，帮助地方党政机关保管重要档案，乃至提供秘密住所为地方"走资派"藏身。从这个意义上说，军队确实早已"介入"了地方的"文化大革命"，而这样的"介入"恰恰是不符合中央文革小组的要求的。"全面夺权"中，各地驻军又面临以某种方式对地方造反派的"革命行动"表态，即所谓站在"左派"一边的问题。此外，由"打倒一切"造成的全国政治、经济、社会秩序和人民生活的空前混乱局面，也已到了不派军队不足以控制的地步。

1967 年 1 月中旬，安徽省造反派向省军区提出要当地驻军支持其批斗省委主要负责人，如派部队就是支持"文化大革命"，否则就是不支持。1 月 21 日，毛泽东就此批示认为，应派军队支持左派广大群众，以后凡有真正革命派要求军队支持、援助，都应这样做。所谓不介入，是假的，早已介入了。23 日，中共中央、国务院、中央军委、中央文革小组发布《关于人民解放军坚决支持革命左派群众的决定》。该决定提出：以前关于军队不介入地方"文化大革命"以及其他违反上述精神的指示，一律作废；军队应积极支持广大革命左派群众的夺权斗争，应坚决镇压反对无产阶级革命左派的反革命分子、反革命组织；军队不得做"一小撮党内走资派"和坚持"资产阶级反动路线"顽固分子的防空洞，全军应深入进行"文化大革命"中两条路线斗争的教育，等等。自此，人民解放军开始奉命"支左"，参与地方运动。

广大解放军指战员同人民群众有着千丝万缕的血肉联系，他们长期所受的人民军队光荣传统教育与"文化大革命"中流行的理论大相径庭。一般来说，军队中绝大多数干部、战士从思想上、感情上对造反派都持一种反感、冷落、疏远的态度。"文化大革命"初期，部队几乎都对党团员多、老工人多、劳动模范多、干部多的"保守派"组织持同情态度。广大指战员不愿看到老干部一批批被打倒，不愿看到在人民群众中闹派性、打内战，造成生产和群众生活水平下降，更不情愿出面压制和打击党团员占多数的所谓"保皇派""保守派"组织。"全面夺权"后，他们又往往比较同情那些由"保守派"转变而来的比较温和的造反派，这又招致了那些"老造反派"的冲击，因而往往遭到中央文革小组的批评。解放军指战员对地方的工作不熟悉，特别是在动乱的环境中，在思想混乱的情况下，要"支左"部队确认谁是"左派"这样一个带有很大主观随意性的问题，更是勉为其难。

在这样一种复杂的背景下，"支左"必然从一开始就陷入深刻的矛盾之中。

与"支左"同时进行的，还有"军管"。早在"支左"之前，为了应付动乱的局面，根据中央的统一部署，军队就已派出部队或军代表，对某些地区和单位实行军事管制，或加强对一些核心要害部门和机要单位的安全保卫工作。"全面夺权"以后，鉴于愈来愈难以控制的局势，中央又规定，对于陷于瘫痪半瘫痪状态或被坏人篡夺了领导权的单位、国防企事业单位、金库，以及边防、沿海交通要道（关口、车站、码头），专政机关，机密要害部门如邮电、电台、报社、银行、仓库、监狱等，都应实行军管。3月16日，中共中央转发了北京卫戍区对工厂实行军事管制的布告。布告指出，军事管制委员会坚决支持无产阶级革命派；厂矿的运动、生产和业务工作在军管会的领导下进行；厂矿全体人员必须坚守岗位，积极生产，努力工作，遵守劳动纪律，服从上级指挥，建立革命秩序，只许文斗，不许武斗；群众造反组织要按生产系统和行政单位编组；外出者限期返回，等等。与此同时，北京市的一些要害部门，在京的一些中央国家机关也相继成立军管会或派驻军代表，陕西、新疆、青海、西藏、云南、广东、广西、福建、浙江、江苏等省、自治区也已实行军管或准备实行军管。随着动乱的升级和无政府主义的肆虐，军事管制的范围越来越大，一些军事院校、文体单位甚至人民解放军总政治部也曾一度被"军管"。

1967年初开始的普遍性军事管制，对于已经出现的"天下大乱"局面起到了明显的抑制作用，满足了当时国家维持政治、经济运行的基本需要。在各级党政机关、专政机构已无法正常运转的情况下，由军队出面来维系起码的社会秩序和人民生活，保护人民的生命财产和国家物资设施，确实是当时条件下唯一可行的稳定局面的有效方法。

"三支两军"的任务之一，是派出人民解放军对大、中学校的师生进行军政训练。1966年，毛泽东在著名的"五七指示"中提出学生要"学军"，把它作为中国未来教育发展的方向。"文化大革命"发动后，特别是当年年底动乱局面不断加剧后，毛泽东为了对形势有所控制，希望对当时在各群众组织中、在各种夺权活动中最为活跃的学生加以约束。根据他的指示，中共中央、国务院于1966年12月31日发出通知，要求全国大中学校师生普遍进行短期军政训练，作为大、中学校"文化大革命"的新内容。通知传达了毛泽东的意见：派军队干部训练革命师生的方法很好，训练一下和不训练大不一样。这样做，可以向解放军学政治、学军事，学四个第一、学三八作风、学三大纪律八项注意，加强组织纪律性。通知规定，从现在起到1967年暑假，对全国大、中学校师生分期分批进行短期军政训练。自此，解放军开始在一些大城市对学生进行军训。但因此时一些学生仍在串连之中，不少学生还热衷于在各种派别组织中活动，更因为1967年初"全面夺权"后动乱升级，派别斗争加剧，致使那些还能回到学校接受军训的学生又重新回到社会上，加入到更为激烈的派别争斗中去。

面对着"全面夺权"后日益动乱的形势，毛泽东对红卫兵的无政府主义行为深为忧虑，更不希望运动处于失控之中。此时，他仍把对学生的教育、约束和清除学生中的无政府主义作为控制局面的一个重要方法。1967年2月中旬，毛泽东在看到一份有关北京两所中学进行军训的内部材料后，批示调查核实后，总结经验发往全国，大专院校也要有这方面的总结。2月19日，毛泽东将总结报告批发全国，要求大学、中学和小学的高年级每年训练一次，每次二十天。他还指示："党、政、军、民机关，除老年外，中青年都要实行军训，每年二十天"①。同日，中共中央发出《关于中学无产阶级文化大革命的意见》（供讨论和试行用）。其中规定，从 3 月 1 日起，中学师生停止外出串连，一律返校，一边上课，一边闹革命，分期分批进行军政训练。同日，《人民日报》发表题为《中小学复课闹革命》的社论，指出在夺权的关键时刻"摆在中小学革命师生面前的光荣任务，就是响应党中央的号召，复课闹革命"。

1967 年 3 月 7 日，毛泽东在对《天津延安中学以教学班为基础，实现全校大联合和整顿巩固发展红卫兵的体会》的批示中，又进一步要求军训人员参与开学、整顿组织、建立"三结合"领导机关和实行"斗、批、改"的工作。他还要求说："还要说服学生，实行马克思所说只有解放全人类才能最后解放无产阶级自己的教导，在军训时不要排斥犯错误的教师和干部，除老年和生病的以外，要让这些人参加，以利改造"②。毛泽东的这一批示，与他当时在一年多的时间内完成"文化大革命"的设想是一致的。如果说几个月前毛泽东强调的是"革命""造反""走向社会"的话，那么，现在他所强调的已是秩序、团结和返回校园了。3 月 17 日，中央通知取消原定在春暖后再进行大串连的计划，停止全国大串连。

军训工作实际上是将人民解放军的组织形式和纪律、作风移植到学校，试图以此影响青少年学生的思想，约束他们的行为，抑制学校内旷日持久的无政府状态，使仍在社会上冲杀的学生回到校园，减少社会上的动乱因素。军训的确使混乱的学校秩序有

---

① 参见《中国共产党执政五十年（1949—1999）》，中共党史出版社 1999 年版，第 323 页。

② 参见《共和国史记·第 3 卷》（上），吉林人民出版社 1996 年版，第 224 页。

所改观，但这毕竟只是一种缓解动乱的权宜之计，不是教育改革和学校建设的方向，不能解决因动乱造成的学校教育混乱、落后等问题。实际上，这次军训只持续了很短一段时间。1967 年 5 月"全面夺权"发展到"天下大乱"和"全面内战"后，学校怎么能成为大乱中的"世外桃源"？一方面希望通过军训在学校恢复秩序，另一方面要通过"全面夺权"深入地进行"文化大革命"，这不能不陷入自相矛盾的境地之中。

除对学生军训外，解放军还派出大批指战员在动乱的环境中支援工农业生产。新中国成立以来，人民解放军一直保持着支援地方工农业生产、抗灾救灾等光荣传统。"文化大革命"发动后，工农业生产特别是工矿企业连续遭受巨大冲击和破坏，面临困难形势。1967年春，中共中央、中央军委曾发布文件、指示，要求军队大力支持、帮助地方春耕生产。为此，各部队以大量劳力和技术力量投入农业生产第一线，帮助农民及时完成春播任务，扭转了这一年春耕生产的被动局面。此后，人民解放军采取定点挂钩支援与普遍支援相结合、定期支援与临时性突击支援相结合两种方式，长年派出人力物力支援农业生产，这对于在"文化大革命"那样动乱的环境中农业能够保持比较稳定的发展，发挥了重要作用。

"文化大革命"基本上是一场城市里的运动。因此，较之农业来说，工业、交通、商业等方面的情况要严峻得多。"全面夺权"以来，由于交通运输系统、燃料工业系统和商品流通系统程度不同地陷入动乱和半瘫痪状态，因而严重影响了其他系统、行业的生产，打乱了整个国民经济的正常秩序。为控制局势，1967年 3 月 3 日，毛泽东在一份文件上批示："军队不但要协同地方管农业、对工业也要管……总之，军队不能坐视工业生产下降而置之不理"。据此，中共中央于 1967 年 3 月发出《给全国厂矿企业革命职工、革命干部的信》，宣布人民解放军各部队将"大力协助地方、支持工业生产工作"。自此，军队开始全面支持地方工业生产。在工矿企业、交通运输行业和一些商业系统，解放军"支工"人员向职工宣讲中央文件，制止派性斗争，推进工人间的联合，恢复和维护生产秩序。在动乱和武斗最为激烈的一段时间里，银行等要害部门也由于"军管"而大大减少了损失。在人民解放军各种方式的大力支持下，被"文化大革命"严重破坏的工业生产得到某种程度的恢复，或者减少了可能遭受的更大损失。一些因派性武斗而停工停产的重点工程也得以继续开工建设。此外，人民解放军还派出大批人员和设备直接投入生产。部队经常到车站、码头突击装卸、运输，解决压车、压船、压港问题，有的甚至顶班下井采煤。在"文化大革命"那样大规模的动乱中，许多地区的经济没有崩溃，国家经济建设虽然遭受严重损失，但仍然在某些方面取得进展，在一定程度上应归功于人民解放军在上述"支工""支农"中所付出的巨大努力。

自 1967 年 3 月 1 日中央军委作出《关于集中力量执行支左、支农、支工、军管、军训任务的决定》起，至 1972 年 8 月根据中共中央文件规定撤销"三支两军"的机构和人员止，人民解放军先后派出二百八十多万名指战员执行"三支两军"任务。如此大量的军事人员脱离军队日常工作参与地方事务，其时间之久、范围之广、影响之深，在解放军历史上都是空前的。在"全面夺权""天下大乱"以至"全面内战"的局面下，部队的介入填补了由于地方干部被打倒而出现的权力真空，部分恢复了党和国家因夺权而流失的权威。介入地方的部队系统和人员大多实际上成为各地、各单位的最高领导者，或参与领导者。在党的九大前及九大后的一段时间里，中央对各地、各部门的领导和控制，在很大程度上是通过军队系统实现的。"三支两军"使军队在国家领导体制中的作用明显增大。

在十分艰巨、复杂和混乱的情况下，参加"三支两军"的部队和指战员努力发扬人民军队的优良传统和作风，为党、为国、为民分忧解难，忍辱负重，做了大量有益的工作，维护了必要的社会稳定，保护了一批干部，减轻了工农业生产和人民生命财产的损失，在可能的条件下减轻了动乱所造成的破坏和损失。但是，在"文化大革命"那样全局性的错误中，担任"三支两军"任务的部队既缺乏思想准备，又不熟悉地方工作，特别是由于林彪、江青两个集团的干扰、破坏，使得这项工作不能不发生许多错误，给部队的思想、作风和组织建设以及军队和地方的关系带来了一些消极影响。

三、动乱难以控制，趋于"全面内战"

（一）趋于"天下大乱"的三个月

1967 年 5 月，毛泽东在一次会见外宾时，简要地回顾了"文化大革命"的过程，谈到了他的一些设想。他说，"文化大革命"从政策策略上讲，大概可分四个阶段：从姚文元批《海》剧的文章发表到八届十一中全会，是发动阶段；从八届十一中全会到"一月风暴"，是第二阶段，主要是扭转方向阶段；自"一月风暴"到大联合、"三结合"是第三阶段；自戚本禹的《爱国主义还是卖国主义？——评反动影片〈清宫秘史〉》及《修养的要害是背叛无产阶级专政》发表后是第四阶段。第三、四阶段都是夺权问题。第四阶段是在思想上夺"修正主义""资产阶级"的权，是决战的关键阶段，是主题，是正题。他又说，本来在"一月风暴"后，中央就在着重大联合的问题，但未得奏效，所以现在中央的态度只是促，不再捏了。[①] 事实上，1967 年"文化大革

① 参见《毛泽东传（1949—1976）》（下），中央文献出版社 2003 年版，第 1489 页。

命"的发展，在许多地方都超出了毛泽东的主观设想。其中的7、8、9三个月，动乱甚至已达到"全面内战"的程度。

如同1967年2月之前一样，3月以后，就全国的"文化大革命"来看，实际上存在着两种相互矛盾的趋向。

其一，面对着"全面夺权"所带来的日益严重的动乱，经毛泽东同意，中共中央、国务院、中央军委发出了一系列文件，采取了一系列措施，以制止武斗，恢复秩序，稳定形势，坚持生产，对因"全面夺权"造成的严重混乱局面加以约束。这些措施在一段时间里，在一定程度上削弱了无政府主义，缓解了动乱程度。

例如：1967年5月14日，中共中央、国务院、中央军委、中央文革小组发出通知，要求各类半工半读学校的学生都要回到原生产单位或学校，积极复课闹革命，同时参加劳动生产。同日，中共中央发出《关于改进革命群众组织的报刊宣传的意见》，要求群众组织的报刊严格遵照中央有关指示进行宣传，不要轻信和传播政治谣言。同日，经中央批准，北京市革委会发布《重要通告》，要求革命群众坚决执行中央"抓革命、促生产"的指示，严禁打砸抢抄抓，不准破坏国家财产，不准运用交通工具参加武斗，不准调动人员参加外单位武斗，不许破坏劳动纪律，不许无故旷工，要求专政机关担负起职责。

5月29日，中共中央、中央军委文革小组发出《关于目前军队院校无产阶级文化大革命的指示》，要求军队院校逐步转入本单位的"斗、批、改"，进行教育革命，尽快建立"三结合"的革命委员会，解放干部，打倒无政府主义，提倡文斗，反对武斗。

6月1日，中共中央、国务院、中央军委、中央文革小组发布《关于坚决维护铁路、交通运输革命秩序的命令》，针对当时因武斗造成部分铁路、交通运输中断的严重现象，要求铁路职工坚守岗位，严禁破坏铁路、交通设施，不准无票强行乘坐车船，不准武斗，不准卧轨，等等。

6月6日，"为制止最近出现的打砸抢抄抓的歪风"，中共中央、国务院、中央军委、中央文革小组发布通令（即"六六通令"），要求不准抓人，不准私设公堂，不准抢夺、破坏各级党政军机关的档案文件和印章，不准侵占、破坏国家和集体财产，严禁武斗、打人和抢夺个人财物，不准搜查和抄家，等等。

6月19日，中共中央发出关于宣传、学习毛泽东《关于正确处理人民内部矛盾的问题》一文的通知，要求大张旗鼓地开展宣传这篇文章发表10周年的活动，正确处理两类矛盾，牢牢把握斗争大方向，实现革命大联合。

6月24日，中共中央发出通知，要求浙江、江西、广西、湖南、河南等地有争议的双方不上街游行、不打架、不抓人、不阻碍铁路交通运输、不动员农民进城、不夺枪、不开枪等。

6月25日，《人民日报》转载《文汇报》文章《无产阶级革命性与小资产阶级摇摆性》，批判派性。《人民日报》编者按传达了毛泽东的最新指示："必须善于把我们队伍中的小资产阶级的思想引导到无产阶级革命的轨道，这是无产阶级文化大革命取得胜利的一个关键问题。"

6月28日，中共中央发出《关于"抓叛徒"问题的通知》，对各派群众组织肆无忌惮的"抓叛徒"活动加以约束。

7月13日，中共中央发出《关于禁止挑动农民进城武斗的通知》。

在这一段时间里，中共中央还连续召集一些派性斗争严重的省、市、自治区的几方群众代表和军队、地方干部代表到北京开会，化解矛盾，解决问题。这些限制、缓解动乱的努力是一种趋向。

其二，由于"文化大革命"全局上的错误和"全面夺权"

的内在需要，自 1967 年 3 月以后，动乱的趋向要远远大于制止动乱的努力。这种动乱的因素又主要来自两个方面。

一是在二月抗争之后，中央文革小组一再发起"反击右倾翻案"活动所释放出来的巨大的造反、动乱能量。2 月 28 日毛泽东"从上至下各级都有这种反革命复辟的现象，值得注意"的批示，给中央文革小组制造新的动乱以可乘之机。在他们的操纵和煽动之下，各地造反派打着"反复辟""反二月逆流""反二月黑风""反资本主义复辟"之类的旗号，掀起新的一轮造反浪潮。3 月中下旬，全国各地纷纷召开"彻底粉碎资产阶级反革命复辟誓师大会"和游行。

3 月 18 日，经毛泽东批准，中共中央印发《薄一波、刘澜涛、安子文、杨献珍等 61 人的自首叛变材料》。中央在转发批示上说：薄一波等人自首叛变出狱，是刘少奇策划和决定，张闻天同意，背着毛主席干的。这些"变节分子"出狱后，由于刘少奇等的包庇重用，把他们安插在党、政、军的重要领导岗位上。许多人在重新混入党内后，成为"刘、邓资产阶级反动路线"的坚决执行者，成为"反革命修正主义分子"，成为"党内走资本主义道路的当权派"。批示还指出，这一叛徒集团的揭露，应当引起我们全党极大的警惕。① 这一文件的发出，不仅使薄一波等一大批党的高级干部受到长期严重迫害，而且立即在全国引发了大规模"抓叛徒"运动，给已经很狂热的揪斗"走资派"活动火上浇油，使动乱更难以控制。

针对当时干部群众中对夺权、动乱、武斗不断滋长的不满情绪，3 月 20 日，林彪在军以上干部会议上说，"文化大革命"的"损失最小最小最小，而得到的成绩是最大最大最大"。4 月 1

① 参见《共和国史记·第 3 卷》（上），吉林人民出版社 1996 年版，第 228—229 页。

日，中共中央、国务院、中央军委、中央文革小组发出《关于播放林彪同志讲话录音的通知》。该通知说："我们伟大领袖毛主席指示，林彪同志 1967 年 3 月 20 日讲话的录音，应向中国人民解放军全军人员和全国红卫兵播放。"这"是一个极其重要的马克思列宁主义、毛泽东思想的报告，对于指导当前的无产阶级文化大革命运动，指导人民解放军正确介入地方的无产阶级文化大革命，推动无产阶级革命派在两条路线的斗争中进一步取得胜利，具有非常重大的意义"。①

4 月 2 日，《人民日报》发表题为《正确地对待革命小将》的社论。社论说："如何对待革命小将，是如何看待几个月来两条路线斗争的问题，是如何对待无产阶级文化大革命群众运动的问题"。社论又说："当前，社会上出现了一股资本主义复辟的反革命逆流"，"走资派"妄图分裂革命小将的队伍，把"打击一大片"的"反动政策"，强加在革命小将头上；对他们的某些缺点错误抓住不放，全盘否定他们的大方向；操纵已垮台的"保守派"把一些革命小将重新打成"反革命"，等等。

在"反击资产阶级复辟逆流"中，各种造反活动更加激烈，一些造反组织更肆无忌惮地冲击部队或其指挥机关，一些"支左"部队和"左派"的矛盾由此激化。为保护造反群众的积极性，保持造反势头，4 月 6 日，中央军委发出关于保护群众组织的《十条命令》，毛泽东批示："此件很好"。该命令规定：对群众组织，无论革命的或者被反动分子所控制的，或者情况不清楚的，都不能开枪，只能进行政治工作；不准随意捕人，更不准大规模捕人；不准把群众组织宣布为反动组织加以取缔，更不准把革命组织宣布为反动组织；对于过去冲击过军事机关的群众，无

---

① 国防大学党史党建政工教研室：《"文化大革命"研究资料》上册，1988 年，第 391 页。

论左、中、右，概不追究，等等。这个"军委十条"所强调的重点，同1月的"军委八条"有明显区别："八条"的重点是不得冲击军事机关，保持军队稳定；"十条"的重点在对过去冲击过军事机关的造反派组织概不追究。对此，毛泽东在7月一次谈话中说过：军队介入后，因为情况不熟悉，错误是难免的，来了个"八条"，抓人抓多了，有些革命组织不应取缔的取缔了，起了压的作用；"十条"后，受压的又起来了，来了个反复。①

另一个促使动乱严重升级的因素，是1967年2月后明确了对刘少奇采取彻底打倒的意向。决定彻底打倒刘少奇，有新中国成立以来党内高层在社会主义革命、建设上的一些分歧，即两种发展趋向的矛盾，也有"文化大革命"发展的内在需要。

"文化大革命"发动后，不论对刘少奇、邓小平的批判如何猛烈、如何振振有词，但总是很难为党内外许多人所信服。这是当时很多领导干部对运动"很不理解、很不得力"的深层原因。1967年3月6日，章士钊分别致信毛泽东与刘少奇，希望两位领导赤诚相待。他在致毛泽东的信中说，自新中国成立之后，国家兴旺发达，全都仰仗共产党之英明领导，毛、刘团结乃共产党领导核心坚强的保证。假若刘少奇确实犯了错误，望毛、刘两位领导能赤诚相待，好好谈谈，刘可做检讨，但切不可打倒。在致刘少奇的信中，说明自己不信外面对刘的诬陷不实之词，但为大局计，建议做些检讨。章士钊的信反映了当时许多人的认识，而正是这种认识从根本上动摇了"文化大革命"的合理性，成为运动深入发展的严重障碍。

为了论证"文化大革命"的合理性，为使广大干部群众接受这场运动的确是"两个阶级、两条路线、两条道路的尖锐斗争"，

① 参见《毛泽东传（1949—1976）》（下），中央文献出版社2003年版，第1491页。

从而不断把运动推向高潮和全国各个领域，为了使造反派统一认识，不偏离运动的大方向，进行革命的大联合，把注意力从"内战"转移到批判"中国赫鲁晓夫"身上，对刘少奇批判的不断升级势所难免。

1966 年 12 月 18 日，中央成立"王光美专案组"，标志着对刘少奇迫害的又一次严重升级。1967 年《红旗》杂志第 1 期发表了经毛泽东审阅的姚文元的文章——《评反革命两面派周扬》。文中有一条注释虽然没有点名但用意已很明显："鼓吹《清宫秘史》的'大人物'当中，就包括有在当前这场无产阶级文化大革命中提出资产阶级反动路线的人，他们反对毛泽东思想的反动资产阶级世界观，他们保护剥削阶级、仇恨革命的群众运动的本质，早在建国初期吹捧《清宫秘史》时就表现出来了"。这条注释不仅是批刘的动员，也提示扩大对刘批判的范围。1967 年 2 月和 4 月中央军委召开的军以上干部会议和军委扩大会议上①，陈伯达在讲话中对刘少奇、邓小平等进行批判，并传达了毛泽东有关批判刘少奇《论共产党员的修养》的意见，康生在讲话中着重批判刘少奇发展生产的主张。

1967 年 4 月 1 日，《人民日报》刊登戚本禹的长文《爱国主义还是卖国主义？——评反动影片〈清宫秘史〉》。这篇经毛泽东审阅并批准发表的文章，蛮横无理地把诸如"帝国主义、封建主义、反动资产阶级的代言人""帝国主义买办""帝国主义、封建主义反革命宣传的应声虫"之类的罪名强加在刘少奇头上。文章用提出八个问题的方式系统地罗列了刘少奇从历史到现实的所谓"罪状"，如在抗战前夕"指使别人自首变节"，在抗战胜利后提出"和平民主新阶段"，在三大改造时反对资本主义工商业

---

① 这两次会议原本要讨论部队"三支两军"问题，但中央文革小组却把它变成了在军队高级干部中打倒刘少奇的动员会。

和农业的社会主义改造，在三大改造完成后宣扬"阶级斗争熄灭论"，在三年困难时期攻击"三面红旗"、鼓吹"三自一包"，在1962年重新出版《论共产党员的修养》，在"四清"运动中推行"形'左'实右"路线，在"文化大革命"中推行"资产阶级反动路线"，如此等等。用这样一种形式——不经过党的中央全会、代表大会，更不经过全国人民代表大会，而只是用个人署名的一篇文章——提出一系列严重歪曲党的历史、诬陷党和国家重要领导人的重大问题，是极为荒诞和错误的。但在当时的条件下，对于绝大多数没有知情权的党员、干部、群众来说，在中央最为权威的舆论工具上发表的谁都知道是有来头的文章，显然是一次强有力的批判刘少奇的政治动员。全国各地造反组织上街游行，热烈欢呼"揪出党内最大的走资本主义道路当权派"和"无产阶级文化大革命的伟大胜利"。

自4月起，报刊上连篇累牍地发表批判刘少奇的社论、文章，例如：《高举无产阶级的革命的批判旗帜》，《人民日报》（4月8日）；《打倒中国的赫鲁晓夫》，《光明日报》（4月8日）；《紧紧掌握斗争的大方向》，《解放军报》（4月10日）；《为彻底批判党内最大的走资本主义道路当权派而战斗》，《解放军报》（4月11日）；《〈修养〉的要害是背叛无产阶级专政》，《人民日报》、《红旗》杂志（5月8日）①；《从政治上思想上彻底打倒党内一小撮走资本主义道路当权派》，《人民日报》（7月22日）；《走社会主义道路，还是走资本主义道路?》，《人民日报》（8月15日）；《从彭德怀的失败到中国赫鲁晓夫的破产》，《红旗》杂志1967年第13期；《两条根本对立的经济建设路线》，《人民日

①　1967年5月11日，中央发出通知，说明5月8日文章经毛泽东审阅，要求各单位"进一步深入地开展对党内最大的一小撮走资本主义道路当权派的大批判运动"。

报》（8 月 25 日）；《揭开一个复辟资本主义的大阴谋》，《解放军报》（9 月 6 日）；姚文元：《评陶铸的两本书》，《人民日报》（9 月 8 日）；《中国农村两条道路的斗争》，《人民日报》（11 月 23 日），如此等等。

这些批判文章歪曲历史、指鹿为马、强词夺理、颠倒是非、气势汹汹、无限上纲，在一系列有关什么是社会主义的基本问题上严重歪曲了马克思主义、毛泽东思想的基本原理。例如，认定刘少奇提出"为巩固新民主主义制度而斗争"的口号，是"猖狂地为发展城乡资本主义而奔走呼号"①；断言刘少奇在对资本主义工商业改造中"坚持放任资本主义发展的反动政策"，"使资本家继续掌握企业的领导大权"②；指责"'三自一包'瓦解人民公社集体经济，使资本主义自由泛滥"③；说刘少奇在三年困难时期"伙同国内外一切牛鬼蛇神，更加疯狂地大搞反革命资本主义复辟"④；批判刘少奇"提倡'按经济办法管理经济'"是"资产阶级政治挂帅，其目的就是为了复辟资本主义"⑤；认为"我们社会主义经济是计划经济。我们的原则是计划第一，价格第二。社会主义商业不是为了利润，而是为了发展生产，保障供给"，而刘少奇一贯反对这一方针，"大肆鼓吹'流通决定生产'

---

① 《走社会主义道路，还是走资本主义道路?》，《人民日报》1967 年 8 月 15 日。

② 《对资本主义工商业改造的两条路线斗争》，《人民日报》1968 年 4 月 5 日。

③ 《红旗》杂志发表的《彻底批判复辟资本主义的"三自一包"》的编者按语，《红旗》杂志 1967 年第 13 期。

④ 《走社会主义道路，还是走资本主义道路?》，《人民日报》1967 年 8 月 15 日。

⑤ 《两条根本对立的经济建设路线》，《人民日报》1967 年 8 月 25 日。

的谬论，妄图从流通领域破坏社会主义建设"①；诬蔑《论共产党员的修养》是"篡党篡政的总纲领"，"搞资本主义复辟的宣言书"②；认为新中国成立后的 17 年教育界执行了一条"修正主义教育路线"，培养"脱离无产阶级政治、脱离工农群众、脱离生产实践的'三脱离'的'精神贵族'"③；认定 17 年来"反革命修正主义分子"与资产阶级学术、文艺"权威"相勾结，"篡夺了文化界的领导权"，"在文化领域中，向无产阶级实行反革命的资产阶级专政"④；断言刘少奇"妄图使新闻事业变成颠覆无产阶级专政、复辟资本主义的工具"⑤；说刘少奇"是京剧界资产阶级反动势力和一切牛鬼蛇神最大的支柱和靠山，是京剧革命一只最大的拦路虎"⑥，等等。诸如此类的"大批判"严重歪曲了新中国成立以来党和国家的历史，与其说是政治批判，不如说是依靠政治高压的十分浅薄、蛮横的政治陷害⑦，在历史上留下了极其不光彩的一页。

在一段时间里，舆论工具除大量发表对刘少奇等"走资派"的批判文章外，还发表了大量社论、报道、文章，反复强调造反派联合起来，停止派性争斗，共同对敌。例如，4 月 10 日《解放军报》题为《紧紧掌握斗争的大方向》的社论说："党内一小撮

---

① 《我国社会主义商业的方向》，《人民日报》1970 年 10 月 19 日。

② 《批倒中国的赫鲁晓夫》，《光明日报》1967 年 4 月 8 日。

③ 《从上海机床厂看培养工程技术人员的道路》，《人民日报》1968 年 7 月 22 日。

④ 姚文元：《〈在延安文艺座谈会上的讲话〉是进行无产阶级文化大革命的纲领》，《红旗》杂志 1967 年第 9 期。

⑤ 《把新闻战线的大革命进行到底》，《人民日报》1968 年 9 月 1 日。

⑥ 《欢呼京剧革命的伟大胜利》，《红旗》杂志 1967 年第 6 期。

⑦ 在这些批判文章中，有的刚一发表就由中央文革小组正式或非正式通知组织学习、集会庆祝、表态。

走资本主义道路的当权派，是最主要最危险的敌人。集中力量打击党内一小撮走资本主义道路的当权派，这是无产阶级文化大革命从始到终都要坚持的斗争大方向"，如此等等。

实际上，这些宣传并未取得什么效果。本来希望通过诸如此类的批判从思想上夺"修正主义"和"资产阶级"的权，统一认识，促进各派群众组织的大联合，但实际上收效不大。如此规模的对党和国家领导人的批判，只能使国家权威严重流失，助长造反派藐视一切、打倒一切、为所欲为的气焰，释放出更大的破坏性能量，导致1967年夏季"全面内战"局面的出现。

1967年7月，毛泽东离京去南方视察前夕，在一次谈话中说"文化大革命"是一年开张；二年看眉目，定下基础；明年结束。① 但是，历史的发展又一次超出了他的计划。想要结束如此广泛、剧烈的动乱远不像预想的那么简单。大乱既起，想要在不触动其错误前提的情况下恢复稳定，在现实中已很难收到成效。在夺权高潮中，各地普遍形成相互对立的两大派或更多派别的群众组织从维护各自的派别利益出发，对中央的指示各取所需，各行其是，阳奉阴违。为夺得以本派为核心的领导权，各派之间互不相让，纷争不已，直至酿成大范围、大规模的武斗事件。"文化大革命"按其内在逻辑，从学校到机关，从文化部门到厂矿企业，从城市到乡村，直至在隆隆的枪炮声中发展为遍及城乡的"武化大革命"。5月以后，在全国范围内，"天下大乱"终于发展为7、8、9三个月的"全面内战"。

如前所述，即使是在"文化大革命"中，甚至是在进行"文化大革命"的前提下，党内实际上也存在着某种形式的两种发展趋向。但是，在对运动一再进行发动的阶段，这两种趋向、这两

---

① 参见《毛泽东传（1949—1976）》（下），中央文献出版社2003年版，第1490页。

方面的努力是很不对称的。一方面号召"全面夺权""抓叛徒""打倒中国的赫鲁晓夫",一方面又不希望看到动乱和武斗,这实际上是根本无法两全的事。只要是号召"全面夺权",所有制止武斗的规定和举措,都不可能挽回不断恶化的形势。要求稳定形势的文件、规定再多,都不足以抑制全国范围内的动乱浪潮。从5月起,伴随着一纸纸、一篇篇要求停止武斗、实现联合、恢复秩序的文件、文章、社论、指示出现的,却是武斗的升级和动乱的加剧。

剧烈的动乱局面给国家经济建设和人民生活带来一系列极为严重的后果。1967年5月底,因各地两派纷争和武斗,京广、津浦、陇海、浙赣四条铁路干线均处于半瘫痪状态。7月初,全国除东北外(此后不久,东北铁路交通也多处中断、瘫痪状态),几乎整个铁路交通中断。因煤炭停运,许多城市工业用电和民用供电均一度被迫中断或大幅度减少,包括国防尖端项目在内的各种生产和人民群众的日常生活都受到影响。国内动荡不安的形势,还直接影响到中国的对外援助和贸易,这不仅给国家经济方面造成损失,更给国家的政治形象、对外关系带来严重损害。

"全面夺权"导致的"天下大乱",在1967年7、8、9三个月达到了"顶峰"。在这三个月中,不仅出现了对党和国家领导人刘少奇等进行批斗、围攻的严重事件,而且在全国多数省、市、县都发生了大规模的武斗事件,有的地方的武斗动用了大量武器装备,造成严重伤亡。

在北京,在中央文革小组的煽动下,对刘少奇、邓小平等人的迫害进一步升级。4月6日,在江青等人的支持下,戚本禹组织中南海的造反派,喊着口号闯进刘少奇的办公室,抄了刘少奇的家。造反派还按照戚本禹文章列出的所谓"八条罪状",向刘少奇提出质问。刘少奇逐条反驳戚本禹文章所列"八条罪状"。当造反派提到所谓"六十一人叛徒集团"时,刘少奇已难以抑制满腔怒火，斥责说："这个问题简直是岂有此理。61 人出狱之事，是经过党中央批准的"，"中央许多领导同志都知道，早有定论嘛"。①

7 月 15 日，中央文革小组召集北京 47 所大专院校群众组织负责人参加会议。陈伯达、张春桥、关锋、戚本禹等在讲话中要求"立即掀起对刘、邓路线及一小撮叛徒、特务和走资派的大批判高潮"。紧接着，18 日，趁毛泽东在外地视察和周恩来不在北京之机，中央文革小组怂恿、支持数十万造反群众在中南海西门外召开揪斗刘少奇的誓师大会，刘少奇在中南海被造反派批斗。以此为开端，北京数以千计的造反派组织组成"揪刘（少奇）火线"，在中南海西门外"安营扎寨"，围困中南海，要求"刘少奇滚出中南海"。19 日，彭德怀受到残酷批斗。8 月 5 日，根据中央文革小组的决定，在天安门广场举行了百万人参加的纪念毛泽东写出《炮打司令部》一周年和声讨刘少奇大会。与此同时，陈伯达、康生、江青违背毛泽东关于"对刘（少奇）、邓（小平）、陶（铸）不要搞面对面的斗争"的意见，公然策动造反派在中南海组织批斗刘、邓、陶夫妇，肆意侮辱、抄家。在野蛮的批斗中，刘少奇严正地抗议说："我是中华人民共和国主席，你们怎样对待我个人，这无关紧要，但我要捍卫国家主席的尊严。谁罢免了我国家主席？要审判，也要通过人民代表大会。你们这样做，是在侮辱我们的国家。我个人也是一个公民，为什么不让我讲话？宪法保障每一个公民的人身权利不受侵犯。破坏宪法的人是要受到法律的严厉制裁的。"② 8 月 7 日，刘少奇给毛泽东写信，严正抗议给他扣上"反党反社会主义"的帽子，书面向毛泽

---

① 刘源等：《胜利的鲜花献给你》，《工人日报》1980 年 12 月 5 日。
② 刘源等：《胜利的鲜花献给你》，《工人日报》1980 年 12 月 5 日。

东提出辞呈，表明："我已失去自由。"①

在野蛮批斗刘少奇等老一辈无产阶级革命家的同时，全国各地的武斗急剧升级。6月下旬起，江西、四川、浙江、湖北、湖南、河南、安徽、宁夏、山西等地武斗升级，造反派挑动一些不明真相的农民进城参加武斗，并提出"以农村包围城市"的口号。

7月中旬至8月下旬，广西两大派群众组织开始抢夺部队武器，进行大规模武斗。8月18日发展到抢劫军用列车，抢走援助越南的炮弹四千多发。7月20日，四川省泸州两派群众组织发生武斗流血事件，击沉船只一艘，死伤数十人。与此同时，四川江津地区、中江县、内江等地也相继发生大规模武斗。

1967年7月间，湖北省武汉市爆发了震动全国的抗议和声讨中央代表团代表事件，表现出该地区军民对于中央文革小组支一派、压一派，挑动群众斗群众，把矛头指向老干部和人民解放军等做法的强烈不满。早在事件发生前，武汉地区的局势就一直动荡不已。6月，武斗已造成一百多人死亡，两千七百余人受伤。在林彪、江青等人挑唆下，该地区连续发生冲击武汉军区，绑架军区领导人，谩骂、围攻和殴打执行"三支两军"任务指战员的事件，激起大多数武汉军民的反感，矛盾发展到一触即发的地步。

7月14日，谢富治、王力奉中央之命以"中央代表团"名义从四川抵达武汉（此时毛泽东、周恩来已在武汉）。之后，谢、王二人违反周恩来关于中央代表团暂时不要公开露面的指示，四出活动，在传达中央关于解决武汉问题方针的同时，发表明确支持某一派的言论，激化矛盾，因而遭到被压制的另一派组织——"百万雄师"军民的强烈反对。7月20日，"百万雄师"一些人

---

① 参见《共和国史记·第3卷》（上），吉林人民出版社1996年版，第284页。

冲入武昌东湖谢富治、王力住处，要求与二人辩论。出于义愤，群众将王力打伤并强行带走。与此同时，整个武汉三镇群情激愤，到处是声讨谢富治、王力的游行队伍和标语口号。21日、22日，武汉街头开始出现把矛头指向中央文革小组骨干分子的大标语。这就是所谓"冲击中央代表团住地""绑架中央代表"的武汉"七二〇"事件。

"七二〇"事件的发生，是"文化大革命"发动以来全国和武汉地区各种矛盾积蓄、冲突的结果，是对煽动"怀疑一切""打倒一切"无政府主义思潮的中央文革小组的一次自发的强烈抗议行动，集中反映了武汉军民对中央文革小组的不满。林彪、江青等人故伎重演，无中生有地编造出武汉要发生"反革命暴乱"的谎言，使在武汉的毛泽东临时转移到上海。随即，林彪和江青一伙借题发挥，联手导演了一场揪出、打倒武汉及全国各地"军内一小撮走资本主义道路当权派"的闹剧。他们大造声势，诬陷武汉军区负责人陈再道、钟汉华要搞"兵变"，使陈、钟二人被撤职批斗。之后，又借机煽动在全国揪"陈再道式的人物"，并扬言追查"七二〇"事件的"黑后台"，把矛头对准徐向前、徐海东等老一辈革命家和军队领导人。湖北省和武汉市的大批干部群众因"七二〇"事件遭受残酷迫害，伤残及致死者多达十八万四千多人。[1]

"七二〇"事件后，7月22日，中央文革小组组织了数万人在北京西郊机场欢迎谢富治、王力回到北京。25日，北京举行群众大会，欢迎谢、王归来，并支持武汉造反派。这一系列做法使全国的造反派组织受到很大鼓舞，各地派性斗争趋于白热化。

7月下旬，中央文革小组的几个头面人物不顾已经十分严重的动乱局面，竟然公开号召群众组织进行武斗。7月22日，江青

---

[1] 参见《历史的审判》，群众出版社1981年版。

对河南一个群众组织发表讲话，公然表示赞成"文攻武卫"的口号，煽动"左派""不要天真烂漫，放下武器"。次日，上海《文汇报》发表题为《文攻武卫》的文章，公开宣传"文攻武卫"的口号。此后，全国武斗急剧升级。7月25日，温州市发生"火烧五马街"事件。7月27日，河南郑州发生重大武斗事件。8月4日，上海造反派头头王洪文在中央文革小组支持下，制造了攻打上海柴油机厂的大规模武斗事件，打伤、关押了数百人，用武力"消灭"了另一派。8月26日，广东海丰县发生残杀彭湃烈士亲属及其他干部群众的严重事件。8月27日，浙江"省联总"武装进攻萧山，制造大规模武斗。8月28日，由康生一手制造了宁夏青铜峡流血事件，伤亡二百三十余人。8月，贵州全省发生多起严重武斗事件。9月2日，陕西省西安市西郊发生大规模武斗事件，武斗双方动用了坦克、消防车、机枪、步枪等武器，伤亡近400人。在此前后，河北、河南、安徽、浙江、江苏、贵州、黑龙江、湖南、广西等地派性武斗迅速升级，使国家资财和人民生命财产蒙受巨大损失。

7月25日，林彪对《解放军报》负责人说，要战斗，要突击，彻底砸烂总政阎王殿，致使总政治部机关瘫痪。8月1日，在《红旗》杂志第12期发表的由王力、关锋等起草的纪念八一建军节的社论中，提出"要把军内一小撮走资本主义道路的当权派揭露出来，从政治上和思想上把他们斗臭"，并说"目前，全国正在掀起一个对党内、军内最大的一小撮走资本主义道路的当权派的大批判运动，这是斗争的大方向"。在这种赤裸裸的鼓动下，8月3日，清华大学《井冈山》报编辑部发表社论《打倒带枪的刘邓》，公然号召"无产阶级革命派联合起来，打倒带枪的刘邓"。这一观点很快被造反派概括为"揪军内一小撮"，直接引发了各地造反派冲击军事机关、抢夺武器弹药和派性武斗升级的严重后果。毛泽东得知此事后，严厉地批评了这篇社论，提出

"还我长城"。

8月7日，公安部部长谢富治在公安部机关召开的大会上提出"彻底砸烂公、检、法"的口号，并声称"不把旧机器彻底打碎，要转变过来是困难的"。这个讲话向下传达后，全国各地普遍发生冲砸公、检、法机关，抢夺档案，残害公、检、法人员的情况。整个公、检、法系统处于瘫痪状态，社会治安已无法维持。

国内持续的政治动乱，使国家的对外关系和外交事务受到巨大干扰和破坏，处于新中国成立以来最严峻、最困难的局面之中。这一时期，不仅党和国家领导人的出访已完全停止，而且中国与亚洲、欧洲、非洲等十几个国家发生外交纠纷，其中包括新中国成立后长期对华友好的一些周边国家。8月7日，中央文革小组成员王力接见外交部"革命造反联络站"代表时，违背周恩来关于"外交大权属中央，谁也不能夺"的指示，鼓动造反派"动一动"外交部的领导班子。在王力的煽动下，外交部造反派擅自宣布"夺权"，部党委政治部被封被砸，姬鹏飞、乔冠华等部领导被关押，"打倒刘（少奇）、邓（小平）、陈（毅）"的口号被发往驻外使领馆。一直为毛泽东、周恩来直接掌握的外交大权一度落入造反派手中。8月22日，外交部被"夺权"不久，在北京即发生了"火烧英国驻华代办处"的严重涉外事件。在此之前，还发生了群众冲砸印度、缅甸、印度尼西亚三国驻华机构的事件。这些严重的涉外事件使新中国的国际声誉受到空前损害。

1967年7、8、9三个月国内及对外关系方面发生的一系列恶性事件，表明"文化大革命"已由"天下大乱"发展到"全面内战"，局势接近失控。这种局面虽然不是"文化大革命"发动者的初衷，但却是"全面夺权"的直接产物，是"文化大革命"错误理论和实践的必然结果。

（二）毛泽东、党中央再次强力抑制动乱

毛泽东看到了事态的严重性，再次采取有力措施约束、制止各种极端的动乱因素。在这一过程中，周恩来更是砥柱中流，力挽狂澜，在第一线坚守、奔忙，为制止动乱、恢复秩序作出了巨大贡献。

7月下旬至8月间，周恩来夜以继日地开会，接见全国各地各派群众组织代表，严厉批评造反派抢劫军火库、进行大规模武斗的行为；他严令各方封存现有武器，停止武斗，停止号召农民进城参加武斗；他强调乱夺权、乱抢枪是非法的；他要求各派联合起来，立即返回原单位，恢复生产；他批评了中央文革小组和一些造反派组织把武汉"百万雄师"称作"百匪"的说法，提出要允许和欢迎他们回到生产岗位；他严厉指责造反派将陈毅称作"三反分子"，在得知造反派要"揪走"陈毅时，他立即派部队前往保护；他指出，过去放纵群众斗群众，是有人策划的；他还反复劝导各种群众组织不要揪斗领导干部；他强调不能冲击军队，不能冲击军管会；"火烧英国驻华代办处"事件后，他立即接见外事口各造反组织代表，对事件及夺外交部权一事提出严厉批评，指出他们目无中央，是无政府主义；他要求不要再提"军内一小撮"，提出夺军权是错误的，向造反派说明，毛主席已经批评了这个事……

8月25日凌晨，周恩来在与刚从上海返京的杨成武谈话时，谈到了7、8月间混乱不堪的局势。他说："这样下去怎么得了，我最担心的是连锁反应，现在，一个是中央的领导不能动摇，一个是解放军的威信不能动摇！"①

---

① 《周恩来年谱（1949—1976）》下卷，中央文献出版社1997年版，第182页。

9月1日凌晨，周恩来在接见广州赴京代表时说，他看派性现在已经登峰造极了，不能再往下发展了。同日，他在北京市革委会扩大会议上说，制止武斗是当前的一个主要任务。为了让毛泽东了解北京发生的各种事件的严重性，以及中央文革小组煽动极左思潮的严重后果，在8月25日凌晨与杨成武的谈话中，周恩来要他即返上海向毛泽东汇报，并将王力8月7日讲话稿交他转送毛泽东。

在"天下大乱"的1967年夏秋之际，毛泽东离京南下，对华北、中南、华东地区"文化大革命"的情况进行视察，沿途发表了一系列重要谈话。毛泽东这次视察，是他下决心抑制动乱、恢复国家安定的一个重要步骤。

在谈话中，毛泽东首先肯定了当时"文化大革命"的形势"比以往任何时候都好"，认为整个无产阶级"文化大革命"，"形势大好，不是小好"，"形势大好的重要标志是人民群众充分发动起来了"，"有些地方前一段好像很乱，其实那是乱了敌人，锻炼了群众"。但他谈话的重点，是号召群众组织实现革命的大联合，要求正确对待干部，批评一些极左言论。

他说，在工人阶级内部，没有根本的利害冲突。在无产阶级专政下的工人阶级内部，更没有理由一定要分裂成为势不两立的两大派组织。他认为，有些人当了保守派，犯了错误，是认识问题。革命的红卫兵和革命的学生组织要实现革命的大联合。两派要互相少讲别人的缺点、错误，各自多作自我批评，求大同，存小异，自己提"以我为核心"是最蠢的。

关于干部问题，他指出，绝大多数的干部都是好的，不好的只是极少数，要团结干部的大多数。犯了错误的干部，包括犯了严重错误的干部，只要不是坚持不改、屡教不改的，都要团结教育他们。要扩大教育面，缩小打击面。要允许干部犯错误，允许干部改正错误，不要一犯错误就打倒。犯了错误有什么要紧？改了就好。要解放一批干部，让干部站出来。他说，正确地对待干部，是实行革命"三结合"，巩固革命大联合，搞好本单位"斗、批、改"的关键问题，一定要解决好。我们党，经过延安整风，教育了广大干部，团结了全党，保证了抗日战争和解放战争的胜利。这个传统，我们一定要发扬。他还说，干部问题，要从教育着手，扩大教育面，加强学习，要普遍地办学习班，轮训各级干部。

他告诫造反派头头和红卫兵，现在正是他们有可能犯错误的时候。他表示，要用我们自己犯错误的经验教训教育他们，对他们做政治思想工作，主要是同他们讲道理。

讲话中，毛泽东号召全国人民要"斗私""批修"，要拥军爱民，要抓革命、促生产、促工作、促战备，把各方面的工作做得更好，把无产阶级"文化大革命"进行到底。

毛泽东的讲话，实际上还触及他发动"文化大革命"的一些深层原因和考虑。例如，他说，有些干部为什么会受到群众的批判斗争呢？一个是执行了"资产阶级反动路线"，群众有气。一个是官做大了，薪水多了，自以为了不起，就摆架子，有事不跟群众商量，不平等待人，不民主，喜欢骂人、训人，严重脱离群众。这样群众就有意见，平时没有机会讲，在无产阶级"文化大革命"中爆发了。今后要吸取教训，很好地解决上下级关系问题，搞好干部和群众的关系。以后干部遇事要多和群众商量，做群众的小学生。在某种意义上说，最聪明、最有才能的，是最有实践经验的战士。

在这段时间里，毛泽东还具体纠正了一些"左"的口号，批准了一些纠"左"措施。如：他表示不赞成"四个伟大"① 的说

---

① "伟大的导师、伟大的领袖、伟大的统帅、伟大的舵手"。林彪曾将"四个伟大"公开用于他的讲话和题词中。

法，制止报刊宣传中"揪军内一小撮"的鼓噪，批评对外宣传中种种强加于人的行为。特别重要的是，他还提出要警惕煽动极左行动的"黑手"和"反革命"。

8月25日，毛泽东在上海听取了刚从北京返回的杨成武的汇报。经过一天思考，毛泽东下了决心。26日，他对杨成武说：王、关、戚（即王力、关锋、戚本禹）是破坏"文化大革命"的，不是好人，你只向总理一人报告，把他们抓起来。他还在王力8月7日的讲话上批示："大、大、大毒草。"当天中午，杨成武回到北京，向周恩来汇报了毛泽东的决定。之后，周恩来主持召开有陈伯达、康生、江青等人参加的中央小碰头会。会上，周恩来传达了毛泽东的指示。随后王力、关锋被隔离审查。翌年1月，戚本禹也被隔离审查。① 毛泽东、周恩来这一举措，抓住了当时"天下大乱""全面内战"的直接根源——中央文革小组，有力地打击了中央文革小组的嚣张气焰，也使全国造反派受到震慑，使他们明确地感受到中央制止动乱的决心，各种极端行为不得不一度有所收敛。

在此之后，中共中央采取了一系列坚决措施平抑武斗，制止动乱。9月5日，中共中央、国务院、中央军委、中央文革小组发出《关于不准抢夺人民解放军武器、装备和各种军用物资的命令》。该命令强调今后如有违反命令者，"当以违犯国法论罪"，解放军有权实行自卫反击。这个命令实际上又部分否定了4月军委发出的"十条"。9月13日，中共中央等再次联合发出《关于严禁抢夺国家物资商品、冲击仓库、确保国家财产安全的通知》。9月16日至17日，周恩来、陈伯达、康生、江青在接见首都大专院校"红代会"各校代表时发表讲话，传达了毛泽东的意见：

---

① 参见《周恩来年谱（1949—1976）》下卷，中央文献出版社1997年版，第183页。

要告诉革命造反派的头头和红卫兵小将们，现在正是他们有可能犯错误的时候，要求红卫兵多做自我批评，迅速实现大联合，搞好本单位的"斗、批、改"。10月12日，《人民日报》发表题为《全国都来办毛泽东思想学习班》的社论，提出要以"斗私""批修"为纲，在全国的工厂、农村、机关、学校、部队普遍地举办学习班。10月14日，中共中央再次发出《关于大中小学校复课闹革命的通告》，要求全国各地大、中、小学一律立即开学，一边进行教学，一边进行改革，各学校都要实行革命的大联合、"三结合"，立即积极筹备招生事宜。10月17日，中共中央等发出《关于按照系统实行革命大联合的通知》，要求各工厂、各部门、各学校、各企业等按系统、行业、班级等实现革命的大联合，这实际上取消了1966年11月以来对跨行业群众组织的承认，大大削弱了造反派组织的实力和能量。10月27日，中共中央、中央文革小组作出《关于已经成立了革命委员会的单位恢复党的组织生活的批示》，要求在已成立革命委员会的单位恢复党的组织生活。与此同时，中央还决定对一些最混乱的省、自治区和重要党政部门实行军事管制。根据毛泽东关于要教育、解放干部的意见，中央和各地分期分批举办干部学习班，一批干部由此被解脱出来，恢复了工作。在舆论宣传上，也加强了对派性和无政府主义的批判，并公开揭露了矛头指向周恩来的北京"五一六"集团①……这一系列举措对于稳定形势、制止动乱发挥了重要作用。其中，最为重要的是，中共中央10月7日转发了毛泽东视察各地期间的部分谈话内容。

毛泽东的这些讲话传达后，在全国范围内掀起了学习的热潮。这对于停止武斗、反对无政府主义、促进各派联合、恢复秩

---

① 即1967年春夏北京几个大专院校少数人秘密串连组织的"五·一六红卫兵团"。

序、有效地抑制动乱、扭转几乎失控的局势，发挥了重要作用。虽然这些指示和中共中央采取的其他一些措施只是在一些具体问题上批评或纠正极左思潮，处理了一些极左分子，没有也不可能触动"文化大革命"的指导思想（其目的都在于使"文化大革命"能在比较安定的环境中进行下去，并取得"伟大胜利"），但它们毕竟抑制了极左思潮和极端动乱的局面，在当时历史条件下还是具有积极意义的。特别是毛泽东下令对王力、关锋、戚本禹的处置，在客观上给煽动极左思潮的、不可一世的中央文革小组以沉重打击，这种打击本身就是安定形势的重要措施。

毛泽东的重要讲话和中共中央采取的一系列措施，立即使动乱的局势得到一定程度的缓和，各地武斗普遍减少，社会秩序得到一定恢复，一些造反派组织着手大联合，一些领导干部恢复了工作，饱受动乱、武斗之苦的干部、群众稍稍松了一口气。虽然这些措施都是在肯定"文化大革命"和"全面夺权"的前提下提出和实施的，但实际上是对"文化大革命"发动以来一系列极端做法的批判和自我否定。而且，这些措施的实施又必然会引出一些事先不曾预料的后果。

四、全国省级革委会全部成立

（一）1968 年初"反右倾翻案"再次引起反复

"文化大革命"发展到 1967 年时，其暴烈的形式和混乱不堪的局面已超出了任何人的想象。然而，不论"文化大革命"从表面上看去多么狂暴、荒诞、杂乱，但它仍然受到一种不以人的主观意志为转移的客观规律的支配。这场以最"革命"、最"激进"形式出现的运动，违背了人民的意愿和历史发展的方向，因而不能不受到越来越自觉、越来越坚决的抵制。当为了制止动乱、恢复秩序而不得不遏制极左思潮时，随之而来的往往是对"文化大革命"不满、怀疑情绪的发展和宣泄。这在当时被称作是"右倾"或"右倾翻案"。

1967 年 10 月以后，全国开始学习贯彻毛泽东视察华北、中南和华东地区的谈话。各地造反派开始开门整风，"斗私批修"，消除派性，制止武斗。《人民日报》、《红旗》杂志等也发表文章，强调应认清派性的反动性；号召打倒派性，团结一致，共同对敌；要求各派都要注意政策，对干部不能采取一概打倒的态度，等等。1968 年 1 月 12 日，《文汇报》发表题为《论派性的反动性》的社论。社论历数了派性的"十大罪状"，如对最高指示各取所需，干扰斗争大方向；为一派私利而将人民、党、国家、全局的利益统统放在一边；混淆敌我界限，同意"我"的观点，不管叛徒、特务，都是"同志"，反之则是"敌人"；在清理阶级队伍时，眼睛只盯着对方；"以我为核心"，革命大联合可以不要，但"席位非争不可"，等等。1968 年 1 月 16 日，《人民日报》刊登《以毛主席最新指示为纲发动群众围剿派性》的文章，并加了编者按语。按语说："搞派性，就是搞个人主义。派性的老根是资产阶级私字，闹派性就是资产阶级个人主义的恶性发作。"按语历数派性罪状，号召充分发动群众，大揭派性危害，人人批判，个个抑制，使它在群众中像"过街老鼠"，无处藏身。2 月 25 日，《人民日报》刊登任立新的文章《无政府主义是通向反革命的政治桥梁》。文章说："无政府主义已经成为当前资产阶级向无产阶级进行疯狂反扑的主要手段。如果不坚决打倒无政府主义，就必然会干扰毛主席的伟大战备部署，动摇新生的革命委员会"，对极少数通过无政府主义滚到反革命一边的人"必须实行无产阶级专政，坚决给予制裁"。显然，这时的宣传重点，已不同于"文化大革命"发动时期高喊"革命造反精神万岁"和"横扫一切牛鬼蛇神"的时候了。批判派性和要求造反派整风，实际上已把这些不可一世的造反派置于犯错误、受批评的地位。不难看出，这些宣传和做法，也使"天下大乱""打倒一切"等发动"文化大革命"的核心理论处于自相矛盾的尴尬境地。广大人民群众内心积郁的对造反派"无法无天"行径和对中央文革小组的不满通过各种形式表达出来，对"文化大革命"的怀疑发展了。不约束动乱就会亡党亡国，而一约束动乱就会引发对"文化大革命"否定的"右倾翻案"，"文化大革命"由此而又陷入一个进退维谷的怪圈，又进入一个在两极间震荡的循环。

在批判派性和约束造反派以及中央文革小组三个头面人物相继被"审查"的背景下，1967年底至1968年初，上海市某些群众组织相继发表了怀疑和批判江青、张春桥，否定造反派行为的言论。1968年2月13日，外交部91名司局级干部联名贴出题为《揭露敌人，战而胜之——批判"打倒陈毅"的反动口号》的大字报。大字报说"一小撮阶级敌人在陈毅问题上制造的混乱，已开始得到澄清，被颠倒了的是非，正在被颠倒过来！……我们敬爱的周总理日理万机，十分劳累，我们外交部和驻外使馆广大革命同志一起，热烈欢迎陈毅同志尽快回来主持部务"①，并要求"彻底批判"煽动打倒陈毅的极左人物。2月底，国防科委党委常委会在一次会上集体通过"拥护以聂荣臻同志为核心的国防科委党委的正确领导"的提法。3月18日，清华大学"井冈山兵团四一四总部"在致谢富治的信中问道："你和戚本禹到底是什么关系？……你和他是亲密的，不是一般的关系"。清华大学还有些人认为被打倒的蒋南翔、刘冰等是革命领导干部，认为"一月夺权是地富反坏右、牛鬼蛇神的大翻个儿"。在这一段时间里，类似的事件在全国各地普遍出现：有的是表示对"文化大革命"

---

① 参见《共和国史记·第3卷》（上），吉林人民出版社1996年版，第342页。

的不满，有的是对"全面内战"的谴责，有的是为被打倒的干部、群众鸣不平，有的是指责造反派的无法无天，有的是发泄对中央文革小组的愤懑，有的是对"文化大革命"理论的怀疑……这些认识虽然还没有达到从根本上否定"文化大革命"的高度，但却真实地反映了党内外有识之士对"文化大革命"以来种种现象的怀疑和思考。这不能不引起中央文革小组一伙人的恐慌和仇恨。

1968 年 3 月中旬，江青、康生等人在多个场合宣称：1967 年冬天以后，全国"有一股右倾翻案风"，"表现就是为二月逆流翻案"，"目前在全国，右倾翻案是主要危险"。康生说，"当前的危险是右倾机会主义、右倾分裂主义"，"有一小撮人替二月逆流翻案"。谢富治也说："右倾机会主义、右倾分裂主义是当前主要危险"。在中央文革小组的操纵下，3 月 27 日，北京 10 万军民举行"彻底粉碎'二月逆流'新反扑，夺取无产阶级文化大革命全面胜利誓师大会"。4 月 10 日，在两报一刊①的一篇社论中，又发表了毛泽东的一条新语录："无产阶级文化大革命，实质上是在社会主义条件下，无产阶级反对资产阶级和一切剥削阶级的政治大革命，是中国共产党及其领导下的广大革命人民群众和国民党反动派长期斗争的继续，是无产阶级和资产阶级斗争的继续。"显然，从这样一个角度来阐述"文化大革命"的性质和意义，表明毛泽东也不愿意在约束极左思潮时出现否定"文化大革命"的所谓"右倾翻案风"。

与此同时，江青等人控制的舆论工具又连篇累牍地发表文章，大反"右倾翻案风"，大谈"文化大革命"的必要性和"伟大意义"，指责"保守派"和"走资派"要翻"文化大革命"的案，用对派性要"一分为二"之类的理论为派性和造反派辩护，

---

① 两报指《人民日报》和《解放军报》，一刊指《红旗》杂志，下同。

等等。3月23日，《人民日报》评论员文章《念念不忘阶级斗争》一文提醒人们，在革命委员会成立以后，"阶级敌人""走资派"会改变自己的策略，或煽动无政府主义，或大刮黑风，否定革命的群众运动，否定"文化大革命"的伟大成就。4月12日，《人民日报》与《解放军报》的社论中称："当前，要特别警惕右倾保守思想，反对右倾机会主义和右倾分裂主义，反对山头主义和宗派主义，反对两面派，打退阶级敌人的'翻案'黑风，粉碎他们的复辟阴谋"。4月20日，两报在另一篇社论中又提出要特别警惕和坚决反对"右倾分裂主义、右倾投降主义、右倾保守主义"。4月27日，《人民日报》转载《红旗》杂志评论员文章《对派性要进行阶级分析》。文章说："怎样用马克思主义、毛泽东思想对派性作阶级分析，是一个十分重要的问题。"文章引用了毛泽东过去的一段话："除了沙漠，凡有人群的地方，都有左、中、右，一万年以后还会是这样。"文章把党性和派性混为一谈，居然说："我们反对资产阶级派性，正是为了维护和增强无产阶级革命派的派性，即无产阶级先锋队的党性。"此后，全国停止了1、2月间对派性的批判。5月3日，《人民日报》《解放军报》又在一篇社论中说："在当前，要坚定地反对右倾机会主义"，"要保卫无产阶级文化大革命的伟大成果"，"决不准许资产阶级反动路线翻案"。5月17日，《人民日报》、《红旗》杂志、《解放军报》联合发表社论《划时代的文献——纪念〈通知〉发表两周年》。毛泽东在审稿时在"彻底粉碎右倾翻案风"前，加写了一句话："坚决反对右倾机会主义、右倾投降主义、右倾分裂主义"。

这一系列"反右倾"的舆论使刚刚有所收敛的造反派再度兴奋起来，1967年秋冬以来刚刚有所缓解的形势又面临着严峻的挑战。在此前后，各地受到江青等人影响和控制的一些人在各自地区叫嚣存在着为"二月逆流"翻案、为"牛鬼蛇神"翻案、为被打倒的"走资派"翻案和诬蔑"文化大革命""大好形势"的"黑风",一些无法无天的造反、武斗活动急剧升温。"文化大革命"又一次陷入了动乱—抑制动乱—"右倾翻案"—"反右倾翻案"—再次动乱的循环。

3月下旬,在北京发生了所谓"杨(成武)、余(立金)、傅(崇碧)事件"。这是林彪、江青一伙联合制造的又一起有预谋的迫害军队领导人的事件。关于杨、余、傅的"错误",林彪宣称:杨成武犯有"山头主义、两面派"和"曲解马克思主义"的错误,并同余、傅二人勾结,要打倒吴法宪、谢富治;傅崇碧不久前率人"武装冲击中央文革",等等。据此,决定撤销杨、余、傅三人现任职务①,同时任命黄永胜为中国人民解放军总参谋长,温玉成兼任北京卫戍区司令员。"杨、余、傅事件"后,中央军委常委及其所属机构停止工作,由黄永胜取代杨成武任中央军委办事组组长。

"杨、余、傅事件"后,林彪、康生等人多次暗示聂荣臻是杨成武的"黑后台",并声称要揪"杨、余、傅"的"黑后台"。4月7日,聂荣臻致信毛泽东,澄清事实。4月10日,周恩来转告聂荣臻,毛泽东在聂的信上批示:"荣臻同志,信已收到,安心养病,勿信谣言"。

"杨、余、傅事件"的发生,一方面是林彪、江青两个集团排斥异己、巩固和加强本集团势力的需要,另一方面,也是为了将矛头对准公开对"文化大革命"表示不满的"右倾思潮"和参加所谓"二月逆流"的老一辈革命家。从更深的层次看,在"文化大革命"已经引起人们广泛不满和怀疑的情况下,要想使

---

① 杨成武,时任中国人民解放军代总参谋长、中央军委常委、副秘书长等职;余立金,时任空军政治委员、空军党委第二书记;傅崇碧,时任北京军区副司令员兼北京卫戍区司令员。

它保持原有的势头并继续深入下去，只有不断地制造出新的事件和"敌人"，从而证明它的必要性和正确性，才能动员群众自觉地支持它并投身其中。但这又必然引发一系列新的更为棘手的矛盾，使已经趋于缓和的动乱再次严重起来。如同饮鸩止渴，"文化大革命"只能不断用新的错误来掩盖、开脱前一个错误。

（二）制止再次动乱的强力措施

1968 年春开始的"反击右倾翻案风"，很快使各地派性复发，"全面内战"再起。本来，1967 年 10 月后，全国范围内贯彻毛泽东视察大江南北的讲话后，动乱的局面已得到一定程度的控制。但是这种局面还只是非常初步的，它的基础还十分薄弱。许多地方响应毛泽东和中央号召实现的大联合，实际上不过是貌合神离的"大凑合"。不少在动乱中产生并依靠打、砸、抢获得巨大利益的造反组织，还希望通过持续的动乱得到更多的利益，它们的本质决定了它们不能接受大联合和安定的局面。"反击右倾翻案风"满足了各地激进造反派的这种要求。他们以"坚持无产阶级革命派的派性"为由，重拉队伍，再立山头，大搞武装，频繁武斗，"天下大乱"几乎又达到 1967 年 7、8、9 三个月的程度。

1968 年 2 月初，津浦线上两列客车遭武装抢劫，乘务员数人被绑架，该干线几处路段被毁，通信调度中断，数座铁路、公路桥被炸。类似蓄意破坏铁路交通的情况，在徐州、蚌埠、郑州、连云港、衡阳、柳州、广州、昆明、成都等地都有发生。3 月 30 日，浙江造反派召开"彻底砸烂反动的公、检、法誓师大会"，批斗省公安厅原主要负责人，煽动在全省"砸烂"公、检、法。4 月 28 日，《陕西日报》发表社论《彻底砸烂我省反动的公检法》，致使全省 281 个公安机关、110 个检察院、61 个法院和法庭被砸烂，大批档案、枪支弹药被抢。自 4 月初起，陕西一些地方不断发生武斗，抢劫银行、档案、仓库、商店、车船、炸毁仓库、公共设施和民房，抢夺枪支，等等。5月上、中旬，山西太原、晋中、阳泉、晋东南等地不断发生武斗。5月5日起至6月上旬，广西发生特大规模武装抢夺枪支弹药、抢夺援助越南军事装备事件。5月中旬，山西多处武斗再次升级。同年6、7月，广西、陕西、四川等地又发生一系列破坏铁路交通、抢夺军用物资装备、动用重型军事装备进行的大规模武斗，造成人员重大伤亡，还出现多起冲击军事机关和部队，杀伤人民解放军指战员，以及抢劫国家银行、仓库，大肆烧毁、炸毁国家财产的恶性事件。派性武斗竟然发展到如此程度，可见其嚣张之甚，为害之烈，也可见当时各级革命委员会以至军管会权威的脆弱。

为平息武斗，稳定形势，党中央再次采取了一系列坚决、有力的措施。2月6日，中共中央、国务院、中央军委、中央文革小组发布命令指出：煽动、操纵和指挥破坏铁路、炸毁桥梁、袭击列车、杀人劫货的极少数坏头头是反革命分子，必须坚决镇压法办。2月25日，《人民日报》发表题为《无政府主义是通向反革命的政治桥梁》的署名文章，指出：无政府主义已经成为当前资产阶级向无产阶级进行疯狂反扑的主要手段。5月28日，中央军委、中央文革小组急电要求武汉市造反派"立即停止抢枪"。6月13日，中共中央发出特急电报，制止广西柳州、桂林、南宁地区的一些人冲击部队，抢夺武器、物资的罪行。随即，中共中央又发出《关于确保援越抗美物资运输畅通的紧急命令》，明确提出：对一切破坏运输、装卸的反革命行为，必须实行专政措施。7月3日和7月24日，中共中央、国务院、中央军委、中央文革小组先后就广西、陕西等地严重武斗发布"七三""七二四"布告。这两个布告指出，近一段时间里，广西、陕西等地连续发生一系列反革命事件，包括破坏铁路，抢劫物资、国家银行、仓库和商店，冲击监狱，抢夺武器，私设电台，围攻军队，杀伤指战员，等等。这两个布告要求对肇事的造反派组织采取果断措施，强行收缴武器，拆除武斗工事；包抄、围困拒不服从中央命令的武斗组织，令其放下武器，停止抵抗；逮捕指挥打、砸、抢的造反派头头；立即交回抢去的现金、物资和武器装备；对确有证据的杀人放火、抢劫、私设电台、中断交通运输、冲击监狱及劳改农场、私放劳改犯的犯罪分子，必须坚决依法惩办。这两个布告实际上是对 1968 年春"反击右倾翻案"后迅速膨胀起来的派性的一次态度强硬的反击，是不得已情况下采取的强制手段。它对于一些混乱地区的造反派起到震慑作用，有利于这些地方稳定局面，恢复秩序。为此，对派性武斗早已厌倦的广大干部群众对中央布告及其所采取的措施是理解和拥护的。当然，由于严重混乱的局面以及派性的干扰，由于一些干部在掌握、执行政策时的局限性，个别地方在执行中央布告时，也出现了认识和工作上的偏差，留下了一些明显的后遗症。

1968 年派性复发与坚决反派性的强制措施，又一次以实践证明了所谓"反击右倾翻案"及宣扬"无产阶级派性"的荒谬性及严重后果。然而，在不可能从全局上纠正"文化大革命"的错误之前，这种"纠左"与"反右"的循环是无法停止的。

在"反击右倾翻案"与坚持"无产阶级派性"的鼓动下，与那些发生严重派性武斗的地区一样，1968 年春夏，在北京和各地一些大专院校里，学生组织中的派性争斗也在激烈进行，并不时酿成流血冲突。从 5 月底开始，北京清华大学"井冈山兵团"在其负责人蒯大富指挥下，在校内连续挑起武斗，造成数名学生死亡。这次武斗事件在全国高校乃至全国各地都有很大影响。能否采取有效措施制止这些在"文化大革命"初期造反中立下"丰功伟绩"的学生间的武斗，促成联合，引导他们走上"复课闹革命"之路，实际上已经成为检验中央是否有决心、有能力结束动乱的焦点。

1967 年春夏至 1968 年春夏的动乱—批判极左、制止动乱—"反击右倾翻案"—再次动乱的事实，已经使毛泽东认识到，想结束动乱就只能约束极左思潮，淡化"无产阶级革命造反精神"，虽然这又必然反过来助长"右倾"思潮。但是，国家已不能这样无休止地乱下去了，必须采取断然措施制止动乱，必须约束极左思潮，即使这样做会再次引发"右倾"思潮的上升也在所不惜。"七三"和"七二四"布告已给各地的动乱下了"猛药"，结束清华大学等的武斗已经被提上日程。

7 月 27 日，根据毛泽东的设想，首都数万名工人毛泽东思想宣传队队员奉命开进清华大学，宣传停止武斗，收缴武器，拆除工事，帮助各派实现联合与团结。蒯大富等人自恃是"文化大革命"的"功臣"、中央文革小组的"宠儿"，还沉浸在"造反""夺权"的狂热之中。他们藐视权威、目空一切、为所欲为，紧急策划以武力"抵抗、还击"。在武斗人员的袭击下，五名赤手空拳的工宣队员惨遭杀害，另有七百多人受伤。蒯大富等人还想像以往那样，让中央承认他们所造成的既成事实，但他们不知道毛泽东对动乱的态度已有所变化，低估了毛泽东结束动乱的决心和能力。

7 月 28 日凌晨 3 时半至 8 时半，毛泽东、林彪、周恩来和中央文革小组碰头会成员集体接见号称北京大专院校红卫兵"五大领袖"的聂元梓（北京大学）、蒯大富（清华大学）、韩爱晶（北京航空学院）、谭厚兰（北京师范大学）和王大宾（北京地质学院）等人。谈话中，毛泽东对北京大专院校学生组织之间长期争斗的状况表示十分不满，对聂元梓等人提出严厉批评。他说：今天找你们来商量制止大学的武斗问题。"文化大革命"搞了两年，你们现在是一不斗，二不批，三不改。斗是斗，你们少数大专院校是在搞武斗。现在的工人、农民、战士、居民都不高兴，大多数的学生都不高兴，就连拥护你那一派的人也不高兴。

你们脱离了工人、农民、战士、学生的大多数，群众就是不爱打内战。有人讲，广西的布告只适用广西，陕西的布告只适用陕西，在我们这不适用，那就再发一个全国的布告。他警告说，谁如果还继续违犯中央7月份发出的两个公告，打解放军、破坏交通、杀人、放火，就是犯罪；如果有少数人不听劝阻，坚持不改，就是土匪，就是国民党，就要包围起来，还继续顽抗，就要实行歼灭。他表示，希望你们不要搞天派地派，搞成一派算了，搞什么两派。

毛泽东的谈话，表明他这时已下决心结束动乱。在难于依靠造反学生制止动乱，又不可能像1966年6月后派干部组成工作组进驻学校的情况下，他选择了派工人宣传队进驻以控制学校局势的办法。8月5日，毛泽东把外国友人赠送的芒果转送给驻清华大学的工宣队。8月13日和15日，毛泽东与林彪先后接见首都工宣队队员和驻清华大学工宣队代表，以此表示党中央对他们的坚决支持，同时也表达了党中央制止武斗、反对无政府主义的决心。8月25日，中共中央、国务院、中央军委、中央文革小组发出《关于派工人宣传队进学校的通知》。该通知中说，中央认为，整顿教育，时机到了，各地应仿照北京的办法，把大中城市的大、中、小学校逐步管起来。据此，全国大、中学校包括一些小学都进驻了工宣队和军宣队，一些"老大难"单位和军事院校也派驻了工人和军管人员。8月26日新华社报道说，首都工人与解放军战士，组成数十支工人毛泽东思想宣传队，浩浩荡荡、昂首阔步进入首都各大专院校。这些学校里对立的两派都热烈欢迎工宣队进校，一些长期严重对立的两派迅速实现了革命大联合。上海市革委会也组织大批工人毛泽东思想宣传队进入上海的高等学校。到8月26日，上海已有23所高等院校进驻了工宣队。

虽然依靠外部力量来控制、领导学校的办法仍不过是一种权宜之计，但它毕竟在短时间里使学校恢复了起码的秩序，并使往往在社会上各种武斗中充当先锋的大、中学校学生陆续返校，脱离武斗，给各种武斗"釜底抽薪"，因而对实现全社会的安定有一定意义。实际上，这种派工宣队的做法与"文化大革命"初期派工作组的实质是一样的。工作组被认定是"资产阶级反动路线"的产物而受到批判，但现在为了结束动乱，又不能不以另一种形式重复工作组的做法，这实际上是对"让群众在运动中自己教育自己""不能采用任何包办代替的办法"等"文化大革命"指导方针的否定。"文化大革命"不得不再一次陷入理论与实践的矛盾之中。

在向学校派出工宣队的同时，中央权威舆论工具加大了对无政府主义批判的力度。8月5日，《人民日报》发表题为《在以毛主席为首的无产阶级司令部的领导下团结起来》的社论。社论批判了"多中心论"和"以我为中心"的无政府主义思想，着重指出："以毛主席为首、林副主席为副的无产阶级司令部，是全党、全军、全国和广大革命群众唯一的领导中心，全党、全军、全国只能有这样一个中心，不能有第二个中心"；"所谓'多中心论'是一种资产阶级的山头主义、个人主义的反动理论"。8月13日，《人民日报》转载《解放日报》8月7日社论《统一意志、统一步伐、统一行动》。这篇社论指出，对毛主席的指示抱什么态度，对无产阶级司令部抱什么态度，这是一个在两个阶级、两条道路、两条路线的斗争中站在哪一边的问题，是要不要将无产阶级"文化大革命"进行到底的问题。

8月25日，《红旗》杂志第2期刊登姚文元的文章《工人阶级必须领导一切》。文章说："单靠学生、知识分子不能完成教育战线的斗、批、改及其他一系列任务，必须有工人、解放军参加，必须有工人阶级的坚强领导。"文章还公布了毛泽东的有关最新指示：实现无产阶级教育革命，必须有工人阶级领导、必须有工人群众参加，配合解放军战士，同学校的学生、教员、工人中决心把无产阶级教育革命进行到底的积极分子实行革命的"三结合"。工人宣传队要在学校中长期留下去，并且永远领导学校。在农村，则应由工人阶级最可靠的同盟者——贫下中农管理学校。与"文化大革命"初期不同，毛泽东此时已不再突出红卫兵一类学生造反派的作用，更不会让他们充当启发、动员工人和农民起来造反的"先知""先锋"角色。此时，他强调的"工人阶级领导一切"，是工宣队"永远领导学校"，是依靠工人、贫下中农管理知识分子。换句话说，他强调的恢复秩序，是稳定形势。

"文化大革命"是通过鼓动无政府主义发动起来的。1966年至1967年间，任何对无政府主义的指责都有可能被戴上"资产阶级反动路线"的帽子。然而，时过境迁，当无政府主义已从根本上威胁到整个国家的生存，威胁到"文化大革命"自身时，反对无政府主义、强调纪律、维护权威便成为首要的任务。与运动初期猛烈批判工作组，而到1968年又不得不通过工宣队的形式变相恢复工作组一样，"文化大革命"的每一步发展，都是对前一阶段的自我否定。

（三）省级革命委员会全部成立和革委会体制

1968年9月5日，新疆、西藏两个自治区的革命委员会同时成立。1967年上海"一月夺权"后，经过持续20个月的动乱和反复，终于实现了全国（除台湾省外）29个省级革命委员会的成立。

1968年9月7日，《人民日报》和《解放军报》在题为《无产阶级文化大革命的全面胜利万岁！》的社论中说："从上海'一月革命'风暴的兴起，到西藏和新疆两个革命委员会的成立，经过二十个月伟大的斗争，全国军民实现了毛主席发出的'无产阶级革命派联合起来，向党内一小撮走资本主义道路的当权派夺权'的伟大号召，在全国范围内赢得了无产阶级文化大革命的决定性胜利。"该社论又说："全国各省、市、自治区革命委员会的全部成立，宣告了中国赫鲁晓夫及其在各地区的代理人变无产阶级专政为资产阶级专政的反革命阴谋的彻底破产，把美帝、苏修的一切反革命谣言击得粉碎，使帝国主义和现代修正主义在中国实现'和平演变'的痴心妄想化为泡影"，"显示了战无不胜的毛泽东思想掌握了亿万革命群众的无比威力，大大加强了无产阶级专政，大大地丰富和发展了马克思列宁主义"。

　　9 月 7 日，北京举行了数十万人的庆祝大会，欢呼"全国山河一片红"，各省、市、自治区也都举行了类似的集会。省级革委会全部成立后，市、县级革委会及各部门、各单位的革委会也在不长的时间里相继成立。"全面夺权"二十个月来，是党、国家和军队处于最混乱、最复杂、最艰难的一个时期。经历了"全面内战"的动乱而建立起来的革委会，不论在理论上还是在实践上都是站不住脚的。以省级革委会的全部成立作为"一片红"的象征和标志，其逻辑上的荒谬也是显而易见的。

　　革委会是在"全面夺权"的基础上建立的。"一月夺权"后陆续建立起来的省级革委会，大多都因各造反派组织分别夺权而经历了大规模的派别对抗和"全面内战"，然后经过军管会与各个派别的反复协商，最后经中央批准而成立。1967 年"全面夺权"时，革委会只是作为一种临时的权力机构出现的。但随着省级革委会陆续成立，革委会事实上已被当作"建国以来最具有革命代表性的无产阶级专政的权力机构"①，成为一种常设的政权形式或行政机构。毛泽东希望通过"文化大革命"解决国家机关及其工作人员密切联系群众、使广大人民群众直接参加国家管理、反对官僚主义等问题。作为一种新型的国家形式，他认为"革命委员会的基本经验有三条：一条是有革命干部的代表，一

①　《红旗》杂志 1968 年第 4 期。

条是有军队的代表，一条是有革命群众的代表，实现了革命的三结合。"① 此外，革委会还有一个年龄上"老、中、青"的"三结合"。

例如，1967年4月19日至20日，在首都大专院校红卫兵代表大会、贫下中农代表会议、市革命职工代表会议、首都中学红卫兵代表大会相继召开的基础上，经中央批准，北京市革委会举行第一次会议。北京市革委会有97名委员，其中：工人代表24名，贫下中农代表13名，军队代表17名，大、中学生代表20名，机关干部代表13名，文教卫生系统代表6名，街道居民代表4名。会议选举33名委员组成市革委会常务委员会，其中：群众组织代表（即各个领域造反组织的代表）20名，军队代表6名，机关干部7名。市革委会主任为谢富治，吴德、郑维山、傅崇碧、聂元梓为副主任。市革委会内设党的核心小组，谢富治为组长，吴德、傅崇碧、周景方为副组长。

对于进入各级革委会领导班子的干部，首要的标准是阶级觉悟和革命造反精神。北京市革委会1967年7月的一份文件提出：北京市革命委员会的主要任务是领导全市的"文化大革命"，因此在干部的配备上，必须以革命的领导干部和造反派为主。要打破级别框框，将那些在"文化大革命"中涌现出来的革命闯将、优秀人物，大胆地提拔到领导岗位上来。又强调领导班子成员在"文化大革命"中，要"坚决站在革命路线一边，有革命造反精神，对毛主席无限热爱、无限信仰，对刘少奇、邓小平、陶铸以及旧市委以彭真、刘仁为首的反革命修正主义集团有刻骨仇恨。曾经执行过资产阶级反动路线的干部，能和资产阶级反动路线划清界限，并认真改正了错误，坚决地站在毛主席革命路线一边"。诸如此类的选拔标准，使一些靠帮派势力造反起家、坚持帮派思

① 两报一刊社论《革命委员会好》，1968年3月30日。

想体系的分子以及打砸抢分子进入革委会领导班子；一些水平低下、能力差的人进入干部队伍，大批老干部被迫害或"靠边站"，干部队伍整体素质大为下降。

毛泽东对革委会寄予了很高的期望。他强调："革命委员会要实行一元化的领导，打破重叠的行政机构，精兵简政，组织起一个革命化的联系群众的领导班子。"① 按照这个指示，各级革委会都实行党政合一、高度集中的领导体制。它既是一种政权组织，又是一个行政机构；它既是政府部门的名称，又是工厂、人民公社、街道、学校、医院乃至部队一些单位行政领导机构的名称。革委会内党的核心小组即为同级党的领导机构，由革委会的主要负责人组成。按照"精兵简政"的要求，革委会对原党政机关的机构和工作人员进行了大幅度的精简。由于迷信依靠政治运动的方法进行机构改革，没有科学的论证，以精简人数和机构的多少作为革命或不革命的标志，各级革委会都把人员、机构精简到难以维持正常工作的地步。

成立初期的北京市革委会根据"一元化"原则建立起来的革委会体制，完全取消党、政、企事业单位的基本分工，其机构设置为：批斗组、毛主席著作学习组、组织机构组、夺权组、抓革命促生产组、建立革命秩序组等六个临时小组。不久，北京市革委会又提出以"彻底革命精神"对原有市级机关进行彻底精简，将局级机构减少60%，人员减少82.6%。② 1968年10月8日，市革委会公布撤销高教局、市文联、电视大学、市计委、市科协、机电设备成套局、市建委、环境卫生局、园林局等九个单位以及精简民政局的决定。截止到1968年11月中旬，原市委机关

---

① 两报一刊社论《革命委员会好》，1968年3月30日。

② 参见《中国共产党北京市组织史资料（1921—1987）》，人民出版社1992年版，第582页。

除去原市委、原市人委和原工、青、妇团体等单位的工作人员已集中学习以外，48 个局、委（不包括公安局和体委）原 8765 名工作人员仅保留 1320 人，占原工作人员的 15%，其余被精简。局级机关初步确定为 18 个。

1970 年 6 月，国务院向中央提交的《关于国务院各部门建立党的核心小组和革命委员会的请示报告》中提出：在国务院各部委建立党的核心小组，直属于党中央领导，各部、委革委会通过核心小组实现一元化领导；革委会设主任、副主任、委员；各部委是党中央直接领导下的工作部门，其大权集中在中央；各部委对本部门的工作方针、政策、计划有讨论、建议之权，对人事、财务有审查之权，对工作实施有监督之权；各部委的日常工作，在党的核心小组的领导下，由部长、副部长（主任、副主任）负责，下设必要的层次少、人员精的办事机构，暂定编制为原有人员的 18%，等等。①

对于一个主要是依靠行政方法和政治运动来管理社会和动员群众的国家来说，客观上特别需要一个庞大的、无所不包的国家行政机构。这样只凭主观愿望而不顾客观实际的大规模精简，立刻使各级政府简陋的机构几乎无法进行工作。所以，机构精简后不久，就出现了新一轮的机构和人员的大膨胀。一般的情况是在各大组下派生出许多小组或各种名目的办事机构，往往是有一项中心任务或运动，就增加一个或一套办事机构。如到 1969 年，北京市革委会所辖局又由 1967 年成立时的 18 个增至 24 个。由于国务院原有的《行政组织法》已被弃之不用，而革委会的机构设置又没有一个具体规定和章法，所以在各地革委会机构设置中，除几个大组照搬最早成立的几个革委会的做法外，大组以下的机

① 参见《中华人民共和国法制通史》（下），中共中央党校出版社 1998 年版，第 603 页。

构设置比较随意，不同地区往往有较大差异。①

革委会的酝酿、建立，是按照"以阶级斗争为纲"的原则，以全盘否定新中国成立以来中国党政领导体制、以"走资派"的名义打倒一大批领导干部为前提的。它以抓阶级斗争为自己的基本职能，被宣传为是"领导广大革命群众向阶级敌人进攻的战斗指挥部"。它虽然也有管理经济、文化、教育、人民生活等方面的职能，但与阶级斗争相比，都被放到了次要的地位。革委会体制是中国政治体制在职能、结构上的一个倒退，它非但没有达到政治民主、联系群众、精简高效、廉洁公正的理想境界，反而更加发展了高度集中、党政不分的传统体制的弊端。在革委会建立的过程中，大批造反派骨干分子进入各级领导部门，这些依靠造反上来的帮派势力头头和"天下大乱"的既得利益者，成为"文化大革命"结束以前国家政治生活长期难以安定的重要原因。

但是，也应看到，革委会的普遍建立，毕竟在一定程度上结束了"天下大乱"的局面，在一定程度上恢复了基本的秩序和权威，这总比激烈的动荡局面要好一些。

二十个月的"全面夺权"和"天下大乱"，给新中国的政治、经济、文化、科学、教育带来了空前的灾难。在政治上、思想上，由于林彪、江青集团的破坏和极左思潮的泛滥，加上各地群众组织中普遍存在的无政府主义思潮、派性和小团体主义，必然导致思想理论混乱、道德观念沦丧和党纪国法废弛，造成是非曲直全无标准。大批久经考验的党政军领导干部被当作"走资派"、"叛徒"、"特务"、国民党打倒，他们及他们的家属受到各种各样的虐待；大批科学家、文学家、技术人员、教师、医生、文艺工作者被戴上"反动资产阶级知识分子"的帽子受到迫害；

---

① 参见《中华人民共和国法制通史》（下），中共中央党校出版社1998年版，第605页。

大批老工人、老党员、老模范及基层领导干部被当作"保皇派""保守派""走资派"受到冲击。在"全面夺权"的二十个月里，被中央文件和报刊点名定性为"敌我矛盾"的各省、市、自治区的主要负责人，就多达六十余人。"天下大乱"和"全面内战"使全国人民生活水平下降，人与人之间相互揭发、相互戒备甚至刀兵相见，在动乱、恐怖和高压之中战战兢兢、不知所措、思想空虚、精神苦闷，一些人道德沦丧、失去理想。人们无法理解两年来"文化大革命"的过程和现状，更不知道以后将会如何发展，在一片庆祝"全面胜利"的欢呼声中，人们对未来感到茫然。

"全面夺权"造成的"天下大乱"的局面，严重阻碍、破坏了国民经济的正常秩序，使工农业生产尤其是工业生产出现持续性下跌。1967 年工农业总产值为 2104.5 亿元，比 1966 年下降了近 10%。1968 年又继续下降为 2015.3 亿元，在上年下降的基础上，又下降了 4.2%，相当于 1966 年的 86.6%。其中，农业总产值 1967 年为 651 亿元，仅比上年有微弱增长；1968 年为 635 亿元，比上年下降 2.5%。工业总产值 1967 年为 1453.5 亿元，比上年下降 14%；1968 年为 1380.3 亿元，在上年下降的基础上，又下降了 5%，只相当于 1966 年的 81.8%。① 各地、各部门领导生产业务的干部怕被扣上"以生产压革命"的帽子，不敢也不能理直气壮地抓生产，造成经济指挥和管理、协调机构基本失灵、瘫痪，整个国民经济实际处于无政府状态。1968 年，因形势极度混乱，竟无法制订年度计划，成为中国建立计划经济体制以来唯一没有年度计划的一年。此外，在极左思潮冲击下，多年来在经济工作中形成的许多行之有效的经济政策和规章制度遭到批判以致废弃，企业管理混乱，劳动纪律松懈，产品质量低下，挥霍、侵

---

① 参见《中国社会主义经济简史（一九四九——一九八三）》，黑龙江人民出版社 1985 年版。

吞乃至毁坏国家资财的现象比比皆是。

在"全面夺权""天下大乱"的二十个月里，尽管党和国家的各级领导机关受到新中国成立以来最严重的冲击和破坏，大批党政军领导干部被错误地打倒和遭受迫害，但他们当中绝大多数仍是忠于党、忠于人民的，他们没有动摇对社会主义事业和共产主义的信念，相信强加在他们身上的种种罪名总有一天得以昭雪。在艰难、危险的情况下，广大干部和党团员骨干仍然能够以大局为重，不忘党的优良传统，努力体现党的正确的方针原则，坚守工作岗位，抵制派性争斗。遭受打击和迫害的绝大多数知识分子、劳动模范和广大工农群众，都没有动摇热爱祖国、拥护共产党、拥护社会主义的立场，没有动摇立志改变祖国"一穷二白"落后面貌的决心。他们置个人荣辱安危于度外，坚守岗位，坚持生产，钻研业务，忘我工作。为了维护党和国家的根本利益，许多老一辈革命家和干部群众奋起抗争，与林彪、江青集团进行了坚决的斗争，有人甚至为此献出了宝贵生命。党和人民中的健康力量抵制"左"倾错误，反对林彪、江青集团的斗争具有广泛的思想基础和群众基础，得到了广大党员、干部、群众衷心的拥护和支持。正是由于这些因素的存在，才使"文化大革命"的破坏受到一定程度的限制，国民经济才能在某些方面取得可贵的进展；才使得党、国家政权、人民军队和整个社会的性质都没有也不会改变，显示出中国共产党和社会主义制度的顽强生命力。

五、中国共产党第九次全国代表大会

按照八大党章的规定，中共第九次全国代表大会应在1961年召开。但是，由于1957年以后国内外的各种因素，九大在

"文化大革命"前一直未能如期举行。在 1966 年 8 月召开的中共八届十一中全会上，毛泽东曾提出将在 1967 年"适当时候"召开九大，并建议由中央政治局筹备此事。由于当时党中央的实际状况以及后来发生的全国大动乱的局势，使九大的准备工作不得不一拖再拖。1967 年秋，毛泽东又提出了九大的准备工作问题，并指示张春桥、姚文元先在上海做些调查。同年 10 月 21 日，中共中央、中央文革小组发出《关于征询对"九大"问题意见的通知》。该《通知》中附有姚文元给毛泽东的信。信中说：绝大多数人都希望最迟在 1968 年秋天召开九大；九大代表可以由各方面协商产生；要多一些工人和红卫兵列席大会，最好能吸收一批工人和红卫兵入党；信中建议"优秀的造反派头头，可以吸收入党，或经常参加党的核心会议"，因为"有些优秀的革命派实际上起着党员的作用"，等等。11 月初，毛泽东就九大准备工作与中央文革小组成员谈话，指出：文化大革命就是整党、整团、整政府、整军队，党要"吐故纳新"，党纲要修改。11 月 27 日，中央发出《关于对征询召开"九大"的意见的通报》。该《通报》整理了各地对召开九大的意见和反映。主要内容有：九大的根本任务是总结"文化大革命"的经验，总结党内两条路线斗争的经验；要把社会主义社会阶级斗争的理论写入九大党纲；要写一部党内两条路线斗争史；要大力宣传林彪是"毛主席的亲密战友和接班人"，并写入九大的报告和决议；要把"文化大革命"中涌现的"新生力量"选入党的中央委员会；要把"叛徒、特务、自首分子和反革命修正主义分子"，"统统清除出去，以根除隐患"；贯彻精兵简政的方针，党和国家相同的机构可以合并，等等。通报整理的这些内容，实际上成为各地准备九大和修改党章的指导思想。12 月，中共中央、中央文革小组发出了《关于整顿、恢复和重建党的组织的意见和问题》，以及《关于进行修改党纲党章工作的通知》。在这一过程中，中央文革小组已在事实上成为主持九大筹备工作的领导机构。

毛泽东对九大的召开寄予厚望。他认为，九大的召开是以"文化大革命"取得了决定性胜利为前提和基础的。他希望把九大开成一个团结的大会、胜利的大会，使全党和全国人民在无产阶级专政下继续革命的理论上统一起来、团结起来，通过"斗、批、改"运动，把无产阶级专政的任务落实到基层，从而胜利地结束"文化大革命"。与此同时，按照"抓革命，促生产"的逻辑，用在"文化大革命"中被激发和培育出来的革命精神和牢牢确立了的无产阶级政治领导地位，在全国范围里掀起经济建设的高潮。

1968 年 10 月 13 日至 31 日，为总结前一阶段运动的"经验"，部署下一步"斗、批、改"任务，更是为召开九大作各项准备，中共八届扩大的十二中全会在北京召开。应出席全会的 87 名（不含去世的 10 名）八届中央委员中，有半数以上的人因受到各种诬陷而被剥夺了出席会议的权利，实际到会 40 人；原 98 名八届候补中央委员中，到会的仅为 19 人。为达到法定到会的中央委员的半数，全会开幕式上临时将 10 名候补中央委员递补为中央委员（未按惯例依名次排列递补），使到会中央委员为 50 人，刚过半数。除中央委员、候补中央委员外，中央文革小组碰头会成员、中央军委办事组成员和各省、市、自治区革命委员会成员及各大军区负责人、中央直属机关负责人等列席了会议。

毛泽东主持了这次全会。他在开幕式上的讲话中说："过去我们南征北战，那种战争好打。因为敌人清楚。这回无产阶级文化大革命，比那种战争困难得多"。原因在于"犯思想错误的，同敌我矛盾的，混合在一起，一时还搞不清楚"。他要求全会讨论一下，"文化大革命"究竟要不要搞？成绩是主要的，还是缺点错误是主要的，要搞到底还是不搞到底？他指出，这场"文化大革命"要搞到底。什么叫到底？估计要三年，到 1969 年夏季差不多了。到底就是大批判、清理阶级队伍、精简机构、改革不合理的规章制度。周恩来宣布了会议议程：1. 九大代表产生的原则和方法；2. 修改党章；3. 国内外形势；4. 刘少奇专案审查报告。

全会期间，林彪、康生、江青、谢富治等在发言中，对1967年的所谓"二月逆流"横加批判，诬蔑陈毅、叶剑英、徐向前、聂荣臻等老一辈革命家"反毛主席"、"为王明路线翻案"、"为叛徒、特务、走资派翻案"、是"资本主义复辟的预演"、是十一中全会以后"一次最严重的反党事件"。同时，他们还攻击1968年春发生的所谓"杨、余、傅事件"是"为'二月逆流'翻案的邪风"，指责朱德、陈云、邓子恢、王稼祥是"一贯右倾"。林彪、江青等人如此不遗余力地集中围攻"二月逆流"，一方面是借批判"文化大革命"的怀疑派、反对派，来肯定"文化大革命"的"伟大胜利"，一方面也是为他们在九大上攫取更多、更大的权力扫除障碍。

林彪在会上的几次发言中提出："文化大革命成绩最大最大最大，损失最小最小最小"。他大谈古今中外"四次文化大革命运动"。他说，第一次是希腊罗马的古典文化，影响了2000年，但同我们这次比较起来，微不足道，是小巫见大巫，没什么了不起的；第二次是意大利的文艺复兴；第三次是马克思主义。这三次都没有毛主席领导下的这次文化大革命伟大。"这次文化大革命是世界上最大最大的一次"。发言中，林彪还把"文化大革命"的思想"国际化"，他鼓吹在国际上要"支持造反派"，不要重视"当权派"，要重视"广大群众"，如此等等。

全会在极不正常的情况下，通过《关于第九次代表大会代表产生的决定》和《关于〈中国共产党章程（草案）〉的决定》。根据毛泽东意见，将党章草案印发全党，作为讨论的基础。

1967年间，刘少奇实际上已被"群众运动"所打倒。但不论这种打倒在形式上如何轰轰烈烈、沸沸扬扬和煞有介事，它毕竟只是一种体制外的行为，它还必须得到党的全国代表大会的通过和认可（当时根本未考虑这样的大事还要经过全国人民代表大会的通过和批准），完成一定的程序，哪怕明知这只不过是一种"形式"。而且，对刘少奇的最后定性和处理，不仅关系到对"无产阶级专政下继续革命"理论和"文化大革命"实践的评价，也关系到新的中央领导机构的人事安排。"文化大革命"之初，毛泽东虽然对刘少奇不满，但并没有要打倒刘少奇的设想。后来，因在工作组等重大问题上的分歧，毛对刘的不满大大加深，并把刘过去工作中的"右倾"与"文化大革命"中所谓"镇压群众运动"联系起来，进一步得出刘有一个"资产阶级司令部"。即便在这时，毛泽东仍将刘少奇的问题看作是党内问题。1966年12月，中央成立了以谢富治为组长的、目标间接对着刘少奇的"王光美专案组"。尽管如此，毛泽东、周恩来等仍多次劝阻揪斗刘少奇和王光美的行为，要求不得公开张贴关于刘少奇的大字报。1967年1、2月间，毛泽东在一些场合还表示将来在九大上要选刘少奇做第九届中央委员。

1967年"全面夺权"后，大批各级党政领导干部被当成"走资派"打倒，按照"文化大革命"的逻辑，他们必然有一个在中央的"头"。而且，"文化大革命"已经发展到这样一种地步，如果找不出这样一个"头"，它的全部理论和实践的正确性就无法得到证实。林彪、江青两个集团为发展其宗派势力，实现"改朝换代"的目的，必欲将刘少奇问题无限上纲，置他于死地。这一年4月起，全国报刊舆论掀起集中批判刘少奇及其"反革命修正主义路线"的浪潮。与此同时，江青、康生、谢富治指示"王光美专案组"，"狠抓刘少奇自首变节问题"，企图将历史上"一贯反动"的罪名强加给他。对刘少奇问题"定性"，实际上也是对"全面夺权"中被打倒的从中央到地方的一大批党、政、军领导干部的"定性"，也就是给"文化大革命"的"正确性"和"伟大意义"定性。这种"定性"的工作，须由党的全国代表大会来完成。

全会在相当数量的中央委员和候补中央委员被剥夺出席会议权利、一些出席会议的中央委员仍继续遭受诬陷和批判的极不正常的情况下，批准通过中央专案审查小组提出的所谓《关于叛徒、内奸、工贼刘少奇罪行的审查报告》。这一审查报告，是在江青、康生、谢富治把持下，采用种种非法手段，制造大量伪证捏造、拼凑出来的。至于调查过程中得出的那些证明刘少奇没有历史问题的材料，都一概扣压，只字不提。

八届扩大的十二中全会在根本无法进行核实和认真讨论、许多与会者不能行使正当权利和充分表达自己意见的情况下，根据中央专案审查小组送交全会的这份充斥诬陷不实之词的报告，对刘少奇作出完全错误的政治结论和"永远开除出党，撤销其党内外一切职务"的决议。刘少奇不仅不被允许参加全会，也完全被剥夺了申辩的权利。即便在这样一种情况下，与会的八届中央委员陈少敏仍不畏高压，在讨论刘少奇问题的小组会上以沉默表示抗议，在表决关于刘少奇"问题"的审查报告的全体会上对该决议拒不表示同意。历史已经证明，林彪、江青等人强加给刘少奇和全党的《关于叛徒、内奸、工贼刘少奇罪行的审查报告》，完全是有意栽赃、诬陷。中共八届扩大的十二中全会对刘少奇所作的政治结论和组织处理，也是完全错误的，是完全不符合实际的。这是中国共产党历史上一起最大的冤案。1969年10月，重病中的刘少奇被押往河南开封。同年11月12日，忠诚的共产主义战士、中国共产党和中华人民共和国杰出的领导人、老一辈无产阶级革命家刘少奇惨死在开封囚禁处。因刘少奇冤案，其夫人王光美及其子女长期受到林彪、江青一伙的迫害，全国由此受株连而被错判的案件多达两万六千余件，涉及两万八千多人。

　　10 月 31 日通过的全会公报中，对两年来"文化大革命"的实践给予全面肯定，认为它对于巩固无产阶级专政、防止资本主义复辟是完全必要的，是非常及时的。公报同时赞扬以江青为首的中央文革小组在"文化大革命"中所起的"重要作用"。在全会闭幕式上的讲话中，毛泽东对因"二月逆流"受到围攻的老同志表示了宽容的态度。他说，九大应有"二月逆流"的人参加，对党内一些老同志要"一批、二保、三看"。他认为，1967 年 2 月前后，老同志"几个人在一起，又都是政治局委员，又是副总理，有些是军委副主席，我看也是党内生活许可的了。他们也是公开出来讲的，也不是完全不公开的"。他强调，清理阶级队伍应注意调查研究，要注意一个"准"字，不搞"逼、供、信"；不要一讲知识分子就是"臭知识分子"，知识分子不可不要，但也不要把尾巴翘到天上去；要求对学术权威不能做得太过分，等等。全会期间，毛泽东还制止了林彪、江青一伙开除邓小平党籍的鼓噪。他表示，邓小平在战争时期是打敌人的，历史上还未发现有什么问题。从这些讲话中可以看出，1968 年下半年后，在确认"文化大革命"已经取得"伟大胜利"的前提下，毛泽东注意的重点已经放在落实政策，纠正运动中一些极左行为，团结干部、知识分子中的大多数等方面上。

　　中共八届扩大的十二中全会是在"左"倾错误思想指导下，在林彪、江青集团的控制和影响下，为初步总结"文化大革命"经验而召开的一次非常会议。它使得"无产阶级专政下继续革命的理论"进一步合法化，使得两年多"文化大革命"的实践在党内得到认可，并从组织上完成最后打倒刘少奇的手续，从思想上、政治上和组织上为召开中共第九次全国代表大会准备了条件。

　　1969 年 4 月 1 日至 24 日，中国共产党第九次全国代表大会在北京举行。出席会议的代表共 1512 名。由于多数基层党组织的生活尚未恢复，这些代表当中的许多人都不是通过正常选举程序产生的，他们或由革命委员会与各造反派组织负责人协商决定，或直接由上级部门指定。这种违反组织原则的做法，使许多老党员、老干部以及大批优秀党员骨干被排斥在外，被剥夺了参加九大的权利。在3月27日至31日举行的预备会期间，毛泽东提出要总结经验，落实政策，准备打仗。① 这三句话成为九大的指导思想。

4月1日下午，毛泽东主持九大开幕式。他在开幕式上的第一句话是："我希望，我们的大会，能够开得好，能够开成一个团结的大会，胜利的大会。"在回顾了党的历史之后，他再次提出：希望这一次大会，能够开成一个团结的大会，胜利的大会，大会以后，可以在全国取得更大的胜利。② 这个讲话，反映了毛泽东对九大后全国出现一个"团结、胜利"局面的殷切希望，反映了他对"文化大革命"的战略部署。

按照会前的酝酿，毛泽东当选为九大主席团主席，林彪当选为副主席，周恩来为秘书长。在第一次全体大会上，林彪代表中共中央作政治报告③。报告分八个部分：一、关于无产阶级"文化大革命"的准备；二、关于无产阶级"文化大革命"的过程；三、关于认真搞好"斗、批、改"；四、关于无产阶级"文化大革命"的政策；五、关于我国革命的最后胜利；六、关于党的整

---

① 1969年3月上、中旬，苏联边防部队两次入侵黑龙江东部珍宝岛地区，中国边防部队奋起进行自卫还击。之后，中苏其他边界地区关系也趋于紧张。中苏边界武装冲突助长了党内高层对国际形势严重性的估计，也给九大以重要影响。

② 参见《在中国共产党第九次全国代表大会上的讲话》。

③ 九大政治报告后来由张春桥、姚文元二人执笔，定稿前，毛泽东曾多次审阅、修改。

顿和建设；七、关于我国和外国的关系；八、全党、全国人民团结起来，争取更大的胜利。

这个报告的核心部分，是"无产阶级专政下继续革命的理论"，这个理论是九大路线的核心，也是整个"文化大革命"的理论基础。按照九大政治报告中的说法，"无产阶级专政下继续革命的理论"的基本论点是：在无产阶级取得了政权并且建立了社会主义制度的条件下，国内的主要矛盾仍然是无产阶级与资产阶级的矛盾和社会主义道路与资本主义道路的矛盾，为此，阶级斗争必须年年讲、月月讲、天天讲，各项工作都要以阶级斗争为纲。由于在社会主义社会里还存在着产生资产阶级和小资产阶级的土壤，由于社会上阶级斗争的存在，大批资产阶级的"代表人物"、"反革命修正主义分子"势必混进党里、政府里、军队里和文化领域各界里，党内"走资本主义道路的当权派"必然会篡夺相当数量单位和部门的领导权，甚至在中央形成一个"资产阶级司令部"，以推行其"修正主义"的政治路线和组织路线。在这种情况下，只有实行"文化大革命"，公开地、全面地、自下而上地发动群众进行斗争，才能把被"走资派"篡夺的权力重新夺回来。这个斗争的实质，是一个阶级推翻一个阶级的政治大革命，尔后还要进行多次，所以要坚持"无产阶级专政下继续革命"。

"无产阶级专政下继续革命的理论"是 1957 年以后在社会主义社会阶级斗争问题上逐渐发展起来的"左"倾错误理论的总概括。在"文化大革命"的发动阶段，这个"理论"的主要论点已趋完备。经过一年多"文化大革命"的实践后，到在 1967 年11 月 6 日《人民日报》、《红旗》杂志、《解放军报》编辑部发表的文章《沿着十月社会主义革命开辟的道路前进——纪念伟大的十月社会主义革命五十周年》中，被正式定名为"无产阶级专政下继续革命的理论"。九大政治报告高度评价了这个理论的意义，称它是今后指引中国社会主义革命和社会主义建设的"灯塔"，是对"马克思列宁主义的理论和实践的一个伟大的新贡献"①。以此为基础，政治报告首次将整个社会主义历史阶段都要以阶级斗争为中心的指导思想规定为"我党在整个社会主义历史阶段的基本路线"。历史已经证明，"无产阶级专政下继续革命的理论"及其指导下的实践，既不符合马克思列宁主义，也不符合中国实际。它在许多重大原则问题上违反了马列主义与中国革命和建设实际相结合的毛泽东思想，只能给社会主义事业带来灾难性的后果。

在"左"的指导思想支配下，报告在时代、形势等问题上也都作出了错误的判断和估计。报告认为，当前世界的总趋势，还是敌人一天天烂下去，我们一天天好起来。"不论是战争引起革命，还是革命制止战争，美帝、苏修的日子不会太长了"。报告夸大了帝国主义发动世界大战的危险性，并以此作为判断国际形势和布置各项工作的出发点。

提交大会讨论的党章修改草案，对马克思主义、列宁主义、毛泽东思想作了错误的阐述，片面地规定了党的性质和任务，删掉了有关党员权利的规定。更有甚者，党章竟把林彪作为"毛泽东同志的亲密战友和接班人"写入总纲，这在整个国际共产主义运动史上都是极为罕见的。

4月2日起，代表们分组讨论政治报告和党章修改草案。在极左思潮和个人崇拜氛围笼罩下，代表们几乎没有对这两个文件提出任何实质性的修改意见，而是结合文件内容，大搞所谓"斗私批修"，对参加会议的一些犯"错误"的老同志再次进行批判，迫使他们作自我检讨。会议期间，毛泽东多次召开中央文革小组碰头会成员和各组召集人会议，讲述党的历史经验，强调当前的

---

① 《中国共产党第九次全国代表大会文件汇编》，人民出版社 1969 年版，第 21 页。

主要问题是一种倾向掩盖另一种倾向，即一方面把敌人揪出来了，另一方面又掩盖了打击面宽和扩大化的问题，提出在清理阶级队伍时注意不要扩大化。

在 14 日召开的第二次全体会议上，一致通过了林彪作的政治报告和《中国共产党章程》。会议称颂政治报告"深刻地阐明了毛主席关于在无产阶级专政下继续革命的理论，系统地总结了我国无产阶级文化大革命的经验"。会议称党章草案重新明确规定"中国共产党以马克思主义、列宁主义、毛泽东思想作为指导思想的理论基础"和"林彪同志是毛泽东同志的亲密战友和接班人"，"这是无产阶级文化大革命的伟大胜利，这是马克思主义、列宁主义、毛泽东思想的伟大胜利"。①

自 4 月 15 日起，大会进入第二阶段。代表们开始酝酿、预选新一届中央委员会委员、候补委员候选人。根据大会主席团秘书处提出的选举办法，毛泽东、林彪为当然候选人；原八届中央委员和候补中央委员中被提名人数亦不得超过 53 人（此数额与出席中共八届扩大的十二中全会的人员数相同）。由于林彪、江青两个阴谋集团的破坏及其他一些不正常因素的干扰，使酝酿、预选过程拖达十天之久。在表面团结气氛的掩盖下，暗中争夺候选人的斗争十分激烈，林彪、江青两个集团都试图将自己的党羽、亲信塞入中央委员会，从而为下一步把持中央领导机构作准备。与此同时，许多富有革命斗争经验的老同志和经过党多年培养、真正德才兼备的人选却被排挤在外。

在党的八届扩大的十二中全会上，毛泽东已经表达了要保护一些老同志的愿望。九大前夕，他又多次表达了类似的要求。1969 年 1 月，毛泽东在一个批语中说："所有与二月逆流有关的

①　《中国共产党第九次全国代表大会文件汇编》，人民出版社 1969 年版，第 102 页。

老同志及其家属，都不要批判，要把关系搞好。"3月15日，毛泽东又在中央文革小组碰头会上说：他对二月逆流的人不一定恨得起来，九大报告上不要讲"二月逆流"了。这次要开成一个团结的会。他们（指被诬为"二月逆流"的谭震林、陈毅、李富春、徐向前、叶剑英、李先念等）一肚子气，也是可以原谅的，并表示允许"二月逆流"的人上主席台。根据毛泽东的想法，周恩来进一步发挥说：文化大革命快三年了，我们对于总结经验、落实政策这点做得总还是差。更重要的就是解放一批干部。毛主席说落实政策，就是对走资派也要一分为二，不能个个都是死不悔改的，大家总要给他改正的机会。①

3、4月间，在修改九大报告稿时，毛泽东又提出了"犯走资派错误的好人"这样一个概念。他说："对于犯走资派错误的好人，在他们提高了觉悟，并得到群众的谅解以后，应当及时解放他们，分配适当的工作，并鼓励他们到工农群众中去，改造世界观。对于那些略有进步、开始有了一些觉悟的人们，就要从团结的观点出发，继续给以帮助。"4月11日，他在九大各大组召集人会议上的讲话中又说：当前主要问题是一种倾向掩盖着另一种倾向，一方面把敌人揪出来了，另一方面掩盖了打击面宽和扩大化问题。②

对于中央文革小组，毛泽东一方面肯定其在前一阶段运动中的贡献，另一方面，他对江青等人的言行、野心也不时表露出不满。1969年1月，他在一封要求江青任中央政治局常委兼任中央组织部部长的来信上批示：徒有虚名，都不适当。3、4月间，他

---

① 参见《周恩来年谱（1949—1976）》下卷，中央文献出版社1997年版，第285页。

② 参见《共和国史记·第3卷》（上），吉林人民出版社1996年版，第441页。

在修改九大报告时有一处批语说："中央文革成员的名字一个也不要提"。毛泽东的这一态度，对于当时热昏了头脑、不可一世的江青等人来说，正像是当头一瓢冷水。九大之前毛泽东对各方面的态度，无疑对九大选举产生了影响。

在 24 日全体会议上，经过无记名投票，正式选出中央委员170 名，候补中央委员 109 名，组成中共第九届中央委员会。在新当选的中央委员和候补中央委员当中，原八届中央委员和候补中央委员仅为 53 人，占九届中央委员会总人数的 19%，是原八届中央委员会总人数的 29%。新、旧两届中央委员会人员如此大换班，为党的历史上所罕见。就在这次选举当中，一些代表在选票上的陈伯达、江青、张春桥、姚文元的名字处画上反对符号"×"，另外填写了其他候选人的名字。这固然不排除林彪等人背后策划的因素，但也确是江青一伙积怨太多、"文化大革命"不得人心的曲折反映。还有的代表坚持原则，顶住压力，将并非候选人的王稼祥、胡耀邦等人的名字写在选票上，表现出对"文化大革命"打倒大批老干部的强烈不满。

4 月 28 日，举行了中共九届一中全会。全会正式选出新的中央领导机构：中央委员会主席毛泽东，副主席林彪；中央政治局常务委员会委员毛泽东、林彪、陈伯达、周恩来、康生；中央政治局委员毛泽东、林彪、叶群、叶剑英、刘伯承、江青、朱德、许世友、陈伯达、陈锡联、李先念、李作鹏、吴法宪、张春桥、邱会作、周恩来、姚文元、康生、黄永胜、董必武、谢富治；中央政治局候补委员纪登奎、李雪峰、李德生、汪东兴。同日，中共中央政治局通过中央军事委员会主席、副主席、委员名单和中央军委办事组成员名单：毛泽东任中央军委主席；林彪、刘伯承、陈毅、徐向前、聂荣臻、叶剑英任中央军委副主席；丁盛等42 人为中央军委委员。黄永胜任中央军委办事组组长，吴法宪任中央军委办事组副组长；叶群、刘贤权、李天佑、李作鹏、李德生、邱会作、温玉成、谢富治为中央军委办事组成员。此后，中央军委的日常工作实际由林彪等操纵下的军委办事组所主持。

在新的中央领导机构中，在"文化大革命"中暴发起来的林彪、江青两个集团的主要成员，几乎全部进入了中央政治局；而原八届中央政治局的 29 名成员（不含已去世的三人和刘少奇）中，只有 12 人保留在新的政治局内，原来的中央书记处则被取消。在 5 名中央政治局常委中，林彪引人注目地当选为唯一的党中央副主席，成为毛泽东的"接班人"。这种先确定"接班人"，然后再补行选举手续的方式，完全违背了马列主义政党的民主集中制和集体领导的原则，违背了无产阶级政党的性质，是党有史以来前所未有的，在国际共产主义运动史上也是没有先例的。

毛泽东在九届一中全会上发表讲话。讲话中，他反复强调希望全党、全国人民团结起来。他说："我们讲胜利，就要保证在无产阶级领导之下，团结全国广大人民群众，去争取胜利"。他提出：看来无产阶级文化大革命不搞不行，因为我们这个基础不稳固。据他观察，不讲全体，也不讲绝大多数，恐怕是相当大的一个多数的工厂里头，领导权不在真正的马克思主义者、不在工人群众手里。过去领导工厂的，不是没有好人，有好人，但是，他们是跟着过去刘少奇那条路线走，无非是搞什么物质刺激、利润挂帅，不提倡无产阶级政治，搞什么奖金，等等。

他又表示，要过细地做工作。有些地方抓多了人，这个不好。犯了错误，要让他们跟群众一道，如果不让他们跟群众一道，那就不好了。在谈到党的组织问题时，他指出，现在进了城是好事，但又是坏事，使我们这个党不那么好了。他认为，我们这个党事实是需要重建，每一个支部，都要重新在群众里头进行整顿。要经过群众，不仅是几个党员，要有党外的群众参加会议，参加评论。在谈到政治局选举名单时，他说："我相信过去犯错误的一些老同志。"他认为，这个革命还有些事没有做完，现在还要继续做，譬如讲"斗、批、改"。过若干年，也许又要进行革命。他号召全党"团结起来，为了一个目标，就是巩固无产阶级专政，要落实到每个工厂、农村、机关、学校"，"要准备打仗。无论哪一年，我们要准备打仗"。毛泽东的讲话，反映了他希望通过落实政策、加强团结以缓和前一阶段造成的大量矛盾，结束动乱、恢复秩序，并就此结束"文化大革命"的意向。他没有认识到，在全盘坚持"文化大革命"错误的前提下，是不可能有真正的团结和安定的。

党的九大使得"无产阶级专政下继续革命的理论"和"文化大革命"以来的实践合化法。它在排斥了从中央到地方大批坚持正确方向的党的领导干部的同时，加强了林彪、江青、康生等人在党中央的地位。"九大在思想上、政治上和组织上的指导方针都是错误的"①，它对后来"文化大革命"的历史进程产生了持续而深刻的影响。

按照毛泽东的设想，九大之后，"文化大革命"进入了"扫尾"阶段，其主要任务是在"团结、胜利"的旗帜下，把无产阶级专政的任务落实到基层。但是，就像 1966 年和 1967 年那样，运动的发展很快就又超出了人们的想象。

---

① 《关于建国以来党的若干历史问题的决议》。

第三章 "斗、批、改"运动与国民经济的"新跃进"

一、掀起"抓革命、促生产、促战备"的高潮

（一）九大之后的形势

在发动"文化大革命"时，毛泽东有一个"反修防修"、批判"走资派"、在大风大浪中锻炼群众的宏大目标，却没有周密的计划。他没有想到运动会发展到"天下大乱"的程度，更没有想到这场革命后来会持续十年之久。他对运动时间的估计，经历了半年、一年、二年、三年等数次变化。在全国省级革委会全部成立特别是九大开过之后①，他所计划的——尽管这个计划一变再变——"文化大革命"实际上已经胜利结束，起码是高潮已过，剩下的只是"扫尾"一类的工作了。而以后的任务，一是把无产阶级专政的任务落实到基层，二是要把上层建筑领域中的社会主义革命进行到底，三是按照抓革命、促生产的战略，掀起经济建设的高潮。

对于"文化大革命"最初三年的实践，他基本上是满意的。他认为"文化大革命"解决了新中国成立以来一些长期未能解决

---

① 1969 年两报一刊的元旦社论说"文化大革命"将在 1969 年取得"全面胜利"。九大政治报告说"文化大革命"取得了"伟大的、决定性的胜利"。

的问题，触及了上层建筑，从中央一直搞到工厂、机关、学校，而过去这些单位或部门的领导权往往不在我们手里。但是，毛泽东的这种胜利感又是相当克制和有限的。这里的原因，首先出于他对社会主义时期阶级斗争的估计以及他的继续革命理论。在他看来，由于帝国主义和修正主义的存在，由于国内小生产的存在，资产阶级的影响将是长期的，反对现代修正主义的斗争也将是长期的。1968 年 10 月，他在一次讲话中指出，我们已经取得了伟大的胜利，但是"我们不能说最后的胜利。几十年都不能说这个话，不能丧失警惕"。他认为，我们这个党，经过这次"文化大革命"，只是"比较纯一些"，"这样可以保持一个时候的安宁，十年到二十年"。当人们欢呼九大的"伟大胜利"，认为九大解决了八大所未能解决的问题时，毛泽东却认为有些问题九大也未解决。

另一方面，毛泽东已明显地感到广大干部群众对"天下大乱""全面内战"以及那样普遍地冲击各级干部的怀疑和不满。1968 年 10 月 12 日，他对参加中央文革小组碰头会议的人员讲话时说："这次文化大革命要不要搞？你们说没问题，我看是有问题的。"① 次日，他在中共八届扩大的十二中全会开幕式上说：这次会上要总结两年多的工作。无非是两种看法，一是说还不错，一是说"不见得"。他又说，"究竟这个文化大革命要搞还是不要搞？搞的中间，是成绩太少了、问题太多了，还是成绩是主要的、错误有？""这个革命究竟能不能搞到底？这也是一个问题"。② 全会公报中发表了他的一段话："这次无产阶级文化大革

① 《毛泽东传（1949—1976）》（下），中央文献出版社 2003 年版，第 1530 页。

② 《毛泽东传（1949—1976）》（下），中央文献出版社 2003 年版，第 1531—1532 页。

命，对于巩固无产阶级专政，防止资本主义复辟，建设社会主义，是完全必要的，是非常及时的"①。诸如此类的话，既有他的自信，也有统一认识的迫切需要。1976 年毛泽东临终前，曾说到"文化大革命"反对的人多，赞同的人少。实际上，这种感觉在认为"文化大革命"已取得"全面胜利"的 1968 年、1969 年就已经一定程度地存在了。

总之，在毛泽东看来，"文化大革命"已经取得了伟大胜利，但革命还没有完，继续革命的任务仍很艰巨。按照"大破大立""先破后立"的规律，"文化大革命"在胜利地完成"大破"和"全面夺权"的任务之后，又要进入一个主旨在于"大立"的"斗、批、改"阶段。这个阶段是"文化大革命"的延伸与继续，是巩固它的成果。这就需要比较稳定的环境，要讲政策，要讲团结。从 1968 年下半年起，落实政策问题、团结问题已成为毛泽东反复强调的重点。

他表示，对"走资派"的大部分，百分之九十以上，都是要把他们改造，给他们工作，但要用群众的力量批评他们。② 在九大上，毛泽东更是把团结问题、政策问题放在突出地位，寓意深刻地、坚定地把"团结、胜利"作为九大的旗帜和九大路线的核心。他号召全党团结起来，注意政策，在比较安定的形势下，通过"斗、批、改"把无产阶级专政的任务落实到基层，抓革命、促生产、促工作、促战备，巩固和发展"文化大革命"的成果。毛泽东的这些设想和意愿，通过各种舆论工具反复表达出来。

但是，"文化大革命"这样的运动既然被发动起来，它就有

---

① 《人民日报》1968 年 11 月 2 日。

② 例如，1970 年 8 月 11 日，毛泽东在会见外宾时就曾谈到这个问题。参见《共和国史记·第 3 卷》（上），吉林人民出版社 1996 年版，第 578 页。

了自身不以人们的意志——包括其发动者本人的意志——为转移的规律。即使是对发动者而言，它也成了一个陌生的异己物。实际上，"文化大革命"并没有结束于1969年，而是持续了十年之久。1969年以后的"文化大革命"所面临的问题，已不再是"发动"或"全面夺权"，它所面对的"敌人"，已不再是"走资派""保皇派"。它所必须面对的问题和"敌人"，正是它自身：一是它所依赖、培育和释放出来的动乱因素，必将在"继续革命"的框架中频繁地制造出各种各样的新的动乱；二是"文化大革命"违背历史发展规律所引发、激化的各种矛盾，必将以广大党员、干部、群众越来越强烈、自觉的抵制表现出来。"文化大革命"并没有如愿在1969年结束，此后，它成为一场无法继续而又必须继续的革命。

自"文化大革命"发动以来，周恩来虽然不可能从全局上认识和抵制"文化大革命"的错误，但他在可能的范围内，尽力地利用了党的一贯政策的影响，发挥了毛泽东当时思想中正确或比较正确的一面，砥柱中流，鞠躬尽瘁，勉力苦撑，保护干部，平抑动乱，维持经济工作的正常运行，减轻了"天下大乱"所造成的损失。

对于"天下大乱"给党和国家造成的严重破坏，周恩来等忧心如焚。1968年下半年形势稍有好转，他便着手恢复和发展经济的工作。12月21日，他指示国家计委等单位抽调专人，组织起来编制1969年国民经济计划纲要。1969年春夏之际，面对一些顽固坚持派性立场并试图再次制造动乱的势力和思潮，他旗帜鲜明地采取果断措施加以平息。经他提议并主持拟定、发布的"七二三"布告和"八二八"命令，有力地遏止了当时再次动乱的逆流，稳定了形势。就在九大庆祝"文化大革命""全面胜利"的高潮中，1969年4月12日，周恩来在一次谈话中实际上指出了这场"大革命"的一个要害问题。他说："有些人要把一切制度砸烂，这是极左思潮"，"二十年来，毛主席的红线还是主要的，不能否定一切，要一分为二，不然二十年的工业生产怎么能发展起来呢？"① 显然，这些话不只是针对极左思潮的，这些思想也不是1969年才形成的。

对于九大后的形势、任务，周恩来的指导思想是：要发挥党的领导作用，不能再搞"夺权"，必须以无产阶级的党性来要求每个党员；作为群众组织应保护绝大多数群众的利益，实行归口闹革命，决不允许再拉山头、搞武斗；要把各方面工作做好，使之出现新面貌；应努力实现第四个五年计划和第五个五年计划，在不远的将来，把中国建设成为一个伟大的社会主义强国。② 1969年11月24日，他在国务院业务组会议上对煤炭、冶金、铁路运输等部门生产情况提出批评，要求把这些部门懂业务的干部尽快解放出来，想办法把生产搞上去。11月28日，他在接见国防工业几个专业会议的代表时指出：我们要把革命和备战结合起来，努力抓革命、促生产，用备战影响革命，以革命支持备战。他又说，干部要早一点解放，包括犯错误的干部，要给他们工作，发挥他们的作用；要承认老干部有经验，这是党的宝贵财产；知识分子中绝大多数是可以教育的，这一部分人潜力很大，要很好重视、培养、教育他们。③ 12月20日，他又在一次会议上指出：要把煤、电、冶金、运输、石油、化工搞上去；备战的基础还是农业，农业上不去影响各个方面；轻工业也要发展。总之，明年生产要有新的跃进高潮，使革命、生产双丰收。他对一

---

① 《周恩来选集》下卷，人民出版社1984年版，第462页。

② 参见《周恩来年谱（1949—1976）》下卷，中央文献出版社1997年版，第322—323页。

③ 参见《周恩来年谱（1949—1976）》下卷，中央文献出版社1997年版，第335—336页。

些地方在"清理阶级队伍"中的扩大化问题提出批评。① 因为进入了"大立"阶段，强调的是落实政策、团结胜利、发展生产、稳定形势，周恩来与毛泽东的观点逐渐趋于一致。当然，只要毛泽东仍然在全局上坚持"文化大革命"的错误，这种一致就只能是暂时的。

以九大的召开为标志，林彪、江青两个宗派集团及其相互关系也发生了一些明显的变化。

九大前后，林彪集团的权势、地位达到了顶峰。在九大上，林彪成了被写进党章的接班人，他的几个心腹进入了政治局。在"文化大革命"的第一阶段，他们主要是与江青等人相互勾结、相互利用，利用动乱排除异己、扩充山头。九大以后，他们进一步巩固、扩大自己的宗派集团。一向深居简出的林彪或在家中接见心腹、亲信，面授机宜，并给予"合影留念"的殊荣；或由叶群、林立果出面，与一些圈子内的人谈话、打招呼，要他们不要"忘本"。为独揽军委领导大权，林彪集团进一步排斥军委其他副主席对军委工作的领导，军委一切日常工作仍由军委办事组包办。

这时，林彪集团对江青集团的不满及他们之间对权力的争夺也日益明朗化了。在"文化大革命"的第一阶段，这两个阴谋集团为了打击、迫害一大批党政军领导干部，攫取更多更大的权力，需要互相勾结和援引。但是，阴谋家、野心家之间的勾结总是短暂的。九大以后，在已经夺取了相当大的一部分权力后，他们之间的争夺就不可避免了。林彪集团对"文化大革命"的理解与江青等人并不完全一样，他们不满江青的专横跋扈，更担心自己的地位被江青等人取代。1969年9月，林彪已在他们的小圈子

---

① 参见《周恩来年谱（1949—1976）》下卷，中央文献出版社1997年版，第340页。

里明确表示对一些担任革委会要职的造反派的不满，认定以张春桥、姚文元、王洪文等为首的上海市革委会是"小资产阶级掌权"，还轻蔑地把张、姚说成是"从阴沟里爬出来的""小爬虫"。随即，在林彪亲信担任主要领导职务的几个省的省报上，出现了"要防止小资产阶级掌权"的社论或文章。在林彪的支持和默许下，这个宗派集团的成员除了对江青等人言不由衷、虚与委蛇的敷衍、应付外，还不时地借题发挥、暗中拆台，限制和削弱江青集团急剧膨胀起来的势力和影响。

江青集团在"文化大革命"初期攫取了巨大的权力，成为典型的政治暴发户。与林彪等人不一样，江青集团的社会基础主要是一批在"文化大革命"中靠造反起家的造反派。对于他们来说，保护这些造反派不仅对维护"文化大革命"的理论和实践是必须的，而且从发展帮派势力方面来看也是必要的。九大前后，他们一方面阻挠老干部重新走上领导岗位，一方面又采用"突击入党、突击提干"的方法把一批造反派拉入党内，安插在革委会中任职或工作。因为造反派中的党员人数很少，为了维护造反派的既得利益，证明造反派组织比党组织更先进，他们甚至对恢复党的组织生活表示怀疑和不满。张春桥就提出："中国共产党领导在中央，在毛主席，何必要这个党委呢?"① "党究竟还要不要? 是不是可以用群众组织代替党?"② 这些狂热的极左分子，在"继续革命"理论的指导下，竟荒谬地鼓吹要用造反派取代党的领导。

九大以后，号称"文化大革命"旗手和理论权威的江青集团，格外关心"文化大革命"的发展和前途，从极左的方面进一

---

① 1969 年 6 月 15 日，张春桥在上海整党建党三个试点单位座谈会上的讲话。

② 1968 年张春桥在上海整党建党座谈会上的讲话。

步发挥了"继续革命"理论的一些基本内容。1969年底，张春桥提出了一个重要观点。他说：一次革命高潮过去后，必定有唯生产力论思潮抬头；苏联在30年代，就是犯的这个错误；现在九大开过了，同样也面临着当年苏联的这个局面，有个要不要继续革命的问题。张春桥的确看到了党内和人民群众中逐渐发展起来的对"文化大革命"的怀疑以及不满，认为党内外存在着巨大的"右倾翻案"势力，他甚至因此而感到悲观。1968年至1969年间，也就是在"文化大革命"号称已取得决定性胜利、到处都在欢呼"全国山河一片红"的时候，他却几次在小范围里讲到"赤条条来去无牵挂，我早就准备杀头了"之类的话。

"右倾复辟势力"来自哪里呢？在张春桥等人看来，一是那些搞"二月逆流"的人，即老干部；二是知识分子。他在九大后的一次讲话中认定："将来真正闹事的是这些知识分子，要搞复辟的就是这些人。"① 他甚至断言："知识分子和工人的对立是天然的。"② 此外，对九大以后逐渐趋于稳定的形势和逐渐恢复的工作、生产秩序，张春桥等也本能地表示强烈不满。张春桥提出，工厂里的规章制度是管工人的条条框框，工人应为此起来造反。对党和国家各级领导干部和广大知识分子的这种敌视，对现代大工业所赖以生存的起码的规章制度如此格格不入，对当代世界发展趋势和当代社会主义发展方向的一无所知，使江青、张春桥等极左分子从内心深处对九大以后逐渐趋于安定的局势感到不安。这个靠动乱暴发起来的阴谋集团本能地希望通过更大、更多的动乱取得更大的权力。

---

① 1969年6月25日，张春桥在讨论有关落实资本家、小业主政策问题座谈会上的讲话。

② 1969年10月17日，张春桥在《海港》剧组座谈会上的讲话。

（二）进一步清除"天下大乱"的后遗症

从当时全国形势看，明显地表现出两种相反的发展趋势。一方面，由于"文化大革命"全局性的错误，由于"天下大乱"的巨大惯性和林彪、江青两个集团的干扰、破坏，国内仍然存在着许多不安定因素，这些因素在不断地制造新的动乱。另一方面，广大人民群众迫切要求结束动乱局面，缓和激烈的阶级斗争，发展生产，提高生活水平。这种愿望比较符合毛泽东当时的有关设想，更得到了周恩来等人的全力支持。九大后的一段时间里，后一种趋势暂时处于主导的地位，形势因此逐步趋于稳定，"斗、批、改"也才有可能全面展开。

就当时全国各地的情况来看，九大以后恢复稳定的努力，比较突出地受到了来自两方面的破坏和干扰，一是所谓"反复旧"，二是派性武斗。九大前后，全国一些地方先后出现了一种号称"反复旧"（或"反右倾""反复辟"）的思潮和相关活动。"反复旧"的主体是一些在建立革委会过程中受到冷落的"老造反"，该思潮的主要内容是反对解放老干部，反对大批老干部被"结合"进革委会；反对工宣队、军宣队在各单位恢复秩序的努力；对党组织恢复后造反派地位下降表示不满；指责革委会限制造反派是"复旧"，鼓吹重建跨地区、跨行业的造反派组织，继续进行打倒"走资派"的斗争，等等。这些"老造反"因在"文化大革命"取得"全面胜利"时未在革委会获一席之地，在形势趋于稳定时不能像"天下大乱"时那样发号施令、为所欲为而再次发难。他们鼓吹"造反派打天下也得坐天下"，于是或重拉山头，或冲击革委会，或鼓动停工停产，或挑动武斗，使一些地方刚刚有所好转的工作、生产秩序又遭到破坏。还有为数很少的一些带有极左倾向的人认为，即使是造反派，只要一进革委会、一掌权也就变右了、变修了、变质了，所以革命还要继续。[①]

"反复旧"的实质，正如周恩来所说："在社会上错误思想和无政府倾向影响下，提出所谓'反复旧'运动，把矛头指向省、市革委会、人民解放军和革命干部，把'三代会'（即工人、贫下中农和红卫兵三个代表大会）首先是工代会置于一切之上，这样做，是不符合毛主席关于革命大联合、革命三结合和一元化领导的教导的。"[②] 他还说，从九大之后，四川掀起"反复旧"运动，其性质与山东、贵州、湖北类似；"反复旧"矛头是对着军队，工代会也要超越于革委会之上，一切表现在派性和武斗上面。[③]"文化大革命"是以否定党的各级领导和依靠造反派打开局面的，造反派对造反之后的权力分配寄托了很高的期望，认为自己理所当然地应当成为被"踢开"的党委的接替者。所谓"反复旧"，实质上就是反对恢复党的各级领导，反对恢复正常的生产、工作秩序，反对党和国家的稳定。

与此同时，"文化大革命"前三年群众中"革"与"保"的划分以及由此引发的大规模武斗，在人民内部所造成的严重的分裂和创伤在短时间内难以愈合，也在继续引发着冲突和动乱。1969 年春夏之间，山西、山东、河南、四川、贵州、新疆等地，又出现了由以往派性斗争引发的大规模武斗事件。武斗中，一些群众组织又成立了专业武斗队，冲击革委会和人民解放军，搞"打、砸、抢、抄、抓"，用武力强占地盘，煽动工人停工停产，

---

① 参见李振军：《四十七军在湖南"三支两军"纪实》，湘新出准字（2004）第 021 号，2004 年 3 月，第 162 页。

② 《周恩来年谱（1949—1976）》下卷，中央文献出版社 1997 年版，第 300 页。

③ 参见《周恩来年谱（1949—1976）》下卷，中央文献出版社 1997 年版，第 331 页。

煽动农民进城武斗，甚至破坏铁路、公路、桥梁，武装袭击列车，抢占国家银行、仓库、商店，等等。

为了稳定、发展刚刚有所好转的形势，全面贯彻落实九大提出的各项任务，中共中央采取了一系列果断、有力的措施，在不长的时间里平息了"反复旧"和武斗所造成的动乱。九大后不久，根据毛泽东、周恩来对"反复旧"的批评，中央分别召集有关省、市革委会及驻军负责人到北京开会，办学习班，帮助解决相互间的矛盾及"反复旧"问题。中央还分别转发了一些省的有关报告及中央批示，严厉地批评了"反复旧"的错误，提出了解决问题的具体方针和措施。由于态度坚决、措施得力，一度曾有蔓延之势的"反复旧"浪潮很快得到遏制。至1969年冬，这股逆流基本上被瓦解。

为了制止当时一些地方仍然在继续的严重武斗，1969年7月23日，中共中央就山西武斗发出布告。布告由周恩来主持起草并经毛泽东同意。其鲜明地指出：山西一些地区混在群众组织中的坏人和坏头头蒙蔽一部分群众，抗拒中央历次发布的通令、命令、通知和布告，犯了一系列极其严重的反革命罪行。为此，中央决定：任何组织和个人都要坚决、彻底、全部地执行中央关于制止打、砸、抢的布告、通令、命令、通知，双方立即无条件停止武斗，解散专业武斗队，解散"山头"，拆除一切武斗据点，上缴一切武器装备，恢复铁路、公路交通等；对于武力强占地盘、拒不执行本布告、负隅顽抗者，由人民解放军实行军事包围，强制缴械；擅离生产、工作岗位的群众，必须立即返回原单位，等等。

根据8月22日周恩来给毛泽东报告中的建议，8月28日，中共中央又就一些仍未能平息武斗的边疆省、自治区发布命令，要求加强军政、军民团结，加强各族人民的团结，共同对敌，提高警惕，"要准备打仗"，坚决反对一切破坏团结的分裂行为，绝对不准冲击人民解放军。该命令要求立即无条件停止武斗，立即解散所有跨行业群众组织，实现革命大联合。

中共中央的这些断然措施得到了广大群众的衷心拥护和热烈响应。一些地方的群众把"七二三"布告称作是"救命的布告"，一些武斗比较严重的省、市、自治区很快掀起了学习、贯彻、执行上述布告和命令的高潮。经过党中央、各地革委会和广大人民群众的共同努力，到1969年9月，全国范围内大规模的武斗已基本平息，大联合、"三结合"得到进一步发展，已经建立的革委会也得到了巩固。

与此同时，对于多数形势已经比较稳定的地区，中共中央通过巩固革委会、恢复党的各级组织、落实各项政策、广泛的正面教育、推广"斗、批、改"的典型经验，以及其他一些有力的具体措施，推动了形势进一步向稳定的方面发展。

"文化大革命"是依靠"天下大乱"、破坏秩序、践踏党的各项政策发动起来的。局势的稳定、秩序的恢复、政策的落实本身就意味着对"文化大革命"的某种否定。从根本上说，"文化大革命"是排斥稳定的，或者说，追求和实现稳定本身就是对"文化大革命"的否定。所以，在坚持"文化大革命"全局性错误的前提下，这种稳定是脆弱的，政策的落实是有限的，秩序的恢复只能是暂时的。尽管如此，这种短暂、脆弱的稳定毕竟为其他各项工作的展开准备了起码的条件。

形势的相对安定，一些基本工作、生产秩序逐渐恢复，使得整个社会生产有可能比较正常地进行。1969年中国工农业生产结束了1967年至1968年两年下降的局面，出现了较大幅度的增长，其中工业总产值增长尤快。工农业生产的迅速回升，从一个侧面反映了形势安定的程度及各级党、政、生产指挥机关恢复的状况。而且，这种回升似乎立即在老百姓日常生活中有所体现。1969年3月4日，中共中央、国务院、中央文革小组、中央军委就 1969 年城乡居民棉布分配问题发出通知。通知规定，1969 年按人口平均的棉布基本定量为 16.1 尺，比上年增加 7.1 尺；各省、市、自治区的调剂用布，规定平均每人 1 尺，比上年增加 0.5 尺。在那个供应十分短缺、各种票证繁多的年代，城镇居民每人一年增加 7.1 尺棉布，其欣喜之情，非身临其境者是难以体会的。

（三）全国性的战备高潮

1969 年至 1970 年间，发生了新中国历史上最大的一次战备活动。这次战备活动是 1965 年以来战备活动发展的高潮，对当时中国的政治、经济、军事、外交工作以及群众的生活都产生了巨大的影响。

早在 1965 年 4 月 12 日，针对美国侵越战争不断升级的趋势，中共中央发出了关于加强战备工作的指示。为了应付严峻的国际形势，在同年 9 月召开的中央工作会议上，将经济建设的重心从解决吃穿用转变为备战，经济工作由此转入备战的轨道。"文化大革命"开始后，军队和地方的战备工作均受到严重的冲击和破坏，有的已陷于瘫痪和停顿。九大以后，随着形势逐步趋于安定，战备工作又被尖锐地提到全党和全国人民面前。

在这一段时间，国际形势也发生了一些重要变化。60 年代中期以后，美国在越战泥潭中越陷越深，陷入了内外交困的局面之中。与此同时，苏联却迅速扩充了军事力量，并以此为凭借在全世界到处伸手。美苏争霸出现了苏攻美守的局面。而正是在这一段时间里，中苏两国关系急剧恶化，两国之间不断发生边境摩擦事件。中国方面越来越认为，来自与自己接壤并拥有庞大军事力量的苏联的威胁正日益加强，正在成为中国最现实、最危险的敌人。从 1968 年起，随着中苏边境冲突事件迅速增加，特别是 1968 年 7 月以苏联为首的华约部队对捷克斯洛伐克的大规模突然袭击，使中国领导人更加重了对苏联大规模入侵的紧迫性、严重性的估计，突出强调要搞好各项战备工作，以应付可能发生的突发事件。

1969 年 3 月，苏联军队入侵中国领土珍宝岛地区，造成了严重流血事件。同年 6 月和 8 月，新疆裕民县塔斯提地区和铁列克提地区又因苏军入侵发生了中苏武装冲突。中国更直接、更严重地感受到来自苏联的战争威胁，全国性的战备工作也随之进入高潮。

珍宝岛事件后，中国立刻作出了强烈的反应。3 月 5 日，毛泽东在一次会议上提出了"要准备打仗"的号召。同月 15 日，毛泽东又指出，大敌当前，动员准备一下有利。九大报告中，引用了毛泽东的一段话："关于世界大战问题，无非是两种可能：一种是战争引起革命，一种是革命制止战争。"在九届一中全会上，毛泽东发出了"要准备打仗"的号召。他又说，备战主要是要有精神上的准备，要使全体人民中间的大多数有这个精神准备。关于战略方针，他说，看它是小打还是大打，小打就边界上打，大打，他主张让出点地方来，要使全世界看到中国打仗是有理的。9 月 22 日，周恩来在全军战备工作会议上指出：目前国际形势紧张，我们要准备打仗，特别要防止敌人突袭，要严加戒备。①

当时，在党的领导层内，在战备与作战的一些主要问题上，认识比较一致。而在对战争紧迫性的估计上，却存在着两种不同意见。一种是以林彪为首、以黄永胜等人为主要成员的军委办事组的意见。他们过高估计了战争立即爆发的可能性，认为苏联立即发动大规模入侵的可能性极大。另一种是由陈毅牵头，有叶剑

①　参见《周恩来年谱（1949—1976）》下卷，中央文献出版社 1997 年版，第 322 页。

英、徐向前、聂荣臻等参加的国际形势研究小组的意见。他们受毛泽东的委托，对国际形势、美苏在全球争霸的态势和重点、中苏关系等进行了深入、系统的研究。7月11日，四位元帅在反复研究的基础上，就当时的国际形势和中国的应对方针提出了自己的见解。他们认为，在可以预见的时期内，美国、苏联单独或联合发动大规模侵华战争的可能性都还不大。美国战略重点在西方，长期陷在越南，使苏联渔利，因此不愿单独发动对华战争。苏联对中国的威胁比美国大，但不敢同时进行对华、对美两面作战，苏联发动对华战争的可能性也不是迫在眉睫。珍宝岛事件的发生，并没有改变美苏争夺的重点仍在欧洲这一战略格局，并不意味着他们马上就要开始对中国大举进攻。苏联方面确有发动侵华战争的打算，但它还未准备好，且又受到美国的牵制，对战争顾虑重重。所以，在可以预想的时期内，苏联不敢挑起反华大战，反而有可能改变对中国的战争边缘政策，进行和谈。有鉴于此，中国一方面要做好战争准备，一方面要采取灵活的策略，积极开展对外活动，为制止战争创造更加有利的条件。事实证明，国际形势研究小组的分析是符合客观实际的，所提出的战略方针也是正确的。但在当时，前一种意见占了上风。

九大之后，随着形势的发展，战备工作超出了常备型的轨道，很快进入了临战型、突击型的高潮阶段。1969年6月，黄永胜、吴法宪等人主持召开军委座谈会。会上，按照林彪提出的"用打仗的观点观察一切、检查一切、落实一切"的要求，提出了庞大的国防建设计划。邱会作等人先后在会上提出了要搞"独立的、完整的国防工业体系""要比洋人还要洋"，以及"什么比例不比例，打仗就是比例"之类荒谬的指导思想。由于他们盲目要求扩大军工生产，1969年的国防费用比1968年猛增34%，1970年、1971年两年又继续递增15%和16%。1969年到1971年3月中，国防工业和国防科研投资在国家基本建设总投资中所占比重平均多达 11%①，造成了工农业之间、轻重工业之间、沿海与内地工业之间的比例严重失调，严重影响了国民经济的正常发展。

1969 年春夏之际，中共中央、国务院、中央军委连续召开了一系列会议，发出了各种文件、指示，制定和落实各项战备措施。随着"七二三"布告特别是"八二八"命令的发布和贯彻执行，全国范围内的战备气氛更加浓厚。当时诸如武斗、"反复旧"、派性分裂、无政府主义等直接危及稳定的因素都受到严厉的打击，革委会的权威得到维护，社会生活、工作秩序有所好转。这些都是战备工作所不可缺少的条件，同时也是紧张的战备活动的结果。9 月 23 日，中国成功进行了首次地下核试验。同月 29 日，中国在西部地区上空成功进行了一次氢弹爆炸。9 月，毛泽东在国庆二十周年口号送审稿中加写了一个口号："全世界人民团结起来，反对任何帝国主义、社会帝国主义发动的侵略战争，特别要反对以原子弹为武器的侵略战争"。

1969 年 9 月 11 日，应苏联方面的要求，周恩来总理在北京机场会见了参加越南胡志明主席葬礼后路过北京的苏联部长会议主席柯西金。双方讨论了两国关系中的紧迫问题，特别是边界问题。苏联方面表达了缓和边界形势的愿望，双方商定同年 10 月在北京开始中苏边界谈判。实际上，中苏关系自此已开始有所缓和。

林彪及军委办事组的黄永胜等人，既没有认真研究国际政治、军事形势的发展变化，也没有同中央其他领导人交换意见，继续对爆发大规模战争的可能性作出越来越严重的估计。他们认为大战在即，苏联发动突然袭击的时间可能在国庆节，也可能在其谈判代表团抵京的同时，亦即利用和谈掩护大规模突然袭击。

---

① 参见《中华人民共和国经济史（1967—1984）》，河南人民出版社 1989 年版，第 28 页。

10 月 18 日，苏联谈判代表团抵京的前两天，因"紧急备战"疏散到苏州的林彪，背着党中央、毛泽东，要秘书给北京的黄永胜发出"六条指示"，要求全军进入紧急战备状态。当晚，黄永胜即布置副总参谋长阎仲川向全军传达，阎随即以"林副主席第一个号令"下达全军，全军立即进入紧急状态。19 日至 20 日，全国许多大中城市进行了紧急疏散或防空演习。10 月下旬，整个国家处于临战状态，战备活动进入高潮。中国的这一举动，引起了全世界的严重关注，与中国接壤的一些国家也相继进入戒备状态。中苏边界谈判后，两国关系有所缓和，立即爆发战争的迹象减少，全国、全军的战备活动开始缓慢地从一触即发的临战型状态向常备型状态恢复。

从 1970 年初起，随着国际形势的变化，中国领导人在和平与战争问题上的认识发生了一些相应的变化。1970 年 5 月，毛泽东在一次谈话中指出，大国发动世界大战的可能性是有的，但世界的主要倾向是革命。同月 20 日，毛泽东在其《全世界人民团结起来，打败美帝国主义及其一切走狗》的声明中又指出："新的世界大战的危险依然存在，各国人民必须有所准备。但是，当前世界的主要倾向是革命。"同年 9 月 23 日，毛泽东在会见越南总理范文同时又说，看样子打不起来大战，几个大国都不想打，彼此都怕对方。[1] 10 月上旬，毛泽东在会见朝鲜劳动党总书记金日成时也说，现在世界大战可能性比较小，帝国主义搞世界大战信心不足。战争的危险还是存在，但现在看来，当前革命好像成了主要倾向。[2] 11 月 13 日，周恩来在与巴基斯坦总统叶海亚·

---

[1] 参见《共和国史记·第 3 卷》（上），吉林人民出版社 1996 年版，第 590 页。

[2] 参见《共和国史记·第 3 卷》（上），吉林人民出版社 1996 年版，第 594 页。

汗会谈时也谈道，美国在印度支那局部战争的扩大不一定就是世界大战，原因是大国不敢发动核战争。[①]

不难看出，在 70 年代初期，毛泽东通过对全球政治、经济、军事态势的深入分析，对战争与和平问题的认识又有所发展。他事实上接受并发展了陈毅等四位元帅对国际形势的分析，一方面指出还存在着发生大规模战争的危险，一方面又肯定了由于全世界进步的、革命的、和平的力量的发展，形成了遏制战争的强大力量，而正是这第二方面，正成为世界发展的主流。这些认识实际上已经放弃了新的世界大战不可避免的判断。根据毛泽东的这些认识和判断，中国适时地调整了自己的战略方针。尽管 1970年全国仍然保持着浓厚的战备气氛，各种战备工作仍然在大规模、高速度地进行，各种战备活动仍然普遍、广泛地开展，但其发展总趋势是开始缓慢地走向常备型轨道。1970 年至 1971 年的国防战略费用虽然保持着上升的势头，但增长幅度都大大低于1969 年。与此同时，中央已开始逐渐将一部分投资由内地转向沿海地区。

由于战略估计上的偏差，特别是林彪集团的严重错误，以及处于"文化大革命"那样的特定环境，这次新中国成立以来最大的战备活动存在着明显的失误：在经济上，严重冲击了国民经济内部各种基本的比例关系，国防建设缺乏计划、管理，粗糙浪费，各种企事业单位疏散搬迁耗资巨大，大规模的下放给城市人口的生活带来许多困难，并成为引发 1970 年至 1971 年国民经济"新跃进"的重要原因之一。在政治上，紧张的战备气氛又从一个特定的方面使本已有所缓和的阶级斗争扩大化再次紧张起来，导致了 1970 年上半年"一打三反"等运动的严重扩大化。

---

① 参见《共和国史记·第 3 卷》（上），吉林人民出版社 1996 年版，第 605 页。

　　但是，也应当看到，这次战备活动也确实取得了一些成就。这些成就比较突出地表现在一些战略设施、工程的建设，解放军装备、训练水平的提高，以及国内形势的稳定等。更重要的是，正是这种全民性的、空前规模的战备活动，使美苏两个超级大国受到强烈的震慑，不敢贸然对已经全民动员起来的中国采取军事行动。

　　在备战高潮中，三线建设得以全面展开。三线建设是中共中央和毛泽东在60年代中期作出的战略决策。它不仅是为满足当时备战的需要，也有利于改变中国经济发展的战略布局。但在"文化大革命"中，三线建设受到很大冲击，许多重要项目处于停顿和半停顿之中。1969年开始，在紧张的备战氛围中，三线建设重新大规模展开。1969年2月召开的全国计划座谈会通过的《1969年国民经济计划纲要（草稿）》中，要求大力加强国防工业、基础工业和大、小三线建设。6月，中央批准成立地区三线建委，组织各省执行中央批准的三线建设。1970年2月，全国计划工作会议拟定当年计划和"四五"计划纲要，强调重点是大三线战备后方，规定1970年计划用于三线建设的投资和项目占全国计划的一半以上。

　　自1969年起，中国的三线建设出现了1965年以来的又一次高潮。1969年3月，连接中国中南、西南的重要铁路干线——襄渝铁路动工兴建。9月，第二汽车制造厂在湖北十堰市开始大规模施工。11月，由河南焦作至湖北枝城的焦枝铁路动工兴建。1970年5月，从湖北枝城到广西柳州的枝柳铁路动工。6月，1965年破土动工的攀枝花钢铁工业基地炼出第一炉铁水。7月，总长1085公里的成昆铁路建成通车。这条铁路修建桥梁991座，总长92.7公里，相当于56座武汉长江大桥。1972年4月，甘肃西北铝加工厂建成投产。11月，株洲至贵阳的湘黔铁路通车。

　　1965年至1975年，三线地区共完成基本建设投资1269.67

亿元，占同期全国基本建设投资 2919.7 亿元的 43.5%；其中国家预算内投资 1119.4 亿元，占同期全部国家预算内投资总额 2489 亿元的 45%；工业基本建设投资 767.6 亿元，占同期全部工业基本建设投资 1608.4 亿元的 47.7%。同期三线地区重点建设的八个省共计完成投资 1112.9 亿元，占三线地区全部投资的 87.7%，其中工业基本建设投资 670.6 亿元，占三线地区工业基本建设投资总额的 87.4%。①

参加三线建设的广大工人、干部、科技人员、解放军指战员及民工队伍，发扬"一不怕苦，二不怕死"的艰苦奋斗精神，在异常艰苦的环境中，排除动乱干扰，战胜了种种难以想象的困难和克服了种种艰苦的自然条件，修铁路、建工厂、开矿山，在短期内初步建立起门类比较齐全的工业生产体系，形成了一批新的工业基地和巨大的生产能力，有力地改变了中国的工业布局，为以后进行西部大开发奠定了重要基础。

由于当时的特殊环境，三线建设也存在许多问题，如过分突出战备因素、忽视经济规律、三线建设比例不协调，造成国民经济各部门间比例严重失调；过分强调"靠山、分散、进洞"原则，投资效益差、浪费严重，遗留问题很多。尽管如此，三线建设仍然是中国经济建设史上的空前壮举。

二、"斗、批、改"运动全面展开

(一) 何谓"斗、批、改"？

九大前后，毛泽东曾不止一次地谈到，虽然"文化大革命"

---

① 参见《中国共产党历史·第二卷（1949—1978）》下册，中共党史出版社 2011 年版，第 828 页。

已经取得了决定性的胜利，但革命还没有完，革命还要继续，具体方式就是通过"斗、批、改"把无产阶级专政的任务落实到基层，把上层建筑领导里的革命进行到底。

"斗、批、改"的说法，最先在 1966 年 8 月党的八届十一中全会通过的"十六条"中提出，那就是"斗垮走资本主义道路的当权派，批判资产阶级的反动学术权威，批判资产阶级和一切剥削阶级的意识形态，改革教育，改革文艺，改革一切不适应社会主义经济基础的上层建筑"。这是毛泽东当时对"文化大革命"全部任务的设想和表述。同年 12 月下旬，毛泽东曾经预言，1967 年将是"一斗、二批、三改"取得决定性胜利的一年。但是，这些设想很快就因"全面夺权""天下大乱"而被搁置。

从 1968 年起，由于认定"人类历史上第一次无产阶级文化大革命，已经在一九六七年取得了决定性胜利"，所以要求"在已成立革命委员会的地方，必须领导群众进行本单位的斗、批、改"。① 1967 年至 1968 年间，毛泽东还陆续提出了一些"斗、批、改"的具体内容和措施，如搞好干群关系、整党建党、废除级别、知识青年上山下乡、干部下放、教育革命等，但"斗、批、改"的全面展开，却是在 1968 年 9 月以后。

1968 年 9 月 7 日，《人民日报》《解放军报》在社论《无产阶级文化大革命的全面胜利万岁！》中指出："全国山河一片红，这极其壮丽的一幕，是夺取文化大革命全面胜利进程中的重大事件，它标志着整个运动已在全国范围内进入了斗、批、改的阶段"，"毛主席最近向全国发出了'认真搞好斗、批、改'的伟大号召"，"明确地指出了各级革命委员会面临的中心任务"。10月 1 日，在天安门广场庆祝新中国成立 19 周年的群众集会上，

---

① 《人民日报》、《红旗》杂志、《解放军报》1968 年元旦社论《迎接无产阶级文化大革命的全面胜利》。

林彪在代表中央的讲话中说："摆在我们面前的中心任务，就是遵循毛主席的伟大教导，认真搞好斗、批、改"。在党的九届一中全会上，毛泽东又着重地谈到了这个问题。他说："社会主义革命还要继续。这个革命，还有些事没有做完，现在还要继续做，比如讲斗、批、改"。

显然，这里所说的"斗、批、改"，其内容与"十六条"中的那些规定又有所不同，它是在"全面夺权"的基础上，又增加了一些新的内容。按照毛泽东的意见，这些新的内容为："建立三结合的革命委员会，大批判，清理阶级队伍，整党，精简机构、改革不合理的规章制度、下放科室人员，工厂里的斗、批、改，大体经历这么几个阶段"①。这些内容虽然是对工厂说的，但实际上对党、政、军、民、学等各方面都具有普遍的指导意义。关于"斗、批、改"的目标，用毛泽东的话来说，就是："团结起来，为了一个目标，就是巩固无产阶级专政，要落实到每个工厂、农村、机关、学校。"毛泽东的这些设想，反映了他希望通过"斗、批、改"达到"天下大治"并胜利结束"文化大革命"的意向。与1958年"大跃进"和人民公社化运动一样，这是他实现理想社会的又一次重要的努力。

新中国成立后，在探索中国社会主义道路的过程中，基于不同时期对什么是社会主义、如何建设社会主义的思考以及对中国国情认识的发展变化，毛泽东形成了一些观点，放弃了一些思想，坚持和发展了一些理论。在"斗、批、改"阶段，他所依据的就是这样一些几经变化仍然坚持下来或发展起来的有关社会主义的基本认识和理论。

在漫长的革命生涯中，毛泽东一直憧憬着实现一个公正、平等、纯洁和富裕的社会主义社会。在这个社会中没有明显的差别

①　《对姚文元〈工人阶级必须领导一切〉一文的批语和修改》。

和分工，人们既可以从事脑力劳动又可以从事体力劳动，人人都有崇高的理想和高尚的道德，都能自觉地在实践中改造、提高自己。在这个社会中，生产关系、上层建筑和意识形态具有强大的反作用，这些领域里的不断革命强有力地推动着经济的快速发展，整个社会通过不间断的阶级斗争而获得发展生产和科学的充沛动力，从而使人民过上丰裕、幸福的生活。这个社会的根本特征是公有制，因为"公有制是富强的根源"，"在实现了单一的社会主义全民所有制以后，这种源泉还会更加强大"①。在这个社会里，党是领导一切的，而为了保证党不变质，就必须经常开展各种形式的整党整风直至进行"文化大革命"。这个社会的管理机关必须贯彻精简、高效的原则，必须体现巴黎公社的若干原则，如管理人员应由群众选举产生并能随时撤换，缩小与普通劳动者的工资差别，经常参加各种体力劳动。管理机关及其工作人员必须接受群众监督，严厉地反对官僚主义，密切联系群众，而"文化大革命"就是"要部分地改造我们的国家机器"②。这个社会虽然还不得不保留商品生产和货币交换，但必须对它们加以警惕和限制，因为它们毕竟是旧社会的产物，即使在社会主义条件下也是产生资产阶级和资本主义的土壤，会不断产生新的资产阶级。这个社会虽然不得不保留分配上的差距，但这种差距不能扩大，而只能不断缩小，只有这样才能保持人们精神上的纯洁和相互之间的平等。这个社会必须让广大人民群众过上富裕的生活，但作为执政党又必须对这种富裕保持高度警惕，因为富裕的生活

① 《毛泽东读社会主义政治经济学批注和谈话》（上），中华人民共和国国史学会，1998 年 1 月。

② 1967 年 10 月 3 日毛泽东会见刚果（布）总理努马扎莱时的谈话，转引自《毛泽东传（1949—1976）》（下），中央文献出版社 2003 年版，第 1508 页。

总会消磨人们的革命意志，甚至付出道德堕落的代价，而贫穷和艰苦总是培育纯洁道德、高尚理想的沃土，等等。这些设想和追求都程度不同地体现在"斗、批、改"的各项活动中。

无论从哪方面来看，毛泽东对"斗、批、改"的重视程度都不亚于发动"文化大革命"。1967年初，当最初几个省级革委会成立后，毛泽东就已开始考虑党的整顿、教育革命等问题。1967年底，形势稍有安定，他又立即提出了"斗、批、改"的几项具体内容。从1968年起，随着全国省级革委会陆续建立，形势逐渐趋于稳定，他开始把"斗、批、改"当作落实继续革命的紧迫的主要任务，接连批示发表了一批调查报告，并为一些调查报告写了"编者按"或作了修改，一项接着一项提到全党、全国人民面前。由此不难看出毛泽东对"斗、批、改"运动的重视，也可见他对"大立"阶段所寄予的厚望。毛泽东这一段时间里的指示，已大不同于前一阶段鼓动"天下大乱"、发动急风暴雨式的群众运动时的调子，其主旨已由"大破"转到"大立"上来，也就是通过"大立"来进行继续革命。

当然，指导"斗、批、改"阶段各项工作的，除了毛泽东的这些基本思想外，还有江青集团利用毛泽东的错误推行的极左思潮，以及周恩来等老一辈无产阶级革命家推进这项工作时发挥毛泽东当时思想中正确或比较正确的一面，反对极左思潮、落实党的政策的努力。随着"文化大革命"的发展，"斗、批、改"的具体内容又不断有所增减、变化。从总体上看，在1971年"九一三"事件之前进行的各项政治活动，都被囊括在"斗、批、改"这个总题目之中。

（二）"斗、批、改"运动的前提——"清理阶级队伍"

"清理阶级队伍"是开始"斗、批、改"运动时一项规模很大、涉及面很广的基础性活动，再次造成了大量的冤假错案。

所谓"清理阶级队伍"，是指清理混入革命队伍里的"叛徒""特务""走资派""反革命分子""坏分子""右派分子"以及地主、富农和资本家等，以分清"阶级阵线"，纯洁革命队伍。这个口号是江青1967年11月底在一次座谈会上首先公开提出来的。1968年1月1日两报一刊的元旦社论又就此发挥说："混在革命队伍内部的一小撮叛徒、特务，党内一小撮死不悔改的走资本主义道路的当权派，社会上的牛鬼蛇神（即没有改造好的地、富、反、坏、右），以及美帝、苏修和他们的走狗，绝不会甘心于自己的灭亡，他们一定还会采取各种形式……继续进行破坏和捣乱"。所以，"要充分发动群众，彻底清查，坚决处理，保证无产阶级文化大革命的顺利进行。"

"清理阶级队伍"是阶级斗争扩大化恶性发展的必然产物。它的一些基本内容，早在"四清"运动时就已出现，即所谓"清组织"。"文化大革命"初期，在"十六条"中，除了明确运动重点是整党内"走资派"之外，也提出对"右派分子"要放到运动后期酌情处理的问题。在"全面夺权"的过程中，特别是1967年"天下大乱"、派性武斗造成严重损失并几乎一度失控的事实，以及中央文革小组报送的一些"典型材料"，发展了毛泽东在"四清"中就已形成的一种认识，即群众组织混进了不少坏人，这些坏人在动乱中已暴露出来。他认为，"解放后留下来的国民党、资产阶级、地主阶级、特务、反革命"就是各种恶性事件和武斗的"幕后指挥"。据此，两报一刊1968年元旦社论要求："我们一定要保持高度的阶级斗争观念"，"对一小撮在幕后或幕前猖狂地破坏无产阶级文化大革命、破坏社会主义建设、扰乱社会治安的阶级敌人，要充分发动群众，彻底清查，坚决处理，保证无产阶级文化大革命的顺利进行"。

1968年4月10日，《人民日报》《解放军报》在一篇社论中发布了毛泽东的一条最新指示："无产阶级文化大革命，实质上是在社会主义条件下，无产阶级反对资产阶级和一切剥削阶级的政治大革命，是中国共产党及其领导下的广大革命人民群众和国民党反动派长期斗争的继续，是无产阶级和资产阶级阶级斗争的继续"。这样的定性不仅扩大了"文化大革命"敌人的队伍，也突出了这种斗争的严酷性。此后，阶级斗争扩大化再次急剧升级。一个月后，毛泽东似乎也认识到这个问题。他说：自从他说了"文化大革命"是国共两党战争的继续后，抓了一批国民党坏人。抓坏人还是要搞，但是要有条件，要有人掌握。搞到什么时候，就要刹车。他又说，总之，现在反革命的范围相当扩大。①

1968 年 10 月 5 日，他在一次谈话中说：失败的阶级还要挣扎，所以我们不说最后的胜利。几十年都不能说这个话，不能丧失警惕，这些人还在，这个阶级还在。大陆上有国民党残渣余孽，有些人钻到我们中央领导机关来了，或钻到地方领导机关来了。这一次算是一个一个作了清理。② 1970 年 7 月 29 日，毛泽东在接见外宾谈到"文化大革命"时说，生产下降了些，打得厉害，一个工厂分两派，互相打。这一条我们在开始发动文化大革命时没有料到，怎么每个工厂都分两派？怎么动不动就打？他解释说，有些是有坏人在那里挑拨，那些人就是国民党，趁此机会造反，这样坏人就暴露了，所以我们说，清理阶级队伍就搞这几件事。③

正是出于这样一些认识，在确认揭发和批判"走资派"这个首要任务已经基本完成的前提下，毛泽东又提出了"清理阶级队

---

① 参见《毛泽东传（1949—1976）》（下），中央文献出版社 2003 年版，第 1516 页。

② 1968 年 10 月 5 日毛泽东同阿尔巴尼亚党政代表团的谈话，转引自《共和国史记·第 3 卷》（上），吉林人民出版社 1996 年版，第 400 页。

③ 1970 年 7 月 29 日毛泽东会见朝鲜军事代表团时的讲话，转引自《共和国史记·第 3 卷》（上），吉林人民出版社 1996 年版，第 574—575 页。

伍"的任务。1968 年 5 月 19 日，他高度评价了姚文元送来的《北京新华印刷厂军管会发动群众开展对敌斗争的经验》，并批示转发全国。"清理阶级队伍"活动由此全面展开。

新华印刷厂的经验认为，这个厂历经北洋军阀时代、日本帝国主义统治时期以及国民党反动派统治时期，因而阶级队伍复杂。新中国成立后，"由于走资派的控制与把持"，"国民党反动派的残渣余孽仍然受到重用，其中许多人还篡夺了我们的各级领导权"。所以，在打倒"走资派"的同时，也应对整个工厂的阶级队伍进行清理。当时"六厂二校"① 和其他一些典型提供的有关经验中，也罗列了大量类似的材料。毛泽东在这一段时间里的谈话、讲话中，曾多次引用过这些材料。

从"斗、批、改"的全局来看，"清理阶级队伍"是一项基础性、前提性的工作，它是要"树立一支以无产阶级左翼为骨干的无产阶级队伍，为政权建设、党的建设打下良好的基础"②。用谢富治的话来说："清理阶级队伍的工作从某种意义上来说是一场肃反运动，这一工作我们党已经有了丰富的经验。"③ 清理之初，其对象一方面是所谓"走资派"及"叛徒""特务"和"地、富、反、坏、右"等，另一方面则是群众组织里的"坏头头""混进群众组织里的坏人"及"五一六"分子等。这后一方面的清理打击了一批在动乱中趁火打劫的刑事犯罪分子、打砸抢

---

① "六厂二校"，指的是北京针织总厂、北京新华印刷厂、北京北郊木材厂、北京化工三厂、北京二七机车车辆工厂、北京南口机车车辆机械厂以及北京大学、清华大学。

② 《北京市革命委员会关于清理阶级队伍工作中几个问题的通知》，1968 年 5 月 15 日。

③ 《共和国史记·第 3 卷》（上），吉林人民出版社 1996 年版，第365 页。

分子以及极端无政府主义者，客观上维护了革委会的权威，抑制了无政府主义。

由于指导思想上的扩大化和政策界限上的随意性、模糊性，由于执行者政治素质和道德素质的差异，加之派性的干扰和"天下大乱"所造成的大量严重社会问题，所以尽管毛泽东和中央有关文件一再强调要注意政策和区分两类矛盾，要严肃慎重和区别对待，但实际上这项工作一开始就造成了严重的扩大化。从"走资派"到"叛徒""特务""四类分子"，从有"历史问题"的到有"现实问题"的，从打砸抢分子、刑事犯罪分子到"五一六"分子，从对立派别到对"文化大革命"腹诽巷议者，都被列入"清理"之列。1968年下半年时，"清理阶级队伍"曾一度出现严重的扩大化问题。

据1969年6月统计，在"清理阶级队伍"中，浙江原省委委员42人中有28人被审查；原地委书记、厅长一级干部四百多人中，作为敌我矛盾受清查的有133人。全省被关押揪斗的有数十万人，被逼死的达九千多人，造成极为严重的后果。① 又如安徽省，到1968年底清理出来的阶级敌人竟达34.8万人②。同年9月3日，在天津市革委会向中央提交的《关于天津市文化界清理阶级队伍情况报告》中称：在文艺界35个单位中，共查出有"严重政治问题"的641人，占总人数的11%。清华大学在"文化大革命"中，不到6000名教职工中被立案审查的达1228人，被定为敌我矛盾的178人，加上"清查五一六分子"和所谓"清查反革命"运动中受到冲击批判的2000人，全校被立案审查和

① 参见《共和国史记·第3卷》（上），吉林人民出版社1996年版，第385页。

② 参见《当代中国的安徽》上卷，当代中国出版社1992年版，第115页。

受到冲击批判的，竟占教职工总数的一半以上。北京二七机车车辆工厂在"清理阶级队伍"中，913名新中国成立前入厂的老职工被审查，占老职工总数的62.4%，被定案处理的有234人。这二百多人中，有的被戴上"叛徒""特务""反革命分子"的帽子，有的以"反革命分子"等罪名被关进监狱，有的老职工甚至被迫害致死。其中96名党员被开除党籍。① 据北京市革委会1969年4月11日的一个报告说，截至当时，集中起来办学习班的共有旧市委、旧市人委等27个单位的5713人，从中查出"叛徒"、"特务"、死不悔改的"走资派"、有重大历史问题和犯有不同性质错误的共1424人，占总人数的25%；到3月底已作定案处理的1087人，其中实行专政的639人，定为敌我矛盾性质的201人（戴帽95人、逮捕6人）。在3126名党员中，有577人被开除党籍，或受其他各种党纪处分，或被"挂起来"暂缓恢复组织生活，占党员总数的18.5%。"清理阶级队伍是在'文化大革命'初期已经揪斗许多干部、伤害了许多群众的基础上，再次打击了一大片，而且是有领导地进行，并作了正式结论，这就使阶级斗争扩大化、绝对化的情况更加严重，造成了大量新的冤、假、错案"②。

九大之后，在全面"斗、批、改"阶段，这一活动的内容在未作明确说明的情况下，发生了几次较大的变化，表现出很大的主观随意性。1969年下半年的战备高潮中，各地宣判、处理了一批反革命分子和刑事犯罪分子。1970年初，"清理阶级队伍"又

---

① "文化大革命"结束后，经落实政策，这二百多起政治历史案件均为冤假错案，参见《北京社会主义革命与建设史》，北京师范大学出版社2000年版，第394—395页。

② 参见《北京社会主义革命与建设史》，北京师范大学出版社2000年版，第397页。

在没有明确解释的情况下，被一些性质相似但具体内容、名称不同的活动所取代。

1970年1月31日，中共中央发出《关于打击反革命破坏活动的指示》。该指示认为，由于面临外敌入侵的威胁，国内的反革命分子也乘机蠢动，遥相呼应，妄图仰赖"帝、修、反"的武力，复辟他们失去的天堂，加紧进行破坏活动。这是当前阶级斗争中值得注意的新动向。据此，该指示要求放手发动群众，使群众认清打击反革命破坏活动"是一场激烈的阶级斗争"，"是一项重要的战备工作"，运动打击的重点是现行反革命分子，等等。开展这项活动，的确有当时紧张备战的背景，正如周恩来就起草这个指示给毛泽东、林彪的说明中所说，是为了"给备战动员中一小撮反革命分子的破坏活动以打击"①。但在当时的条件下，运动不可能不造成严重的扩大化后果。

2月5日，中共中央又发出《关于反对贪污盗窃、投机倒把的指示》。该指示提出，一小撮阶级敌人不仅在政治上伺机反扑，而且在经济领域里向社会主义也发动了进攻。他们同暗藏在国家财政机关的坏人内外勾结，利用资产阶级派性和无政府主义倾向，煽动"反革命经济主义妖风"，破坏社会主义经济基础和无产阶级专政；他们有的侵吞国家财产，霸占大房、公产，有的利用机关、学校和企业事业单位的撤销或合并，私分公款、公物；有的倒贩票证，倒卖国家物资；有的私设地下工厂、商店、包工队，私分商品；他们千方百计以"腐蚀侵袭、分化瓦解，拉出去、打进来"的手段，企图瓦解革命队伍，破坏新生的革命委员会。该指示认定，粉碎阶级敌人在经济领域里的进攻，是保卫社会主义的斗争，要求各级党组织必须把这场斗争看作如同打击

---

① 《周恩来年谱（1949—1976）》下卷，中央文献出版社1997年版，第346页。

"现行反革命"的斗争一样重要。各地要根据"斗、批、改"的发展情况，全面规划、具体部署，放手发动群众，打一场人民战争，掀起一个大检举、大揭发、大批判、大清理的高潮；要着重打击大贪污盗窃犯、投机倒把犯，对中小贪污犯、投机倒把犯，则采取教育、改造、不使重犯的方针；贪污盗窃、私分公家财产的必须退赔；投机倒把必须补税、罚款，不许例外。同时要在运动中认真整顿财贸队伍。①

同日，中共中央还发出了《关于反对铺张浪费的通知》。该通知指出：坚持勤俭节约，反对铺张浪费，是关系到两个阶级、两条道路、两条路线斗争的大事，所以必须在全国范围内，发动群众雷厉风行地开展反对铺张浪费的斗争，坚决刹住这股资产阶级歪风，保持和发扬无产阶级勤俭节约、艰苦奋斗和自力更生的优良传统。该通知重申：严禁新建、扩建和改建楼、堂、馆、所，已施工的要一律暂停下来；任何地方不许兴建高标准的城市建设工程；严禁用公款购买沙发、地毯、钢丝床、电冰箱等各种高级消费品；严禁用公款请客、送礼；要严格遵守财政制度和财经纪律，节约开支，等等。

反对贪污盗窃、投机倒把和铺张浪费的两个文件，从一个侧面反映了当时那种社会主义模式的基本特征。贪污盗窃、铺张浪费等是经济生活中难以避免的现象，一般与"反革命""资产阶级猖狂进攻"并无必然联系。但在"以阶级斗争为纲"的社会中，它们只能被这样解释。而在"群众革命觉悟空前高潮""革命形势大好"的"文化大革命"中，竟出现如此严重的"反革命经济主义妖风"，确实让人费解。其实，诸如此类的问题，正是前一阶段"天下大乱"、无政府主义泛滥、纪律松弛、道德水

---

① 参见《中华人民共和国法制通史》（下），中共中央党校出版社1998年版，第675页。

准下降、否定正常管理秩序的必然结果。而在当时,这些问题的出现,又被看作是阶级斗争的表现,要以"粉碎阶级敌人在经济领域里的进攻"这样一种"高度"和态势去"打一场人民战争",必然导致又一场运动扩大化的循环。至于"投机倒把"、长途贩运等,则大多数是经济生活的必然产物,是当时物资匮乏、生活水准低下、商品经济受到压抑条件下人们往往不得不以"地下"形式从事的经济活动。在"文化大革命"的社会主义观中,由于理论上认定商品经济、货币都具有"资本主义"属性,都与社会主义本质格格不入,所以都必须通过阶级斗争加以限制甚至剿灭。正是有了那样的社会主义观,才有了那样的阶级斗争扩大化。

这三个通知、指示发出后,全国旋即全面展开了"一打三反"运动(打击反革命破坏活动,反对贪污盗窃、投机倒把和铺张浪费)。"一打三反"运动打击了少数反革命分子、经济犯罪分子和刑事犯罪分子,对铺张浪费问题暂时起到了一定遏制作用。但是,在紧张的战备气氛中,在前一阶段遗留下来的大量严重问题尚未解决的条件下,加之一些革委会领导班子或政策水平低下,或软弱涣散,或派性作祟,或是林彪、江青集团在各地的骨干分子打着"一打三反"的旗号做自己的文章,使这场运动立即造成了普遍的阶级斗争扩大化,酿成了大量的冤假错案。

1970年3月27日,党中央又发出了《关于清查"五一六"反革命阴谋集团的通知》(本段简称《通知》)。实际上,清查"五一六"的活动早在1967年下半年就已开始。所谓"五一六"集团,只是北京人数很少的一个极左小组织,即"首都五一六红卫兵团"。他们利用1967年5月"五一六通知"公开发表的机会,打着贯彻通知的旗号,建立秘密组织,在当年6—8月进行秘密活动,散发题为《揪出二月逆流的总后台——周恩来》《周恩来之流的要害是背叛五一六通知》等反动传单和标语。1967

年9月8日《人民日报》发表的《评陶铸的两本书》一文中，发表了毛泽东的一段话，指出"五一六"的组织者和操纵者，是一个"用貌似极左而实质极右的口号，刮起'怀疑一切'的妖风"，"炮打无产阶级司令部"的"搞阴谋的反革命集团"，"应予彻底揭露"。该文还引用毛泽东的话说"他们的成员和领袖，大部分现在还不太清楚"。9月23日，中央在一个批示中，又要求各地"革命群众组织"必须揭穿"五一六"的罪恶阴谋。不久，这个反革命组织就被清查出来。在问题基本解决后，揭发清查运动却未结束。1968年中央成立了清查"五一六"专案领导小组，在当时政治气候的影响下，这个反动小组织的力量和作用被严重夸大，清查活动的范围也被扩大，在派性还严重存在的条件下，两派群众组织相互以"五一六"罪名进行派性争斗。在此之后的揪"五一六"分子活动，虽然有时侧重于打击一些把矛头指向"无产阶级司令部"、人民解放军和革委会的极左分子，但因其目标、性质、对象等十分模糊含混，无法准确掌握，造成了很大的打击面。这一活动断断续续、时起时伏，在1969年底和1970年初又出现高潮，当时叫作"批判极左思潮，深挖五一六反革命集团"。《通知》在首先批评了认为根本不存在"五一六"反革命集团的认识后，又提出有的单位在清查"五一六"时已出现了扩大化的倾向。《通知》要求在防止清查"五一六"扩大化的同时，不要放过对其他反革命分子的斗争。清查"五一六"的活动，虽然一度在客观上打击了"天下大乱"时膨胀起来的极端无政府主义分子和行为，清查了一批打砸抢分子，但由于内容宽泛、牵涉面广、界限模糊，与"一打三反"运动交叉，以及派性干扰、各地领导掌握不一等因素的影响，造成了普遍的扩大化。虽然"九一三"事件后这项工作很少再被提及，但它仍断断续续，若明若暗地一直持续到"文化大革命"结束。除了1967年北京极少数人的小组织外，这场持续近十年，在全国造成数百万人冤假错案的清查"五一六"活动,最终也未能明确落实什么人是"五一六"分子,什么组织是"五一六"反革命阴谋集团。

"清理阶级队伍"在 1970 年发展到"一打三反"和"清查五一六"阶段后,各种运动前后相连、相互交叉、庞杂纷繁,使刚刚经历了"天下大乱"的人们又被置于严酷的扩大化氛围之中。运动如此频繁严酷,一方面是继续革命理论及"文化大革命"自身的合理性、正确性需要这种紧张的斗争来加以论证,另一方面是扩大化总是在不断地制造出更多的"阶级斗争"和"阶级敌人"。

至 1970 年底,在北京、上海等已大体上结束"一打三反"、完成"清理阶级队伍"的地区和单位,"斗、批、改"运动的重点逐渐转到整党建党、教育革命、改革不合理的规章制度等方面;而在一些"老大难"的地区和单位,"清理阶级队伍"等直到 1972 年还在反反复复,导致生产停顿,"斗、批、改"的其他各项工作都无法提上议事日程。

(三)"斗、批、改"运动的两项基础性活动

"斗、批、改"的内容庞杂、凌乱,随意性大,有始有终者少。但有两项活动贯穿始终,并对其他各项内容产生了直接的、重要的影响,那就是"活学活用毛主席著作"和"革命大批判"。当然,从理论上说,这两项活动是贯穿整个"文化大革命"的,但在"斗、批、改"阶段表现得最为典型、集中。

毛泽东一直十分重视和强调意识形态的反作用。他认为,精神能转化为物质,先进的、革命的思想能转化为强大的物质力量。在中国这样一个虽然经济落后但却有着长期革命传统的东方大国,不论是搞革命还是搞建设,都应该充分发挥自己在思想意识形态方面的特殊优势,使人民群众始终保持革命的理想和精神。用无产阶级先进意识形态武装起来的广大工农群众,能够推

动生产和科学技术超常规地发展，中国将因此以一种不同于西方和苏联等国的方式更快地实现现代化。在晚年，他把意识形态的反作用绝对化，忽视了精神对物质、上层建筑对经济基础和生产力的依赖关系，而这种上层建筑、意识形态又是以"阶级斗争为纲"的。这种被绝对化了的反作用思想，是发动"文化大革命"的重要理论依据，也是"活学活用"的理论基础。林彪进一步把这一思想推向极端，把反作用理论具体化为"活学活用"毛泽东的著作。他提出的"急用先学""带着问题学""立竿见影"等实用主义、形式主义、庸俗化的学风，为这个学习运动定下了基调。

"活学活用"毛泽东著作的运动，早在 60 年代前半期就已出现。"文化大革命"开始后，这一运动被认为是进入了一个新阶段。如九大的政治报告中就写道："毛泽东思想在一个七亿人口的大国中，得到这样的普及，是这次无产阶级文化大革命最大的收获。……亿万人民《毛主席语录》随身带、认真学、认真用；最新指示一发表，立即宣传，立即行动，这种最宝贵的作风，必须巩固下来，坚持下去。要深入开展活学活用毛泽东思想的群众运动，继续办好各种类型的毛泽东思想学习班，按照毛主席一九六六年的《五·七指示》，把我们全国真正办成毛泽东思想大学校"。在"斗、批、改"阶段，"活学活用"被当作是放在首位的工作任务。九大的政治报告中还写道："革命委员会的工作，千头万绪，必须抓根本，必须把活学活用毛泽东思想，放在各项工作的首位，用毛泽东思想统帅一切"。而两报一刊在 1970 年元旦社论中也写道："我们要把活学活用毛泽东思想的伟大群众运动，同斗、批、改各项工作结合起来。"

"活学活用"的基本过程大致如下：在进行各项"斗、批、改"任务之前，首先联系实际"活学活用"毛泽东的有关语录、著作，与此同时，开展对"修正主义""资本主义"的大批判。

经过这样一个过程，一切问题便都迎刃而解了。"斗、批、改"如此，其他各项生产、科研也都遵循着这样一种学习、认识模式。

在群众性的学习运动中，各地都创造了一些"活学活用"的新方法、新经验。如遍及全国的"早请示、晚汇报""天天读""语录歌""语录操""宝书台"，以及持续近10年的各种形式的"学习班"。北京南口机车车辆机械厂军管会"把宣传、落实毛主席的最新指示作为最大的政治，中心的中心来抓"。在具体做法上强调一个"快"字，突出一个"用"字，做到"传达不过夜，学习不漏人，贯彻不走样，紧跟不掉队"。北京针织总厂创造了运用"七字经"（即：看、想、问、议、用、写、查）的"活学活用"的方法。看：就是要认真地带着问题学；想：就是"多思"，多问几个为什么、怎么办；问：就是向领导和同志请教；议：就是大家一起议论；用：就是实践，活学活用，立竿见影，这是最重要的；写：就是把学习和运用中最主要的体会更加深刻、更加有条理地写出来；查：就是总结经验。《人民日报》发表的该厂运用"七字经"学习毛泽东思想的调查报告中说："总之，这七个字就是反复看、认真想、不懂问、互相议、狠狠用、重点写、不断查。""七字经更好地贯彻落实了林副主席提出的活学活用毛泽东思想，在用字上狠下功夫的原则"[1]。又例如，北京日化三厂的方法是：狠抓了一个"读"字，坚持了一个"挤"字，强调了一个"钻"字，突出了一个"用"字，提出了一个"写"字。北京木城涧煤矿二段党支部介绍该支部党员在毛主席最新指示一发表时，就"连夜抄几遍，学会、背熟"，"饭不吃、觉不睡，井上井下，工人宿舍，家属区到处宣传"[2]。云南一位

---

[1]　参见《人民日报》1970年7月8日。

[2]　参见《人民日报》1969年7月4日。

干部创造了"速成读毛主席著作法"，为文化程度不高的工农兵在短期内掌握毛泽东思想探索出一条"捷径"。天津市推广的"活学活用"哲学著作的经验是：带着浓厚的无产阶级感情学，结合实际学观点，实践当中用观点，遇到问题找观点，学一点用一点，如此等等。一个工厂负责人不太会游泳，在上级组织横渡黄河时，产生了思想斗争。后来他想到毛主席的教导"长江，别人都说很大，其实，大，并不可怕"，结果横渡了黄河。①

这种学风把马列主义、毛泽东思想当成僵死的教条，当作包医百病的万应灵丹，当作能够给现实生活中的一切具体问题提供现成答案的问答集。这种学风要人相信，决定一切工作成败的终极因素是思想，而这种思想又可以通过简便易行的"活学活用"方法得到，并能"立竿见影"地解决一切问题。这种貌似重视理论、重视理论联系实际的学风，实际上恰恰违背、阉割了马克思主义、毛泽东思想的精髓，背离了理论联系实际的原则。"活学活用"导致了整个民族思维的庸俗化、浅薄化和僵化，而这又是"文化大革命"得以发生和维持的重要条件。

为了满足这种运动式学习的需要，"文化大革命"中印制了数以亿计的各种文字、各种形式的毛泽东著作。1969年1月3日，新华社报道：从1966年起至1968年11月底，中国共出版发行了包括汉、蒙古、藏、维吾尔、哈萨克、朝鲜文等各种文版的《毛泽东选集》1.5亿部，相当于"文化大革命"之前15年出版总和的13倍。同一时期内，全国还出版发行了《毛泽东著作选读》1.4亿多册，《毛主席语录》7.4亿多册，毛主席的"老三篇""老五篇"和《在中国共产党第七届中央委员会第二次全体会议上的报告》等著作汇编本、单行本近20亿册，《毛主席诗词》9600多万册。1970年、1971年的全国计划会议所拟定的年

---

① 参见《人民日报》1969年5月13日。

度计划中,都把出版毛泽东著作作为当年重要任务之一。

随着"斗、批、改"的发展,在语录式学习的同时,也逐渐开始了对马列主义、毛泽东一些基本著作比较完整、系统的学习。1969 年下半年至 1970 年上半年间,《人民日报》、《红旗》杂志等曾多次发表工农兵学习毛泽东哲学著作的文章,并用社论或评论员文章等形式,要求人们结合三大革命实践,把辩证唯物论和历史唯物论,当作改造客观世界和主观世界的锐利武器。特别是在 1970 年党的九届二中全会之后,经毛泽东亲自提议,中共中央于 1970 年 11 月 6 日发出了《关于高级干部学习问题的通知》。该通知传达了毛泽东"认真看书学习,弄通马克思主义"的指示,规定了具体的学习内容:《共产党宣言》、《法兰西内战》(选读)、《反杜林论》(选读)、《唯物主义和经验批判主义》(选读)、《国家与革命》(选读)、《矛盾论》、《实践论》、《关于正确处理人民内部矛盾的问题》、《在中国共产党全国宣传工作会议上的讲话》、《人的正确思想是从哪里来的?》,等等。该通知发出之后,全国又出现了学习马列主义哲学的高潮。

从"斗、批、改"阶段直至"文化大革命"结束,理论学习运动基本上是朝着两个方面发展着。一方面是在一片理论学习的繁荣景象后面,不断发展着的形式主义、实用主义以及弥漫整个社会的"假、大、空"式的虚伪、应付和谎言。另一方面,作为科学的马克思主义、毛泽东思想的强大生命力,是任何形式的庸俗化、形式化都无法束缚和压抑的。越来越多勤于学习、勇于思考的人们,带着"文化大革命"使他们困惑不解的一系列问题,以严肃认真的态度孜孜学习、苦苦求索。这种学习逐渐使他们把那些肢解马列主义、毛泽东思想,使之庸俗化、简单化的做法与形式,与作为科学体系的马列主义、毛泽东思想区别开来,让他们真正用马列主义和毛泽东思想武装了自己的头脑。这种理论上的觉醒,为广大党员、干部、群众识别、抵制"左"的错误和极左思潮，结束"文化大革命"准备了理论基础。

在"斗、批、改"阶段，与"活学活用"同等重要的，还有"革命大批判"。尽管"革命大批判"这个概念出现稍晚，但这种做法早在"文化大革命"初期就已产生并广泛普及。"五一六通知"号召在"文化大革命"中，"高举无产阶级文化革命的大旗，彻底揭露那些反党反社会主义的所谓'学术权威'的资产阶级反动立场，彻底批判学术界、教育界、新闻界、文艺界、出版界的资产阶级反动思想"。"十六条"要求"批判资产阶级的反动学术权威"，"要组织对那些有代表性的混进党内的资产阶级代表人物和资产阶级的反动学术'权威'，进行批判，其中包括对哲学、历史学、政治经济学、教育学、文艺作品、文艺理论、自然科学理论等战线上的各种反动观点的批判"。

按照当时的说法，大批判的依据是："不破不立，这是革命的真理。不用毛泽东思想去批判各种反马克思主义的、修正主义的反动思想，不在政治、经济、文化领域中批判反动的资产阶级世界观，无产阶级就不能真正占领思想文化领域的各个阵地；已经占领了，如果不继续开展革命的大批判，这些阵地就有被资产阶级重新夺过去的危险"①。所以，要通过在上层建筑领域、意识形态领域里开展大规模的、群众性的、持久的对所谓修正主义、资产阶级的批判，达到防止修正主义、战胜资本主义、改造世界观以及发展生产力的目的。

在"斗、批、改"阶段，大批判的内容和形式进一步发展。概括起来，其主要内容或主要任务大致有以下几个方面：第一，批判"反革命修正主义路线在政治、经济以及各个文化领域中的

①　1969 年 8 月 25 日《人民日报》、《红旗》杂志、《解放军报》社论《抓紧革命大批判》。

流毒,肃清它的影响"①。这一批判涉及相当广泛的领域,如所谓"黑六论""文艺黑八条""让步政策""合二而一""利润挂帅""物质刺激"以及大量文艺、文学作品乃至一些自然科学理论。此类批判的目的主要是解决"敌我矛盾","使人们在各个领域中都能分清什么是马克思主义、列宁主义、毛泽东思想,什么是修正主义",分清"什么是革命,什么是反革命"②,这样,"我们的斗、批、改才有明确的政治方向"③。第二,"要批判党内、革命队伍内部违反毛主席无产阶级革命路线和政策的各种错误倾向和错误思想,加强无产阶级党性"④。这方面的大批判比较侧重于解决"文化大革命"初期遗留下来的一些突出问题,如宗派主义、山头主义、无政府主义等。第三,批判社会上各种"资产阶级倾向"。这种批判涉及社会生活的各个方面,矛头指向当时被认为是资本主义的一切行为,如投机倒把、物质刺激、腐蚀干部和青年、破坏生产、宗教迷信、破坏民族团结等。第四,结合本单位"斗、批、改"和生产、工作实际开展大批判,以推动各项工作的发展。第五,作为改造世界观手段的大批判,如"斗私批修""狠斗私字一闪念"等。

按照"破字当头、立在其中"的原则,在进行每一项"斗、批、改"活动或每一项生产活动之前,首先要在"活学活用"的基础上,进行一系列大批判以期分清两条道路、两条路线、两种

---

① 1969 年 8 月 25 日《人民日报》、《红旗》杂志、《解放军报》社论《抓紧革命大批判》。

② 1969 年 8 月 25 日《人民日报》、《红旗》杂志、《解放军报》社论《抓紧革命大批判》。

③ 1969 年 8 月 25 日《人民日报》、《红旗》杂志、《解放军报》社论《抓紧革命大批判》。

④ 1969 年 8 月 25 日《人民日报》、《红旗》杂志、《解放军报》社论《抓紧革命大批判》。

思想的界限，为"立"明确方向、营造气氛、准备思想基础。如在整党建党时，首先大批"黑六论"；在进行教育革命时首先批判"分数第一""资产阶级知识分子统治学校""师道尊严"等；在干部下放劳动时首先批判"劳动惩罚论"；在进行医疗卫生革命时首先批判"城市老爷卫生部"；在精兵简政时首先批判"繁琐哲学"；在进行科研或技术革新时首先批判"专家路线""教条主义"和"洋奴哲学"；在组织生产时首先批判"生产第一""利润挂帅""对工人阶级的'管、卡、压'""物质刺激"和"唯生产力论"等。按照当时的说法，这类大批判不仅为建立一个新世界提供了源源不断的精神动力，而且提供了科学的方法、具体的方案和蓝图，这就是"只有彻底地破，才有牢固的立"①。

北京新华印刷厂提出大批判要"三个抓紧"：紧紧抓住阶级斗争的新动向反复开展大批判；紧紧抓住意识形态领域里阶级斗争新特点深入开展大批判；紧紧抓住生产领域里出现的问题及时开展大批判。该厂把机器发生事故、青年工人看"封、资、修的旧小说"、车间不断出现废品等都说成是阶级斗争新动向，提倡采取现场批判会进行斗争解决。② 上海某厂在试验一项新技术时，连续对"洋奴哲学""爬行主义"进行"深入的批判"，出了三期革命大批判专栏，结果大大加速了试验的速度。③ 按照当时的说法，生产领域里的任何问题，都与阶级斗争密切相关，而这也正是革命大批判的用武之地。某厂一车间发生了一次工艺事故，领导班子抓住这个苗头，分析阶级斗争动向，揪出一个隐藏很深

---

① 《革命大批判的强大思想武器》，《红旗》杂志 1970 年第 5 期。

② 参见《继续为巩固无产阶级专政而斗争》，《红旗》杂志 1970 年第 1 期。

③ 参见《人民日报》1969 年 11 月 3 日。

的历史反革命分子进行革命大批判，解决了问题。①

大批判的这几项内容，归结起来就是毛泽东所提出的"要斗私、批修"。这既是"文化大革命"的根本目的，又是完成"斗、批、改"阶段各项任务的重要手段。在"以阶级斗争为纲"基础上的"活学活用"与大批判的结合，实际上也就是"大立"与"大破"的结合。在当时，这种结合被认为是建立一个新世界的强有力的杠杆和动力。

这种"以阶级斗争为纲"的、靠政治高压推行的、不讲事实、断章取义、任意引申、不准反驳、不许思考、蛮横专断的大批判，搞乱了人们的思想，推动着"左"的或极左的思潮在各地的普及，给实际工作造成了很大的危害。许多农村社队在批判"三自一包""四大自由"和"各种资产阶级自发倾向"的时候，把"农业六十条"② 所规定的社员耕种少量自留地、经营少量家庭副业和出售少量家庭农副业产品等，一概当作"资本主义自发倾向"进行批判；有的把社员到农贸市场上出售完成国家任务后剩余的农副产品，当作"搞自发"或"投机倒把"去批判；有的把开展大批判当成是上交自留地运动，有的地方在批判"工分挂帅"后，不再按劳计工。一些厂矿企业单位在批判了"物质刺激"以后，取消了高空、高温、井下作业工人的劳保待遇；有的在批判了"修正主义的管、卡、压"③ 后，取消了工厂企业中一些最基本的管理制度；有的一搞大批判就要取消附加工资、夜班津贴等合理的补助。在学校里，号召"应该把革命大批判深入到文科各个学科，批判哲学、历史学、文学、政治经济学、新闻

---

① 参见《人民日报》1969 年 9 月 13 日。

② 指 1961 年 3 月中央工作会议通过的《农村人民公社工作条例（草案）》。

③ 《改造世界观》，《红旗》杂志 1970 年第 6 期。

学、教育学等领域内的反动的资产阶级思想体系"，声称"旧的文科大学"只有在批判中才能获得新生①，如此等等。

由于对古今中外一切优秀文明成果的无知和采取虚无主义态度，在自然科学领域里也充满着这类狂热的批判。这种批判在新中国成立后曾进行过多次，在"文化大革命"中达到了"顶峰"。

1967 年 6 月，"首都批判刘邓科研路线联络委员会"创办的《科研批判》杂志"创刊词"说，新中国成立 17 年以来科技战线推选了一条"彻头彻尾的反革命修正主义的科研路线"，这条路线取消党的领导，抹杀阶级斗争，反对突出政治，鼓吹业务挂帅，提倡白专道路，制定了一系列黑纲领、黑文件以及种种规章制度，企图把中国的科技事业引入歧途。这份杂志认为，国家科委党组和中国科学院党组 1961 年制定的"科研十四条"② 集中代表了这条"反革命修正主义科研路线"，并对条例中的 30 项内容逐一进行批判。例如，"科研十四条"说："不要给自然科学技术的不同学派、不同主张，贴上什么'资产阶级的'、'无产阶级的'、'资本主义'、'社会主义'之类的阶级标签"。《科研批判》则说，反映在科学技术界的两种世界观的斗争是不可避免的，不以人的意志为转移的，把这种严肃的阶级斗争污蔑为贴"阶级标签"，企图调和这种斗争，这是粉饰太平，是绝对不能允许的。"科研十四条"说："自然科学学术问题上的争论"，"即使是有关唯物主义同唯心主义，辩证法同形而上学的争论，也是属于学术性质的问题"。《科研批判》则说，科技界

① 参见《文科大学一定要搞革命大批判》，《红旗》杂志 1970 年第 1 期。

② 指 1961 年试行的《关于自然科学研究机构当前工作的十四条意见（草案）》。

里唯物主义与唯心主义、辩证法与形而上学之争，是意识形态上的阶级斗争，将这种斗争看成"学术性质的问题"，是抹杀两军之争的阶级内容。

对自然科学本身的批判更是令人啼笑皆非。1968 年至 1969 年下半年，中国科学院组织专人对爱因斯坦的相对论进行批判，认定相对论"是自然科学理论中深深地渗进资产阶级意识并介入现实阶级斗争的一个突出典型"。在此后不断"深入"的批判中，爱因斯坦更被认为是最大的"资产阶级反动学术权威""资本主义制度的辩护士""帝国主义的卫道士""社会主义的仇敌"。

1973 年，上海理科大批判写作组在一篇对"大爆炸宇宙论"的批判文章中说，这种理论"本质上只能适应宗教的需要，适应反动势力从精神上麻痹人民的需要"①。1974 年，《化学通报》发表的一篇题为《矛盾的对立斗争是化学科学发展的动力》的文章中说，化学的发展充满了辩证法与形而上学的斗争，而这种哲学上的斗争是阶级斗争的产物。1974 年，《自然辩证法》杂志第 1 期和第 4 期发表文章，对环境污染和能源枯竭的说法进行批判。第一篇文章说，环境污染的根源"并不取决于工业生产本身，而是取决于社会制度，取决于这是一种什么性质的生产"；环境污染"是资本主义从娘胎里带来的先天性脓疡"；"在对待环境污染问题上，仍然存在着两条道路、两条路线、两种世界观的斗争"。② 第二篇文章又说能源危机是资本主义制度已经"枯竭"的反映，是资本主义社会的"不治之症"，"能源危机"，"实质

① 李柯：《3°K 微波辐射的发现说明了什么？——兼评大爆炸宇宙学》，《自然辩证法》1975 年第 12 期。

② 胡化凯：《"文革"期间中国对于自然科学的批判》，《广西民族大学学报》（自然科学版）2007 年第 3 期。

上是资本主义制度的危机，是资本主义制度日薄西山，人命危浅，朝不保夕的又一大暴露"①。

在文学艺术领域也充斥着这种荒诞不经的批判。1973 年至 1976 年间，根据江青的指示，国务院文化组责成文学艺术研究所音乐舞蹈研究室组织，撰写了一部"以阶级斗争、路线斗争为纲"的《西洋音乐简史》。这本书用"阶级分析"的方法，以历史上阶级斗争的大时期为依据设置章、节，重写了一部西方音乐的历史。书中在谈到古希腊音乐时说："希腊文化的一切成就都是在人民群众的阶级斗争推动下取得的"。在谈到巴黎公社的文艺队伍时说："他们在革命斗争中接受马克思主义的革命理论，具有高度的政治觉悟、路线斗争觉悟"。书中对西方音乐史上的一系列重要人物进行了"文化大革命"式的批判。其中，对舒伯特的评价是："他的音乐事实上不但很难成为新兴资产阶级反复辟斗争中有力的思想武器，相反，他的音乐在客观上却往往起了有利于封建复辟的消极作用"。对比才的阶级分析是："比才的一生，依靠出版商和剧院经理这些大资本家的钱袋，是忠实地为代表大资产阶级和大地主利益的第二帝国的反动政治路线服务的"。说威尔第虽然"写过一些富有进步的民族内容的歌剧"，但后来"他的歌剧成了大资产阶级维护现存制度，用资产阶级人道主义、人性论、天命论等货色来掩盖和调和现实阶级矛盾的舆论工具"。评论肖斯塔科维奇时说："他经历了列宁、斯大林的领导和苏修叛徒集团的统治前后两个时期。在苏联音乐战线上，正是以他为代表资产阶级势力向无产阶级展开了一次又一次的较量。特别是苏修叛徒集团上台以后，他通过音乐创作，为复辟资本主义、推行修正主义路线大造舆论。肖斯塔科维奇的创作，实质是打着

---

① 胡化凯：《"文革"期间中国对于自然科学的批判》，《广西民族大学学报》（自然科学版）2007 年第 3 期。

'社会主义'旗号的现代资产阶级反动音乐思潮和流派的典型表现"①。

在当时，类似这样的批判在全国各行各业比比皆是，它严重地混淆了是非，直接损害了工农、知识分子的切身利益，严重地压抑了他们生产、工作的积极性，严重阻碍了各项建设事业的发展。这种大批判发展到全盛阶段之时，实际上也就是其荒谬性充分暴露并日益失去群众之日。形形色色、花样翻新、煞有介事的批判，不过是在展示自身的孤陋浅薄和无知蛮横。

从 70 年代起，适应大批判发展的需要，出现了各种各样的"大批判组""写作组"，其中的梁效、初澜、罗思鼎、洪广思、丁学雷、辛文彤、石一歌等十分活跃。这种写作组与运动初期的"工农兵大批判组"不同，其成员大部分是知识分子，所写的各种批判文章直接服务于当时的重大政治斗争，理论色彩浓厚，文字水平也较高。尽管如此，也难以挽回大批判日甚一日的颓势。

随着时间的推移，大批判中那些空洞的说教、强词夺理式的论证、蛮横的结论、浅薄的文字、千篇一律的形式以及每每与之相伴随的变相武斗，使人们普遍增长了一种厌倦、反感和恐惧的情绪。所谓大批判的深入发展，实际上不过是形式上的翻新和言不由衷的敷衍。这种情况越到基层越明显，越到后期越突出。所谓"群众性的""轰轰烈烈"的大批判运动，实际上只是靠政治高压和形式主义在维持着。

（四）指导全国"斗、批、改"运动的样板及其经验

如果说"活学活用""革命大批判"为"斗、批、改"指明

---

① 参见蔡良玉、梁茂春：《一本"以阶级斗争为纲"的〈西洋音乐简史〉——"文革"时期撰写〈西洋音乐简史〉回顾》，《中国音乐学》2007 年第 2 期。

了方向、提供了动力的话，那么，"六厂二校"经验则为各条战线的"斗、批、改"提供了具体的标准、样板和方法。

毛泽东一贯重视树立典型、以点带面的工作方法。进入全面"斗、批、改"阶段后，面对着思想涣散、认识分歧、缺少权威、派性作祟等现状，以及人们对所要建设的那个新世界的陌生和困惑，迫切要求中央能拿出一些权威的、切实可行的典型经验，以统一认识、端正方向、振奋精神、指导运动。毛泽东也需要通过一些典型了解下情，需要一系列样板把他的战略构想具体化为一幅幅详尽、清晰、准确的蓝图，使基层单位的领导、群众有所遵循。"六厂二校"经验及其他一些典型就是在这样的背景下应运而生的。如果说聂元梓大字报、上海"一月夺权"是"大破"的典型的话，那么，"六厂二校"则是"大立"的典型。

所谓"六厂二校"经验，是进驻这些工厂的中国人民解放军8341部队，以及进驻北京大学、清华大学的工人、解放军宣传队，与所进驻厂、校的革委会进行"斗、批、改"各项任务的经验总结。

1968年下半年至1971年间，"六厂二校"几乎提供了"斗、批、改"所有方面的典型。例如：对敌斗争中落实"给出路"政策的经验，整党建党的经验，落实党对民族资产阶级和小资产阶级各项政策的经验，落实干部政策的经验，改革不合理的规章制度的经验，"抓革命、促生产"的经验，"活学活用"的经验，开展"革命大批判"的经验，"清理阶级队伍"的经验，教育革命的经验，等等。这些经验几乎囊括了"斗、批、改"的全部内容，对全国各条战线、各个领域具有普遍的指导意义。这样全面的经验对当时全面铺开的"斗、批、改"运动无疑是及时的。由于"六厂二校"是毛泽东亲自抓的点，配备了一些长期在他身边工作的人员参加宣传队，其经验很快就在《人民日报》、《红旗》杂志上以显要地位发表，并往往配有转发毛泽东"最新指示"的编者按，从而具有很大的权威性，在全国产生了很大的影响。"六厂二校"经验所具有的这种全面性、权威性，为在全国范围内迅速、有力、全面地落实毛泽东的有关指示和中央的各项政策创造了重要条件。根据这些经验和毛泽东以点带面的方法，各级领导机关都相应地培养了一批自己的典型，在本地区、本部门推广。

1969年12月20日，新华社进行了题为《六厂二校先进经验在首都普遍开花结果，推动斗批改群众运动蓬蓬勃勃向前发展》的报道。报道说"六厂二校"在"斗、批、改"阶段"创造了极其丰富的、极其宝贵的经验"。报道介绍北京市学习"六厂二校"的重要方面有："在一切工作中相信群众"，"引导群众用无产阶级党性克服资产阶级派性"，"争取、团结、教育知识分子的大多数"，"及时地解放干部"，整党建党、"清理阶级队伍"、加强领导班子建设，落实党的各项政策，以及"抓革命、促生产"，等等。此后，全国掀起了学习"六厂二校"经验，深入开展"斗、批、改"的高潮。

"六厂二校"经验体现了毛泽东希望结束动乱、落实政策、恢复秩序和建设理想世界的意图。例如，在落实政策方面，1969年5月8日中共中央转发的北京北郊木材厂落实党对民族资产阶级和小资产阶级各项政策的经验中，介绍了该厂对83名资本家采取了区别对待的方针，对资本家的大多数，坚持执行"团结、批评、教育"的政策；对其中极少数反动分子，坚决斗争、批判，区别对待，给予出路；对不够资本家的则划出去，等等。中央在转发的通知中要求"上海、天津、武汉、广州及其他大、中城市，结合具体情况，调查研究，进行试点，区别资本家和小业主及独立劳动者的各种不同情况"。1968年12月3日中央批发的《北京市革命委员会转发新华印刷厂在对敌斗争中坚决执行党的"给出路"政策的经验的报告》中，介绍了解放干部中的一些做法。毛泽东在文中批注："像这样的同志，所在多有，都应解放，给予工作"。他在对报告的批示中指出："建议将此件转发各地参考。对反革命分子和犯错误的人，必须注意政策，打击面要小，教育面要宽，要重证据，重调查研究，严禁逼、供、信。对于犯错误的好人，要多做教育工作，在他们有了觉悟的时候，及时解放他们"。1969 年 3 月 12 日，新华社播发了《北京新华印刷厂用毛泽东思想统帅定案工作的做法和体会》，文中列举了解放干部问题上的"七个区别"，以此纠正在干部问题上的极左思潮，破除解放干部中的阻力。

在整党建党方面，北京大学、清华大学在其整党建党的典型经验中介绍说，在工人、解放军宣传队和校革委会的领导下，党员、群众深入批判宗派主义、山头主义、无政府主义和资产阶级派性，为整党建党奠定了良好的基础。8341 部队驻北京二七机车辆工厂的宣传队在领导整党建党时，批判了"我们老造反最革命最先进，整党建党得由我们来领导，以我们为基础"一类的论调。在另一个典型经验《上海国棉十七厂关于整党建党情况的报告》中，特别提出了如何对待"老造反"要求入党的问题。该厂"老造反"较多，很多人"积极要求入党"。有的提出"老造反都可以入党"，不能满足要求就煽动"反复旧歪风"，把新建立的党支部说成是"旧机器贴上新标签"。这份报告认为对他们要进行阶级分析，坚持条件，"不能把党员标准降低到一般造反派战士的水平"，对他们的错误决不姑息迁就，有严重问题者"那就不能入党"。

在恢复和发展生产方面，1968 年 6 月 16 日《人民日报》刊登了《解放军报》、《北京日报》、新华社记者对北京针织总厂"抓革命、促生产"的联合报道，介绍北京针织总厂和所属分厂在 8341 部队"支左"人员帮助下发动群众批判无政府主义思潮、集中群众意见建立管理制度的做法，以及在"狠抓革命"的同时，注意克服"不愿多管生产或怕抓生产的错误思想"的经验。1969 年 12 月 28 日，《人民日报》报道北郊木材厂"抓革命、促生产"的经验，介绍该厂领导班子和驻厂军宣队员深入车间、班组，同工人同吃、同住、同学习、同劳动，一面向工人学习一面帮助基层干部工作，批判无政府主义，建立健全各种规章制度，恢复和发展生产的种种做法。

在加强领导班子建设方面，《人民日报》在 1969 年上半年多次报道北京化工三厂、北京针织总厂及北郊木材厂等单位革委会开展整风的情况，内容包括革委会内部开展批评与自我批评，同时发动群众给革委会提意见，领导班子成员深入群众，既抓自身思想革命化，又抓车间、班组领导班子的革命化，各级领导班子成员实行参加劳动的制度，等等。

与当时许多省市"清队"中的严重扩大化相比，与各地在整党中出现的严重派性、无政府主义相比，与当时普遍存在着的无视政策和纪律的现象相比，与当时盛行的不敢抓生产和业务的倾向相比，"六厂二校"的经验具有一定的针对性和现实性，对于纠正极左思潮有一定的积极意义。正因为如此，这些经验曾一度得到了深受"左"和极左思潮之害的广大干部和群众的某种拥护，并被很快地推广开来，对抑制极左思潮、稳定局势、缓和矛盾产生了一定影响。

但是，"六厂二校"经验反对和抑制极左思潮的努力，并不是出于对"左"的错误的认识和纠正，而恰恰是以它为基础和归宿的。如发表于 1969 年《红旗》杂志第六、第七期合刊的《改革不合理的规章制度是一场革命——北京市北郊木材厂的调查报告》中，把"文化大革命"前的办厂方针和方法统统扣上了"反革命修正主义的办厂路线""修正主义企业管理""专家治厂""对工人群众实行管、卡、扣、罚"之类的帽子，把工厂的管理机构和规章制度一概斥为搞"繁琐哲学"。在"斗、批、改"中，对这些规章制度进行种种大批判和改造，实行"精兵简政"和工人、干部、技术人员的"三结合"，撤销原有的业务科室，建立"无产阶级政治挂帅，人人负责"的"新制度"，如此等等。这种在"左"的基础上反对极左的二重性，是这些经验突出的特点。这种二重性正是希望通过"斗、批、改"建设新世界这一基本思想内在矛盾的反映。这些经验和典型是经不住任何科学分析和推敲的。例如，强调在"清队"中注意政策，而"清队"又是什么呢？它本身不就是扩大化的产物和表现吗？所谓在"清队"中注意政策、区分两类矛盾，不过是在搞扩大化的同时防止极端扩大化而已。所谓对知识分子"再教育"、落实知识分子政策，其基本出发点是把知识分子当成是资产阶级的一部分。在这样的前提下，落实政策又有多少意义？所谓"改革不合理的规章制度"，其前提就是以前的工厂、企业都是被修正主义所统治，所有规章制度都是对工人的"管、卡、压"，从这样的认识的前提出发，能有什么科学、严肃的改革？所谓整党建党，其前提是党要"重建"，其方法是把阶级斗争扩大化引入党内，按照这样的基本逻辑，又谈何落实政策？"清队"、整党、落实知识分子政策如此，"六厂二校"的其他经验又何尝不是如此？

在坚持"文化大革命"全局性错误的前提下抑制极左的这种深刻的内在矛盾，决定了"六厂二校"经验必然存在着严重的局限。这些经验在全面"斗、批、改"初期虽然起了一定的缓和矛盾的作用，但在形势又有所变化、当极左思潮以稍微不同的另一些形式出现时，就束手无策，被弃之不顾了。随着"文化大革命"的发展，当全面"斗、批、改"又被一些始料不及的任务冲淡或取代后，特别是在党的九届二中全会后，"六厂二校"经验逐渐被另一些经验所取代。如北京大学、清华大学1970年以后就以专出"教育革命""批林批孔""反击右倾翻案风"的典型经验而著称全国了。

三、"斗、批、改"运动的几项基本内容

（一）"左"倾错误指导下的"整党建党"

出于对党内、国内阶级斗争日益严重的基本估计，出于"资产阶级就在党内"的判断，毛泽东在发动"文化大革命"的时候，采取了抛开现有党政领导体制，不依靠党的各级组织而直接发动学生和群众的方法。但是，与张春桥等人力图否定党的领导截然不同的是，毛泽东并不是想否定党的领导，而是想通过"文化大革命"对党进行一次全面、彻底的整顿，使全体党员提高阶级斗争、路线斗争觉悟，与群众打成一片，"反修防修"，在继续革命中发挥更大的作用。根据这样一种设想，加之目睹了 1967年许多地方、单位因失去党的领导而导致"天下大乱"的严重后果，1967 年 9 月以后，他把整党和恢复党的组织生活的问题迫切地提了出来。

1967 年 10 月 19 日，中共青海省核心小组向中央、中央文革小组请示："为了加强党的领导，已经成立了革命委员会的单位，可否恢复党的组织生活"。毛泽东批示："应当这样做"。同月 27日，中共中央、中央文革小组发出了《关于已经成立了革命委员会的单位恢复党的组织生活的批示》。在该批示中发表了毛泽东最近的一段指示："党组织应是无产阶级先进分子所组成，应能领导无产阶级和革命群众对于阶级敌人进行战斗的朝气蓬勃的先锋队组织"。这段话不久即被当作整个整党建党的"五十字纲领"。这个纲领忽视党已经在领导社会主义建设这个基本事实，只字不提经济建设和发展生产力这个执政党的根本任务，而把阶级斗争作为社会主义条件下党的中心任务，"以阶级斗争为纲"来进行党的整顿和建设，因而是完全脱离实际的。这个以继续革

命理论为基础的整党纲领，从一开始就决定了这次整党不可避免的失败结局。

1967 年 11 月 5 日，毛泽东在与中央文革小组成员谈论关于九大和整党问题时说，打了一年多仗，搞出了不少坏人。现在要打出一个党来，"文化大革命"就是整党、整团、整政府、整军队。整党不可能在九大以前统统整好，九大以后，根据新的党纲、党章，继续重新整党、建党。他说，过去，一是听话（做驯服工具），一是生产好，有了这两个条件就可以入党，听话要看听什么话，做驯服工具不行。他批评说，有些党员官大了，架子就大了，不讲民主，不跟下级商量，遇事不先征求人家意见，自己说一通，喜欢训人。他提出，党员要那种朝气勃勃的，死气沉沉、暮气沉沉的，就不要加入这个党。他由此进一步引申说："我们的党要吸收新鲜血液，工人、贫农、红卫兵中的积极分子要吸收到党里来。旧血液中二氧化碳太多，要清除掉。一个人有动脉、静脉，通过心脏进行血液循环，还要通过肺部进行呼吸，呼出了二氧化碳，吸进新鲜氧气，这就是吐故纳新。一个党也要吐故纳新，不清除废料，就没有朝气"。他要求恢复组织生活，不要恢复老样子。他说：有些党员对无产阶级"文化大革命"不积极，一听说要恢复组织生活，他们又神气起来了，他看这些人要检讨。他还提出，党纲要修改，组织纪律性还要有，但我们讲的是自觉的纪律，盲目服从，做驯服工具不行。①

根据毛泽东的这一精神，同年 12 月 2 日，中共中央、中央文革小组发出了《关于整顿、恢复、重建党的组织的意见和问题》的文件。文件提出，恢复党的组织生活，绝不是恢复"文化大革命"前的老样子、老一套，而是要用毛泽东思想整顿、恢

---

① 参见《共和国史记·第 3 卷》（上），吉林人民出版社 1996 年版，第 314 页。

复、重建党的组织，批判刘、邓的"修正主义建党路线"。文件要求各地在整党中要"虚心听取无产阶级革命造反派的意见"，彻底打消党员高人一等的优越感和造反派怕党员报复的思想。"要吸收那些朝气蓬勃、富有无产阶级革命造反精神，勇于在阶级斗争中冲锋陷阵的无产阶级先进分子入党"，要彻底批判"驯服工具论"。这种侧重于从造反派中吸收"新鲜血液"的倾向，在整党初期比较普遍，直到九大以后才有所改变。

按照毛泽东原来的设想，整党是召开九大的一项重要准备工作，应在九大以前告一段落。1967年底，鉴于"天下大乱"的现实，他又提出九大以后根据新的党纲、党章，继续重新整党、建党。1968年间，除了少数试点单位外，大多数地区的整党工作尚未展开。

1968年10月14日，《红旗》杂志发表题为《吸收无产阶级的新鲜血液——整党工作中的一个重要问题》的社论。社论发表了毛泽东那个吐故纳新的指示，指出："一个无产阶级的党要吐故纳新，才能朝气蓬勃。不清除废料，不吸收新鲜血液，党就没有朝气"。于是，"吐故纳新"又成为整党的一个重要内容和原则。在这个思想的指导下，许多党的领导干部、党员被当作"叛徒""特务""走资派"以及"阶级异己分子"等被清除出党，而一些不符合党员条件的"造反派"、形形色色的野心家和阴谋家却被拉入党内，从而严重地损害了党组织的纯洁性。

在九大政治报告中，系统地阐述了这次整党建党的由来及方针，断定"这次无产阶级文化大革命，是我们党的历史上一次最广泛、最深刻的整党运动"。毛泽东在九届一中全会上的讲话中，更尖锐地指出，党"事实上是需要重建"，要求每一个支部都要在群众中进行整顿，要有党外的群众参加评论。九大通过的党纲、党章，成为整党的重要依据。

九大以后，省、市级党委陆续恢复，整党建党逐步在全国全面铺开。按照当时的经验和要求，整党一般是在大联合、"三结合"比较巩固，资产阶级派性基本克服，经过"清队"后阶级阵线比较清楚，革委会中初步形成了党的领导核心等一些基本条件具备的单位才能展开。在多数单位，整党基本上是按照"六厂二校"及上海国棉十七厂等单位的经验进行的。这些经验涉及工厂、学校，内容虽各有差异，但基本上体现了毛泽东对整党的一些基本要求。

把思想上的整顿和建设贯穿于整党的全过程，实现思想上的"吐故纳新"，这是当时所有整党典型、试点单位的首要经验。这种思想整顿、理论学习实际上导致了"继续革命"之类"左"倾理论的进一步普及，与此同时开展的各种名目的大批判，粗暴地否定了中国共产党许多优良的传统和作风。这种思想上的整顿对广大党员、群众的思想、信仰造成的混乱是不可低估的。

保持党员、干部与群众的密切联系，是毛泽东党建思想的重要内容。在"文化大革命"的整党中，他认为"过去历次整风都是在干部当中进行的，没有发动群众起来检查干部，这次是发动群众起来检查干部"①。按照毛泽东有关"在群众里头进行整顿"，"要有党外的群众参加会议，参加评论"的要求，中国共产党实行了"开门整党"。"开门整党"一般有两重含义：一是由党员、群众直接提名，再反复讨论产生基层整党领导小组，吸收群众代表列席，负责整党领导工作；二是北京二七机车车辆工厂、上海国棉十七厂提供的整党建党经验，即举办有群众代表参加的党员学习班，进行学习和整党。整党初期，这一原则在一些单位往往被作为非党造反派干预整党的理由。一些被结合进革委会的非党造反派头头成为整党的主持者，按造反派的标准和需要

---

① 1967年3月12日毛泽东会见外宾时的讲话，参见《共和国史记·第3卷》（上），吉林人民出版社1996年版，第227页。

来改造和整顿党。由于党组织普遍瘫痪以及对"开门整党"的不同理解，这次整党成为中国共产党历史上第一次不是由上级党组织领导，而是由革委会、军管会、联席会等主持的整党。

整党的另一个重要内容是"积极慎重地吐故纳新"。1967年底至1968年间，在有关整党的文件、经验中，比较强调的是"吸收一批优秀的造反派，首先是产业工人中的先进分子入党"。这种导向很快使一些派性严重的单位出现了"大吐大纳""造反入党""做官入党""吐疏纳亲"等一系列问题，其严重后果引起了中央的注意。九大期间，毛泽东反复强调了整党要谨慎的问题，"六厂二校"经验也多次提出了坚持思想教育为主，组织处理为辅，思想批判从严，组织处理从宽，以及坚持党员标准，排除派性干扰等原则。在批判了"造反有功，入党有份""当了革委会成员，就理应入党"（即"当官入党"）等论调后，这一问题才有所缓解。尽管如此，在"文化大革命"那样的背景下，按照继续革命的标准，仍有不少不符合党员标准的人被拉入党内，造成了党组织的严重不纯。

"健全党的组织，实行一元化领导"是另一项重要内容，要求在整党告一段落后，开始建立各级基层党组织。像革委会一样，基层党组织也要求实行老中青、军干群的"三结合"，所不同的是另外还有一个新老党员相结合。基层组织的建立也要贯彻"开门"的原则，要求发动广大党员和群众充分酝酿，反复协商，经过几上几下，在统一认识的基础上，确定候选人名单，在党内选举产生党支部委员会。

1970年2月下旬至4月中旬，根据党中央决定，分别召开了全军和全国整党建党座谈会。会议领导小组由康生、张春桥、谢富治组成。会议学习了毛泽东关于整党建党的一系列指示和新党章、党纲，交流了全国、全军整党的经验和情况。会议要求全国进一步认真学习、推广"六厂二校"及上海国棉十七厂的经验，统一思想，统一政策。

　　会后不久，中共中央批发了北京二七机车车辆工厂和上海国棉十七厂整党建党情况的两个报告。中央批语指出：这两个厂整党建党情况的报告写得很好，它们的经验很值得各地参考。其中，《北京二七机车车辆工厂整党建党情况报告》说该厂的经验是：1. 要在条件成熟时建立党支部，不能操之过急；2. 增强党性，狠批派性，狠抓阶级斗争；3. 发动党员和群众反复酝酿协商。《上海国棉十七厂关于整党建党情况的报告》介绍的基本经验是：1. 充分发动群众，在斗争中整党建党，战胜了"老造反都可以入党"的极左思潮和排除了"为旧党委执行的反动路线翻案"的右的思潮干扰；2. 整党中始终狠抓思想整顿，等等。诸如此类的做法和经验都建立在"继续革命"的基础之上，充满"左"的色彩，但是与"文化大革命"初期的"踢开党委闹革命"和"造反派可以取代党组织"相比较，它又有强调党性、落实政策、反对派性的一面。

　　此后，全国整党工作进度加快，形式也趋于统一。在此基础上，党的各级组织迅速恢复。1970 年 10 月 28 日，中共中央发出《关于召开地方各级党代表大会的通知》（本段简称《通知》）。《通知》要求，召开地方各级代表大会，产生新的党委所必须具备的 5 个条件是：广大党员阶级斗争、路线斗争和继续革命的觉悟大大提高；革命大联合和革命"三结合"是巩固的；经过"清理阶级队伍"运动和"一打三反"运动，阶级阵线基本分明；绝大多数基层党组织通过整顿，进行了吐故纳新，纯洁了党的队伍，密切了党群关系；形成了一个革命的、联系群众的领导核心。《通知》提出，各地可以分期分批召开省、地、县各级党代表大会和建立各级党委，在 1971 年 7 月 1 日建党 50 周年之前，把全国各省、市、自治区的党委基本上建立起来。《通知》要求：在各地方各级党的代表大会中，工人、农民、解放军、劳动人民的优秀党员要占绝大多数，妇女党员一般不少于 15%～20%，在有少数民族的地区，少数民族党员要有一定比例。《通知》决定，新的党委成立后，不另设重叠的办事机构，革委会的办事机构基本上就是党委会的办事机构。《通知》发出后，在基层组织恢复的基础上，自 1970 年 11 月 24 日至 1971 年 8 月 18 日，全国 29 个省、市、自治区先后召开了地方党的代表大会，成立了新的省、市、自治区党委。

1971 年 8 月 27 日，《人民日报》为祝贺各地各级党代会的召开发表社论《我们的党在朝气蓬勃地前进》。社论说"全国各省、市、自治区（除台湾省外）相继隆重地召开了党的代表大会，选举产生了新的省委、市委和自治区党委"，"这是无产阶级文化大革命的丰硕成果，是毛主席无产阶级建党路线的伟大胜利"。经过整党建党，"我们的党提高了质量，扩大了队伍，比以往任何时候都更加纯洁，更加坚强，更加富有战斗力"。社论同时又指出："不要以为经过这次整党，建立了新党委，党内就没有矛盾，就没有两条路线斗争了。党内两条路线的对立和斗争，是社会阶级矛盾和新旧事物矛盾在党内的反映，是长期存在的"。

"文化大革命"中这次规模空前的整党运动，因其基本出发点及具体方针上的错误，给党的思想、组织、作风建设造成了广泛、深刻的破坏。它使党员思想混乱、纪律松懈、相互隔阂、言不由衷，党组织中假话盛行、无政府主义泛滥，党员之间、党员与党组织之间的关系大都处于一种不正常的状态。但整党建党及各级党组织的恢复，毕竟在一定程度上遏制了造反派等动乱势力，在一定程度上恢复了稳定与秩序。正因为如此，整党运动常被江青等人当成是"复旧""右倾"加以责难和攻击。1974 年至 1975 年间的"反击右倾回潮"运动中，江青等人再次煽动成立跨地区、跨行业的造反组织，冲击、否定党的各级组织，导致形势再次混乱。

在整党运动的后期，整团建团运动陆续展开。1970年7月12日，中共中央发出《关于整团建团工作的通知》，要求在整党建党深入发展的时候，整团建团工作也要跟上来。之后，这项工作全面铺开，其方法、过程与整党大致相同。

（二）走向自我否定的革委会体制

毛泽东对脱离人民群众的官僚主义深恶痛绝。新中国成立后，他非常重视改善国家领导机关，密切党群、干群关系，不停顿地发起对官僚主义的进攻，提出了一些重要的使群众直接参加国家管理的思路。"文化大革命"中，他认为已经找到了一条改善国家机关的设置、反对官僚主义和使群众直接参与国家管理的新路，那就是革委会。

"'三结合'的革命委员会，是工人阶级和人民群众在这次文化大革命中的一种创造"①。毛泽东对这种政权形式寄予了很大的期望，认为它再现了巴黎公社的理想，继承了战争年代根据地政权建设中的一些基本传统，实现了自己多年来孜孜以求的建设一个理想社会主义国家的愿望。正因为如此，在他关于开展全面"斗、批、改"的设想中，建立革委会被放到了首位。但在实践中，革委会的发展很快就超出了人们的想象。经过一系列职能、结构上的分化以后，革委会体制实际上往往名存实亡，表现出明显的向传统体制恢复的倾向，只是其弊端更为突出。

九大以后，随着"整党建党"的进行，各级党组织陆续恢复并成为同级革委会的直接领导后，革委会的职能、结构发生重大变化。它不再是党政合一、无所不包、至高无上的领导机构，而事实上成为同级党组织领导下的政府机构、行政领导机关或企事业单位中行政领导部门的代名词，或者说是同级党组织的下级。

---

① 转引自两报一刊社论《划时代的文献》1968年5月17日。

这种初步的分化缩小了革委会的职权范围，使党政领导体制在一定程度上恢复到"文化大革命"前的状态。当然，这种职能上的分化只是初步的。当时普遍存在的情况是，为了强调党的一元化领导，党组织和同级革委会一般是两块牌子、一套办事机构，两个班子一套人马，革委会常委就是党组织的常委，"革委会执行党委的决议"①，党组织与革委会开"一揽子"会，有的地方称之为"联席会"。

除了党政关系的分化外，革委会建设中还遇到了如何处理地方党政系统与部队"支左"机构、人员相互关系的问题。1967年"一月夺权"以后，解放军介入地方运动。1968年以后，相当多的地区和单位的革委会、党组织的领导工作是由部队"支左"人员担任的。"军队支左，权力大得很。大权在握"②。这种状况造成了"支左"机构对地方党政系统干预过多，甚至地方党委讨论决定了的事情还要拿到同级军区、人武部去讨论的现象。"支左"干部往往因"大权在握"而与地方干部形成了事实上的上下级关系。这不仅妨碍了地方党政系统的工作，也不利于部队的建设。为了改变这种状态，从1971年起，毛泽东和中共中央发出了一系列指示、文件，强调加强党的一元化领导，要求参加地方党组织生活的"三支两军"人员必须接受地方党组织的统一领导。

长期以来，毛泽东对机构臃肿、人浮于事、效率低下、脱离群众等官僚主义现象十分反感，希望在"文化大革命"中，通过革委会这种形式有效地解决这一弊端。九大政治报告中曾经谈到，重叠的、脱离群众的行政机构，压抑、束缚群众革命积极性的繁琐哲学，讲究排场、追求形式主义的地主资产阶级作风，都

---

① 参见《人民日报》1969年12月16日。

② 《邓小平文选》第2卷，人民出版社1994年版，第18页。

是破坏社会主义经济基础的，是有利于资本主义而不利于社会主义的。各级国家权力机关以及其他组织，都要根据毛主席的指示，密切联系群众，首先是密切联系工人阶级和贫下中农等基本群众。

1968 年 7 月 11 日，《人民日报》发表了《灵宝县革委会实行领导班子革命化——精兵简政，密切联系群众》的报道，编者按语中要求各级革委会都要走"精兵简政"的道路。据此，革委会刚成立时，都不切实际地将工作机构和人员精简到难以维持正常工作的程度。北京市北郊木材厂革委会成立后，精简了机构，一千五百多人的工厂只有政工、生产两个组，共 21 人。①

1970 年国务院向中央呈送的《关于国务院各部门建立党的核心小组和革命委员会的请示报告》中，对国务院系统的机构精简提出了具体方案：国家计划委员会由国家计委、国家经委、国务院工交办、全国物委、物资部、地质部、国家统计局、中央安办等合并组成，撤销中央工业交通政治部；国家基本建设委员会由国家建委、建筑工程部、建材部、中央基建政治部合并组成；冶金工业部，即原冶金部；第一机械工业部由原一机部、八机部组成；燃料化学工业部由原石油部、化工部、煤炭部组成；水利电力部，即原水电部；交通部由原铁道部、交通部、邮电部的邮政部分组成；轻工业部由原纺织部和第一、第二轻工业部组成；财政部由原财政部和中国人民银行组成；商业部由原商业部、粮食部、供销合作社、中央工商管理局合并组成；对外贸易部由原外贸部、国际贸易促进委员会组成；农林部由农业部、林业部、农垦部、水产部、国务院农林办公室、中央农林政治部合并组成；对外经济联络部，即原对外经济联络委员会。

经中央批准后，国务院各部委的革委会和党的核心小组相继

---

① 参见《人民日报》1969 年 7 月 22 日。

建立。原国务院所属的79个部门精简为32个，其中的13个又分别划归军委办事组、总参谋部、空军、海军以及中央文革小组和中联部。国务院直接领导的实际上只剩下外交部、国家计委、公安部等19个部门。各部门的人员也大为减少，其中保留人员最多的为原有人员的40%多一点，最少的则只有原有人数的7.8%。① 某部委的工作人员由原来的5000多人，减少至600多人。②

对于当时我们这样一个高度集中、党政不分、政企不分、主要依靠行政手段进行经济工作和社会管理、政治运动连续不断的国家来说，客观上需要一个庞大的、无所不包、无所不能的政府行政系统。不论这种现象是否合理，这是当时中国国情的一个基本现实。而革委会的多数举措都违背了这个基本现实。为了应付这些庞杂的工作，革委会不得不在强调精兵简政的同时，大量设置各种临时的或编外的机构。结果是分工越来越细，机构越来越多，工作人员很快便大幅度增加。某省会市革委会1968年上半年成立时，工作人员仅90人，但到1969年5月，仅一年时间，工作人员就剧增至1200人，其他革委会的情况也大体如此。1970—1971年间，在省级革委会中，除政工、生产、办事、政法几大组（或部）外，各种名目的编内、编外常设机构一般都有"一打三反"办公室、整党建党办公室、农村工作指挥部、增产节约办公室、清理敌档领导小组、计划生育办公室、学大庆领导小组、军工生产领导小组、落实政策办公室、征兵领导小组、招工办公室、招生办公室、征粮领导小组、防空领导小组、知青办

---

① 参见《中华人民共和国法制通史》（下），中共中央党校出版社1998年版，第604页。

② 参见《当代中国政治体制发展概要》第3章，中共党史资料出版社1988年版。

公室、打击投机倒把办公室、野营训练指挥部、革命大批判组、整团建团领导小组、外事工作领导小组、节煤办公室、节电办公室等。省级革委会设立的这些机构，往往又要求市、县级革委会成立相应的对口机构。

这样，从上到下，机构和人员的增加同步进行。当这种膨胀达到一定程度时，又不得不开始新一轮的精兵简政。而这种精简又滑稽地以对资产阶级、修正主义的大批判为先导。1970—1971年间，各地革委会普遍地又进行了一次或几次机构精简。某直辖市革委会成立时，编制为400人，至1970年上半年，人员已增至1700多人。1970年9月决定再次精简时，又把编制压缩到250人。显然，这并不能解决问题，只不过是在精简—膨胀—精简的圈子里又一次的循环而已。革委会体制非但没有触及传统体制的根本矛盾，反而把它的弊端发展到了极致。

随着机构的膨胀，各种会议急剧增加。大量的、各种名目的会议占据了革委会领导成员的大部分时间，许多不脱产的革委会成员，因穷于应付各种会议而很少能回到生产第一线。1970年3月，中共中央专门为此发了文件，要求各地切实解决会议多、报表多、文件多、联系群众少的问题，但收效甚微。

毛泽东希望通过群众代表直接参加革委会领导、干部经常参加集体生产劳动并下基层蹲点调查，以及加强政治思想工作和作风建设等途径来反对官僚主义，使革委会真正体现人民群众的要求和意志。革委会确实在这方面做了不少努力，如规定群众代表原则上不脱产，只拿原来的工资、津贴和一些为数不多的补贴；革委会班子成员实行三分之一在机关工作，三分之一调查研究，三分之一参加生产劳动的"三三制"；经常举办各种读书班，定期开展整风，如此等等。但是，这些显然都不能从根本上解决问题。"以阶级斗争为纲"的工作宗旨，使革委会从一开始就脱离了社会主义时期广大人民群众的根本要求。而思想工作、道德要求、作风建设以及群众代表、"三三制"一类举措，往往不过是形式主义的花样翻新，根本不足以弥补"以阶级斗争为纲"的、高度集权、党政不分的政治体制的严重弊端。

1972年后，军队陆续从地方事务中解脱出来，加之对极左思潮的批判，国务院及地方革委会的设置也随之变化。自1972年开始，中央陆续将国家安全、邮电、气象、测绘、民用航空、海洋等部门重新划归国务院。1975年四届人大一次会议确定的国务院部、委共29个。当年邓小平主持的全面整顿中，收回了一部分下放的权力，相应调整和增加了国务院的机构。① 1972年8月，中共中央、中央军委发出《关于三支两军若干问题的决定（草案）》，提出为加强党的一元化领导，在已建立了党委的地方，军管、"支左"领导机构即可撤销，所有留在地方工作的军队干部，一律由地方党委统一管理。这样，"三支两军"遗留下来的一些问题逐渐得到解决。至此，地方各级革委会以及国务院系统的职能和机构更接近"文化大革命"以前的状态。

此后，革委会建设中基本上再没有多少新的举措，它成立之初的一些新措施不是不了了之就是流于形式。相反，机构庞大、官僚特权、裙带关系、效率低下、推诿扯皮、"走后门"之类现象却层出不穷、愈演愈烈、屡治不愈，成为"文化大革命"后期人们私下挖苦、讽刺、诟病的热门话题之一。这个在"天下大乱"之后产生的、号称社会主义政权建设中一大创举的"新生事物"，实际上越来越恢复了"文化大革命"前政治、行政领导体制的面貌，只是其弊端更为突出。人们对这个"二十世纪的巴黎公社"的热情、希望也逐渐消退。

---

① 参见《中华人民共和国法制通史》（下），中共中央党校出版社1998年版，第604页。

（三）毁灭教育的"教育革命"

20 世纪 60 年代后，毛泽东对中国教育工作的不满情绪不断发展。在 1966 年的"五七指示"中，他对当时学校中的阶级斗争状况作出了严重的、不切实际的估计，提出"学制要缩短，教育要革命，资产阶级知识分子统治我们学校的现象再也不能继续下去了"。正是在这样一种背景下，"文化大革命"的第一批大字报、第一批造反派都出现在学校，也正因为如此，教育革命成为"文化大革命"的一个重要内容。"改革旧的教育制度，改革旧的教学方针和方法，是这场无产阶级文化大革命的一个极其重要的任务"，"在这场文化大革命中，必须彻底改变资产阶级知识分子统治我们学校的现象"。

1967 年底，一些较早实现大联合、成立革委会的地区和学校，教育革命被提上了议事日程。1967 年 11 月 3 日，《人民日报》发表了同济大学、北京林学院和北京师范大学三个学校的教育革命的初步方案，编者按中还发表了毛泽东的"最新指示"："进行无产阶级教育革命，要依靠学校中广大革命的学生，革命的教员，革命的工人，要依靠他们中间的积极分子，即决心把无产阶级文化大革命进行到底的无产阶级革命派。"此后，教育革命在全国陆续铺开。1968 年至 1969 年初，教育革命已经形成相当规模。《人民日报》开辟了专门讨论大、中、小学教育革命的专栏，报刊上经常以重要版面发表有关教育革命的文章，毛泽东发表了一些重要指示，许多大、中、小学，半工半读学校等纷纷拿出了各自教育革命的经验和方案。九大以后，教育革命以空前的广度在全国展开，涉及教育领域里的所有方面。

在培养目标方面。按照 1970 年中共中央批转的《北京大学、清华大学关于招生（试点）的请示报告》中的提法，经历了"文化大革命"后的高等院校的培养目标是："高举毛泽东思想伟大红旗，无限忠于毛主席、无限忠于毛泽东思想、无限忠于毛主席的革命路线的全心全意为社会主义革命和社会主义建设服务的有文化科学理论、又有实践经验的劳动者"。

建立"三结合"的领导体制。1967年底，毛泽东曾表示，教育革命要依靠学校中的革命师生。但到1968年，他的看法有所改变。"实现无产阶级教育革命，必须有工人阶级领导，必须有工人群众参加，配合解放军战士，同学校的学生、教员、工人中决心把无产阶级教育革命进行到底的积极分子实行革命的三结合。工人宣传队要在学校中长期留下去，参加学校中全部斗、批、改任务，并且永远领导学校。在农村，则应由工人阶级的最可靠的同盟者——贫下中农管理学校。"① 这个批示强调了教育革命和学校的工作必须由从外面派进去的工人、贫下中农实行领导，因为学校的师生都具有"资产阶级"的属性。工宣队等进驻学校不是权宜之计，而是要"永远领导学校"。按照这个指示，城镇学校普遍实行了工（军）宣队、革命师生与革命领导干部三结合的领导体制，农村中小学则建立了以贫下中农为主的贫下中农管理委员会（组）。

但是，随着整党建党的发展，学校内党组织陆续恢复，工宣队领导体制就面临着一个无法回避的根本问题：难道中国共产党还要在内部根据职业和出身再来划分党员的等级吗？难道知识分子党员或知识分子出身的党员不如工人党员、农民党员可靠，所以学校的党员还得靠工厂、农村里来的党员来领导？显然，这种做法不论是在马克思主义经典作家的理论中还是在党章中都找不到根据。随着学校内党组织的恢复及各种教学活动的展开，工（军）宣队在学校"三结合"体制中的作用逐渐下降，学校的领

① 转引自姚文元：《工人阶级必须领导一切》，《红旗》杂志1968年第2期。

导体制在一定程度上又恢复到"文化大革命"前的状态。1970年大学开始招收工农兵学员后，又一度提出他们的任务是"上大学、管大学、改造大学"，实际上又是在变相地强调学生与作为"资产阶级知识分子"的教师的对立，表现出对学校中知识分子的不信任。

实行"掺沙子"的教师政策。出于对知识分子"资产阶级"属性的判断，出于"资产阶级知识分子统治学校"的估计，教育革命的一个重要内容，是以各种形式向学校里派入工农兵，给原有的教师队伍"掺沙子"，以"打破知识分子独霸的一统天下"。1970年9月22日，《光明日报》发表题为《改造学校教育阵地的一支重要的革命力量》的调查报告。报告说，北京市香厂路小学在1968年11月建立了工农兵讲师团，由32名工人、2名解放军战士和2名贫下中农组成。讲师团除在课堂上给学生忆苦思甜和讲村史、家史、个人成长史等阶级教育课外，"工人师傅结合工厂里的斗争实际讲课，贫下中农在田间、地头给学生讲活的农业基础知识课"，并同时对在校的教师进行"再教育"。报告认为，这样做"建立了工农兵、教师、革命小将三结合备课、讲课的新制度，改变了知识分子独占讲台的现象"。自1968年工人、解放军宣传队进驻学校，各地学校陆续成立了工农兵讲师团。天津、江苏、广东等地还抽调了一批工人、贫下中农任专职教师，或者采取工农与原有教师轮换的制度。这个报告发表后，工农兵讲师团的做法得到进一步的推广。

"文化大革命"中，教师作为学校中的知识分子，受到了双重的压力。首先，他们作为教师，已经有了知识分子的"原罪"之身。其次，他们又工作在学校这个"资产阶级知识分子的一统天下"，更是"错上加错"。江青、张春桥等发展了毛泽东的错误，把对知识分子的政策篡改为"再教育"和"给出路"。在迟群等人炮制的《坚决贯彻执行对知识分子"再教育"、"给出路"

的政策》的报告中①，污蔑清华大学各个教学的基础单位——教研室，"几乎全被世界观没有改造好的教授、副教授、讲师把持着"。据此，报告提出了要对知识分子进行"再教育"，让他们"从思想上、政治上解决恨谁、爱谁、跟谁走的问题"。这个报告为整个教育革命中如何对待知识分子定下了基调，长期成为压在广大知识分子身上的精神枷锁。但是，随着教学活动的展开，知识分子在学校教学、科研中不可替代的重要作用立即突出地表现出来。特别是在1972年周恩来领导的整顿中，教师、学校领导及管理人员的主导作用更是得到相当程度的恢复，但这些不久后又被江青等人当作"右倾回潮""知识分子翘尾巴"去批判。

实行教学、科研、生产三结合的教学体制。1967年11月《人民日报》发表的同济大学教育革命方案中，提出由学校、施工单位、设计单位联合组成教学、设计和施工三结合的统一体。这一设想几经发展之后，到1971年被概括为"开门办学，厂校挂钩，校办工厂，厂带专业，建立教学、科研、生产三结合的新体制"，"把大学办到社会上去"。与此同时，各类学校的学制也明显缩短。学校教育的确要与实践相结合，的确不能只把教育局限在学校范围之内，但凡事都有一个限度，超出了这个限度就只能归于荒谬。而当这种"结合"主要是基于对知识分子的不信任和对理论知识的轻视时，这种荒谬便只能成倍地增加。这种新体制歪曲了教育与生产、理论与实践的关系，否认学校中书本知识和课堂教学的基础性作用，否定学校应以教学为中心，否定学校与社会的差别，用"干啥学啥"和"以干代学"取代了学校的基础教育，用"走出校门办教育"实际上取消了现代社会中教育这一特殊的领域和分工。

实行以"群众推荐"为主的招生制度。1968年7月21日，

---

① 这个报告1969年1月由中共中央、中央文革小组转发。

毛泽东在一个批示中指出："要从有实践经验的工人农民中间选拔学生，到学校学几年以后，又回到生产实践中去。"① 根据这个指示，在 1970 年 6 月 27 日中共中央批转的《北京大学、清华大学关于招生（试点）的请示报告》中提出，招收的学生"要具有三年以上实践经验"，"有相当于初中以上文化程度"，"有丰富实践经验的工人、贫下中农，不受年龄和文化程度的限制"；招生"实行群众推荐、领导批准和学校复审相结合的办法"。与此相应，中学也取消了升学考试。这一招生制度的改革立即给大学教育带来了混乱。被推荐入学的学生中，文化程度有的不到高小，有的是初中或高中。据 1972 年 5 月的统计，北京市 11 所高等学校招收的工农兵学员，初中以上文化程度的只占 20%，初中程度的占 60%，相当于小学程度的占 20%。文化基础方面悬殊的差异给教学工作带来极大的不便。1971 年以后，虽然增加了一些基本文化知识考核，但仍然是以"群众推荐"为主。针对工农兵大学生文化水平参差不齐、不少人文化基础太差的问题，1973 年国务院转发了科教组《关于高等学校一九七三年招生工作的意见》。该意见提出："要重视文化考查，保证入学学生有相当于初中毕业以上的实际文化程度"。据此，当年大学招生实行了文化考核。与此同时，高等教育着手加强基础理论教学工作。但这种仅仅是初步的文化考核旋即受到江青等人的攻击，认为这是"复旧"，是"右倾翻案风"回潮。

高中生不能直接升入大学，中断了他们的学业，违背了青少年系统接受现代科学文化知识的规律和现代教育的基本要求。"群众推荐"式的升学制度貌似平等，实则是给那些有实权和特权的人物把自己的子女、亲戚送进大学从而脱离农村、脱离体力

① 《从上海机床厂看培养工程技术人员的道路》编者按，《人民日报》1968 年 7 月 22 日。

劳动大开方便之门。那些没有特权的学生和家长们，则只有找关系、走门子、请客送礼以打通关节。这一"新生事物"所带来的不过是陈腐特权的泛滥，它以特权、"后门"、"关系"的竞争取代了分数的竞争，从一个特定的方面严重地败坏着整个社会的风气。

在课程设置方面，要求"以大批判开路"，"突出无产阶级政治"，破除繁琐哲学，精简课程。在极左思潮支配下，这种"革命"同样显得荒唐可笑。1969 年至 1970 年间，《人民日报》等发表的一些文章中，提出中学可以不设置物理、化学课，因为其内容"陈腐不堪""崇拜死人、洋人""向学生散布大量毒素"，顶多"拣实用的学学就可以"。① 1970 年 1 月《红旗》杂志第 1 期发表的《文科大学一定要搞革命大批判》一文说：文科大学不必搞什么专业分工，其依据是"要说专业分工，工农兵群众又属于什么专业呢？"这篇文章提出，文科大学"有一条是不可缺少的，就是搞革命大批判"。在教材方面，提出文科要以马列主义经典著作为基本教材，辅之以各种大批判文章，理工科教材要"少而精"，要破除"洋奴哲学""爬行主义"，在三大实践中编写新教材。有人提出，为什么所有物理、化学的基本公式都要冠以外国人的名字，这不就是"崇洋媚外"吗？因而提出要把包括门捷列夫化学元素周期表在内的诸多公式、定律来一番"革命化"的改造。教学方法则要在批判以书本为中心、以教师为中心、以课堂为中心的基础上，"结合生产、科研任务，坚持群众路线，实行新的教学方法"②。

在学制方面。根据毛泽东"学制要缩短"的指示，各地大、中、小学都把缩短学制作为教育革命的一个重要内容。"文化大

---

① 《人民日报》1969 年 7 月 21 日。
② 《人民日报》1970 年 7 月 22 日。

革命"中，新中国成立后的学制受到全面批判："我国高等学校的学制，完全是封建主义、资本主义、修正主义那一套。十七年来，资产阶级知识分子正是利用这种学制统治我们学校的"①。修正主义"拼命延长学制，使学生脱离无产阶级政治、脱离实际、脱离工农兵"，"是为了长时期地大量地向学生灌输封建主义、资本主义和修正主义思想"，"也是为了排斥工农及其子弟"，"因为学制越长，广大工农子弟由于生产需要和经济原因，入学的机会就越少"。② 随着教育革命的展开，大量有关学制的设想也不断见诸报端。例如，上海机械学院提出："理工科大学的学制以二至三年为宜"③。江苏新医学院的学制分别是一年和一年半，江西医科大学为三年，江西理工科大学为二至三年，等等。在中学，1970 年北京二十三中提出的方案是，中、小学实行四、四制，即小学四年，中学四年。中学毕业后，到农村、工厂锻炼两年，再由国家统一安置，或上学，或参加工农业生产，等等。诸如此类的方案有的被付诸实施，但不久后又渐渐统一，不同程度上地回到"文化大革命"以前的学制。

1970 年 7 月 22 日，《人民日报》发表署名"驻清华大学工人、解放军毛泽东思想宣传队"的题为《为创办社会主义理工科大学而奋斗》的文章。这篇在张春桥、姚文元支持下，由迟群、谢静宜等人主持撰写的文章，介绍了当时教育革命中影响很大的一些权威性"经验"。文章介绍清华大学教育革命的"经验"是：1. 工人阶级必须在斗争中牢牢掌握教育革命的领导权；2. 对原有教师坚持边改造、边使用，建立"三结合"的教师队伍；3. 开门办学，厂校挂钩，校办工厂，厂带专业，建立教学、科

---

① 《人民日报》1968 年 1 月 9 日。

② 《人民日报》1968 年 1 月 9 日。

③ 《人民日报》1968 年 9 月 5 日。

研、生产三结合的新体制；4. 培养工农兵学员，必须坚持以阶级斗争为主题，坚持理论与实践的统一；5. 大破买办洋奴哲学、爬行主义，编写无产阶级新教材；6. 结合生产、科研任务，坚持群众路线，实行新的教学方法，如此等等。依据"阶级斗争就是一切"的观点，文章提出"革命大批判是创办社会主义大学的战略任务，是教育革命的一门主课"。文章否定了新中国成立以来的教育方针和教师队伍，声称要"彻底结束资产阶级知识分子对学校的统治"。文章认为"工农兵最懂无产阶级教育"，"工农兵登上教育讲台，是在教育战线两个阶级、两条路线激烈斗争中出现的新事物"。文章歪曲理论与实践的关系，提出所谓"厂带专业"，"结合典型任务进行教学"，"打破过去把基础课与专业课截然分开的界限"。这篇文章发表后，在当时产生了较大的影响，为江青集团炮制教育战线"两个估计"做了舆论准备。

1969年至1972年间，各地大、中、小学教育革命形式多样、经验繁多，但其基本原则大体相同。在教育革命各方面的内容中，有些是沿用以往教育领域中一些正确的做法，有的则是重复1958年教育改革中一些狂热的实验，把一些正确的经验、原则推到极端而成为荒谬，还有一些则是江青、张春桥等别有用心地煽动极左思潮，破坏教育、迫害教师。教育革命造成了学校教学秩序的混乱，教学质量严重下降，德育水平低下，严重地压抑了广大教职员工的积极性，耽误了整整一代青年的健康成长，败坏了社会风气。

1971年4月15日至7月31日，国务院在北京召开全国教育工作会议。会议在张春桥、迟群等人的控制下，形成一种对新中国成立以来至1966年的17年的教育工作及对知识分子只许否定、不许肯定的气氛。张春桥在会议领导小组会上说：17年教育战线"领导权的问题始终没有解决"，"毛主席的路线没有落实"，"名义上是共产党领导，实际上是假的"。一些在会上对张春桥等做法进行抵制和反对的人，被指责为"立场、感情、态度有问题"，被质问为"到底是那条路线上的人"，"这样的人若不转变，能否继续参加会议，值得研究"。会上，凡是不反映 17 年"资产阶级专政"的典型发言材料，会议简报均不予以刊载。

8 月 13 日，中共中央批转了《全国教育工作会议纪要》。这个由迟群主持起草，由张春桥、姚文元修改审定的纪要，封锁了毛泽东有关估计 17 年的教育工作不要过分的指示，抵制了周恩来对教育战线的正确评价，断言"文化大革命"前 17 年的教育战线是"资产阶级专了无产阶级的政"，把广大教师和 17 年来培养出来的学生都说成是"资产阶级知识分子"（通称"两个估计"），指责"学校是资产阶级知识分子独霸的一统天下"。"两个估计"长期成为广大教师以至广大知识分子的沉重的精神枷锁。

（四）不能从总体上肯定的知识青年上山下乡运动

知识青年上山下乡，到农村安家落户，参加集体生产劳动，在 50 年代就已出现。当时，这是作为缓解城市就业压力，解决城镇部分中、小学毕业生就业问题，以大量知识青年支援农业和边远落后地区的一项重要措施。"它的根本出发点，是试图把解决城市失业问题同改变农业生产落后的状况结合起来，进而探索出一条解决中国就业问题的道路"①。在毛泽东的思考中，知识青年下乡还包含着比就业更为重要的理论和政治意义。自 60 年代初起，毛泽东已经越来越侧重从"反修防修"的角度来看待知识青年下乡劳动的问题。他认为，为了反修防修，为了培养千百万无产阶级革命事业的接班人，必须使青年一代在三大实践中，在艰苦的环境中锻炼成长。显然，这是一个富于远见的思想。但

---

① 《上山下乡首先是一个经济问题》，《南方周末》2009 年 5 月 14 日。

是，在"文化大革命"中，在"左"的思想和极左思潮的支配下，上山下乡却演变为一场"以阶级斗争为纲"的、规模空前的政治运动。

"文化大革命"爆发后，各类学校的教学活动即告中断，招生工作也无从谈起。1968年间，随着各地革委会陆续建立，当各级领导有可能考虑学校问题时，大、中、小学毕业生的分配问题及中、小学的招生问题已经是一个刻不容缓的巨大社会问题了。到1968年，北京市已积压三届初、高中毕业生，共39.5万人，青年2万人，共计41万余人。在全国，仅积压在校的66届、67届、68届初、高中毕业生已达数百万人之众。如再加上应毕业的大学生和小学生，这个数字就更为庞大。如此众多年轻好动且又刚刚经历了"天下大乱"的"革命小将"滞留城市，既不能升学，也不能就业，这不仅给他们的家庭带来沉重负担，也成为稳定社会所必须解决的迫切问题。1968年4月，中共中央发出文件，把毕业生分配提上日程。因当时大学尚未招生，中学毕业生无法升学，文件要求各部门、各地方及各大、中、小学面向农村、边疆、工矿、基层（即"四个面向"），及时做好毕业生分配。

60年代初以后，在高度集中的计划经济背景下，中国所有制结构日趋单一，城镇就业途径日渐狭窄。这种状况在"文化大革命"中发展到极端，除公有制企事业招工一途外，城镇实际上已不存在多渠道解决就业问题的可能性。而在1967—1968年间，整个工业正处于衰退之中，除极少数技术人员、技术工人外，根本不可能容纳大量非技术工人。这样，所谓"四个面向"实际上只有面向农村、边疆即上山下乡一种选择了。这样，在形势刚刚有所稳定，全面"斗、批、改"刚刚开始时，数以千万计的中、小学毕业生（包括一些大学毕业生）上山下乡、插队落户便成为一个人们虽不愿正视，但却不得不立即着手解决的迫切问题了。

毛泽东仍然主要是从"继续革命""反修防修""消灭三大差别"等角度来看待、处理这个问题。1968 年下半年，报刊上连续发表了一系列毛泽东有关"再教育"的"最新指示"。例如，要注意对大、中学生"进行再教育"，"使他们与工农结合起来"①，"由工农兵给他们以再教育"②。同年 12 月 22 日《人民日报》的一个编者按中，发表了毛泽东一个更为系统的号召："知识青年到农村去，接受贫下中农的再教育，很有必要。要说服城里干部和其他人，把自己初中、高中、大学毕业的子女，送到乡下去，来一个动员。各地农村的同志应当欢迎他们去"。根据毛泽东的这些指示，当时报刊上反复宣传的是"知识青年到农村去，同贫下中农相结合，不是单纯安置劳动力的临时措施，而是培养和造就革命接班人的重要途径"；"贫下中农是对知识青年进行再教育的好老师，一切有志气的下乡知识青年，都应当下定决心在农村扎根一辈子，革命一辈子"③。在当时舆论工具有关知识青年下乡的大量宣传中，基本不提知识青年就业和安置问题，而只是强调"再教育"和"与工农相结合"，因而使这个原本是解决上千万因"文化大革命"而成为城镇剩余劳动力的知识青年就业而出现的迫切问题，转化为一个主要是解决知识青年接受农民"再教育"的问题；把一个因追求高度计划经济、高度公有制所造成的就业途径日渐狭窄、就业压力不断加大的经济问题，变成一个消灭三大差别的问题；把一个因政治动乱而造成的严重经济、社会问题，变成一个"斗私、批修"的道德问题和政治问

---

① 转引自《落实毛主席的指示就是胜利》，《人民日报》1968 年 9 月 25 日。

② 转引自《关于知识分子再教育问题》，《人民日报》1968 年 9 月 12 日。

③ 《抓好下乡知识青年的工作》，《人民日报》社论 1970 年 7 月 9 日。

题，因而也就成为全面"斗、批、改"的一个有机重要组成部分。

自 1968 年 9、10 月起，全国掀起了知识青年上山下乡的高潮。各地不顾具体条件，在几乎没有任何长远规划、缺乏各种政策与物质保证的情况下，或依靠革命热情，或借助政治压力，一哄而起，在很短的时间里，把大批知识青年下放到农村、建设兵团或农场。截至 1969 年 1 月中旬，北京市知识青年到农村的人数已达三万五千多名。① 同年 6 月，北京市城区 1969 届中学毕业生全部上山下乡。在全国，仅 1968 年底至 1970 年，这个数字就达四百多万之巨。这样一种内容和形式，使这次上山下乡明显地区别于以往，而带有一种强烈的政治运动色彩。知青下乡后，在口粮、住房、医疗、收入分配等方面存在一系列困难，很多人因生活长期不能自给而不得不依赖家长接济，不少人因不能适应农村生活而"倒流"回城里，长期滞留家中。1971 年以后，随着经验的增加及各种相关政策的出台，知识青年下乡工作逐渐规范、统一。知青的口粮、住房得到政策保证，在劳动中与当地农民同工同酬，在生产劳动外广泛地参加了一系列农村社会活动，一些家庭困难、独生子女家庭的知青得到某些照顾，等等。1970 年后，北京市根据中央统一部署，选派一千二百多名干部到延安地区，一面劳动一面协助当地做知青的管理工作，缓解了知青和知青工作中的困难。

自 1970 年起，大学开始试点招收"工农兵学员"，各种企事业单位也先后开始招收一些应届生到工厂或商业部门工作。这一变化深刻地改变了知青下乡的结局。虽然许多知青（特别是回乡知青）仍无法回到城市，但对于那些能够回到城镇的青年来说，"上山下乡"不再等同于"安家落户"，而事实上往往成为一种

---

① 参见《北京日报》1969 年 1 月 19 日。

在招生、招工前带有某种过渡性质的农村劳动锻炼，只是时间长短有所不同。这一变化同时又带来了一系列新的问题。招生招工开始后，一些人不顾各种口头上或宣传中的高调，不顾各种有关规定和社会影响，明目张胆地利用各种形式、大小不一的特权，"走后门"将子女招生、招工、招兵。而那些没有什么背景或"出身不好"的知青，则不得不长期留在农村。大面积的、日甚一日的"走后门"之风严重地破坏了党群、干群关系，败坏了社会风气，破坏了上山下乡的神圣目标，也使号称"促进了人们的思想革命化""全国人民的思想觉悟空前提高"的"文化大革命"处于十分尴尬的境地。

1972 年至 1974 年间，为制止招生、招工中的"走后门"问题，中央曾几次发出文件，在报刊上宣传抵制"后门"的典型，但基本上流于形式。1973 年 4 月，福建莆田地区小学教师李庆霖写信给毛泽东，反映他的儿子因无后门而失去了招生、招工的机会，又因家庭生活困难在农村衣食无着，困难重重。毛泽东在复信中承认"全国此类事甚多"，表示"容当统筹解决"。同年 7 月召开的全国知青上山下乡工作会议，交流、总结了几年来的经验，要求各地党委加强领导、严格检查、总结经验、作出规划。在此之后，上山下乡工作进一步规范化、制度化。

"文化大革命"中，数千万知识青年上山下乡，在农业生产第一线艰苦劳作，普及科学知识，传播文化，从事一些初级技术工作或担任农村基层领导工作，为建设、开发农村、边疆落后地区作出了贡献，他们也在与农民的接触中学到了许多在城市、在书本上学不到的知识，在艰苦的环境中经受了锻炼，增长了才干。在他们中间涌现出一批充满理想主义和务实精神的先进模范人物。但是，大批知识青年在本应接受正规、系统教育的年龄却不得不离开学校，造成了人才生成的严重断层，给中国现代化建设造成了深远的破坏。国家、企事业单位为安置知识青年所支出的二百多亿元经费，经济效益很差，也没有什么政治效益可言。知青下乡不仅给他们的家庭带来了经济上的困难以及思想上的负担，也造成了在一些人多地少的农村与农民争地、争口粮的矛盾。在招生、招工、招兵过程中屡禁不止、愈演愈烈的"走后门"之风，严重地败坏了社会风气。这场规模空前的知识青年上山下乡运动，实际上既未解决知青的就业问题，也没有达到对他们"再教育"的目的。

（五）不了了之的干部下放劳动

重视干部教育，通过各种形式使干部深入实际，同广大工农基本群众保持最广泛、密切的联系，改造世界观，是我们党的优良传统。毛泽东一直认为，在无产阶级专政条件下，我们的党和政府都长期面临着一个怎样才能不脱离群众的严重考验。因此，他特别强调了干部参加集体生产劳动的意义，认为"这是社会主义制度下一件带根本性的大事，它有助于克服官僚主义，防止修正主义和教条主义"①。这一基本思想与"五七指示"中提出的目标、模式相结合，成为"文化大革命"中干部下放劳动的基本原因和依据。

1968年5月7日，黑龙江省革委会在庆安县创办了柳河"五七"干校，组织大批省直属机关干部去干校下放劳动。同年10月5日，《人民日报》发表了《柳河"五·七"干校为机关革命化提供了新的经验》。编者按中说："毛主席最近指出，'广大干部下放劳动，这对干部是一种重新学习的极好机会，除老弱病残者外都应这样做。在职干部也应分批下放劳动。'毛主席的这个指示，对反修、防修，对搞好斗、批、改，有十分重大的意义，应引起我们各级革命干部和广大革命群众的高度重视"。自此，

① 转引自《人民日报》1964年7月14日。

全国各地开始了大规模的干部下放劳动。

实际上，在"文化大革命"中，干部下放的目的从一开始就不仅仅只是"重新学习"或"再教育"，它也是当时革委会因大规模地精简机构，急需安置大批多余干部的需要，是"清理阶级队伍"等运动必须处理一批"有问题"的干部和知识分子的产物，也是1969年大规模战备疏散的结果。大规模的干部下放与当时的知识分子接受"再教育"、知识青年上山下乡、城镇人口到农村落户等融合在一起，在短时间里形成了一个规模巨大的下放、下乡高潮。除少数大、中城市将一些干部下放到工厂当工人外，多数地区多数干部被下放到农村。例如，某省自1968年10月至1969年10月的一年中，先后有八十七万多名干部、教师、医务人员、文艺工作者和他们的家属，以及知识青年、城镇居民被下放到农村，其中干部约七万人。在同一时间里，据不完全统计，黑龙江、辽宁、江苏、湖南、天津七个省、市先后下放的干部有四十多万人（基本上是县级以上机关干部）。有的大城市"为了切断干部与城市的牵连，从组织上、社会关系上保证下放人员树立长期扎根农村的思想"，下放干部的配偶如是工人、营业员的，一般都被动员办理退职手续，同干部一起去农村。有的省下放干部均要实行"五带"，即带党团员关系、行政关系、工资关系、户口及家属子女。有些地方动员国家干部退职、退休下乡落户，甚至宣传"退职就是继续革命，不退职就是不继续革命"，号召干部"从拿工资的革命者变为不拿工资的革命者"，等等。

在阶级斗争扩大化的氛围中，在派性的作用下，在很不正常的人际关系中，许多单位下放干部工作实际上成为排除异己、迫害知识分子，清除各种"有问题的人"的手段。在狂热的气氛中，大批携老带幼的干部被下放农村，他们住房、口粮、医疗等方面存在着许多困难，他们的身体状况已不能适应农村繁重的体力劳动，他们的子女也因此失去了在城市学习、工作的机会。有的干部一家人被分别下放到不同省、区的农村，加之社会舆论方面无形的压力，多数下放干部思想沉重、顾虑重重。

干部下放一般采取两种形式，一种是去"五七"干校，一种是到农村安家落户，各地因情况不同而各有侧重。在"五七"干校，下放干部按部队建制编队，大部分时间参加农业、手工业劳动，工余进行一些理论学习和大批判，或到附近农村参加一些"斗、批、改"活动。在"五七"干校中，特别强调艰苦的体力劳动和生活条件对改造世界观的意义，提倡"汗水洗私心，劳动挖修根"。在江西进贤中央办公厅"五七"干校，要求学员在插秧时"50米不抬头，100米不直腰"。这样高强度的体力劳动，是许多干部难以承受的。"五七"干校人员集中，归口管理，虽然生活、劳动艰苦并经常受到各种名目的批判，但下放干部毕竟仍然生活在原来比较熟悉的群体环境之中。

1971年1月31日，新华社一篇报道说，近两年来，中共中央和国务院各部门先后创办了一百多所"五七"干校，近九万名干部到干校劳动锻炼。这种形式对于巩固无产阶级专政，防止资本主义复辟，建设社会主义具有深远意义。各机关要对在职干部下放劳动作出计划，形成制度，坚持下去。

另一种形式是到农村安家落户。在1968年至1969年的下放高潮中，这种方式被认为是更优于"五七"干校的。原因是"能使干部更直接、广泛地接受贫下中农再教育，把精简上层同充实基层结合起来，把接受贫下中农再教育同搞好农村'斗、批、改'结合起来，把改造主观世界同改造客观世界结合起来"。1969年12月9日，《人民日报》发表《红旗》杂志第12期的一篇文章《论干部插队落户》。文章介绍了江西省各级革命委员会迅速掀起一股干部下放插队落户的热潮的经验，认为这同办好"五七"干校、干部下厂当工人一样，是一项新生事物。机关干部到农村，加深了对农村、农民的了解，得到了某种锻炼。但是，因为组织行政关系的改变，处于下放劳动、接受"再教育"的地位，加之居住分散，不熟悉环境，携家带口，不得不为维持全家生计付出大部分精力，下放干部实际上很难发挥应有的作用，在农村处于自流状态。在下放的最初几年，一些人"倒流"回城，一些人在农村艰苦度日，一些人被长期借调到县里、公社里工作。1970年以后，"五七"干校逐渐成为下放干部的主要形式，在农村落户的干部多数也陆续回到城里，返回原单位，还有一些就地安排了工作。

1970年12月1日至1971年1月26日，在北京召开了中央和国务院各部门"五七"干校工作会议，1971年2月28日，中央批转中央机关"五七"干校会议领导小组《关于进一步办好中央机关"五七"干校的报告》。报告提出，办"五七"干校是培养无产阶级干部队伍的一项重要措施，对于促进机关革命化、加速"斗、批、改"，巩固无产阶级专政，建设社会主义有深远意义，"五七"干校必须长期办下去。1971年间，各地都召开了相应的会议。会后，各地"五七"干校的工作得到进一步加强，校内机构、课程设置、教学方法等也趋于统一。"文化大革命"结束后，"五七"干校逐渐被各级党校所取代。

全面"斗、批、改"涉及上层建筑和经济基础中的所有领域和部门。除上述几项主要内容外，还有其他诸如文艺革命、医疗卫生革命、商业改革、工厂管理体制改革、农村有关体制改革、金融体制改革等一些重要内容。虽然内容千差万别，但其中一些基本点都十分相似或相近。这里，既有"大跃进"中限制"资产阶级法权"的未竟理想，也有1962年后"以阶级斗争为纲"的坚定信念；既有"五七指示"缩小差别和分工的热烈憧憬，又有"天下大乱"之后十分现实、迫切的经济、社会需求；既有正确的、宝贵的思想火花，也有对社会主义的误解；既有毛泽东对理想社会执着的追求，也有林彪、江青集团的破坏，等等。由于指导思想上的失误，这些活动的结果都表现出主观与客观、动机与效果背离的特点。"斗、批、改"非但没有实现和接近它所许诺的那个理想社会，反而加深了各种社会矛盾，增加了人民的痛苦，败坏了社会风气。"斗、批、改"运动既是"左"倾理论和实践进一步普及的阶段，也是其荒谬性进一步暴露并逐渐失去人心的过程。林彪事件发生后，"斗、批、改"便很少再被提及。

四、国民经济的恢复性增长与"新跃进"

（一）国民经济的初步恢复

"抓革命，促生产"是"文化大革命"的纲领性口号之一，是当时中国经济发展政治化的高度概括。按照当时流行的观点，"文化大革命"的"伟大胜利"，必然造成经济建设的高涨，推动生产力的巨大发展。不间断的继续革命，必然推动经济不断高涨和发展，被认为是中国现代化的正确道路。主要是在这样一种思想指导下，在全面"斗、批、改"阶段，在国民经济比较迅速的恢复过程中，又出现了一次持续两年之久的经济冒进。

1969 年初，《人民日报》的一篇社论断言："无产阶级文化大革命以极其雄伟的力量，推动着我国社会主义建设迅速发展"，"促进了广大人民群众革命和生产积极性的空前高涨"，工业生产的新发展，"来势比人们预料的要快，它的基础比过去任何时候更深厚"。[1] 九大政治报告也说："可以断言，无产阶级文化大革命的伟大胜利，必将继续促使经济战线和我们的整个社会主义建

---

[1] 《抓革命，促生产　夺取工业战线的新胜利》，《人民日报》1969年 2 月 21 日。

设事业出现新的跃进"①。这也就是说，"文化大革命"的"伟大胜利"必然会引发一个经济建设的高潮。对政治以及政治与经济相互关系的这种歪曲性理解，成为经济冒进产生的主要理论依据和动力。

随着形势逐步趋于稳定，1969 年国民经济有所好转。工业生产在经过 1967 年、1968 两年连续下降后，有了明显回升。但是，这种增长带有明显的恢复性质。"天下大乱"所造成的严重后果远未消除，工农业主要产品的产量大部分指标仍然低于或大体相当于 1966 年的水平，国民经济中各种比例严重失调，计划机构和各经济部门的工作因"全面夺权"被严重削弱，各种"左"的和极左思潮严重地阻碍着正常生产、工作秩序的恢复。由于对这种恢复性的增长缺乏正确认识，认为这种增长正是"文化大革命"胜利的产物，预示着"一个工农业生产的新高潮正在出现"②，因而助长了盲目冒进的情绪。广大干部、群众在经历了"天下大乱"之后，迫切希望结束动乱，稳定形势，恢复秩序，把生产搞上去，改善、提高物质生活水平。而在 1969 年的战备高潮中，大战在即的严重估计使得一切经济工作都有了一种"与帝、修、反争时间、抢速度"的强烈紧迫感。此外，在趋于稳定的环境中，传统计划经济体制也开始比较正常地运转，它所固有的"投资饥渴症"和扩大外延生产的冲动等特征也开始发挥作用。正是在这一系列因素的作用下，一次新的经济冒进难以避免地发生了。

（二）"三个突破"

1970 年 2、3 月间召开的全国计划会议，讨论拟定了《1970

---

① 转引自《红旗》杂志 1969 年第 5 期。

② 《人民日报》、《解放军报》、《红旗》杂志 1970 年元旦社论。

年国民经济计划和第四个五年国民经济计划纲要（草案）》（以
下简称《计划纲要（草案）》。根据新的世界大战随时可能爆发
的估计及"以战备为纲"的指导思想，出于对经济形势过于乐观
的估计，会议把对付外敌突然袭击和大规模入侵当作压倒一切的
中心任务。会议提出了"以阶级斗争为纲，狠抓战备，促进国民
经济的新飞跃"的口号，强调集中力量建设大三线战略后方。会
议拟定的《计划纲要（草案）》的总要求是："四五"期间要狠
抓战备，集中力量建设战略后方，建立不同水平、各有特点、各
自为战、大力协同的经济协作区，初步建成独立的、比较完整的
工业体系和国民经济体系。其主要内容为：

1. 根据毛泽东关于经过四个五年计划"可以有 3500 万吨到
4000 万吨钢"的设想，规划提出 1975 年钢产量为 3500 万至 4000
万吨（比 1970 年增长 106% 至 135%），生产能力达到 4000 万吨
以上。到 1975 年，东北、华北、华东、中原和西南经济协作区
钢的生产能力都将达到 600 万吨以上。各省、市、自治区都要有
一批中、小钢铁企业，许多地、县也将建立起自己的小矿山、小
铁矿、小钢厂，形成大中小结合、星罗棋布的钢铁工业布局。

2. "四五"期间将内地建成一个部门比较齐全、工农业协调
发展的强大战略后方，内地的工业要大分散、小集中，不搞大城
市；工厂布点要"靠山、分散、隐蔽"，特殊、重要工厂的关键
设备或车间，有的要"进洞"。

3. 把全国划分为西南、西北、中原、华南、华东、华北、
东北、山东、闽赣、新疆 10 个经济协作区。每个大协作区都要
有计划有步骤地建设冶金、国防、机械、燃料、动力、化学等工
业，建设比较强大的农业、轻工业和比较发达的交通运输业。山
东、闽赣、新疆地区要建立小而全的经济体系。

4. 农业要以粮为纲，全面发展，尽快扭转南粮北调状况。
1975 年要求按农业人口平均每人达到 1 亩稳产高产农田，耕作机

械化程度达到 40% 至 50%。

5. 大力发展地方"五小"工业，各省、市、自治区都要建立小煤矿、小钢铁厂、小有色金属厂矿、小化肥厂、小电站、小水泥厂和小机械厂等，形成为农业服务的地方工业体系。为实现地区经济的自给自足，全面下放管理权限，各部直属企业绝大部分下放给地方管理，基本建设实行分级管理，大多数项目由地方统筹安排。

6. 加速发展石油、天然气和电力工业，积极改变燃料构成。江南各省、自治区要力争 1972 年做到煤炭自给，扭转北煤南运状况。

7. 大家动手办机械工业，各行各业都要自己武装自己。多数省、市、自治区要逐步做到能够成套地提供单机、机组和车间、工厂所需的设备。

8. "四五"期间，除少数产品由于受资源限制，需要由国家统一调配外，一般轻工业产品都要根据各自的条件，尽可能做到省、自治区自给。

"显然，第四个五年计划依然沿袭着急于求成、盲目冒进的弊端，片面强调高积累，过分突出重工业，一味追求生产上的高指标，而忽视了经济效益和人民生活，严重地脱离了当时的实际"①。

根据"四五"计划的总体要求，会议又具体确定了过快过急的 1970 年的各项经济工作指标和任务。会议确定，1970 年工业总产值 2100 亿元，比上年增长 17%；基本建设投资 228 亿元，比上年增长 46%；大中型建设项目 1113 个，其中大三线战略后方的建设项目 663 个；财政收入 580 亿元，比上年增长 12% 左

---

① 《中华人民共和国经济史》上卷，经济科学出版社 1999 年版，第478 页。

右；对外贸易出口 20.6 亿美元，进口 23.1 亿美元。工农业主要产品产量指标是：粮食 4500 亿斤；棉花 5000 万担至 5200 万担；钢 1600 万吨至 1700 万吨；煤 2.8 亿吨至 2.85 亿吨；电 1050 亿度至 1100 亿度；原油 2600 万吨，等等。

为确保上述任务的完成，1970 年计划提出：大力发展农业，加快农业现代化的进程；积极发展"五小"工业，尽快做到县县有农机修造厂；着手进行建立经济协作区的试点工作；搞好企业下放，争取在年内完成。1970 年国民经济计划经党的九届二中全会批准下达。为完成这些计划，九届二中全会还提出了经济体制改革的要求：1. 企业下放；2. 实行物资包干，扩大地方物资管理权；3. 实行财政收支包干，扩大地方财政管理权；4. 实行基本建设投资包干，扩大地方基本建设安排权；5. 实行"块块为主，条块结合"的计划管理体制，扩大地方的计划管理权；6. 简化税收、信贷和劳动工资制度，扩大地方管理权限；7. 提高生产公有化程度。会议还大力推广上海梅山铁厂和湖北焦枝铁路建设中批判"专家路线""大洋全"和"条条专政"，大搞群众运动的经验。①

按照"文化大革命"中"抓革命，促生产"的经典理论，出于广大干部、群众迫切希望发展生产、改善生活的愿望，又由于对发展经济的盲目乐观以及战备的紧张气氛，《计划纲要（草案）》下发后，各地、各部门在讨论、执行中，又进一步层层加码，导致经济建设中的冒进之风高涨起来。

早在 1969 年 8 月，首都钢铁公司向武钢、包钢、太钢、重钢发出开展革命竞赛的倡议和挑战书。倡议提出了竞赛的五个条件：一是深入持久地开展革命大批判；二是搞好领导班子革命

①　参见《共和国史记·第 3 卷》（上），吉林人民出版社 1996 年版，第 531—532 页。

化；三是努力完成和超额完成国家计划；四是改革不合理的规章制度；五是大力开展"三结合"的技术革新运动。9月10日，新华社对此作了报道，立即在全国引起强烈反响，各行各业纷纷响应。9月13日，新华社又报道，武钢、包钢、太钢、重钢热烈响应首钢的革命竞赛倡议。《人民日报》发表短评《社会主义的革命竞赛》指出，倡议"显示了无产阶级文化大革命的伟大成果和深远意义"。此后，各种舆论工具纷纷对此大加宣传，称这一活动是"大跃进的先声，是社会主义建设高潮到来的信号，是三年'文化大革命'的必然结果，是毛主席的伟大战略部署"。

根据《计划纲要（草案）》精神，1970年3月，在《鞍钢宪法》发表十周年之际，鞍钢率先在全国提出了五年内钢产量翻一番的口号。这一口号得到了毛泽东的赞同，并迅速在全国得到广泛、热烈的响应。在1970年初各省、市、自治区召开的计划工作会议上，在同年召开的煤炭、冶金、水电、轻工业、电子、棉花、对外贸易、财政银行等一系列专业会上，许多地区和部门纷纷提出"翻番""跃进"的口号，盲目追求高指标、高速度。

在1970年5月中旬至6月上旬冶金部召开的全国重点钢铁企业座谈会上，讨论制定了1970年和"四五"期间的计划任务。在狠抓"经济领域里的阶级斗争和路线斗争"的口号下，根据毛泽东1957年11月在莫斯科会议上提出的，中国经过第四个五年计划"可以有3500万到4000万吨钢"的设想，确定：1970年全国产钢1700万吨，力争超过历史最高水平；到1975年，产钢4000万吨，生产能力达到5000万吨；基本建成内地的钢铁基地，并在各经济区建立起比较完整的、不同水平和各有特点的钢铁工业体系。为完成这个庞大的计划，会议提出的主要措施有：1. 继续狠抓经济领域里两个阶级、两条道路、两条路线的斗争；2. 下放企业，充分发挥地方的积极性，冶金部原有70个直属钢铁企业，除两个独立矿山外，全部下放地方管理，实行双重领导，以地方为主；3. 加快内地钢铁基础建设，贯彻执行大中小并举、土洋并举的方针和自力更生方针；4. 狠抓采矿、选矿、烧结薄弱环节，加快攀枝花、昆明、重庆、水城等钢铁厂的矿山建设；5. 大力降低物资消耗定额；6. 积极支援中小钢铁企业的发展；7. 坚决保证产品质量；8. 做好生产能力的平衡工作；9. 加强企业管理，坚持合理的规章制度，改革不合理的规章制度，等等。①

在省一级地方，江西省提出从 1970 年起，5 到 7 年实现"农业四化"；浙江省提出"革命加拼命，实现粮食千斤省"；湖南省提出 1975 年全省建成"小而全"的工业体系，十年建成先进工业省；黑龙江省则提出在 1970 年内新建 90 个小高炉。在工业部门中，煤炭行业提出"大干三年，扭转北煤南运"，力争 1975 年煤炭产量跃居世界第一；电力行业提出到 1972 年要实现"发电量翻一番，全国县县都有电，到 1975 年翻两番以上，达到 7000 万千瓦以上，超过英国和德国"，等等。

为实现这些目标，各行各业掀起了名目繁多的会战高潮，电子会战、农机会战、钢铁会战、汽车会战、化肥会战、绿化会战等层出不穷。江西省提出掀起"第二次工业革命"高潮，确定会战目标是工业"两个突破""一步炼钢法"和农业"一化带七化"（"两个突破"指机械工业无切削加工工艺和开发新产品不经过设计阶段；"一步炼钢法"指用矿石直接炼钢，被吹嘘为"世界钢铁工业的大革命"；"一化带七化"为思想革命化带动社社队队公路化、耕地园田化，运输车子化、水稻矮秆良种化、养猪饲料糖化、水利化、绿化）。南昌县革委会进一步提出"举旗抓钢，全力以赴，死打硬拼，两个月实现'七化'"。该省从年初

---

① 参见《共和国史记·第 3 卷》（上），吉林人民出版社 1996 年版，第 551 页。

开始组织全省钢铁大会战，突击建设 15 个小型钢铁企业，并计划通过"汽车会战"和"拖拉机会战"，到 1971 年生产 1 万辆井冈山牌汽车和 10 万台安源一七型拖拉机，形成每个县造拖拉机和每个专区造汽车的局面。广东东莞县在动员群众搞大兵团作战时，到处流行着"快马加鞭未下鞍，大战 1970 年"以及"大干、特干、拼命干，活着干，死了算"一类的口号。经过遍及全国的汽车会战，到 1970 年底，全国已有 28 个省、市、自治区能成批生产汽车。会战高潮中，全国基建规模迅速膨胀，国家基建计划一再被突破，地方自筹投资在总投资中所占比重越来越大。与此同时，中央部委和各省、市、自治区急速、盲目地向地方下放直属企业管理权限，以满足建立小而全的经济体系的需要，从体制上助长了各地冒进之风的蔓延。各地争相攀比上项目、铺摊子，地方"五小"工业（小钢铁、小机械、小化肥、小铁矿、小水泥）迅猛发展。

经过一年努力，1970 年国民经济取得较大发展，工农业总产值 3138 亿元，比上年增长 25.7%。其中，农业总产值 1058 亿元，增长 11.5%，工业总产值 2080 亿元，增长 30.7%，国民收入 1926 亿元，比上年增长 23.3%。1970 年经济发展的实际水平基本上完成了第三个五年计划原定的主要指标，大部分工农业产品产量超过 1966 年指标。但是，这种盲目冒进的建设和体制变动带来了许多严重的后果。例如，以钢铁为中心的重工业生产增长过快，基本建设规模过大，造成了积累和消费比例关系的失调，产业结构再度出现了严重的不平衡；急速扩大内地建设，把大量投资投在内地导致经济效益下降，给整个经济发展带来严重后果；片面强调自给自足和"五小"工业，阻碍了各地经济优势的发挥，造成很大的浪费和损失；盲目急速地下放企业管理权限，打乱了原有协作关系，削弱了中央宏观调控能力，加剧了管理混乱，产品质量严重下降，设备失修、事故增多，等等。

1970 年经济发展中的问题引起了党中央和毛泽东的注意。毛泽东在当年 11 月的一次谈话中提出,不要太急了,急了会吃亏的,现在倒要警惕,要防止有些人动不动就要翻一番。他提出,一是材料不够,二是设备投资跟不上,全国紧张。周恩来当时也多次讲到,"每计划一件事,要想到留有余地","在突飞猛进时,要防止不顾一切的倾向"。他强调要搞好综合平衡,"县要平衡,地区要平衡,大区要平衡,全国要平衡"。

1970 年 12 月至 1971 年 2 月召开的全国计划会议上,低估了 1970 年经济工作中的各种问题和矛盾,仍然盲目地追求不切实际的高速度。会议编制的 1971 年年度计划中,根据"四五"计划中原已安排过高的指标制订 1971 年的国民经济计划,同时提出要把在当年实际钢产量突破 2000 万吨的设想当作一项政治任务来完成。另外,计划也根据毛泽东和周恩来的有关指示,提出在生产建设中既要反对右倾保守思想,又要防止不顾客观条件,什么都要大办的倾向;既要注意数量,又要强调品种和质量,注意经济核算,讲求实效;既要高速度,又要按比例;既要解放思想,又要尊重科学,等等。计划还强调要控制基本建设规模,控制职工人数,加强对农业的支援。但是,由于"左"的指导思想仍然处于支配地位,再加上经济政治化所带来的普遍的轻视经济规律的情绪,急于求成的巨大惯性,以及中央宏观调控能力的减弱等因素的影响,1971 年计划中正确的思想和方针并没有在实际工作中产生多大影响,国民经济进一步畸形发展,经济建设中的冒进之风有增无减,造成了严重的后果。

1971 年底,中国国民经济出现了"三个突破"的严重局面,即职工人数突破 5000 万,工资总额突破 300 亿元,粮食销售量突破 800 亿斤,大大超出预定的计划。1972 年,"三个突破"的问题继续有所发展。为解决粮食销量超计划造成的困难,除了进口粮食外,还挖了国家的粮食库存,造成了"一个窟窿"。国民经济一系列比例关系严重失调，市场供应紧张，物价上涨，人民生活水平下降。经济冒进给国民经济造成的破坏，已到了不再进行一次大规模的调整和整顿就难以为继的程度。

1972 年至 1973 年间，根据周恩来的指示，国务院采取果断措施对国民经济进行调整。针对"三个突破"，国务院要求大力压缩基建规模，精简职工人数，加强对劳动工资的宏观调控；整顿粮食统销工作，压缩不合理供应；调整农业、轻工业和重工业的比例关系，把农业放到国民经济首位，把钢产量等高指标减下来；调整国防建设与经济建设的关系，适当降低国防建设费用；降低"四五"计划中原定的各种过高的经济指标；加强经济工作中的集中统一领导，强调统一计划和遵守纪律，等等。针对经济领域中存在的诸如企业管理混乱、国家计划失去严肃性以及农村中存在的"穷过渡""割尾巴""扩社并队"等歪风，国务院通过整顿和加强企业管理，坚持统一计划和加强纪律，以及在农村中重申"农业六十条"等措施，使问题得到了一定程度的缓解。

经过 1972 年和 1973 年近两年的调整，在全局性的"左"倾错误没有根本纠正、经济工作中仍然存在不少问题的情况下，经济冒进造成的危害至 1973 年下半年得到较大程度的缓解，经济形势明显好转，1973 年国民经济计划的主要指标都完成和超额完成。工农业总产值达到 3967 亿元，比上年增长 9.2%，国民收入达到 2318 亿元，比上年增长 8.3%，财政收入达到 809.7 亿元，比上年增长 5.6%，实现收支平衡，1973 年成为那几年中国民经济形势最好的一年。

（三）"五小"工业与社队企业的崛起

"文化大革命"中，中国经济发展中一个引人注目的现象是地方"五小"工业和社队企业的发展。在 1970 年 2、3 月间召开的全国计划会议上，提出了加快农业机械化的要求。同年 8—10

月间国务院召开的北方地区农业会议上，在周恩来的领导和支持下，针对"文化大革命"初期全面动乱对农业造成的破坏，重申了"农业六十条"等曾被批判、但确实行之有效的农村政策，初步扭转了动乱以来农村工作中的混乱状态。这两次会议都强调各地要建立自己的"五小"工业，形成为农业服务的小而全的工业体系，提高农业机械化水平。自1970年起，党中央不仅从财政上拨巨款专门扶植地方"五小"工业，而且出台了一系列优惠政策。

1970年7月25日至8月20日，在财政部召开的全国财政银行工作座谈会上，提出要积极支持地方"五小"工业的发展。要求在今后5年内安排80亿元专项资金，由省、市、自治区统一掌握，重点使用。新建的县办"五小"企业在两三年内所得的利润，可留60%给县。对于暂时亏损的"五小"工业，经省、市、自治区批准，可以由财政予以补贴，或者在一定时期内减税免税；资金确有困难的，可由银行或信用社贷款支持。根据这些精神，各地财政对"五小"工业的投资逐渐增加，总数由1970年的100万元猛增到1973年的1.48亿元。1970年的管理体制下放，又使地方政府获得了较多的自主权。这一系列条件促成了地方"五小"工业的迅速发展。

1970年8月10日，国家建委发出的《关于当前基本建设情况的报告》中反映，上半年"五小"工业发展猛、进度快、投产多，是前所未有的。小化肥厂建成投产的有150座，小水泥厂建成投产的300个左右，小水电站正在建设的有1.2万多处。河南省县县都有了小农机厂，并已普及公社一级。黑龙江省上半年县社队办了5200多个小企业，大大提高了省内的设备成套能力和产品自给水平。东北、华北、西北各省为实现轻工业产品自给，以中小型为主，兴建一批轻工项目。全国上半年建成的小化纤厂65个，小洗衣粉厂24个，小甜菜糖厂91个，小塑料原料厂35

个。到 1970 年底全国就有近 300 个县、市兴建了小钢铁厂，90%的县建立农机修造厂，20 多个省、市、自治区兴办了手扶拖拉机厂、动力机械厂和农机具制造厂。1970 年地方小钢铁厂的炼钢能力较 1969 年增长 1.5 倍，生铁产量增长 1.8 倍。与此同时，社队企业也获得很大发展。1970 年全国社队企业产值为 67.6 亿元，是 1965 年的 2.3 倍。不少社队用办企业所得收入增加对农业的投入，支持了农业的发展。虽然当时地方"五小"工业和社队企业的发展中存在着不少问题，但它们的迅速发展毕竟吸纳了大量农村富余劳力，增加了农民的收入，培养了一批生产经营人才，初步改变了农村的经济结构，为"文化大革命"结束后乡镇企业的崛起打下了一定的基础。①

取得这些建设成绩当然不是"文化大革命"和"抓革命，促生产"的结果，而是各级干部和广大群众排除"左"的或极左思潮干扰共同奋斗的结果。这一时期在一些重大工程项目和科技项目上取得的成果，也是十分引人注目的。在铁路建设中，1970 年 7 月建成成昆铁路，1972 年 10 月建成湘黔铁路，1973 年 10 月建成襄渝铁路，连同此前建成的宝成、川黔、贵昆铁路，改变了西南地区长期交通梗阻的闭塞落后状况。这些铁路干线建设的工程异常艰巨，施工条件极为恶劣，它们的顺利建成，不仅是中国铁路建设史上的创举，在世界上也属罕见。在科学技术领域，1970 年 4 月中国成功地发射了第一颗人造地球卫星，标志着中国在宇宙航天技术方面取得了历史性的突破。作为中国能源建设中一个重要支柱的大庆油田，也在克服"左"倾错误干扰的过程中，使油田开发工作从 1971 年起走上正常发展的轨道。原油产量长时期保持持续和高速的增长，到 1975 年已达到年产 4625.9 万吨，为全国原油产量突破 1 亿吨奠定了基础，并且取得在科学技术和

---

① 参见《当代中国的农业》，当代中国出版社 1992 年版。

经营管理上建设这类特大油田的丰富经验。所有这些都表明，工业科技战线上广大的工人、工程技术人员和干部，同其他战线上广大的干部和群众一样，在长时期社会动乱的局面下，始终以党、国家和人民的利益为重，排除万难，辛勤劳作，努力在自己的岗位上为社会主义建设多作贡献。这些多方面的贡献，显示了中国人民在爱国主义、社会主义旗帜下所凝聚起来的巨大力量。

五、没有文化的 "文化大革命"

（一）文风和语言

"文化大革命" 把 "假、大、空" 的文风推向极端。各种文章都遵循着 "小报抄大报，大报抄梁效"① 的套路，穿靴戴帽、套话连篇、言之无物，用语极度夸张，套话、空话、废话盛行，千篇一律的表面文章充斥各种报纸、杂志。

1967 年 1 月 26 日的《山西革命造反总指挥部全体革命造反派给毛主席的致敬电》的开头写道，最最最最敬爱的领袖毛主席：我们山西革命造反总指挥部全体革命造反派，向您——我们心中最红最红的红太阳致以最崇高的无产阶级 "文化大革命" 的战斗敬礼！当我们听到中央人民广播电台广播我们总指挥部的第一号通告和看到人民日报社论《山西省无产阶级文化大革命的伟大胜利》的时候，我们的心情万分激动，这是您对我们最大的关怀，最大的鼓舞，最大的支持，最大的鞭策。在您老人家的伟大思想指引下，我们山西革命造反派，从山西省委内 "一小撮走资本主义道路的当权派" 组成的 "反革命修正主义集团" 手中把

---

① 梁效，即 "两校" 的谐音，是 "文化大革命" 后期北京大学、清华大学批判组的笔名。

大权夺过来了！我们纵然高呼一千遍一万遍"毛主席万岁"，也呼不尽我们对您无限热爱的心情；我们纵然高唱一千遍一万遍《东方红》，也唱不完我们永远跟着您闹革命的决心。①

另一类文章标题也经常见诸报端，如"全中国人民的最大幸福，全世界人民的最大幸福，我们伟大的领袖伟大的统帅毛主席身体非常非常健康精力非常非常充沛。国庆前夕，广大军民无比幸福地欢庆这个喜上加喜的特大喜讯，激动地高呼：'毛主席万岁！万万岁！''祝毛主席万寿无疆！万寿无疆！'他们一致表示，一定要更好地活学活用毛主席著作，树立毛泽东思想的绝对权威，毛主席的话坚决听，毛主席的指示坚决执行"。② 整整十年中，诸如此类的文字、文风充斥报纸、广播和书刊，一副面孔、一个模子，千人一面、万众一词。报纸杂志上如此，在公共生活中，凡为文或作报告，必定是先谈国际形势，再谈国内形势，再谈本地区、本部门、本单位形势。而形势在任何时候都是"一片大好"，"不是小好"，一片"莺歌燕舞"。说完形势后才进入正文。所谓正文，除了那些专横武断的批判和讨伐外，也多是一些空洞无物的内容或要求。在"以阶级斗争为纲"的高压下，为确保万无一失，报告、讲话对人们关心、迫切要求回答和解决的问题避而不谈，专讲那些不着实际的空话、套话、假话。人人小心翼翼，谨小慎微，唯恐一言不慎，招来政治灾难。

在当时政治环境与形而上学绝对化、片面化思维方式的影响下，中国的文字也失去了本应有的丰富性、多样性。"文化大革命"的语言单调、专横、武断。其中"不是……就是""宁要……不要"及其他空空洞洞的同义重复等句法格式的使用频率相当高。另外，命令句、祈使句使用得也很多。因为这类句式适应

---

① 参见《人民日报》1967 年 1 月 26 日。
② 《人民日报》1967 年 9 月 30 日。

极左思潮的需要，能够表达帮八股的特点。当时，语言的运用出现两个极端，一是空前的"统一"，二是空前的混乱；以及总体的"干瘪"和在某些局部的"臃肿"。所谓总体"干瘪"，即"文化大革命"语言在语法方面的表现比较单调、统一，缺少因为追求表达的多样化而促生的各种变化。这是一个封闭型社会里语言现象的主要特点。所谓局部"臃肿"，是指一些语言或用法往往有较高的使用频率，几乎所有的相关用例都有比较强烈的或褒或贬的感情色彩。其原因不外乎在当时极端阶级斗争扩大化的背景下，掌握话语权的"革命派"为表明自己爱憎分明的阶级立场，一方面创造出许多祝颂形式表明自己对领袖、对"革命"的"无限热爱"和"无限忠诚"，如"最……最……最……""四个伟大"；另一方面，对阶级敌人、"牛鬼蛇神"要"批倒批臭"，处处极而言之，"贬斥表达系统发达，贬义形式为数众多"。两者结合，造成语言、语法的"臃肿"。①

在政治高压和极左思潮笼罩下，社会公共生活中充满了"革命"词语。根据刁晏斌对《人民日报》的检索，对此可见一斑②：

年份	1947	1957	1967	1977	1987	2005
用例数	507	3164	6658	4581	1733	1565
词频	50.7	158.2	443.9	323.4	86.7	39.1

表中可见，在"文化大革命"中，"革命"一词使用频率最高，用例数比此前的 1957 年高出一倍多，更是 1947 年革命战争

---

① 参见刁晏斌：《试论"文革"语言语法的特点》，《山西师大学报》（社会科学版）2008 年第 2 期。

② 表中所用词频是指每百万字的出现次数，如 50.7 表示在 100 万字中出现 50.7 次。

年代的 13 倍。除此之外，可以归之于"革命"的词语还有很多，使用的范围也是其他历史时期不能比拟的，例如"专政、夺权、批判、辩论、搏斗、驳斥、铲除、打击、回击"等。[1]

革命词语的泛滥是"文化大革命"初期盲目的革命热情和造反氛围的产物。"文化大革命"中、后期，这种词语虽然有所减少，但仍远远超出社会发展常态的需要。重要的是，它只是日甚一日的形式主义、党八股的摆设。

如此文风和文字，折射着当时僵化的思想、险恶的政治生态，扼杀着社会的生机和一切创新的动力。

（二）"文化大革命"中的地下阅读

"文化大革命"中，知识和知识分子受到了空前的贬抑，轻视知识、轻视人才甚至已成为一种社会风气。知识分子似乎天然地具有"资产阶级"的属性，被戏称为"臭老九"，"读书无用论"也曾风靡一时。但这只是社会生活的一个方面。即使是在当时，已有越来越多的人发现，这种状况并非社会发展的常态，总有一天知识是会受到重视的，人才是受人尊重的，总有一天人们受教育的程度必然会与社会地位、经济收入成正比的。1970 年大学开始招生后，那么多有权有势的人丝毫不顾及"社会影响"，通过种种"后门"，把子女、亲属送进大学，从反面印证了这种认识的普遍性。

"文化大革命"并不完全是一片文化沙漠。在当时表面一片肃杀的寒流中，无数渴求知识的希望种子潜入地下，刻苦读书学习，独立思考，顽强地生存，慢慢地发芽，在春天到来时希望的田野上，成长为一片生机盎然的广袤树林。

---

[1] 参见刁晏斌：《"文革"时期的"革命"词语及其使用》，《宁夏师范学院学报》2008 年第 1 期。

一位当年北京的初中学生回忆说，在"文化大革命"初期狂热的造反中，一些游离于运动的非"红五类"家庭出身的学生，已经开始依据自己的知识和实践对"文化大革命"作另外的思考。最初，他们不敢逾越毛泽东的有关理论，但总想从新的角度探讨"文化大革命"的起源和性质。他们依据毛泽东有关特权阶层、"官僚主义者阶级"的理论，认为"走资派"只是一个特权阶层而不是一个政治派别，因而"文化大革命"只是一场社会斗争而不是党内权力斗争。1966年底开始批判"资产阶级反动路线"后，一批失势的"老红卫兵"也开始反思"文化大革命"的理论。到1968年急风暴雨式的运动过去后，三年起起伏伏的经历促使更多的学生开始反思。读书的人多了，书的来源广了，北京中学生中甚至还出现过一些以读书和探讨政治问题为主题的群体。他们读马克思、恩格斯，读黑格尔、费尔巴哈、马迪厄，"对恩格斯关于欧洲1848年革命的一段评论佩服得五体投地"。当他们看到德热拉斯的《新阶级》后，"又感到十分兴奋，感到顿开茅塞"。下乡插队后，面对社会底层生活的现实，这些学生们的读书活动达到一个新的高潮。当时黑龙江、云南、内蒙古的生产建设兵团、农场及其他一些知识青年集中的地方，都曾存在过一些零零星星的自发的学习小组一类的松散组织。劳动之余，他们挑灯夜读，热烈讨论、书信往来、深沉思考。1970年初春节回北京探亲时，一些知识青年谈论的已不是"文化大革命"的政治斗争和奇闻轶事，而是农村道路、农村政策问题了。其中个别学生甚至已经指出，农业生产力上不去的根本原因，不是"四清"和"文化大革命"反复整的所谓干部问题，而是人民公社的体制问题。1971年"九一三"事件使这些敏感的青年受到极大震动。"对他们来说，'思想解放的魔鬼'实际上从那时就放出笼了。他和同学们的精神堤坝开始崩溃"。①

在图书匮乏的"文化大革命"中，除了那些被当成"四旧"的古今中外名著外，一些本来只是作为"内部读物"的译著也成为众多青年传看者的"精神盛宴"。其中有《格瓦拉日记》、《多雪的冬天》（苏联）、《你到底要什么》（苏联）、《海鸥乔纳森》（美国）……成都知青邓贤首次读到《格瓦拉日记》的手抄本是下乡的第二年。他在后来的回忆中说："这是一本了不起的书，全世界劳动人民的《圣经》，革命者的指南，当代青年的《共产党宣言》。我有些兴奋，迫不及待地点亮煤油灯，怀着巨大期待一口气读完这本不知道辗转过多少人手和来路不明的手抄本。"②1965 年出版的《第三帝国的兴亡》这本"只供一定级别领导参阅"的"内部读物"，当时也受到许多青年的热烈追捧。此书1974 年重印，虽仍然是"内部"发行，但又很快脱销，不到一年即再版。一位青年学生有幸买到一套，此后无论是到山西插队，还是返回北京，他都随身携带，至今还珍藏。一位后来成为作家的学生，经关系用一个月工资的三分之一买了一套。朋友们知道后都排队来他家中借书，致使在数年辗转传阅中全部失落。他用"石破天惊"形容最初阅读时的震撼，他认为"这本书在意识形态上撕开了一个大口子"。在当时的中国，无论是在学术界还是在文学界，一批有思想的人几乎都从这类的阅读中不同程度地获得了思想理论资源。③ 这些当年的阅读者说，在无书可读的年代，这些书为人们打开了一扇窗，原来世界是如此丰富多彩，原来世界上还有那么多思想深刻的思想家和那么多无私无畏为革命献身的铁血战士，原来这世界上还有那么多的选择。

---

① 参见《寻访"老三届"》，《中国青年报》1990 年 10 月 17 日。

② 转引自《南方周末》2009 年 5 月 14 日。

③ 参见《中国新闻周刊》2008 年第 29 期。

这些学生、知青回忆起当年的读书生活时，总是感慨万千，认为这一段思想历程是十分有价值的。他们为在那样一个提倡盲从和迷信的年代里没有随波逐流，始终坚持独立思考和探索，没有做当时"官文化"的奴隶感到欣慰。正因为有了这样的思想基础，在"文化大革命"后期乃至结束动乱后，思想解放对他们来说只是水到渠成之事。

此外，还有另一种被称为"手抄本"的地下写作和阅读活动。例如张宝瑞的《一只绣花鞋》、《一只绣花鞋》（续集）、《阴阳铜尺》、《阁楼的秘密》、《十三号凶宅》，以及张扬的《第二次握手》等等。据张宝瑞回忆，手抄本流行的时间主要是在 1970 年到 1976 年。据统计当时流传有三百多种手抄本。在"文化大革命"初期，大家都忙着串连武斗，别的事情完全考虑不到。进入 20 世纪 70 年代，群众的生活稍微安定一点，就需要一定的精神生活，开始表现出对文化的渴求。但是当时文坛是百花衰败，没有什么文学作品，人们精神生活的贫乏给手抄本的流行提供了广阔的空间和舞台。于是民间口头文学不胫而走，各种手抄本应运而生。它是特殊历史时期一种特殊的文化形式，实际上是对"四人帮"文化专制的一种叛逆行为、一种集体越轨。由于它基本不署名，而且在长期的传抄中逐步被不同的人加工，因而从某种意义上说它是一种群体劳动、一种自由的文学创作，它反映了人们不甘被禁锢的思想，对人性、个性、情感的渴求和反思，它赋予了受难而顽强的那一代中国人精神上和情感上的博大情怀。

张宝瑞说："工厂里的工作三班倒，特别是上夜班，特累特容易犯困。作为班长，为了要调动大家干活儿的积极性，就给他们编故事，个个把眼睛瞪得溜圆听"。休息结束，他就赶紧结个扣子——"欲知后事如何，且听下回分解，大家抄家伙干活了！"于是，精神抖擞的工友吆喝一声，在期盼中，等着下一次休息赶快来临。他讲的故事以恐怖的居多。工人听了很害怕，但越怕反越愿意听。

1974 年夏，张宝瑞把《一只绣花鞋》的内容扩充为一部 12.5 万字的小说，抄写完后给人传阅，被亲朋好友抄送到内蒙古、山西、新疆、东北、陕西，引起更大的轰动。就这样，通过一支支简陋的圆珠笔、一盏盏摇曳的油灯、一本本印有天安门图案的日记本，通过千百万双手的传递，书被越抄越广，最终"走遍了祖国的山山水水"。

除了恐怖、侦探及爱情方面的内容外，还有一种赤裸裸性描写的手抄本，如《少女之心》。"文化大革命"是一个漠视和抹杀性别差别的时代，也是一个高度禁欲的时代。在这种集体禁欲的社会环境下出现这种流行甚广的"黄色小说"，绝不是毫无缘由的，大概几近于《十日谈》之于中世纪的禁欲主义。①

（三）"语录操"与"语录拳"

在政治高压和封闭愚昧的双重作用下，弥漫于整个社会的个人崇拜成为"文化大革命"一个突出的景观。在运动的发动阶段，它是与一个轰轰烈烈的、群众性的"个人崇拜"运动并行的。在阶级斗争的高压下，为了表示自己的"忠心"，群众的智慧得到充分发挥，创造出各种各样的仪式、活动：天天读、忠字舞、语录歌、早请示、晚汇报、讲用会、大批判、表忠心、献忠心、忠字台……在相互攀比中，各行各业解放思想，联系自己的实际，编排出各种具有自身特色的活动、形式。

北京体育学院在教育革命初期，决定从武术、体操开始改革。他们"怀着对伟大领袖毛主席的无限热爱，和工农兵一起创编了《毛主席语录操》，在广播操阵地上插上了毛泽东思想伟大

---

① 以上关于手抄本的内容参见《揭秘文革手抄本：集体越轨，地下传抄》，南京报业网 2008 年 2 月 26 日。

红旗,受到广大工农兵的热烈欢迎。"北京体育学院创编的这套操共有六节。第一节:"领导我们事业的核心力量是中国共产党,指导我们思想的理论基础是马克思列宁主义",动作即上肢运动,双臂上举、挺胸、抬头,表现对中国共产党、马列主义无限信仰和崇敬。第二节:"我们应当相信群众,我们应当相信党……"动作是扩胸运动。第三节:"抓革命、促生产、备战备荒为人民",动作就是全身运动,其中有打锤、割麦的动作,如此等等。当时一位战士说:"语录操是无产阶级文化大革命的产物,是毛泽东思想的胜利。做一次操,就是上一堂生动的毛泽东思想课。"经过进一步改编、完善,语录操于1967年下半年由电视台和广播电台向全国播出。

为了使武术、摔跤"为无产阶级政治服务,为工农兵服务",北京体育学院还与南口铁路机械厂工人一起,创编了"毛主席语录拳"和"毛主席诗词拳",通过武术来宣传毛泽东思想。"过去武术课是上初级拳,学生感到枯燥无味,不易掌握;现在改上语录拳,既是武术课,又是毛泽东思想课,学生学习积极性很高,掌握动作又快"。

九大前后,毛泽东对极端的个人崇拜提出批评后,这些风气得到一些抑制。

(四)社会风气

尽管当时舆论工具天天连篇累牍地宣传的是经过"文化大革命"的洗礼,人们的革命觉悟空前提高,整个社会一片欣欣向荣、形势大好,但当时便有许多人仅凭个人经验对此持怀疑态度,而越来越多的人对此表现出的是麻木和不屑。在动辄得咎的政治生态中,很少有人敢于在公开场合对此发表真实的看法。但也有例外:有人在特殊情况下,公开指责了社会上的种种不公和腐败。

1972 年 12 月 20 日，福建省莆田县城郊公社下林村小学教员李庆霖上书毛泽东反映："在我们这里已上山下乡的知识青年中，一部分人并不好好劳动，并不认真磨炼自己，并不虚心接受贫下中农的再教育，却倚仗他们的亲友在社会上的政治势力，拉关系，走后门，都先后被招工、招生、招干去了，完成了货真价实的下乡镀金的历史过程。有不少在我们地方上执掌大权的革命干部的子女和亲友，纵使是地富家庭出身，他们赶时髦上山下乡才没几天，就被'国家社会主义建设事业的发展需要'调用出去，说是革命干部的子女优先安排工作，国家早有明文规定"，"面对我们这里当今社会走后门成风，任人唯亲的现实"，"我在呼天不应，叫地不灵的艰难窘境中，只好大胆地冒昧写信来北京'告御状'了"。[1] 令人惊奇的是，毛泽东不仅收到了这封信，而且给李复信，并寄去 300 元钱。复信中，毛泽东也承认"全国此类事甚多"，表示"容当统筹解决"。这种坦率的回答，可能在一定程度上也反映了毛泽东对理想社会的失望和无奈。

1974 年 11 月 10 日张贴在广州街头的题为《关于社会主义的民主与法制——献给毛主席和四届人大》的大字报，也对时弊进行了尖锐的揭露和抨击：某些领导者将党和人民给予的必要特殊照顾膨胀起来，变为政治和经济的特权，并无限地触及家庭、亲友乃至实行特权的交换，通过"走后门"之类的渠道完成其子弟在政治、经济上实际的世袭地位，扶植起一批特殊于人民利益并与人民利益相对立的"新贵"集团和势力来。他们为了维护已得到的特权和争取更多的特权，必须要打倒坚持原则的正直的革命同志，镇压起来反对他们特权的人民群众，非法地剥削这些同志和群众的政治权利和经济利益。这样他们便完成了"人民公仆"

---

① 参见《位卑未敢忘忧国——"文化大革命"上书集》，湖南人民出版社 1989 年版，第 174 页。

向"人民的主人"的质的转变，成为我们称之为"走资本主义道路当权派"的人们了。①

这两篇文字揭示了当时宣传与现实之间的矛盾，而这不过仅仅是冰山之一角，因为"全国此类事甚多"。实际上，当时的社会不论是横向还是纵向来看，都已被分割为表面与实际、言语与行动、公共与个人、台下与台上、对上与对下、宣传与现实等诸多方面的两个空间。在这两个分裂的空间里，人们自觉地使用着不同的话语系统、遵循着不同的行为规则、扮演着不同的角色。稍有不慎混淆了两个空间的差别，往往会付出沉重的代价。也有少数人会因这种人格的分裂在私下备受煎熬，但为了生存也只能忍受。

虚幻的"革命"目标、严酷的阶级斗争扩大化环境、一次又一次对老百姓来说莫名其妙的运动，以及权力支配一切的官本位体制，造成假话、空话、套话的泛滥，使之成为这个社会运行不可或缺的润滑剂。人们本能地感到，他们需要这些假话、套话保护自己、应付环境，以求得相对稳定的生活。弥漫于整个社会的"集体说谎症"使诚信缺失，人人言而无信，个个心照不宣，整个社会习以为常。一个社会多数人说假话，或者在公开场合一定说假话，成为公认的潜规则，它所反映的信仰危机、道德滑坡、人格分裂，是真正可怕的灾难。

当然，这种道德滑坡、人格分裂的根本原因不是作风问题，不在道德领域，而在严重的阶级斗争扩大化和高度的集权。

"文化大革命"的公共政治生活波谲云诡，真相与现象往往也不是统一的。作为发动"文化大革命"导火线的对《海瑞罢官》的批判，刘少奇等中央一线领导就完全被蒙在鼓里。"'文

---

①　参见《位卑未敢忘忧国——"文化大革命"上书集》，湖南人民出版社 1989 年版，第 232 页。

革'要爆发，少奇他事先完全不知道"，"不知道评海剧是为发动文革"，"岂止他不知道，彭真就讲过，他也不知道"①。

1970年在庐山召开的九届二中全会上，围绕着设国家主席问题和"称天才"问题，林彪集团与江青集团发生了尖锐冲突。但在9月10日发表于《人民日报》上的九届二中全会公报中，除了对大好形势和会议的意义大加赞颂外，对会议上所发生的异乎寻常的尖锐斗争却只字不提。

1974年的"批林批孔"运动中，"四人帮"的写作班子在报刊上大批历史上的宰相，从孔子、吕不韦、霍光、车千秋到长孙无忌、褚遂良、司马光，抑法扬儒，到后来甚至把康有为、袁世凯、张勋、蒋介石、汪精卫都搬了出来。1975年又发展到"评水浒"，批宋江，含沙射影、指桑骂槐、借古讽今。这里当然不可能有什么学术可谈，就政治来说，也是滑稽可笑、极不严肃的。起初，多数读者不明真相，不知道"文化大革命"怎么又与孔子等人、与《水浒》等联系起来。等他们知道这是江青等人为把复辟倒退的帽子强加给周恩来，批孔是为了批周后，又深为这种穿着古装的"继续革命"感到困惑和愤怒。"文化大革命"反复号召广大干部、群众关心国家大事，但他们却往往被剥夺了对国家大事的知情权，成为被运动的对象。

但正是这种封闭和种种愚民的宣传，刺激着小道消息、稗官野史大行其道。这些活跃在民间的非正式消息屡禁不绝，成为调剂压抑沉闷生活的"佐料"和宣泄愤懑、寄托理想、表达愿望的渠道和方式。这种嬉笑怒骂的民间创作，不断消解着"文化大革命"外在的神圣光环，暴露着它内在的空虚和窘迫。

---

① 王光美语，参见《南方周末》2008年11月20日。

（五）批 "苏修"

十年动乱中，对 "苏修" 的批判经常见诸报端。这种批判原本是为从反面论证 "文化大革命" 的正确性、必要性，但今天却使人们更清晰地看到 "文化大革命" 所追求的 "社会主义" 的若干特征。以下是当时《人民日报》上的几篇文章及其梗概。

《苏修在农村全面复辟资本主义的铁证》[①]：1. 农场变成了特权阶层的 "领地"。2. 全面推行以利润为核心的 "新体制"。所谓 "全面经济核算制" 的核心，就是利润挂帅，就是利润高于一切。在农庄和农场中积极推行分田到组、包产奖励制度。他们又提倡 "集体农庄" 中进一步发展 "内部经济核算"，规定各核算单位，所有的产品，包括副产品在内，都是商品，把各生产队、畜牧场之间的关系，完全建立在资本主义的商品货币关系之上。这一系列资本主义复辟措施，彻底瓦解了苏联农业中原先的社会主义生产关系，使农庄农场完全变成了资本主义的农业企业。3. 大力扶植私有经济，鼓励社员大搞副业。勃列日涅夫、柯西金之流上台后，变本加厉地扶植私有经济的发展，他们在农业方面采取的第一个措施，就是进一步放宽对自留地和私养牲畜的限制，宣传发展私有经济有 "极其重要的意义"。在苏修集团的鼓励和怂恿下，自留地面积迅速扩大。私养牲畜的发展极为迅速。4. 鼓励农产品自由买卖，让自由市场到处泛滥。在苏修集团的鼓励和扶植下，自由市场迅速发展起来。按苏修官方统计，全苏登记备案的自由市场即达七千二百多个（不包括临时集市）。目前苏联城市居民的副食品越来越靠自由市场供应。

---

① 《人民日报》1967 年 11 月 1 日。

《看，苏修把列宁的党糟踏成什么样子!》①：苏修叛徒集团长期以来极力推行专家路线，提拔大批资产阶级知识分子控制党的各级领导，使党从无产阶级利益的代表者堕落成了为资产阶级特权阶层服务的御用工具。苏修集团以"经济重于政治""经济问题和生产问题居于党组织活动的中心、居于党组织整个工作的首位"为名，大肆提拔和重用"国民经济专家"，对广大工农干部却肆无忌惮地加以排斥和撤换。苏修的《共产党人》公开宣称，党的领导人必须是"专家"。在发展新党员时，资产阶级知识分子所占比重不断增加。据苏共中央刊物《党的生活》透露，1966 年吸收的苏共预备党员有 40.6%是职员，其中四分之三是工程技术人员和国民经济各行业的专家。

《苏修集团推行"新经济政策"恶果累累》②：苏修集团的所谓"新体制"的中心，就是以各种措施鼓励企业追逐利润，依靠物质刺激推动生产。它扩大企业经营的自主权，大力推行按市场行情调节生产的制度，扩大企业负责人对职工的招收、解雇和奖惩的权力。这一系列措施，就把全民所有制的社会主义企业变成为资本主义企业，以资本主义的自由竞争代替了社会主义的计划经济。

《利用"国际旅行事业"大搞资本主义复辟 苏修叛徒为西方"游客"大开门户》③：苏修叛徒集团越来越露骨地利用"国际旅行事业"，大肆招徕西方资本主义世界的形形色色的"游客"，任由这些人在苏联国土上传播荒淫无耻的西方生活方式，毒害苏联人民。早在赫鲁晓夫篡夺了苏联党政领导权之后，苏修集团就打着"和平共处"和"文化交流"等招牌，利用"国际

---

① 《人民日报》1967 年 11 月 4 日。

② 《人民日报》1967 年 11 月 8 日。

③ 《人民日报》1968 年 6 月 17 日。

旅行事业"为其在国际上投降帝国主义，在国内复辟资本主义服务。由于赫鲁晓夫修正主义的卖力经营，到苏联"旅行"的西方资本主义国家的"游客"蜂拥而入。苏修新领导上台后，不但在这方面继承了赫鲁晓夫的衣钵，甚至走得更远。在过去的几年中，到苏联的西方"游客"成倍地增加。苏修领导集团为了招徕西方"游客"，让他们传播西方资本主义的生活方式，不惜工本地将大量的有关广告和宣传品寄往国外，在国外举行的记者招待会上，在许多国际博览会上，放映广告电影大肆宣传。同时，苏修集团还简化入境手续，并和资本主义国家的几百个旅行社订立合同关系，为西方"游客"大开门户。

《苏修推行"五天工作周"是加紧剥削工人的新骗局》①：苏修叛徒集团一年多来大肆吹嘘和推行的所谓"五天工作周"，完全是用来转移苏联广大人民对他们的不满的一个政治大阴谋，是苏联资产阶级特权阶层加紧剥削工人的新骗局。苏修领导集团从去年上半年开始在苏联大吹大擂推行的"五天工作周"，是他们1966年在苏共二十三大提出来的。两年来，勃列日涅夫、柯西金之流开动他们的宣传机器，而且多次亲自出马，吹吹打打，拼命推销这个黑货。他们把这个所谓"五天工作周"吹得天花乱坠，说什么这是"提高""苏联人的物质福利"啦，什么"为了给劳动人民创造更好的劳动条件和休息条件"啦，甚至胡说什么这是苏联"五十年历史上的重大社会成果之一"啦，如此等等。所谓"五天工作周"，就是要工人在五天内为苏修特权集团干完原来六天所必须干完的活。"五天工作周"不仅不是为苏联劳动人民"创造更好的劳动条件和休息条件"，相反，是为了进一步加强对他们的剥削。

①　《人民日报》1968 年 7 月 13 日。

《纽约——莫斯科直达航线在美帝喝采声中开航》①：苏修和美帝不久前就苏美航空协定拍板成交之后，于 15 日正式使用纽约——莫斯科直达航线。当天苏修第一次从莫斯科飞往纽约的"伊尔 62"型客机到达纽约后，美国"波音—707"客机立刻离开纽约飞往莫斯科。双方的所谓"乘客"绝大部分是政府和军队的高级官员。这是苏美最近一个时期加紧勾结的又一个步骤。美苏反革命勾结从地上到天空。苏修新领导叛卖更露骨更无耻。美帝头目亲临机场欢迎，叫嚷美苏两国要在心灵中实现"会合"。苏修官员厚颜无耻地声称这条航线的开辟把美帝苏修"联结在一起"。

《苏修集团推行修正主义教育路线的形形色色》②：苏修叛徒集团为了巩固它的反动统治，为了培养修正主义的接班人，在教育方面大力推销资产阶级货色，实行一整套修正主义路线。"专家治校"。苏修集团竭力推行资产阶级的"专家治校"的办校方针，使学校成了资产阶级学阀统治的天下。这伙人的资产阶级世界观同苏修集团的复辟资本主义的政策完全合拍，他们是苏修集团推行修正主义教育路线的忠实工具。在学校中，资产阶级"专家"们独断专行，垄断一切。据苏修报刊透露，"在莫斯科大学的三十九人组成的党委会中，有三十名委员是教授和副教授。各系的党组织的情况也是如此。"而执掌大权的大学校长、学院院长等职位，更是非教授、博士之类人物就不能担任。"智育第一"。为了培养修正主义接班人，苏修集团在学校中大力推行为反动政治服务的"智育第一"的方针。苏修头目之一马祖罗夫今年在全苏高等学校工作人员会议上鼓吹，苏联学生的任务就是"熟悉业务"。苏修高等和中等专业教育部部长叶留金还说什么

---

① 《人民日报》1968 年 7 月 18 日。
② 《人民日报》1967 年 11 月 19 日。

"在入大学的时候，向青年提出的基本要求是：具有深刻而牢固的知识"。这也就是说，录取新生的唯一标准就是分数。苏修集团为了复辟资本主义的需要，在教学中向学生大量灌输修正主义毒素。他们编制的《苏联共产党历史》《马克思主义原理》《马克思主义哲学原理》等教科书，以及他们新开设的《社会学》《共产主义原理》等课程，都是些反马克思列宁主义、反毛泽东思想的修正主义黑货。这些教科书鼓吹什么共产主义就是"人道"，大反斯大林和无产阶级专政，贩卖"全民党""全民国家"的谬论，为资本主义复辟制造"理论"。苏修集团在学校中设置的一些"专业"课程，也是为资本主义复辟服务的。例如，一九六五年，苏共中央九月全会通过了大力推行复辟资本主义的"新管理体制"以后，苏修立即决定在苏联各高等院校开设数十个新的经济系，在好几个大城市开设高等经济学校，大量培养能够贯彻这种复辟资本主义方针的"经济师"。资产阶级反动"权威"们也纷纷响应，编制鼓吹资本主义复辟的新的经济教科书和参考书。苏修集团采取了不少措施，大搞"物质刺激"来鼓励学生追名逐利。他们用资产阶级的"学衔"制度来"刺激"科研人员。写了一篇得到苏修集团赏识的所谓"学术论文"，就有可能得到这样或那样的"学衔"。一有了"学衔"，工资马上可以大大增加，名利双收。苏修集团为了培养修正主义接班人，还开设了专门培养"天才"的所谓"试验性中等学校"，在全西伯利亚进行由三轮考试组成的"西伯利亚奥林匹克"来选拔所谓"天才"学生。

（六）中央人民广播电台1968年夏秋季节目时间表

按统计，"文化大革命"十年中，全国（台湾省除外）广播电台增长了12座，发射总功率增加了95%。县（市）级有线广播站增加了322个，广播喇叭增加了10倍，全国97%的人民公社，93%的生产大队，86%的生产队通了有线广播，60%的农户安装了广播喇叭。① 电视业经过 1967 年的短暂破坏后，也较快地发展起来。但与这些广播传媒设备的发展相比，广播的内容却是乏善可陈。以下是中央人民广播电台 1968 年夏秋季节目时间表。

第一套节目

3:30　合唱《东方红》，预告节目

3:45　学习毛主席语录

3:55　每周一首革命歌曲

4:00　对农村广播

4:30　新闻

4:45　工农兵革命群众文艺

5:00　革命大批判专题节目（一至六）革命音乐（日）

5:30　新闻

5:45　革命文艺

6:00　《工农兵活学活用毛泽东思想》节目

6:30　新闻和报纸摘要

7:00　革命音乐

7:15　解放军生活

7:45　毛主席语录歌曲

7:55　每周一首革命歌曲

8:00　学习毛主席语录

8:10　毛主席著作选读

8:30　无产阶级"文化大革命"重要文件和文章选读（一、三、五）革命戏曲（二、四、六、日）

―――――――――

① 参见《中华人民共和国新闻史》，经济日报出版社 1992 年版，第 233 页。

9:00　革命文学（一、五）工农兵革命群众文艺（二、四、六、日）革命曲艺（三）

9:30　红少年节目

10:00　新闻

10:30　革命文学

10:45　革命样板戏选段

11:00　《工农兵活学活用毛泽东思想》节目

11:30　解放军生活

12:00　学习毛主席语录

12:10　国际时事（二至日）革命音乐（一）

12:20　预告节目

12:30　新闻

13:00　革命戏曲（一、五）革命音乐（四、日）革命文学（二、三、六）

14:00　国际新闻（二、六除外）

14:15　革命曲艺（二、六除外）

14:30　革命音乐（一、三、四、五）革命文学（日）

15:00　无产阶级"文化大革命"重要文件和文章节目（一、三、五）革命曲艺（四、日）

15:30　工农兵革命群众文艺（一、三、五、日）革命文学（四）

16:00　新闻（二、六除外）

16:15　革命音乐

16:20　合唱《东方红》，预告节目

16:30　对儿童广播

16:50　革命音乐（一、二）革命戏曲（四、六、日）革命文学（三、五）

17:35　"老三篇"天天学

17:50　预告节目

18:00　新闻

18:15　革命文艺

18:30　解放军生活

19:00　革命戏曲选段介绍（一、三、五）教唱革命歌曲（二、四、六）革命音乐（日）

19:30　对农村广播

20:00　专题节目《全世界人民热爱毛主席》（一、三、五、日）专题文艺节目"毛主席是我们心中最红最红的红太阳"（二、四、六）

20:15　国际时事（一至六）革命音乐（日）

20:25　每周一首革命歌曲

20:30　各地人民广播电台联播节目

21:00　工农兵革命群众文艺，革命样板戏革命戏剧

21:15　毛主席诗词、语录演唱

21:30　《工农兵活学活用毛泽东思想》节目（六除外）

22:00　国际新闻（六除外）

22:15　革命音乐，革命曲艺

22:30　革命戏曲，革命音乐

23:00　新闻

23:15　革命大批判专题节目（一至六）革命戏曲（日）

23:45　革命音乐

0:00　新闻

0:15　《工农兵活学活用毛泽东思想》节目

0:45　工农兵革命群众文艺（一、三、五、日）革命戏曲（二、四、六）

1:00　新闻，《国际歌》

1:30 播音结束①

(七) 几个外国人在中国

1971 年 7 月至 8 月，保罗作为受周恩来总理邀请访华的加拿大政府代表团的一员，访问了北京、上海、南京、苏州、杭州、西安等地。在南京，当代表团正兴致勃勃地在一条居民小巷里对民居、街景和下棋老人拍照片时，"那几位老人突然一拥而上吵吵嚷嚷着夺下了我的相机。这时立即围拢上来数十人，大家情绪愤怒地斥责我'居心叵测地拍摄中国的阴暗面'。在一群人民群众的押解下，我俩被带到了当地派出所"。在派出所，"警察首先问我们是哪国人。我答：'加拿大。'他从未听说过这个国家，就问：'这是什么国家？在哪里？'我答：'在北美。'警察警惕地尖着嗓门惊叫：'你是个美帝国主义分子。'我吓得直哆嗦，忙急中生智地解释：'我不是美帝国主义，我是加拿大人……你知道白求恩大夫吗？他就是加拿大人。'警察一听到白求恩这个名字态度立即缓和了一些。他又问：'你是白求恩大夫的亲戚吗？'我十分吃惊地回答：'我不是白求恩大夫的亲戚，只是他的同胞。'他又感兴趣地追问：'那你是不是像白求恩一样，受外国共产党的派遣来支援中国革命的'。我只好又一次否认。于是警察态度严肃地指责我说：'首先，你没经过中国政府的批准就随便拍摄，这是犯罪行为。第二，你不去拍我们壮丽的大好河山，不去拍我们社会主义建设欣欣向荣的新风貌，却偏偏钻进中国落后的小巷内，故意拍摄我们的阴暗面，你这是别有用心地诬蔑我国'"②。

这是白求恩大夫的同胞保罗在"中国落后的小巷"里的所见所闻。再看一些美国记者在中国大学里的一番对话。1972 年 2

---

① 《人民日报》1968 年 5 月 20 日。
② 《老外侃中国》，作家出版社 2003 年版，第 4 页。

月，美国记者近三十人参观了北京某大学。参观中，他们与学校师生举行了座谈交流会。

记者：林彪反对毛主席的政策怎么办？

老师：不知道。我不明白你为什么提这个问题。

记者：林彪离开了政府，你们知道吗？

老师：不知道。

记者：你们曾经说一个人是毛主席的亲密战友，现在怎么又不是了？这个问题，你们怎么看？

老师：事物是发展变化的，"文化大革命"中许多事都在变。

记者：你们说第一张大字报是响应中央号召的大字报，刘少奇当时同意吗？

老师：不同意。

记者：毛主席说："要文斗，不要武斗"，江青又说"要文攻武卫"，这怎么理解？

老师：这是指对待敌人。

记者：你们说资本主义国家斗争是狗咬狗的矛盾，你们两派搞武斗，是什么矛盾呢？

老师：我们那个时候有派性，犯了错误。

记者：美国历届总统，你们看哪个好？

老师：你们看哪个好？

记者：我们四年选举一次，不好的就换掉。

老师：照我们看，他们都是大资产阶级的代表。

记者：你说得很对。不过美国除了大资产阶级而外，剩下的人就不多了。

老师：那么，你们美国劳动人民是少数了？！

记者：因为美国劳工是资产阶级化的，工会成员最资产阶级化了。而现在最革命的，是最封建的后代。最好你们自己去看看。工人阶级过去十五年到二十年中，捞了很多好处。他们要保护自己的利益。关于尼克松访问中国的消息公布后，反对的人多数是工会会员。相反，大公司老板倒欢迎尼克松访华。大公司老板的孩子是愿意改造美国社会的。你们学校搞武斗的时候，我们美国也有学生占领学校办公楼。他们恰恰不是工人子弟，而是资产阶级子弟。工人也有汽车、房子和无线电，他们不愿意改变现状。我们美国变化很大，已同过去不一样了。

记者：你说我们美国总统代表资产阶级是对的，因为美国选总统没有阶级观点。美国最大的经济危机是1930年，绝大多数人选了罗斯福，他挽救了美国资本主义。美国共产党从来没有超过十万张票，把民主党加在一起也没有超过三百万张，而罗斯福却得到四千万张票。

记者：我们美国工人是要资产阶级化，而不是要革命。美国最大的问题是种族斗争，是大多数黑人要同白人争同等权利，而不是阶级差别。他们没有用阶级观点来认识问题。例如美国一个地区搞民意测验，问他们自己是哪个阶级的，大多数工人喜欢说自己是中产阶级。我爸爸是开大卡车的，他没有公司，但他愿意承认自己是中产阶级。

老师：你爸爸接触过马克思主义吗？

记者：没有。

老师：马克思主义认为，工人阶级是不会自发地产生阶级觉悟的，要用马列主义武装。

记者：马克思讲，革命首先要在工业发达的社会产生，但事实并不是那样，苏联工业并不发达。

老师：后来列宁发展了马克思主义。

记者：那是因为苏联革命成功了，列宁修改了马克思的理论。

老师：列宁在革命前就指出，革命可以在资本主义薄弱的国家胜利。

记者：我说的是同马克思讲的原来不一样了。因为我国工业很发达，日本、法国、德国等国工业都很发达，法国、意大利共产党也很大，但他们并不要求革命。

老师：生产发展了，生活提高了，但阶级斗争依然存在。

记者：工业发达了，工人想的不是工人阶级的事儿，而是资产阶级的事儿。因为他钱多了，买东西多了，还买了房子。他为了保护自己的利益，就变成了反对改革的人。

老师：这就要用马列主义进行教育，先进的工人阶级要想全世界劳动人民的事，想无产阶级的利益。因为共产党是国际主义，不能光想个人利益。

记者：你们现在经历的，正像美国 25 年前发生的事一样，突然发现自己是个重要国家。由于我们无知，就花了很大代价。你们要多花时间了解、学习美国。

老师：我们要用批判观点对待这个问题。

老师：劳动人民靠劳动生活，不劳而食的是少数资产阶级和地主。

记者：不劳动的包括新闻记者吗？

老师：不包括。

老师：你们美国是不是如此呢？

记者：美国很少有人不劳动。

老师：华尔街老板同贫民窟一样吗？

记者：我想我说的话是有礼貌的。美国在一九四九年犯了一个错误，说你们是共产党人。我们当时知道，共产党只有一个俄国，我们认为他很坏，也就认为你们也坏。希望你们不要犯我们同样的错误。你们不要认为，别的国家也有像中国一样坏的资产阶级。正像各国的共产党不一样，各国的资产阶级也不会一模一样。

记者：华尔街是老板出售股票的地方，现在把股票卖给人民，就叫人民资本主义。我们美国有五分之一的人有股票，我就有。

记者：我们社会不同，对很多问题理解不一样。如美国的生产力很高，东西过剩。我们人生活就要很多东西，而美国生产的比需要的还多。由于大量生产又造成污染。这样，我们那里造反派青年，就反对工业化，反对机器。他们到农村去组织公社，认为是学中国，搞自给自足的小手工业。这就同中国不一样了。

老师：资本主义国家不一样，社会主义国家也不一样。我想资本主义国家之间是有差别的，但从资本主义制度本身来讲，本质是一样的。它的基础是私有制，这个社会就是由两个大阶级组成，一个是资产阶级，一个是无产阶级。资产阶级在全国人民中只占少数。而这个阶级是靠剥削广大工人阶级和其他劳动人民生活而发财致富的。这点，不管哪个资本主义国家都是共同的。刚讲到股票问题，我们知道不仅美国是这样，日本或其他国家也是存在的。这恰恰说明，大资产阶级利用这个办法收买工人阶级，麻痹工人阶级，用这个办法来说明大家都是资本家，这就把阶级关系掩盖了。……至于法国、意大利的共产党，早已变成了修正主义，他们被资产阶级腐蚀了。

记者：我想节约你的时间。我要邀请你上我们美国广播电视台去宣传真正的马列主义。不过我怀疑你到那儿能得到多少选票？我们还要更多的了解。

老师：我们不为选票，为真理。你们传播你们的观点，我们传播我们的观点。

这个座谈会，实际上形成了辩论会，最后因为两种观点针锋相对，在谈不下去的情况下结束了。临走时，这些美国记者说：今天是他们来北京最愉快的一天。

（八）蒙昧年代里的思想先驱

"文化大革命"十年中，除了实际工作层面对它的抵制、抗争外，理论层面的分析、思索虽然寥若晨星，却也不是一片空白。"文化大革命"在把"左"的错误发展到极端的同时，也就成为科学理性研究"左"倾思潮的绝好典型。这时，历史需要的是一批既有广博学识、深刻思想、宽广视野和高深的理论造诣，又有着强烈责任心和献身精神，不计成败、舍生取义的"盗火者"。

这些"盗火者"或上书，或写大字报，或留下一篇篇鞭辟入里剖析"文化大革命"的笔记、信件。这些文献有的尖锐激烈，有的深刻博大，从不同层次、不同方面对"文化大革命"以至新中国成立后的一些"左"的错误进行了分析和批评。这些作者中，由于学识、经历等方面的不同，识见有高低，分析有深浅，且难免受到种种时代的局限，但毕竟在那个蒙昧、压抑的年代里，在中国现代思想史上留下了熠熠生辉的一页，为中国后来的改革开放留下了重要的思想资源。

1974年11月10日，一张署名李一哲的大字报张贴在广州街头，大字报的标题为《关于社会主义的民主与法制——献给毛主席和四届人大》。这张大字报的不同凡响之处，在于它对"文化大革命"的批判没有停留在局部的、现象的层面，而是深入到其本质——压制人民群众的民主权利。大字报认为，"文化大革命"虽然已进行了8年，但"并没有使人民群众牢牢掌握广泛的人民民主的武器"，仍在产生新的特权阶级，某些领导者仍在由"人民公仆"转变为"人民的主人"。[①] 基于这样的分析，作者对四

---

① 参见《位卑未敢忘忧国——"文化大革命"上书集》，湖南人民出版社1989年版，第232页。

届人大提出六点希望：1. 要法制，不要"礼制"，应当保护人民群众的一切应有的民主权利。2. 限制特权，反对把社会主义条件下的种种差别扩大为经济上和政治上的特权，四届人大应明文规定限制特权的条文。3. 保证人民对国家和社会的管理权，规定人民群众对党和国家的各级领导的革命监督权利。4. 巩固无产阶级专政制裁反动派。5. 落实政策。近些年来，政策多变，甚至"朝令夕改"，造成了人们思想的混乱，甚至对党怀疑。四届人大应重申党的社会主义历史阶段那些经实践证明是正确的应长期实行的政策，并应通过法的适当形式体现出来。6. 各尽所能按劳分配。我们在看到特权膨胀的同时，同样清楚地看到了工农劳动群众在所谓"公产主义"的口号下，许多合理的经济利益遭到了剥夺。工人多年没有提高工资了，而且还取消了曾作为他们工资一部分的合理奖金。而农民群众在无偿的"忠"字粮、高征购以及"割私有制尾巴"的运动中，遭到了更大的损害。我们不应绝对地否定奖金的作用。空头政治的原则是奖懒罚勤的原则。无产阶级政治挂帅的"各尽所能，按劳分配"的原则是调动和保证人民群众社会主义积极性的原则，而且认真实行这个原则，也是对特权的最有效的限制。四届人大应当明文规定各尽所能、按劳分配的条文。①

四川省的李天德在 1975 年 5 月发出的题为《献国策》的上书中，对"文化大革命"中的一些基本问题乃至"大跃进"以来一些基本问题都提出了尖锐的质疑和批评。对于上山下乡，作者认为，知青为什么不去接受"人类最伟大的无产阶级"的再教育，而要去接受"经常地、每日每时地、自发地和大批地产生着资本主义和资产阶级的"贫下中农再教育？难道他们还比工人阶

① 参见《位卑未敢忘忧国——"文化大革命"上书集》，湖南人民出版社 1989 年版，第 249—266 页。

级先进？正因为如此，90%的知青到农村是出于被迫、勉强。到了农村也不是为了改造世界观、扎根农村，而是心存侥幸，努力走后门，碰运气有朝一日能招工、招学离开农村。鉴于中国之具体情况，今后知青必须继续下放，但必须对他们说真话，把城镇人口过剩、无业可就的事实告诉他们。对于干部问题，作者指出，各部门要实行"开门办公"，民主理政，群众监督，健全干部参加集体生产劳动制度，干部任职要有期限。对于以往的一些政治运动，作者提出："三面红旗"、"文化大革命"、知青下放、教育革命等，究竟是历史发展的必然产物还是中央里的少数人、甚至主席一人提出来的？全国人民事先对这些运动没有进行必要的讨论、提出意见。人民心中有无数不理解、不明确。庐山会议上彭德怀的意见是对的、正确的。关于"文化大革命"，作者认为是完全不必要的，坏处大大超过好处。运动使人民遭到前所未有的愚弄，国民经济遭到了新中国成立以来仅次于"自然灾害"年的空前大破坏，在精神道德方面使人们变得不诚实、伪善、奸猾，各个领域里的"开后门"正是人们道德败坏、奸猾的表现。在领袖的任期与功过问题上，作者提出中央主席不得连任 20 年，还要反对宗教神权和个人迷信。①

如果说以上大字报和上书的内容更多的是尖锐，张闻天提供的思想更多的是深刻和博大。

作为一个有着高深马克思主义理论素养、坚实理论基础和长期党内高层生活经历的党的高级领导人，在经历了新中国成立后一系列轰轰烈烈的政治、经济运动之后，张闻天对中国社会主义建设中的一些根本问题的思考更为成熟了。1969 年他被"疏散"到广东肇庆后，在苦读和深思中，写出了著名的"肇庆文稿"。

---

① 参见《位卑未敢忘忧国——"文化大革命"上书集》，湖南人民出版社 1989 年版，第 382—399 页。

文稿中，根据马克思主义的基本原理，他对"文化大革命"的两个根本错误，进行了深入的分析和尖锐的批判。

第一个是社会主义条件下的政治与经济关系的问题。张闻天在 1973 年 9 月写成的《无产阶级专政下的政治和经济》一文中指出："如果有人以为，在无产阶级专政下，无产阶级的政治既然有如此重要的作用，因而说政治最后不为经济所决定，而政治却可以最后决定经济，甚至认为政治可以超脱于经济或独立于经济之上，那就大错特错了。这种政治决定论，是一种唯心史观的古老形式，同唯物史观是根本对立的。"① "无产阶级所进行的任何阶级斗争，都是为了谋求无产阶级的经济利益"。② "任何离开无产阶级和劳动人民的物质利益的所谓政治，决不是无产阶级的政治。""可是，现在有人却怕谈或有意回避无产阶级和人民群众的经济的、物质的利益，似乎这样说了，就是离经叛道，就应该戴上修正主义、经济主义、福利主义、改良主义之类的大帽子！同志们，再没有比这更糊涂、更愚蠢、更有害的了。为什么要把争取无产阶级的物质利益这样一个马克思主义的原则，说成是修正主义呢？"③ "政治路线正确与否，对经济可以起促进或促退作用，但是，就一个长的历史过程来看，它不仅不能改变经济规律的必然趋势，而且它本身的命运，也要最后由经济规律来判决。"④

"在无产阶级专政下，在没有发生战争的条件下，党的政治路线究竟正确与否，正确的程度如何，无产阶级的政权究竟巩固与否，巩固的程度如何，最后都要由社会主义经济建设的成就和

---

① 《张闻天文集》，中共党史出版社 1995 年版，第 482 页。
② 《张闻天文集》，中共党史出版社 1995 年版，第 483 页。
③ 《张闻天文集》，中共党史出版社 1995 年版，第 485 页。
④ 《张闻天文集》，中共党史出版社 1995 年版，第 489 页。

成就的大小来衡量。不能调动人民群众的积极性，不能促进、推动经济发展的政治，不管表面上装潢得如何好看，听起来如何悦耳，终究是空洞的、甚至只能给人民群众和国家的建设事业带来灾难的东西。正确的政治领导和经济建设的成就，必须是正比例的关系。"①

"当然，社会主义革命和巩固无产阶级专政，是非常重要的。但是请问，社会主义革命的目的，巩固无产阶级专政的目的，是什么呢？是为革命而革命、为专政而专政吗？决不是的。""如果不去努力提高社会主义生产力和人民群众的生活，而一味醉心于'共产主义'的高调，那么，共产主义就只能被糟蹋成画饼充饥的魔术。这当然是对于崇高的共产主义事业的莫大污辱！"②

"总之，并不是任何政治都能'挂帅'，而只有作为'经济的集中表现'的政治，即真正代表无产阶级和人民群众的根本利益的政治，才能动员亿万人民群众行动起来。这又一次说明，把政治和经济对立起来，或使政治超越于经济甚至脱离经济的观点，是何等的错误。那些高谈政治，而怕谈经济的'政治家'，请仔细研究一下，什么才叫'政治是经济的集中表现'这个马克思主义真理的真正内容吧！"③

"文化大革命"错误的一个根本原因，在于对政治、阶级斗争等上层建筑、意识形态反作用的极端夸大和绝对化，这也是新中国成立后一系列"左"的错误的基本原因之一。从理论上讲，这些问题并不高深，但在缺乏民主的条件下，纠正这些错误有时不得不付出很大的代价。"我这里所说的，不过是一些唯物史观的常识。所以要不厌其烦地重温这些常识，是因为现在有些人已

---

① 《张闻天文集》，中共党史出版社1995年版，第493页。
② 《张闻天文集》，中共党史出版社1995年版，第494页。
③ 《张闻天文集》，中共党史出版社1995年版，第491页。

经把它遗忘得所剩无几了。"①

第二是关于党内的反倾向斗争问题。张闻天曾长期担任党的高层领导，对党内路线斗争的正反两方面经验教训有着切身体会。"文化大革命"这种"天下大乱"式的"路线斗争"，使他对这个问题的认识更加深刻了。在《党内斗争要正确进行》一文中，他指出："党内矛盾不仅是人民内部的矛盾，而且是为共产主义事业而奋斗的革命同志之间的矛盾。""是不是可以把党内犯有机会主义思想倾向错误的同志，说成是'党内资产阶级代理人'呢？虽然这种倾向的结果，有利于资产阶级，不利于无产阶级，但是不能说有这种倾向的同志，就是'党内资产阶级代理人'。"②

"关于右倾的危险和必须同右倾作斗争，现在大家懂得比较清楚，但是关于'左'倾的危险和必须同'左'倾作斗争，则似乎还有许多人不大明白。有的同志甚至认为'左'倾比右倾好"，"干脆来一个宁'左'勿右。"③ "如果不顾社会条件的变化，把党内两条路线的斗争，归结为反对右倾的斗争，因此只反右不反'左'，'左'的倾向就势必会受到鼓励而发展起来，在一定条件下甚至成为主要危险。在'左'倾成为主要危险以后，还要继续集中力量反对右倾，就可能把正确的东西也当作右倾，极大地伤害同志，给党的事业造成严重的后果。"④ 通过对"文化大革命"的思考，他意味深长地说："党最容易犯的错误，错误中最危险的和致命的错误，是脱离群众。这种情况，在党成为执政党以前，固然容易发生；但在党成为执政党以后，在无产阶

---

① 《张闻天文集》，中共党史出版社 1995 年版，第 495 页。

② 《张闻天文集》，中共党史出版社 1995 年版，第 500 页。

③ 《张闻天文集》，中共党史出版社 1995 年版，第 503 页。

④ 《张闻天文集》，中共党史出版社 1995 年版，第 504 页。

级专政的条件下，更容易发生，其危险也更大。"①

　　十年动乱中，正是这些思想先驱的苦苦求索，这些"盗火者"的无畏追求，在当代中国马克思主义发展史上留下浓墨重彩的一笔。

---

① 《张闻天文集》，中共党史出版社 1995 年版，第 476 页。

第四章　林彪反革命集团的覆灭

党的九大前后，毛泽东反复强调要加强党的团结，希望通过全党、全国的团结去争取更大的胜利。他甚至把九大的路线概括为"团结、胜利"的路线，认为在九大之后可以出现一个全党、全国团结的局面，因而使"文化大革命"在更大的胜利中圆满结束。但是，"文化大革命"既然被发动起来，它就有了不以人们的意志——包括发动者的意志——为转移的自身发展逻辑。它所造成的专制、动乱的环境，必然成为野心家、阴谋家滋长、肆虐的丰厚土壤。在不彻底否定"文化大革命"的前提下，任何"不搞阴谋诡计"的号召都只能是一厢情愿的空想。

一、借助动乱膨胀的宗派集团

（一）林彪在动乱初期的政治投机与拉帮结派

新中国成立后的一段时间里，林彪因病，较少参与党、政、军各方面的工作。自 1959 年主持中央军委工作以后，他用政治投机、鼓吹个人崇拜的方法，使毛泽东不断增加了对他的信任和重视。在毛泽东与中央一线领导发生分歧时，他总是曲意逢迎毛泽东的主张。1960 年以后，他陆续提出的"四个第一""三八作风""突出政治""顶峰""高举"一类的口号和提法，既得到了毛泽东的赞许，也提高了他在党内、军内的声望和影响。1962 年"七千人大会"上他与众不同的发言，更加深了毛泽东对他的印象。发动"文化大革命"前夕，由于对中央一线多数领导的严重不满，毛泽东迫切希望在党的领导层内找到可靠的、强有力的依靠力量。在这样的背景下，毛泽东越来越倚重林彪。

1966 年初，由于林彪的积极配合，江青炮制的部队文艺工作座谈会纪要更具有一种权威的色彩，在发动"文化大革命"时发挥了不可低估的作用。林彪揣摩、迎合毛泽东的心理，在 1966 年 5 月 18 日的讲话中，大谈古今中外的政变事例，大肆诬陷彭、罗、陆、杨要搞"政变""复辟"，蓄意在党内高层制造恐怖气氛，并进一步鼓吹对毛泽东的个人崇拜，为"文化大革命"的全面发动准备了必要条件。毛泽东当时虽然也对林彪的讲话感到不安，但为了发动"文化大革命"的迫切需要，还是违心地批发了林彪的讲话。

同年八届十一中全会开幕后，林彪仍在外地"养病"。8 月 5 日毛泽东写了《炮打司令部》的大字报后，8 月 7 日林彪被紧急召回北京。林彪返京到会并摸清了毛泽东的意图后，立即采取了与大多数中央领导人迥然不同的态度。他严厉地批评了中央一线领导，狂热地鼓吹"文化大革命"。他说："这次规模伟大的文化大革命进行的过程中间，发生了严重的路线错误，几乎扼杀了这一革命"，"主席出来扭转了这种局势，使这次文化大革命能够重整旗鼓，继续进攻，打垮一切牛鬼蛇神，破四旧，立四新，使我们的社会主义的建设除了物质的发展以外，精神上、思想上得到健康的发展"。①"文化大革命"，"要闹得翻天覆地"，"闹得资

① 林彪在八届十一中全会闭幕会上的讲话，转引自《大动乱的年代》，河南人民出版社 1988 年版，第 215 页。

产阶级睡不着，无产阶级也睡不着"。①

8 月 13 日，林彪在中央工作会议上的讲话中说："马克思主义的党，必须认真搞无产阶级文化大革命。苏联没有搞，所以革命失败了。我们就要搞。要大搞无产阶级文化大革命，用无产阶级思想代替孔孟之道，代替资产阶级思想，代替一切旧思想。""不要走过场，干脆大闹几个月，弄得人们睡不着觉。这一次一定要大搞，这是破旧立新的重大战略措施。""我们对干部，要来个全面考察，全面排队，全面调整。我们根据毛主席讲的无产阶级革命事业接班人的五条原则，提出了三条办法，主席同意了。第一条，高举不高举毛泽东思想红旗。反对毛泽东思想的，罢官。第二条，搞不搞政治思想工作。同政治思想捣乱的，同文化大革命捣乱的，罢官。第三条，有没有革命干劲。没有干劲的，罢官。""这次要罢一批人的官，升一批人的官，保一批人的官。组织上要有个全面的调整"。② 与此同时，他立即积极参与了对刘少奇、邓小平、贺龙等党和国家领导人的诬陷、迫害。

另一方面，根据"文化大革命"的需要和自己以往的思路，林彪开始更加狂热地鼓吹对毛泽东的个人崇拜。他说："主席处理问题，有全盘考虑，高瞻远瞩，还有他的想法，有很多想法我们是不了解的。""我们对主席的指示要坚决执行，理解的要执行，不理解的也要执行。""主席是世界的天才，我们同他比较差

---

① 1966 年 8 月 8 日林彪接见中央文革小组时谈话，转引自《大动乱的年代》，河南人民出版社 1988 年版，第 215 页。

② 1966 年 8 月 13 日林彪在中央工作会议上的讲话，转引自《大动乱的年代》，河南人民出版社 1988 年版，第 215 页。

别很大，错了赶快改"。① "只有突出我们伟大领袖毛主席，才符合于全国和全世界革命人民的需要和客观实际"。他又说："毛主席比马克思、恩格斯、列宁、斯大林高得多。现在世界上没有哪一个人比得上毛主席的水平。""洋人、古人哪里有毛主席高？哪里有这样成熟的思想？毛主席这样的天才，全世界几百年、中国几千年才出现一个。毛主席是世界最伟大的天才。"他的题词"大海航行靠舵手，干革命靠毛泽东思想""伟大的领袖、伟大的统帅、伟大的导师、伟大的舵手毛主席万岁，万岁，万万岁"等成为当时最流行的口号。

林彪的这些言行，既对"文化大革命"的发动起到了重要的推波助澜作用，也使他个人得到了巨大的政治资本。

八届十一中全会后，他又立即"照办""紧跟"，鼓动造反。1966 年 10 月 5 日，中央转发的军委、总政的《关于军队院校无产阶级文化大革命的紧急指示》，导致运动脱离党的领导和动乱严重升级。这份《紧急指示》说："根据林彪同志的建议，军队院校的文化大革命运动，必须把那些束缚群众运动的框框统统取消，和地方院校一样，完全按照《十六条》的规定办，要充分发扬民主，要大鸣、大放、大字报、大辩论，在这方面，军队院校要作出好的榜样，在运动中不许挑动学生斗学生；要注意保护少数，凡运动初期被院校党委或工作组打成'反革命'、'反党分子'、'右派分子'和'假左派、真右派'等的同志，应宣布一律无效，予以平反，当众恢复名誉。""以前军委总政对院校文化大革命的个别规定，如《关于军队院校的文化大革命运动在撤出工作组后由院校党委领导的规定》等，已不适合当前的情况，应宣布取消。今后各院校应按照《十六条》的规定由革命学生和教

---

① 1967 年 3 月 20 日林彪在军以上干部会议上的讲话，转引自《大动乱的年代》，河南人民出版社 1988 年版，第 215 页。

职员工选举成立文化革命小组、文化革命委员会和文化革命代表大会，作为文化革命的权力机构。"① 这份《紧急指示》与《红旗》杂志 1966 年第 13 期《在毛泽东思想的大路上前进》的社论，立刻被造反派当成"踢开党委闹革命"的重要根据，造成了十分严重的后果。

1966 年 11 月 17 日至 12 月 23 日全国计划、工交会议期间，一大批中央、国务院领导干部对中央文革小组煽动造反、制造动乱并力图把动乱扩展到工交领域的行为表示强烈不满和严重的担忧，要求工交战线开展运动必须在党委领导下进行，坚持 8 小时工作制，不搞跨地区的串连，等等。中央文革小组自知分量不够，便请出林彪来压阵。12 月 3 日，林彪在政治局常委会上就工交系统的运动发表讲话。讲话中，他用自己特有的方式论述了"文化大革命"的意义和应如何看待生产下降的问题。他说：在"文化大革命"中，在生产岗位的人不要把运动的成果单纯落实在生产上，"文化大革命"达到的目标是多方面的，应当达到巩固政权、巩固所有制的目标，必须思想革命化；对国外来说，在马列主义的阵营中要树立抗修正主义的典范。完全从生产上看"文化大革命"是片面的，我们用别的方法也可以提高生产。我们搞"文化大革命"在一定时间内也可能降低生产，如果用生产大小来评议"文化大革命"的成败是大错特错的，生产受点损失，其他方面得点收获，在政治上得到收获也是重大的收获。他还提出，这次大革命是个大批判运动，对全国、全党是个大批判、大审查、大教育。"文化大革命"在某种意义上来说，是干部大批判，是批判干部的运动。"文化大革命"开始搞学术界，

---

① 《共和国史记·第 3 卷》（上），吉林人民出版社 1996 年版，第 140 页。

现在进入工人、农民，进入全社会，要席卷全国。①

1967 年 3 月 20 日，林彪在军以上干部会上的长篇讲话中说：中国从 1949 年以后，开始进入社会主义时期。无产阶级和资产阶级这两个阶级的矛盾、对立、对抗、斗争，成为我们全部的政治生活、社会生活的一个总根源。不把各种各样的社会现象，看成是阶级斗争的现象，那就会把事情混淆起来，是非颠倒起来。这次的乱有两种。一种是主要的方面，是把敌人、把走资本主义道路的当权派，把他们打得落花流水，把他们打乱了。这样的乱，是"文化大革命"的胜利，是很好的事情。当然，无产阶级这方面也有个别误伤的，但这是个别的，而且可以保护下来。在谈到主流和支流问题时，林彪说："文化大革命"所付的损失，少数人觉得很大，其实，比起世界各国任何一次大革命都小得不能比拟，甚至比不上一次小的战役，一场不大的流行病。所以说损失最小最小最小，而得到的成绩是最大最大最大。② 这个讲话在当时产生很大影响。"最小最小最小"和"最大最大最大"成为当时流行一时的说服人们接受"文化大革命"动乱现实的用语，林彪事件后，又成为人们讽刺"文化大革命"荒谬性的常用语。

1967 年 8 月，在"天下大乱"已达到"全面内战"的顶峰时，林彪又重弹老调。8 月 9 日，他在接见武汉军区领导人时说，这次"文化大革命"胜利很大，真是代价最小最小最小，胜利最大最大最大。表面上看来很乱，乱是把反动路线搞乱了，把反动阶级搞乱了。这个乱是必要的，正常的，不乱，反动东西就不能

---

① 参见《共和国史记·第 3 卷》（上），吉林人民出版社 1996 年版，第 162 页。

② 参见《共和国史记·第 3 卷》（上），吉林人民出版社 1996 年版，第 231 页。

暴露。他还别出心裁地把乱概括为四种情况：（1）好人斗坏人，应该。（2）坏人斗坏人。这是以毒攻毒，是我们可以间接利用的力量。（3）坏人斗了好人，好人挨整，暴露了坏人，锻炼了自己，好人吃点苦头，但尝到很大甜头。（4）好人斗好人，这当然不好，有误伤，有损失，但可以从中得到教训。

"文化大革命"初期，林彪的这些言论在煽动极左思潮、推动动乱方面产生了严重的恶劣影响。但从"九一三"事件后公布的材料来看，这些言论往往是言不由衷的。

在"文化大革命"的第一阶段，林彪的宗派主义倾向进一步发展，以他为首的宗派集团正式形成。

林彪主持军委工作以后，在干部的使用和配备上，存在着明显的宗派主义倾向，陆续把一些他认为是自己"山头"的，可以信赖的人安排在军内一些重要领导岗位上。1959年林彪刚一上台，就提名邱会作为总后勤部部长。1962年，他以加强海军为名，派李作鹏任海军常务副司令员。1965年，在空军司令员刘亚楼逝世的第二天，林彪便提出由吴法宪接任空军司令员。

随着阶级斗争扩大化的发展，这种宗派主义不断恶性膨胀。1965年底至1966年春，在对罗瑞卿错误批判的过程中，根据林彪的授意，他的几个亲信或秘密串联并联名写信诬告，或采用欺骗手法制造伪证，或在批罗会议上一齐上阵，诬陷罗是"篡党、篡军、篡国的大阴谋家、大野心家、大危险人物"。他们忠实地执行了林彪的整罗计划，因而更加得到林的赏识。

"文化大革命"初期，在"打倒一切，怀疑一切"的狂潮中，黄永胜、吴法宪、李作鹏、邱会作等都受到运动的冲击，也都是由林彪、叶群直接出面干预，以"高举红旗""突出政治""反罗有功"等名目保了下来。在狂热的、失去理智的阶级斗争扩大化中，他们需要利用宗派去打击别人，也要依靠宗派来保护自己。

1967 年 4 月初，在筹备纪念毛泽东《在延安文艺座谈会上的讲话》发表 25 周年文艺活动的过程中，驻京各军事单位的文艺团体发生了严重分歧。周恩来指示要三军联合演出，总政治部也要求军内各派以文工团为单位同台演出。但吴法宪、李作鹏等则执意支持海、空军等文艺团体中的一派组织联合演出，而压制另一派组织，结果造成这两派文艺团体在 5 月 13 日的流血武斗事件。武斗后，林彪亲自出面支持吴法宪、李作鹏、邱会作所掌握的一派，压垮了另一派。"五一三"事件使林彪集团的骨干分子改变了在运动中受冲击的被动地位，成为军内"无产阶级革命派的领袖"，大大提高了他们的身价，使他们甚至可以左右全国全军的运动。另一方面，"五一三"事件导致了总政治部和全军文革小组的瘫痪，这给了林彪集团以可乘之机。当年 7 月 17 日，由江青提议并获林彪批准，成立了由吴法宪、叶群、邱会作等人组成的"军委看守小组"。该小组列席中央文革小组碰头会，在"中央文革小组"领导下，暂时负责处理驻京部队、机关"文化大革命"中的一些问题。9 月下旬，在"看守小组"的基础上成立了军委办事组，除组长外，副组长吴法宪，成员叶群、邱会作、李作鹏，均为林彪的亲信。

因为"五一三"事件是林彪宗派集团发展中的一个重要转折点，在此后的几年中，每逢 5 月 13 日，这个宗派集团的成员总要庆祝一番。1970 年"五一三"事件三周年时，吴法宪、李作鹏、邱会作联名写信给叶群，称"五一三"是"一个重大的转折点"，"要永远牢记"林彪、叶群的"教育深恩"。次日，黄永胜和吴、叶、李、邱等同游长城，题词赠诗，摄影留念。

1968 年 3 月 22 日，黄永胜被任命为总参谋长。同月 24 日，召开了打倒"杨、余、傅"的"三二四"大会。次日，改组和重新成立了以黄永胜为组长、吴法宪为副组长，叶、李、邱等人为组员的军委办事组。办事组下又设政工组，取代了总政治部。

几天后，吴法宪宣布：军队重要文电今后不再抄送陈毅、徐向前、聂荣臻、叶剑英、刘伯承等军委副主席。4月6日，黄永胜提出，今后军委常委会不执行权力，办事组代替军委常委会，军委常委会停止活动。

继吴法宪 1967 年底被任命为副总参谋长后，1968 年 9 月，李、邱也被任命为副总参谋长。1969 年 9 月，林彪向黄永胜等人宣称：军队的权力就集中在你们几个人身上。如果说 1967 年"五一三"事件标志着林彪宗派集团的正式形成，那么，1968 年"三二四"大会后新一届军委办事组的成立，则标志着这个集团已经取代了中央军委，掌握了军队的日常工作。

林彪宗派集团军权在握以后，更加肆无忌惮地排斥异己，迫害陈毅等军委副主席及其他一些中央领导同志。在八届扩大的十二中全会上，他们与江青等人密切配合，诬陷、围攻陈毅、聂荣臻、徐向前、叶剑英、李富春、李先念等，林彪在发言中称"二月逆流"是"资本主义复辟的预演"。他们还点名批判余秋里、谷牧等人，连带着批判了所谓"老右倾"朱德、陈云、邓子恢等。1968 年 11 月，根据康生的要求，黄永胜等在军委办事组内专门设立了一个班子，与江青等人相互呼应，拼凑《"二月逆流"反党集团在军内活动大事记》，企图在九大以前进一步从政治上迫害、贬低这些军内外老同志，使他们在九大的选举中落选。

（二）动乱中的勾结与倾轧

1966 年以前，林彪等人与江青并无多少往来。"文化大革命"全面发动后，共同的政治野心和需要使他们走到一起来了。而在"文化大革命"取得"全面胜利"的九大之后，这两个集团又展开了激烈的争夺。

"文化大革命"发动之初，林彪需要通过江青来揣摩毛泽东的意图和了解"文化大革命"的动向，以便进行政治投机。江青则需要通过林彪这座"尊神"来增加自己的政治资本和号召力，以便更好地充当"旗手"的角色，"攻那些混进党内的资产阶级代表人物"①。从炮制部队文艺工作座谈会纪要初次合作开始，特别是在八届十一中全会后，在迫害、诬陷党政军一大批领导干部的过程中，林彪、江青及其各自的宗派越来越紧密地勾结在一起。

1966年8月14日，为了"紧跟"八届十一中全会的精神，林彪、叶群把他们指使人炮制的诬陷刘少奇的材料批送江青"酌转"毛泽东。9月8日，林彪诬陷贺龙"搞颠覆活动"，江青马上响应，声言贺是"坏人"，要"把贺龙端出来"。10月，江青通过叶群指使吴法宪、江腾蛟等秘密地在上海非法查抄了郑君里、赵丹等五位文艺人士的家，以追回、销毁有关她在30年代混迹上海十里洋场时的丑恶历史的材料。江青在指使叶群迫害了解她底细的孙维世时说："现在趁乱的时候，你给我去抓了这个仇人，你有什么仇人，我也替你去抓"。11月，林彪未经中央军委常委会讨论，便以军委名义下令聘请江青为"全军文化工作顾问"。12月，他又亲自提议关锋任总政治部第一副主任，通过重用中央文革小组的骨干以取悦于江青。反过来，江青投桃报李，于1967年1月13日亲自出面保吴法宪，诬陷空军其他领导。同日，在林彪的支持下，江青派人夺了《解放军报》的权。为了迎合中央文革小组，1967年1月10日，林彪亲笔批示"完全同意"关锋、王力等提出的"彻底揭穿军内一小撮走资本主义道路的当权派"的口号。1967年"五一三"事件后，根据江青指令，中央文革小组出面帮助吴法宪等支一派、压一派。事件后不久，林彪集团在江青的支持下，打倒了总政治部主任萧华。7月，经江青提议成立的军委看守小组，进一步提高了林彪集团骨干分子在

---

① 江青1967年4月12日在军委扩大会议上的讲话《为人民立新功》。

军内的地位。

1968 年 3 月，经林彪提议，把江青的行政级别由 9 级提高到 5 级。在打倒"杨、余、傅"的"三二四"大会上，林彪吹捧江青"是我们党内的女同志中间很杰出的同志"，"在这次文化革命期间就看出她伟大的作用"。同年 9 月，林彪在江青直接操纵的"刘少奇专案组"报送的诬陷刘少奇的"罪证"材料上批示"完全同意"后，又特地写上"向出色地指导专案工作并取得巨大成就的江青同志致敬"。为了给林彪以同样的回报，江青在同年 10 月 27 日讨论九大党章的会议上，坚持要把林彪接班人的地位写在党章上，她甚至提出"这一条不写上我们通不过"。

林彪、江青两个宗派集团都是在极端阶级斗争扩大化的环境中，以个人野心、宗派主义为基础发展起来的。在"文化大革命"的第一阶段，在"炮打司令部"、排除异己时，他们需要相互勾结、援引和支持。没有林彪的支持，江青不可能有那么大的能量；没有江青的捧场，林彪也不容易扮演"副统帅""紧跟""照办"的角色。但是，野心家、阴谋家的勾结、利用总是短暂的，何况林、江两个集团的社会基础、基本利益乃至一些政治见解也有不少差异。

实际上，即使在"文化大革命"初期，在林彪、江青相互勾结、兴风作浪的同时，相互之间的钩心斗角已经发生。林彪对江青深有了解，他对江的吹捧带有明显的利用性质。"文化大革命"初期，林彪一方面希望通过叶群接近江青了解中央文革小组的动向，一方面又反对叶过多地与江来往。1966 年底，受到张春桥、姚文元支持的上海某军事院校内的一派组织多次揪斗了邱会作。1967 年邱站稳脚以后，又指使该校另一派组织秘密搜集、整理张春桥的"反党言论"。1968 年八届扩大的十二中全会结束以前，中央文革小组碰头会确定由黄永胜率代表团参加阿尔巴尼亚党代表大会，江青公开表示坚决反对。江青看不起黄永胜等，曾几次指责黄搞"军国论""军党论"。黄永胜等对江青敢怒不敢言，只有在背后议论、贬损。九大前夕，发生了黄永胜办公室一个秘书搜集黄、吴、叶等人私下攻击江青的言论并准备报送中央文革小组的事件，黄等费了很大力气才将此事遮掩过去。

八届扩大的十二中全会上，林彪在发言中将"文化大革命"与欧洲文艺复兴等对比，进而提出"四次文化运动"的提法。江青等人对此非常不满，认为这种对比贬低了"文化大革命"，下令上海缩小对林彪讲话的传达范围。八届扩大的十二中全会以后，经毛泽东同意，由陈伯达、张春桥、姚文元负责起草九大政治报告。经与林彪几次商量后，陈伯达写出一部分初稿，但却被康生、张春桥、姚文元指责为宣扬"唯生产力论"而被否定。政治报告改由康、张、姚等人起草。林彪对此心怀不满，一遍未看、一字未改就上台结结巴巴地念了一遍敷衍了事，这又引起了江青等人的不满和议论。叶群得知后解释说，林彪不习惯念别人写的稿子。

九大期间，林彪、江青等人的争斗已开始表面化了。选举第九届中央委员会委员时，黄永胜等暗中布置一些人不投江青等人的票，说要给这些"红人""扫扫面子"。邱会作则说：江青是反林彪的，谁反林彪就不投谁的票。选举结果公布后，江青因少了6票而大发雷霆并扬言要查票，后因毛泽东制止而作罢。除此之外，叶群还布置人不要把江、张、姚选入政治局。与此同时，由于江、张等人的策划，叶群也少了几票。林彪集团虽然在九大攫取了巨大的权力，但林彪内心并不轻松。他已经明显地感到了来自江青集团的挑战，但又无可奈何。

九大以后，促使林、江两个阴谋集团相互勾结的外部条件已大大减少。"文化大革命"的"全面胜利"成了这两个集团加速走向倾轧的催化剂。如果说九大前两者是以利用、勾结为主的话，九大以后则是以斗争、争夺为主了。1969年9月，林彪在江西视察时提出：在中国，小资产阶级可能把权抢走，要防止小资产阶级抢权，现在就要注意。他还进一步说，据他看，上海就是小资产阶级掌权。根据这一精神，《江西日报》很快就发表了反对小资产阶级抢权的文章，并编印了经典作家有关小资产阶级的语录。不久，《福建日报》也发表了贯彻这一精神的社论，河南则以此为根据批判了一批"老造反"。

面对林彪等人的攻击，江青一伙也不甘示弱。1970年4月2日，《人民日报》上发表了上海大批判写作小组的文章《鼓吹资产阶级文艺就是复辟资本主义——驳周扬吹捧资产阶级"文艺复兴""启蒙运动""批判现实主义"的反动理论》，指桑骂槐地批评林彪在八届扩大的十二中全会上的讲话，林彪得知此事后大发脾气。林彪的几员大将也在一些场合散布"有的报纸反对林副主席十二中全会的报告"。

总之，在九大后的一年中，两个阴谋集团的斗争已经不可避免地尖锐化、表面化了。他们或在政治局会议上公开争论，或通过一些具体事情发难攻击，借一些堂皇的题目做卑劣的文章，或在私下发泄不满。江青等私下议论黄永胜等搞军党军国，林彪则在小圈子里指责上海是小资产阶级专政，搞独立王国。江青等人经常抱怨《解放军报》宣传样板戏不够，黄永胜等则常常指责上海只宣传江青不宣传林彪。黄永胜等在闲谈时一直把康生、江青、张春桥、姚文元称作"江湖帮"和"上海帮"。这种种迹象都在表明，这两个阴谋集团间更大的冲突还在后面，而且不远了。

总的看来，九大以后，林彪集团的骨干不仅大权在握而且是实权在握，而江青集团则因中央文革小组停止活动而失去了一个最重要的活动阵地。所以，在九大到九届二中全会这一段时间里，在两个阴谋集团的争斗中，前者处于攻势，而后者处于守势。在江青集团中，张春桥已经敏感地看到了问题的症结。在这一段时间里，他曾多次说到"我们只有笔杆子，没有枪杆子"，"最担心的是军队不在我们手里"。

在两个阴谋集团矛盾激化的过程中，陈伯达起了一种特殊的作用。1966 年 5 月政治局扩大会议上，陈被任命为中央文革小组组长。但强烈的个人野心和褊狭自负的性格，使他既难于与骄横跋扈的江青相处，又对张春桥、姚文元地位的急剧上升心存忌恨。同年 10 月，他称病并实际上把中央文革小组组长的位置让给了江青。经过几次冲突后，他与江青等人的积怨更深，实际上已被排除在中央文革小组之外。1968 年间，陈伯达逐渐投向林彪等人，希望依靠林的势力报复江、张、姚等人，实现自己的野心。

在起草九大政治报告时，陈伯达写的草稿被张、姚指责为宣扬"唯生产力论"。反过来，陈又指责张、姚写的稿子是散布伯恩施坦的"运动就是一切，目的是没有的"的观点。九大期间，陈几次提出中央文革小组这个组织可以不要了，让它名存实亡。康、江、张、姚提出要在九大报告中写一段中央文革小组的功绩，遭到陈的坚决反对。九大以后，一方面是出于对江青等人的强烈不满，一方面是认为江青集团的权势已大不如前，陈伯达与林彪等人的关系更加密切。陈伯达或是与叶群等人互赠诗文，或出谋划策，或私下议论、泄愤出气，或在政治局会议上与黄永胜等相互配合向江青等人发难。

1970 年 5 月，叶群在庆祝"五一三"事件三周年写的一首诗中，有"将相奋起卫红旗"一句。她解释说"这是警句"，"我们有相也有将，相就是陈伯达，将就是黄、吴、李、邱。现在相和将要一起奋起，保卫林副主席"。"文化大革命"这个号称"史无前例"的"斗私批修"的"大革命"，却为这样一小撮阴谋家、野心家提供了丰厚的土壤，为他们的各种阴谋活动提供了种种有利条件。

二、围绕筹备四届全国人大展开的斗争

（一）在设国家主席问题上的分歧

九大之后，基于认为党的重建工作已经基本完成，毛泽东开始把考虑的重点放在政府的重建之上。根据他对政权建设的基本设想，特别是根据对"文化大革命"第一阶段的观察和思考，他又提出了一些独特的意见。

1970 年 2 月，中央政治局讨论了筹备四届人大和修改宪法的问题。根据讨论的结果，周恩来拟成《宪法修改草案提要》并附信一封，于 3 月初送到了正在武汉视察的毛泽东处。附信中，周恩来提出新宪法中是否要写设国家主席一章，并说明政治局讨论的结果是应设国家主席，并由毛泽东任国家主席。3 月 7 日，毛泽东明确表示，宪法中不要设国家主席这章，他也不当国家主席。3 月 8 日晚，周恩来召开政治局会议传达了毛泽东的这一指示，与会者均表示同意毛泽东的意见。会议决定成立由周恩来、张春桥、黄永胜等人组成的工作小组，负责四届人大代表名额和选举工作；成立由康生、张春桥、吴法宪、李作鹏、纪登奎等组成的修改宪法小组；由周恩来、姚文元主持起草政府工作报告，报告集中讲当前政策和计划问题等。①会上，周恩来指定叶群把毛泽东的意见及会议讨论的情况向称病未到的林彪汇报。

3 月 12 日至 15 日，宪法修改小组召开会议。康生在会上提出不再设检察院的意见。他说，现在的"立法、司法、行政是分

① 参见《周恩来年谱（1949—1976）》下卷，中央文献出版社 1997 年版，第 353 页。

立的，但实际情况是统一的，这是最大的矛盾"，解决的办法就是要"立法、司法合一"，由"公安机关行使检察院的职权"。对此，张春桥、李作鹏表示同意。3 月 16 日，宪法修改小组讨论通过了《关于修改宪法问题的请示》（本段简称《请示》）。报告中提出不设国家主席和检察机关的意见。毛泽东原则上同意了这个报告。3 月 17 日至 20 日，中共中央在北京召开工作会议，讨论召开四届人大和修改宪法的问题。会议中，在设不设国家主席的问题上，还存在着两种不同的意见。一种是同意宪法小组的《请示》中提出的可以不设国家主席的意见。一种认为还是设国家主席好。理由是"主席"这个名称是传统习惯，这是从苏区时代就叫起，一直沿用下来，用习惯了；毛主席是我们党中央的主席，当然也是国家的主席。经过讨论，与会多数人同意《请示》的意见，不设国家主席，表示：按照全国、全党、全军的共同愿望，都是希望毛主席当国家主席，林副主席当国家副主席。但大家一致拥护伟大领袖毛主席关于不设国家主席的指示，认为这样更能体现党的一元化领导。

与会代表中之所以有一部分人不顾毛泽东的有关指示，仍坚持设国家主席，一是从国家以往政治体制及当代大多数国家政体设置的考虑出发，二是不了解毛泽东不设国家主席的真正用意，三是往往认为国家主席的设置只是个形式问题，无论毛泽东当不当国家主席，他的最高权威地位都是无可置疑的。本来，从现代国家政治体制的设置来看，国家主席作为对内对外代表国家的国家元首是不应缺少的。中国 1954 年宪法已经把设立国家主席作为国家政治体制的重要制度，这一制度符合中国各族人民的习惯和愿望。而且，设不设国家主席，应当是一个由全国人民代表大会讨论决定的国家体制问题，也不应由党由少数人决定。毛泽东提出不设国家主席，与他 60 年代初以后发展起来的对以刘少奇为首的中央一线领导的不满有关，与他在九大以后进一步发展起来的对林彪的怀疑、警惕相联，也与他所要建立的那个理想社会中党政不分的一元化领导模式不无关系。

当时正在外地的毛泽东了解到中央工作会议上的分歧后，重申：不设国家主席的话，他早就说过了，宪法上不要写了，他也不当国家主席。4月11日，正在苏州的林彪向秘书口授了给中央政治局的建议："一、关于这次'人大'设国家主席的问题，林彪同志仍然建议由毛主席兼任。这样做对党内、党外、国内、国外人民的心理状态适合，否则，不适合人民的心理状态。二、关于副主席问题，林彪同志认为可设可不设，可多设可少设，关系都不大。三、林彪同志认为，他自己不宜担任副主席的职务"。这是"文化大革命"发动以来林彪第一次在重大问题上公开发出与毛泽东不同的声音。12日政治局讨论时，多数人又表示赞同设国家主席。同日，毛泽东在政治局关于讨论林彪意见的报告上批示：他不能再做此事，此议不妥。4月下旬，毛泽东在一次政治局会议上再次讲到他不当国家主席，也不设国家主席的意见。他还借用《三国演义》中的典故说：孙权劝曹操当皇帝，曹操说，孙权是要把他放在炉火上烤。"我劝你们不要把我当曹操，你们也不要做孙权"。7月中旬，毛泽东在得知宪法起草委员会讨论中仍有一些人坚持设国家主席的意见时，又表示：不要设国家主席，设国家主席，那是形式，不要因人设事。九届二中全会期间，8月25日政治局开会前，毛泽东在分别与林彪、周恩来的谈话中，都谈到了不要设国家主席，他也不当国家主席的问题。在这次政治局扩大会议上，他甚至说，设国家主席的问题不要再提了，要他早点死，就让他当国家主席！谁坚持，谁就去当，反正他不当！毛泽东还对林彪说："我劝你也别当国家主席，谁坚持，谁去当！"在不到半年的时间里，毛泽东先后6次表达了不设国家主席和他自己不当国家主席的意见，明确地表达了他的意见和决心。①

但是，林彪也在继续坚持他的意见。4月11日，他向政治局提出的意见被毛泽东否定后，便主要在他那个小圈子里，并通过这个小圈子来散布设国家主席的主张。5月上旬，林彪让黄永胜带话给吴法宪与李作鹏，要他们在修改宪法时，坚持在宪法草案上写上设国家主席。5月中旬，林彪在与吴法宪谈话时强调说，不设国家主席，国家就没个头，并要吴法宪在宪法工作小组会上提出在宪法中要写上国家主席一章。7月，叶群当着吴法宪的面说：如果不设国家主席，林彪怎么办？往哪里摆？

在正常条件下，不论在党内还是在党外，设不设国家主席都是一个可以研究、讨论的问题。而且，在当时的情况下，国家主席的设置的确没有多少实质性的意义，用当时的话来说"是形式"。如果毛泽东同意，党内外会一致同意设国家主席的。毛泽东坚持不设国家主席，他的一些想法当时又不为多数人所了解，这就使许多人总觉得这是一种政治姿态，并不具有什么原则意义和路线斗争性质。但是，林彪却一反他对毛泽东"句句是真理""一句顶一万句"的态度，在毛泽东已多次明确表达了自己的意见之后，仍然坚持自己的意见，并指使其心腹四处活动，这显然包含着某种不可告人的目的。

1970年7月20日，中共中央发出《关于组织讨论修改宪法的通知》。该通知指出：为进一步筹备第四届全国人民代表大会，中央要求各省、市、自治区革命委员会和中央军委，认真动员各厂矿、公社、军队、机关、学校、企业事业单位、街道组织的革命群众，广泛讨论修改宪法，提出修改意见，讨论和通过第四届全国人大的候选代表。该通知还提出组织群众讨论修改宪法时需

---

① 以上参见《汪东兴回忆：毛泽东与林彪反革命集团的斗争》、《周恩来年谱（1949—1976）》下卷、《大动乱的年代》等。

要掌握的主要原则。其中有：毛泽东对于马列主义国家学说的发展和"无产阶级专政下继续革命的理论与实践"；以毛泽东为首、林彪为副的中国共产党中央委员会是领导全国各族人民行使国家权力的核心力量，毛泽东主席是全国武装力量的最高统帅，林彪副主席是副统帅；要总结历史经验，特别是"文化大革命"中群众创造的，并为毛主席所肯定的好经验，如人民公社及其政、社合一制度，"四大"（大鸣、大放、大字报、大辩论），"三结合"的革命委员会，一切国家机关工作人员必须参加集体生产劳动，等等。不难想象，在"继续革命"理论的指导下，在当时那样一种体制条件下，这种"广泛讨论"不会有什么实质意义。

（二）九届二中全会上的风波

1970 年 8 月 23 日至 9 月 6 日，党的九届二中全会在庐山举行。出席会议的有中央委员 155 人，候补中央委员 100 人。会议原定议程为：讨论修改宪法问题、讨论国民经济计划、讨论战备问题。但是，会议期间发生的一场出人意料——但又在情理之中的严重冲突，致使会议一度偏离了原定方向。而这场冲突在会前已经很明显地摆在中央领导层面前。

1970 年 7 月 27 日，在讨论修改两报一刊的八一社论时，陈伯达与张春桥发生了一次争执。陈伯达主张，将社论中"伟大领袖毛主席亲自缔造和领导的、毛主席和林副主席直接指挥的中国人民解放军"一句中的"毛主席和"四字去掉，张春桥却执意不肯。29 日，周恩来就此事请示毛泽东时，毛泽东表示提法问题并不重要，并要汪东兴代他圈去了社论中"毛主席和"四个字。

1970 年 8 月 13 日下午，康生召集宪法工作小组开会，讨论宪法草稿。会上，围绕着草稿中的几个副词，林彪集团与江青集团之间爆发了一次尖锐的冲突。从表面上看，冲突的原因似乎只是一些文字上的问题，但实际上却是两个阴谋集团之间矛盾长期积累的一次必然的爆发。

这次会议上讨论的宪法讨论稿的序言部分，有一段话："指导我们思想的理论基础是马列主义、毛泽东思想。毛泽东思想是全国一切工作的指导方针。"讨论中，张春桥提出，已经有了理论基础一句，后一句可以不写了。他又说，应把毛泽东思想前"天才地、全面地、创造性地发展了马列主义"这三个副词删去，因为"是讽刺"。早已对张积怨很深的吴法宪当场激烈地反驳说，"三个副词"是八届十一中全会和林彪为《毛主席语录》写的"再版前言"中肯定了的，这样说不是要否认八届十一中全会公报和"再版前言"吗？吴法宪还尖锐地提出："要防止有人利用毛主席的伟大谦虚贬低毛泽东思想"，把矛头直指张春桥。在这样的场合，这样直接、尖锐地指责张春桥，从"文化大革命"发动以来还从来没有过。

"三个副词"的确是八届十一中全会公报和"再版前言"中所使用过的，这是在毛泽东认为需要"搞点个人崇拜"的"文化大革命"初期的产物。在此之后，当毛泽东认为应该给个人崇拜"降温"时，他又几次在有关文件上删去了这三个副词。1968年9月，《人民日报》为纪念1962年9月18日毛泽东给日本工人的题词，发表了题为《世界革命人民胜利的航向》的社论。在审阅清样时，毛泽东删去了其中"毛泽东同志天才地、创造性地、全面地继承、捍卫和发展了马克思列宁主义，把马克思列宁主义提高到了一个崭新的阶段"等文字。1969年初，毛泽东又删去了张春桥等起草的九大政治报告和党章初稿中"天才地、创造性地、全面地"三个副词等文字。1970年4月，毛泽东在修改纪念列宁诞辰100周年的两报一刊社论《列宁主义，还是社会帝国主义？》的初稿时，删去了"毛泽东同志全面地总结了无产阶级专政的正反两个方面的历史经验，天才地、创造性地运用唯物辩证法，分析了社会主义社会的矛盾"等文字。1970年6月，毛泽东在接见外宾时，曾两次以讽刺的口吻提到苏共二十一大决议把赫鲁晓夫的报告称作是"天才地、创造性地发展了马克思列宁主义"。张春桥直接参与了有关文件的起草和外宾接见，知道毛泽东所作的文字修改，了解毛泽东在思想上的一些变化。

会议休息时，认为已抓住张春桥"辫子"的吴法宪立即把会议上的冲突通过电话告诉黄永胜。黄永胜又旋即用电话报告了周恩来和正在北戴河的林彪，并先后告诉了邱会作、李作鹏。与会的陈伯达在会上没有发言，并且中途退场。会议结束后，他把吴法宪拉到他家中，吹捧吴"能坚持原则，风格很高"，又说了很多张春桥的坏话。当夜，他们还将会议情况向周恩来、叶群作了电话汇报。在8月14日晚的政治局会议上，得到林彪、陈伯达等人支持的吴法宪再次提出"要防止有人利用毛主席的伟大谦虚贬低毛泽东思想"，把矛头指向张春桥，并与康生发生了争执。林彪得知此事后，对江青等人的宿怨也一下爆发。两个阴谋集团的尖锐矛盾已到了爆发的临界点。8月中旬，叶群在给吴法宪的电话中说：林彪说你立了大功，坚持了原则，抓住了康、张的小辫子。这一鼓励更使吴法宪冲昏了头脑。8月中旬，叶群还从北戴河打电话给陈伯达、黄永胜等，要他们准备有关"天才"的语录和"四个伟大"（即伟大的导师、伟大的领袖、伟大的统帅、伟大的舵手）方面的材料，以便进一步与张春桥等人较量。

8月13、14日两次会议上的尖锐冲突，是林、江两个集团以往矛盾发展的结果，也是九届二中全会上两个集团最终摊牌的直接导火线。从表面上看，争论的焦点在几个"副词"，但实际上双方都明白，这不过是一个由头，是一个打击、削弱对方的借口。但是，在当时，除了这两个阴谋集团外，绝大多数干部、群众都不明白，在声称"文化大革命"已取得伟大胜利的时候，在中央高层内部发生的这个关于"三个副词"的激烈争论是为了什么。"文化大革命"这样的"大民主"和"群众运动"，实际上把最广大的干部、群众排斥于党和国家的政治生活之外。他们可以民主到随意贴大字报、抄家，随意上街游行、辩论，甚至批斗"走资派"，但却无法民主地表达自己的真实思想，无法了解这场运动的真相。这样一种局面为野心家、阴谋家的活动提供了有利条件，刺激着他们野心的膨胀。

九届二中全会开幕的前一天，8月22日下午，毛泽东召开政治局常委会会议，讨论和确定九届二中全会的议程。会上的讨论中，又涉及设不设国家主席的问题。讨论中，除毛泽东外，其他四名常委都表示，根据群众的愿望和要求，应实现党的主席和国家主席一元化，即在形式上应有一个国家元首、国家主席。但毛泽东仍然坚持不设国家主席、不当国家主席的意见。他表示，设国家主席，那是个形式，他提议修改宪法就是考虑到不设国家主席。①

8月23日下午，九届二中全会正式开幕。开会之前常委碰头时，当毛泽东问周恩来和康生谁先发言时，原本未提出发言要求的林彪突然提出要"讲点意见"。开幕会上，周恩来宣布全会的议程为：一、讨论修改宪法问题；二、讨论国民经济第四个五年计划问题；三、讨论加强战备问题。接着，林彪在讲话中，首先显然是针对8月13日吴法宪与张春桥的争论、针对设不设国家主席的问题说："这次宪法修改草案，表现出这样的特点：就是突出毛主席和毛泽东思想在全国的领导地位。肯定毛主席的伟大领袖、无产阶级专政元首、最高统帅的这种地位；肯定毛泽东思想作为全国人民的指导思想，是一切工作的指导方针。这一点非常重要，非常重要。用宪法的形式把这些固定下来非常好，非常好！可以说是宪法的灵魂。""毛泽东同志是当代最伟大的马克思

---

① 参见《周恩来年谱（1949—1976）》下卷，中央文献出版社1997年版，第386—387页。

列宁主义者。毛泽东同志天才地、创造性地、全面地继承、捍卫和发展了马克思列宁主义。""毛主席的这种领导可以说是我们胜利的各种因素中间的决定因素。""这个领导地位，就成为国内国外除极端的反革命分子以外，不能不承认的。""我们的工作是前进还是后退，是胜利还是失败，都取决于毛主席在中央的领导地位是巩固还是不巩固"。他又进一步强调和发挥说："我们说毛主席是天才，我还是坚持这个观点"，"这次宪法里面规定毛主席的领导地位，规定毛泽东思想是指导思想。我最感兴趣的、认为最重要的就是这一点"。康生表示对林彪的讲话"完全同意，完全拥护"，甚至明确地说："如果主席不当主席，那么请林副主席当主席。"① 林彪的讲话使张春桥等人十分紧张，而吴法宪等人却得意扬扬。

当晚，在周恩来召集的政治局委员和各大组召集人会议上，吴法宪以林彪的讲话很重要，"要很好学习"为由，提出改变原定的3项议题，第二天播放讲话录音，学习林彪讲话，得到政治局同意。会后，叶群打电话给吴法宪等，要他们在各组发言时支持林彪的讲话，"不然林的讲话就没有依据了"。她还叮嘱吴法宪等要"含着眼泪"发言，发言时不要点名，不要把矛头对着康生，怕打击面宽了通不过，而且也不要再说设国家主席了。这天夜里，因受到林彪讲话的鼓舞，陈伯达又与吴法宪、李作鹏、邱会作等聚在一起，议论、攻击张春桥等人。陈伯达还把收集到的有关"天才"的语录转给了吴法宪，吴法宪立即打印并送给了叶、李、邱。吴法宪还打电话给在北京留守的黄永胜，传达林彪的讲话。

8月24日上午，与会人员又听了两遍林彪讲话的录音。在随

① 参见《周恩来年谱（1949—1976）》下卷，中央文献出版社1997年版，第387页。

后的讨论中，多数与会者出于对毛泽东的热爱和崇拜，以及因不了解事情的真相，纷纷表示拥护林彪的讲话。下午，在讨论林彪讲话的分组会上，陈伯达、吴法宪、叶群、李作鹏、邱会作分别在华北组、中南组、西南组、西北组引用同样的语录，按照同样的口径发言。陈伯达在华北组发言说：他完全拥护林副主席昨天发表的非常好、非常重要、语重心长的讲话。他说，这次宪法中肯定毛泽东的国家元首的地位，写上这一条是经过很多斗争的，可以说是斗争的结果。有人利用毛主席的谦虚，妄图贬低毛泽东思想。有的人说世界上根本没有天才，他看这种否认天才的人无非是历史的蠢材。他在插话中还说："有的反革命分子听说毛主席不当国家主席，高兴得手舞足蹈"。在中南组，叶群手拿卡片作了长篇发言。她说：林彪同志在很多会议上都讲了毛主席是最伟大的天才，难道这些都要收回吗？坚决不收回，刀搁在脖子上也不收回！吴法宪在西南组发言说：这次讨论修改宪法中，有人竟说毛主席天才地、创造性地、全面地继承、捍卫和发展了马克思列宁主义"是个讽刺"，他听了气得发抖；要警惕和防止有人利用毛主席的伟大谦虚来贬低伟大的毛泽东思想。李作鹏在中南组发言说，党内有股风，是什么风？是反马列主义的风，是反毛主席的风，是反林副主席的风。这股风不能往下刮。可是有的人想往下吹。邱会作在西北组发言说，林彪之所以在这次会议上讲"天才"问题，是知道一定会有人反对这种说法；有人说"三个副词"是一种讽刺，这就是把矛头指向毛主席、林副主席。

　　陈伯达等人在各组煽动性的发言，激起了许多不明真相、不了解背景的与会者的愤怒。他们纷纷发言表态，建议在新宪法中恢复设国家主席一章，赞成毛泽东当国家主席，不点名地指责、批评了张春桥、江青等人，整个会议出现一边倒的局面。长期在毛泽东身边工作的汪东兴也在华北组发言表示同意陈伯达的发言，认为有人反对称毛主席是天才，是党内的野心家，这种情况是很严重的。他还表示，中央办公厅机关和 8341 部队讨论修改宪法时的意见，是强烈希望毛主席当国家主席，林副主席当国家副主席。叶群、吴法宪等还找人谈话、交底，鼓动一些人在会上发言。24 日以后，部分中委、候补中委代表所在省、市、自治区联名写信给毛泽东和林彪，表示支持毛泽东当国家主席。

25 日上午，载有陈伯达、汪东兴等人发言的全会 6 号简报（即华北组第 2 号简报）印发后，立即在各组引起强烈反响。与会绝大多数人听说有人"否认毛主席是天才""贬低毛泽东思想""不赞成毛主席当国家主席"后都表示了极大的愤怒，纷纷要求把这种人"揪出来"。几个大组的发言中，已有人直接点了张春桥的名，华东组也有人不指名地攻击了江青。整个会议充满了一种激烈、紧张的空气，会议的原定日程全被打乱。会议的这种变化使林彪等人兴奋不已。林彪让秘书把 6 号简报念了两遍后，哈哈大笑地说："听了那么多简报，数这份有分量，讲到了实质问题"。吴法宪、李作鹏、邱会作等得意扬扬，积极发言、插话。吴法宪等人都认为胜券在握，已在考虑张春桥这次是否能"过得去"的问题了。

江青、张春桥、姚文元承受不了会议的巨大压力。8 月 25 日上午，他们到毛泽东处反映了会议的情况和 6 号简报引起的反响。毛泽东敏锐地觉察到林彪等人不顾他的一再反对，为争夺个人权力所进行的严重宗派活动，并果断地采取行动制止林彪集团的阴谋活动。中午，他召见并严厉地批评了汪东兴。当天下午，他主持召开由各分组组长参加的政治局常委扩大会议。会上，毛泽东要求立即休会，停止讨论林彪在开幕会上的讲话，收回被他称为"反革命简报"的华北组第 2 号简报，不要揪人，要贯彻九大"团结、胜利"的路线、方针。他还说："你们继续这样，我就下山，让你们闹。设国家主席的问题不要再提了。要我早点死，就让我当国家主席；谁坚持，谁就去当，反正我不当。"他又对林彪说："你也不要当"。当晚，周恩来主持召开各大组负责人会议，传达中央政治局常委会的决定。26 日，各组传达了关于暂停开小组会的决定，制止了"揪人"和"设国家主席"的议论。毛泽东的态度和措施出乎林彪等人的意料，打乱了他们的阵脚，使他们慌作一团。吴、叶、李、邱立即收回他们发言的记录稿，已经写成的简报稿也不让上送了。

8 月 26 日至 28 日，毛泽东、周恩来、康生分别找陈伯达、吴法宪、李作鹏、邱会作谈话，严厉地批评了他们的宗派活动。会议形势的陡转使吴法宪等惶惶不可终日，林彪、叶群则继续给他们打气。当吴法宪向林彪报告后，林彪对他说，他没有错，不要检讨；还要他们不要紧张，先不要检讨。

8 月 29 日，林彪主持中央政治局扩大会议，听取陈伯达、吴法宪等人的检讨。会上，周恩来、康生传达了毛泽东几天来的一系列讲话。在毛泽东的讲话中，特别强调了党的团结问题。周恩来在发言中说："在全会一开始的分组讨论中，陈伯达、吴法宪等人作了有代表性的错误发言，把修改宪法的讨论引导到一个错误的方向去，以华北组最为突出。8 月 25 日主席召集常委扩大会议之后，才扭转了这一错误偏向。"他又说："主席对犯错误同志的态度一贯是，允许犯错误，允许改正错误；要给犯错误的同志认识、改正错误的时间，对他们还要看，不能着急。全会还有两项议程，不能耽搁久了。大家要下决心按照主席的指示不折不扣地去做，一定要把这次会议开好"。①

按照毛泽东的意见，陈伯达、吴法宪等先后作了检讨。但是这些"检讨"显然是避重就轻、推诿敷衍的。

8 月 31 日，毛泽东写了《我的一点意见》，严厉批评陈伯达

---

① 参见《周恩来年谱（1949—1976）》下卷，中央文献出版社1997 年版，第 390 页。

等"采取突然袭击，煽风点火，唯恐天下不乱，大有炸平庐山，停止地球转动之势"，提出"决不能跟陈伯达的谣言和诡辩混在一起"，"不要上号称懂得马克思，而实际上根本不懂马克思那样一些人的当"。在谈到"天才"问题时，他说："我是说主要地不是由于人们的天才，而是由于人们的社会实践。我同林彪同志交换过意见，我们两人一致认为，这个历史家和哲学家争论不休的问题，即通常所说的，是英雄创造历史，还是奴隶们创造历史，人的知识（才能也属于知识范畴）是先天就有的，还是后天才有的，是唯心论的先验论，还是唯物论的反映论，我们只能站在马列主义的立场上，而决不能跟陈伯达的谣言和诡辩混在一起。同时我们两人还认为，这个马克思主义的认识论问题，我们自己还要继续研究，并不认为事情已经研究完结。希望同志们同我们一道采取这种态度，团结起来，争取更大的胜利，不要上号称懂得马克思，而实际上根本不懂马克思那样一些人的当。"①最后，他仍然号召"团结起来，争取更大的胜利"。

为了挽救和稳住林彪，毛泽东在《我的一点意见》中，还特地写上了"我同林彪同志交换过意见""我们两人一致认为"这样的话。9月1日，毛泽东在政治局和各大组召集人会议上宣布，凡是在这次庐山会议上发言犯了错误的人，可以做自我批评、检查。按照他的意见，全会开始揭发批判陈伯达，吴法宪等也受到批判。几天之内，会议的形势出现了180度的转向，向另一个方向一边倒。吴法宪等在慌乱中加紧私下活动，商讨统一口径，强调山上山下没有联系，在分组会上不要牵扯林彪、黄永胜和叶群，各自只讲自己，互不涉及。黄永胜强调自己是9月1日才上山的，不准备作检讨，李作鹏、邱会作则要视情况发展决定自己是否检讨。

---

① 《我的一点意见》。

在这几天的讨论中，周恩来先后参加了东北、华北、华东、中南、西南等小组的讨论。他在发言中说明，《我的一点意见》是毛泽东考虑了三天后才写出来的；陈伯达在中央核心内部长期不合作，他的问题迟早要暴露的。

在党的九大上，毛泽东反复强调要加强党的团结，希望通过全党、全国的团结去争取更大的胜利。正是在这种背景下，林彪集团的宗派阴谋活动引起了他的强烈不满和高度警惕。他认为，林彪集团的活动是对九大路线的严重破坏，打乱了他的战略部署，使他原本计划在"天下大乱"之后出现的团结、胜利的局面受到严重挑战。以毛泽东《我的一点意见》的发表为标志，庐山会议上的这场斗争实际上已转化为毛泽东领导的反对林彪集团阴谋活动的斗争。

8月26日后，康生曾建议延长会期，"把问题彻底弄清楚"，但被毛泽东拒绝。9月6日，全会基本上通过了《中华人民共和国宪法修改草案》，通过了向全国人民代表大会常务委员会提出的《关于在适当的时候召开四届人大的建议》，批准了国务院《关于全国计划和1970年度国民经济计划的报告》，批准了中央军委《关于加强战备工作的报告》。本来，筹备四届人大问题、国民经济问题、战备问题都是九届二中全会讨论的主题，是党和国家面临的重大而又紧迫的问题。但是，由于林彪集团的阴谋活动，这些问题只能在会上草草通过了事。在"文化大革命"那样的环境下，如此重要的关系国计民生的大问题都成了阶级斗争扩大化的附属物。"抓革命，促生产"的实际结果只能是阶级斗争扩大化破坏生产。

9月6日下午，九届二中全会闭幕。闭幕会上，毛泽东就党的路线教育问题、高级干部的学习问题、党内外团结问题等发表了重要意见。他说："现在不读马、列的书了，不读好了，人家（指陈伯达）就搬出什么第三版呀，就照着吹呀，那么，你读过没有？没有读过，就上这些黑秀才的当。有些是红秀才哟。我劝同志们，有阅读能力的，读十几本。""要读几本哲学史，中国哲学史、欧洲哲学史。一讲读哲学史，那可不得了呀，我今天工作怎么办？其实时间是有的。你不读点，你就不晓得。这次就是因为上当，得到教训嘛，人家是哪一个版本，第几版都说了，一问呢？自己没有看过"。

他又说："庐山是炸不平的，地球还是照样转。极而言之，无非是有那个味道。我说你把庐山炸平了，我也不听你的。你就代表人民？我是十几年以前就不代表人民了。因为他们认为，代表人民的标志就要当国家主席。我在十几年以前就不当了嘛，岂不是十几年以来都不代表人民了吗？我说谁想代表人民，你去当嘛，我是不干。你把庐山炸平了，我也不干。你有啥办法呀？"①

毛泽东特别强调了党的团结问题："不讲团结不好，不讲团结得不到全党的同意，群众也不高兴。""所谓团结是什么呢？当然是马克思列宁主义基础上的团结，不是无原则的团结。提出团结的口号，总是好一点嘛，人多一点嘛。包括我们在座的有一些同志，历来历史上闹别扭的，现在还要闹，我说还可以允许。此种人不可少。你晓得，世界上有这种人，你有啥办法？一定要搞得那么干干净净，就舒服了，就睡得着觉了？我看也不一定。到那时候又是一分为二。党内党外都要团结大多数，事情才干得好。"

周恩来、康生也在会上讲了话。会议还宣布了党中央对陈伯达进行审查的决定。9月7日，林彪匆匆下了庐山，从九江直飞北戴河。在九江机场，由叶群导演，林彪与前来送行的黄、吴、李、邱在飞机上合影，这既是留念，又是明志。

在党的九届二中全会上，主要由陈伯达、吴法宪与张春桥出

---

① 《在中共九届二中全会闭幕会上的讲话》。

面，围绕着设不设国家主席问题以及"三个副词"展开的斗争，实际上是林彪、江青两个集团长期以来、特别是九大以来不断积累起来的矛盾的一次总爆发。这次冲突以林彪集团的失败而告终。以九届二中全会为标志，林彪集团的权势被削弱，江青集团的势力却上升了。但是事情不会到此结束，江青一伙的野心随着他们的"胜利"迅速膨胀，林彪等人则不会甘心屈居于江青等之下，更尖锐的斗争还在后面。林彪之子林立果在会议结束时对他的心腹说："看来这个斗争还长"，"我们要抓军队，准备干"。

9月10日，九届二中全会公报在《人民日报》上发表。公报除了高度评价九大后的大好形势和对会议的意义大加赞颂外，还引人注目地公布了准备召开四届人大的消息。但是，对会议上所发生的异乎寻常的尖锐斗争，公报却只字不提；对于会上党内所发生的分裂，公报的提法是"经过党的第九次全国代表大会，全党达到了空前的团结和统一"。"文化大革命"反复号召广大干部、群众关心国家大事，号召各级党组织和全体党员"要相信群众，依靠群众"，但事实上，群众甚至大部分干部却往往被剥夺了对国家大事的知情权。而如果连起码的国家大事也无从知晓，那么，广大群众的主人翁地位又如何体现呢？"相信群众"又有什么实际意义呢？

三、对陈伯达的审查及对林彪集团的严厉批评

（一）"批陈整风"运动

九届二中全会之后，根据毛泽东的意见和党中央的决定，开始了对陈伯达的审查和批判。虽然在全会公报宣布了要"在适当的时候召开四届人大"，但由于暴露了林彪、陈伯达的问题，筹备工作实际上被搁置起来。

在九届二中全会的闭幕会上，毛泽东在讲话中表示对陈伯达"还要看一看"，"保留他的中央委员"，等等。但没过多久，随着陈伯达阴谋活动的不断披露以及运动发展的需要，毛泽东改变了看法。11月6日，中共中央发出《关于传达陈伯达反党问题的指示》（本段简称《指示》）。《指示》指出，在党的九届二中全会上，陈伯达采取了突然袭击，通过煽风点火、制造谣言、欺骗同志的恶劣手段，进行了分裂党的阴谋活动；全党揭露了陈伯达反党、反九大路线，反马克思主义、列宁主义、毛泽东思想的严重罪行，揭露了他假马克思主义者、野心家、阴谋家的面目。《指示》说明，党中央决定将毛主席《我的一点意见》一文印发，要求各单位应由主要负责同志，亲自传达陈伯达反党的问题；陈伯达历史复杂，是一个可疑分子；中央正在审查他的问题。随着《指示》的发出，"批陈整风"运动自上而下地开始了。

1971年1月26日，党中央发出《反党分子陈伯达的罪行材料》（以下简称《罪行材料》）。这个《罪行材料》带有"文化大革命"中所有这类材料的基本特征。《罪行材料》分为四部分。第一部分为"陈伯达的反动历史"。主要内容有"家庭出身和入党前的个人历史"，"和国民党军阀张贞的关系"，"被捕叛变"，"失掉党的关系问题"，"托派问题"，"在天津工作时的错误和叛徒、特务、工贼刘少奇为陈翻案的问题"，"写反共文章"，"里通外国嫌疑"。第二部分为"投靠和追随王明、刘少奇，反对毛主席的无产阶级革命路线"。主要内容有"追随王明，鼓吹'国防文学'和'国防哲学'"，"一贯投靠和追随刘少奇，是以刘少奇为首的资产阶级司令部的黑秀才和头面人物"。第三部分为"对抗毛主席的伟大战略部署，破坏无产阶级文化大革命，反党乱军，阴谋篡权"。主要内容有"大派工作组，又把自己装扮成反工作组的英雄"，"陈伯达是萧华、杨、余、傅、王、关、戚、

'五一六'反革命阴谋集团的黑后台"，"陈伯达在文化大革命中所进行的几次突出的反党阴谋活动"，"陈伯达借起草九大政治报告的机会，炮制了一个继承刘贼唯生产力论的，反马克思列宁主义、毛泽东思想的，反无产阶级专政的、分裂党的黑纲领"，"在党的九届二中全会上，陈伯达采取突然袭击、煽风点火、制造谣言、欺骗同志的恶劣手段，进行分裂的阴谋活动"。第四部分为"投靠王明、刘少奇，招降纳叛，搞独立王国"，如此等等。

显然，这个材料中的一些内容是谈不上实事求是的。当时认为，陈伯达在九届二中全会上的罪行是严重的，是蓄谋已久的，这与他历史上的严重问题密切相关。这种认识为对陈伯达的揭发、批判定下了基调。实际上，陈伯达在"文化大革命"中制造了大量煽动极左思潮的舆论，直接参与诬陷、迫害党和国家一大批领导干部，煽动武斗，制造了许多严重的冤假错案，对党和人民犯下了严重的罪行。而《罪行材料》对此却不置一词，这样的批陈显然是不得要领的。

1968 年 11 月 25 日，在一篇由陈伯达参与写作的两报一刊社论《认真学习两条路线斗争的历史》中，对党的历史作了这样的叙述和概括："党内的路线斗争，反映了社会上的阶级斗争。我们党的历史，就是两条路线的斗争史。"新中国成立后"19 年的历史，就是无产阶级专政建立之后，工人阶级和广大革命群众继续同帝国主义者、国民党、资产阶级进行政治斗争、经济斗争、文化斗争的历史。斗争的中心……是政权问题。""应当清楚地看到：两个阶级、两条道路、两条路线的斗争，还将长期继续下去"。这种对党的历史的错误概括，是"继续革命"理论的一个重要基础，是发动"文化大革命"的一个重要理论依据。正是在这样的错误理论指导下，"文化大革命"极其错误地打倒了刘少奇，并孳生出林彪、江青、陈伯达一类野心家、阴谋家。现在，作为这个理论重要鼓吹者之一的陈伯达，也被如法炮制，被划入到帝国主义、国民党、资产阶级的行列中，成为"继续革命"的对象。

因为陈伯达、林彪等人在九届二中全会上以"天才"问题发难，所以毛泽东在《我的一点意见》中说到了天才与实践、先验论与反映论等一些哲学基本问题，并在闭幕会上号召高级干部要读几本哲学史。根据毛泽东的这一要求，九届二中全会的公报中发出了学习哲学的号召。这样，对陈伯达的批判、清算实际上就包括了两个方面的内容，即在政治上揭发、批判陈的历史、现实罪行的同时，还开展了哲学上的学习和批判，后者构成了"整风"的一部分内容。

1970年9月，毛泽东又提出了"进行一次思想和政治路线方面的教育"的号召。10月1日，两报一刊国庆社论针对九届二中全会对陈伯达的批判提出：要提倡辩证唯物主义和历史唯物论，反对唯心论和形而上学，提高对于执行毛主席的革命路线及各项方针政策的自觉性。根据毛泽东关于高级干部要认真读书学习的指示，强调各级领导干部，特别是高级干部要认真地、刻苦地学习马克思主义、列宁主义、毛泽东思想，自觉地改造世界观。同年11月6日，中共中央发出《关于高级干部学习问题的通知》。该通知根据毛泽东在九届二中全会上关于高级干部要挤时间读一些马列的书，区别真假马列主义的指示，建议各单位第一次先学习《共产党宣言》、《哥达纲领批判》、《法兰西内战》（选读）、《反杜林论》（选读）、《唯物主义与经验批判主义》、《国家与革命》等六本马克思、恩格斯和列宁的书，以及《实践论》《矛盾论》《关于正确处理人民内部矛盾的问题》《在中国共产党全国宣传工作会议上的讲话》《人的正确思想是从哪里来的？》等五本毛泽东的书。随即，《人民日报》、《红旗》杂志等纷纷发表社论及学习导读和学习体会文章，全国范围内很快出现了大规模的学哲学、批先验论的运动，尽管此时绝大多数干部和群众对这次学哲学运动的政治背景、特定内涵几乎一无所知。

同年12月29日，毛泽东在姚文元的一个读书报告上批示，要求中央委员及高中级在职干部都应不同程度地认真看书学习，弄通马克思主义，认为这样才能抵制王明、陈伯达一类骗子。姚文元的报告中说，刘少奇的许多文章、报告中，都有抽象的即资产阶级人性论的提法和论点，这同国民党反动派的观点是一致的；苏修叛徒们复辟资本主义的理论也是建立在"人道主义""人性论"之上的；从资产阶级人性论可以直接引出右倾机会主义路线，以及极左、形"左"实右的路线，可以直接引出复辟资本主义的修正主义理论，等等。1971年1月6日，中央印发了毛泽东的这个批示和姚文元的报告，全国报刊上又出现了批判"地主、资产阶级人性论"的浪潮。同年3月15日，毛泽东在对两报一刊编辑部《无产阶级专政胜利万岁》一文送审稿的批语中指出：我党多年来不读马列，不突出马列，竟让一些骗子骗了多年，使很多人甚至不知道什么是唯物论，什么是唯心论，在庐山闹出了大笑话，这个教训非常严重，这几年应当特别注意宣传马列。根据这个批示，报刊上又出现了大量宣传唯物论，批判唯心论的先验论的文章。连同以前批判的唯生产力论、人性论，当时统称为批判"黑三论"。

"批陈整风"运动带有明显的随意性，它的实际内容与表面形式、高层活动与基层运动往往并不一致。在社会上公开进行的全民性学习和批判，是在大多数党员、干部和群众对九届二中全会上的斗争、对陈伯达的分裂活动不甚了解的情况下进行的。许多人都不知道为什么在"斗、批、改"运动中又展开了对"黑三论"的批判，为什么又要进行思想路线方面的教育，"批修整风"的真实含义是什么，"反骄破满"有什么针对性，这些"斗、批、改"运动原有规划中所没有的新运动是不是标志中央内部"又出了什么事"。正因为如此，在"批陈整风"运动的前期，不仅在基层，而且在一些领导部门中都存在着望文生义、随意发挥、无所适从的现象。

11月7日，周恩来等联名致信毛泽东和林彪，提出扩大毛泽东《我的一点意见》的传达范围，以便更多的人可以参与对陈伯达的揭发、批判。毛泽东同意了这个建议，并提出范围还可以再宽一些。据此，中央于11月14日发出指示，要求扩大传达陈伯达反党的问题。

1971年两报一刊的元旦社论传达了毛泽东"进行一次思想和政治路线方面的教育"的指示后，许多地区纷纷开展了思想政治路线教育运动或基本路线教育运动。一些地方提出"事情千万件，件件都有纲和线"，"事情千万件，都有两条线，问题大和小，都在线上找"，对各种事情、言论进行"一事一议"，无限上纲，又弄得人人自危、无所适从。有的地方把批判"人性论"与"一打三反""清查五一六"结合起来，使阶级斗争扩大化更加残酷。大多数地方的学习和批判处于不着边际、走过场的状况。与此同时存在的，是社会上越来越多的猜测、传闻和"小道消息"。

"文化大革命"初期的"天下大乱"造成了许多严重、巨大的社会矛盾，这些矛盾并没有随着"斗、批、改"的进行而得到解决，一有风吹草动就会暴露、激化起来。"批陈整风"运动初期那种神秘的气氛，诱发了许多遗留的问题和矛盾。随着九届二中全会上的斗争及陈伯达问题逐渐传向社会，社会上又出现了一些不安定的现象。一些地方有人造谣惑众，派性活动抬头。有的省有人散布"七二三"布告①不是中央批准的，是陈伯达一人搞的，因而要否定"七二三"布告；某某帮派头头是陈伯达处理的，是陈对他的迫害，现在必须翻案；陈伯达曾去过某部队，所

————————

① 见本卷第三章第一节第二小节。

以该部队"支左"大方向完全错误，应该全盘否定，等等。在某省，一些人散布某地问题都是陈伯达解决的，十个专区有九个犯了错误，多数地区都要来个大反复。在某市，一些人散布本地区的领导也与陈伯达有牵连，也很乱。一些军队和地方干部由于不了解情况，心中无底，议论猜测。有的地方利用革委会开门整风"反骄破满"的机会，全盘否定革委会成立以来的工作。据此，中共中央于1971年初将"批陈整风"的有关文件传达到县团级，通过扩大传达范围使更多的人了解这场运动的真实情况，安定干部和群众，打击各种"山头"派性活动。接着，中央又于2月下旬发出《关于扩大传达反党分子陈伯达问题的通知》，并转发了毛泽东有关"批陈整风"的一些批示、指示。传达范围扩大后，人们才逐渐了解到九届二中全会上的斗争及陈伯达的问题，才对学哲学、批"黑三论"、路线教育等与批判陈伯达的关系有点了解，才大概知道"批修整风"是怎么一回事。4月29日，中央又发出了《关于把批陈整风运动推向纵深发展的通知》，但实际上"批陈整风"至此已接近尾声了。

从1970年8月13日宪法工作小组讨论会起至九届二中全会，吴法宪一直是个站在前台闹得很凶的人物，他也因此几次受到林彪的称赞。吴法宪等人对在九届二中全会上受到的批判、揭发既恐慌又不满，对他们被揭发的宗派阴谋活动采取了隐瞒事实、避重就轻、推诿拖延的态度。针对这种情况，毛泽东对他们采取了"抓住不放"的方法。他认为九届二中全会上的斗争是又一次严重的路线斗争，他不仅想要解决林彪宗派集团的阴谋问题，还想因势利导，解决"文化大革命"中早已积累、发展起来的另一些问题。

1970年10月14日，毛泽东在吴法宪的书面检讨上作了重要批示。他写道："作为一个共产党人，为什么这样缺乏正大光明的气概。由几个人发难，企图欺骗二百多个中央委员，有党以来，没有见过。"对吴法宪检讨中的一些话，他旁批道："这些话似乎不真实"。他明确地表达了对军委办事组的不满，认为办事组各同志（除个别同志如李德生外）忘记了九大通过的党章，又找什么天才问题，不过是一个借口。他认为庐山会议证明中央委员会有严重的斗争，而有斗争是正常的生活。他指出："反潮流是马列主义的一个原则。在庐山，我的态度就是一次反潮流"。15 日，毛泽东在叶群检讨信的批语中批评叶"爱吹不爱批，爱听小道消息，经不起风浪"，"九大胜利，当上了中央委员，不得了了，要上天了，把九大路线抛到九霄云外，反九大的陈伯达路线在一些同志中占了上风了"。他指出叶群在思想上、政治上听陈伯达的话，又怎么会去同他斗争？总之，他认为以黄永胜为首的军委办事组不提九大，不提党章，也不听他的话，陈伯达一吹，就上劲了。最后，他重申，党的政策是惩前毖后，治病救人，除了陈伯达待审查外，凡上当者都适用。

1970 年 10 月后，吴法宪、叶群相继勉强地交出了各自的检讨。这种检讨当然不能令毛泽东满意，他要求他们作进一步检查。吴、叶一拖再拖，直到 1971 年 4 月才交出了第二份检讨，交代了一些以往没有交代的细节。九届二中全会以后，毛泽东曾几次表示，希望能看到黄永胜、李作鹏、邱会作等的检讨，但黄等人却自恃没有像吴法宪卷得那样深，心存侥幸、推诿敷衍，一直拖到 1971 年 3 月才交出了检讨。3 月 24 日，毛泽东在黄、李、邱等人的检讨上批示："我认为写得都好，以后是实践这些申明的问题。"实际上，毛泽东对黄等人的"检讨"并不满意，他更不满意本应对九届二中全会上那场冲突负有主要责任的林彪既不检讨、也不表态甚至不露面的消极态度。3 月底，他又在一个批示上说，上了陈伯达的贼船，年深日久，虽有庐山以来半年的时间，经过各种批判会议，到 3 月 19 日才讲出几句真话，真是上贼船容易下贼船难。人一输了理（就是走错了路线），就怕揭，庐山会议上的那种猖狂进攻的勇气，不知跑到哪里去了。

在对黄永胜等人正面批评的同时，毛泽东还从另一个方面表达了对林彪的不满。1959 年以后，特别是"文化大革命"发动以后，林彪通过狂热地鼓吹个人崇拜，获得了毛泽东的信任，得到了巨大的政治资本。但是，对于个人崇拜，毛泽东的态度与林彪并不一致。"文化大革命"初期，为发动运动的需要，他默认了林彪等对个人崇拜的狂热鼓吹，但他对此显然是有保留的。这正如 1966 年 7 月他给江青的信中所说："人贵有自知之明。今年四月杭州会议，我表示了对于朋友们那样提法的不同意见。可是有什么用呢？他到北京五月会议上还是那样讲，报刊上更加讲得很凶，简直吹得神乎其神。这样，我就只好上梁山了。我猜他们的本意，为了打鬼，借助钟馗……事物总是要走向反面的，吹得越高，跌得越重，我是准备跌得粉碎的。"

中共九大后，毛泽东对个人崇拜的批评更加频繁、明确。1969 年 6 月，他批示同意中央发出《关于宣传毛主席形象应注意的几个问题》。这个文件指出，"文化大革命以来，在宣传毛主席形象、毛泽东思想这个问题上，有些时候，在一些地方，出现了不突出无产阶级政治、追求形式和浮夸浪费的问题。"为此，中央提出不要再搞形式主义，不要搞"忠字化"、"早请示、晚汇报"、饭前读语录、向毛主席像行礼等，不要在各种物品及包装上印制毛主席像，等等。

1970 年 4 月 3 日，毛泽东在对两报一刊文章《列宁主义，还是社会帝国主义？》送审稿的批语和修改中，写了一段话："关于我的话，删掉了几段，都是些无用的，引起别人反感的东西。不要写这类话，我曾讲过一百次，可是没有人听，不知是何道理"。在修改中，毛泽东删去了原稿中数段诸如"当代最伟大的马克思列宁主义者""毛泽东同志就是当代的列宁""毛泽东同志全面地总结了无产阶级专政的正反两个方面的历史经验，天才地创造性地运用唯物辩证法，分析了社会主义社会的矛盾，揭示了社会主义社会的规律，创立了无产阶级专政下继续革命的学说，亲自发动和亲自领导了我国无产阶级文化大革命，从理论上和实践上解决了巩固无产阶级专政、防止资本主义复辟这个当代最重大的课题，这是对世界无产阶级革命事业的划时代的伟大贡献"之类的文字。

中共九届二中全会以后，毛泽东对林彪的间接批评，也就从这方面展开。1970 年 12 月，毛泽东在一个文件上批示说，对于一切外国人，不要求他们承认中国人的思想，只要求他们承认马列主义的普遍真理与该国革命的具体实践相结合。这是一个基本原则，他已经说了多遍了。如果说毛泽东这里说得还比较委婉，那么，十几天后，他已把问题提得相当尖锐了。12 月 18 日，毛泽东在会见美国友好人士斯诺时，明确地对林彪在"文化大革命"初期提出的"四个伟大"表示"讨嫌"。他认为，当时搞个人崇拜的有真假之分。他又说，过去这几年有必要搞点个人崇拜。现在没有必要了，要降温了。毛泽东对个人崇拜的态度，反映了他对林彪的态度和批评。1971 年 2 月，一份材料上反映，古巴驻华临时代办加西亚在井冈山参观时，对讲解员不提南昌起义和朱德上井冈山这段历史提出意见。毛泽东阅后批示"提得对"，表示应对南昌起义和两军会合作正确解说。这显然是对林彪等人"文化大革命"中肆意篡改历史的批评。此外，毛泽东在审阅一篇文章时，删去了其中一处"毛泽东思想"一词，并说明这是为了"突出马列"。毛泽东的这些讲话和指示，一方面是有意识地使个人崇拜降温，一方面也是对林彪的间接批评。

中共九届二中全会上的斗争扑朔迷离。它的原因和实质，即使对党的多数高级干部来说，也往往是若明若暗、似懂非懂，而广大党员和基层干部就更不用说了。九届二中全会后的几个月里的"批陈（修）整风"运动实质上并没有在党内引起什么反响。毛泽东迫切希望打破这种局面。

1970 年 12 月 10 日，人民解放军某部向军委办事组和中共中央呈送了一份关于检举揭发陈伯达反党罪行的报告。报告揭发陈伯达反对毛泽东和林彪，不择手段地插手军队搞宗派活动，妄图乱军、乱党，以及他大搞分裂，挑动武斗，镇压群众等罪行。根据这个报告，毛泽东提议北京军区党委开一次讨论会，各师都要有人参加，时间要多一些，讨论为何听任陈伯达乱跑乱说，是何原因陈伯达成了北京军区及华北地区的太上皇。随后召开的会议被称为"华北会议"。

毛泽东的本意，是想通过召开这次会议，推动北京军区及华北地区进一步深入揭发、批判陈伯达，并以此为典型和动力，带动全国的"批陈整风"运动。此外，毛泽东也想在"批陈整风"中，解决"文化大革命"第一阶段遗留下来的在军队与地方关系以及军队自身建设中存在的一些问题。九届二中全会后期，毛泽东在找黄永胜谈话时，曾批评他们有两个包袱，一是打仗有功，二是"文化大革命""支左"有功。在华北会议召开之前，毛泽东在周恩来送交的《关于开好华北会议的请示报告》上批示：要有认真的批评，以批评达到团结的目的。"这次会议在全军应起重大作用，使我军作风某些不正之处转为正规化，同时对两个包袱和骄傲自满的歪风邪气有所改正"。

1971 年 1 月 8 日，毛泽东又在解放军某部一份《关于学习贯彻毛主席"军队要谨慎"指示的情况报告》① 上批示：此件很

---

① 这份报告主要讲了三个问题：一是破"一贯正确论"，立一分为二的世界观；二是破"领导高明论"，立群众是真正的英雄的观点；三是"破骄傲有资本论"，立为人民立新功的思想。

好，从理论和实践的结合上讲清了问题。他接着指出，解放军和地方多年没有从这一方面的错误思想整风，现在是进行一场自我教育的极好时机了。1月11日，中共中央、中央军委、总政治部发出《关于贯彻执行毛主席1月8日重要批示的通知》。该通知指出："多年来，军队和地方以及中央机关没有从反对居功骄傲这一方面进行整风。有些干部存在着居功自恃，骄傲自满，军阀主义，自以为是，一言堂，讲假话，不走正道等歪风邪气，对内对外的大国沙文主义。"这份通知要求，军队和中央机关都要以毛主席的批示为纲，利用当前极好时机，开展一场反对骄傲自满、提倡谦虚谨慎的自我教育运动。这也就是说，在深入批判陈伯达的同时，对自己队伍里的一些错误思想进行整顿。这样，"批陈"也就发展为"批陈整风"。毛泽东的两个批示，均被列为华北会议的学习文件。

1970年12月22日，华北会议召开。会议首先揭发批判陈伯达，还批判了当时北京军区的司令和政委。1971年1月24日，根据毛泽东的指示，周恩来代表党中央在会上作了重要讲话，并宣布了中央改组北京军区的决定：李德生任北京军区司令员，谢富治任北京军区第一政委，纪登奎任第二政委，谢富治任北京军区党委第一书记，李德生任第二书记，纪登奎任第三书记。华北会议就其对陈伯达的批判、对林彪集团的削弱来看，有一定的积极意义。但会议上对陈的揭发批判颇多牵强附会之处，对北京军区两位前负责人的处理也是不恰当的。

1月20日，周恩来在有关华北会议总结致毛泽东的信中说：即使中央指出原北京军区负责人的错误，也不应与陈伯达放在一起成为所谓"反党集团"。华北会议之后，仍需进行一段艰苦的教育工作。军队的团结、军民的团结，各地各单位的群众关系，都需要很慎重地加以处理。因此，中央的发言和会议的传达，要很好地掌握分寸，有步骤地进行。①

1971年1月至2月，中央军委召开了有165人参加的座谈会，会议议程为"批陈整风"和布置1971年的工作。根据毛泽东的指示，会议代表首先参加华北会议的"批陈整风"，自1月28日后再进行自己的议程。因为军委办事组几个主要负责人都在九届二中全会上犯了严重错误，所以，开好这个会的前提是他们应首先带头"批陈"并"整风"。会议期间，毛泽东曾几次指示要他们批陈、做检讨。但黄永胜等对九届二中全会一直心存抵触情绪，对江青、张春桥等的对立情绪更有所发展。他们既难于再"深入"揭发陈伯达，也不愿再主动地检讨。在他们的影响下，会议的重点放到了"反骄破满"的整风上，批陈却难以深入。会议中还吹捧以黄永胜为首的军委办事组对毛主席"跟得最紧""谦虚谨慎""办事认真""突出政治""狠抓根本"，等等。

毛泽东理所当然地不能接受这种虚以应付的态度，再次对军委办事组提出了严厉批评。他在批评军委座谈会时说，开展"批陈整风"运动时，重点在批陈，其次才是整风。不要学军委座谈会，开了一个月，还根本不批陈。更不要学华北（会议）前期，批陈不痛不痒。2月20日，军委办事组就毛泽东的批评写了一份检讨报告。毛泽东在报告上批示：你们几个同志，在批陈问题上为什么总是被动，不推一下，就动不起来。这个问题，应该好好想一想，采取步骤，变被动为主动。毛泽东知道华北会议、军委座谈会都未能解决黄永胜等人在批陈问题上的被动状态，所以他也就一直紧紧"抓住不放"。迫于压力，黄、李、邱等于3月下旬分别写出了自己的检讨。

1971年4月15日至29日，根据毛泽东的指示，中共中央召

---

① 参见《周恩来年谱（1949—1976）》下卷，中央文献出版社1997年版，第429页。

开了"批陈整风汇报会"。中央及各省、市、自治区和部队的负责人共99人参加了会议，正在参加中央军委座谈会的其中143人也参加了会议。汇报会前半部分主要讨论军委办事组黄永胜等人的检讨，传达和学习毛泽东批评他们的有关批示，进行批评与自我批评、自我教育，后半部分主要是阅读、讨论有关陈伯达罪行的第二批材料，进一步揭发、批判陈伯达，并交流各地"批陈整风"的经验。

会议开始时，周恩来在发言中表示，希望在庐山会议上犯有错误的同志，能够联系实际，搞好自我教育。他还谈到：我们这个会议的目的，是惩前毖后，治病救人，从团结的愿望出发，进行批评与自我批评，在新的基础上达到新的团结。① 会议对陈伯达进行了批判，同时又批判了李雪峰和郑维山。在分组会上，对黄永胜、吴法宪、叶群、李作鹏、邱会作等人在九届二中全会上的活动进行了揭发。会议还交流了各地"批陈整风"的经验。

4月29日，"批陈整风"汇报会召开全体会议。周恩来受中央政治局委托，在会议结束时作总结发言。在讲话中，周恩来指出，在庐山会议及其前后，中央军委办事组五位同志在政治上犯了方向路线错误，在组织上犯了宗派主义的错误，站到反九大的陈伯达分裂主义路线上去了。但错误的性质还是人民内部矛盾，同反共分子陈伯达问题的性质根本不同。他又说："他们之所以犯这样严重的错误，最根本的原因就是不听毛主席的话，站错了立场，走错了路线。错误的政治路线，必然带来错误的组织路线，带来不正之风，最终站到反九大的陈伯达分裂路线上。经过会上同志们的善意批评和帮助，并有个别揭发，五位同志对所犯

---

① 参见《周恩来年谱（1949—1976）》下卷，中央文献出版社1997年版，第452页。

错误已有了进一步的认识，表示愿意通过实践和学习，改造自己。"① 他强调：犯错误的同志要实践自己的申明，认真改正错误；对犯错误的同志，只要真正愿意改正，我们就要采取欢迎帮助的态度；大家要从团结的愿望出发，通过认真的批评和自我批评，在马克思主义、列宁主义、毛泽东思想的原则基础上团结起来，争取更大的胜利。

在"批陈整风"汇报会结束当天中央发出的《关于把批陈整风运动推向纵深发展的通知》中，要求把"批陈整风"运动中的有关指示、文件传达到党的基层骨干。直到这时，广大基层干部、党员才对已经进行了半年之久的"批修整风""反骄破满""思想和政治路线教育"的背景和内容有了一些了解。

"批陈整风"汇报会后，按照毛泽东的思路，"整风"进一步深入发展。1971 年 8 月 20 日，中共中央批发《广州军区三支两军政治思想工作座谈会纪要》（本段简称《纪要》）。毛泽东在中央批语上增加了"认真研究" 4 个字，以期引起重视。《纪要》是根据 7 月 15 日至 31 日广州军区召开的"三支两军"政治思想座谈会的讨论的精神写成的。《纪要》指出，军区派出大批干部战士参加"三支两军"工作，其中许多人担任了省（区）、县和相当于县以上的革命委员会的工作，有 78% 的县以上党委书记和革委会主任是军队干部。《纪要》反映："三支两军"人员中存在着骄横跋扈、好大喜功、任人唯亲、打击报复、滥用职权、违法乱纪等错误的思想作风；有些人存在特权思想，不尊重、不支持已经成立的地方党委。这些现象必须加以改正。针对这些问题，《纪要》指出：军队"三支两军"人员应当尊重和支持地方党委。为保证地方党委实行一元化的领导，维护地方党委的威信，《纪要》

---

① 《周恩来年谱（1949—1976）》下卷，中央文献出版社 1997 年版，第 454 页。

规定：凡参加地方党组织生活的"三支两军"人员，必须接受地方党委（支部）的统一领导；在地方各级党委中担任领导职务的，特别是担任一、二把手的军队干部，必须正确理解党的一元化方针，对"三支两军"人员实行军队和地方共同管理、以地方为主的办法。当年 8 月毛泽东在南方视察途中与各地负责同志谈话时，又就这个《纪要》所提出的问题说："地方党委已经成立了，应当由地方党委实行一元化领导。如果地方党委已经决定了的事，还拿到部队党委去讨论，这不是搞颠倒了吗?"①

在对陈伯达批判的同时开展整风，对纠正当时地方和军队作风中存在的一些问题，发挥了积极作用。当然，在还不可能从全局上纠正"文化大革命"错误的条件下，这种积极作用也是有限的。

"批陈整风"运动加深了林彪集团的对立情绪，对此毛泽东是心中有数的。当年 7 月 10 日，毛泽东在听取周恩来汇报时，向陪同周恩来前来汇报的熊向晖了解了黄永胜等人在总参谋部传达中央"批陈整风"汇报会的情况后，说："他们的检讨是假的。庐山的事情还没有完，还根本没有解决。这个当中有'鬼'。他们还有后台"。

（二）趁机扩张势力的江青集团

中共九大以后，由于中央文革小组实际上停止活动，江青集团的势力受到很大削弱。这种局面当然是江青等人不能容忍的。他们时刻在窥测方向，等待时机，以恢复"文化大革命"初那种几乎为所欲为的地位，攫取更多更大的权力。以九届二中全会为转机，在严厉地批评并不断削弱林彪集团的同时，江青集团的势

---

①　以上参见《共和国史记·第 3 卷》（下），吉林人民出版社 1996 年版，第 680 页。

力得到发展和扩张。1970 年 11 月 6 日，经毛泽东批准，中共中央发出《关于成立中央组织宣传组的决定》。该决定规定，中央组织宣传组在中央政治局领导之下，管辖中央组织部、中央党校、《人民日报》、《红旗》杂志、新华总社、中央广播事业局、《光明日报》、中央编译局等中央机构的工作，以及工、青、妇中央一级机构和它们的"五七"干校。中央组织宣传组组长为康生，组员有江青、张春桥、姚文元、纪登奎、李德生。实际上，康生在九届二中全会后不久即称病不出，李德生不是江青圈子里的人，且不久就奉调去沈阳军区，该组大权完全落入到江、张、姚的手中，成为他们在中央公开活动的一个重要阵地。与此同时，林彪集团的势力被进一步削弱。继华北会议改组北京军区以后，1971 年 4 月 7 日，毛泽东、党中央决定派纪登奎、张才千参加军委办事组，打破了黄永胜等把持办事组的一统天下的局面。这就是后来被毛泽东称作"掺沙子"的重要措施。

以中共九届二中全会为标志，林彪、江青两个阴谋集团之间的关系发生了重要的变化。如果说在此之前是林彪集团处于攻势的话，那么，在此之后则是江青集团处于攻势了。江青等人以批陈有功、"理论水平高"自居，在组织上也扩充了实力，并开始主动向林彪集团发难。1971 年 1 月 6 日，《文汇报》在三版头条刊登了一篇题为《路线、政权、世界观》的署名文章。文中引用林立果一篇报告中的观点，鼓吹政权决定一切。3 月 16 日，《文汇报》在同样的位置发表了一篇署名"方岩梁"的文章《千万不要忘记党的基本路线》。① 该文针对性很强地批判了第一篇文章，实际上也就是把矛头指向了林彪。

"批陈整风"运动不仅没有达到团结和解决两个宗派集团矛盾的目的，反而人为地激化了这种矛盾。1971 年 2 月 23 日，黄

---

① "方岩梁"为上海《解放日报》写作班子的笔名。

永胜在主持军委办事组开会之前，念了一首唐朝章碣的诗"竹帛烟消帝业虚，关河空锁祖龙居。坑灰未冷山东乱，刘项原来不读书"，表达了他们对张春桥等人的强烈不满。而林彪却显得更为消沉，他基本上不再参加中央的各种会议，文件也基本不"听"不批了，连与毛泽东一起接见外宾、五一节上天安门都十分勉强。他心里十分清楚，所谓"批陈"实际上就是"批林"。他已经预感到，在九届三中全会上，可能还要提出他的问题，而四届人大对于他来说，已不是当不当国家主席的问题，而可能是保不保得住国务院副总理、国防部部长等职务的问题了。

1971年8月至9月，毛泽东在外地视察时曾说道："对路线问题，原则问题，我是抓住不放的。重大原则问题，我是不让步的。庐山会议以后，我采取了三项办法，一个是甩石头，一个是掺沙子，一个是挖墙脚。"（"甩石头"即在一些文件上加上批陈伯达等人的批语，"掺沙子"即增加军委办事组成员，"挖墙脚"即改组北京军区）"批陈整风"运动清算了陈伯达分裂党、分裂中央的阴谋和罪行，批评了林彪等人的宗派主义，削弱了其势力，解决了"文化大革命"初期的一些遗留问题，改善了军政关系，有一定的积极意义。但整个运动从"左"的立场出发，不去清算陈伯达在"文化大革命"中鼓吹"左"和煽动极左思潮的错误，却批判陈"一贯投靠和追随刘少奇"一类问题，不能不再次搞乱人们的思想，人为地制造矛盾。运动削弱了林彪阴谋集团，却又助长了江青集团的势力，造成了严重的后果。

四、粉碎林彪反革命阴谋集团

（一）林彪集团抓紧阴谋活动与毛泽东视察南方

林彪不仅热衷于纠集宗派，结党营私，而且刻意培植自己的家族势力。

1968 年，叶群在一次与黄永胜通电话时说："国家这么大，我们的孩子都可以把一个关口嘛，一个人把一个关口，也是你的助手。"① 1967 年 4 月，林彪通过吴法宪把其子林立果安排到空军，任空军司令部党委办公室秘书。遵照叶群的要求，吴又指定空军党办副主任周宇驰、副处长刘沛丰对林立果进行"帮带"。同年 7 月 1 日，根据叶群的旨意，林立果由吴法宪、周宇驰二人介绍加入中国共产党。1969 年 2 月 16 日，林彪亲自写信给周宇驰、刘沛丰，提出要让林立果多单独活动，以便锻炼他的"独立工作能力"。叶群也打电话给吴法宪，要他派林立果到基层蹲点，"接触部队，接触实际"。同年 10 月 2 日，林彪在召见吴法宪时，竟然提出要参军不到两年的林立果"兼任空军作战部副部长"，"以便他经常向我汇报，我可以帮助你们空军研究防空作战的战略方针和战术问题"。吴法宪立即照办，于 10 月 17 日任命林立果为空军司令部办公室副主任兼作战部副部长。次日，吴在小范围内宣布"空军的一切都要向立果同志汇报，都可以由立果同志调动、指挥"，实际上私自把空军的指挥大权交给了林立果。

1970 年 7 月 6 日，周宇驰在空军党委常委会上，传达了吴法宪提出的"空军一切可以由立果同志指挥，空军的一切可以由立果同志调动"的指示。空军各单位随即掀起一个贯彻吴法宪提出的"两个一切"的浪潮。空军政治部因此提出"五条措施"：对林立果及林立衡（林彪的女儿）等要时时想到他们，事事请教他们，处处保卫他们，老老实实地服从他们的调动，服服帖帖地听从他们的指挥。"九一三"事件后，周恩来曾严厉地批判这"五

---

① 参见《历史的审判》，群众出版社 1981 年版，第 98 页。

条措施"是最封建、最买办、最法西斯的。①

　　在林彪宗派集团中，弥漫着浓厚的人身依附色彩。1969 年 10 月，根据林彪、叶群授意，经吴法宪批准，林立果在空军党办成立了以他为首，由周宇驰、刘沛丰、于新野等组成的五人调研小组，这个小组的成员成了他进行反革命阴谋活动的骨干力量。1970 年 5 月 2 日，林彪在家中接见林立果、周宇驰、刘沛丰等。当林彪问"谁是你们的头"时，周宇驰回答"林立果同志是我们的头"。第二天晚上，周宇驰召集参加接见的人开会表态。周在会上说："林副主席也是一个天才，是一个历史上罕见的伟人，是一个可以和马、恩、列、斯并列的革命导师和领袖。""我们要一辈子永远同立果同志战斗在一起。立果同志也是一个天才，一个全才，我们没有哪个人能够和他比得上。""在我们这个战斗集体中，应该以立果同志为头，为核心。"林彪、林立果是"最理想的接班人"，这是"历史上形成的"，"我们要听林立果的，要团结在他的周围"。这次接见后，空军机关几个以林立果为核心的效忠林彪的人，形成了一个比较固定的"战斗集体"，进而发展为一支组织严密的反革命队伍。

　　在林彪的精心培植下，林立果这个既没有当过战士，也没有经过基层工作锻炼，更没有空战实践的 20 多岁的青年人，在两年多的时间里就火箭般地被提升为副师职干部。而吴法宪私自授予他的"两个一切"的特权，使他几乎成了空军的"太上皇"，为他进行各种阴谋活动大开了方便之门。林立果打着林彪的旗号，依仗吴法宪的支持，在周宇驰等人的辅佐下，插手空军的一切工作，从部队组建到干部配备，从作战训练到科学研究，从后勤工作到国防施工，从空军到民航，林立果都要过问，都要"作

---

　　①　参见《共和国史记·第 3 卷》（上），吉林人民出版社 1996 年版，第 493—494 页。

指示"。

1970 年 7 月 6 日，在空军党委常委会办公会上，吴法宪等人又提出：应该向立果同志学习，立果同志在林副主席、叶主任（叶群）身边，领会林副主席指示深，主要还是立果同志的天才，从各方面来讲是我们的老师。7 月 31 日，林立果在空军直属机关作了一个由周宇驰、刘沛丰、于新野等人代笔写成的"讲用报告"。林彪在听了报告的录音后，得意地说："不仅是思想像我的，语言也像我的"。吴法宪听了录音后肉麻地吹捧说林立果"放了一颗政治卫星"，是"天才、全才、全局之才"，"智慧超过了年龄"，"我们想不到的问题，他想到了解决了"。与此同时，周宇驰、于新野等则大讲林立果是"全才、帅才、超群之才"，是"第三代接班人"，等等。1970 年 8 月 4 日，空军党委决定在"三代会"上放"报告"录音。当月 6 日、13 日，"报告"录音两次大范围播放，并组织讨论。在这次"三代会"上，出现了吹捧林立果及其报告的高潮，林立果的"讲用报告"竟印发 70 多万册，扩散到基层部队和军外一些单位。1971 年 7 月底，林立果的一些死党还举行过纪念"讲用报告"一周年的活动。

中共九届二中全会之前，林立果及其"调研小组"主要还是依靠吴法宪等人，在空军直属机关内活动。九届二中全会之后，他们的活动特点发生了明显的变化。按照林立果及其死党的话说，就是要掌握领导权，要自成体系。

一次，林立果等人看了带有军国主义色彩的日本影片《啊！海军》和《山本五十六》等后，对其中所宣扬的武士道精神和山本五十六的"联合舰队"欣赏不已。1970 年 11 月，林立果等把他们的反革命小组织起名为"联合舰队"，并要求他们的亲信、骨干发扬日本海军法西斯的"江田岛精神"。在"文化大革命"一片"左"的和极左的狂热中，这一小撮阴谋家却对日本法西斯推崇备至，并刻意模仿他们的言行。他们的表面与内心、言语与行动相去十万八千里，他们的灵魂深处没有爆发一点革命，却堆积和发展着常人难以想象的丑恶与卑鄙。

中共九届二中全会上林彪集团受到严厉批评后，按照林立果的要求，"联合舰队"扩大了活动范围，经常到各地"深入部队调查"，实则是搜罗骨干，培植亲信，在京、沪、穗等地扩大其"左"派队伍，设立秘密据点，私藏枪支、弹药、电台、窃听器及党和国家的机密文件。林立果利用各地据点进行联络，甚至把原先为他物色对象的班底改造、扩建为进行反革命阴谋活动的"小组"。在这一段时间里，林立果曾几次得意地说他"开辟了根据地"。

随着"批陈整风"运动的开展，林立果等人加快了进行反革命阴谋活动的步伐。1971年3月21日至24日，林立果在上海秘密据点召集"联合舰队"主要成员周宇驰、于新野、李伟信等密谋。他们在分析形势时认为，林彪的权力势力目前是占绝对优势的，但有可能逐渐被削弱；"文人力量"（指张春桥、姚文元等）正在发展，从发展趋势上看，张春桥代替林彪的可能性最大。关于林彪"接班"问题，他们认为有三种可能：一是林"和平接班"，二是林"被人抢班"，三是通过搞掉张或直接谋害毛泽东而实现林"提前抢班"。为此，他们商定了阴谋政变的实施要点、口号和政策，提出争取"和平过渡"，做好"武装起义"的准备；提出"军事上先发制人"，阴谋利用"上层集会一网打尽"，或利用特种手段如轰炸、543（一种导弹代号）、车祸、暗杀、绑架、城市游击小分队等，发动反革命武装政变，"夺取全国政权"；或制造"割据局面"，并阴谋"借苏力量钳制国内外各种力量"。根据他们讨论的结果，3月23日至24日，于新野执笔起草了《"571"工程纪要》（"571"为"武装起义"的谐音）。

1971年3月31日，根据《"571"工程纪要》建立"指挥班子"的计划，林立果在上海召集江腾蛟、王维国（空四军政委）、陈励耘（空五军政委）和周建平（南京军区空军副司令）秘密开会。会上指定南京以周建平为"头"，上海以王维国为"头"，杭州以陈励耘为"头"，江腾蛟"负总责"，进行三点联系、配合，协同作战。此会被林立果称为"三国四方"会议。

1971年4月，在中央召开"批陈整风汇报会"期间，"联合舰队"一面密切注意会议动向，一面频频开会、四处串联。4月底，林立果、周宇驰对其死党说：四届人大前中央还要开会，到时候恐怕还要斗的，问题没解决，现在都在积极准备。他们估计四届人大后，林彪可能不能兼副总理、国防部部长了，江青可能管党，张春桥要当副总理。5月，周宇驰开始秘密进行驾驶直升机的训练。7月上旬，林立果在广东"接见"一些空军干部时说，现在有人借国际问题的传达（即传达毛泽东1970年12月18日接见斯诺的谈话），从主席对外宾谈话中找出一些提法，影射林副主席，挑拨主席和林副主席的关系。"联合舰队"的其他成员也到处散布"有人在抢林副主席的班"，"现在出现了反林副主席的一股风"，"这股风很猛"，"还不是张春桥、姚文元"，"要很好掌握部队"。7月下旬，林立果等到广东的深圳、沙头角等地"看地形"。8月，林立果在北戴河学习驾驶水陆两用汽车。随着"联合舰队"反革命政变准备工作的加快，为了强化林立果对"小舰队"成员的控制，周宇驰、于新野、李伟信等于7、8月间在小圈子里鼓吹：人生最大的选择就是政治选择，而政治上的选择最重要的就是选择领导，领导选对了就是最大的幸福，要认定、跟定林副部长，跟他就等于跟林副主席，等等。这些都表现出强烈的封建依附性。

在林彪、叶群的支持下，在吴法宪的纵容下，以林立果为首的"联合舰队"逐渐形成并疯狂地进行反革命政变活动。这是一个带有浓厚封建色彩的，以君臣父子关系为纽带而集结起来的，以推翻无产阶级专政、实现林氏家天下为目的的反革命阴谋小集团，是"文化大革命"孕育的怪胎。在人们认为"文化大革命"已经取得"决定性胜利"的时候，在他们正致力于"斗、批、改"的时候，这样一个法西斯阴谋集团却在发展和活动，这不能不说是一个讽刺和悲剧。

"批陈整风"运动使林立果等人越来越明显地感到"和平接班"的渺茫，因而更加疯狂和愚蠢地进行政变阴谋的准备活动，把"武装起义"的计划付诸实施。

1971年8月12日，在周恩来向毛泽东请示第四届全国人民代表大会召开时间时，毛泽东提出国庆节后召开的设想。周恩来随即主持召开中央政治局会议，决定成立筹备小组，准备在国庆节前后召开九届三中全会，然后召开四届人大。

1971年8月15日至9月12日，毛泽东到湖北、湖南、江西、江苏等省视察。一路上，他分别同湖北、河南、湖南、广东、广西、江苏、福建等地党、政、军负责人进行了多次重要谈话。从这些谈话中可以看出，毛泽东这次南方视察的目的，是要向党内的一些高级干部表明，庐山会议上的那场斗争还没有完，"批陈整风汇报会"并没有解决问题，会上对黄永胜等人错误所作的结论已经不够了，只批陈伯达而不触动林彪等人是不能解决问题的。他希望各地党、政、军负责同志提高对中共九届二中全会上那场斗争的认识，了解中央内部的严重分歧，防止因不了解底细而继续上林彪等人的当。这些谈话实际上也是为即将召开的中共九届三中全会和四届人大打招呼、作准备。

毛泽东在谈话中，根据建党以来的历史经验，多次强调了"要搞马克思主义，不要搞修正主义；要团结，不要分裂；要光明正大，不要搞阴谋诡计"的三项基本原则。他指出："思想上政治上的路线正确与否是决定一切的。党的路线正确就有一切，没有人可以有人，没有枪可以有枪，没有政权可以有政权。路线不正确，有了也可以丢掉。路线是个纲，纲举目张。"① 他反复说，我们这个党已经有 50 年的历史了，大的路线斗争有十次。这十次路线斗争中，有人要分裂我们这个党，都没有分裂成。这个问题，值得研究。中国是个人口众多的国家，在这样一个国家里要防止党内分裂，就必须讲人心、党心。

关于林彪等人，毛泽东说："1970 年庐山会议，他们搞突然袭击，搞地下活动，为什么不敢公开呢？可见心里有鬼。他们先搞隐瞒，后搞突然袭击，五个常委瞒着三个，也瞒着政治局的大多数同志，除了那几位大将以外。他们这样搞，总有个目的嘛！我看他们的突然袭击，地下活动，是有计划、有组织、有纲领的。纲领就是设国家主席，就是"称天才"。华北组简报是一个反革命的简报。有人急于想当国家主席，要分裂党、急于夺权。说反天才就是反对我，那几个副词，我圈过几次了。林彪那个讲话，没有同我商量，也没有给我看。他们有话，事先不拿出来，大概总认为有什么把握了，好像会成功了。可是一说不行，就又慌了手脚。这次庐山会议，又是两个司令部的斗争。同前九次不同，前九次都作了结论，这次保护林副主席，没有作个人结论，他当然要负一些责任。对这些人怎么办？还是教育的方针，就是惩前毖后，治病救人。不管谁犯了错误，不讲团结，不讲路线、总是不太好。对林还要保，回北京后，还要再找他们谈谈。不过，犯了大的原则错误，犯了路线、方向错误，为首的，改也难。庐山这件事，还没有完，还不彻底，还没有总结。"

他又说："什么'大树特树'，名曰树我，不知树谁人，说穿了是树他自己。对路线问题、原则问题，我是抓住不放的。庐山会议以后，我采取了三项办法，一个是'甩石头'，一个是'掺沙子'，一个是'挖墙脚'。地方党委已经成立了，应当由地方党

① 《在外地巡视期间同沿途各地负责人谈话纪要》。

委实行一元化领导。如果地方党委决定了的事，还拿到部队党委去讨论，这不是颠倒了吗？工业学大庆，农业学大寨，全国学人民解放军，这不完全，还要加上解放军学全国人民。要谨慎，第一军队要谨慎，第二地方也要谨慎。不能骄傲，一骄傲就犯错误。军队要统一，军队要整顿。"谈话中，毛泽东还批评了林彪主持军委工作以来提出的一些口号和做法，如"一好带三好"、"雷厉风行"、轻视军事训练、"积极分子代表大会"等，批评了林彪让自己的妻子做自己的办公室主任的做法，批评了对林立果的狂热吹捧。①

　　毛泽东的这些讲话，对林彪集团提出了到当时为止最为严厉的批评，表明他已经失去了对林彪的信任，并且已下决心要解决林彪的问题了。谈话中，毛泽东要求只能把他的话传达到当地的一些负责同志，严禁外传，更不许向北京打电话透露谈话内容。毛泽东的讲话使许多党、政、军负责同志加深了对庐山会议和林彪集团阴谋活动的认识，为粉碎林彪集团的政变阴谋准备了有利条件。

（二）"九一三事件"

　　林彪等人对毛泽东此次南方视察并同沿途负责人谈话极为敏感，迫切希望了解谈话内容。他们四处活动，多方打听，不择手段地收集情况。

　　1971年9月5日晚，周宇驰、于新野打电话给广州军区空军参谋长顾同舟，探听到毛泽东在长沙同一些负责人谈话的内容。6日，周宇驰亲自驾驶直升机到北戴河，将于新野整理的毛泽东谈话记录交给叶群、林立果。同日，武汉军区政委刘丰把毛泽东

---

① 以上参见《大动乱的年代》《汪东兴回忆毛泽东与林彪反革命集团的斗争》等。

在武汉同一些负责人谈话的内容告诉陪同外宾到武汉的李作鹏。李作鹏听后十分紧张，并"立即形成了三点认识"：九届二中全会的问题没有完，上纲比以前更高，矛头似指向林彪。李作鹏当日返京后，把谈话内容分别告诉黄永胜、邱会作。黄又连夜打电话告诉了叶群。

叶群先后接到顾同舟、黄永胜的报告后，一面向林彪报告，一面又与林立果加紧密谋。9月7日，林立果向"联合舰队"下达了"一级战备"的命令。9月8日至11日，林立果、周宇驰先后在空军学院和西郊机场的秘密据点，分别向刘沛丰（空司办公室一处处长）、江腾蛟、王飞（空军副参谋长）、李伟信、鲁珉（空司作战部部长）、刘世英（空司办公室副主任）、程洪珍（空司办公室一处秘书）、关光烈（0190部队政委）等展示林彪9月8日写的一个"盼照立果、宇驰同志传达的命令办"的"手令"，告诉他们，"现在有人反对林副主席，要进行武装起义，代号是'571'"。密谋中，他们具体策划在上海、苏州附近的硕放铁路桥等地谋害毛泽东，策划攻打江青、张春桥等人在北京的住地钓鱼台，并到上海捕捉王洪文。林立果还指定江腾蛟为"前敌总指挥"，王飞为"空军司令"。9月9日，林立果指令上海小组进入"一级准备"。

与此同时，为另立中央或叛逃国外，林立果还指使周宇驰、李伟信于9月10日从空军司令部索取了东北、华北、西北地区雷达兵部署图，以及可作导航用的中国周边国家电台频率表，北京至乌兰巴托、北京至伊尔库茨克航线图和机场位置、呼号、频率表及广州、福州地区的机场资料。

正在南方视察的毛泽东已经料到他在沿途的讲话会在林彪集团那里引起强烈的恐慌和不安。视察途中，他又敏锐地发现了一些不同寻常的迹象。8月底至9月初，毛泽东在南昌时，从江西省革委会负责人处了解到林立果等人在江西的一些可疑活动。

9月3日，毛泽东到杭州后，又得到一些有关林立果等人活动的新情况。他提高了警觉，当机立断、采取措施，与林彪一伙的政变阴谋展开了惊心动魄的斗争。

9月8日深夜，正在杭州的毛泽东突然命令专列趁夜转移至靠近绍兴的一条专线上。10日下午近3点时，专列又返回杭州，随即又离开杭州并于下午6点多抵达上海。11日上午，毛泽东在专列上接见了当地党、政、军负责人后，下午即离开上海直奔北京。12日下午1点多到丰台车站后，毛泽东又在专列上召见了纪登奎、李德生、吴德、吴忠等。下午4点零5分，专列抵达北京站。林立果等人按照常规推算，一直认为毛泽东在上海要住一段时间，待到国庆节前即24日至25日才会返京。毛泽东机智、果断的行动，打乱了林立果一伙的阴谋计划。

9月11日晚，正在加紧策划谋害毛泽东的林立果等人，得知毛泽东已经离开上海的消息后，惊恐万状、暴跳如雷，知道谋害毛泽东的阴谋已经破产，决定"立即转移"。12日晚，林立果私乘256号专机飞抵北戴河与林彪、叶群会合。当晚，周宇驰在北京召集小舰队骨干开会，确定王飞、于新野负责组织人员保护林彪等从山海关直接乘飞机南逃广州，并从北京用飞机将黄永胜、吴法宪、李作鹏、邱会作等带到广州。

9月12日晚，林立果到达北戴河后，经与林彪、叶群密谋，决定立即施行南逃计划。当晚10点30分，正在北京人民大会堂主持会议的周恩来接到中央警卫局的电话报告，得知林立果当晚乘飞机到北戴河后的种种异常活动。周恩来立即警觉地下令追查擅自调飞机到山海关的原因，并命令将飞机马上飞回北京。林彪等知道阴谋已经败露，南逃计划已难得逞，遂于9月13日凌晨强行乘飞机外逃叛国。飞机在蒙古温都尔汗附近坠毁，机上人员全部身亡。"联合舰队"的其他骨干分子，有的畏罪自杀，有的被捕。林彪反革命集团策动的武装政变阴谋被彻底粉碎。

林彪反革命阴谋集团阴谋夺取最高权力、策动武装政变的事件，震惊了全国和全世界。人们实在无法理解，林彪这个"语录不离手，万岁不离口"的副统帅，这个被九大写入党章的"接班人"竟然会策动反革命政变，竟然会叛逃投敌，而且这一切都是在"人类历史上最伟大的""文化大革命"已经取得了"决定性"的"全面胜利"的时候发生的。实际上，林彪事件的发生，正是"文化大革命"推翻党的一系列基本原则造成的恶果。在已经进行了五年的"文化大革命"中，党的领导作用被严重削弱，党的组织纪律被破坏，大批坚持革命、富于斗争经验的老干部被打倒或排斥，党的各级组织涣散，人民的思想迷茫混乱，国家的民主和法制被践踏，拉帮结派、争权夺利公开化、合法化，整个国家陷于严重动乱。这就造成一种条件，使林彪反革命集团能够横行无忌，敢于铤而走险。从这一惊心动魄的事件中，人们清楚地看到，鼓吹个人崇拜最力的林彪竟然阴谋杀害党的主席，即他所高呼的"伟大的导师、伟大的领袖、伟大的统帅、伟大的舵手"；由党章法定的接班人竟然叛逃出国；六名政治局委员竟然一同从事反革命活动，等等。这些具有极大尖锐性的事件，促使人们进行严肃的思考："文化大革命"给党和国家带来的是什么结果？什么前途？"文化大革命"究竟是不是必要的？究竟有没有合理性？"天下大乱"究竟能不能导致天下大治？天下大治究竟为什么要通过"天下大乱"来实现？无产阶级专政下究竟要不要这样的"继续革命"？"文化大革命"所打倒的究竟是不是走"资本主义道路的当权派"？中国究竟有没有面临资本主义复辟的危险？反之，"文化大革命"究竟能不能给中国人民中的任何阶层带来任何利益和希望？"文化大革命"五年来究竟依靠的是什么社会力量？它所造成的巨大损失和巨大灾难究竟有什么意义？继续下去又还有什么意义？"九一三"事件的发生，促使更多的干部和群众从个人崇拜的狂热中觉醒，使他们敢于深入思考一些过去不敢想或不愿想的问题，而"文化大革命"这样的运动恰恰是经不住人们的这种深入思考的。"九一三"事件客观上宣告了"文化大革命"的理论和实践的破产。毛泽东本人也因此陷入极大的痛苦和失望之中。

　　"文化大革命"违背了中国社会主义的正确方向，偏离了世界现代化的潮流，它注定失败的命运从一开始就决定了。即使在"文化大革命"前期的政治狂热和政治高压下，人们对它的不满、怀疑和抵制也在不断滋长、发展。"九一三"事件从根本上颠覆了"文化大革命"的理论和实践。它提供了一个历史机遇，标志着"文化大革命"进入了一个不可挽回的、急剧走向反面的阶段。人们开始敢于思考一些以往不敢思考的问题，质疑那些以往根本不容置疑的理论与实践。

第五章　周恩来领导的 1972 年整顿

一、"批林整风"运动中对极左思潮的批判

（一）采取得力措施稳定形势和解决遗留问题

"九一三"事件是新中国历史上一件极为严重的事件，在国际、国内引起了轩然大波。毛泽东、周恩来沉着、果断地领导全党全军，比较稳妥、顺利地处理了林彪事件遗留下来的一些紧迫的重大问题，在一些基本问题上统一了全党、全军和全国人民的认识，稳定了形势。

1971 年 9 月 18 日，中共中央发出《关于林彪叛国出逃的通知》（本小节简称《通知》）。《通知》宣布："林彪于 1971 年 9 月 13 日仓皇出逃，狼狈投敌，叛党叛国，自取灭亡。"《通知》说：林彪叛党叛国，是长期以来，特别是党的九届二中全会以来阶级斗争和两条路线斗争的继续，是林彪这个资产阶级个人野心家、阴谋家的总暴露、总破产；我们党是从阶级斗争和两条路线斗争中成长壮大起来的，早在土地革命初期，林彪对中国革命前途悲观失望，在"文化大革命"中他又提出"带枪的刘邓路线等反党乱军的主张"，等等。①

---

① 参见《共和国史记·第 3 卷》（下），吉林人民出版社 1996 年版，第 689 页。

《通知》中有一段周恩来亲自补充、修改的话说："在毛主席的领导下，按照正确路线和政策，惩前毖后，治病救人，经过批评和自我批评，犯了路线错误的好人，绝大多数是可以回到正确路线方面来的"，"跟着林彪走绝路的只能是极个别的"。"中央号召全党同志首先是高级干部同林彪划清界限。中央对于坚决同林彪划清界限的同志，不论他过去是否受过林彪的影响，是否犯过错误，都是同样爱护而不会轻易怀疑的。"①

9 月 24 日，中共中央命令黄永胜、吴法宪、李作鹏、邱会作离职反省，彻底交代。与此同时，受中央委托，李德生、纪登奎分别向空军、海军领导干部传达了中央关于将黄、吴、李、邱四人隔离反省的决定，要求两个军种负责同志加强团结、顾全大局，稳住机关和部队，防止发生问题。29 日，中央发出通知：中央鉴于黄永胜、吴法宪、李作鹏、邱会作四同志参加林、陈反党集团的宗派活动，陷入很深，实难继续现任工作，已令他们离职反省，彻底交代。军委日常工作，中央已决定由军委副主席叶剑英同志主持，并筹组军委办公会议，进行集体领导。中央的这一决定，不仅有力地清除了林彪集团对军委工作的干扰和破坏，而且也预防了江青集团插手军委工作的野心。

9 月 30 日，周恩来主持中央政治局会议，研究商定：逐步扩大中共中央《关于林彪叛国出逃的通知》的传达范围；建议在叶剑英主持下，组成由叶剑英、谢富治、张春桥、李先念等十人为成员的军委办公会议；军委三总部分别由李德生、张才千、余秋里主持工作；提议华国锋为国务院业务组副组长；派刘西尧等人去国防科委主持工作；由周恩来、康生、江青等十人组成中央林

---

① 《周恩来年谱（1949—1976）》下卷，中央文献出版社 1997 年版，第 483 页。

陈反党集团专案组，下设由纪登奎、汪东兴领导的办公机构。①

根据会议精神，10月3日，中共中央发出三个通知。通知一宣布："中央决定撤销军委办事组，成立军委办公会议。军委办公会议由军委副主席叶剑英同志主持，并由叶剑英、谢富治、张春桥、李先念、李德生、纪登奎、汪东兴、陈士榘、张才千、刘贤权10同志组成，即日起，在中央军委领导下负责军委日常工作。"通知二宣布："中央决定增补华国锋同志为国务院业务组成员，并任副组长。"通知三宣布："为彻底审查、弄清林、陈反党集团的问题，中央决定成立中央专案组，集中处理有关问题。中央专案组由周恩来、康生、江青、张春桥、姚文元、纪登奎、李德生、汪东兴、吴德、吴忠10人组成。"

10月4日，毛泽东、周恩来接见新成立的军委办公会议成员。毛泽东在接见中说：林彪、陈伯达搞阴谋活动，蓄谋已久，目的就是要夺权；"文化大革命"中整几位老帅，也是林、陈他们搞的；要好好整顿我们的军队，头脑不要太简单了；凡讨论重大问题，要请总理参加；下达指示，要用军委名义。② 他还说："军队政治教育，主要是搞路线方面的教育，四好运动搞形式主义，把部队作风带坏了，要改变。军队要严格训练，严格要求，才能打仗。我提了五条，他提了三条（指林彪1966年8月讲话中提出的接班人三原则）。三条不讲马列主义，不讲反对修正主义和防止赫鲁晓夫式的人物，不讲团结大多数，不讲批评和自我

---

① 参见《周恩来年谱（1949—1976）》下卷，中央文献出版社1997年版，第486页。

② 参见《周恩来年谱（1949—1976）》下卷，中央文献出版社1997年版，第487页。

批评。"①

林彪事件发生后最初的一段时间里，社会上小道消息骤然增多，群众议论纷纷，一些干部思想混乱。为安定人心、稳定形势，有必要尽快向广大干部群众说明事件真相。根据毛泽东指示，中共中央于 10 月 6 日发出通知。通知共分 5 条：1. 当前全国形势很好。林彪叛党事件发生后，中央于 1971 年 9 月 18 日发出通知，9 月 28 日又发出扩大传达范围的通知。全党全军师、地以上党委进行了认真的讨论，一致拥护中央的通知和中央采取的各项措施。2. 中央在审查林彪叛党叛国事件中，查出了大量物证人证，进一步说明林彪叛党叛国是两个司令部之间斗争的继续。3. 为了使全党全军全国革命群众早日了解林彪叛党叛国事件，中央决定在 10 月中旬将传达范围扩大到地方党支部书记、副书记，军队连级党员干部，空军各机组、空勤地勤成员。中央要求各级党委将传达、讨论和揭发批判林陈反党集团的罪行，当作当前头一位的大事来抓。中央准备在 10 月下旬将传达范围扩大到全体党员和广大工人、贫下中农。4. 目前国内外敌人对我国内形势进行种种猜测，制造许多谣言。全党全军务必提高警惕，加强战备。5. 各级党委传达讨论情况，逐级密封上报。② 在 24 日发出的中央通知中，要求向全国广大工农群众传达。29 日发出的中央通知中，要求向爱国人士、华侨、华籍外国人传达。随着传达范围逐步扩大，群众中议论猜测的高潮逐渐平息，干部的思想也开始稳定。

为了让党的高级干部尽早具体了解林彪集团的反党阴谋活

①　参见《共和国史记·第 3 卷》（下），吉林人民出版社 1996 年版，第 694 页。

②　参见《共和国史记·第 3 卷》（下），吉林人民出版社 1996 年版，第 695 页。

动，提高认识，更好地领导批判林彪集团的斗争，根据毛泽东的指示，中央于 11 月 14 日向省军级单位发出通知，决定将《"571"工程纪要》全文及原件影印件发给中央委员、候补中央委员、省委常委一级干部阅读。该通知指出：这个纪要证明，林彪一伙发动这次反革命政变是早有预谋的。"它的实质，是反对党的'九大'路线，要从根本上改变党的整个社会主义历史时期的基本路线和政策，改变无产阶级专政和社会主义制度。在国内，他们要联合地、富、反、坏、右，实行地主买办资产阶级的法西斯专政。在国际，他们要投降苏修社会帝国主义，联苏联美反共反华反革命。"

12 月 11 日，中央又将中央专案组根据毛泽东嘱咐整理编写的《粉碎林陈反党集团反革命政变的斗争（材料之一）》发至省军级。1972 年 1 月 13 日，中共中央发出通知，"为了加深对粉碎林陈反党集团重大意义的理解，深入进行思想和政治路线方面的教育，进一步开展革命大批判"，中央决定将《粉碎林陈反党集团反革命政变的斗争（材料之一）》扩大发放范围，在工矿企业发至班组，在农村发至生产队，要求各省、市、自治区和地县都应认真办好学习班。同日，中央将中央专案组整理的《粉碎林陈反党集团反革命政变的斗争（材料之二）》（内含《反革命政变纲领》、《"571"工程纪要》、"李伟信笔供"等三份附件）下发，要求第一步在干部中传达，第二步向群众传达。在同日发出的另一份文件中，将林彪在九届二中全会开幕会上的讲话录音稿发至中央委员、候补中委和省军级干部。

1972 年 3 月 17 日，中共中央将毛泽东在 1971 年 8 月中旬至 9 月 12 日在外地视察的重要讲话下发，向全党全军全国人民传达。中央通知说："毛主席的谈话，是进行思想和政治路线教育，加强党的建设和军队建设的纲领性文件，是粉碎林陈反党集团的有力武器。"7 月 2 日，中共中央发出通知，将《粉碎林陈反党集团反革命政变的斗争（材料之三）》转发全党。同日，中共中央还将中央专案组编写的《关于国民党反共分子、托派、叛徒、修正主义分子陈伯达的反革命历史罪行的审查报告》等下发。

在不到一年的时间里，中共中央陆续将揭发林彪反党集团反革命政变阴谋的一系列重要的文件逐级传达到基层，使全党全军全国人民比较系统、深入地了解林彪事件的真相。尽管这些材料难免有许多牵强、不实之处，在认识上也存在着明显的局限性，但在当时大乱初定、许多矛盾和问题仍然严重地威胁着社会稳定的形势下，这一措施对于统一认识、安定人心、稳定形势无疑是有着一定意义的。

"九一三"事件后，朱德、陈毅、李富春、聂荣臻、徐向前、刘伯承、萧劲光、杨得志等老同志纷纷给毛泽东、党中央写信，严厉谴责林彪叛党叛国的罪行，揭发林彪历史上的错误言行，表示坚决拥护党中央处理林彪反党集团的重大决策。

1971年9月26日至10月15日，在李富春的主持下，中共中央召集部分老同志举行了9次座谈会。陈毅、聂荣臻、徐向前、蔡畅、邓颖超、邓子恢、张云逸、张鼎丞、曾山、王震等老同志在会上发言。他们揭发、批判了林彪在历史上的错误和篡改历史的罪行，批判了林彪及黄、吴、李、邱等鼓吹的"天才论""有权就有一切""三十字方针"以及林彪是"三大助手"中"最光辉的助手"等谬论，愤怒谴责了林彪集团炮制《"571"工程纪要》、策动反革命武装政变等罪行。抱病参加座谈会的陈毅作了两次长篇发言，集中揭露了从南昌起义、井冈山斗争到开辟中央苏区这段历史时期林彪所犯的错误，揭穿了他"一贯正确"的假象，深刻指出伪造历史就是犯罪。朱德、刘伯承等分别提交了书面发言。

老一辈无产阶级革命家在党和国家的关键时刻挺身而出，以自己的忠诚、阅历和威望揭发、批判林彪集团，这不仅有利于全党历史地、全面地了解林彪集团的发展和实质，而且对维护中央权威、维护全党团结、稳定全国形势发挥了重要作用。

在收集、整理林彪反革命政变材料并逐步向全党全国传达的同时，中央还采取有力、稳妥的措施，在一年多的时间里，慎重、妥善地处理了一些重点地区、单位的人和事。在一些林彪集团插手较深的地区和单位，中央首先把重点放在清理清查与林彪集团阴谋活动有关的人和事。空军、海军、总后勤部、民航等单位及浙江、江西、湖北等地，在中央派出的负责同志的领导和参与下，采取隔离审查、举办学习班等方式，对那些在林彪集团阴谋活动中卷得很深或比较深的人进行审理、清查，组织专人对一些重要事件进行调查，并对领导班子进行了适当调整。对一些虽有些牵连但没有过多卷入而问题又确实较多的地区和单位，中央则以较长的时间，反复、细致地做好各方面的工作，避免了较大的震动和反复。

"文化大革命"以来，由于林彪、江青等人蓄意在一些地区、部门排斥异己、安插亲信，同时，由于"全面武斗"以及后来的"清理阶级队伍""一打三反""清查五一六"等运动积累下来大量尖锐的矛盾，林彪事件后，这些地区和部门的矛盾迅速激化。一些与林彪集团有不同程度牵连的领导或受到审查，或立即受到曾被自己压制、迫害的对立面的批判和冲击；一些已经实现的"两联合"又出现松动或分裂，相互算旧账；有些单位领导班子中的军队干部与地方干部、挨整干部与整人干部以及新干部与老干部之间的矛盾开始激化；许多在运动中被关押、审查的人把矛头指向那些运动中的骨干分子；有些领导干部或是捂盖子、转移方向，或是对工作撒手不管、躺倒不干。上述种种不稳定因素，导致一些工厂停工停产，一些地区又出现某种混乱局面。

中央及时发现了这些问题，并采取了相应的措施。1971年11月至1973年上半年间，中共中央分别召集武汉地区、成都地

区、陕西、兰州军区、海军、新疆维吾尔自治区、浙江、四川、
贵州、江西、湖南、广州军区、河南、山东、甘肃、宁夏、青海
等地区的负责人及驻军负责人、军兵种负责人举行座谈会、汇报
会，并在本地区召开各自的工作会议，提出问题，解决矛盾。毛
泽东亲自接见了一些会议的代表，并作了重要指示。周恩来、叶
剑英、李德生、李先念、华国锋、汪东兴及张春桥、王洪文等分
别参与一些会议，帮助统一认识、解决问题、清理清查与林彪集
团有关的人和事及调整领导班子。在此基础上，中央批转了浙
江、四川、江西、山东等省开展"批林整风"运动的汇报材料，
用以指导全国的运动。

党中央的这些措施，比较稳妥地解决了一些省、自治区及军
兵种领导班子中遗留的问题，在影响本地区、本部门的一些重要
问题上统一了认识，制止了派性，促进了团结，避免了因林彪事
件、派性斗争可能导致的较大反复，稳定了形势。

（二）"批林整风"运动初期的尴尬局面

1971 年 10 月后，随着林彪反党集团的罪行材料陆续发出并
逐步传达到基层，按照毛泽东的思路，全国范围内开始了"批林
整风"运动。但一直到 1972 年上半年，社会上公开的提法一直
是"进行思想和政治路线方面的教育"和"批修整风"。随着
"批林整风"运动的开展，"斗、批、改"实际上已被放到了次
要的位置，有的具体内容已经不了了之。

林彪事件对全党全国的震撼是巨大的，它实际上从根本上动
摇了人们对"文化大革命"一系列基本理论的看法。"左"倾错
误的禁锢松动了，人们开始思考一些以前不曾想或不敢想的问
题，全国范围内事实上存在着某种思想解放的可能和愿望。但
是，由于"左"的错误的长期影响和巨大惯性，在"批林整风"
运动之初，基本上还是按照"继续革命"的思路来总结与林彪集

团斗争的经验教训，进行批判林彪的斗争的。1971 年 12 月 11 日发出的《粉碎林陈反党集团反革命政变的斗争（材料之一）》的前言中说："在伟大领袖毛主席亲自发动和领导的无产阶级文化大革命运动中，继揭露以刘少奇为头子的资产阶级司令部之后，又揭露了阴谋反革命政变的林彪陈伯达反党集团，除了这一害。这对于巩固我国的无产阶级专政，防止资本主义复辟，具有伟大的深远的意义。这对于帝、修、反是最大的一次打击，这是我国无产阶级专政和全国人民的伟大胜利，是毛泽东思想和毛主席无产阶级革命路线的伟大胜利。"按照这样的逻辑，林彪事件的发生反而成为"文化大革命"的又一伟大胜利，成为"继续革命"理论正确性的又一标志。显然，这种理论既不能真正总结林彪事件的教训，也不能说服广大人民群众，而只能引发许多无法自圆其说的矛盾。

"批林整风"运动刚刚开始时，许多地方纷纷反映，虽然广大干部群众对林彪集团的罪行非常痛恨，但感到批深批透林彪的谬论并不容易，特别是从理论上进行批判更感到吃力。林彪的"罪行好批，谬论难驳"，同林彪的"政治界限好划，思想界限难分"。一些地方反映，干部群众中的主要思想障碍，一是不敢批，"怕批错了，批了正确的思想不好办"，希望等待上级表态，等待别人的经验；二是不好批，"林彪以谣言和诡辩冒充马列主义、毛泽东思想，群众感到真假难分"。某地反映，《解放军报》1971 年 11 月 11 日在报道中批判了看书学习中的实用主义、教条主义和形式主义，当地群众感到这与"文化大革命"初期曾经批判过的刘少奇的言论一样，这样批林"反而又证明刘少奇的话对了"。1972 年初，某市一机局举办三百多人的大批判骨干学习班，提出要批判林彪的"政治业务关系上的诡辩论"。大家都认为这个问题很重要，但发言时，却没有一个人敢碰这个题目，因为"文化大革命"以来，大家都是这么做的。

　　1972 年 1 月中央将《"571"工程纪要》（本节简称《纪要》）下发后，许多地方的干部都存在着畏难情绪，认为《纪要》"毒性太大""欺骗性太大"，担心"原原本本地传达，群众识别不了，听了会引起混乱"，"起副作用"。各地普遍反映遇到了几个共同的"难点""难题"。如《纪要》中攻击干部下放、知识青年上山下乡和"工资冻结"等三个"变相"，是不是说到了我们的短处，利用了我们的黑暗面？钢铁十年徘徊与国民经济十年停滞不前是不是一样？怎样批判《纪要》中所说红卫兵"被利用""当炮灰""变成替罪羔羊"等问题？另一方面，广大干部群众所了解的林彪言论，大多数是他在"文化大革命"中狂热鼓吹个人崇拜和颂扬"文化大革命"的，要从这样一些方面批林，必然易引发人们对"文化大革命"的怀疑和不满。实际上，要想又批林，又为"文化大革命"唱赞歌是根本不可能两全的事。

　　正因为如此，各地在组织传达文件时，都采取了审慎的态度，领导带头宣讲，培训宣讲骨干，严格规定讨论范围，避开各种敏感问题，等等。为了使群众在学习、批判中不去触及那些显而易见的敏感、尖锐的现实问题，各地都事先罗列出若干批林的重点。山西省提出要批判林彪的五个论点："天才"的先验论、"小节无害论"、"精神绝对论"、"马克思主义过时论"、"顶峰论"。贵州提出的批判重点是：把学习毛主席著作同学习马列著作割裂开来、对立起来；"天才论"和唯心论的先验论；形而上学和绝对化；实用主义和形式主义；阶级斗争熄灭论、地主资产阶级的人性论；空头政治和繁琐哲学；关于接班人的"黑三条"，等等。1972 年 2 月北京市委举办的批判《"571"工程纪要》学习班上，归纳集中批判的主要问题有：阴谋陷害和恶毒攻击伟大领袖毛主席；全面否定我国社会主义制度和无产阶级专政；颠倒我党我国的革命历史；歪曲国内外的大好形势；攻击无产阶级

"文化大革命"的各项政策；挑拨党、政、军、民的关系；歪曲无产阶级专政下继续革命的伟大理论；推行联苏联美反华反共的反革命外交路线；施展反革命两面派和法西斯手段；顽固坚持地主资产阶级的反动立场和唯心主义的先验论，等等。

诸如此类的专题批判回避了一些本应回答的关键问题，罗列了一些不得要领或自相矛盾的题目，很难说有什么实质性意义。由于"批林整风"既要批林又不能触及"文化大革命"的实质及既要群众广泛参与又不得不回避许多群众所关心的问题的这种深刻的内在矛盾，很快就在干部群众中造成了一种普遍的"路线斗争不可知"的心理，认为"该批的都批了，没啥好批的了"。在不少地方，所谓"批林整风"不是言不由衷的敷衍，就是形式主义的过场。在阶级斗争扩大化的高压下，人们对"文化大革命"日益明显的怀疑和厌恶情绪是不会摆到桌面上来的。

按照毛泽东的要求，批林和联系实际要与整风结合起来，也就是要与思想和政治路线方面的教育结合起来，与解决本地区、本部门的具体问题结合起来。但是，由于对林彪事件的实质采取回避态度或含糊不清、语焉不详，加上当时普遍的阶级斗争扩大化气氛，这种整风又往往导致了扩大化的后果。一些地方反映，由于对批林这个重点掌握不牢，对两类矛盾区别不严，在联系实际批判的过程中，出现了无限上纲和乱抓"小林彪"的现象。在一些政策水平低的基层，"批林整风"更是五花八门，屡屡出现把矛头指向基层干部和群众的倾向。某地确定"批林整风"联系实际的重点是批判资本主义倾向，结果一些县、社又在农村批了"搞副业单干""私人开荒""多分自留地"等，而对平均主义、"一平二调"、"割私有制尾巴"等却一点也没接触。某生产大队在批判林彪的"5·18"讲话时，上批下联，把一个工作作风有缺点的生产队长当作"权力中心论"的靶子来批判。一些社队又望文生义地发动群众清理财务，搞经济退赔，一些农村基层干部怕在整风中挨整，或"等着挨整"。在城市和工矿企业，整风往往又引发了领导班子中的派性争斗，或是群众要批领导的"瞎指挥"，又或是领导要批群众的"无政府主义"。一些地方对"支左"干部提出了激烈批评。

为了解决这些矛盾，领导部门一再强调要把批林放在首位，要注意区分两类矛盾，不要互相指责、互相攻击，不要"打横炮"，不要层层揪"代理人"，不要把矛头指向人民解放军，等等。这些措施虽然在一定程度上制止了扩大化的倾向，但它同时又使批林所要联系的实际更加空泛和难以捉摸。各地普遍反映，对批林与整风如何结合、批林如何联系实际难以掌握。"批林整风"运动初期，在当时各种文件所确定的范围之内，在不能触及"文化大革命"根本错误的前提下的批林，其结果只能如此：要么是新一轮的扩大化，要么就是轰轰烈烈的形式主义的表面文章。

但是，与这种倾向同时存在着的另一种倾向，即把批林与清算极左思潮、纠正"左"的错误结合起来的倾向，也正在发展，尽管它当时还处于次要的位置。"九一三"事件后，深受动乱、武斗、阶级斗争扩大化之苦的广大干部和群众，仅仅是凭着他们的本能和直觉，便会自然而然地将林彪集团与"文化大革命"中泛滥的极左思潮联系起来。这不仅是因为林彪等人在"文化大革命"中最"革命"、最极端的表演，而且也是因为"文化大革命"的发展，已经把它的真实性质越来越清楚地暴露在众人面前了。在"批林整风"初期，已经有不少人不是根据文件所定下的调子，而是根据自己的经验和判断，开始批判极左思潮了。这一思潮和倾向在周恩来的支持和引导之下，在 1972 年下半年间发展成为"批林整风"运动的主流。

1972 年 5 月 21 日至 6 月 23 日，中共中央在北京召开了"批林整风"汇报会，召开这次会议的目的，是为了总结和交流这一时期的经验，以利于进一步揭发和批判林彪反党集团的罪行，深入开展"批林整风"运动，使全党团结起来，争取更大的胜利。与会人员中有中央各部门及各省、市、自治区和各军兵种负责人312人。

5月21日，周恩来在会议第一天的讲话中，传达了毛泽东对开好这次会议的指示，宣布了会议的议程、内容和学习文件。周恩来在讲话中指出：九届二中全会以后，主席的一系列措施，都是教育一批干部，还要保林，使他自己知道那个错误的严重，在九届二中全会上也是如此。但"九一三"事件"把这个问题真相揭穿了，头子就是林彪，而不是林、陈，不像高饶联盟那样。林彪搞的是阴谋活动，他反党、反主席的思想是长期存在的。"①他又指出，这次斗争，主要矛头就是要批判、揭露、粉碎林彪这个反革命集团，教育大批干部，团结大批干部。这是"批林整风"的一个精神。

自"文化大革命"以来一直受林彪、江青等人打击、排挤的朱德元帅也出席了这次会议。他在5月25日的发言中说："林彪是自我暴露的。他是有组织、有计划、有纲领地搞反革命政变，妄图谋害毛泽东主席，另立中央，我们党是有经验、有力量的党，他是决不会成功的。"他还深情地说："我好几年没有和军队的同志在一起开会了，现在我还能看到大家，看到我们的军队还是好军队，心情很愉快，很高兴。"②

在会议所列文件中，毛泽东1966年7月8日给江青的信被当作是"最重要的一篇"。这封写于"文化大革命"初期的私人信件，在此之前只有两三人知晓。在信中，毛泽东表示了对林彪

---

① 参见《共和国史记·第3卷》（下），吉林人民出版社1996年版，第526—527页。

② 《朱德年谱》，人民出版社1986年版，第554页。

1966 年 5 月 18 日有关政变和个人崇拜讲话的不满和不安。"他是专讲政变问题的"，"这个问题，像他这样讲在过去还没有过"。"他的一些提法，我总感觉不安。我历来不相信，我那几本小书，有那样大的神通，现在经他一吹，全党全国都吹起来了，真是王婆卖瓜，自卖自夸，我是被他们逼上梁山的，看来不同意他们不行了。""我猜他们的本意，为了打鬼，借助钟馗。我就在 20 世纪 60 年代当了共产党的钟馗了。"江青在参加华东组、中南组讨论时，俨然以最权威的身份解释、宣讲毛泽东的这封信，说林彪从当抗大校长至当国防部长，就一直搞山头、结死党、搞阴谋诡计，而毛泽东则早就看出林彪"不是马克思主义者"，这显然是难以令人信服的。毛泽东同意在这次会议上公布这封信，除证明林彪远非一贯正确外，更重要的，似乎在于说明他对林彪等人早有觉察。但这种做法并没有收到预期的效果，它不仅没有消除反而增加了人们的疑问。

在分组讨论中，代表们在学习文件的基础上，揭发批判了林彪反党集团的罪行，交流了各自"批林整风"的做法和经验以及所遇到的问题，汇报了对下一阶段运动的设想，同时也向中央提出了一些理论和政策方面的问题。从 6 月 10 日起，按照毛泽东的要求，周恩来连续用 3 个半天在全体会议上作了题为《对我们党在新民主主义革命阶段六次路线斗争的个人认识》的讲话。讲话中，他从回顾党的历史的角度，检查了自己在一些"路线斗争"中所犯的错误，以自己的历史经验告诫大家不要重犯我党历史上的错误。他还以一个亲历者的身份，客观、深刻地陈述、剖析了林彪在新民主主义革命各个阶段的言行。6 月 23 日，根据毛泽东的指示，周恩来在结束会上作了题为《关于国民党造谣污蔑地登载所谓〈伍豪事件〉问题的报告》，中共中央又发出文件予以说明，并附若干原始材料传达至高级干部。毛泽东当时说，这样做的用意是：让党内高级干部了解事情真相，不允许任何人今后在这个问题上诬陷周恩来。①

中央"批林整风"汇报会一方面比较系统地揭发、批判了林彪集团，一方面又回避了对极左思潮的清算，把粉碎林彪集团的斗争作为"文化大革命"的又一伟大胜利。会议结束后，7月上旬至8月上旬，各省、市、自治区都召开了各自的"批林整风"会议，传达中央会议的精神，学习文件，联系各自的实际，清理思想、总结经验、解剖自己。按照中央要求，这些会议研究、部署了下半年的工作，要求各级党委都要把"批林整风"当作头等大事来抓，首先要搞好批林，在此基础上搞好整风，要加强党的一元化领导，反对山头主义、宗派主义，等等。

总的来看，初期的"批林整风"虽然公布了一些林彪集团的罪行，但主要还是在"左"的错误的框框里做着既难于被群众接受，又实在难于深入下去的批林文章。而在当时，已经有许多地区和部门明确地提出要"认真批判林彪煽动极左思潮的罪行""当前主要是克服极左思潮的干扰"一类的任务。在周恩来的领导和支持下，这种真正反映群众要求和历史发展方向的倾向很快就突破了批林整风汇报会所规定的范围，成为"批林整风"运动的主流。

（三）毛泽东对一些错误的反思与纠正

毛泽东是一个习惯于并善于从历史中汲取经验教训的革命领袖。"九一三"事件后，尽管当时党内文件仍把林彪集团的覆灭当成是"文化大革命"的又一个"伟大胜利"，但毛泽东的心里还是有数的。1971年11月，在一次谈话中，在讲到曾经担任过林彪警卫工作的部队觉得自己脸上无光时，他说，要说无光，是

---

① 参见《共和国史记·第3卷》（下），吉林人民出版社1996年版，第748页。

中央脸上无光，也是整个党无光嘛，哪是一部分人脸上无光。①

林彪事件的发生，使毛泽东在思想上、精神上受到了很大的刺激，也使他有可能从一些新的角度重新审视历史。这种反思使他进一步放弃了几年前对"文化大革命"那种热情洋溢的赞扬和肯定。虽然没有放弃"继续革命"的理论，也不可能从整体上纠正"文化大革命"的错误，但他也确实已经觉察到了"文化大革命"所造成的一些严重问题，以及"继续革命"理论的一些明显漏洞，并在他认为可能的范围之内，着手纠正一些错误。

林彪事件的发生，使毛泽东进一步加深了对极左思潮的不满。"文化大革命"发动之初，他曾对红卫兵和造反派一些偏激、过头的言行采取了宽容、理解甚至支持的态度。但在 1967 年"天下大乱"到了几乎失控的时候，他又对极左思潮提出了严肃的批评，并对"王、关、戚"等人采取了断然措施。在此之后，毛泽东还不时批评过极左思潮，甚至把它归结为"五一六"反革命集团的阴谋活动。在毛泽东决心削弱林彪集团的时候，他所选定的主要突破口，便是林彪等人煽动极左思潮、鼓吹个人崇拜的言行。"九一三"事件后，毛泽东更是把极左思潮的表现和破坏与林彪集团直接等同起来。与以往略有不同的是，这种批判有时已超出了极左思潮的范围，而对"文化大革命"乃至"文化大革命"以前的"左"的错误也有所触及。

1971 年 10 月 4 日，毛泽东在接见军委办公会议成员时，批评了林彪主持军委工作以来搞的形式主义。他说："四好运动搞形式主义，把部队作风带坏了，要改变"，"军队训练也有形式主义，军队要严格训练、严格要求才能打仗"，"现在搞空的东西多

---

① 参见《中国共产党历史·第二卷（1949—1978）》下册，中共党史出版社 2011 年版，第 854 页。

了"。这些批评虽然还说不上尖锐、中肯，但对毛泽东来说，却已经是很大的变化了。关于接班人的标准，他说："我提了五条，他（指林彪）提了三条。三条不讲马列主义，不讲反对修正主义和防止赫鲁晓夫式的人物，不讲团结大多数，不讲批评和自我批评"。1972年6月8日，毛泽东在会见外宾时说："我们的'左派'是什么一些人呢？就是火烧英国代办处的那些人，今天要打倒总理，明天要打倒陈毅，后天要打倒叶剑英。这些所谓'左'派现在都在班房里头。""这些所谓左派，其实就是反革命"，"总后台的人现在也过去了，叫林彪"。毛泽东的这些话虽然有其牵强的一面，但他因批林而表现出来的对极左思潮的强烈不满及转向较为务实方面的变化也是明显的。

对极左思潮的憎恶，使毛泽东在思想感情上与党内一大批老干部接近起来，这是"九一三"事件后他的一个突出变化。1971年11月14日，毛泽东在接见成都地区座谈会的同志时，对曾经使他"震怒"的"二月逆流"采取了基本肯定的态度。他说："'二月逆流'是什么性质？是他们对付林彪、陈伯达、王、关、戚。那个王、关、戚，'五一六'，要打倒一切，包括总理、老帅。老帅们就有气嘛，发点牢骚。他们是在党的会议上，公开的，大闹怀仁堂嘛！缺点是有的，你们吵了一下也是可以的。同我来讲就好。那时候我们也搞不清楚，王、关、戚还没有暴露出来。有些问题要好多年才搞清楚。"在这里，毛泽东实际上正式地为"二月逆流"平了反，并作了某种形式的自我批评。

1972年初，陈毅病危期间，毛泽东特意派周恩来、叶剑英去看望陈毅，并转达他为"二月逆流"平反的意见。他表示，"二月逆流"经过时间的考验，根本没有这个事，不要再讲"二月逆流"了。1972年1月6日，陈毅逝世。1月10日，毛泽东不顾自己仍在病中，冒着严寒参加了追悼会。在追悼会上，他对陈毅夫人张茜说："陈毅同志是一个好人，是一个好同志，陈毅同志是立了功劳的。他为中国革命、世界革命做出了贡献，这已经做了结论嘛。""陈毅同志是执行中央路线的"，"是能团结人的"。"陈毅同志和我有过几次争论，那个不要紧嘛。"他还说："要是林彪的阴谋搞成了，是要把我们这些老人都搞掉的。"毛泽东的这一举动，既出于对老战友的悼念和对自己过去误解的追悔，也有一种为"二月逆流"公开平反的姿态。这一举动立即在全国引起了强烈反响，为解放那些在"文化大革命"中受到各种冲击的老干部并大胆地使用他们，创造了十分有利的条件。石家庄车辆厂①广大干部群众说，这样隆重的葬礼是新中国成立以来少有的。毛主席和这么多的中央首长参加，首先说明毛主席对历史上有过功劳的老干部关心、爱护和重视，是对死者的安慰和对健在的老同志的鼓励，也是对林陈集团"打击一大片，保护一小撮"的批判。

　　"九一三"事件后，许多老同志给毛泽东和党中央写信。在揭发和批判林彪集团的同时，也反映了各自所受的不公正待遇，希望能出来工作或结束审查与家人团聚、改善生活。毛泽东对其中许多信件作了批复，有的明确表示同意解除审查、出来工作，有的虽然未置可否，但在当时的条件下，也容易被理解为同意申诉人的意见。1972 年 1 月，一位老同志从江西一个"五七"干校写信给毛泽东、周恩来。一面揭发、批判林彪的罪行，一面说明自己虽已结束审查，但却迟迟未予解放和恢复组织生活。信中写道：南昌起义失败后，与党失去联系两个月，后找到党，感到很温暖，而现在却一连 5 年没过党的生活。一个年逾花甲的老战士，究竟还有几个 5 年。他回想起土地革命时期扩大几个新兵，他们都高兴地说："又多了几个新同志呵！"而他一靠边就是 5 年

---

　　①　1969 年 10 月至 1970 年 9 月，陈毅曾在该厂"蹲点调查研究"。

……毛泽东在信上批示，应当恢复党籍，并给予适当工作。

1972年1月29日，毛泽东在吴冷西来信上批示："欢迎进步"。同年3月5日，他又在苏振华来信上批示："此人似可解放了"。杨成武女儿也给毛泽东去信，信上说：杨成武是忠于毛主席的，他受了林彪、陈伯达、叶群的政治陷害，要求让杨到实际阶级斗争中去接受考验。3月25日，毛泽东在批示中说："此案处理可能有错，当时听了林彪一面之词。"6月28日，毛泽东在贺诚来信上批示："贺诚同志来信请中央处理。我意应给予工作。"7月29日，他在廖汉生家属来信上批示："我看廖汉生和杨勇一样是无罪的，都是未经中央讨论，被林彪指使个别人整下去的。"11月4日、12月5日，他又在反映原马列主义研究院秘书长柴沫因受迫害被逼自杀情况的两件来信摘报上批示："似不应除名。逼死了人，还要开除吗？"在这一段时间里，他还先后在李卓然、何长工、白坚、李克如、刘建章、许涤新、范长江、江一真、李一夫、王稼祥、谭震林、李一氓、舒同、林铁、谭政、叶飞、郭化若、罗瑞卿等人的来信或情况反映上作了批示，或直接同意他们的要求，或请政治局讨论。

1972年7月21日，陈云致信毛泽东与中共中央，反映他在江西南昌下放的情况，希望党中央根据他的身体状况，分配给他力所能及的工作。毛泽东批示："请中央商定。我看都可以同意。"此后不久，根据周恩来的安排，陈云参加了国务院业务组的工作，考虑和筹划经济特别是外贸方面的一些重大方针政策。当年7月31日，陈云出席了庆祝八一建军节招待会，在社会上引起了广泛的影响。

1972年8月14日，毛泽东在邓小平8月3日来信上做了重要批示。批示中，他一方面认为邓小平"所犯错误是严重的"，另一方面又指出"应与刘少奇加以区别"。他在列举了邓在历史上的功绩之后，又说："这些事我过去讲过多次，现在再说一遍。"这个批示突出地反映了毛泽东当时思想认识上的两重性，一方面，他仍然在全局上坚持"文化大革命"的错误，所以他还是认为邓"犯了严重错误"，在刘少奇问题上仍未有一点松动；另一方面，他又肯定了邓的历史，对邓迟迟未能出来工作表示了某种不满。在邓小平问题上的这种变化，起码是对"文化大革命"初期所谓"刘邓路线"或"资产阶级反动路线"之类提法的部分否定。

在毛泽东的支持下，周恩来等因势利导，在不长的时间里，还使谭震林、苏振华、杨成武、林枫、张执一等许多老同志或解除审查并分配工作，或改善了生活待遇。

中央一级老干部的解放和复出，对省、市级单位乃至基层，产生了巨大的示范效应。许多领导机关都比较自觉地把落实干部政策与批判林彪结合起来，当作"批林整风"的一项重要内容。1972 年间，从中央到地方，一大批领导干部被落实政策，重新走上领导岗位。这对于恢复正常的生产、工作秩序，进一步限制造反派的势力，遏制江青集团的破坏，发挥了重要作用。

1973 年后，尽管毛泽东对"批林整风"运动中明显发展起来的纠"左"倾向表示了严重的不满，并断定林彪的实质是"极右"，但他仍未停止落实干部政策的步伐。1973 年 11 月 20 日，毛泽东在罗瑞卿来信上批示，同意解除对罗的关押。12 月 21 日，他在同参加中央军委会议的同志谈话时，明确地表示要对"文化大革命"中一些领导同志的冤案承担责任，要作自我批评。他提出要给贺龙、"杨、余、傅"和罗瑞卿平反，并坦率地承认有几次听了林彪的一面之辞，所以要"向同志们做点自我批评"。

"九一三"事件后，在全局上仍然坚持"文化大革命"错误的前提下，毛泽东的认识发生了一些比较明显的变化。这些变化是有限的，但也是十分重要的。这种变化的重要性更多地表现在它提供了一种可能，使得党内健康力量能够利用这种变化及其他一些方面的有利条件，展开批判极左思潮和纠正某些"左"的错误的斗争，尽管这种斗争在不少方面已经超出了毛泽东的初衷。

二、周恩来领导开展的 1972 年全面整顿

（一）动乱中周恩来对极左思潮的抵制

林彪事件后，在毛泽东的支持下，周恩来主持党中央的日常工作。1972 年间，周恩来充分地利用了毛泽东认识上的积极变化，以其敏锐的观察力、高超的领导艺术和细致入微的工作作风，抓住时机，适时地把"批林整风"引导到批判极左思潮、纠正"左"的错误、落实党的政策及对各项工作进行整顿的方向上来。

"文化大革命"开始后，周恩来虽然不可能从全局上、根本上反对"文化大革命"的错误，但他一直在可能的范围之内，为抑制极左思潮的泛滥、减轻"文化大革命"所造成的损失殚精竭虑、不懈努力。在 1967 年的夺权高潮中，周恩来多次用"极左倾向""极左行动""极端民主化"及"反动的社会思潮"等用语，批评社会上的种种极端言行。到 1968 年，他已经明确、正式地提出要"反对极左思潮"。[①] 1969 年，他在谈及内蒙古"清队"扩大化问题时指出：一些领导人之所以在对敌斗争中屡犯"扩大化错误"，都由于估计形势错误，犯了政策上极左错误而来。九大期间，他鲜明地指出："二十年来，毛主席的红线还是主要的，不能否定一切"，"有些人要把一切制度砸烂，这是极左思潮。"[②]

---

① 1968 年 5 月 16 日周恩来在中共中央、国务院、中央军委、中央文革小组对《全国铁路、交通会议决议（草案）》的指示上加的话。

② 《周恩来选集》下卷，人民出版社 1984 年版，第 462 页。

1970 年 6 月 29 日至 9 月 2 日，周恩来对新华社工作中的一些"左"的做法多次提出批评。6 月 29 日，他针对报道中给外国人的评论加上"妄评"字眼，指示说：毛主席交代过，《参考资料》不要自己标标题，原来怎么标就怎么标，让读者自己判断。8 月 1 日，周恩来在一次外事活动中，批评新华社说："你们写的稿子，还是老一套，不敢创新，不能打破旧框框"，"你们写的消息不生动活泼，没有人愿意看。西方记者写的消息就很活泼，你们可以学习一下嘛!"9 月 2 日，周恩来再次对新华社工作中的一些极左做法提出批评。他说：《参考资料》是否有必要每天登一条毛主席语录? 第一看的人不多; 第二针对性很难办。经过研究，并请示了毛主席，以后《参考资料》首页上不再登语录。《国际共运参考资料》上也不要登。周恩来的这一系列指示，对扭转新闻报道中受极左思潮影响出现的形式主义、浮夸等做法，起到了重要作用。①

1970 年 7 月 31 日，国务院给煤炭工业部发出《关于张霖之问题的通知》。这个由周恩来起草的通知说：国务院业务组于 1970 年 7 月 31 日召开的会议上，审查了煤炭部军代表当年 5 月、7 月的两个报告及一些相关报告和材料，大家一致认为张霖之同志的历史是清楚的，因受到戚本禹等的严重迫害身亡，应按人民内部矛盾处理，其家属及子女不受任何牵连，应按革命干部家属看待。② 张霖之是"文化大革命"初期因受江青等人迫害而惨死的高级干部，周恩来对此十分痛惜。1970 年间，尽管林彪、江青等煽动的极左思潮还有很大影响，但只要稍有松动，周恩来便开

---

① 参见《共和国史记・第 3 卷》（下），吉林人民出版社 1996 年版，第 565 页。

② 参见《共和国史记・第 3 卷》（下），吉林人民出版社 1996 年版，第 575 页。

始提出落实干部政策的问题。这种落实政策本身，就是对"文化大革命"初期大规模打击、迫害干部的否定，也是对"文化大革命"的某种否定。

1970 年 9 月，周恩来在同文化部门负责人的谈话中，针对当时因人废文，没有书看的情况，提出"要有点辩证法"，"不要一听封建主义、资本主义就气炸了，那叫形而上学，片面性"。① 同年 11 月，他又几次就外语教学发表谈话，要求提高外语教学的质量，提倡多练、苦练基本功，强调"不但要有政治水平，同时要有较高的文化水平。"他说："现在有的中学英语课本，只有政治词汇，没有生活词汇，实在不适用，应当修改。政治语言和生活语言可以一并学，实际上也不能分。北大英语教材有一个问句：'你出身工人家庭吗？'这个问题局限性太大，难道除此之外就没有别的出身？"他要求"不但要有政治水平，同时要有较高的文化水平。没有基本功和丰富的知识不行。基本功包括三个方面：政治思想、语言本身和各种文化知识。"他还特别提出："俄文为什么丢掉呢？一旦需要，量是很大的。"② 与此同时，他还亲自部署外事部门批判极左思潮的工作。他批评外事部门"极左思潮没批透"，一再指示我驻外使馆"我使馆中如有极左分子，应迅速调回"，③ 要求对外宣传中"不能把无产阶级文化大革命输出，否则要犯大国沙文主义的错误。"

1971 年至 1972 年上半年，周恩来在相继召开的一系列专业会议上，几乎是逢会必讲反对极左思潮的问题。1970 年 12 月 3 日，周恩来在国务院业务组会议上严厉批评谢富治说，公安部割

---

① 《周恩来选集》下卷，人民出版社 1984 年版，第 467 页。
② 《周恩来选集》下卷，人民出版社 1984 年版，第 469 页。
③ 参见《周恩来年谱（1949—1976）》下卷，中央文献出版社 1997 年版。

断与地方公安机关的联系后，关门不管事，上下也不通气，甚至四年公安部没开会，是非常错误的；要赶快筹备召开公安会议，研究安排工作。当年 12 月 11 日至次年 2 月 11 日，公安部召开第十五次全国公安会议。1971 年 2 月初，在第十五次全国公安会议上，他根据毛泽东关于"对公安工作要一分为二"的指示，明确宣布在公安战线上，1949 至 1966 年这 17 年是毛主席的革命路线占主导地位，绝大多数公安干警是好的和比较好的。他说：我们是历史唯物主义者，决不能拿现在的眼光去否定过去的历史。他说："不能说文化大革命以前是黑线统治着，这种说法简直是不可想象的，等于否认主席的领导，否定主席的革命路线。""全国不能这样讲，一个省不能这样讲，一个公安厅也不能这样讲。"

同年 4 月 12 日，周恩来在接见全国出版工作座谈会领导小组成员时说："现在书店里中国和外国的历史书都没有。不出历史、地理书籍，是个大缺点。马克思主义的三个组成部分都是从资产阶级的或受唯心史观限制的学说发展来的。不讲历史、割断历史怎么行呢？""应该选择一些旧的书籍给青少年批判地读，使他们知道历史是怎么发展来的。""否定一切，不一分为二，这是极左思潮，不是毛泽东思想。"针对封存《鲁迅全集》的做法，他说："一面说青年没书读，一面又不给他们书读，就是不相信青年人能判断。无怪现在没有书读了，这完全是思想垄断，不是社会主义民主。"强调："现在要出一批书，要广开言路。"①

1971 年 4、5、6 月间，周恩来又分别在国家旅游、援外会议、全国外事工作会议及中央工作会议上，对极左思潮在各方面的表现提出了严厉的批评。他说，在无产阶级"文化大革命"中，现在是应该开门的时候了。他反对那种把"文化大革命"前

---

① 参见《周恩来年谱（1949—1976）》下卷，中央文献出版社 1997 年版，第 451 页。

的 17 年的外交路线说成是"修正主义路线"的说法，不赞成把"帝、修、反"的口号到处搬用。他对一些对极左思潮批判不力的部门提出严肃的批评："一直到现在我们总说批判极左思潮不彻底，不敢大胆批评，包括我们中央许多部门。一直到现在还有。你不把极左思潮肃清，你怎么能掌握正确政策呢？"

1971 年 5 月 10 日，周恩来出席全国教育工作会议小组会时，在谈到一些党史人物和事件时说：陈独秀对建党有功，不能抹煞；南昌起义方向是对的，但路线、政策上有错误。讲话中，对朱德率部上井冈山、长征途中叶剑英反对张国焘分裂、陈毅主张发展新四军等作了肯定的评价。在着重说到党内"左"倾盲动主义错误造成的危害时，强调：现在世界上也存在一股极左思潮。①

1971 年 5 月 30 日和 31 日，周恩来在全国外事工作会议上的讲话中，批评"文化大革命"中我们同许多国家几乎中断了来往，许多方面的活动停止了。他提出，现在的外事工作要有所变化，（外国人）不仅是左派、中间派要来，右派也要来一点，这就需要我们适应新的形势。关于对新中国成立后外交工作的评价，他说："我不同意那种极左思潮的说法，好像我国外交路线也是修正主义的路线。"关于对外宣传方面的问题，他指出：现在存在两种倾向，一种是自吹自擂，使用不适当的语言、夸大的语言强加于人；另一种是缩手缩脚。这两种倾向有一个特点，都是不实事求是。在谈到"文化大革命"中各项事业受影响、被破坏的情况时，他说：这些事情为什么不能跟人家说？这几年我们出版的东西少了，要补上来；文艺方面除八个样板戏外，只要内容是健康的、革命的，形式不是萎靡的、庸俗的，就要允许人家尝试。他还说：我们不赞成把"苏修"这两个字到处搬用，把东

---

① 参见《周恩来年谱（1949—1976）》下卷，中央文献出版社 1997 年版，第 456 页。

欧一些国家都叫"修字号"，都给加上标签。①

1971 年 6 月 11 日，在接见国家体委负责人及中国乒乓球代表团全体成员时，周恩来说：体工队不能完全照连队的管法，训练时间不能太少，运动员政治学习时间不一定要比训练时间多，要实事求是，不要搞形式主义。政治挂帅，还要认真练。他提出，从乒乓球队开始，学习英文和国际知识。② 7 月，周恩来在修改国家体委的一份报告中指出，新中国成立后体育战线"毛主席的革命路线在广大群众和多数干部中还是占了主导地位的，成绩是主要的"③。

1971 年 7 月 6 日，他在接见全国教育工作会议领导小组成员时，针对会议上关于"文革"前 17 年教育工作估计的争论，指出："毛主席的红线也是照耀了教育战线的；知识分子的大多数是接受共产党领导的，是为社会主义服务的；对教师队伍和解放后培养的学生要作具体分析，要辩证地看问题"。会议期间，他还向各地、各部门主管教育工作的负责人作了一次党的历史问题的报告，详细叙述了党在民主革命时期所犯的几次"左"倾错误，说明长期以来党吃了"左"的大亏。④

当年 8 月 26 日，周恩来会见墨西哥客人。在谈到"中国是世界革命中心"的提法时，他说：毛主席从未这样讲过，也不赞成这一说法。别人把中国叫成是"世界革命中心"，我们不能负

① 参见《周恩来年谱（1949—1976）》下卷，中央文献出版社 1997 年版，第 460 页。

② 参见《周恩来年谱（1949—1976）》下卷，中央文献出版社 1997 年版，第 462 页。

③ 《周恩来年谱（1949—1976）》下卷，中央文献出版社 1997 年版，第 472 页。

④ 参见《中华人民共和国教育大事记（1949—1982）》，教育科学出版社 1984 年版。

责。中国极左分子这样说，我们不赞成。①

"文化大革命"以来，周恩来一直坚持在各个领域里批判极左思潮，在一些问题上，他实际上是通过这种当时尚能被接受的形式，曲折、间接地对"左"的错误提出了批评。周恩来的这些努力，减少了"文化大革命"所造成的破坏，得到了广大干部、群众的衷心拥护。尽管他也不可避免地存在着一些历史局限性，但对他来说，不存在从全局上维护"文化大革命"的问题。所以，他对极左思潮的批判更为彻底，甚至成为一种反对"左"的错误的特殊方式。"九一三"事件后，周恩来抓住有利时机，在一个更高的层次上和更广阔的范围里，开展了对极左思潮的斗争。

（二）全力落实干部政策

在"全面夺取"的高潮中，大批各级领导干部被打倒。这是"左"的错误发展的内在需要，更是林彪、江青集团煽动极左思潮的恶果。1968年下半年以后，落实干部政策的工作虽然一直在进行，但由于林彪、江青集团的阻挠、破坏以及极左思潮的影响，这项工作一直困难重重、步履蹒跚。

"九一三"事件后，周恩来抓住批判极左思潮呼声高涨的有利时机，以其高超的斗争艺术和周到细致的工作作风，大大加快了落实干部政策的过程。1971年10月，林彪事件后仅一个月，周恩来即指示公安部对监狱情况作一次全面调查，并亲自审阅了公安部关于检查情况的报告，严肃批评了看管人员中存在的宁"左"勿右等错误认识。11月12日，周恩来在一份公安部门的报告上，写下了10多条批语，要求改善在押人员的生活环境和

---

① 参见《周恩来年谱（1949—1976）》下卷，中央文献出版社1997年版，第477页。

医疗条件，提高他们的伙食标准。由于他的亲自干预，使许多一时不能解放仍被监禁的老干部受虐待的情况有所改善。

与此同时，在毛泽东的过问下，周恩来还想方设法使一些老同志解除了囚禁。根据他的指示，卫生部组织北京 10 大医院，在不到一个月的时间里，为五百余名副部长以上的同志进行体检，对这些老同志进行了及时的治疗和妥善安置。还有不少老同志在他的亲自干预下，获得了自由，重新走上领导岗位。他还有意识地利用各种场合让一些受打击迫害的老干部公开露面，以扩大影响，推动全国各地落实干部政策的工作。对在"文化大革命"中被迫害去世的老同志，周恩来也积极设法挽回损失。1971年 11 月，他亲自派人到贵州找到贺龙夫人薛明，要她将贺龙被林彪集团迫害致死的情况及早报告中央，为党中央给贺龙平反做好准备。革命老人谢觉哉于 1971 年 6 月 15 日去世后，江青等人却一直不准发讣告、不让吊唁，也不准送花圈和开追悼会。在周恩来的亲自干预下，《人民日报》上发布了消息，并为谢觉哉举行了隆重的追悼会。

周恩来特别利用毛泽东在干部问题上认识的积极变化，造成强大的舆论力量，压制极左思潮及其鼓吹者。1972 年 1 月，毛泽东亲自参加陈毅追悼会时，周恩来即暗示陈毅家属将毛泽东关于邓小平属于人民内部矛盾的评价传出，以扩大影响，广造舆论。1 月下旬，他在一次谈话中严肃地批评了某地把斗争矛头对准"犯错误"老同志的做法是"犯了方向、路线错误"，强调不能混淆两类不同性质的矛盾，"而林彪一伙就是要把邓小平搞成敌我矛盾"。他说，听说有的地方还在讲"二月逆流"，现在叶剑英副主席已主持军委工作，对再讲"二月逆流"的话要进行批驳。

1972 年 4 月，鉴于一些老同志因医疗条件所限救治不力而去世，周恩来一方面要求卫生部尽快解决老干部的医疗问题，一面指示《人民日报》起草一篇题为《惩前毖后，治病救人》的社论。社论经他亲自修改后于 4 月 24 日发表。这篇社论引用毛泽东"惩前毖后、治病救人""打击面要小，教育面要宽""允许改正错误"，以及"对人的处理问题取慎重态度"等语录。社论强调："要严格区分敌我矛盾和人民内部矛盾这两类不同性质的矛盾。除了极少数混进革命队伍的阶级敌人和屡教不改、不可救药的分子外，对一切犯过错误的同志，不论老干部、新干部、党内的同志、党外的同志，都要按照'团结—批评—团结'的公式，采取教育为主的方针"。社论针对性很强地指出："经过长期革命斗争锻炼的老干部"，"都是党的宝贵财富"。社论还要求排除"左"和右的干扰，正确执行党的干部政策。社论发表之后，立即在全国引起强烈反响。许多省专门就此召开会议，研究讨论落实社论精神。一些地方报刊发表文章，结合本地实际论述落实干部政策的问题。这篇社论大大推动了落实干部政策工作，成为周恩来 1972 年落实党的各项政策的一面旗帜。

之后，周恩来抓住机会，加大了落实政策、解放干部的力度。在他的直接领导和干预下，许多在外地"五七"干校参加劳动的老同志被召回北京，获得解放，有的还安排了工作。1972 年 8 月 5 日，原中央高级党校校长、第三届全国人大常委会副委员长林枫的子女写信给毛泽东、周恩来，反映尚被关押的林枫的病情，请求尽快"查清"问题，将林放出来治疗休养。8 月 11 日，毛泽东在该信上批示："我意放他出来治病。林枫问题过去没有弄清楚，有些证据不足，办案人员似有一些逼供信。"① 当晚，周恩来即约有关人员商谈此事。很快，林枫的问题即得到解决。1972 年 12 月，在一次谈话中，毛泽东问到了在"二月逆流"中受到江青等人猛烈攻击的谭震林的情况，周恩来随即将此事向主持中央办公厅工作的汪东兴转达。当时正在广西桂林"下放"的

---

① 《在林枫家属来信摘要上的批语》。

谭震林得知此事后，于 12 月 26 日致信毛泽东，希望回京治病。毛泽东接信后，当即将信批给政治局，表示同意谭的要求。1973 年春节后，"二月逆流"的"骨干"谭震林终于回到北京。

1972 年，原铁道部副部长刘建章的妻子刘淑清写信给毛泽东，反映刘建章无辜被捕及在狱中受到迫害。毛泽东在批示中指出："这种法西斯式的审查方式，是谁人规定的？应一律废除。"根据这个批示，周恩来立即写信给公安部、交通部和国务院办公室负责人，指示将刘建章保外就医，并将刘的全案结论送国务院李先念等批办。信中还提出："请公安部会同卫戍区将我在国务院当面提出过的要清查北京监狱待遇问题，再在年内做一次彻底清查。凡属毛主席指出的'这种法西斯式的审查方式'和虐待、殴打都需要列举出来，再一次宣布废除，并当着在押犯人公布。如有犯者，当依法惩治，更容许犯人控诉。"① 他要求，下达的各项指示办好后，再分别向他汇报。

1972 年 7 月 9 日，根据周恩来的指示，公安部向中共中央提出《关于公安系统落实干部政策情况和意见的报告》。这份报告建议对应解放的干部抓紧工作，及时解放，原则上都应在公安部门分配适当工作。公安部机关军管已经完成了历史任务，应当予以撤销。党中央批准了这个报告，并转发各地党委督促贯彻执行。到 1973 年，全国公安机关陆续解放了一批领导干部，调回了一大批业务骨干。②

在毛泽东的支持下，周恩来落实党的干部政策的努力和成就，在恢复邓小平党组织生活及党和国家领导职务的过程中达到高潮。1972 年 8 月 14 日，毛泽东在邓小平给他的一封信上作了

---

① 参见《周恩来选集》下卷，人民出版社 1984 年版，第 456—457 页。

② 参见《共和国史记·第 3 卷》（下），吉林人民出版社 1996 年版，第 575 页。

重要批示，肯定了邓的历史。但因为邓小平毕竟是"文化大革命"初期被打倒的第二号人物，解放起来的难度更大。所以，在毛泽东批示后几个月里，邓小平的问题仍然迟迟不能解决。12月18日，周恩来在给纪登奎、汪东兴的信中表示："邓小平同志一家曾要求做点工作，请你们也考虑一下。主席也曾提过几次。"①在周恩来的主持下，中央政治局认真讨论了毛泽东的批示和邓小平的问题，决定："恢复邓小平同志的党的组织生活，恢复他的国务院副总理的职务，由国务院分配他担任适当工作。"1973年3月9日，周恩来在给毛泽东的报告中说："关于恢复邓小平同志的国务院副总理职务问题"，"政治局认为需要中央作出一个决定，一直发到县团级党委"。毛泽东阅后当即批示："同意"。3月10日，中央政治局正式下发了这个决定。当年12月14日，毛泽东在一次谈话时说："现在，请了一个军师，叫邓小平。发个通知，当政治局委员，军委委员。政治局是管全部的，党政军民学，东西南北中。我想政治局添一个秘书长吧，你不要这个名义，那就当个参谋长吧。"第二天，毛泽东又在一次谈话中重复了这个内容："我们现在请了一位总参谋长"，"我请回来了，政治局请回来了，不是我一个人请回来的。"12月22日，中共中央下发了《关于邓小平任中央政治局委员、中央军委委员，参加中央和军委领导工作的决定的通知》。1975年1月5日，中共中央发出一号文件，任命邓小平为中央军委副主席兼中国人民解放军总参谋长。在1月8日至10日召开的党的十届二中全会上，追认邓小平为中央政治局委员，选举邓小平为中共中央副主席、中央政治局常委。在1975年1月举行的四届全国人大一次上，根据中共中央的提议，任命邓小平为国务院副总理。在"文化大革命"那样的环境中，在还无法解决"四人帮"问题的条件下，邓

---

① 参见《周恩来书信选集》，中央文献出版社1988年版，第620页。

小平的解放及恢复党和国家领导职务，具有十分重要的意义和影响，为最终结束"文化大革命"和引导中国走上改革开放之路准备了具有决定意义的条件。

由于周恩来等人坚韧不拔的努力和卓有成效的工作，"九一三"事件后，一大批党、政、军领导干部重新走上重要领导岗位。这些干部的复职，进一步削弱了江青集团的社会基础，增强了党内纠正"文化大革命"错误的健康力量，为最终结束"文化大革命"奠定了政治、组织基础。

（三）落实、调整各项经济政策

"九一三"事件之后，周恩来因势利导，把对极左思潮的批判所产生的积极成果，转化为各地区、各部门一系列大规模的调整和整顿，产生了巨大、深远的影响。这一段时间里周恩来等领导全国人民卓有成效的调整，在主观上固然得益于毛泽东认识上的一些积极变化及"九一三"事件在全国人民中产生的某种思想解放作用，在客观上，则是由于"文化大革命"所造成的许多政治上、经济上的矛盾迫切需要采取得力措施加以解决，特别是这些矛盾已经成为 1970 年出现的经济建设高潮的严重障碍。正因为如此，周恩来等这一阶段批判极左思潮的斗争，首先集中表现在落实党的经济政策和干部政策方面，而且从一开始就与调整和整顿密切相联。

1970 年国民经济建设的高潮刚刚兴起，领导班子软弱涣散，一些省、市主要领导人领导生产不力，无政府主义、平均主义、瞎指挥盛行，纪律废弛，生产设施、设备失修甚至被毁，空头政治肆虐、体制混乱，几乎没有企业管理，知识和知识分子备受歧视，科学技术工作停滞、倒退，各级领导对抓生产疑虑重重等所造成的危害，立即尖锐、严重地暴露出来。这些问题的存在，本身就是对"文化大革命"的否定。而且，不管人们是否意识到或是否愿意，解决这些问题的过程，客观上不能不是个否定极左思潮和"左"的错误的过程。

为整顿纪律、恢复秩序、批判极左思潮并进行生产动员，在周恩来的主持下，国务院及其所属各部委召开了一系列专业会议。例如：全国食糖及糖料生产会议（1969年11月），全国棉花生产会议（1970年1月），全国计划会议（1970年3月），全国重点钢铁企业座谈会（1970年5—6月），全国电力工业增产节约会议（1970年5—6月），北京等五省、市手工业政策座谈会（1970年6月），全国水泥工业抓革命、促生产现场会（1970年6月），全国日用工业品会议（1970年7月），全国轻工业抓革命、促生产座谈会（1970年7—8月），全国财政银行工作座谈会（1970年7—8月），全国商业工作座谈会（1970年7—8月），全国对外贸易计划会议（1970年8—10月），北方地区农业工作会议（1970年8—10月），全国生产建设兵团会议（1970年8—10月），国家计委地质局抓革命、促生产会议（1970年10—11月），第十五次全国公安工作会议（1970年12月—1971年2月），全国计划会议（1970年12月—1971年2月），全国棉花、油料、糖料生产会议（1971年3月），全国交通工作会议（1971年4月），全国旅游工作会议和援外工作会议（1971年4月），全国林业工作会议（1971年8月），等等。

在短短的一年多时间里，国务院各种专业会议之多、之密集，为新中国建设史上所少见。这些会议在不同程度上批判了"文化大革命"第一阶段肆虐横行的极左思潮和无政府主义，强调落实政策和恢复、发展生产，提出了近期或中期生产、工作的规划，扭转了一些行业生产连续下滑的局面，揭开了1972年整顿的序幕。

在1971年12月至1972年2月召开的全国计划会议上，周恩来联系经济工作实际，精心组织，使这次会议成为批判极左思潮干扰破坏的一次重要会议。会前，周恩来在听取国家计委汇报时指出，现在我们的企业乱得很，要整顿，首次提出了整顿的精神。根据他的指示和与会代表的要求，国务院起草了《1972 年全国计划会议纪要》（本节简称《纪要》）。《纪要》强调加强统一计划，整顿企业管理，落实党对干部、工人、技术人员的政策，坚持又红又专，反对无政府主义，把产品质量放到第一位，等等。在企业管理问题上，明确规定企业要恢复和健全岗位责任、考勤、技术操作规程、质量检验、设备管理和维修、安全生产、经济核算等七项制度，要抓好产量、品种、质量、原材料燃料动力消耗、劳动生产率、成本、利润等七项指标。这个文件反映了广大干部群众迫切要求恢复和发展生产、反对无政府主义和空头政治的强烈愿望。《纪要》经周恩来主持讨论定稿后，国务院领导建议提请中央批转下发，但张春桥却借口"文件长了，不好发"加以否定。张春桥还公然反对批"空头政治"，声称批"空头政治"就是批"文化大革命"，对会议施加压力。《纪要》虽因张春桥的反对未能在会上通过，但其基本精神却通过与会代表广为传播，在实践中产生了很大影响。

从 1972 年初起，在全国范围内，已经有不少企业在批判资产阶级的阶级派性、无政府主义和极左思潮的基础上，开始建立健全各项合理的规章制度，恢复正常的生产秩序。全国计划工作会议的精神显然使他们受到了鼓舞，得到了指导。从 1972 年上半年起，多数省市的企业又先后展开了社会主义劳动竞赛。这次劳动竞赛不仅在规模上大于 1970 年的那次竞赛，而且主要是在企业内部展开，从一开始就与反对无政府主义、加强企业管理等内容联系在一起。当时，多数地区竞赛的内容大体上分为两种类型。一种叫"大指标"赛，即以政治内容为主、囊括了各方面内容的竞赛，如比政治、比学习、比纪律、比作风、比团结、比生产等。一种叫"小指标"赛，即只就生产领域里的内容比赛，如比产量、比质量、比出勤、比安全、比消耗等。在竞赛中，完成指标者可以得到某种奖励。实际上，在当时开展竞赛的企业中，"小指标"赛更具有实质性的意义，更受到干部、群众的欢迎。1972年10月4日，在周恩来领导的批判极左思潮的高潮中，《人民日报》发表了经李先念审阅的《辽源发电厂坚持"小指标"竞赛的经验》，更是在全国肯定、推广了这种劳动竞赛的形式。但由于"左"的错误的长期影响，竞赛也存在着明显的缺陷。竞赛中，人们往往围绕着"赛什么""要不要物质奖励""奖钱还是奖物"等问题争论不休、疑虑重重。虽然多数领导都同意应给予一点必要的物质奖励，但往往只敢奖一些诸如热水瓶、汗衫、饭盒、笔记本、圆珠笔之类的实物，奖励现金的并不多。这使得一些工人家庭里堆积了许多茶杯、笔记本、毛巾之类实物，同时又导致市场上此类商品紧缺。当时一些工人对此概括说："月月都受奖，人人得茶缸，全家三口人，屋里没处放"。

极左思潮对企业管理的破坏和否定，造成了产品质量普遍严重下降。周恩来从抓产品质量入手，解决当时企业中普遍存在的无人负责、无章可循的混乱局面，对极左思潮进行了尖锐的批判。1971年12月15日，周恩来针对援外飞机质量下降作出批示，要求"提起警惕"。[①] 1971年12月26日，周恩来同叶剑英、李先念等听取有关航空工业产品质量问题的汇报时，明确提出质量问题是个路线问题，要恢复合理的规章制度，批判无政府主义和极左思潮。1972年1月21日，周恩来就汽车生产质量问题批示："质量这样下降，如何援外，如何备战？这是路线问题，要在这个月内放在议事日程来解决！"[②] 4、5月间，周恩来又连续抓了出口罐头、衬衣、照相机等日用工业品和广交会展品的质量

---

① 参见《周恩来选集》下卷，人民出版社1984年版，第403页。

② 参见《周恩来选集》下卷，人民出版社1984年版，第403页。

问题。他指出，现在"我们出口数量不大，质量却这么差！这怎么向国家交待，向人民交待，向领袖交待？""为什么台湾能搞，我们搞不了？过去能搞的，现在搞不出来？我对此非常难过。""我们只能基本自给，哪能说完全自给呢？需要进口的还得进口。"从产品质量问题入手，他进一步分析、指出了问题的实质："新产品质量不稳定，就是规章制度执行不好，要遵守好的规章制度、好的工艺流程"，"现在是不敢管、无政府主义泛滥，领导机关不敢讲话"。① 根据他的指示，国务院对有关产品的质量问题专门发出通报，召集有关方面人员调查、研究、分析存在问题的原因。通过大力整顿，使一些产品质量得到明显的提高。

长春第一汽车厂党委在周恩来关于汽车质量问题批示的引导和鼓舞下，提出："质量问题决不仅仅是业务、技术问题，而首先是路线问题。"他们检查了以往不敢抓生产、不敢抓技术、不敢抓管理、不敢抓质量的错误思想，发动群众批判了"政治业务对立论""群众运动天然合理论""制度无用论"等，划清了坚持政治挂帅与"精神可以代替物质"、服从统一指挥与"奴隶主义"、合理的规章制度与"管、卡、压"等的界限。在提高认识的基础上，全厂出现了一场整顿产品质量、改善企业管理的群众运动。运动中，厂党委以工艺整顿为重点，建立健全规章制度，调整充实组织机构，建立统一的指挥系统，组织"三结合"攻关队解决重大质量问题。由于目标明确、认识统一、措施得力，该厂企业管理很快发生较大变化。半年后，全厂年初检查的 11200多个质量问题，已经解决了 81%，汽车返修率由 54% 下降到35%，发动机返修率由 31% 下降到 25%，主要零部件合格率达85%。而且，在质量提高的基础上，产量也比 1971 年同期增

---

① 周恩来：《在广州接见组织广交会各有关部门负责人谈话记录》1972 年 4 月 9 日。

长 4.4%。

1972 年下半年，在周恩来的领导下，工业方面的整顿进一步深入发展。同年 10 月，国务院有关经济管理部门在北京召开了加强经济核算、扭转企业亏损会议。会议针对"政治可以冲击一切""只算政治账，不算经济账"的谬论，提出要切实地抓好企业管理、严格实行经济核算制、建立健全企业的各项规章制度和夯实经营管理的基础等。这次会议还提出了允许国营企业在完成7 项计划指标后，从利润中提取一定比例的奖励基金，用于职工的集体福利和给先进生产者以物质奖励。会后，经济主管部门又起草了《关于坚持统一计划，加强经济管理的规定》，经周恩来批准，提交 1973 年 1 月的全国计划会议讨论。该规定对改进经济管理提出了许多重要思想：加强国家统一计划，搞好综合平衡，反对地方各行其是；严格控制基本建设规模，不许乱上建设项目；职工总数、工资总额、主要产品物价等管理权集中在中央，各地区、各部门无权擅自决定；中央下放的大中型企业，由省、自治区、直辖市和少数省辖市管理，不得再层层下放；企业实行党委领导下的厂长负责制，建立强有力的生产指挥系统；坚持社会主义按劳分配原则，广泛推行计时工资加奖励制度，少数重体力劳动可实行计件工资，等等。这个文件在全国计划会议上讨论时，28 个省、市、自治区的代表都表示赞成，唯有上海市的代表在张春桥等人的操纵指使下，表示坚决反对，并由张春桥出面迫使会议将这个文件收回。

"文化大革命"中，中国的金融工作也受到严重的冲击、破坏。新中国成立以来金融工作所取得的成绩被否定，一些正确的业务指导思想和政策受到批判，银行系统的领导体系被大大削弱。中国人民银行总行的各职能司局被撤并，只保留政工和业务两个大组。1969 年 7 月总行与财政部合署办公，大批干部被下放到"五七"干校，留在机关搞金融业务的只有 87 人。在省一级地方，有的把银行与财政合并，成立了财政金融局，有的把银行并入财政局，作为其中一个业务组。在地、县一级地方，有的甚至把银行、财政、税收、工商行政管理等合并在一起。在极左思潮的冲击下，金融管理松弛，工作秩序混乱。仅从银行、金融工作在"文化大革命"前期的遭遇，不难看到"文化大革命"对现代经济的蒙昧、拒斥和破坏。

九大后，情况渐渐有所好转。1971 年 8 月下旬，在国务院的支持下，中国人民银行召开银行、保险国外工作座谈会。会议针对金融工作思想混乱的情况，提出和明确了许多重要的业务指导思想。会议强调在金融工作中要排除"左"和右的干扰，特别要注意纠正"左"的错误倾向，要批判"对外工作危险论"和"侨汇工作危险论"，在对外交往中要清除大国主义和强加于人的错误做法；强调对原有的规章制度要进行科学分析，不能一概否定，逐步建立一套体现社会主义银行、保险工作的规章制度；强调要加强经济核算，搞好经营管理，灵活运用外汇资金，吸收国外银行信贷资金为扩大出口服务；提倡为革命学好业务技术、学好外文，等等。在这次会议上，还根据周恩来多次提出的"银行要研究国际经济动态，了解掌握工商业、银行、运输等各个方面的动向。要加强第一线的调查研究力量，充分发挥海外银行、保险机构的作用"的意见，强调要尽快建立一支专业的调查研究队伍。

1972 年 4 月 18 日，国务院批转财政部《关于恢复建设银行的报告》。该《报告》指出，自从 1970 年 5 月建设银行并入人民银行以后，放松了对基建财物和拨款的监督，有时甚至连一些基本情况和拨款数字也反映不上来。为加强对基本建设财务的管理和监督，国务院决定恢复中国人民建设银行总行，省、市、自治区恢复建设银行分行。各地建设银行实行上级业务部门和地方双重领导并以地方领导为主的体制。与其他各领域一样，银行工作在 1972 年的整顿，在一定意义上就是恢复在"文化大革命"前期被蛮横否定的在新中国成立后已被证明是行之有效的体制和制度。

1972 年 9 月，在周恩来的关心和支持下，中国人民银行召开了全国银行工作会议。会上，李先念、李富春、余秋里、华国锋听取汇报时，强调要批判极左思潮，正确认识银行的职能作用，对银行在新中国成立后 20 多年来的成就要给予充分的评价；要加强银行工作的独立性，全国信贷资金要统一调拨，全国统一结算，金、银、外汇要统一管理。他们强调：当前银行管理偏松，要加强分口管理，不能乱来，否则一定要多发票子。

会议通过讨论，初步澄清了"文化大革命"初期金融工作中的一些混乱，并就发挥银行职能问题提出：1. 必须全面理解和执行"发展经济，保障供给"的方针，既反对只抓资金收支，不关心生产发展，也反对那种否定对生产的管理和监督的观点。2. 必须加强银行部门上下之间的业务管理，使银行在业务工作上有独立性，相对集中。3. 严格划清财政资金和信贷资金的界限，两者必须分别管理。不得在计划外运用银行资金。银行贷款不得用于基建、弥补企业亏损、职工福利等方面。会议还就做好农村金融工作，加强工商信贷管理、外汇管理、现金和工资基金管理，积极开展人民储蓄，整顿和改进银行内部工作，严格执行《中央金库条例》，做好经济活动分析和综合反映工作，健全银行机构和加强人员队伍建设等问题，提出了具体意见。这次会议成为整顿"文化大革命"中银行工作的第一次转机。

以此次会议为转机，中国银行工作在逐步恢复银行的机构体系、恢复和加强信贷计划管理和现金管理、加强流动资金的管理、加强工资基金的监督支付、恢复合理的规章制度、解冻储蓄存款、落实侨汇政策、研究世界经济、筹措外汇资金等各方面都收到了明显的成效。①

在工业进行整顿的同时，在农村也开始纠正一些"左"的经济政策。九届二中全会以后，国务院曾先后召开北方地区农业会议，全国棉花、油料、糖料生产会议和全国林业会议。在这些会议上，根据广大干部、农民的要求，根据周恩来多次讲话精神，对极左思潮和"左"的错误提出了不同程度的批评。

1970 年 8 月至 10 月，国务院在大寨、北京召开了北方地区农业会议。会议讨论了实现《农业发展纲要》的措施和当时困扰各级干部的农村政策问题。会议虽然仍以"农业学大寨"为号召，但实际上却对当时流行的大寨的那些极左做法有所限制甚至否定。会议提出，"农业六十条"中的基本政策仍然适用，三级所有、队为基础和自留地的制度，一般不要变动（实际上否定了大寨的向大队所有制过渡）；允许社员经营少量自留地和副业（实际上否定了大寨的不许社员经营自留地和家庭副业）；要坚持按劳分配原则，反对平均主义（实际上否定了大寨的记"政治工分"）；允许生产队因地制宜种植，等等。这些政策规定对于纠正"文化大革命"前期农业政策中那些极左思潮发挥了重要作用，对于其他各领域、各部门纠正极左思潮，也发挥了重要的示范作用。在此后的一段时间里，虽然"农业学大寨"之类口号仍然频频见诸报端，但其实际内容却已有了很大变化。在一些地方的农业领导部门，再次明确肯定了"农业六十条"的基本精神，决定适当放宽农村经济政策，在保证集体经济"占绝对优势"的前提下，允许农民个人经营少量自留地和家庭副业，允许生产队拥有因地制宜的灵活性。此外，国家还通过调高部分农产品的收购价和降低支农产品的出厂价、销售价以及实行粮食征购一定 5 年等

---

① 　参见《当代中国的金融事业》，中国社会科学出版社 1989 年版，第 159—176 页。

政策，鼓励农民发展生产，改善生活。这些政策对于遏制一度泛滥的极左思潮、调动农民的生产积极性、保护农业生产力，发挥了重要作用。

在此基础上，1971年12月26日，中共中央发出《关于农村人民公社分配问题的指示》（本节简称《指示》）。《指示》针对当时农村中存在着的"分光吃尽"、集体增产个人不增收、分配不兑现以及劳动计酬上的平均主义等现象，强调指出：应在发展生产的基础上逐步增加积累，公共积累不要一下子增加过多，要使农民在增加生产基础上增加个人收入；口粮分配要做到有利于调动最大多数社员的积极性；农村人民公社分配必须兼顾国家、集体和个人三者利益，坚持各尽所能、按劳分配的原则，不要照搬照抄大寨大队的劳动管理办法和分配办法，而要从实际出发，着重总结本地的经验，采用群众自己创造的、愿意接受的、简便易行的办法；要注意农业的全面发展，不能把党的政策允许的多种经营当作资本主义去批判。《指示》在北方地区农业会议的基础上又有所发展，不仅对极左思潮加以否定，而且对长期以来农业方面的一些"左"的错误加以限制，当时在各方面都引起了不小的震动和影响。《指示》发出后，各个省、市、区都召开专门会议，结合本地区的具体情况研究、落实。1972年间，根据《指示》精神，各报刊发表了多篇落实农村政策的社论和文章。

1972年4月16日，《人民日报》发表社论：《以粮为纲　全面发展》。社论反映了周恩来批判极左思潮，恢复落实党的农业政策的思想。"文化大革命"前期，在"左"的错误和极左思潮的影响下，农村片面强调"以粮为纲"，排斥其他作物和牧、林、渔、副业的发展。有鉴于此，社论重新强调了"以粮为纲，全面发展"的农业方针。社论指出："粮食生产和多种经营决不是互不相容的，而是互相促进的。""只有很好地安排了粮食生产和多种经营，才更有利于使全劳力、半劳力、辅助劳力和有各种专长的社员各尽其能，而且在各个季节都有活干。""至于土地，在多种经营的条件下，比单一经营更便于合理安排、充分利用。"社论特别指出："有的同志划不清正当的多种经营和资本主义倾向的界限，不敢抓多种经营，忽视多种经营。对此，应加强路线教育和政策教育，予以澄清。""决不可把党的方针、政策所提倡和允许的多种经营当作资本主义倾向来批判。"社论还要求，在办好集体经济的条件下，应该允许和指导社员利用剩余时间和假日，从事适当的家庭副业。这篇社论针对性比较强地批评了极左思潮在农业方面的表现，在一些重要政策问题上澄清了人们的思想，在当时产生了较大的影响。

1972 年 5 月 3 日至 16 日，国务院根据毛泽东要修改《农村人民公社工作条例》（即"农业六十条"）的提议，召开一些省、市、区负责农业工作的领导和国务院有关部门负责人参加的农村政策座谈会进行讨论，李先念两次听取汇报并讲话。会议负责人汇报说，有人主张在长期坚持三级所有、队为基础的同时，要给从生产队核算过渡到大队核算开点口子，不要写得过死。李先念当即插话说："开口子，怎样开法？这几年搞大队核算，好像多起来！什么穷富拉平、一平二调的问题都出来了！减产的尽是胡闹。""大队的权利不能太大了。它的权利太大了，光揩人家的油。"对于当时学大寨的口号，李先念提出学大寨该学什么、不学什么，强调三不学："学大寨，第一不学他的政治评分，第二不学他的大队核算，第三不学他没收自留地。但是大寨的干部参加劳动，这一条却学得不够。"

由于"左"的错误的长期影响，落实党的农村经济政策同样也遇到了很大的阻力。1972 年 5、6 月间，在湖北省委召开的农村工作会议期间，在讨论"当前农村中两条路线斗争的主要倾向是什么"的问题时，与会人员存在着明显的分歧。较多的县委书记认为，当前农村中虽有极左的流毒，但主要倾向是右。他们认为，批判林彪以后，忽视了无产阶级政治挂帅，纠正"一平二调"以后，"资本主义倾向抬头"，"有的地方借口贯彻《六十条》，大搞副业，弃农经商、扩大自留地"，还"借口按劳分配"搞"工分挂帅""物质刺激"。另一些县委书记则认为极左思潮的倾向是主要的，例如按"农业六十条"办事，实行多劳多得，群众喜欢，但有人就说这是用工分调动农民积极性；按"农业六十条"规定，社员可以在自留地里按需要种植，有人却怕这样做会产生资本主义倾向；有些地方对"农业六十条"允许的社员正当家庭副业也加以限制，怕钱多了产生资本主义，等等。有的县委书记对这个问题不明确表态，表示"说不清"，"也不要问"，"说了会犯大错误"。又如在1972年1月召开的山西省委第二次全委（扩大）会议上，虽然着重讨论了落实农村经济政策的问题，但会议通过的纪要对农村许多经济政策采取了这样也可以，那样也可以的模棱两可的态度，对农村中的极左思潮一概回避。会上，当一名地委副书记对本地区"左"的政策进行批判时，被昔阳县委书记说成是"典型的右倾机会主义报告"。平定县委副书记等则表示："我们是坚决跟着昔阳老大哥走"。

尽管存在着诸如此类的阻力，但在批判极左思潮逐渐成为批林整风主流这个大气候下，1972年间落实党的农村经济政策的努力还是获了长足的进展。如在1972年10月召开的山西省委第三次全委（扩大）会议上，与会者普遍感到，由于"批林整风"的深入，特别是批判极左思潮，落实农村经济政策的阻力比半年前明显减少。年初会议上顶牛的平定县委副书记等也表示回去要认真落实政策。会议肯定在自留地、猪饲料地等问题上要坚决按"农业六十条"办，当时在山西省比较普遍的大队核算除少数确实办得好的外，一般都要恢复为生产队核算。

当时，许多省都推出了一些不同形式的生产责任制。1972

年间，河北省青县孙家楼公社南王庄大队，改革了过去不合理的记工方法，实行"定额管理"，克服了劳动计酬上的平均主义，调动了社员群众的社会主义积极性，提高了劳动效率。陕西省大荔县官池公社从当地存在的突出问题入手，着重纠正平均主义。该公社建立社员"双投"制度，即规定了每个有劳动能力的社员全年应完成的基本出勤天数和应向生产队交售的基本投肥任务。完成"双投"任务的，吃全部基本口粮，超额完成投肥任务的给予适当的现金或工分奖励；完不成"双投"任务的，除生病、生娃、婚丧、盖房等特殊情况，经社员讨论减免外，其他无正当理由的，要按比例减少口粮。同时，健全劳动组织，加强生产责任制，根据田间农活需要，建立临时作业组，临时作业组实行定人员、定任务、定报酬，并建立检查验收制度。

1972 年下半年间，江苏、安徽、山东、江西等许多省都就落实农村经济政策问题召开了各种会议。会议在诸如所有制、社队规模、劳动管理、自留地、分配问题、多种经营问题等一系列关系问题上，程度不同地批判了极左思潮，纠正了一些"左"的错误。在农村批判极左思潮的直接成果，是"农业六十条"等党的农村政策得到了程度不同的落实，农民的生产积极性明显提高，推动了农业生产的发展。

（四）对外经贸工作从倒退走向发展

在此期间，周恩来等还顶着江青集团大批所谓"崇洋媚外""爬行主义"的压力，克服"左"的思想的干扰，为打破闭关锁国状态、发展对外经济技术交流，作出了不懈的努力。

60 年代初期中苏关系趋于紧张后，毛泽东曾考虑扩大同资本主义国家的经济交往，引进先进技术设备。他甚至提出：在一定时候，可以让日本人来中国办工厂、开矿，向他们学技术。[①] 但是，由于国际形势的持续紧张及国内阶级斗争扩大化错误的发展，特别是"文化大革命"的发生，这个设想一直未能实现。

"文化大革命"开始后，特别是在其初期，在极左思潮蔓延、肆虐的背景下，对外经济工作"理所当然"地成为受冲击的重点。进出口工作不是被说成是"崇洋媚外"，就是被说成是"为封、资、修服务"。出口产品屡屡因质量问题使国家遭受严重损失，进口产品数量锐减，外贸额度急剧萎缩。

在1972年周恩来批判极左思潮的高潮中，中国的对外经济工作出现了重要的转机，成为当时中国各项工作中一个突出的亮点。自60年代末至70年代初，世界的政治、经济形势发生了很大的变化——美苏争霸愈演愈烈，第三世界国家民族解放斗争不断发展；原有的社会主义和资本主义阵营两大经济体系逐渐趋向解体；苏联等一些国家的经济趋于停滞，西方资本主义国家面临着新一轮经济危机。与此形成鲜明对比的是，发达国家和发展中国家之间的经济往来日趋增多。与此同时，随着中美关系的缓和、中国重返联合国及一些西方国家与中国建交，大大削弱了国际敌对势力长期以来对中国的封锁。这些有利因素与70年代初周恩来批判极左思潮、落实党的政策一起，为中国扩大对外经济交流创造了有利条件。

从1970年起，国内形势稍有稳定，周恩来就已开始为恢复中国的外贸工作而努力了。1970年3月17日，他在接见参加全国计划会议的代表时，针对外贸工作说："你们提对进口的东西要'一批、二用、三改'，这不对。买就是要用，不用，你进口干什么？要改成'一用、二批、三改'，如果进口是为了批，那

---

① 转引自武力主编：《中华人民共和国经济史》上册，中国经济出版社1999年版，第709页。

有多少东西要进口啊!" 9 月 18 日,他在与外事部门有关负责人谈话时说:"不要以为只有中国才行,就我们一家,眼里没有别人……在外事部门,还要继续批判极左思潮。" 10 月 12 日,周恩来在审查外贸部门的一份报告时,针对宣传中的一些极左做法,指出:"商人就是商人,贸易就是贸易,资本家怎么能把我们的'精神'拿去变物质呢?"① 他还说,现在让这些人钻进来做买卖,他们赚了钱,但我们国家强起来了,得到了好处。

70 年代初,在毛泽东打开中美关系新局面的战略决策中,也包括了开拓对外经济关系新局面的内容。正如毛泽东 1972 年 2 月在同尼克松谈话时所说:"你们要搞人员往来这些事,要搞点小生意。我们就死也不肯。""后来发现还是你们对,所以就打乒乓球(指邀请美国乒乓球队访华)"。在随后签署的中美《上海公报》中,双方同意为逐步发展两国间的贸易提供便利。按照毛泽东的战略构想,从 1972 年初起,周恩来加大了在对外经济工作中批判极左思潮的力度。他与李先念、余秋里及相继恢复工作的陈云、邓小平一起,为打开对外经济工作新局面进行了一系列卓有成效的工作。

1972 年 1 月,根据周恩来的指示,李先念听取了余秋里召集国家计委及有关部委负责人研究后的汇报,决定抓住西方资本主义国家在经济危机中急于出口的有利时机,根据国内需要,进口成套化纤、化肥技术设备。1 月 22 日,李先念、华国锋、余秋里向周恩来报送国家计委《关于进口成套化纤、化肥技术设备的报告》,建议引进中国急需的化纤新技术成套设备 4 套、化肥设备 2 套,以及部分关键设备和材料,约需 4 亿美元。2 月 5 日,周恩

---

① 参见《周恩来年谱(1949—1976)》下卷,中央文献出版社 1997 年版,第 355、395、400 页。

来批示同意该报告并报毛泽东，毛泽东立即圈阅批准了这个报告。①

以此为突破口，周恩来等在当时有利的条件下，进一步扩大了对外引进的规模。5 月 5 日，冶金部建议从国外进口国内钢铁工业长期以来急需的 1.7 米大型钢板轧机。因"文化大革命"的冲击，国内这种设备的试制工作中断，而极左思潮又以"自力更生"为由拒绝进口，致使中国的钢铁工业受到严重影响。李先念对这个建议批示赞同。据此，国家计委正式提出了《关于进口一米七连续式轧板机问题的报告》。8 月 21 日，周恩来就此批复李先念即照办。11 月 7 日，国家计委再次提出《关于进口成套化工设备的请示报告》，建议进口价值 6 亿美元的 23 套化工设备。同月 30 日，周恩来在批准这个报告的同时要求："将此报告及关于进口 33 亿美元第一方案的报告各送我一份"②，准备采取一个更大规模的引进计划。

在 1972 年引进一系列项目顺利进行的基础上，1973 年 1 月 5 日，国家计委向国务院提出《关于增加设备进口，扩大经济交流的请示报告》。该报告在对前一阶段对外引进设备进行总结的基础上，建议利用西方处于经济危机，引进设备对我有利的时机，在今后三五年内引进 43 亿美元的成套设备，其中包括 13 套大化肥、4 套大化纤、3 套石油化工、10 个烷基苯工厂、43 套综合采煤机组、3 个大电站、武钢一米七轧机，以及透平压缩机、燃气

---

① 参见《中华人民共和国经济史》上册，中国经济出版社 1999 年版，第 711 页。

② 参见《周恩来年谱（1949—1976）》下卷，中央文献出版社 1997 年版，第 545、565 页。

轮机、工业汽轮机工厂等项目。① 这就是后来被称作"四三方案"的"文化大革命"中的最大的引进工程。这是继 50 年代引进 156 项工程后的第二次大规模的引进方案。特别值得注意的是，这次大规模的引进，是在"文化大革命"这种特定的背景下，面向西方资本主义国家的大规模经济交流。它是周恩来批判极左思潮、落实党的政策的产物，是打破"文化大革命"时期对外闭关自守局面的一大成就。

此后，在此方案的基础上，又陆续追加了一批项目，计划进口总额达 51.4 亿美元。利用这些进口的设备，加上国内通过自力更生进行的生产和设备改造，共兴建了 26 个大型工业项目，总投资额约 214 亿元。这些项目到 1982 年全部投产。② 虽然引进过程中难免有一些缺点，但不可否认的是，这次大规模的引进对中国经济发展和技术进步发挥了重要的促进作用。

"四三方案"的批准实施，带动了中国对外引进工作的全面展开。在周恩来整顿达到高潮的 1972 年，中国的外贸、金融及与之有关的其他经济领域，出现了新中国成立以来对外引进技术、开展经济交流的第二次高潮。在引进外国先进技术设备方面，除"四三方案"的主要项目外，其他重要项目还有：从美国引进彩色显像管成套生产技术项目，利用外汇贷款购买新旧船舶、组建远洋船队，购买英国三叉戟飞机、增强民航运输能力，等等。③ 在周恩来的支持下，1972 年 9 月，国家计委成立了进口

① 参见《中华人民共和国经济史》上册，中国经济出版社 1999 年版，第 712 页。

② 参见《中华人民共和国经济史》上册，中国经济出版社 1999 年版，第 712 页。

③ 参见《中华人民共和国经济史》上册，中国经济出版社 1999 年版，第 716 页。

技术设备领导小组，负责审查进口设备和综合平衡及长期计划衔接工作。计委还组织有关部委派出多个考察小组，出国考察检查进口设备。同时，国内恢复举办技术贸易展览会，介绍国外先进科学技术，突破了封闭、禁锢的藩篱。

周恩来的这些整顿，得到了刚刚复出的陈云、邓小平的热烈支持。陈云提出：在购买设备时要注意考察，"事先准备好配件"，要借鉴旧中国南京永利化工厂、山西阎锡山的太原钢铁厂、山西的窄轨铁路等的经验教训，因为这些都是旧中国对外引进设备的例子和买旧设备的经验。邓小平十分关心 1.7 米轧机工程。刚一恢复副总理工作的他就亲自到武钢视察。他提出，钢铁工业"一定要科学组织，合理施工"，并称赞说："搞建设，就是要有速度。生产要狠抓才能搞上去。"当武钢生产的钢材因质量不过关不能用一米七轧机时，他又亲自指示成立攻关队伍解决问题。"文化大革命"结束后，他又于 1980 年 7 月再次来到武钢，视察了刚刚投产的一米七轧机。

在研究制定利用外资的重大决策中，当时协助周恩来研究指导外贸工作的陈云发挥了重要作用。1973 年 5 月 5 日，陈云在听取外贸部负责人有关外贸计划和价格方面的情况汇报时指出，要注意研究资本主义经济危机的规律。他说："我们对资本主义经济危机中的各个因素，如次数、周期变化都要好好研究，这对我们的外贸特别是进口关系很大。"[①] 1973 年 6 月 7 日，他在同中国人民银行负责人的谈话中，提出了"和资本主义打交道是大势已定"，"对资本主义要很好地研究"等一系列重要思想。他指出，过去我们的对外贸易是百分之七十五面向苏联和东欧国家，百分之二十五对资本主义国家。现在改变为百分之七十五对资本

---

① 《陈云年谱（1905—1995）》下卷，中央文献出版社 2000 年版，第 174 页。

主义国家，百分之二十五对苏联、东欧，我们外贸主要面向资本主义国家这个趋势，"我看是定了"，因此，"不研究资本主义，我们就要吃亏。不研究资本主义，就不要想在世界市场中占领我们应占的位置"。他要求中国人民银行恢复外贸金融研究机构，认真研究西方资本主义经济资料，要研究包括像尼克松国情咨文那样的东西，像康纳利、舒尔茨、德斯坦的讲话都要看，都要研究。他还亲自拟定了了解世界经济状况的 10 个重要问题，要有关方面搜集资料进行研究。在周恩来、陈云的支持和领导下，中国人民银行进行了许多调查研究，积极开展筹措外汇和利用外资工作。1973 年筹措到外汇资金 10 多亿美元，满足了对外引进技术和设备的迫切需要。

针对银行负责同志提出的虽然可以搞到大量外汇，但又怕不符合自力更生的路线和方针的顾虑，陈云指出：要把一些界线划清楚，如不要把实行自力更生方针同利用资本主义信贷对立起来，只要承认是好事，就可以找出理由来。要把大道理讲清楚。我们做工作不要被那些老框框束缚住。① 同年 10 月，陈云在为对外贸易部起草的向国务院的请示报告中，又大胆地指出，要利用和借鉴外国现代金融和管理手段，要利用资本主义国家的商品交易所和期货市场。他说："资本主义市场的商品交易所有两重性"，"对于商品交易所，我们应该研究它，利用它，而不能只是消极回避。"② 根据他的思想，中国外贸部门在购买国内需要的物资时，灵活运用期货手段，积极参与国外交易市场活动，在完成购买任务的同时，为国家赚取了外汇。

周恩来等已经看到了世界发展和中国发展的大势，所以，不论遇到什么阻力，他们都坚信，中国不能封闭，必须尽可能多地

---

① 参见《陈云文选》第 3 卷，人民出版社 1986 年版，第 219 页。

② 参见《陈云文选》第 3 卷，人民出版社 1986 年版，第 222 页。

学习外国的长处。即使是在 1973 年初江青等人又重弹"反右倾"老调并愈演愈烈时，他们仍然坚定不移地奔走呼号，苦口婆心地教诲开导。

1973 年 1 月 4 日，李先念在全国外贸工作会议上的讲话中，强调对外贸易应有较大的发展。他说，对外贸易应该有一个较大的发展，我们同一些资本主义国家往往是先搞贸易，然后建交。从国内建设上看，也需要扩大同外国的经济技术交流，促进中国经济的发展。我们同外国人做生意，要熟悉人家的政治经济情况，要随时掌握国际市场动态，做到心中有数。他强调指出，国际市场是受供求关系指挥的，是受价值法则支配的。我们同资本家做生意，要学会运用这个规律，使贸易工作有利于国家建设。[①]

1973 年 2 月，在一次谈话中，周恩来又严肃地批评了"有些人自己不懂，又随便给人家扣帽子"的做法，这种做法使得一些科学家出国考察回来后不敢做报告，"不敢谈人家长处，也不敢谈我们的短处"，"连一个报告都没有写出来"。

1972 年整顿中对外经济工作出现的这些新气象、新探索、新成果，是在"文化大革命"那样的背景下，党和人民批判极左思潮、发展国民经济所取得的卓越成果，是以后改革开放时期的许多成功探索的先声。

（五）在教育、科技、文化、体育、少数民族等"重灾区"落实党的政策

在着重落实党的经济政策和干部政策的同时，周恩来还不畏险阻，在教育、科技、文化等"重灾区"里展开了批判极左思潮、落实党的政策的卓越斗争，使得这些领域也如其他行业一

---

① 参见《共和国史记·第 3 卷》（下），吉林人民出版社 1996 年版，第 792 页。

样，一度出现了盎然的生机。

"文化大革命"初期，学校里的"横扫一切牛鬼蛇神""全面武斗"及后来"斗、批、改"中的"教育革命"，使中国教育受到空前浩劫。但是，"教育革命"达到高潮之际，也就是它愚昧、荒谬、落后、蛮横、倒退的本质充分暴露之时。在对"教育革命"的不满、抵制不断发展的基础上，1972 年的整顿把在教育领域里批判极左思潮、落实党的教育政策提高到一个新的高度。

1972 年 5 月 10 日至 6 月 20 日，国务院科教组召开综合大学和外语院校教育革命座谈会。北京大学、复旦大学、上海外国语学院等 15 所学校及北京、上海、辽宁等地教育部门的代表参加。会议提出，要批判林彪反党集团从右和极左方面破坏毛主席革命路线的罪行；要抓紧落实干部政策，适当安排原有干部的工作；要全面落实知识分子政策，发挥教师的业务专长，合理安排他们的工作，鼓励教师为革命刻苦钻研科学技术，在教学中严格要求学员，由政治上表现好、业务能力强的教师领导科研和教学工作。会议要求：认真注意进一步提高质量的问题，加强基础理论教学；理科的基础课一般要单独授课、系统学习，知识面要宽一些，保证教学时间；文科要使学员在实践基础上着重学习理论；外语院校要加强基本功训练。会议还要求：努力开展科研，重视科研人才的培养和基础科学的发展；理科要加强理论研究，抓紧实验室、研究室的改造与建设。座谈会所提出的这些问题，具有鲜明的针对性，是对"教育革命"中"左"的错误和极左思潮的批评和纠正，体现了 1972 年周恩来整顿的基本思路。

1972 年 7 月 2 日，周恩来在会见美籍华人科学家杨振宁时，认真听取了杨对中国科学、教育界的看法。他说："杨先生说我们的理论太贫乏了，而且我们也不跟人家交流，恐怕这话有道理，你看到我们的毛病了。你有好的意见我们应该听取，不要还是自高自大，听不进去你提的意见，要是听了当耳边风就很危险，我生怕我们老一代的科学工作者这样。"同月 14 日，根据杨振宁的建议，周恩来在接见北京大学副校长周培源时，要求他要认真清理教学和科研工作中的极左思潮、提高基础理论水平、办好综合大学的理科，并强调"有什么障碍要扫除，有什么钉子要拔掉"。

7 月 20 日，周培源致信周恩来，汇报他在北大传达了总理的讲话后，广大教师心情激动，深感党中央的亲切关怀。同时，信中又说，关于中国基础科学当时那样落后，他认为有下列一些原因：1. "文化大革命"前基础科学研究工作缺乏具体领导，国家科委只抓了 32 个"国重"，经过"文化大革命"，这 32 个"国重"大致都垮了。2. 科学院的科研所应该注意基础科学研究。3. 学校中科研工作反复性很大，一会儿这样，一会儿那样，来一次运动首先受冲击的是基础理论研究。以北京大学为例，现在老中教师普遍的思想情况是不愿搞也怕搞基本理论研究，怕在短期内搞不出成绩，怕挨"理论脱离实际"的批评。这封信很典型地反映了当时教育、科学界存在的一些普遍问题。9 月，黄家驷等老科学家和老科技干部也在另一场合反映，"文化大革命"以来，许多地方科技干部大换班，许多老科技干部被一批过去从未接触过科技的干部所替换，几年来科技没规划，方向任务不明。他们反映，因为知识分子政策不落实，没有科研管理，科技干部的考核、提级制度被废除，科研人员收入低、缺住房、两地分居等问题解决不了，所以挫伤了他们的积极性。科研人员因怕戴上"三脱离"的帽子、怕担风险，所以不敢搞科学实验和理论研究，不愿也不敢负责。以前他们所在的科研单位图书馆、研究室夜夜灯火通明，搞科研的劲头很大。而现在，科研人员下班后搞科研的很少。科学院不少研究单位大部分时间是在搞运动、劳动和其他社会工作，研究工作的时间根本没有保证。此外，因国内外的学术交流活动太少，他们普遍感到情况很闭塞。他们希望在科学问题上要提倡不同意见的争论，要求不要用狭隘的和实用的眼光看待理论研究工作。饱受极左思潮迫害、摧残的教育、科学工作者，热切地盼望着教育和科学的春天。他们的愿望在周恩来等人那里得到了强烈的共鸣。

7 月 23 日，周恩来就周培源的来信向国务院科教组和中科院负责人提出，要以该信为依据，将此问题"在科教组和科学院好好议一下，并要认真实施，不要如浮云一样，过了就忘了。"① 9 月 5 日，周恩来在接见外宾时，再次强调了开展自然科学理论研究的重要性。他指出，现在"在理论方面我们做得很差。不仅在原子能方面，就是一般科学也是如此，一句话，许多经验，没有理论，忽视理论，这是我最不满意的。"② 9 月 11 日，他又写信给张文裕和朱光亚，对二机部某所 18 位科学工作者来信中提到的发展高能物理研究的建议表示"很高兴"。他提出，"这件事不能再延迟了"，"科学院必须把基础科学和理论抓起来，同时又要把理论研究与科学实验结合起来，高能物理研究和高能加速器的预制研究，应该成为科学院要抓的主要项目之一。"③ 随后，周恩来即对北大、清华草拟的《关于在教学和科研中加强基础理论的初步意见》作出批示，要求将此意见修改、讨论、上报，并尽快加以落实。

10 月 6 日，根据周恩来一系列指示精神，周培源在《光明日报》发表了题为《对综合大学理科教育革命的一些看法》的文章。文章提出："工和理、应用和理论都必须受到重视，不能偏

---

① 《周恩来教育文选》，教育科学出版社 1984 年版，第 236 页。

② 参见《中国共产党历史·第二卷（1949—1978）》下册，中共党史出版社 2011 年版，第 869 页。

③ 《周恩来选集》下卷，人民出版社 1984 年版，第 473 页。

废"，"要批判'理论无用'的错误思想"，"充分认识到科学实验和自然科学理论的重大意义"，"在学校中，基础科学的教学工作一定要做好，综合大学理科要对基本理论的研究给予足够重视"。这封信击中了江青等人在教育、科技领域中鼓吹极左思潮的要害，使在"两个估计"重压下的广大知识分子受到很大的鼓舞和启示。

与此同时，在中、小学教育中也展开了对极左思潮的清理和批判。10 月 14 日，周恩来在接见美籍华人科学家李政道时对当时"教育革命"不许中学生直接上大学的做法提出异议。他说："对学习社会科学理论或自然科学理论有发展前途的青年，中学毕业后，不需要专门劳动两年，可以直接上大学，边学习、边劳动。"[①] 10 月 29 日，《人民日报》发表了有关河北省怀来县沙城中学的文章，提出中学教学应"以课堂教学和学习书本知识为主。"在"教育革命"中，盲目地批判凯洛夫的"三个中心"教育思想，把在实践中学习和直接经验绝对化，课堂教学和书本知识被一贬再贬，甚至几乎成为"资产阶级""修正主义"的同义语。《人民日报》发表的沙城中学经验，正是在这个敏感的重大问题上，公开地反对了极左思潮和"左"的错误。10 月在《人民日报》和《光明日报》上发表的这两篇文章，在社会上特别是在教育、科技领域里引起了很大的震动和反响。文章涉及的直接内容是教育和科技，但其重要意义却在于在一些重大的、敏感的问题上，对极左思潮和"左"的错误提出了公开挑战。

批判极左思潮，落实党的政策的努力，使在"两个估计"重压下的广大知识分子看到了希望，重新燃烧起献身事业、报效祖国的热情。1972 年下半年间，北大一些民主人士和老教授，在种种政治嫌疑被排除、落实了政策以后，精神振奋，积极从事教学

---

① 《周恩来选集》下卷，人民出版社 1984 年版，第 474 页。

工作和学术研究。哲学家冯友兰除进行教学活动外，还表示要在几年内完成他的《中国哲学史新编》。经济学家陈岱孙不顾腿伤，拄着拐棍上课。他一反自己十多年来不写文章的"规矩"，自报《马克思对古典派经济学的批判、继承和改造》和《列宁后期著作中关于政治经济学理论的几个问题》两个研究项目。原东语系教研室主任金克木在解除"托派嫌疑"后，精神振奋，表示："谁对梵文、巴利文不懂，有什么问题，都可以来找我"。他还开始着手编校《汉语印地语字典》和《乌尔都语汉语字典》。哲学系一级教授朱光潜在落实政策后，首先寻找抄家抄去的他翻译的黑格尔美学手稿，开始继续翻译。他还就《共产党宣言》《哥达纲领批判》等译文中的一些不妥之处，写信给中央编译局，提出自己的意见。

某铁道学院在"教育革命"中，由于受"政治可以冲击其他"等极左思潮的冲击，一度出现了"政治时间要多少给多少""业务时间剩多少算多少"的局面。教研组解散了，科学实验处于停顿状态，教师有的当了管理员，有的当了采购员。平时教师宁可闲着打扑克，也不敢钻业务，教师业务水平普遍下降。1972年后，在批判极左思潮、落实政策的过程中，该院党委充分信任和大胆使用教师，在教师中开展了制订红专规划的工作。红专规划不仅对教师提出政治方面的要求，而且在业务方面要求编写教材、改革教学方法、提高业务水平、开展科研活动、学习一两门外语等。学院整顿和扩充实验室，举办外语学习班，建立科学技术情报网，减少政治活动时间，定期到对口工厂（工地）参加生产实践。经过整顿，该院出现了空前高涨的钻研业务的高潮，教师争相报课题、搞实验，外语学习班上座无虚席。

教育、科技领域里批判极左思潮的深入，激发了广大工人学习科学、掌握知识的热情。1972年7月18日，周恩来对北京电台开办"外语讲座"作出批示："北京广播外语讲座，一经出现，影响极大，请于七月下旬先将第一月教材稿，教师播讲录音，送外交部由浦寿昌、章含之、唐闻生三同志审查，肯定可用后，再在八月中旬于北京开课。"10 月 2 日，由北京市教育局和北京人民广播电台举办的业余英语广播讲座在北京开始播出。紧接着，全国各地都陆续开办了外语广播讲座。从此，以跟着广播学外语为基本形式的群众性外语普及活动便在全国范围内广泛开展起来。此后几十年中，北京电台以英语为主的外语教育节目从未间断，为数以百万计的英语人才和外语人才的涌现奠定了良好的语言基础。当年 12 月 14 日，中国选派 16 名留学生赴英国学习英语，连同派赴法国的 20 名留学生，共派出 36 名留学生。这是自"文化大革命"开始以来首次恢复向外派出留学生。

1972 年 10 月 11 日，北京市科技局在北京天文馆电影厅举办第一次"科技讲座"，介绍"可控硅应用技术国外发展状况"。因领导有顾虑，决定少发票、少印讲义，并嘱咐主讲人少讲。通知发出后，很多厂矿企业要求多发票，许多工人跑到科技局要票。科技局增印几百张票仍不够发。讲座当天，天文馆电影厅里人员爆满但却秩序井然，工人们都聚精会神地听讲，课间休息时，许多工人围住主讲人，热情地提建议和要求，一些大厂矿还要求为他们开"包场"。由于听讲的人不断增加，第二次题为"可控硅的主电路及触发电路"的讲座，改在北京市劳动人民文化宫举行，并决定同样内容的讲座讲两次。讲座当天，远郊区许多工厂的工人利用公休跑来听讲。散会后，很多厂矿还要求继续参加"科技讲座"。科技局的干部为工人迫切要求学习科学技术的热情所鼓舞，准备从 11 月开始增加农业科学技术讲座。

1972 年间，周恩来还亲自指导了文化、卫生、体育等战线肃清极左思潮的斗争。他根据这些部门在"文化大革命"中遭受极左思潮严重破坏的事实，反复强调，过去林彪造成了极左思潮、形式主义，只搞那个"突出政治"，不搞业务，不抓训练，现在要提倡为革命刻苦钻研业务技术，提高质量，勇于攻关。针对文艺界万马齐喑、人人噤若寒蝉、个个谨小慎微的压抑局面，他尖锐地指出："极左思潮不肃清，破坏艺术质量的提高"①。"现在要提倡毛泽东思想指引下的百花齐放。"② 1972 年 4 月，在一次观看演出后，他发表观感说："你们报幕的同志，为什么不报独唱、伴奏人员的名字？看来你们的极左思潮还没有肃清"，"你们的歌越唱越快，越唱越尖，越唱越高"。他希望："革命激情要和革命抒情结合，要有点地方的色彩。"③

　　1972 年 7 月 21 日，周恩来对新华社军代表谈话时指出：有些东西又臭又长，林彪就搞这一套，你们就从文风开始。根据这一精神，《红旗》杂志 1972 年第 8 期发表署名齐永红的文章：《认真改进文风》。文章指出：林彪"专门搞那些空空洞洞的文字游戏和概念堆砌，把一些不符合马克思主义的形容词、副词当作闪光的标签，花言巧语，强行推销。什么'最、最、最'，到底以那个为'最'呢？'最'到后来，岂不是前面的都'不最'了吗？岂不是后面否定了前面吗？'核心中的核心'，前面一个'核心'指什么，后一个'核心'又是指什么呢？如果要强调的是后一个'核心'，岂不是说前一个本来就不是'核心'吗？还有，如'突出一个某字，狠抓一个某字，落实一个某字'等等的排比，在它刚出现的时候，本来就不是很科学的，后来被……引上了邪路，使之泛滥成灾。"

　　像其他领域里一样，在周恩来等人的支持和指导下，文化、体育、卫生等领域里的干部和群众行动起来，迎来了 1972 年的

---

　　①　《周恩来选集》下卷，人民出版社 1984 年版，第 471 页。

　　②　《建设社会主义的光辉思想——学习〈周恩来选集〉下卷论文集》，中共中央党校出版社 1985 年版，第 237 页。

　　③　《周恩来选集》下卷，人民出版社 1984 年版，第 471—472 页。

转机和复苏。继 1971 年国务院召开的全国出版工作会议之后，1972 年初召开的全国出版工作全会要求在审查清理图书的基础上，除出版一批"文化大革命"中创作的作品外，再出版一批中国古籍和介绍外国地理、历史的书籍。4 月 25 日，北京市新华书店各门市部开始发行《红楼梦》《水浒》《三国演义》《西游记》等中国古典文学名著。在一段时间里，王府井、前门、大栅栏等书店门市部出现了排长队购书的景象。5 月间，在庆祝毛泽东《在延安文艺座谈会上的讲话》发表 30 周年时，许多省市举行了文艺创作节目汇报演出，文艺工作出现了劫后复苏的气象。在医院，一些在"文化大革命"前行之有效的、在"文化大革命"中被当作"封、资、修"的规章制度也开始逐渐恢复。从 1972 年上半年起，一些大城市里的医院开始试行在党支部领导下的科主任负责制。

1972 年 3 月 10 日，李先念在全国出口商品生产工作会议上说，手工业受极左思潮的影响，很多改行转产了。我们国家有条件，又有传统，又有人，在这方面没有人能同我们竞争。总之，只要路线正确，政策落实，加强领导，就能搞好。4 月 9 日，周恩来在接见广州出口商品交易会参会代表时说，中国人民有传统的手工艺，但都被极左思潮打掉了。手工艺要大提倡，今年开始，每年都要提倡，应该把它搞上去。

在周恩来等的关怀和支持下，当年 9 月 3 日至次年 1 月 27 日，全国工艺美术展览会在北京民族文化宫举办，这是"文化大革命"以来第一次大型工艺美术展览，是轻工业部、外贸部根据周恩来"要多出口一些工艺品"的指示而举办的。展会的展品共 2.7 万件，规模空前。展览会共接待全国各地观众及工艺美术部门代表 80 多万人次，来自 90 多个国家的外宾 1 万多人次。朱德、叶剑英、李先念、余秋里、聂荣臻、徐向前、邓颖超、王震、郭沫若等参观了展览。叶剑英为展览会题词"二万七千展品，蔚为艺术之宫"。郭沫若的题词是"百花齐放，万马腾空，为民服务，巧夺天工"。这次展览会对恢复发展工艺美术的生产和出口起了重要作用。1974 年初，"四人帮"借"批林批孔"之机，把这次展览会说成是"复辟回潮""文艺黑线回潮的急先锋"，并派人搜集周恩来有关工艺美术的指示。

1972 年 6 月 9 日至 7 月 2 日，全国五项球类运动会举行，这是"文化大革命"以来第一次恢复举行的全国范围的球类比赛运动会，是为纪念毛泽东"发展体育运动，增强人民体质"题词20 周年而举办的。运动会分别在北京、天津、石家庄、保定、唐山、张家口 6 个赛区进行，包括乒乓球、足球、篮球、羽毛球和排球。当年 10 月 12 日至 18 日，在南京举行了全国田径运动会，参加的有 28 个省、市、自治区及解放军、北京体育学院等单位的 1258 名运动员。虽然只打破了 1 项全国纪录，但这毕竟是"文化大革命"以来的第一次全国性运动会。

1973 年 1 月，全国体育工作会议在北京召开。会议批判了林彪反党集团对体育工作的干扰和破坏，指出新中国成立以来全国体育工作的成绩是主要的。会议讨论了 1973 年全国体育工作的安排。2 月 20 日，国务院在批转这次会议的会议纪要时指出，各地革委会要加强对体育工作的指导，加强专业队伍的建设，迅速提高专业运动水平，改变当前运动员队伍青黄不接的状况。

在周恩来的领导下，民族和统战方面的工作也进行了一些富有成效的调整。1972 年 1 月 24 日至 2 月 12 日，根据周恩来的指示，中共中央、国务院在北京召开宁夏固原地区工作座谈会。会议研究了固原地区在执行民族政策方面的问题及"平叛"、"反右倾"等问题。会议提出，要认真落实党的民族政策，在一切工作中坚持民族平等和民族团结；要挑选懂得民族政策的同志到少数民族地区工作；要尊重少数民族的宗教信仰和生活习惯，积极培养少数民族干部，满腔热情地帮助各少数民族得到发展和进步。

3月2日，中共中央指示检查贯彻民族政策情况。根据中央指示，公安部、农林部组成联合调查组，赴宁夏隆德县调查。调查组与当地党政机关一起，落实党的民族政策、农村政策，促进了当地的春耕生产。当月，根据周恩来建议，又以农林部学习小组名义派出4个调查组，分赴内蒙古、新疆、西藏、云南等少数民族地区，调查了解民族政策执行情况和当地群众生活、生产中存在的问题。

5月23日，商业部向国务院提出《关于少数民族特需商品生产和供应情况的报告》。报告认为，由于受极左思潮的影响，有的地区把绝大部分民族特需品视为"封、资、修"的东西，加以封存，有的地区不敢经营；生产民族特需商品的厂社，大部分停产、转产；民族贸易机构普遍撤销。报告建议：1. 加强对少数民族特需商品生产、供应工作的领导；2. 对少数民族特需商品，各省、市、区应自力更生，积极组织生产；3. 优先安排民族特需商品生产的原料；4. 少数民族特需用品的生产和供应工作要有专人负责，恢复民族用品商店或专柜，等等。国务院在批转这个报告时指出：近几年来由于受极左思潮的影响，有些地方不考虑少数民族的特殊需要，任意取消少数民族特需商品的生产和供应，这种做法是错误的。要教育干部认真执行党的民族政策，尊重少数民族的风俗习惯，切实搞好少数民族特需商品的生产和供应工作。

当年7月2日，中共中央在批转固原地区座谈会报告和公安部、农林部联合调查组报告的通知中指出：近几年来，在某些同志中间，由于受极左思潮的影响，对党的民族政策的观念十分淡薄，有的甚至发生了严重违反党的民族政策的情况，因此应当对执行民族政策的情况进行一次检查。通知指出，落实党的民族政策，对于社会主义革命和社会主义建设，都是极其重要的。要认真学习和坚决贯彻执行党的民族政策，在少数民族地区工作的同志，尤应注意。8 月，周恩来指示农林部派专人赴青海，调查了解青海省的农牧业生产落后的问题。10 月，根据中共中央关于检查民族政策执行情况的电报，中共广西壮族自治区委员会发出通知，要求派工作组深入基层检查民族政策落实情况。1972 年间，经过一系列深入、有力的工作，党的民族政策得到一定程度的恢复，一些错案得以纠正，在"文化大革命"中受到严重破坏的民族关系得到初步改善。

"文化大革命"开始后，大批民主党派人士受到迫害，政协的工作被迫停止。1972 年 10 月，在周恩来的过问下，全国政协建立了各民主党派和无党派人士学习领导小组。12 月 18 日，全国政协机关成立临时领导小组，恢复了机关的部分工作。

批判极左思潮宛如春风化雨，给各行各业带来了生机与活力，尽管它的时间十分短暂。

（六）正确处理军地关系，加强党的一元化领导

1967 年初"全面夺权"导致"天下大乱"时，中国人民解放军奉命"三支两军"，介入地方"文化大革命"运动。这对于当时稳定形势、遏制动乱是必须的，但也给部队建设带来了一些消极影响。由于林彪集团的干扰和破坏，九大以后，"三支两军"中存在的矛盾、问题在各地党组织恢复后显得更为突出。

毛泽东及时地觉察到了这些问题，并多次提出纠正的措施。1970 年 12 月，毛泽东提出要转变部队作风中"某些不正之处"，"对两个包袱和骄傲自满的歪风邪气有所纠正"。① 1971 年 1 月 8 日，他在济南军区政治部《关于学习贯彻毛主席"军队要谨慎"指示的请示报告》上的批示中提出了军队要进行"自我教育"

---

① 1970 年 12 月 19 日毛泽东对召开华北会议的指示。

的问题。1971年8月，根据毛泽东的指示，中央转发了《广州军区三支两军政治思想座谈会纪要》。这些批示和文件发出后，对于加强党的一元化领导和部队作风建设发挥了一定作用，但问题解决得仍不彻底。1971年8、9月间，毛泽东在外地视察期间，再次提出这个问题。他指出，在地方党委成立以后，应由地方党委实行一元化领导，"如果地方党委已经决定了的事，还拿到部队党委去讨论，这不是搞颠倒了吗？"他告诫说，要谨慎，第一部队要谨慎，第二地方也要谨慎，军队要统一，军队要整顿，等等。在"批林整风"运动中，按照毛泽东的意见，军队的整顿也成为一项重要内容。

1972年两报一刊的元旦社论中，公布了毛泽东"解放军学全国人民"的指示，强调加强党的一元化领导问题。同日，解放军总政治部发出《认真贯彻执行毛主席最近发出的解放军学全国人民指示的通知》（本节简称《通知》）。《通知》指出，认真贯彻执行毛主席最近发出的"解放军学全国人民"的指示，对于提高全军指战员的觉悟，增进军政、军民之间的团结，使人民解放军更好地肩负起保卫祖国的伟大历史使命，必将发挥巨大作用。《通知》要求：全军指战员要深刻认识"解放军学全国人民"的重大意义，积极开展"解放军学全国人民"的活动，提高向全国人民学习的自觉性，利用一切机会，采取各种行之有效的方法，虚心地向工人、贫下中农、地方干部和革命的知识分子学习，经常征求人民群众的意见，听取批评，接受监督。

1972年上半年，对"批林整风"运动中暴露出来的军队与地方关系中的一些问题，周恩来等坚决贯彻毛泽东的指示，做了大量细致的工作。他在多次讲话中提出，在肯定"三支两军"大方向的前提下，各方面要多做自我批评，维护统一、团结的大局。

同年7月27日，中共中央和中央军委转发了北京军区、某军、天津警备区三个党委的报告。这些报告检讨了他们占用民房、学校、医院，无偿占用地方车辆、物资，甚至有人利用职权违法乱纪、走后门等违反纪律、严重脱离群众的错误和不正之风。中央在批语中指出，这些不正之风不仅天津一地有，全国许多地方也有；不仅军队有，党政机关也有，必须采取坚决措施加以克服。批语中还指出，因"三支两军"立了功，"有一部分同志滋长了骄傲自满的情绪，背上了两个包袱。过去跟敌人打仗时那种拼命精神减少了，闹名誉、闹地位、贪图享受这些东西多起来了。这是一种危险的倾向"，克服违反政策纪律现象，是"当前批林整风的一项重要内容"。周恩来在这份中央文件的送审稿上写道，应"进行一次纪律检查，采取有效措施，迅速改正这一不正之风"。中央文件发出后，全军各部门立即行动起来，严格、认真地检查、落实，退还占用地方的房屋、物资、土地，对损坏物资加以赔偿。各部队普遍把退还地方财产同纪律教育、政策教育、传统教育、艰苦奋斗作风教育、纠正不正之风结合起来，密切了军民关系，加强了部队建设。与此同时，许多党政机关也开始压缩机关用房，对自己占用的房屋情况进行调查摸底，清退了占用的学校、医院和私人的住房。

1972 年下半年后，不仅地方各级党组织都已恢复，而且地方干部也已大批解放、结合。形势的发展要求适时基本结束"三支两军"工作。8 月 21 日，根据毛泽东的指示，中共中央、中央军委发出《关于征询对三支两军问题的意见的通知》，并附《关于三支两军若干问题的决定（草案）》。该决定提出，"三支两军工作必须适应变化了的情况，符合革命形势发展的需要。""为了加强党的一元化领导，凡是实行军管的地方和单位，在党委建立后，军管即可撤销"，"已经建立党委的地方和单位，军宣队应即撤回部队"，"地方各级党委建立后，各级支左领导机构……及其办事机构应即撤销"，"所有留在地方工作的军队干部，应一律由地方党委统一管理"。根据中央文件精神，各级党委和驻军，结合本地区、本部门实际，逐步将"三支两军"人员调回部队，大多数地区到1973年上半年基本完成这项工作。随着"三支两军"人员的撤出，各地党政机关对县以上领导班子作了相应的调整和配备。

根据形势发展的需要，对"三支两军"工作及"三支两军"人员的调整，增强了军政、军民团结，整顿了部队中存在的一些不正之风，消除了由于林彪集团的干扰破坏给部队建设带来的一些消极影响，加强了党的一元化领导。这也是1972年周恩来整顿的重要成果之一。

周恩来领导的批判极左思潮的斗争，在1972年下半年达到了高潮。这不仅表现在批判极左思潮所涉及的领域、范围之广及在实践中的影响之大上，而且也表现在批判的深刻与激烈的程度上。

1972年8月1日、2日，周恩来连续两天在人民大会堂向回国述职大使和外事单位负责人发表长篇讲话，系统阐述了对国际形势、内外政策、"批林整风"、政治与业务关系等一系列重大问题的看法，批评了极左思潮对外交部、人民日报社、新华社工作的影响。讲话通篇贯穿"要批透极左思潮"这一鲜明主题。他说："极左思潮是有世界性的。中国也有极左思潮，在我们的鼻子下面也有嘛，外交部也有，驻外使领馆也有"，"实际上各单位的极左思潮都是林彪放纵起来的"。极左思潮"就是形'左'实右、空洞、极端、形式主义，空喊无产阶级政治挂帅，很抽象"。"关于这个问题，如果我们不好好做工作，还要犯错误。极左思潮不批透，右倾又会起来。""如果在驻外使领馆现在还有人搞极左，就把他们调回来学习，不要妨碍我们的对外工作。"当新华社军代表检查说，抓运动熟悉顺手、抓业务不熟悉时，周恩来马上说："运动就是要落实在政策和业务上。无产阶级政治挂帅挂在什么地方呢？就是要挂在业务上。""如果真正考察一个干部，说这个干部运动好，但业务不好，说明还没有落实。""各部门应该把老干部解放出来"。① 周恩来的讲话，针对性很强地深刻阐述了极左思潮的表现、实质和危害，反复强调了它仍然是当前破坏各项工作的首要危险，引导各条战线继续深入开展批判极左思潮的斗争。讲话精神传达后，得到了新华社和人民日报社广大干部群众的热烈拥护。这次讲话既是对前一阶段批判极左思潮的总结，也是对以后斗争的动员，预示着一个批判极左思潮高潮的到来。

根据周恩来的一贯精神，《人民日报》《解放军报》《红旗》杂志 1972 年国庆社论《夺取新的胜利》中号召要"加快社会主义建设的步伐"，"继续全面落实毛主席的干部政策、知识分子政策、经济政策等各项无产阶级政策"，"要提倡又红又专，在无产阶级政治统帅下，为革命学业务、文化和技术"。10 月14 日，根据周恩来关于极左思潮要批透的思想，《人民日报》以一个版面发表了三篇批判无政府主义的文章。这三篇文章为：龙岩的《无政府主义是假马克思主义骗子的反革命工具——学习笔记》、纪众言的《坚持无产阶级铁的纪律——读〈共产主义运动中的"左"派幼稚病〉的一点体会》和李定的《一个阴谋家的丑史——读〈巴枯宁〉》。这些文章虽然难免存在历史局限性，但在当时却以鲜明的立场、犀利的语言，尖锐辛辣地批判了"文化大革命"中盛行的"打倒一切""砸烂一切""群众运动天然合理"等谬论。特别是文章告诫人们要警惕当前极左思潮的"重新表现"，实际上已把批判的矛头指向了江青集团。这组

① 《周恩来年谱（1949—1976）》下卷，中央文献出版社 1997 年版，第 541—542 页。

文章是自林彪事件以来在党报上首次发表的集中批判极左思潮的文章，其深层意义在于它对"文化大革命"的一些基本理论和实践提出了质疑和否定。正因为如此，这三篇文章在全国掀起了强烈反响。人们起码感觉到这暗示着中央内部几种力量对比的消长，更有些乐观的人甚至已经预言"要清算'文化大革命'的错误了"。

林彪事件的发生，客观上打破了严密禁锢人们的思想藩篱，造成了某种思想解放和民族觉醒。周恩来领导的批判极左思潮的斗争，就是这种觉醒在理论上、实践上的表现。与周恩来等人在第一线奋力苦战的同时，还有无数老党员、老干部、知识分子、普通党员和干部以及工农群众，也在深刻地反思着"文化大革命"中发生的一切。他们越来越清楚地感觉到，对这些问题的思考，不可能从"左"的或极左的舆论喋喋不休的宣传中得到正确答案，科学的结论只有从实践中、从对马克思主义和毛泽东思想全面、完整的学习、理解中得到。而这种思考使他们在不同程度上，以不同的形式得出了大致相同的结论。前述1971年后张闻天在"肇庆文稿"中的反思就是一例。所有这一切都表明，曾经盛极一时的"左"的错误和极左思潮，已经从其发展的顶峰跌落下来，无可挽回地走向衰落。在此之后，"文化大革命"的进行，更多地不是依靠其理论上的感召力和人们的盲从，而是依赖越来越明显的强制和欺骗。

三、周恩来整顿的中断

（一）江青集团反对批判极左及毛泽东态度的转变

周恩来领导的批判极左思潮、落实党的政策、整顿各项工作的斗争，顺应党心民意，得到了广大人民群众的衷心拥护，并在不长的时间里使许多领域里的工作出现了明显的转机和起色。值得注意的是，周恩来的这些努力，在许多方面已经超出了对极左思潮批判的范围，实际上开始了对"左"的错误的清算，这是不妥协地反对极左思潮的必然结果。这不仅是因为极左思潮与"左"的错误之间密切的因果关系，而且也因为，周恩来等人从一开始就没有把目标仅仅局限在对极左思潮的批判上。在很多情况下，他们是通过批判林彪极左思潮这个当时能被许多人认可、接受的形式，批判以至否定"文化大革命"的一些基本理论和实践。正因为如此，周恩来等人的努力遭到了江青等人的激烈反对，并成为 1974 年"批林批孔"运动产生的主要原因。

"九一三"事件后，在理论上、实践上与林彪集团比较接近的江青等人，一度处于十分被动的地位。在"批林整风"运动初期，他们虽然不得不默认对极左思潮的批判，但也越来越清楚这种批判对于他们、对于"文化大革命"所具有的否定性意义。如果说在 1972 年上半年他们对周恩来等人的工作还只是警觉和不满的话，那么，在下半年，随着批判极左思潮斗争的深入，他们惊惶地感到已无退路可走，便全力开始了对周恩来等的反扑。

周培源的文章发表后，江青等人立即感觉到这篇文章的分量和意义。张春桥、姚文元等人公然宣称："那些口口声声说要重视基础理论的人其实最不懂得马克思主义"。他们还表示："不管周培源来头多大"，都要追查、反击。他们在北大的一个亲信承认："他们要拔掉的钉子，就是拔掉我们"。[1] 随后，在张、姚的指使下，《文汇报》连续发表文章，对周培源的文章进行围攻，实际上把矛头指向了周恩来。1972 年 10 月《人民日报》发表的几篇批判无政府主义的文章，更是戳到了江青等人的痛处，他们

---

[1]　参见《人民日报》1977 年 1 月 13 日。

决意下大力气刹住这股"1972年下半年出现的修正主义回潮"①。
姚文元看了龙岩等的文章后当即提出："当前要警惕的是右倾思
想抬头"，"不能说什么都是无政府主义，不要批到群众头上，不
要混淆两类矛盾"。②江青认定"这个版（指1972年10月14日
《人民日报》第2版）就是要在全国转移斗争大方向"。他们一
方面查问龙岩等文章的"背景"，另一方面在11月间《文汇报》
的内部刊物《文汇情况》上连续两期登载反驳龙岩等的文章。10
月至11月间，张春桥、姚文元等到上海活动，张在市委常委会
上攻击说，当前有一股右倾翻案风，有一种否定"文化大革命"
的思潮，"不管四面八方刮来什么风，上海都要顶住"。姚文元则
布置上海市委写作组收集各地报刊动向，要求注意"倾向"问
题，定期整理上送。与此同时，江青集团借机首先在人民日报社
内搞起了"反右倾回潮"运动。这样，在"批林整风"运动中，
以龙岩等人文章的发表为标志，在批极左与反对批极左的问题
上，以周恩来为代表的党内健康力量与江青集团之间的矛盾、斗
争，终于不可避免地尖锐化，公开化了。

11月28日，根据周恩来反对极左思潮的一贯思想，中联部、
外交部在关于召开外事工作会议而写给周恩来的请示报告中提
出："鉴于林彪反党集团煽动的极左思潮在外事部门还没有得到
彻底的批判和肃清，拟召开一次全国外事工作会议，联系外事工
作实际，彻底批判林彪反党集团煽动的极左思潮和无政府主义，
以便更好地贯彻执行毛主席的革命外交路线"。30日，周恩来在
报告上批示"拟同意"。江青等人再也无法容忍批判极左思潮斗
争的深入发展，决心要同周恩来"摊牌"了。在周恩来批示的第
二天，张春桥批示将报告送"总理再阅"，并批："当前的主要问

① 参见《人民日报》1978年3月23日。
② 1972年11月14日姚文元对《人民日报》负责人谈话。

题是否仍然是极左思潮？批林是否就是批极左和无政府主义？我正在考虑"。12 月 2 日，江青在批语中进一步提出应批林彪卖国贼的"极右"，"同时也应着重讲一下无产阶级文化大革命的胜利"。江青等人以其特有的语言，从反面准确地说出了这场斗争的实质。

同以往一样，解决党中央领导层内如此重大、尖锐的矛盾，取决于毛泽东的态度。

"九一三"事件后，毛泽东的认识发生了一些重要的积极变化。但是，在全局上肯定"文化大革命"的前提下，这种变化不能不说是相当有限的。随着批判极左思潮的深入，特别是当这种批判不可避免地要越来越多地触及"左"的错误和"文化大革命"本身时，也就超出了毛泽东所能接受的限度和范围。

1972 年 12 月 5 日，人民日报社一位负责人出于对江青等人大反"右倾回潮"、把矛头指向周恩来的不满，写信给毛泽东。信中，他表示"很同意"周恩来关于《人民日报》等单位要批透极左思潮的意见，并认为批极左不仅适合机关内部的实际情况，对报纸宣传方面的情况也同样适用。信中还反映了张春桥、姚文元反对批极左的情况。

12 月 17 日，毛泽东在同张春桥、姚文元的谈话中，谈到了对这封信的看法。他说："批极左，还是批极右？""极左思潮少批一点呢。""那封信我看不对。是极左？是极右。修正主义，分裂，阴谋诡计，叛党叛国"。毛泽东的结论成为"九一三"事件后周恩来领导批判极左思潮、纠正"左"的错误运动的转折点。自此之后，批判极左思潮的提法很快就从各种文件、文章中消失了。对周恩来等人积怨已深的江青等人更是有恃无恐，开始利用各种机会公开向周恩来发难。他们再次向《人民日报》发泄怒火。江青宣称："要从这篇文章（指《人民日报》1972 年 10 月 14 日第二版发表的龙岩等人的文章）入手，从这个版入手，从理论部入手。"张春桥恶狠狠地说："《人民日报》里的坏蛋，利用在报社工作的方便，搞了一个版批无政府主义"，污蔑人民日报社有"一股力量，一股邪气"。根据江青等人的旨意，1973 年至 1974 年间，人民日报社里开展了一场"批邪"运动。以此为突破口，江青集团完全排除了周恩来对人民日报社的领导。

以毛泽东的讲话为标志，"批林整风"运动的重点又发生了明显的变化。1973 年两报一刊的元旦社论，把林彪集团的实质概括为对内"实行地主买办资产阶级的法西斯专政"，对外"反华反共反革命"，只字不提批判极左思潮，提出要把批判的矛头始终对准林彪，"牢牢掌握这个斗争大方向"。《红旗》杂志 1973 年第 3 期则更进一步说："如果只看表面现象（即林彪的极左），那就不但打不中要害，分不清是非，而且会偏离斗争大方向。"这种明显的变化立即引起了人们普遍的疑虑和不安。许多地方反映"批林联系实际又成了问题"，"不知应联系什么实际"，"到底是反'左'还是反右？"基层纷纷要求各地省委明确态度，各地省委又因不摸底而含糊其辞。一些企业不再敢提劳动竞赛，一些学校不敢再提"以学为主"，一些农村地区也不敢再公开提"农业六十条"、按劳分配、自留地等问题了。一些了解底细的省、市，则已经改弦易辙。1973 年 1 月在北京市召开的"批林整风"座谈会上，强调的是"要警惕别有用心的人，借口批判'极左'思潮，否定文化大革命涌现出来的新生事物，否定革命的群众运动，否定文化大革命的伟大胜利"。在 2 月初召开的辽宁省"批林整风"座谈会上，认为从 1972 年 9 月以后，把极左思潮、无政府主义当作林彪路线的实质来批，是"没有抓住林彪反动路线的要害"。

（二）周恩来勉力支撑整顿

"批林整风"运动的方向虽然发生了改变，但是，批判极左思潮的斗争，由于它的正义性、它所取得的成就以及它所得到的越来越多的干部和群众的支持，仍然以巨大的惯性向前发展着。周恩来等人也在可能的条件下，顽强地继续领导着这场艰难的斗争。

1972 年底，周恩来在一次传达讲话中，意味深长地回顾了毛泽东与王明"左"倾冒险主义斗争的历史。讲话中，他回忆了民主革命时期在与王明路线的斗争中，毛主席写了十篇文章，现存九篇，批"左"倾批得很透，总有一天要把这九篇文章印出来。面对着极左思潮的再次抬头和江青等人咄咄逼人的攻势，周恩来并没有失去信心、逆来顺受。他的信心来自于对党心民心的理解和尊重，也来自对党的历史经验的深刻认识。在这九篇文章中，毛泽东对王明"左"倾机会主义高屋建瓴、辛辣深刻、嬉笑怒骂、令人信服的批判，使身处逆境的周恩来倍感亲切和神往。

1973 年 2 月 26 日，周恩来在听取国家计委汇报时，再次尖锐地批判了极左思潮给国民经济带来的灾难性后果。他历数了无政府主义在企业中的种种表现，指出："林彪一伙破坏经济所造成的恶果这两年表现出来了"，国民经济"现在根本没有比例"，计划工作也"没有王法"了，"一定要批透，把破坏性后果消除掉"。他同时强调，要把"整顿的方针"写清楚。他说："按劳分配的问题，现在是四个一样（即干多干少一个样，干好干坏一个样，会不会干一个样，干与不干一个样）嘛！还有干难干易一个样。'不利于调动职工积极性，也不利于控制职工人数的增加'，这句话说得对！必要的奖励制度是可以的"。针对国民经济中出现的"三个突破"问题，周恩来说："职工人数、工资总额、粮食销售量三项都突破了计划数字。去年我讲了这个问题，但没有抓。确实没有'王法'了。不只三个突破，货币发行也突破了"。"你们管财政、银行的也不叫，要随时提醒，这是个寒暑表嘛！"①

---

① 《周恩来选集》下卷，人民出版社 1984 年版，第 464—465 页。

在这次讲话中，周恩来还批评了科技教育界的极左思潮。他说："最近我们出去了两个代表团。一个医学代表团在国外看了回来，不敢做报告。他们要做报告，有个军代表说，不要把我们说得一团漆黑。这么老大，随便给人家戴帽子，结果他们不敢讲了。这种风气不好。出去花了不少钱，回来连报告也不敢做。科学家代表团出国回来后，连一个报告都没有写出来，不敢谈人家的长处，也不敢谈我们的短处，这是不符合毛泽东思想的。有些人自己不懂，又随便给人家戴帽子。"① 周恩来的这次讲话，对于排除极左思潮对经济、科技工作的干扰，扭转国民经济"三个突破"的不利局面，起到了重要作用。

根据周恩来的指示，国家计委起草的提交 1973 年初全国计划会议讨论的《关于坚持统一计划，加强经济管理的规定》，仍然坚持了 1972 年全国计划会议纪要的基本观点并有所发展，仍然以纠正生产管理中存在的极左思潮、反对无政府主义为指导思想。这个规定得到了除上海市外 28 个省、市、自治区代表的赞成。张春桥飞扬跋扈，宣称：这是"拿多数压我们，我坚决反对，我们是光荣的孤立"，并强令把这个规定收回。

与此同时，在全国外事工作会议上，由于周恩来的领导，排除了江青一伙的干扰，仍然贯穿着批判极左思潮的主题。会议继续批判极左思潮和无政府主义给外事工作造成的破坏和恶劣影响，研究了外事工作中的一些迫切问题。3 月 4 日，周恩来在与一些外事单位负责人的谈话中，针对不少单位在对待外国专家时仍存在的排外主义、民族歧视等错误倾向提出批评。他指出："林彪、陈伯达、王、关、戚在这些方面干扰破坏正确方针政策落实，引起专家对我们的不满、隔阂"，"一定要主动地自我批判这些错误，要向外国专家公开承担责任，以挽回影响。不要怕这

---

① 《周恩来选集》下卷，人民出版社 1984 年版，第 474 页。

样做又要犯右的错误。"3 月 8 日，周恩来在邀请外国专家及其家属参加的国际劳动妇女节纪念会上，严厉批判了林彪、陈伯达、王力等在"文化大革命"中对外交工作的干扰和破坏，对遭到错误批判和被迫离开我国的外国专家表示歉意。他说："这个责任我们要负，作为政府的负责人，我负更多的责任"。[1] 同时，他还代表党和政府宣布：欢迎现在外的专家重回中国工作，以弥补当时未照顾好他们的过失。周恩来的讲话使在场的外国专家深为感动。

在解放干部和平反冤假错案方面，周恩来仍然继续进行着不懈的努力。1972 年 12 月 18 日，即毛泽东否定批判极左意见的第二天，周恩来在致纪登奎、汪东兴的信中，提出谭震林"是好同志，应该让他回来"的意见，得到毛的同意。[2] 1973 年 3 月 9 日，周恩来致信毛泽东，建议抓紧解放干部和平反冤假错案的工作，并具体提出了一个先易后难的方案，送政治局讨论。在中组部提出了一个三百多人的名单后，他又亲自主持政治局会议逐一研究、通过。以邓小平为代表的一大批老干部的复出、任职，是周恩来在困境中继续批判极左、落实政策的重要成果，对于党内健康力量的发展、反对江青集团、结束"文化大革命"的灾难具有重大的意义。

由于毛泽东已经公开否定了批判极左思潮的正确方向，江青集团趁机兴风作浪，百般刁难，周恩来虽然仍在力所能及的范围内勉力苦撑，但已经是越来越力不从心了。

---

① 《周恩来年谱（1949—1976）》下卷，中央文献出版社 1997 年版，第 579 页。

② 《周恩来年谱（1949—1976）》下卷，中央文献出版社 1997 年版，第 567 页。

（三）1972 年整顿的中断

1973 年 5 月 20 日至 31 日，中共中央在北京召开工作会议。参加会议的有中央政治局委员、中央政治局候补委员、中央委员、候补中央委员，以及各省、市、自治区党委负责人共 246 人。在 5 月 20 日举行的第一次全体会议上，周恩来宣布了会议的三项议程：筹备召开党的十大；讨论"批林整风"问题；讨论本年度的国民经济计划。

会议期间，传达和讨论了毛泽东的有关指示：项目多了，计划工作至今没有走上轨道；搞计划要依靠地方，以省、市、自治区为主；要把协作区搞起来，一旦有事好办；只注意生产，不注意上层建筑、路线，不对；干部要能上能下，要认真读书，要注意培养青年干部，等等。

在交流、讨论"批林整风"的经验、情况时，一些省、市、中央部门及一些军兵种，汇报了各自深入清理清查与林彪反党集团有关的人和事的情况，以及"批林整风"的经验、进度及下一阶段的打算。由于批判极左思潮几乎已被视为禁区，会议在讨论"批林整风"时已经失去了 1972 年下半年那种联系实际、生动活泼的气氛和精神。除了批判林彪极右实质的表态外，都是一些空洞无物、不着边际的套话、大话。在一些发言中，已开始检查本地区把林彪当作极左来批的"错误"。

根据毛泽东的意见，会议宣布解放谭震林、李井泉、乌兰夫等 13 名老干部，同时决定王洪文、华国锋、吴德列席中央政治局会议并参加政治局的工作。会议还决定由张春桥等组成中央党章修改小组，在中央政治局领导下，起草《中国共产党章程（草案）》和十大政治报告。

这次会议明显地反映出当时党内两种指导思想、两种力量斗争的态势和特点。一方面，周恩来批判极左思潮斗争的一些主要成果仍然保存着并继续发挥作用，如落实党的各项政策和坚持调整方针的经济计划；另一方面，毛泽东通过批判孔子的指示和对"不抓上层建筑"的批评，进一步否定了批林的正确方向。王洪文参加政治局工作，张春桥主持起草十大文件，标志着江青集团的势力在中央领导层内进一步加强。

到 1973 年上半年，中央内部两种指导思想、两种力量斗争的结局已经越来越清楚了。江青等人有恃无恐、疯狂反扑，周恩来的处境越来越困难了。

江青等人的反扑，仍然是把教育、文化、科技等领域作为突破口。4 月，江青在文化部的心腹刘庆棠在一次审查节目的会议上，针对周恩来在年初一次座谈会上批评文艺作品少的谈话，恶狠狠地说："攻击现在作品少，就是怀念过去毒草多。"5 月 21 日，国务院科教组就科教领域里"批林整风"的形势向中共中央、国务院提出报告。报告中说，半年多来，在科教战线围绕着林彪路线的实质是"左"还是右、当前的形势是好还是坏、知识分子是改造过头还是要继续改造这三个基本问题上开展了一场大辩论。科教领域群众对"批林整风"问题，有以下看法和情绪：认为林彪路线是极左路线，"文化大革命"和科教战线的"斗、批、改"搞过了头，现在要反"左"纠偏；认为"放着极左不批；而去批右，就会愈批越'左'"；认为现在教育质量低，"工农兵学员不像大学生"，教育革命是"乱、糟、低"；对《全国教育工作会议纪要》中的"两个估计"有抵触，认为该纪要是压在知识分子身上的大包袱，是林彪极左路线的产物，等等。报告把这些正确意见统统说成是"认识模糊""思想混乱"，甚至将它们污蔑为"攻击"。报告提出要继续批判林彪修正主义路线的极右实质，进一步认清当前的大好形势，继续加强对知识分子的改造。为了压制科教领域中广大干部、知识分子的不同意见，6 月 5 日至 18 日，国务院科教组在北京召开的文科教育革命座谈会上，再次强调林彪路线对教育的影响是极右的，使人们难以再提出不同意见。

毛泽东听信了江青、张春桥等人关于所谓"右倾回潮"的汇报，并把它与否定"文化大革命"联系起来，因而对周恩来领导的批判极左思潮及其所取得的成果越来越难以容忍。7月4日，毛泽东在同王洪文、张春桥的谈话中，除了重提批判孔子的问题外，还尖锐地批评了外交部对国际形势的看法。他说："近来外交部有若干问题不大令人满意。""（我）经常吹什么大动荡、大分化、大改组。（外交部）忽然来一个大欺骗、大主宰。总而言之，在思想方法上是看表面，不看实质。"接着，他上纲道："结论是四句话。大事不讨论，小事天天送，此调不改动，势必出修正。""将来搞修正主义，莫说我事先没讲。"这里，毛泽东通过对外交部的指责，曲折而又严厉地批评了主管外交工作的周恩来。毛泽东的这次谈话，使江青集团更加肆无忌惮地展开了对周恩来的围攻和对批判极左思潮努力的反扑。

7月19日，《辽宁日报》按照中共辽宁省委书记毛远新的指令，以《一份发人深省的答卷》为题，发表了张铁生的一封信。张铁生是该省兴城县知识青年，他在1973年大学招生考试中，物理化学考卷得了零分。他在考卷背面写了一封信，申诉自己希望上大学的愿望。他除了表示"不服气"外，还抱怨"几小时的书面考试，可能将把我的入学资格取消"，希望"各级领导在这次入考学生之中，能对我这个小队长加以考虑为盼！"这封信立即引起了正到处寻找"石头"以反击"右倾回潮"的毛远新的重视。在他的指使下，《辽宁日报》发表了这封信并在编者按中说："他对物理化学这门课的考试，似乎交了白卷，然而对整个大学招生的路线问题，却交了一份颇有见地、发人深省的答卷"，"录取的主要标准，是根据他在三大革命运动实践中的一贯表现，还是根据文化考试的分数？"张铁生的信适应了江青等人反击批判极左思潮的迫切需要。

8 月 10 日，《人民日报》转载了《一份发人深省的答卷》和《辽宁日报》的编者按语，并加了自己的编者按。按语说："这封信提出了教育革命战线上两条路线、两种思想斗争中的一个重要问题，确实发人深思。"随后，各地报纸纷纷加以转载。《文汇报》、《红旗》杂志、《教育革命通讯》等纷纷以张铁生的信为由头，围绕着高校招生的文化考查发表文章、评论，指责搞文化考查是"旧高考制度的复辟，是对教育革命的反动"，是"资产阶级向无产阶级反扑"和"复辟回潮"。江青说张铁生"真了不起，是个英雄，他敢反潮流"。在江青一伙的鼓噪、吹捧下，张铁生不但进了大学，而且成为铁岭农学院的领导成员，混入了中国共产党，当上了四届人大常委会委员，成为红极一时的"反潮流英雄"和"闹而优则仕"的典型。张铁生事件使高校招生中刚刚有所恢复的文化考试又受到严重冲击，使各种学校在批判极左思潮中出现的学习文化知识的热潮再度冷落下去。

7 月 28 日，江青、张春桥等又在审查湘剧影片《园丁之歌》时发难。对于这部热情讴歌人民教师的影片，江青竟蛮横地指责："剧名就不合适，园丁应该是共产党，怎么是教员"。对剧中一句台词"没有文化怎能担起革命重担"，江青更是不能容忍，说"这句话问题更大，这句话简直是反攻倒算。"张春桥说："这个戏在教育路线上也有问题，学生受教师摆布。"[①] 一年以后，这部影片受到了公开的批判。

这些倒行逆施还不能使江青等人满足。1973 年底，为了否定批判极左思潮给教育领域里带来的积极变化，并以此为突破口，全面反击"右倾回潮"，江青集团又指使迟群等在清华大学搞了

---

① 《中华人民共和国史稿·第三卷》（1966—1976），人民出版社、当代中国出版社 2012 年版，第 166 页。

"三个月运动"。迟群等把广大教职员工对"文化大革命"的不满和对"教育革命""两个估计"的抵制，统统说成是在教育界出现了一股翻案风，是"搞反攻倒算"，说在知识分子队伍中"暴露了一小撮右派"，要"毫不留情地揭露批判"，进行"反击"，等等。1973 年 10 月至 12 月间，清华大学中出现了上揪"资产阶级复辟势力代表人物"，下扫"复辟势力的社会基础"的"反回潮"运动。运动中，迟群等人挥舞"裴多菲俱乐部""自由论坛""反对工人阶级领导""反对教育革命""反对'七二一'指示"等大棒，打击迫害广大知识分子，发泄他们在批判极左思潮中所受的压制和积累的怨气。与此同时，他们还进驻学校科研组和一些"重点"单位，大搞所谓"揭盖子""夺权"和"占领阵地"。这场运动很快波及北京和外省市的许多院校，使周恩来呕心沥血恢复教育领域正常工作的努力中断并受到严厉的讨伐。然而，与1974 年的"批林批孔"运动相比，1973 年的"反回潮"还只是一个开端。

江青等人清楚，周恩来领导的批判极左思潮在各个领域都引起了广泛而深刻的变化，所以，他们的反扑也不会仅仅限于教育领域。从 1974 年初起，在"反回潮"运动的基础上，经毛泽东批准，江青集团发起了全国性的"批林批孔"运动，对周恩来进行露骨的诬蔑、中伤，对 1972 年整顿中所取得的一切成果进行全面否定。周恩来领导的持续近两年之久的批判极左思潮的斗争被迫中断。

《关于建国以来党的若干历史问题的决议》指出："一九七二年，在批判林彪的过程中，周恩来同志正确地提出要批判极左思潮的意见，这是一九六七年二月前后许多中央领导同志要求纠正'文化大革命'错误这一正确主张的继续。"这场斗争虽然遭到挫折，但它得到了广大干部、群众的衷心拥护，使许多领域里的工作一度恢复了生机与活力，使 1973 年成为整个"文化大革命"中经济发展最好的一年。这场斗争还对以后政治、经济的发展产生了多方面的深刻影响，1975 年，以邓小平为代表的党内健康力量，在 1972 年斗争的基础上，进一步总结经验、重整旗鼓，向"左"倾错误和"四人帮"展开了更为尖锐、激烈的斗争。

四、中国共产党第十次全国代表大会

中共十大的筹备和召开是仓促、草率的。十大的筹备工作没有经过党中央委员会全体会议的讨论和协商，而只是在 1973 年 5 月的中央工作会议上确定了修改党章的原则和方法，以及十大代表产生的办法。会后，根据会议的要求，各省、市、自治区党委，各大军区党委和中央直属单位的党组织，都成立了党章修改小组。这些小组征求了党内外群众的意见，向中央报送了 41 份党章修改稿。7 月初，中央政治局召开会议，讨论修改了由张春桥、王洪文负责仓促起草的《在中国共产党第十次全国代表大会上的报告》（草稿）、《关于修改党章的报告》（草稿）及《中国共产党章程修改草案》。7 月上旬，毛泽东指示"原则同意"。

与此同时，各地、各部门党委相继召开扩大会议，协商选出十大代表 1249 名，报送中央批准。按照惯例，大会代表应由省、市、自治区党委召开代表大会或代表会议，经过充分酝酿、严格审查、民主选举产生。而十大所有代表都是通过"民主协商"，由党委扩大会议"选举"产生。这就为江青集团的骨干分子、帮派体系头头、造反派骨干提供了可乘之机，使他们有机会成为十大的代表甚至十大的中央委员、中央候补委员。在张春桥、王洪文的操纵把持下，江青集团甚至无视党章党法，把河北省一个还未入党的造反派头头封为十大代表。这种极不严肃的做法为党的组织史上所仅见。

8月12日至19日，十大代表按所在地区、单位分成34个组，就地分别举行预备会议，讨论通过了三份十大文件草稿。在预备会分组讨论时，得志猖狂的江青集团不可一世，对近两年来批判极左思潮斗争保存下来的积极成果进行露骨的反扑。一个出席十大的老干部在参加四川组讨论时，对"文化大革命"中"戴高帽""揪斗走资派"等许多错误做法提出批评。张春桥等认为这是否定"文化大革命"的异端邪说，立即整成"情况反映"印发，责令这个代表"正确对待文化大革命"，否则"还会犯错误"。在海军组、江苏组的预备会上，有些代表认为，在军队不能开展"四大"，不同意把经常运用"四大"武器写入党章，主张党章应强调严格保守党和国家的机密。青海组的代表建议在党章中把"文化大革命"中产生的造反组织"红卫兵"等删去。第四机械工业部的代表认为"实际生活中没有死不悔改的走资派"，建议在党章中把第四条所作的这一规定删去，等等。张春桥、王洪文等对这些正确意见十分恼火，以中央党章修改小组的名义印发"通报"，指责这是"几个值得注意的意见"，对代表施加压力，压制不同意见。8月20日至23日，由王洪文任主任的十大选举准备委员会召开会议，通过了十大主席团名单草案、第十届中央委员会候选人名单。

为准备十大的召开，中央专案组于7月10日将《关于林彪反党集团反革命罪行的审查报告》报中共中央。该报告在陈述了林彪反党集团的种种罪行之后，向中央建议：（1）永远开除资产阶级野心家、阴谋家、反革命两面派、叛徒、卖国贼林彪的党籍；（2）永远开除林彪反党集团主要成员、国民党反共分子、托派、叛徒、特务、修正主义分子陈伯达的党籍；（3）永远开除林彪反革命集团主要成员、混进党内的阶级异己分子、特务、叛徒、卖国贼叶群的党籍；（4）永远开除林彪反党集团主要成员黄永胜、吴法宪、李作鹏、邱会作、李雪峰的党籍，撤销他们的党内外一切职务（1982 年 4 月 1 日，中共中央作出决定，撤销了把李雪峰定为林彪反党集团主要成员，把他永远开除党籍的决定，恢复了李雪峰的党籍）；（5）对参加林彪反革命政变的其他骨干分子，由有关部门负责审查，按照党的政策，区别情况，提出处理意见，报送中央审批。

在 8 月 20 日召开的中央政治局会议上，批准了中央专案组的这个审查报告。至此，为筹备十大召开而做的各项准备工作都已基本完成。

1973 年 8 月 24 日至 28 日，中国共产党第十次全国代表大会在京召开。出席大会的代表有 1249 人，代表全国 2800 万党员。大会的议程有三项：周恩来代表中共中央作政治报告；王洪文代表中共中央作关于修改党章的报告，并向大会提出《中国共产党章程（草案）》；选举中国共产党第十届中央委员会。

8 月 24 日的第一次全体大会由毛泽东主持。大会选举了由 148 名代表组成的主席团，通过毛泽东为主席团主席，周恩来、王洪文、康生、叶剑英、李德生为主席团副主席，张春桥为主席团秘书长。会上，周恩来向大会宣读了政治报告。报告分为三个部分：关于九大路线；关于粉碎林彪反党集团的胜利；关于形势和任务。关于九大路线，这个由张春桥主持起草的政治报告继续肯定九大路线，强调在整个社会主义阶段中始终存在着阶级、阶级矛盾和阶级斗争，强调党内两条路线的斗争将长期存在，还会出现十次、二十次、三十次。报告提出要继续搞好"批林整风"，"向全党、全军和全国各族人民进行阶级斗争和路线斗争的教育，批判修正主义，批判资产阶级世界观"。

关于林彪集团，报告指出："林彪及其一小撮死党是一个'语录不离手、万岁不离口，当面说好话，背后下毒手'的反革命阴谋集团"。报告还说："林彪这个资产阶级野心家、阴谋家、两面派在我们党内不是经营了十几年，而是几十年，他有一个发展过程和暴露过程，我们对他也有一个认识过程"，"林彪反党集团的垮台，并不是党内两条路线斗争的结束。"

在形势和任务部分，报告认为："我们仍然处在帝国主义和无产阶级革命的时代"，"列宁主义的基本原则没有过时，仍然是我们今天指导思想的理论基础。当前国际形势的特点，是天下大乱"，"国家要独立，民族要解放，人民要革命，已成为不可抗拒的历史潮流。"据此，报告提出的任务是：在国际上，要"结成最广泛的统一战线，反对帝国主义和新老殖民主义，特别是反对美苏两个超级大国的霸权主义"，"同全世界一切真正的马克思列宁主义政党和组织团结在一起，把反对现代修正主义的斗争进行到底。"报告的这一部分反映了批判林彪所取得的一些积极成果，如不再把毛泽东思想与马克思主义、列宁主义并列为"三个里程碑"，删去了林彪有关"帝国主义走向全面崩溃、社会主义走向全世界胜利的时代"的判断，等等。报告关于国内任务的提法是："坚持无产阶级专政下的继续革命，团结一切可以团结的力量，努力把我国建设成为一个强大的社会主义国家"。"我们必须坚持毛主席关于'备战、备荒、为人民'，'深挖洞、广积粮、不称霸'的教导，对帝国主义可能发动的侵略战争，特别对苏修社会帝国主义对我国发动突然袭击，保持高度警惕，做好一切准备"。"要继续搞好批林整风"，"要重视上层建筑领域包括各个文化领域的阶级斗争"，要"抓革命、促生产"，"要进一步加强党的一元化领导"，等等。报告反映了7月4日毛泽东对外交部但实际上是对周恩来的批评。"应当强调指出：有不少党委，埋头日常的具体的小事，而不注意大事，这是非常危险的。如果不改变，势必走到修正主义道路上去。希望全党同志特别是领导同志警惕这种倾向，认真改变这种作风。"

同日，王洪文向大会作关于修改党章的报告，并宣读了党章修改草案的总纲。王洪文在报告中说，修改党章的总纲部分，保留了九大党章关于党的性质、指导思想、基本纲领、基本路线等的规定，删去了有关林彪的话。"修改草案和九大党章比较，主要是充实了两条道路斗争经验的内容"，强调"全党同志都要十分注意路线问题，坚持无产阶级专政下的继续革命，加强党的建设，保证党在社会主义历史阶段的基本路线的实现。"修改草案增写的主要内容有："这样的革命（指'文化大革命'——笔者注），今后还要进行多次"；坚持"要搞马克思主义，不要搞修正主义；要团结，不要分裂；要光明正大，不要搞阴谋诡计"；"要有敢于反潮流的革命精神"；"要在群众斗争中培养千百万无产阶级革命事业的接班人"；"加强党的一元化领导，发扬党的传统作风"，等等。在其他方面，十大党章的基本精神、内容与九大党章是一致的。例如，用毛泽东论述革命接班人的五项条件取代八大党章规定的党员十条义务；取消了党员权利的条文；取消了新党员预备期的规定；取消了设置党的纪律检查机关的规定；规定党的基层组织的基本任务只是抓"阶级斗争"，而对党员的教育、监督、管理则语焉不详，对充分发挥党员的先锋模范作用，组织党员认真学习科学、文化和业务知识等任务只字不提，等等，九大党章中诸如此类的错误规定都被十大党章所沿袭。王洪文报告中对九大党章总纲中关于林彪地位的规定，不作任何批评和说明，只是用"这次全部删去了"这种不负责、不严肃的话一笔带过。总的来看，十大党章基本上是九大党章的翻版。

8 月 25 日至 27 日，大会分成 34 个小组讨论上述两个报告和《中国共产党章程（草案）》。8 月 27 日下午和晚上，大会主席团和各代表小组开会讨论、酝酿新的中央委员会候选人名单。28 日，大会举行第二次全体会议，通过了中央委员会的政治报告和修改党章的报告，通过了《中国共产党章程》，选出了 195 名中央委员和 124 名候补中央委员，产生了第十届中央委员会。8 月 30 日，中国共产党第十届中央委员会举行第一次全体会议，选举了中央领导机构。选举结果如下：中央委员会主席毛泽东，副主席周恩来、王洪文、康生、叶剑英、李德生；中央政治局委员（以下按姓氏笔画为序）毛泽东、王洪文、韦国清、叶剑英、刘伯承、江青、朱德、许世友、华国锋、纪登奎、吴德、汪东兴、陈永贵、陈锡联、李先念、李德生、张春桥、周恩来、姚文元、康生、董必武；中央政治局候补委员吴桂贤、苏振华、倪志福、赛福鼎；中央政治局常务委员会委员毛泽东、王洪文、叶剑英、朱德、李德生、张春桥、周恩来、康生、董必武。

　　十大选举的结果，反映了近两年来周恩来领导的批判极左思潮、落实干部政策的积极成果。一批久经考验的、在"文化大革命"中受到打击和排斥的老干部，如邓小平、王稼祥、谭震林、乌兰夫、李井泉、李葆华、廖承志、秦基伟等被选进中央委员会。另一方面，十大在组织上仍然继承了九大的错误。毛泽东还没有从林彪事件中汲取应有的教训。他没有认识到，从根本上看，林彪集团是阶级斗争扩大化和高度集权的陈旧体制的产物，是"文化大革命"的产物，而是继续沿用"以阶级斗争为纲"的思路来解释这场斗争的起因和实质。他没有认识到领导人"自己选择自己的接班人，是沿用了一种封建主义的做法"①，在林彪事件之后，仍然继续个人选定接班人的严重错误。他在对周恩来越来越不满的时候，通过十大把王洪文选为中央副主席，并在周恩来患病期间一度让他主持中央工作。他赞扬王洪文出身贫农，当过兵、年纪轻，经过了多方面实践的锻炼。这种个人专断的作风与政治上的"左"的错误互为因果表里，是"文化大革命"得以发动和延续的主要原因。

　　党的十大虽然多少反映了一些批判极左的积极成果，但是，从总的方面来看，在"左"的思想指导下，在极左思潮再次抬头

---

① 《邓小平文选》第2卷，人民出版社1994年版，第347页。

的背景下，十大不可能正确地总结九大以来的经验和教训，它不论是在政治路线上还是在组织路线上，都继承了九大的错误。"党的十大继续了九大的'左'倾错误，并且使王洪文当上了党中央副主席。江青、张春桥、姚文元、王洪文在中央政治局内结成'四人帮'，江青反革命集团的势力又得到加强。"①

五、外交战略的转变与开创外交工作新局面

（一）对外关系的初步恢复，中美关系的突破和中日建交

"文化大革命"爆发后，特别是党的八届十一中全会后，外交工作开始受到红卫兵和造反派的冲击。按照当时打倒"走资派"的惯例，造反派认为党的外交部门也执行了"修正主义的外交路线"，执行了刘少奇的"三和一少"的"修正主义路线"。1967 年"全面夺权"开始后，外事部门内外的造反派更加肆无忌惮地抹煞新中国成立以来外交工作的重大成就，攻击、诬蔑"文化大革命"前的十七年执行了一条"三降一灭"（即向帝国主义投降、向修正主义投降、向各国反动派投降，扑灭人民革命）的外交路线。在林彪、江青、康生等人的煽动下，外事部门的领导人被揪斗、批判，这些部门的工作也被打乱。到 1967 年夏季"天下大乱"时，造反派甚至一度夺了外交部的权。8 月，北京竟然发生万人围攻英国代办处、火烧代办处办公楼的严重事件，在国际上造成了严重的恶劣影响。在这一段时间里，中国驻外大使、参赞几乎全部奉调回国参加运动，很多人受到批斗，驻外使馆的工作不能正常进行。中国对外政治、经济、文化的交流与合作基本中断，与各国元首级和政府首脑级的互访急剧减少，

———————

① 《关于建国以来党的若干历史问题的决议》。

实际上退出了几乎所有的国际组织，外贸进出口大幅度下降。在极左思潮的影响下，一些外事工作人员不顾政策、自作主张、各行其是，违犯外事纪律的事件屡有发生。一些人不顾内外有别的原则，把宣传毛泽东思想作为对外活动的主要任务，唯我独"革"，强加于人，引起驻在国的不满和疑虑。在国际交往中，也发生不顾国际交往的惯例，粗暴过火的行为。这些行为不能不引起驻在国政府的疑虑和不安。在这段时间里，中国同已建交的国家中的近30个国家发生了外交纠纷，驻一些国家的大使馆受到冲击，同一些国家的外交关系甚至恶化到降级或断交的地步。

1967年夏季在外事部门发生的严重事件及其在外交关系方面造成的恶劣影响，是促使毛泽东采取断然措施遏制极左思潮肆虐的重要原因之一。当年8月以后，在毛泽东的支持下，周恩来采取有力措施，惩处了在外事部门带头闹事的极左分子，批判了一些极左思潮和行为，外事工作中一度出现的偏差得到较快纠正，一些不正常状态逐渐被消除。相对于国内其他方面的工作来说，外事工作所受破坏的程度要轻一些，时间要短一些。

1969年五一劳动节，毛泽东在天安门城楼上先后接见了阿尔巴尼亚等8国新任驻华大使，同他们进行了友好的谈话，表达了中国愿意同世界各国改善和发展关系的愿望。在周恩来的直接领导下，以派出耿飚任驻阿尔巴尼亚大使、黄镇任驻法国大使、王幼平任驻越南大使为开端，我国陆续派出了一批驻外使节。对于过去主要由于中方的极左行动而损害两国关系的事件，也在公开场合或通过内部接触，向对方承担责任，主动进行修复关系的工作。自此，中国的外交工作重新走上了正常发展的轨道。

就在"文化大革命"酝酿、发生和进行的过程中，国际形势也正在发生着巨大而深刻的变化。一方面是美苏争夺世界霸权的斗争愈演愈烈，美国因深陷越南战争的泥潭处于被动的地位，而苏联却趁机大力发展军备，在世界到处插手，咄咄逼人，中苏关系也出现了前所未有的敌对状态。另一方面，第二世界国家要求摆脱美国控制、反对美苏霸权的愿望也日益强烈，特别是第三世界国家争取民族独立、国家解放的斗争已取得巨大的胜利。

毛泽东、周恩来等党和国家领导人以宽广的眼界和锐利的目光观察、思考着如此深刻、广泛的变化，审时度势，根据变化了的形势，采取机动灵活的策略，及时对外交工作作出了富有远见和胆略的重大决策。从 60 年代末至 70 年代初，中国的外交工作出现了良好的转机，打开了又一个新局面。在这一转变中带关键性的一环，是中美两个大国关系的缓和。

新中国成立后，美国长期对中国采取敌视政策。中美两国长达 20 多年的尖锐冷战状态，对中国的社会主义建设、对中苏两国的关系以及对整个世界格局都发生了直接的、重大的影响。进入 60 年代以后，国际形势发生了重大的变化。中苏关系由于苏联的大国沙文主义和两国在意识形态上的激烈争论而日趋恶化，苏联甚至试图从实力出发对中国进行武力威胁；美苏两国争夺世界霸权的斗争愈演愈烈，苏联甚至一度处于有利地位。这种深刻的变化使中美两国领导人都认为有必要也有可能改善两国关系。

面临着苏联方面咄咄逼人的攻势，美国希望利用已经崛起的中国的力量牵制苏联，从而需要改善同中国的关系，而中苏关系的急剧恶化又为这种设想提供了现实可能性。另一方面，1969 年初中苏边境严重武装冲突之后，中国方面越来越感受到来自苏联军事威胁的强大压力。为减轻这种压力，同时也为解决台湾问题从而实现祖国统一大业，中国有必要缓和与美国的关系，而为了恢复和扩大国际交往并积极参与国际事务，也需要缓和同美国的关系。

1969 年尼克松当选美国总统后，表达了希望同中国发展关系的愿望，并通过多种渠道向中国方面传递了这种信息。美国的这种态度在中国得到了积极的回应。毛泽东、周恩来也通过相应的渠道向美方表达了改善两国关系的愿望。

1971 年 3 月下旬，美国乒乓球队在第 31 届世界乒乓球锦标赛（在日本名古屋举行）上通过不同方式，6 次向中国乒乓球代表团表示了来华访问的要求。4 月 7 日，毛泽东决定，邀请美国乒乓球队访问中国。这一消息立即在世界上引起轰动。日本名古屋盛传这一消息引起的震动超过了第 31 届世乒赛本身。4 月 14 日，美国尼克松总统发表声明，决定采取发给中国到美国访问的个人或团体相应的签证、放宽美国货币方面的控制等 5 项对华政策新措施。16 日，尼克松在谈话中又说："本届政府和下届政府的长远目标必须是做两件事：一、使美国政府和中华人民共和国之间的关系正常化；二、使大陆中国与世隔绝的状态结束。"

经过一系列紧张、周密的准备工作，1971 年 7 月，美国总统国家安全事务助理基辛格秘密访华。这一消息又一次震动了全世界。经过进一步的准备和接触，1972 年 2 月尼克松总统访华，会见了毛泽东主席，并同周恩来总理举行会谈。2 月 28 日，经反复磋商，中美双方在上海发表了《上海公报》。这标志着两国关系开始向正常化方向发展。在中美《上海公报》中，中美双方都认为要实行和平共处五项基本原则和反对霸权主义的威胁。中美《上海公报》还在其他一些重大问题上表明了各自的原则立场。在长期阻碍两国关系改善的台湾问题上，美方表示，它认识到在台湾海峡两边的所有中国人都认为只有一个中国，台湾是中国的一部分，美国政府对这一立场不提出异议。中美《上海公报》还规定，双方将为逐步开展中美贸易以及进一步发展两国在科技文化等领域的交流提供便利，并将通过不同渠道保持接触，就促进两国关系正常化进行具体磋商，并继续对共同关心的问题交换意见。

中美《上海公报》的发表是中美关系史上的里程碑，它标志着曾经长期处于尖锐对立状态的中美两国开始了关系正常化的进程。此后，两国政府领导人继续就建交问题进行会谈。中国政府提出，要实现中美建交，美国政府必须断绝同台湾的所谓"外交关系"，从台湾撤出美国全部武装力量和军事设施，废除同台湾的所谓"共同防御条约"，承认中华人民共和国政府是中国的唯一合法政府。而美国总是在台湾问题上设置障碍，对接受这些原则提出若干保留。中国政府则明确指出，台湾问题是中国的内政，用什么方式解决台湾问题应该由中国自己来决定。在一段时间里，由于美国政府下不了决心正确处理这些问题，中美建交未能实现。但是，两国毕竟结束了长期的敌对状态，开始走向关系正常化，也对国际形势产生了重大的影响。

中美两国关系正常化的启动，又直接推动了中日关系的改善。新中国成立后，虽然中日两国民间交往不断有所发展，但日本政府曾长期追随美国采取敌视中国的政策。1972 年尼克松的中国之行，立即在日本朝野引起巨大震动。为了不在西方发达国家与中国改善关系的潮流中落在后面，取得在政治上、经济上同各国竞争的有利地位，日本舆论强烈要求尽快实现中日建交。日本许多对华友好的政党、团体和人士也纷纷对政府施加影响，敦促政府采取果断行动。在国内外各种因素的推动下，1972 年 9 月 25 日，日本政府首相田中角荣来华访问。田中在北京会见了毛泽东主席，同周恩来总理举行了会谈。9 月 29 日，中日双方签署建立外交关系的联合声明。声明指出，中日两国之间的不正常状态宣告结束；日本方面痛感过去由于战争给中国人民造成的重大损失的责任，表示深刻的反省；日本政府承认中华人民共和国是中国的唯一合法政府，台湾是中华人民共和国领土不可分割的一部分。随后，日本同台湾当局断绝"外交关系"。1973 年初，中日两国互设大使馆，互派大使，并陆续签订贸易、航空、海运、渔业和科技文化等一系列协定，经济、文化等方面的交往得到很快的发展。1975 年起，中日两国政府开始进行缔结和平友好条约的谈判。中日建交结束了两国长期敌对的历史，打开了两国睦邻友好的历史新篇章，对中日两国和世界和平的发展都具有重要的意义。

（二）恢复中华人民共和国在联合国的合法席位

中国是联合国的创始会员国，也是联合国安全理事会五个常任理事国之一。但是，新中国成立后，主要是由于美国政府的反对，中国在联合国的席位一直被已经不能代表中国人民的台湾国民党当局占据。中国政府一直为恢复自己在联合国的合法席位进行着正义的斗争。随着中国国际地位的提高，随着亚非拉一系列新独立国家不断加入联合国，这一斗争得到世界上越来越多的国家的支持，并逐渐成为联合国内主持正义国家的共同斗争，美国的倒行逆施越来越孤立和困难。

1971年10月25日，第26届联合国大会以59票反对、55票赞成、15票弃权否决了美国、日本等国提出的企图制造"两个中国"的"重要问题"案。紧接着，大会表决要求恢复中华人民共和国在联合国的一切合法权利，并立即将蒋介石集团的"代表"从联合国及其一切机构中驱逐出去的提案。提案以76票赞成、35票反对、17票弃权的压倒多数通过。这时，会议厅里响起了经久不息的热烈掌声和欢呼声。11月15日，以外交部副部长乔冠华为团长、黄华为副团长的中国代表团满怀信心地出席了联合国大会。乔冠华在发言中，代表中国政府对为恢复中国在联合国合法权利进行不懈努力的众多友好国家表示衷心感谢，并全面阐述了中国政府在一系列重大问题上的原则立场。

中国在联合国合法席位的恢复，是中国外交战线上的一个重大胜利。从此，作为联合国安理会常任理事国之一的中国，在联合国组织内为实现《联合国宪章》的宗旨、维护世界和平、加强各国友好合作、促进人类进步事业作出自己不懈的努力。

（三）打开中国对外关系的新局面

随着中美两国关系正常化的开始，特别是 1971 年中国恢复在联合国的合法席位，中国的国际地位空前提高，随之出现了新中国成立以来又一次与外国的建交高潮。70 年代初，中国同发达资本主义国家的关系获得全面发展。在战后的冷战氛围中，多数发达资本主义国家追随美国的指挥棒，对社会主义中国采取了疏远以至对立的态度。随着这些国家自身政治经济实力的增长，它们同美苏两个超级大国的霸权主义抗衡及维护和发展自身利益的要求不断加强。由于中国国际地位的提高，它们希望同中国相互支持、合作以维护世界和平和各国自身利益的倾向也在发展。这种愿望在中国也得到了积极的回应。

1969 年后，在毛泽东、周恩来的领导下，中国在着手改善中美关系的同时，也开始积极地发展同第二世界各国的友好关系。1969 年以前，西欧、北欧、南欧国家中，只有六个国家同中国正式建立大使级外交关系，英国和荷兰同中国互设有代办处。而到 70 年代末，除了安道尔等四个国家外，中国已同这些地区所有国家建立了外交关系。在此基础上，中国同欧洲共同体也建立了外交关系。70 年代初，在中美关系解冻的推动下，在北美和西南太平洋地区，中国与加拿大、澳大利亚、新西兰也先后建立了外交关系。此后，中国同这些国家在经济、贸易、科技、文化等方面的合作都有良好的发展。与此同时，中国同原先已建立外交关系的绝大多数国家，特别是与东欧各国的关系，也有了不同程度的恢复、改善和发展。

70 年代中国同世界各国建交高潮的一个重要方面，是同第三世界国家建交的数目比过去大大增加，进一步建立和发展了同亚非拉第三世界国家的友好合作关系。从 50 年代起，中国人民在反对新老殖民主义、霸权主义和旧国际秩序的斗争中，与第三世界各国人民休戚与共、相互支持、共同斗争，结下了深厚的友谊。60 年代后，第三世界的绝大多数国家虽然已经获得了民族独立，但仍然面临着反对帝国主义、殖民主义和霸权主义的严重斗争。中国从各方面坚决支持这些国家捍卫民族独立和国家主权、反对外来侵略和干涉、维护本地区和世界和平的正义斗争。中国真诚维护并努力促进第三世界各国之间的团结，反对大国欺侮小国、富国压榨贫国的国际旧秩序，倡导建立以和平共处五项基本原则为基础的国际新秩序等立场和行动，得到了第三世界各国的普遍欢迎和支持。70 年代间，中国在东南亚和南亚，在非洲和拉丁美洲及加勒比海地区，在西亚和大洋洲等广阔区域，同一大批第三世界国家建立了外交关系，普遍加强了同它们的友好合作，协调了各自在国际事务中的行动。

在这一段时间里，苏联领导人在政治上不断反华的同时，还在中苏边境上部署重兵，派军队进驻蒙古人民共和国，挑起边界武装冲突，对中国的国家安全形成了严重的威胁。在这种情况下，中国一方面加强战备，一方面仍力求通过谈判解决边界争端。1969 年 9 月，周恩来总理同柯西金部长会议主席在北京会谈，此后，两国关系一度有所缓和。但由于苏联依恃霸权和武力，缺少解决边界问题的诚意，两国边界谈判长期未能取得成果。中国党和政府不仅在涉及两国关系的问题上，也在整个国际事务中，在反对美国霸权主义的同时，也同苏联的霸权主义和大国沙文主义进行了坚决的斗争。中国和越南两国人民在长期反对帝国主义、殖民主义的斗争中结下了深厚的友谊。但 1975 年越南全国解放后，越南当局热衷于在印度支那推行它的霸权主义，这理所当然地受到包括中国在内的各国人民的反对。越南当局由此采取反华仇华的态度。虽然中国一直以两国人民的传统友谊为重，再三提出规劝和警告，但越南领导人自恃有苏联的支持，在反华的道路上越走越远，使中越两国的关系严重恶化。

经过对五六十年代国际战略格局发展的深刻思考，毛泽东于 70 年代初期逐渐形成了关于三个世界划分的思想。他认为，苏美两个超级大国属于第一世界，苏美以外的西方发达国家和东欧国家属于第二世界，亚洲、非洲、拉丁美洲的广大发展中国家属于第三世界。这种划分根据发展了的国际形势，不再强调社会主义与资本主义两大阵营的对立及意义，而突出了苏美两个推行霸权主义的超级大国同全世界反霸力量的矛盾；强调在世界反霸斗争中第三世界国家的重要作用，以及联合第二世界国家和利用两个超级大国的矛盾的重要意义；强调中国属于第三世界，要联合世界上一切可以联合的力量，结成最广泛的国际统一战线，为挫败超级大国的侵略、控制和压迫，争取世界和平而斗争。这些认识虽然有其历史局限性，但在当时的条件下，对于指导中国的外交工作，坚持反对超级大国的霸权主义和战争威胁，努力建立和发展同第三世界各国和其他类型国家的友好合作关系，包括同美国实现两国关系正常化，都起过积极作用，并且为中国后来实施的对外开放政策奠定了一定基础。

第六章 动乱中召开的四届全国人大

一、否定全面整顿的"批林批孔"运动

（一）"批林批孔"运动及其造成的再度动乱

对于 1972 年周恩来直接领导的全面整顿，毛泽东开始是支持的。但当整顿超出了毛泽东的预期，开始触及"文化大革命"深层的一些问题时，他的态度发生了变化。他意识到在广大干部和群众中，都存在着对"文化大革命"的不满情绪，而且这种情绪还在不断发展。如任其发展，"文化大革命"就有被否定的危险。毛泽东逐渐意识到，原来希望在九大前后结束的"文化大革命"已无可能很快结束，现在要解决的问题是维护这场"革命"的成果。怎样解决这个问题呢？

1973 年春，毛泽东在党的十大召开前提出了"批孔"的问题。

与经过五四运动洗礼的先进的中国知识分子一样，毛泽东早期就已放弃了对孔子的迷信和崇拜。当他成为一个马克思主义者后，在长期的革命实践中，他对包括孔孟儒家思想在内的中国传统文化的态度，基本上还是运用辩证唯物主义和历史唯物主义的方法，批判地吸收其中的精华，摒弃其糟粕。1938 年在中共六届六中全会上，毛泽东号召全党："我们是马克思主义的历史主义者，我们不应当割断历史。从孔夫子到孙中山，我们应当给以总

结，承继这一份珍贵的遗产。"① 在《毛泽东选集》一至四卷中，有不少地方是直接援引孔孟等儒家的言论的。新中国成立后，在社会主义革命和建设中，毛泽东一方面仍然注意科学地吸收孔孟学说中的合理成分，另一方面，随着急于求成错误的发展，随着阶级斗争扩大化错误和在知识分子政策上"左"的错误的发展，他越来越侧重于突出孔子保守、中庸的一面并加以批判。

"文化大革命"发动后，毛泽东曾表示要批判孔子及其思想。1966 年 12 月，毛泽东同波兰共产党左派谈话时说："无产阶级文化大革命重要任务之一，是清除孔子在各方面的影响。" 1967 年 3 月，毛泽东曾批判刘少奇的《论共产党员的修养》是孔孟之道。1968 年 10 月 31 日，毛泽东在八届扩大的十二中全会闭幕式上说："我这个人比较有点偏向，就不那么高兴孔夫子。"②

1971 年"九一三"事件后，在林彪等人住处发现的一些尊孔（儒家）反法（法家）材料，更加重了毛泽东对孔子儒家思想的反感，加重了对以韩非等为代表的法家与秦始皇的推崇。1972 年周恩来主持全面整顿中反映出来的党内外日益增长的怀疑和否定"文化大革命"的情绪，更增长了毛泽东对"文化大革命"被否定的忧虑。这种现实的需要和儒家内在的偏于保守的倾向，使毛泽东更希望借助于对儒家的批判和对法家思想的宣扬以达到保卫和发展"文化大革命"成果的目的。

1973 年下半年，在党的十大召开前，"批孔"成了他经常谈论的话题。

1973 年 5 月 25 日，毛泽东在听取中共十大筹备会议工作汇报时提出：要注意抓路线、抓上层建筑、抓意识形态，并要求学

① 《毛泽东选集》第 2 卷，人民出版社 1991 年版，第 534 页。

② 参见《共和国史记·第 3 卷》（下），吉林人民出版社 1996 年版，第 834 页。

一点历史和批判孔子。① "批孔"的问题由此提出。

7月4日，毛泽东约王洪文、张春桥等谈话，除了批评外交部的工作外，还讲到"批孔"的问题，表示不赞成骂秦始皇，认为林彪同国民党一样，都是"尊孔反法"。② 这就开始把林彪与尊孔反法、国民党联系到了一起。

8月5日，毛泽东向江青讲述中国历史上儒法斗争的情况，还念了他写的一首批孔的诗——《读〈封建论〉呈郭老》（郭老指郭沫若）：

劝君少骂秦始皇，焚坑事业要商量。

祖龙魂死秦犹在，孔学名高实秕糠。

百代都行秦政法，十批不是好文章。③

熟读唐人封建论，莫从子厚④返文王。

9月23日，毛泽东会见埃及副总统侯赛因·莎菲时，又说："秦始皇是中国封建社会第一个有名的皇帝，我也是秦始皇，林彪骂我是秦始皇。中国历来分两派。一派讲秦始皇好，一派讲秦始皇坏。我赞成秦始皇，不赞成孔夫子。"

在批判林彪极左路线已经取得一定进展时，毛泽东提出"批孔"的问题，很大程度上是因为他认为从"左"的方面批判林彪已经逐渐接触到"左"的路线的一些根本性问题，再发展下去就有否定"文化大革命"的危险，而这是他不能允许的。他认为"文化大革命"是一场深刻的历史变革，对它的态度与历史上法

---

① 《周恩来年谱（1949—1976）》下卷，中央文献出版社1997年版，第595页。

② 《周恩来年谱（1949—1976）》下卷，中央文献出版社1997年版，第604页。

③ "十批"，指郭沫若的古代史研究著作《十批判书》。

④ "子厚"是柳宗元的字。

家坚持变革和儒家反对变革有某种相似之处。从这种现实需要出发，他希望通过把"批林"与"批孔"结合起来，达到捍卫和发展"文化大革命"的目的。根据毛泽东的意见，中共十大所要解决的主要问题，还是对"文化大革命"的看法问题。因此，中共十大政治报告在揭批林彪集团的同时，继续肯定了九大路线，肯定了"文化大革命"和"无产阶级专政下继续革命"的理论与实践。但是，虽然毛泽东从 1973 年 5 月起就"批孔"发表多次谈话，但他并没有提出要发起一场大规模的群众性的政治批判运动。1973 年底至 1974 年 1 月上旬，周恩来主持召开过几次政治局会议研究 1974 年的工作，提到在新的一年里将继续进行"批林整风"斗争，也没有涉及"批孔"问题。

但是，江青等人却借毛泽东关于"批孔"的言论大做文章，从教育界开始反击"右倾回潮"。1973 年 8 月 24 日，国务院科教组电话通知北京、上海、天津、辽宁等十二个省、市，要求"在深入批林整风过程中组织力量开展对孔子的批判"。9 月 4 日，《北京日报》发表"北京大学、清华大学大批判组"的《儒家和儒家的反动思想》一文。9 月 8 日至 11 日，国务院科教组负责人迟群以国务院科教组的名义，在北京召开有各省、市、自治区教育部门及有关高等学校负责人 98 人参加的教育战线批判孔子问题座谈会。中山大学教授杨荣国作了《儒法两家的斗争和孔子反动思想的影响》的报告，并交流了北京大学、复旦大学等开展"批孔"的经验。迟群提出：要把"批孔"作为贯彻党的"十大"精神、深入"批林整风"的一项大事来抓，不光文科院校，不光大学要"批孔"，各类学校都要开展"批孔"，要把"批孔"与深入开展教育革命结合起来。他又说："哪些地方不重视批孔"，哪些地方就属于"针插不进，水泼不进"。

为扩大"批孔""批儒"的声势，江青集团在清华大学、北京大学等院校和部门成立了各种名称的"大批判组"，连续发表

"批孔""批儒"的文章。

"梁效"是北京大学、清华大学"大批判组"的化名，是由江青、姚文元亲自指挥、直接控制的写作班子。这个"大批判组"有三十多人。从"批林批孔"运动开始，到1976年10月，这个"大批判组"共撰写文章两百多篇，公开发表181篇，其中三十多篇是在江青、姚文元直接授意下撰写的。①

"罗思鼎"是江青等人控制的上海市委写作组的笔名。这个写作组直接控制的杂志《学习与批判》于1973年9月15日创刊后，曾以"石仑"的笔名在《学习与批判》创刊号上发表题为《论尊儒反法》的文章。② 这个写作组还控制了《朝霞》《朝霞文艺丛刊》《教育实践》《自然辩证法杂志》等刊物。"唐晓文"是江青等人控制的中共中央党校写作班子的笔名。1973年9月27日，"唐晓文"在《人民日报》上发表题为《孔子是"全民教育家"吗?》的文章。③

这些写作班子从1973年8、9月间开始，在两三年内发表了许多影射攻击的批判文章。这些文章借"批儒评法"影射攻击周恩来和一批老干部，把他们诬蔑为"逸民""复礼""搞复辟"。1973年10月1日，《红旗》杂志发表了经姚文元亲自修改的《论尊儒反法》一文。文章称："彻底批判尊儒反法思潮，是思想领域内一场具有重大意义的斗争。深入开展这场斗争，将有助于

---

① 这个"大批判组"有十几个笔名，除"梁效"以外，还有"柏青""高路""景华""安杰""秦怀文""施钧""郭平""金戈""万山红""祝小章""梁小章"等。

② 这个写作组有八十多个笔名，除"罗思鼎"以外，还有"康立""石仑""翟青""刘永红""梁凌益""戚承楼""靳文""石一歌"等。

③ 这个写作班子的笔名有"汤啸""辛风""学泽""唐拓""汤新""范秀文""史建文""宋明"等。

我们进一步认识和更好地进行现实的阶级斗争和路线斗争"，"要不要批判尊儒反法思潮，也是党内两条路线斗争的一个重要内容。"这就开了把尊儒反法联系到党内路线斗争，把"儒法斗争延续到现在"的先例。

江青一伙在意识形态领域掀起批儒尊法浪潮的同时，还从教育领域开始，大反"右倾回潮"。

除了前述的所谓"白卷英雄"、对影片《园丁之歌》的"批判"和迟群等人在清华大学开展的历时三个月的"反右倾回潮"运动外（见第五章第三节第三小节），1973年底，还发生了批判"师道尊严"的事件。12月，迟群、谢静宜了解到北京一个小学生写过对教师不满的日记，便对她说："你反映的问题，不是你和你老师之间的关系问题，这是两个阶级、两条路线斗争的问题。"他们将其日记按照反"师道尊严"的需要加以整理，在《北京日报》刊出，并在编者按中说："这个十二岁的小学生以反潮流的革命精神，提出了教育革命中的一个大问题，就是在教育战线上，修正主义路线的流毒还远没有肃清，旧的传统观念还是很顽强的。"12月28日的《人民日报》转载了上述文章，并加编者按语赞扬这个小学生"敢于向修正主义教育路线开火"，掀起了批判"师道尊严""智育第一"的浪潮。两天后，国务院科教组和北京市科教组用突然袭击的办法，对清华、北大等十七所高等院校的631名教授、副教授进行数理化考试。事后，他们大肆宣扬把教授"考'糊'了"，"出了修正主义教育路线的丑"①。此后，"考教授"之"风"扩散到上海、天津等地。这些无知无畏的极左分子对知识和知识分子的贬损和羞辱，被牢牢地钉在历史的耻辱柱上。

在文艺领域，江青集团再一次开始批判"反革命修正主义文

---

① 《考教授有感》，《教育革命通讯》1974年第2期。

艺黑线"。

1973年11月，周恩来等中央领导人同意对外友协关于邀请土耳其两名音乐家来华访问演出的报告。"四人帮"却指责这是宣扬"无社会内容的无标题音乐"，先后在上海、天津、北京等地发起"批判资产阶级无标题音乐泛滥"活动，攻击邀请演出是"开门揖盗"，号召"与反革命修正主义路线斗争"。

从教育界开始、扩展到其他领域的反击"右倾回潮"，使1972年前后周恩来批判极左思潮、恢复正常社会和工作秩序的努力遭到否定和批判。

就在江青等人反击"右倾回潮"的过程中，1973年11月至12月发生了毛泽东进一步批评周恩来、叶剑英的情况。1973年11月中旬，美国国务卿兼总统国家安全事务助理基辛格来华访问。毛泽东依据听到的不正确的汇报，误认为周恩来、叶剑英在与基辛格的会谈中犯了错误。11月21日至12月初，根据毛泽东的意见，中央政治局连续开会批评周恩来和叶剑英的"错误"。江青等人在会上指责这次会谈是"丧权辱国""投降主义"，是"第十一次路线斗争"，诬陷周恩来是"错误路线的头子"，"迫不及待"地要代替毛泽东。12月9日，毛泽东同周恩来、王洪文等谈话，批评了江青关于"第十一次路线斗争"的提法，但是，毛泽东又肯定这次政治局批评周恩来的会"开得好"。

也在1973年12月，毛泽东批评了"政治局不议政"，"军委不议军"。林彪外逃事件发生后，毛泽东一直为林彪在军队拉帮结派、结党营私而感到不安。在清查林彪专案的过程中，又发现一些大军区司令员过去同林彪集团有过来往，并对江青等人有"不满"言行。这些情况使毛泽东感到，对林彪的批判还不彻底，肯定与否定"文化大革命"的问题还没有完全解决。12月12日，毛泽东亲自主持召开政治局会议，作出两个重要决策：一是要邓小平担任中央政治局委员、中央军委委员；二是八个大军区

（北京、沈阳、南京、广州、济南、武汉、兰州、福州）司令员互相对调。他在这次会上说："政治局要议政。军委要议军，不仅要议军，还要议政。军委不议军，政治局不议政，以后改了吧。"①

12月21日，毛泽东接见参加中央军委会议的成员，谈到大军区司令员对调问题时说：如果中国出了修正主义，大家要注意啊！毛泽东在林彪反革命集团被粉碎两年多以后，提出大军区司令员调动，并批评"军委不议军，政治局不议政"，进一步表露出对周恩来、叶剑英的不满。

江青等人看到毛泽东批评周恩来、叶剑英，趁势加大对周恩来、叶剑英的攻击。就在这时，他们在毛家湾林彪住宅找到一些林彪肯定孔丘、孟轲的条幅，这为他们把"批林"与"批孔"联系在一起提供了某种"根据"。他们将林彪的言论与孔子、孟子的言论分类对照排列，以批判"克己复礼"为主线使"批林"与"批孔"相贯通，编成了一本所谓《林彪与孔孟之道》的材料。

1974年1月12日，江青、王洪文写信给毛泽东，建议把《林彪与孔孟之道》转发全国，说："这份材料对当前继续深入批林、批孔会有很大帮助"，"各地也迫切需要这种简明扼要的材料"。实际上，当时广大干部和群众还不知道要开展"批林批孔"这件事。在林彪外逃身亡已经两年多，林彪的党羽基本上被揭露和清除的情况下，"批林批孔"的锋芒所向，既不是林彪的各种罪行，也不是在中国封建社会中长期占统治地位的儒家思想，而是现实生活中不断发展起来的怀疑和否定"文化大革命"的思潮，特别是干部群众中留恋和主张恢复"文化大革命"以前许多

---

① 参见《共和国史记·第3卷》（下），吉林人民出版社1996年版，第865—866页。

做法的情绪。所谓"批林批孔"运动，不过是通过批判两千多年前孔子所说的"克己复礼""兴灭国，继绝世，举逸民"等语句，影射攻击1972年前后领导批判极左思潮的周恩来和在落实政策中恢复工作的一批老干部。

进入1974年，声势浩大的"批林批孔"运动迅猛展开。1月1日，《人民日报》、《红旗》杂志、《解放军报》联合发表《元旦献词》，提出："要继续开展对尊孔反法思想的批判"；"中外反动派和历次机会主义路线的头子都是尊孔的，批孔是批林的一个组成部分"。这篇社论成为发动"批林批孔"运动的一个信号。

1月18日，中共中央将《林彪与孔孟之道》（材料之一）作为当年1号文件正式转发全党。转发这份材料的通知说：林彪"是一个地地道道的孔老二的信徒。他和历代行将灭亡的反动派一样，尊孔反法，攻击秦始皇，把孔孟之道作为阴谋篡党夺权、复辟资本主义的反动思想武器"；"北京大学、清华大学选编的这个材料，对于继续深入批林，批判林彪路线的极右实质，对于继续开展对尊孔反法思想的批判，对于加强思想和政治路线方面的教育，会有很大帮助。"此后，"批林批孔"运动在全国正式开展起来。

毛泽东批准在全国开展"批林批孔"运动，目的是为了防止"右倾回潮"，肯定"文化大革命"的理论和实践。江青等人则打着毛泽东的旗号，四处活动，把斗争的锋芒指向1972年前后领导批判极左思潮的周恩来、叶剑英等领导人，企图在党政军领导机构中夺取更多的权力。

1月24日，解放军总政治部召开军队系统"批林批孔"动员大会。这次大会名义上是由中央军委召开的，但其中心内容是宣读江青以个人名义写给中央军委和全体指战员的一封信。会上传达中央文件的不是出席会议的中央军委领导，而是由江青指使的迟群和谢静宜二人。迟、谢在会上大讲"批孔"是"批林"的深入；强调"批林批孔"要联系实际，批孔孟之道才能揭露林彪"克己复礼"的极右实质；指责有人要翻"文化大革命"的案，从而煽动军队参加"批林批孔"运动。

1月25日下午，江青等人再次以传达中共中央1974年1号文件为名，召开中央直属机关、国务院"批林批孔"万人动员大会。大会召开前，江青临时通知周恩来主持会议。江青事先向迟群、谢静宜口授了讲话内容，还要姚文元在会上多讲一些话。这次会上，江青俨然摆出运动领导者姿态，置周恩来、叶剑英等于被动的受指责的地位。江青说：今天是动员"批林批孔"的大会，要全国动员起来。这场批判运动，不是放空炮，要有的放矢，要紧密地联系实际。我们有没有孔老二式的代表人物呢？这个问题大家要动脑子，想一想。会上，迟群和谢静宜以介绍《林彪与孔孟之道》的编辑经过和毛泽东的指示为名，在介绍了《林彪与孔孟之道》的产生过程和"反复辟"的主题后，强调"批林批孔"要联系实际，就是批"走后门问题"，声称："走后门"是"对马列主义的背叛"，是对毛泽东思想的背叛。① 江青等人的目的，是把攻击的矛头指向周恩来、叶剑英等老一辈革命家和一批军队领导干部。当江青要周恩来讲话时，周恩来说：他事先不知道还有一个"走后门"的重要内容，他对"文化大革命"的形势不够敏感，有点思想落后于形势！江青、姚文元等不时插话，对参加会议的周恩来、叶剑英等进行突然袭击。郭沫若也被江青点了名，并当众站起。江青一面声称要"保护"郭沫若，一

---

① "走后门"是指"文化大革命"中普遍存在的一些领导干部在子女升学、入伍、招工等问题上，利用手中的权力，不按规定原则办事，照顾亲属或熟人的不正之风。江青等人借"批林批孔"提出这个问题是别有用心的。

面指责他的《十批判书》。

1月25日晚，周恩来一方面派人到郭沫若家中了解情况，派人加以保护；一方面又吩咐参加大会的秘书连夜把大会发言稿整理出来。26日上午，周恩来将记录稿及自己的一封信一并送毛泽东。1月30日，叶剑英也给毛泽东写信，反映自己对"批林批孔"运动的看法。

在"批林批孔"运动中，"四人帮"，以批判孔子的"克己复礼""兴灭国，继绝世，举逸民"为名，进行了一系列反对周恩来等人的阴谋活动。1974年1月4日，《人民日报》发表署名唐晓文的文章《孔子杀少正卯说明了什么》，把孔子写成"宰相儒"影射周恩来。《红旗》杂志1974年第4期发表《孔丘其人》一文。文章根据江青旨意，使用比附手法，通过出身以至"重病在身"等特征的描写，露骨地攻击周恩来。文章中，孔丘被描绘成"甚至在他七十一岁重病在床的时候，听说齐国新兴地主阶级杀了奴隶主头子齐简公，夺取了政权，还拼命挣扎着爬起来，摇摇晃晃地去朝见鲁君，再三请求讨伐"。5月17日《北京日报》发表的《从〈乡党〉篇看孔老二》一文中，在描写孔子见国君的一段文字中，凭空加上"端起胳膊"四个字。文章的执笔者在粉碎"四人帮"后承认，这是借孔子之名，对周总理搞政治陷害和人身攻击。在授意梁效撰写《孔丘其人》《从〈乡党〉篇看孔老二》两篇文章时，迟群和谢静宜强调，写《孔丘其人》要有针对性和现实感，写孔丘要虚扬，不要太实；挂林彪，不仅仅是林彪，要在"某人"上把文章作足，画好某一个人的像。

"一·二五"大会后，江青把姚文元、王洪文、张春桥、迟群、谢静宜召集到钓鱼台。江青说，"批林批孔"她是站在第一线冲锋陷阵，指挥战斗的。她还说，今天我们把周恩来搞得狼狈不堪，他这个庞然大物，也得在大庭广众面前检讨自己的思想跟不上形势，他有什么了不起的，照样是我们的手下败将。王洪文迎合江青说，周恩来是我们长期较量的对手。江青同志是指挥我们的统帅，江青同志就率领我们和他周旋到底吧，张春桥说，我们要防备他们背后捅刀子。王、关、戚是怎么垮台的，我们要注意。江青接着说，不要长他人的志气，灭自己的威风。眼下，鹿死谁手，就看我们两家了。从年龄、身体上，他都不占优势，他今年已七十六七岁了，好景不长了。他有点像诸葛亮死前的处境，后继无人。而我们是兵强马壮，我们的年龄比周恩来、叶剑英小十六七岁，至于洪文、文元属于少壮派。我们有信心战胜他们。在江青的指使下，迟群、谢静宜等人修改、整理讲稿和录音带，准备发到全国。

这两次大会后，把持舆论宣传大权的"四人帮"竭力扩大"批林批孔"运动的规模和范围。他们通过各种报刊，宣传"批林批孔"是"毛主席亲自发动和领导的"，是为贯彻党的十大精神进行的"上层建筑领域的革命"。2月1日，《红旗》杂志发表短评《广泛深入开展批林批孔的斗争》说："深入批林批孔，就是当前全党的大事，全军的大事，全国人民的大事。不批林批孔，就是不抓阶级斗争和路线斗争，就是放弃对修正主义、资产阶级世界观的进攻，这样下去，势必滑到修正主义的斜路上去。"开展"批林批孔"是因为"我们党同林彪之间围绕着反孔还是尊孔的斗争，实质上是社会主义时期前进和倒退、革命和反革命的两个阶级，两条道路的斗争。"只有通过这一批判，才能进一步认识"文化大革命"的必要性，以巩固和发展"文化大革命"的伟大成果。该短评还说，批判孔孟之道不是"学术问题"，它是同现实阶级斗争和路线斗争紧密联系的政治问题。这以后，《人民日报》发表了《把批林批孔的斗争进行到底》《批"克己复礼"——林彪妄图复辟资本主义的反动纲领》等多篇文章，宣传只有批判林彪宣扬的孔孟之道，才能进一步批透林彪反革命的修正主义路线的极右实质，并强调"批林批孔"要联系现实的阶级斗争和路线斗争，坚持革命，反对倒退，正确对待"文化大革命"，满腔热情地支持社会主义新生事物。

2月2日，迟群主持的国务院科教组在《教育革命简报》上登载一批教育系统批"走后门"的材料，并加编者按语："在批林批孔中，要抓现实的阶级斗争和路线斗争，严肃检查、批判和纠正'走后门'这种背叛马克思主义的不正之风。"在江青等人的鼓噪下，一些高等院校开始揭发、追查"走后门"上大学的问题。自此，党的十大要求放在首位的、侧重于纠"左"的"批林整风"运动，变成了主要是"批右"的"批林批孔"运动，"批林"的方向发生了重要的变化。在1972年周恩来领导的整顿中不得不有所收敛的江青集团再次猖狂起来。

毛泽东看了周恩来的信和"一·二五"大会的发言记录稿后，对江青背着政治局，在"批林批孔"中另搞一套的行径有所觉察。他扣发了1月25日大会讲话的录音带，强调："有意见要在政治局讨论，印成文件发下去，要以中央的名义，不要以个人的名义，也不要以我的名义，我是从来不送什么材料的。"2月15日，毛泽东在叶剑英来信上作了批语："开后门来的也有好人，从前门来的也有坏人。现在，形而上学猖獗，片面性。批林批孔，又夹着走后门，有可能冲淡批林批孔。小谢、迟群讲话有缺点，不宜向下发。"（2月20日，中央发出通知，指出对"走后门"问题应进行调查研究，确定政策，放在运动后期妥善解决。后来，毛泽东把"批林批孔"又夹着批"走后门"叫作"三箭齐发"。3月20日，毛泽东再次致信江青："过去多年同你谈的，你有好些不执行，多见何益？有马列书在，有我的书在，你就是不研究。我重病在身，八十一了，也不体谅。你有特权，我死了，看你怎么办？你也是个大事不讨论，小事天天送的人。"①

毛泽东对江青的批评，虽然对他们的活动有所抑制，但是"批林批孔"运动的声势丝毫未减。"一·二五"大会召开后，江青等人在讲话中说：为什么要批孔？当前还有人搞复辟。搞复辟就把儒家提出来。要革命就要对法家采取批判继承态度。江青等人到处鼓吹"大乱是大好事"，"批林批孔"，"是第二次文化大革命"，阴谋再次搞乱全国。

在江青等人眼里，军队具有举足轻重的地位，是运动中他们难以插手的一块"荒地"。因此，"批林批孔"运动开始后，在军队"点火放炮""放火烧荒"是江青等人搞乱全国的重要一步。1974 年 1、2 月间，江青多次以个人名义，就"批林批孔"问题给军队领导机关、基层连队和海军、空军、南京部队、广州部队的领导机关等写信，送"批林批孔"材料，到处煽风点火，鼓动军队的造反派"放火烧荒"。为了把军队搞乱，江青与王洪文、张春桥、姚文元密切配合，不经中共中央和中央军委讨论，擅自处理党政军重大问题。江青等人把《解放军报》作为"放火烧荒"的突破口。1 月 17 日，《解放军报》发表了一篇短文《既要讲批评，又要讲谅解》。这篇文章是根据 1973 年 5 月周恩来、叶剑英在空军党委会的讲话写成的。1 月 28 日，江青、张春桥、王洪文召集有关新闻单位开会，指责"这篇文章很坏"，"离开批林批孔斗争的大方向"，"宣扬折中主义、中庸之道"，并布置发表评论文章。3 月下旬，《解放军报》被下令停止编发自己的稿件，完全转发新华社的消息和《人民日报》的稿件，变相停刊178 天。

---

① 《中国共产党执政四十年（增订本）》，中共党史出版社 1991 年版，第 368 页。

　　江青还派一批军队记者到各部队领导机关搜集情报。有一封向叶剑英和江青反映军队工作的信，江青不送主管军队工作的叶剑英，却于当天批给王洪文："后勤问题看来要点火，如何做法待议后再定。"还有一封要江青转给毛泽东的信，江青不送毛泽东，又于当日批给王洪文："海军问题得研究一下，空军也冷下来了，捂盖、翻案，不解决不行了。"2月25日，江青又把反映总参问题的信批给王洪文、张春桥："总参问题太大了，要放火烧荒才好。"不是政治局常委的江青，对涉及党政军重大问题的文件擅自批示，且只批给王洪文、张春桥、姚文元，把涉及重大问题的决定限制在他们四个人的范围内，这是极不正常的。

　　1974年1月31日，在周恩来主持召开的讨论"批林批孔"问题的中央政治局会议上，周恩来明确指出：在军队系统、党政机关、生产部门应该尽早规定一些政策界限，报中央和毛泽东审批后，下达全国试行；军队的作战、机要、通信、情报、供给等部门不搞"四大"；生产部门"在生产以外的时间搞"。江青等人以这"会对群众发动定框框"为由，否定了周恩来的这一意见。

　　周恩来在叶剑英等人支持下，坚持对军委系统不搞"四大"做了布置，并对一些具体问题做了限制性规定，但是，"四人帮"仍在军队的一些会议上鼓动"放火烧荒"，明确布置要在军队"把盖子揭开"。2月8日，王洪文、张春桥在一次会议上对解放军高级领导机关大扣帽子、大打棍子，说总参领导"右倾手软，右得不能再右了"，对总政"可以夺权"，总后"垮得越彻底越好"。3月5日晚，江青、张春桥召集于会泳、陈亚丁（原为军委总政治部文化部副部长但当时陈无任何职务）等人开会，以听取汇报为名，把矛头指向中国人民解放军。江青说："今天我斗胆、我不敢得罪军队，今天把你陈亚丁也请来了，就是要整一整。"江青随意诬蔑军队领导干部，骂这个是"军阀"，那个是

"坏人"。她还鼓动军队要夺权，煽动陈亚丁把军队文化工作管起来，说："你去把权夺过来嘛，放火烧荒，你们去三个人，去放火嘛。"江青并扬言要管军队。

3月6日，王洪文在总参谋部的汇报会上说，总参的问题"盘根错节"，"要解决一下"，要继续发动群众把盖子揭开，揭总参领导的问题。总参的盖子"一定要揭开，揭不开就砸，砸不开就用炸弹炸。"3月13日，张春桥在听取总后勤部的汇报时说："总后已经瘫痪了，我看瘫痪得越彻底越好。"并说："不要怕派性。打内战也可以，有些问题要靠打内战才能解决。"3月15日，王洪文在总参作战部汇报时诬蔑叶剑英兼管的总参作战部说，如果苏修、美帝真的打来，他怀疑作战部会有"维持会"。真的打起仗来，总参会有维持会会长、副会长，一套班子齐全。

从实质上看，1972年周恩来在"批林整风"名义下领导的整顿，在不同程度上带有某种对"文化大革命"否定的色彩。这点江青等人心知肚明。他们在1973年下半年后发动的"反复旧"及"批林批孔"等运动，目的都在于打着"批孔"的旗号，维护"文化大革命"的成果，甚至希望通过动乱再搞出个"第二次文化大革命"。

在教育界，江青等人加大力度批判"右倾回潮""复辟翻案"。1974年1月31日，中央转发了迟群、谢静宜写出的《河南省唐河县马振抚公社中学情况简报》。内容主要是对马振抚公社中学一名女生跳水库自杀事件的调查。事情的起源是：1973年7月该校在进行英语考试时，这名女生交了白卷，受到校方的批评，并要她作出检查。女生投水自杀。江青得知后，立即派迟群、谢静宜对这件本已得到妥善处理的事件进行调查。1974年1月，中央转发了迟、谢的调查简报，称这是"修正主义教育路线进行复辟的严重恶果"。高校入学文化考查由此停止。

江青一伙在反击所谓"右倾回潮"的过程中，大力宣扬迟群和毛远新培植的辽宁朝阳农学院"开门办学"的经验，即：学生实行"社来社去"，由人民公社选送学生，毕业后仍回农村当农民；废除从学科体系出发的教学方法，根据农业发展需要组织教学；办学方式实行"几上几下"，"上"，是在校学习，"下"，是回生产队参加生产实践。毛远新说，朝农的学生"光懂得农村两条路线斗争不行，还得头上长角，身上长刺，敢和资本主义倾向去斗"。他还提出："大学就是大家来学"，"朝农是越办越大，越办越向下"，"朝阳有多大，学校就有多大"。

一些学校提出了"学生打老师是打孔老二""砸玻璃是对师道尊严的惩罚"等口号，在学生中树立了"反潮流"典型。许多学校重新贴满大字报，教室的门窗、桌椅被砸坏。教师受到批判，知识分子人人自危，一些教师被迫提出辞职报告。

在文化领域，江青等人也无端生事，制造出一连串反"复辟"的"靶子"。从2月15日开始，在中国美术馆和人民大会堂举办所谓"黑画"展览，把1971年到1973年间有关部门根据周恩来关于美术画作品要有民族风格和时代风格，要能体现艺术水平；工艺美术品只要不是反动的、丑恶的、黄色的，都可以组织生产和出口；风景画不能叫"四旧"的指示，组织创作的二百一十五幅美术作品诬蔑为"黑画"，进行展览，污蔑出口画是"迎合资产阶级和修正主义的货色"，"是翻案复辟"。

1974年1、2月间，"四人帮"继批判湘剧《园丁之歌》之后，又在全国开展对晋剧《三上桃峰》的批判。他们硬是捕风捉影地把晋剧《三上桃峰》中的"桃峰"，说成是刘少奇夫人王光美在"四清"运动中蹲点的桃园大队①，污蔑《三上桃峰》是吹捧"桃园经验"，认定该剧是为刘少奇鸣冤叫屈的大毒草。2月

---

① 1963年11月至1964年4月，王光美根据刘少奇的指示，参加了唐山专区抚宁县卢王庄公社桃园大队的"四清"试点。

28 日，《人民日报》发表初澜的《评晋剧〈三上桃峰〉》，鼓噪击退"反革命的修正主义文艺黑线的回潮"。

在经济领域，"四人帮"把 1972 年以后恢复的各项经济政策攻击为"物质刺激""利润挂帅"，把开展对外经济交流、从国外引进先进技术设备说成是"崇洋媚外""卖国主义"。"蜗牛事件"就是他们制造的事端之一。1973 年，为了发展我国的电子工业，国务院第四机械工业部向中央报告，准备引进彩电显像管成套设备，得到周恩来等中央负责人批准。为此，有关单位组织了技术考察团赴国外考察相关设备。回国时，一家美国公司送给考察团成员每人一件工艺礼品——玻璃蜗牛。"批林批孔"运动中，江青等人硬是抓住这件他们原本也同意的事情，说送蜗牛是侮辱我们，是说我们爬行。周恩来知道此事后，提议先由外事部门对该国风俗作调查。经调查，按当地风俗，蜗牛是节日礼品，象征幸福、吉祥，并无恶意。才把此事平息下来。但经江青这么一闹，从美国引进彩电显像管成套设备一事就被取消了。其他外国先进技术的引进工作也陷于停顿。

"四人帮"在搞乱社会的同时，以法家自居，竭力抬高法家，对历史肆意歪曲和阉割。江青授意北京大学、清华大学两校"大批判组"撰写《有作为的女政治家武则天》《法家人物简介·吕后》等文章，以评武则天、吕后为名，吹捧江青。江青还露骨地说，共产主义也有女皇。她还说，她现在觉得有一个历史人物值得考虑，吕后是伟大的政治家，是封建政治家、法家，不能低估。因为刘邦去世后，天下没有乱，是和吕后执行了法家路线有关。一些报刊发表的鼓吹"法家领导集团"的文章，刻意突出吕后、武则天这两位江青仰慕的"女皇"。"四人帮"狂热地吹捧法家，实际是为了抬高他们自己，为他们在四届人大召开前，"反周组阁"的阴谋制造舆论。

6 月 12 日，江青、姚文元、王洪文在人民大会堂接见梁效、唐晓文等写作班子成员时，出于影射现实的目的，大谈儒法斗争延续到现在。江青说：复辟和反复辟，前进和倒退的斗争，从奴隶社会贯穿到社会主义社会。现在还有人要复辟，不能说没有。要复辟必然要抬出儒家。我们要革命，对历史上的法家就要批判继承。江青还说，凡是儒家都是卖国主义，凡是法家都是爱国主义。两天后，江青在人民大会堂举行的"批林批孔"座谈会上，又说："批林批孔要深入、持久、系统、普及，必须把批林批孔放在儒法斗争中来批才能深入。""单纯批儒，没有对立面，不能从路线高度来看，看不到路线斗争的规律。"会后，江青、姚文元授意写作班子写文章批"现代的儒"。6月15日，江青同他们的写作班子成员谈话时说，现在文章很少提到现代大儒，除了林彪、陈伯达之外，现在有没有儒？有很大的儒，不然不会搞这样大的运动。6月18日，《人民日报》发表社论《在斗争中培养理论队伍》，姚文元在这篇文章中加了一段话："两千多年来的儒法斗争，一直影响到现在，继续到现在，还会影响到今后"。

江青还带着一些人到处宣讲"儒法斗争史"。6月17日，江青等人到天津一些工厂、农村、部队，借宣讲"儒法斗争史"，散布"儒法斗争继续到现在"的谬论，煽动"揪现代大儒"。他们说，现在"有很大的儒"，"这次运动的重点是批党内的大儒"，并暗示"大儒"就是周恩来。江青还指使谢静宜宣读一份认为江青是"激进派"，周恩来是"温和派"的国外电讯，暗示周恩来就是"现代的大儒"。不久，高等学校的"批林批孔"运动转为搞"批儒评法"和"儒法斗争史"。"四人帮"的写作班子写了一批以批判"现在的儒"为主题的文章。这股借古寓今的浪潮泛滥到各地，江青集团在各地的帮派分子也自封为"法家党"，借机大反"儒家党"，为他们造反的行为又涂上一层借古喻今的政治色彩。

"批儒评法"的提出，在思想理论界引起极大混乱，造成影射史学的泛滥。儒法之争本是史学领域的学术问题，但是，"批儒评法"被加上荒唐的阶级斗争、路线斗争色彩。中国历史被歪曲为"儒法两条路线斗争史"，一切历史人物在历史上的功过评价都被纳入"儒法斗争"的框框重新"划线排队"，两千年的历史被涂改成一笔糊涂账。"四人帮"的写作班子按照"批儒评法"的口号，开列出一大堆划分儒法两家的标准，诸如：凡是法家都是爱国的，凡是儒家则是卖国的；法家革新，儒家守旧；得天下的是法家，顽固的反动派是儒家，等等。一时间，曲解历史、借题发挥、影射史学、"小报抄大报，大报抄梁效"，形成一股愈刮愈凶的风潮。

"四人帮"还调用大量人力、物力注释法家著作，要求各地在学校现行教材中充分体现"文化大革命"的成果和"批林批孔"的要求。中小学以至幼儿园也开展了批判《三字经》《闺训千字文》《弟子规》《改良女儿经》等旧书的活动。为了适应政治斗争的需要，封建专制主义和封建统治的谋略权术受到歌颂。对"斗争哲学"的大力赞扬，更加助长了一些文化素养欠缺、"革命"热情十足的人的偏激好斗情绪，一批"头上长角，身上长刺"的人物动辄以所谓"阶级观点"视老师、领导、父母、兄长为"敌人"，进行"造反"斗争。许多中华民族优秀的传统道德受到否定，整个社会的伦理道德规范几近于崩坏。

江青等人的倒行逆施理所当然地受到了刚刚经历了周恩来整顿的广大干部、群众的反对。就在江青等人在教育领域树立"反潮流"典型，批判"师道尊严""反击右倾回潮"的时候，人民群众中有人直接对这些"反潮流"典型提出了告诫和批评。《一个小学生的来信和日记摘抄》发表后，北京内燃机厂的一位老工人很快就给那位小学生写信，指出这一事件是有人在背后导演的。他说："想想那些把你捧起来的人是些什么玩艺？为什么拿一个五年级的小学生作文章，又为什么竟借题发挥？""当然，你还小，容易受坏人影响。但随着历史的演变，你一定会明白这其中的原因。"内蒙古生产建设兵团的三位青年也以"王亚卓"①的笔名给那位写日记的小学生写信，指出："现在许多学校里，学生动辄就贴大字报，谓之'反潮流'，其实这才是一股很不好的潮流。"他们呼吁："设身处地地为教师们想一想吧，他们多少年如一日忠诚党的教育事业，为培养革命后代努力地工作着……他们欢迎的是'诚心者'，不是'造反派'，不是师长式的学生"，而这种学生"把老师当敌人"的"反潮流精神""未免迫人太甚"，"实在不敢恭维"。1974 年 2 月 11 日，这封信被"四人帮"发表在《人民日报》上，在《为教育革命大好形势拍手叫好》的通栏标题下，被作为对"革命的新生事物""横加指责"的事例，受到了批判。这封信的作者是年龄在二十岁左右、曾经参加过红卫兵的知识青年。这些青年对"反潮流精神"的批评，反映了"文化大革命"中一批充满热情的青年在经历了一段曲折历程后思想的觉醒。

"批林批孔"运动对中国历史的歪曲和对传统文化的践踏，受到一些正直的知识分子的抵制。1974 年 2 月，著名学者梁漱溟在政协直属组作了《我们今天应该如何评价孔子》的长篇发言，提出："我的观点，确实是对时下流行的批孔意见不同意的。"他认为孔子是中国文化史上承先启后的重要人物，表示："我的态度是不批孔，但批林。"一些人则写文章批驳梁效、罗思鼎之流的谬论，并将文章投寄报刊。当然，这些文章在当时无一例外地遭到被扣压的命运。

---

① 王亚卓是内蒙古生产建设部队十九团政治处宣传干事王文尧、放映员恩亚立、新闻报道员邢卓三人的笔名。

（二）你们"不要搞成四人小宗派"

"批林批孔"运动的发动，使极左思潮再次严重地在社会上泛滥开来，1972 年前后在周恩来领导下经过艰苦努力刚刚趋向稳定的局势又陷入混乱。

在江青等人的煽动和指使下，追随他们的帮派分子重新拉起战斗队之类的组织。他们提出："社会主义社会的基本矛盾是新干部和老干部的矛盾，工人中这一派和那一派的矛盾"，鼓动"砸开党的大门，改造党委领导"，"法家联合起来，向儒家开展夺权斗争"。在他们控制的地区和单位，大搞突击入党、突击提干。在浙江省，由于省革委会副主任、省委常委张永生，省革委会常委、杭州丝绸印染联合厂革委会副主任翁森鹤，省革委常委、杭州市革委会副主任贺贤春等人的控制，1974 年 4 月一次就突击提拔五十余名"反潮流战士"到省级领导机关控制党、政、财、文大权。1974 年，浙江全省突击发展党员 36000 人，突击提干约 9000 人。在河南省，从 1973 年 10 月到 1974 年 4 月，半年之内，突击吸收共产党员 18 万人，突击提干 6.6 万人，数量居全国之首。① 该省范县七天内突击发展党员 2000 多人，致使有的单位新党员超过原有党员三四倍。② 有的地区和单位一度出现干部"大换班"。

这些"反潮流分子"到处散布"不为错误路线生产""反潮流"等口号，甚至扬言："凡是党委机器还在转动的，就是形势

---

① 《当代中国的河南》，中国社会科学出版社 1990 年版，第 160 页。

② 《中国共产党组织史纲要》，安徽人民出版社 1987 年版，第 399—400 页。

不好，就要想尽办法砸烂它。"① 他们在许多地区和单位，建立起凌驾于党委之上的"批林批孔小组""运动办"一类独立班子，撇开省委领导，以工代会的名义发通知，召开全省地、市、县委书记会议，煽动停工停产。在他们的干扰下，一些省、直辖市、自治区一级的党组织已经无法开展工作。社会上又出现联络站、上访团、汇报团一类组织，部分地区又发生抢夺武器、武斗、扰乱生产的情况。在许多地区和单位，领导机关受到冲击，一些主持工作的领导干部被重新打倒，或者被迫离开工作岗位，或者卷入了支持一派压一派的派性斗争中。一些老干部、教师和文艺工作者受到揪斗、批判，使这些地区和单位的领导班子重新陷入了瘫痪或半瘫痪状态。

社会动荡使国民经济再次遭到破坏，不少企业陷入停产、半停产状态，工业生产急剧下滑，铁路堵塞、港口压船，燃料和交通运输紧张。第一季度煤炭欠产 500 多万吨，欠运约 800 万吨。据 1974 年 1 月至 5 月统计，煤炭产量比 1973 年同期下降 6.2%，铁路货运量比 1973 年同期下降 2.5%，钢产量比 1973 年同期下降 9.4%，化肥产量比 1973 年同期下降 3.7%。财政收入比 1973 年同期减少 5 亿元，支出增加 25 亿元，出现赤字 5 亿元。②

人民生活也受到严重影响。大中城市商品供应紧张，副食品、棉布、糕点以至火柴，供应量均在下降。物产富饶的浙江省，这个在 60 年代初严重困难时省内吃饭仍不要粮票的富饶省份，在"批林批孔"运动中，有不少商品开始脱销，为解决吃粮问题，竟需要从北方调运地瓜干、小麦来救灾。有"天府之国"

① 《浙江省人民检察院关于翁森鹤反革命案起诉书》1978 年 7 月，见《历史的审判》（续集），群众出版社 1986 年版，第 447 页。

② 《中国共产党执政四十年（增订本）》，中共党史出版社 1991 年版，第 373 页。

之称的四川，由于武斗影响，农业产值排在全国倒数第二，市场供应紧张，市区群众一度不仅没有肉吃，也没有菜吃。

毛泽东虽然批准发动"批林批孔"运动，但是，鉴于前几年"天下大乱"的教训，他不愿看到出现更大的社会动乱。为了制止混乱局面发展，扭转生产下降的状况，毛泽东连续批准下发中央关于"批林批孔"运动的文件，对"批林批孔"运动的组织领导、方式方法、范围界限等作出强制性规定，强调要注意掌握政策，"抓革命、促生产"。

4 月 10 日，中共中央发出《关于"批林批孔"运动几个问题的通知》。该通知规定，"批林批孔运动在党委统一领导下进行，不要成立战斗队一类群众组织，也不要搞跨行业、跨地区一类串连"；对已经成立的联络站、上访团、汇报团一类组织，各级党委应做好工作，劝他们回本单位参加"批林批孔"。

5 月 18 日，中共中央又发出《关于批林批孔运动几个政策问题的通知》。该通知指出，在"批林批孔"运动中要注意掌握党的政策，注意严格区别和正确处理两类不同性质的矛盾，以利于团结百分之九十五以上的干部，团结百分之九十五以上的群众。要抓革命、促生产、促工作、促战备。对于清查同林彪集团有关的人和事，规定"清查的范围应限制在同林彪反党集团阴谋活动有关的问题，不要扩大化。"同时规定陆、海、空军的军以下领导机关和部队在"批林批孔"运动中，一律坚持正面教育。

7 月 1 日，中共中央在《关于抓革命、促生产的通知》中重申，我们的干部，绝大多数是好的和比较好的，并规定不准揪干部，不准打人抓人，擅离职守的领导和其他人员，必须返回工作岗位，对于有关劳动、工资等经济政策方面的问题，一律放到运动后期统筹解决。该通知还指出："那种不作阶级分析，笼统地讲什么'只要造领导的反就是反潮流'的说法，是错误的。有的人不批林，不批孔，不上班，不劳动，……继续搞跨地区、跨行业的串连，拉山头，打内战，还把这种行为说成是'反潮流'的革命行动，这是对反潮流的严重歪曲。还有人散布什么'不为错误路线生产'的谬论，公然煽动停工停产。对于这些错误言论，必须加以批驳。对于幕后操纵者，要发动群众揭发批判。"

毛泽东虽然不满意整顿对"文化大革命"的某种冲击，但也不能容忍反复的动乱对整个社会生活的破坏，不能容忍江青等人无休止地在党内外制造紧张气氛、打击一大片。7月17日，毛泽东在离开北京去外地休养之前，召集中央政治局会议，对江青、张春桥、姚文元、王洪文四人进行严肃批评。第一次点出了"四人帮"的问题。他告诫江青说："不要设两个工厂，一个叫钢铁工厂，一个叫帽子工厂，动不动就给人戴大帽子。""你也是难改呢！"他同时宣布："她并不代表我。她代表她自己。""总而言之，她代表她自己。"毛泽东还批评江青、张春桥、姚文元、王洪文搞帮派活动，警告他们说："你们要注意呢，不要搞成四人小宗派呢！"这些批评明确点出了江青等四个人拉帮结派的问题，是对江青等人一次很有分量的批评，使江青一伙不得不有所收敛。他针对江青等人想通过"批林批孔"再次造成"天下大乱"的搞法，批评江青"批林批孔，批走后门，成了三个主题，就搞乱了。搞乱了，也不告诉我。"他同时指出："说批林批孔是第二次文化大革命是不对的。"毛泽东对江青等人还是希望通过批评的方法来维护政治局内的团结。

由于毛泽东对"四人帮"的抑制，也由于广大干部群众对"批林批孔"运动的抵制，"批林批孔"运动对周恩来的影射攻击，不但没能诋毁周恩来，反而使广大干部群众从中进一步看到了一位忍辱负重、兢兢业业、鞠躬尽瘁、死而后已的好总理的光辉形象。人民对自己的好总理更加爱戴。1974年6月，周恩来心力交瘁、积劳成疾，住进了医院。9月30日晚，周恩来抱病参加在人民大会堂举行的庆祝中华人民共和国成立二十五周年招待会。当他及其他党和国家领导人步入大厅时，顷刻间，全场鼎沸，掌声雷动，经久不息。中外来宾争相上前，围在周恩来身边问候致意。有的人情不自禁地喊着："总理的病好了！总理的病好了！"宴会厅久久平静不下来。坐在后面的人，纷纷站在椅子上，遥望祝愿。周恩来短短数分钟的祝酒词，竟被全场的热烈掌声打断十几次，许多人热泪盈眶。这一激动人心的场面，充分显示了当时的党心、军心、民心所向。

但是，这一年由于受到"批林批孔"运动的冲击，国民经济急剧下滑。京广、津浦、陇海、浙赣四大干线不通畅，当年全国货运量只完成计划的92%，比1973年少运货物4321万吨。全国发生重大事故和大事故达755起，相当于事故最少的1964年的八倍多。全年钢产量只有2111.9万吨，比1973年下降16.3%，比1974年计划的2600万吨少产了近500万吨①；原煤产量比1973年下降0.96%。农业产品产量方面，粮食比1973年增长3.9%；棉花比1973年下降3.9%。国家财政总收入783.1亿元，总支出790.8亿元，赤字7.7亿元。②

二、围绕四届全国人大人事安排的斗争

（一）毛泽东希望实现安定团结

从1964年至1975年，全国人大及其常委会虽然在名义上保留，但没有召开过任何会议，实际上陷于瘫痪状态。随着各地革命委员会的建立和党组织恢复活动，中共九大召开后，毛泽东认

---

① 《当代中国的钢铁工业》，当代中国出版社1996年版，第108页。
② 《中国共产党执政四十年（增订本）》，中共党史出版社1991年版，第378页。

为党的重建问题已初步解决，转而考虑政府系统的重建问题。但是，由于发生林彪叛国外逃的事件，四届全国人大不得不推迟召开。1973 年 8 月中共十大召开时，中共中央再次向国内外宣布，第四届全国人民代表大会将在近期内举行。1974 年两报一刊在元旦社论中重新提出"迎接四届全国人大的召开"这一任务。在十大上权势达到巅峰的江青集团，把即将召开的四届全国人大看作是夺取更多权力的时机。他们为实现由他们"组阁"而加紧活动，阴谋篡夺国家的最高领导权。他们不遗余力地借"批孔"攻击以周恩来为代表的老一辈革命家，除了因为他们对 1972 年前后周恩来领导批判极左思潮不满，要借机"反击右倾回潮"以外，另一个重要原因就是削弱党内健康力量，发展极左势力，以便在筹备召开四届全国人大的过程中夺取更多领导权。

"四人帮"及其帮派骨干紧锣密鼓地内定四届全国人大"组阁"名单，极力在中央和国务院要害部门安插干部。早在 1972 年上半年，张春桥就以为党中央多输送干部为名，提出"要培养工人大使，现在的外交人员到联合国去的都是知识分子"，在上海选调了 80 名工人，送到复旦大学培训，准备在两年后到外事部门工作，一旦有机会就派到国外当大使。1973 年 9 月，王洪文、张春桥指使他们在上海的亲信、中共上海市委书记（当时设第一书记）、市革委会副主任王秀珍等，选拔一批工人出身的新干部，准备到中央各部当部长。10 月，王秀珍等人即在上海举办"市委工农干部学习班"，以培训和物色相关人员。1974 年 3 月，王秀珍到北京找王洪文、张春桥密商人事安排问题。王洪文对王秀珍说，上海要尽快物色 20 多个年轻干部，分别担任全国总工会、团中央、全国妇联、公安部、商业部、建材部、邮电部、中组部、卫生部以及《人民日报》的领导。4 月底，上海市革命委员会提出一个 88 人的中央副部长备选人名单。10 月，王洪文又提出："要把上海的中委都调出来"，"上海还要抓紧培养一批人"。"四人帮"在上海的帮派骨干、中共上海市委书记、市革委会副主任马天水，中共上海市委书记、市革委会副主任徐景贤及王秀珍等根据张春桥、王洪文授意，从上海先后排出两批名单报送江青，第一批备选名单有 18 名部长，12 名司、局长；第二批备选名单有 16 名部长。除上海外，在辽宁和其他地方，"四人帮"也做了类似的组织准备。

"批林批孔"运动开始后，张春桥、王洪文在他们的帮派骨干中鼓吹："我们造反派要打天下，而且要坐天下"。他们除了大搞突击入党、突击提干，把大批在"文化大革命"中靠"打、砸、抢"起家的造反派头头吸收入党，提拔到各级领导岗位以外，还唆使这些人在各地区肆无忌惮地进行抢班夺权活动。这些帮派分子，有的公开提出"要砸开党的大门，改造党委领导"；有的给所在地区的省委、市委提出长串名单，强迫他们按照名单安排领导职务。

"四人帮"在为"组阁"做组织准备的同时，还加紧了舆论准备。10 月，《红旗》杂志发表了由姚文元策划和修改定稿的署名为"梁效"的《研究儒法斗争的历史经验》一文。按照姚文元的布置，这篇文章的主题应放在"研究儒法斗争对无产阶级革命和专政的意义上"，目的是"为了现实的阶级斗争"，所以要"针对当前的主要问题来写"，着重写"复辟与反复辟"的"经验教训"。这篇文章的中心内容是，"刘邦死后，吕后和汉文帝以后的几代，都继续贯彻执行了刘邦的法家路线，并重用像晁错、张汤、桑弘羊等法家人物，让他们在中央主持工作。由于中央有了这样一个比较连贯的法家领导集团，才保证了法家路线得到坚持。""四人帮"以"当代法家"自命，为"在中央主持工作"而制造舆论的用心昭然若揭。

"批林批孔"运动发动后，毛泽东在批评"四人帮"、采取措施抑制社会混乱的过程中，表达出希望实现社会安定和党内团结的愿望。"还是安定团结为好"，就是他从 1974 年下半年起多次讲的一句话。

1974 年下半年，毛泽东在 1972 年对部分干部落实政策的基础上，进一步同意纠正"文化大革命"中的一些错案。八一建军节过后，毛泽东提议召开各大军区司令员、政委会议。这次会议是针对"四人帮"在"批林批孔"运动中清查军队领导干部问题时整理的一批材料而召开的。8 月，毛泽东针对整理的这批军队领导干部的材料有过几次重要谈话。毛泽东说，除若干同志以外有少数同志或多或少有些问题。他又说：各地大字报揭露的都是老账。要实行"惩前毖后、治病救人"的方针，一棍子打死就不好了。允许人家改正错误嘛，要给人家机会。毛泽东还讲了一段非常重要的话："无产阶级文化大革命，已经八年。现在，以安定为好。全党全军要团结。"8 月 20 日，毛泽东再次对李先念说："现在是要团结、稳定。"① 毛泽东的"八月指示"，打破了"四人帮"在"批林批孔"运动中"放火烧荒"、搞乱军队的图谋，也为进一步落实干部政策创造了有利条件。

国庆节过后，毛泽东提出筹备召开四届全国人大，酝酿国家机构人事安排。10 月 4 日，毛泽东提出了关于国务院领导人选的意见，提议由邓小平出任国务院第一副总理。在周恩来病重的情况下，毛泽东的这个决定等于是确定了接替周恩来主持国务院工作的人选。10 月 11 日，中共中央发出通知，决定"在最近期间召开第四届全国人民代表大会"，并转述了毛泽东关于要安定团结的意见。

然而，"四人帮"对毛泽东的提议极为不满，阻挠邓小平出任国务院第一副总理。10 月中旬，在江青等人操纵下，发生了轰

---

① 《毛泽东传（1949—1976）》（下），中央文献出版社 2003 年版，第 1695 页。

动一时的"风庆轮事件"。1974 年 9 月，中国自行设计制造的远洋万吨货轮"风庆"号远航归来。"四人帮"利用"风庆"轮试航成功，对 60 年代党中央在国内造船工业不能满足远洋运输的情况下提出的造船和买船并举的方针横加指责。1974 年 10 月 12 日，《文汇报》和《解放日报》在头版发表评论员文章，说什么"我国近代造船工业发展史，是一部充满尊孔崇洋与反孔爱国斗争的历史"；影射现实生活中有人奉行"造船不如买船，买船不如租船"的洋奴哲学，推行了一条卖国主义路线。10 月 13 日，江青在一份关于"风庆"轮情况的报道上写了批语，攻击交通部"崇洋媚外"，是"买办资产阶级思想的人专了我们的政"，矛头指向周恩来、邓小平。10 月 17 日晚，在政治局会议上，江青拿出她写了批注的关于"风庆"轮的传阅材料，强迫与会者对他们认定的所谓"卖国主义路线"表态。邓小平表示：这件事还要调查一下，首先应该把情况弄清楚，不能搞强加于人的做法。江青进一步问邓小平："你是支持呢，还是反对呢？还是站在中间立场呢？"邓小平回答："政治局讨论问题要平等，不能用这样态度待人。这样政治局还能合作？一定要写出赞成你的意见吗？"张春桥站起来说："早就知道你要跳出来，今天你果然跳出来了。"邓小平愤然离开会场。政治局会议不能继续开下去，无果而散。

　　当晚，江青召集张春桥、姚文元、王洪文到钓鱼台 17 号楼紧急开会，分析这次政治局会议的情况。江青等认为，邓小平之所以在政治局会上同江青吵架，是对"文化大革命"不满，有气，反对"文化大革命"，不支持新生事物。姚文元在 18 日的日记中写道："斗争形势突然地变化了，邓小平同志昨天会议结束时站起来骂江青同志……已有庐山会议气息，形势如何发展，不以我们意志为转移。"会上，王洪文提出要到长沙向毛主席汇报情况，立即得到江青的赞同，并说要去就早去，最好是在主席接见外宾前去。多年后，王洪文在笔供中承认：长沙告状的目的就是在毛主席面前搞臭邓小平同志，使他不能工作，当然更不想让他当第一副总理了，抢在邓小平同志陪同外宾去之前，目的是要毛主席了解吵架的"真相"。这实际上是诬蔑邓小平的一次阴谋活动。

10月18日，王洪文乘专机飞到长沙。他对毛泽东耸人听闻地说：北京现在大有庐山会议味道，他是冒着危险来的。王洪文接着说，在政治局会议上，江青同邓小平发生了争吵，吵得很厉害。邓小平还是搞过去造船不如买船，买船不如租船那一套。王洪文还别有用心地说，周恩来虽然有重病，但昼夜都忙着找人谈话，经常去总理家的有邓小平、叶剑英、李先念等。他还说：他们这些人这时来往得这样频繁，一定和四届全国人大的人事安排有关。王洪文在这里讲的庐山会议，是指林彪阴谋夺权的九届二中全会。他把周恩来等人的正常工作往来，比作林彪的篡权阴谋活动，企图蒙骗毛泽东。王洪文在汇报中还吹捧江青、张春桥、姚文元，目的显然是想阻挠邓小平出任第一副总理，并把周恩来撇在一边，由"四人帮"出来"组阁"。

毛泽东听完王洪文的汇报后，当即批评王洪文："商量工作嘛！有意见应当面提，这么搞不好。小平同志会打仗，经验比你们多，能力比你们强，你要同小平同志搞好团结。"王洪文连忙告辞，说还要赶回北京。毛泽东告诫他："你回去要找总理、剑英同志谈，不要跟江青搞在一起，你要注意她。"

当天晚上，王洪文回到北京，到钓鱼台17号楼向江青、张春桥、姚文元传达去长沙的情况。江青还通知王海容、唐闻生来参加。江青先让张春桥介绍所谓形势问题。张春桥把"批林批孔"后国内财政开支和对外贸易中出现的逆差说成是国务院领导人崇洋媚外造成的，说邓小平在"风庆轮"问题上跳出来不是偶然的，他在"文化大革命"以前就主张造船不如买船，买船不如租船。张春桥还恶毒地把17日晚政治局会议比作"二月逆流"。

江青让唐闻生、王海容再去长沙，按照他们的调子向毛泽东报告。

10月19日，王、唐到医院向周恩来报告了江青找他们谈话的情况。周恩来说，他已经知道政治局会议的问题，经过他的了解，事情并不像江青等人所说的那样，而是他们四人事先就计划好要整邓小平。他们已多次这样搞过邓小平，邓小平已忍了他们很久。

10月20日下午，王海容、唐闻生在长沙把跟周恩来谈话的情况报告了毛泽东。毛泽东指示王海容、唐闻生回北京转达他的意见：总理还是我们的总理。如果他身体可以，由他和洪文同志一起跟各方商量，提出一个人事安排的名单。他还要王海容、唐闻生转告王洪文、张春桥、姚文元不要跟在江青后面批东西。毛泽东说："总之，方针要团结，要安定。"① 毛泽东还在带去的江青的来信上批示："务望谨慎小心。注意团结不同意见的同志。"这封信他请王、唐带回交江青。

毛泽东重申由周恩来主持四届全国人大的人事安排，使"四人帮"借"风庆轮事件"整周恩来、邓小平，阻挠邓小平担任国务院重要领导职务的阴谋未能得逞。

在此期间，毛泽东还有一句话对后来的历史产生了影响。那是在11月6日，他听李先念等汇报关于国民经济的情况，当听到经济出现下降趋势时，毛泽东提出："把国民经济搞上去。"② 李先念回京后在中央政治局会议上作了传达。

---

① 《毛泽东传（1949—1976）》（下），中央文献出版社2003年版，第1705页。

② 《毛泽东传（1949—1976）》（下），中央文献出版社2003年版，第1715页。

（二）挫败江青集团"组阁"阴谋

按照毛泽东的意见，四届全国人大的各项筹备工作和具体人事安排，主要由周恩来负责。周恩来自 1974 年 6 月 1 日因病情加重住进医院后，仍坚持不懈地工作，抱病进行四届全国人大的筹备和国家人事安排工作。从 10 月下旬到 11 月上旬，周恩来连续在医院分别与邓小平、叶剑英、李先念以及王洪文、江青谈话，并约中央政治局成员谈话，传达毛泽东的指示。

虽然王洪文的长沙之行没有达到"四人帮"的目的，反而受到毛泽东的批评，江青等人仍然不肯罢休。11 月间，江青多次给毛泽东写信，提出她对党政领导人事安排的意见。11 月 12 日，江青给毛泽东写信，提出让谢静宜任全国人大副委员长，迟群任教育部部长，乔冠华任副总理，毛远新、迟群、谢静宜、金祖敏列席政治局会议，作为"接班人"来培养。毛泽东看出了江青的意图，于当日在江青的信上批道："不要多露面，不要批文件，不要由你组阁（当后台老板）。你积怨甚多，要团结多数。至嘱。""人贵有自知之明。又及。"江青仍不甘心。11 月 19 日，江青又给毛泽东写信，一方面不能不作点"检讨"："愧对主席的期望，因为我缺乏自知之明，自我欣赏，头脑昏昏，对客观现实不能唯物的正确对待，对自己也就不能恰当地一分为二的分析。"另一方面，她道出了真意："自九大以后，我基本上是闲人，没有分配我什么工作，目前更甚。在路线斗争起伏时我主动地做过一些工作。"毛泽东看透了江青伸手"要官"的心思。次日，他在江青信上批道："你的职务就是研究国内外动态，这已经是大任务了。此事我对你说了多次，不要说没有工作。至嘱。"江青再次受到毛泽东的批评后仍不死心，又托人于 12 月 23 日前去向毛泽东转达她的意见：由王洪文当全国人大副委员长，排在朱德、董必武之后。当时，朱德、董必武已是高龄，如果王洪文当人大副委员长，人大常委会的实权就可落入"四人帮"的手中。而由王洪文当副委员长，将来党的主席职务就可能落到江青头上。毛泽东一针见血地指出："江青有野心。她是想叫王洪文作委员长，她自己作党的主席。"毛泽东让人转告周恩来：在已经拟定的人大常委会的主要领导人朱德、董必武之后，要安排宋庆龄；邓小平、张春桥、李先念等可为国务院副总理；其他人事安排由周恩来主持商定。

12月，周恩来在医院审阅四届全国人大各界名额分配的方案后，致信中央政治局，建议增加老干部和外交、体育等方面的名额。在关键的人事安排问题上，他反复考虑，费尽苦心。针对"四人帮"竭力要将他们的亲信安插到文化、教育、体委等部委的情况，周恩来同李先念、纪登奎等人几次讨论研究，认为教育部关系重大，不能让，以周荣鑫掌管为宜，文化部、体委可作些让步。

12月23日，周恩来抱病飞赴长沙向毛泽东汇报四届全国人大的筹备工作。临行前，医务人员发现周恩来的大便中有隐血，需立即检查治疗。这正是决定党和国家的权力掌握在谁手里的关键时刻，而王洪文也将同去向毛泽东汇报。周恩来对医生说，既然把他推上历史舞台，他就得完成历史任务。叶剑英得知此事并经考虑后表示，为了党和国家的最高利益，在筹备召开四届全国人大的关键时刻，暂时不要向其他人提及此事，但反复叮嘱医务人员尽一切办法，确保周恩来安全归来。

周恩来、王洪文到达长沙后，毛泽东于24日听取了他们的汇报。周恩来说：我们都拥护主席的意见，小平做军委副主席、第一副总理兼总参谋长。毛泽东又提出：由邓小平担任中共中央副主席。从这天起到27日，毛泽东于24日、25日、27日同周恩来和王洪文谈了三次话。26日，是毛泽东81岁诞辰，那天夜里，毛泽东又同周恩来单独长谈一次。

毛泽东再次告诫王洪文："'四人帮'不要搞了，中央就这么多人，要团结"，"不要搞宗派，搞宗派要摔跤的"。这是毛泽东第一次向政治局提出"四人帮"这个概念。他指出："江青有野心，你们看有没有？我看是有。我比你们了解她，几十年。"毛泽东说，他对江青提出"三不要"：一不要乱批东西，二不要出风头，三不要参加组织政府（组阁）。毛泽东还对江青等以"第十一次路线错误"攻击周恩来，以及借"批林批孔"大批"走后门"的做法表示不满，"说批林批孔是第二次文化大革命是不对的"。① 毛泽东责成江青等人作自我批评。同时他也说，对江青要一分为二，她在批刘批林问题上是对的。他对王洪文说："我几次劝你，不要几个人搞在一起，你总是听不进去！"他要王洪文好好想一想，在长沙即写出书面检查。王洪文不得不在书面检讨中承认：10月18日来长沙向主席汇报关于江青同志和小平同志为"风庆"号批示发生争吵一事，是犯了严重错误的。

在研究人事安排谈到邓小平时，毛泽东说，邓小平"政治思想强""人才难得"。毛泽东还采纳周恩来的建议，在四届人大会议前召开中共十届二中全会时增补邓小平为中央政治局常委或中央副主席，毛泽东提出以邓小平为中央副主席兼政治局常委。关于四届人大的人事安排，毛泽东重申："总理还是我们的总理"。毛泽东提议由张春桥兼任总政治部主任职务，还同意周恩来提出的叶剑英为军委副主席兼国防部长。关于副总理人选，毛泽东在邓小平、张春桥后面增加了李先念。

四届全国人大召开前，毛泽东对"四人帮"的多次批评，以及最后确定的人事安排方案，对于挫败江青的"组阁"阴谋，保证四届人大顺利召开起了决定性作用。在关系到党和国家前途的

---

① 周恩来起草的在中共中央政治局常委会上传达的毛泽东谈话要点，1974年末至1975年春。

关键时刻，毛泽东倚重周恩来，把党、政府和军队的大权交给邓小平，这为建立以周恩来、邓小平为核心的新一届国务院领导班子创造了有利的条件，对以后的历史发展产生了重要影响。

1975 年 1 月 5 日，根据毛泽东的意见，中共中央发出第一号文件，任命邓小平为中央军委副主席兼解放军总参谋长，同时任命张春桥为总政治部主任。

1 月 8 日至 10 日，中共十届二中全会在北京举行。周恩来主持全会。会议讨论了四届全国人大的准备工作，决定将《中华人民共和国宪法修改草案》《关于修改宪法的报告》《政府工作报告》和全国人民代表大会常务委员会及国务院组成人员候选人名单，提请全国人民代表大会讨论。这次会议最令党内绝大多数同志感到振奋的是，追认邓小平为中央政治局委员，选举邓小平为中央副主席、中央政治局常委。同时会议批准李德生辞去他所担任的中共中央副主席、中央政治局常委的请求。中共十届二中全会坚持毛泽东关于由周恩来筹备四届全国人大，出任国务院总理的正确意见，粉碎了"四人帮"的"组阁"图谋。

1975 年 1 月 10 日，中共十届二中全会闭幕前，周恩来向毛泽东请示有什么话要说，毛泽东讲了八个字"还是安定团结为好"。① 根据毛泽东的指示，周恩来在十届二中全会上再次传达了这八个字，并希望 1975 年是安定团结的一年，是争取跃进胜利的一年。

---

① 《周恩来年谱（1949—1976）》下卷，中央文献出版社 1997 年版，第 690 页。

三、四届全国人大的召开及其内容

（一）四届全国人大的筹备与召开

1975年1月13日至17日，第四届全国人民代表大会第一次会议在北京举行。全国各地各部门推选出代表2885名。实际出席会议的代表共2864人。他们当中有产业工人、农民、其他劳动人民、人民解放军、干部、知识分子、爱国人士、归国华侨的代表。

由于"文化大革命"的特殊环境，四届全国人大的代表与历届全国人大代表的构成均有很大不同，具有以下特点：

1. 代表不是由普选产生的，而是由各省、市、自治区革命委员会"协商"推选的。由于地方各级人大一直没有恢复活动，此届人大代表没有像以前产生人大代表那样进行逐级选举，而是由各地各级革命委员会和军队等方面"协商"推选的，还有指定的或特邀的。

2. 中共党员和工农兵代表所占比例大大高于前三届。四届人大代表中，中共党员有2217人，占代表总数的76.85%，超过四分之三，比1965年三届人大中共党员所占代表总数的54.83%高出22%。工农兵代表共1961人，占代表总数的67.97%，其中：工人813人，占28.2%；农民662人，占22.9%；解放军486人，占16.85%。与历届全国人大代表相比较，四届人大代表的工农兵比例是最高的，比三届人大工农兵代表所占代表总数的5.75%、6.87%、3.95%，分别高出22.45%、16.03%、12.9%。①

3. 民主党派和党外代表比例最低。由于各民主党派的组织

---

① 《中华人民共和国人民代表大会文献资料汇编》（1949—1990），中国民主法制出版社1991年版，第857页。

都停止活动，所以指定了各民主党派原来的一些知名人士作为代表。在四届人大代表中，党外代表数为 668 人，占总数的 23.15%，为到四届人大为止的历届人大最低点；民主党派和无党派爱国人士代表为 238 人，占总数的 8.25%，也为历届人大最低点。① 知识分子约占 11.99%。

4. 妇女代表占有极高的比例。四届人大代表中，妇女有 653 人，占 22.63%，是历届人大中最高的。比一届全国人大妇女代表占的 11.99% 翻了将近一番。

5. 在其他方面，干部占 11.2%，归国华侨占 1.03%，少数民族占 9.4%。

四届全国人大一次会议是在极端严格的保密措施下秘密举行的。四届全国人大一次会议总共举行了两次大会，代表都是通过地下通道进入人民大会堂。直到会议闭会后，才发布召开这次会议的新闻公报，全国人民才知道四届全国人大召开的消息和大会决定的重要事项。

四届全国人大正式开幕前，从 1 月 5 日至 11 日分别在各省、自治区、直辖市举行了七天预备会议。四届全国人大的正式会期只有五天。大会第一天为开幕式，最后一天为闭幕式，中间三天为分组讨论。

1 月 13 日，大会举行开幕式。朱德委员长宣布大会开幕。四届人大的议程是：修改《宪法》；通过《政府工作报告》；选举和任命国家领导人及有关工作人员。

朱德主持了这次大会。张春桥代表中共中央作《关于修改宪法的报告》，周恩来代表国务院作《政府工作报告》。大会通过了《中华人民共和国宪法》和《关于修改宪法的报告》，通过了关于政府工作报告的决议，批准了周恩来总理所作的《政府工作报

---

① 《新中国法制建设 50 年》，江苏人民出版社 1999 年版，第 259 页。

告》。

四届全国人大一次会议批准的一个重要文件是，先后由周恩来、邓小平主持起草的《政府工作报告》。

还在林彪叛国外逃事件发生前，1971 年 8 月 13 日，周恩来在起草向四届人大作的《政府工作报告》的提纲时，就在提纲稿第一部分"社会主义建设的伟大成就和今后任务"中，写上了"农业、工业、国防和科技的现代化"的目标。

1974 年 11 月，在毛泽东提议邓小平担任第一副总理兼总参谋长时，把起草向四届人大作的《政府工作报告》的任务交给了邓小平。邓小平主持起草工作后，对这项工作非常重视。从《政府工作报告》酝酿起草开始，他一直参与了这项工作。他要求报告起草小组："文字力求简洁，整个文章最后归结到团结起来，为实现现代化而奋斗，要落到这个上头。"① 当时的国务院政治研究室负责人、报告起草者之一吴冷西后来说："小平同志主持这个报告，一是为这次人代会定了个基调。第二，也是为他 1975 年一系列的调整工作做了一个舆论准备。从 3 月份开始，一系列的调整工作，就是依据这个报告来的。从这两点看，小平同志主持起草这个政府工作报告是一个带战略性的、很重要的一步棋。"②

在 1 月 13 日的开幕式上，身患晚期癌症的周恩来强撑病体，宣读了《政府工作报告》的开头和结尾两段。这份报告在回顾总结三届人大以来的政府工作时，肯定了"文化大革命"和"批林批孔"运动。在今后任务部分，报告提出巩固和发展"文化大革

---

① （大型电视文献纪录片）《邓小平》，中央文献出版社 1997 年版，第 105—106 页。

② （大型电视文献纪录片）《邓小平》，中央文献出版社 1997 年版，第 105—106 页。

命"的"胜利成果"、深入开展"批林批孔"运动、加强各级革命委员会的建设等任务。引人注意的是，这份报告再一次提到社会主义现代化建设的目标。报告展示了三届全国人大提出的从第三个五年计划开始，中国国民经济按两步设想发展的蓝图："第一步，用十五年时间，即在一九八〇年以前，建成一个独立的比较完整的工业体系和国民经济体系；第二步，在本世纪内，全面实现农业、工业、国防和科学技术的现代化，使我国国民经济走在世界的前列。"报告说："我们要在一九七五年完成和超额完成第四个五年计划，这样就可以为在一九八〇以前实现上述的第一步设想打下更牢固的基础。从国内国际的形势看，今后的十年，是实现上述两步设想的关键的十年。在这个时期内，我们不仅要建成一个独立的比较完整的工业体系和国民经济体系，而且要向实现第二步设想的宏伟目标前进。国务院将按照这个目标制订十年长远规划、五年计划和年度计划。国务院各部委、地方各级革命委员会，直到工矿企业和生产队等基层单位，都要发动群众，经过充分讨论，制订自己的计划，争取提前实现我们的宏伟目标。"报告在结尾处，号召全国人民奋发图强，"再用二十多年的时间"，"在本世纪内把我国建设成为社会主义的现代化强国"。由于历史的局限，虽然四届人大对于实现四个现代化的艰巨性和长期性估计还不充分，对于在本世纪内实现四个现代化使国民经济走在世界前列还缺乏足够的认识，对阶段性战略目标也缺乏明确规定，但是，在三届全国人大提出实现四个现代化的目标十年后，再一次提出实现四个现代化的宏伟目标，力图把国家工作的重点再次转到发展经济、振兴国家的方向上来，却反映了全国人民在社会主义时期的根本愿望。

四届全国人大一次会议上的《政府工作报告》虽然受到"无产阶级专政下继续革命"理论的影响，但值得注意的是，四届人大提出实现四个现代化的宏伟目标，并不只是对三届人大提出的现代化目标的一般重申，它是在中共九大肯定"文化大革命"并提出无产阶级专政下继续革命的理论、中共十大继续肯定"文化大革命"和无产阶级专政下继续革命的理论之后，第一次把发展国民经济作为国家发展的宏伟目标，要求国务院按照这个目标制订长远规划和年度计划，并逐级落实到基层单位。这是周恩来、邓小平等党和国家领导人抓住历史机遇，促使局势向有利方向发展的重要一步。

（二）以"继续革命"理论为指导的 1975 年宪法

四届全国人大一次会议召开前，修改宪法的工作已经进行了将近五年。1970 年 7 月 21 日，成立了以毛泽东为主任、林彪为副主任的中共中央修改宪法起草委员会。7 月 20 日，中共中央在筹备召开四届人大的通知中，要求各省、市、自治区革委会和中央军委动员全国各行业、各单位的群众，广泛讨论修改《宪法》，提出修改意见。此后，中共中央政治局和中央修改宪法起草委员会详细研究了全国工农兵和人民群众对 1954 年宪法的修改意见，形成《中华人民共和国宪法修改草案》，于 1970 年 8 月 23 日提交中共九届二中全会审查。在中共九届二中全会上，康生报告了毛泽东历次对修改宪法的意见和修改宪法的过程。9 月 6 日，全会基本通过了这个宪法修改草案，并决定动员全国人民进行讨论和修改。1970 年的宪法修改草案充满了浓厚的个人崇拜色彩。在不到五千字的篇幅中，九次提到毛泽东的名字，三次提到林彪的名字。9 月 12 日，中共中央发出通知，指出："这个宪法修改草案，对于伟大领袖毛主席和他的亲密战友林副主席的领导地位，对于中国共产党对国家的领导，对于马克思主义、列宁主义、毛泽东思想是我们党的指导思想的理论基础，是全国一切工作的指导方针，对于社会主义社会的阶级、阶级矛盾和阶级斗争，无产阶级专政和无产阶级专政下的继续革命，对于人民群众和人民军队的巨大作用，都作了明确的规定。"通知要求将宪法草案发给各基层单位，广泛组织人民群众进行讨论。但是，在当时的社会环境中，广大群众根本不可能进行充分的讨论，更不用说发表不同的意见。

1971年8月下旬，中央在发出的一份文件中提到了对全国人大会议的改进意见，具体有：四届全国人大不设民族委员会、法案委员会、提案审查委员会；人大常委会不作报告；还改变了以往国务院总理是由国家主席提名、大会投票决定，副总理、各部部长、各委员会主任、国务院秘书长由总理提名，大会举手通过的做法，提出国务院总理和国务院的组成人员，由大会根据中共中央的提议任命。不久，由于发生"九一三"事件，宪法草案的一些内容不得不再次作出修改。从1974年开始，由张春桥负责，对宪法序言、总纲作了较大改写。

1975年宪法基本采用了1970年宪法修改草案的框架结构，总体结构仍是四章三十条，但作了不少修改。根据九届二中全会后四年多的形势变化，以及中共十大召开前修改党章时毛泽东关于党章里不要出现个人名字的指示，1975年宪法除了三次提到毛泽东思想外，不再提到毛泽东的名字，同时删去了林彪的名字。不过，1975年宪法仍保留了毛泽东关于社会主义时期始终存在着阶级斗争和两条道路斗争的基本路线的论述，保留了1970年宪法修改草案中"无产阶级必须在上层建筑其中包括各个文化领域对资产阶级实行全面的专政"这一内容。

1975年1月13日，张春桥在四届全国人大一次会议上作了《关于修改宪法的报告》。张春桥阐述了修改宪法的指导思想。他说：1954年宪法的"部分内容，今天已经不适用了"，"总结我们的新经验，巩固我们的新胜利，反映我国人民坚持无产阶级专政下继续革命的共同愿望，就是我们这次修改宪法的主要任务。"他还说：二十年来，我国人民的最主要的新胜利，"是在毛主席为首的中国共产党领导下，逐步地巩固和发展了社会主义制度"。经过同国内外敌人的反复较量，"粉碎了刘少奇、林彪两个资产阶级司令部"。他进一步说：在这个斗争过程中，毛主席"为我们制定了一条整个社会主义历史阶段的基本路线。毛主席说：社会主义社会是一个相当长的历史阶段。在社会主义这个历史阶段中，还存在着阶级、阶级矛盾和阶级斗争，存在着社会主义同资本主义两条道路的斗争，存在着资本主义复辟的危险性。要认识这种斗争的长期性和复杂性。要提高警惕。要进行社会主义教育。要正确理解和处理阶级矛盾和阶级斗争问题，正确区别和处理敌我矛盾和人民内部矛盾。不然的话，我们这样的社会主义国家，就会走向反面，就会变质，就会出现复辟。我们从现在起，必须年年讲，月月讲，天天讲，使我们对这个问题，有比较清醒的认识，有一条马克思列宁主义的路线。"张春桥最后说："历史的和现实的阶级斗争都证明，这条基本路线是我们党的生命线，也是我们国家的生命线。""这就是我们的主要经验，也是我们这次修改宪法的指导思想。"

1月17日，四届全国人大一次会议通过了《中华人民共和国宪法》。1975年宪法除序言外，有四章：总纲，国家机构，公民的基本权利和义务，国旗、国徽、首都；总共三十条。从总体上看，1975年宪法继承了1954年宪法有关国家与政治制度的社会主义性质的规定，保留了1954年宪法关于国家性质、政权组织形式等的基本规定和基本原则。规定"中华人民共和国的一切权力属于人民"；保留了人民代表大会制度的政权组织形式；规定"各级人民代表大会和其他国家机关，一律实行民主集中制"，等等。这些规定，使我们国家的社会主义性质没有改变，社会主义制度的根基和骨架仍然得到保留。但是，由于"左"的指导思想的影响，1975年宪法加进了许多错误的、违背社会主义民主和法制原则的内容。主要表现在：

（1）把毛泽东关于社会主义历史阶段的基本路线作为宪法的指导思想。1975 年宪法完全肯定了"以阶级斗争为纲"的基本路线和"无产阶级专政下继续革命"的理论，指出：中华人民共和国的成立，"开始了社会主义革命和无产阶级专政的新的历史阶段"；在社会主义历史阶段，"始终存在着阶级、阶级矛盾和阶级斗争，存在着社会主义同资本主义两条道路的斗争，存在着资本主义复辟的危险性"；"这些矛盾，只能靠无产阶级专政下继续革命的理论和实践来解决。"1975 年宪法还肯定"无产阶级必须在上层建筑其中包括各个文化领域对资产阶级实行全面的专政"。此外，1975 年宪法把事实上只能造成社会混乱的"大鸣、大放、大辩论、大字报"当作"人民群众创造的社会主义革命的新形式"，规定"国家保障人民群众"有运用"四大"的权利。

（2）对国家机构和政治制度作了新的规定。在国家机构方面，1975 年宪法将 1954 年宪法中的"全国人民代表大会是最高国家权力机关"的表述改为"全国人民代表大会是在中国共产党领导下的最高国家权力机关"，将党的领导摆在了至高无上的地位。1975 年宪法取消了国家主席的建制，改变了由国家主席和全国人大常委会结合起来行使国家元首职权的制度，规定"中国共产党中央委员会主席统率全国武装力量"。1975 年宪法将 1954 年宪法规定的"全国人民代表大会会议每年举行一次"改为"全国人民代表大会会议每年举行一次。在必要的时候，可以提前或者延期"。对于审判机关和检察机关，1975 年宪法取消了 1954 年宪法所确立的"人民法院独立进行审判，只服从法律"的原则，取消了公开审判制度、被告人有权获得辩护的规定；还取消了最高检察院和地方各级检察院职能的条文，规定："最高人民法院、地方各级人民法院和专门人民法院行使审判权"，"检察机关的职权由各级公安机关行使"。"检察和审理案件，都必须实行群众路线。对于重大的反革命刑事案件，要发动群众讨论和批判。"这实际上是取消了检察机关，使本应互相制约的公安、司法机构融为一体。上述规定在张春桥的《关于修改宪法的报告》中被说成是"必将有利于加强党对国家机构的一元化领导"，实际上，这些规定特别是对于党在国家生活中地位的规定，进一步发展了中国领导体制高度集中统一的特点，使以往政治体制中党政不分、政企不分、高度集权、缺乏民主监督等弊病更加突出。

（3）肯定了农村人民公社和地方各级革命委员会。1975年宪法肯定政社合一的人民公社为农村基层政权组织。同时，用"文化大革命"中通过夺权建立起来的革命委员会取代了地方各级人民委员会，规定各级人民代表大会"以工农兵代表为主体"，"地方各级革命委员会是地方各级人民代表大会的常设机关，同时又是地方各级人民政府。"这就用宪法的形式肯定了革命委员会这种集权力机关和行政机关于一体的体制，否定了各级人民政府。虽然，1975年宪法规定地方各级人大是地方权力机关，革命委员会既是地方人大的常设机关，又是地方各级政府，实际上，地方人大根本领导不了"文化大革命"的"新生事物"——革命委员会。1975年宪法还规定"地方各级革命委员会由主任、副主任若干人组成，由本级人民代表大会选举或者罢免，并报上级国家机关审查批准。"这实际上削弱了人民代表大会的职权，使人民代表大会制度受到严重破坏。

（4）在经济制度方面，规定我国生产资料所有制的形式是单一的公有制，取消了农业个体经济。1975年宪法对1954年宪法作了相应修改，规定"生产资料所有制现阶段主要有两种：社会主义全民所有制和社会主义劳动群众集体所有制。"对于非农业的个体劳动者，1975年宪法虽然也作了原则规定，但指出"要引导他们逐步走上社会主义集体化的道路"。事实上，个体劳动者在实际生活中受到了严格限制。这反映了张春桥在《关于修改宪法的报告》中关于社会主义制度"只能在斗争中成长"，"许多阵地，无产阶级不去占领，资产阶级就去占领"的思想。

（5）在"总纲"中删去了1954年宪法肯定的"各少数民族聚居的地方实行区域自治"的这一原则，只保留了"实行民族区域自治的地方"这几个字。关于民族自治地方自治机关的自治权，1954年宪法原有六条规定，1975年宪法只有"依照法律规定的权限行使自治权"这一句。

（6）在公民的基本权利和义务方面，1975年宪法取消了1954年宪法关于"公民在法律上一律平等"的规定，还取消了国家为公民享受经济、政治、文化等方面的权利和自由提供物质保障的规定。1975年宪法还大大缩小了1954年宪法关于公民基本权利和自由的范围，将原有的十九条规定，压缩为四条，其中，公民有依照法律服兵役的义务原为"公民的基本权利和义务"的倒数第二条，1975年宪法将其提前为第一条，放在公民的基本权利之先。

（7）删去了宪法中宪法本来必须明确规定的大量内容。1975年宪法的条文由1954年的一百零六条缩减为三十条，不及1954年宪法的三分之一。在国家机构方面，关于"全国人民代表大会"的内容，1954年宪法原有十八条，如：全国人民代表大会有"监督宪法的实施"等权力；人大常委会有"监督国务院、最高人民法院和最高人民检察院的工作"，"撤销国务院的同宪法、法律和法令相抵触的决议和命令"，在全国人大闭会期间决定国务院副总理、各部部长、各委员会主任等的个别任免，任免最高人民法院副院长、最高人民检察院副检察长等权力。1975年宪法删去了这些规定，关于"全国人民代表大会"的规定只剩下三条。关于审判机关和检察机关的内容1954年宪法原有十二条，修改后的宪法只有一条。被大量删节的1975年宪法，成为内容残缺的大纲性文件，使国家政治生活中许多重要问题的处理在法律上无章可循、无法可依。

1975 年宪法对 1954 年宪法中若干正确的和比较正确的内容的删改，以及增加的大量违反人民民主原则和社会主义原则的内容，反映了中国社会主义建设中"左"倾错误的不断发展，使中国领导体制中的高度集中、党政不分、政企不分、缺乏民主监督等特点更加突出，经济体制更为单一、僵化。从国家政治生活和领导体制发展的角度看，1975 年宪法是一个倒退。

（三）部分恢复原有体制，确立国务院领导核心

四届全国人大一次会议根据中共十届二中全会提出的候选人名单，经过讨论，用无记名投票方式，选出了第四届全国人民代表大会常务委员会委员长、副委员长、委员。大会选举朱德继续担任第四届全国人大常委会委员长，副委员长有董必武、宋庆龄（女）、康生、刘伯承、吴德、韦国清、赛福鼎·艾则孜、郭沫若、徐向前、聂荣臻、陈云、谭震林、李井泉、张鼎丞、蔡畅（女）、乌兰夫、阿沛·阿旺晋美、周建人、许德珩、胡厥文、李素文（女）、姚连蔚等 22 人，委员共 143 人。

四届全国人大一次会议还任命了国务院领导成员。大会决定周恩来继续担任国务院总理；邓小平、张春桥、李先念、陈锡联、纪登奎、华国锋、陈永贵、吴桂贤（女）、王震、余秋里、谷牧、孙健为国务院副总理。

大会任命乔冠华为外交部部长，叶剑英为国防部部长，余秋里为国家计划委员会主任，谷牧为国家基本建设委员会主任，华国锋为公安部部长，李强为对外贸易部部长，方毅为对外经济联络部部长，沙风为农林部部长，陈绍昆为冶金工业部部长，李水清为第一机械工业部部长，刘西尧为第二机械工业部部长，李际泰为第三机械工业部部长，王净为第四机械工业部部长，李成芳为第五机械工业部部长，边疆为第六机械工业部部长，汪洋为第七机械工业部部长，徐今强为煤炭工业部部长，康世恩为石油化

学工业部部长，钱正英（女）为水利电力部部长，钱之光为轻工业部部长，万里为铁道部部长，叶飞为交通部部长，钟夫翔为邮电部部长，张劲夫为财政部部长，范子喻为商业部部长，于会泳为文化部部长，周荣鑫为教育部部长，刘湘平（女）为卫生部部长，庄则栋为体育运动委员会主任。

1 月 20 日，四届全国人大常委会举行第一次会议。会议任命江华为最高人民法院院长，姬鹏飞为第四届全国人大常委会秘书长。

四届全国人大是周恩来和邓小平之间交接权力的重要会议。1 月 30 日，在四届人大结束不久后，周恩来在医院召开中共中央政治局常委会会议，研究副总理分工问题。2 月 1 日，他嘱人转告邓小平，请邓将各副总理分工列出，并说："他不好讲，由我讲。"① 当天，周恩来在人民大会堂主持召开了国务院总理、副总理 13 人参加的常务会议，叶剑英、郭沫若列席。会议审定了国务院 12 位副总理的分工：

（1）邓小平：主管外事，在周恩来总理治病疗养期间，代总理主持会议和呈批主要文件；

张春桥：主管文化、教育；李先念：常务，主管财政贸易；陈锡联：主管国防工业和体育；

纪登奎：常务，主管劳动工资和干部调配；华国锋：常务，主管政法和科学；

陈永贵：主管农业；吴桂贤：主管卫生和轻工业；王震：主管交通和供销；

余秋里：主管计划和工业；谷牧：主管建设和工业；孙健：主管工业生产。

---

① 《周恩来年谱（1949—1976）》下卷，中央文献出版社 1997 年版，第 693 页。

（2）上述常务副总理（李先念、纪登奎、华国锋）三人负责处理国务院日常事务。

这次会上，周恩来说："我身体不行了，今后国务院的工作由小平同志主持。"①

同日，周恩来还主持召开了国务院各部、委负责人出席的会议。他说："今天是开始，恐怕我也只能够完成这个开始的任务"，"将来这样的会，请小平同志主持"。② 这就在实际上完成了由邓小平接替周恩来主持国务院工作的安排。

在四届全国人大一次会议选举产生的国家政权机关负责人中，不可避免地安排了一些江青集团的成员和帮派分子，但是，在选出的 22 位副委员长、12 位国务院副总理和 29 位部长中，大多数是恢复工作的老干部，而"文化大革命"中靠造反起家的"新生力量"只占极少数。排名第三的副委员长康生，虽曾与江青等人关系密切，但此时已是重病在身，苟延残喘，加上因揭发江青、张春桥的历史问题已经与"四人帮"闹翻。在 12 名国务院副总理中，张春桥虽然排名第二，但不是常务副总理，只分管文化和教育，没有超出他在党内已经分管的意识形态范围。此外，"文化大革命"发动后上来的副总理吴桂贤、孙健，副委员长李素文、姚连蔚，因代表"工人阶级"而得到提拔，但文化程度、工作能力和领导才干都十分有限，在政治斗争中没有多少作为。四届人大确立了国务院的以周恩来和邓小平为核心的领导机制，使"四人帮"的"组阁"阴谋彻底破产，为在周恩来病情加重的情况下，邓小平主持国务院工作创造了有利的条件。

---

① 《周恩来年谱（1949—1976）》下卷，中央文献出版社 1997 年版，第 694 页。

② 《周恩来年谱（1949—1976）》下卷，中央文献出版社 1997 年版，第 694 页。

　　四届全国人大一次会议一结束，"四人帮"便感到这次会议产生的结果是他们在政治上的一次大失败。本来，四届全国人大一次会议召开前，江青等人就对"组阁"蓄谋已久，不仅策划要张春桥当第一副总理，王洪文当人大副委员长，还私下安排了重要部门的部长及司、局长。而四届人大确定的领导格局，不仅在由谁担任第一副总理的问题上，使"四人帮"的"组阁"计划彻底破产；在国务院各部部长的领导人选上，也使"四人帮"要安插"新生力量"的打算部分落空。"四人帮"的亲信在各部委中没有多少人获得要职。因此，四届全国人大一次会议结束后，迟群破口大骂：部长席位差不多给他们捞光了。江青气急败坏地当着其他人的面，几乎把所有政治局委员骂了一遍，并要求把她的意见报告毛泽东。毛泽东听了后说："她看得起的人没有几个，只有一个，她自己。"在场的人问："你呢？"毛泽东说："不在她眼里。"他又说："将来她会跟所有的人闹翻。现在人家也是敷衍她。我死了以后，她会闹事。"①

　　四届全国人大一次会议的召开，是党中央和毛泽东在经历"文化大革命"八年内乱之后，为了稳定政治局势，使国家政治生活逐步转入正常轨道所采取的重要措施。这次大会的召开使几乎处于瘫痪状态的全国人大及其常委会的各项工作开始复苏。从1975年开始，全国人大常委会开始举行会议，恢复听取国务院关于国民经济计划及发展情况的说明，恢复任命最高人民法院院长和全国人大常委会工作机构的人员，等等。这对恢复人民代表大会制度起了一定作用。四届全国人大召开后，工会、共青团、妇联等群众团体也积极筹备恢复全国性的机构，分别成立了召开全国代表大会的筹备组，着手筹建全国领导机构，准备开会。当

---

　　① 《毛泽东传（1949—1976）》（下），中央文献出版社2003年版，第1717页。

然，在"文化大革命"还没有结束的情况下，四届人大在恢复人民代表大会制度方面所起的作用是十分有限的。

四届全国人大一次会议召开后，人大常委会作出的一项重要决定是，依照法律程序释放在押战犯。还在 1974 年 12 月下旬，毛泽东就指示四届人大之后要把"国民党那些战犯放出来"。1975 年 2 月 27 日，毛泽东又指示对在押战犯一个不杀，全部释放，并交代："放战犯的时候要开欢送会，请他们吃顿饭，多吃鱼、肉，每人发一百元零用钱，每人都有公民权。""有些人有能力可以做工作。年老有病的要给治病，跟我们的干部一样治。"①

3 月 17 日，四届全国人大常委会举行第二次会议。周恩来根据中共中央和毛泽东的指示向人大常委会提出了关于特赦释放全部在押战犯的建议。国务院副总理兼公安部部长华国锋在会上就特赦释放全部在押战犯问题作了说明。会议经过讨论，同意周恩来总理的建议和华国锋副总理的说明，决定对全部在押战犯实行特赦释放，并给予公民权。18 日，《全国人民代表大会常务委员会关于特赦释放全部在押战争罪犯的决定》公布。

3 月 19 日，最高人民法院在战犯管理所召开大会，宣布特赦释放黄维、李九思、庄村夫等全部在押的战争罪犯，并发放特赦释放通知书。至此，在押的战犯全部处理完毕。这次被特赦释放的战犯共有 293 名，其中包括原属于国民党集团的战犯 219 名，伪满洲国的战犯 2 名，伪蒙疆自治政府的战犯 1 名。其中，十人愿去台湾，有关部门批准他们的申请并给足路费，提供方便。4 月 5 日，蒋介石心脏病发作去世。这十人便滞留香港，未能成行。

同年 9 月，司法机关决定对在押的 95 名原国民党县团以上

---

① 《毛泽东传（1949—1976）》（下），中央文献出版社 2003 年版，第 1722 页。

人员、95 名台湾武装特务和 49 名武装特务船员全部宽大释放。12 月 15 日至 18 日，各地司法机关先后召开了宽大释放大会，对被宽大释放的原国民党县团以上党政军特人员发给高级人民法院的宽大释放裁定书和省、市、自治区公安机关的释放证，宣布对被释放人员给予公民权，并由有关部门对他们的工作和生活予以适当安置。至此，过去战争年代遗留下来的战犯问题，都依照法律程序全部处理完毕。

这次释放战犯，普遍遵循了惩办和宽大相结合、劳动改造和思想教育相结合的原则。对被特赦释放的战犯，每人都给予公民权；有工作能力的，安排适当工作；有病的，和干部一样治疗，享受公费医疗；丧失工作能力的，由政府赡养；愿意回台湾的，给足路费，提供方便；去了以后愿意回来的，党和政府表示欢迎。释放时，每人发给新服装和 100 元零用钱，把他们集中到北京开欢送会，由党和国家领导人接见并宴请一次，然后组织他们参观学习。

第七章　邓小平主持的 1975 年全面整顿

一、接续 1972 年整顿的 1975 年全面整顿的背景

（一）按照"三项指示"制定 1975 年国民经济计划

四届人大会议结束后，在毛泽东的支持下，邓小平作为第一副总理，从 1975 年 2 月 1 日起，开始主持国务院工作，代总理主持会议和呈批主要文件。中央的这一决定在广大党员、干部、群众中激起强烈反响。重庆钢铁公司机修厂技术员白智清，从 1974 年开始，以"心赤客"的笔名，不断上书中共中央，痛斥江青等"三男一女"祸国殃民的罪行，寄殷切期望于周恩来、叶剑英等老一辈革命家。四届人大结束后，他于 3 月 20 日给邓小平写信，信中写道："当你任总长的消息传达后，全国，特别是军队，掌声雷动，经久不息，多少人感动得热泪长流。""严酷的事实教育了人民"，"是谁，使国家蒸蒸日上，欣欣向荣；是谁又使国家落到这步田地。谁是人民的儿子，谁又是民族的罪人，人民都看清楚了。""拯救民族和国家的重担，已经落在你们身上。"[①]

鉴于"批林批孔"运动造成的社会混乱和国民经济的下滑状况，1974 年 11 月 6 日，毛泽东作出"把国民经济搞上去"的指

---

① 《位卑未敢忘忧国——"文化大革命"上书集》，湖南人民出版社 1989 年版，第 209、213 页。

示，这不仅为四届全国人大重提"四个现代化"目标提供了重要依据，而且成为中央动员和组织广大干部群众恢复正常生产秩序，完成当年经济计划和第四个五年计划的有力口号。制定和完善 1975 年国民经济计划，是邓小平上任后首先面临和十分重视的工作。1974 年 12 月 21 日至 29 日，国务院召开了全国计划会议，研究和议定了《1975 年国民经济计划（草案）》。针对 1974 年一些地方和企业计划完成得不好，钢、煤和化肥减产，运输紧张的情况，会议提出，1975 年是第四个五年计划的最后一年，一定要把生产搞上去。四届全国人大一次会议闭幕后，邓小平召集了各省、市、自治区主要负责人进行座谈会，征求对《1975 年国民经济计划（草案）》的意见。参加座谈会的与会者一致同意这个计划（草案）。1975 年 2 月 10 日，中共中央发出《关于批转 1975 年国民经济计划的通知》（本节简称《通知》）。中共中央在《通知》中说，1975 年是第四个五年计划的最后一年。要求全党"团结一切可以团结的人，调动一切积极因素，坚持抓革命、促生产、促工作、促战备的方针，把国民经济搞上去，当前特别要把交通运输和煤炭、钢铁生产抓上去。"要努力完成和超额完成 1975 年计划和第四个五年计划。

《1975 年国民经济计划》（本节简称《计划》）确定当年工农业总产值比上年预计数增长 11% 左右的目标，其中工业增长 14% 左右，农业增长 3% 左右。计划确定的主要生产指标是：粮食 5600 亿斤，比上年预计增长 3.7%；棉花 5200 万担，增长 4%，约 200 万担；钢 2600 万吨左右，增长 23% 左右；原煤 4.3 亿吨，增长 4.9%；原油 7500 万吨，增长 15.8%；发电量 1830 亿度到 1900 亿度，增长 9.6%~13.8%；化肥 2800 万吨到 3000 万吨，增长约 25.8% 到 34.8%；棉纱 1150 万件到 1200 万件，增长 16.2%~21.2%；铁路货运量 8.5 亿吨，增长 10.4%。国家直接安排的基本建设投资 300 亿元，加上地方自筹、国防工程、人防工程、援外工程等，总规模为 375 亿元。国家财政收入和支出各 850 亿元。计划施工的大中型项目 1106 个，其中新开工项目 48 个；建设重点是 18 个大型化肥、化纤、乙烯和轧机项目。社会商品零售总额安排 1210 亿元，比上年预计数增长 70 亿元。进出口贸易安排 133 亿美元到 138 亿美元，大体保持上年预计水平。

《计划》要求，在 1975 年国民经济发展中，要着重抓好几项工作：第一，大办农业，加强基础工业。把争取农业丰收作为首要任务，继续把粮食抓紧，把棉花抓紧；要加强基础工业，抓好原材料和燃料动力工业。《计划》还指出："交通运输是当前国民经济发展中一个突出的薄弱环节。要采取切实有效的措施，确保铁路运输的畅通，提高运输效率"。第二，大搞技术革新，充分挖掘现有企业的潜力。第三，确保重点建设，集中力量打好歼灭战。解决基本建设中擅自扩大规模、建设时间越拖越长、计划外乱上项目等问题。第四，积极安排好轻工、市场，搞好对外贸易。第五，加强财政工作，保证财政收支平衡。第六，加强科学技术工作，努力赶超世界先进水平。第七，发展文教卫生事业，搞好计划生育，搞好环境保护。其中一项是，要求各级党委把计划生育工作列入议事日程，指定一位负责同志分工抓好这项工作。要积极开展"三废"综合利用，消除污染，保护环境。第八，加强全局观点，更好地发挥中央和地方两个积极性，要进一步搞好企业下放，继续改革经济管理体制。

《通知》要求发动群众，"深入开展工业学大庆、农业学大寨的群众运动，迎接国民经济的新跃进。"《通知》指出，完成 1975 年的各项战斗任务，必须放手发动群众，大搞群众运动。各地区都要有自己的"大庆""大寨"，各行各业都要树立自己的标兵。中央的《通知》要求各地区、各部门落实中共十届二中全会和四届人大一次会议提出的各项任务，调动一切积极因素，完成和超额完成 1975 年国民经济计划和第四个五年计划。这个计划为动员和组织全国人民克服困难，把国民经济搞上去，提出了近期的奋斗目标。

（二）整顿的开端与突破口

对于当时社会的混乱状况，毛泽东已经有所了解。1974 年 12 月下旬，毛泽东同周恩来、王洪文谈话时曾提出：凡有两派的地方，民兵不要搞进去。毛泽东责令在全国解散那些造反派组织的"民兵指挥部"一类组织，以稳定大局。① 经毛泽东批准同意，1975 年 1 月 17 日中共中央发出《关于禁止抢夺武器问题的通知》，规定不容许"以任何借口抢夺武器，利用民兵组织搞武斗"、民兵组织要在党的领导下、"在大联合的基础上逐步加以整顿"、"立即收缴被抢的武器、弹药"。中央要求，这个通知在浙江、云南传达到群众，其他各省、市、区传达到县团级。通过传达中央文件和各地党委做工作，各地的社会动乱得到一定程度抑制。

四届全国人大一次会议结束后，已担任中央军委副主席、总参谋长的邓小平提出了军队整顿的问题。1 月 19 日，邓小平在各大军区负责人座谈会上重申毛泽东于 1971 年提出的"军队要整顿"的指示，说：军委只准备两个工作，第一是召开军委扩大会议，其中一个大题目就是军队要整顿。第二是战备，要准备打仗，解决战略方针、装备等问题。② 1 月 25 日，邓小平出席了总参谋部机关团以上干部大会。这次会上，他重申毛泽东 1971 年

---

① 《毛泽东传（1949—1976）》（下），中央文献出版社 2003 年版，第 1715—1716 页。

② 《邓小平年谱（一九七五——一九九七）》（上），中央文献出版社 2004 年版，第 8 页。

关于军队要整顿的指示，提出要消除派性，加强纪律性，落实政策。他指出的这些问题，不仅对整顿军队具有指导意义，实际上也指出了全国普遍存在的问题。军队整顿的提出，标志着整顿工作的开端，不仅为之后军队整顿准备了基础，也拉开了全国整顿的序幕。

要把国民经济搞上去，首先，"要把交通运输和煤炭、钢铁生产抓上去"，这是中央在 1974 年底至 1975 年初对国内形势的总体认识。如中央在《1975 年国民经济计划》中所指出，交通运输已经成为"国民经济发展中一个突出的薄弱环节"。铁路是国民经济的大动脉。但是，在"批林批孔"运动的冲击下，铁路运输却成为阻碍国民经济发展的突出的薄弱环节。在浙江、云南等地，"四人帮"的帮派势力不仅挑动两派对立，而且按照江青所说的扩建"第二武装"，在民兵体制上另搞一套，组织"民兵指挥部"，分裂民兵，抢夺部队武器，进行武斗，破坏生产和社会秩序。在徐州，1975 年 1 月，当地的帮派头头纠集一些人强占了市委办公大楼。他们在市中心架起高音喇叭，日夜进行宣传，声称："不砸碎徐州市委这个乌龟壳决不罢休！"他们说："市委现在还像钟一样地正常运转。要使它停摆！我们来干！"处于京沪、陇海两大铁路干线交汇点的徐州铁路分局，已经连续 20 个月没有完成运输任务。车站内停着一列列车厢，货场的货物堆积如山。线路的堵塞使货物"装不上、卸不下"，列车"开不进、排不出"；上海、南京、杭州等大中城市煤炭供应十分紧张，频频告急。1974 年，铁路全年货运量比上年下降 12%，发生重大事故和大事故达 755 起，相当于事故最少的 1964 年的八倍多。许多铁路局处于半瘫痪状态，除徐州外，南京、南昌铁路分局路段堵塞也非常严重。

解决铁路运输问题刻不容缓。邓小平决定以铁路整顿为突破口，扭转全国局势。1 月 28 日，邓小平召见四届全国人大一次会议新任命的铁道部部长万里了解情况。邓小平提出铁道部要解决几个问题：第一，关于体制问题，应当实行铁路运输的集中统一领导，把权力集中到中央，铁道部在中央直接领导下工作。第二，关于干部管理，由铁道部统一管理，调配使用，与地方脱钩。第三，关于运输生产，要建立健全规章制度，加强组织纪律性，保证安全正点。万里表示派性问题很严重，要在调查研究的基础上争取半年解决问题。对此，邓小平说：不行，不能拖，不能等，要用最快的速度，最坚决的措施，迅速扭转形势，改变面貌。2 月 6 日晚，邓小平和副总理纪登奎、王震等继续听取万里汇报，邓小平指示铁道部为中央起草一份关于解决铁路问题的文件，要写清楚有关方针政策，文件不要太长。2 月 11 日，邓小平再次与谷牧、万里等研究解决铁路问题。在听到万里说以解决铁路问题为重点的全国工业书记会议准备在 3 月召开时，邓小平表示：不行，要在 2 月 25 日开。同时，他要求抓紧把铁路整顿的文件搞好。①

根据邓小平指示，万里同国家计委的房维中共同组织人起草了中共中央《关于加强铁路工作的决定》。邓小平在审改这份文件稿时，增写："对于少数资产阶级派性严重、经过批评和教育仍不改正的领导干部和头头，应该及时调离，不宜拖延不决，妨害大局。对严重违法乱纪的要给予处分。"②

2 月 25 日至 3 月 8 日，中共中央召开旨在解决铁路问题的省、市、自治区工业书记会议。国务院副总理王震主持会议。3 月 5 日，邓小平出席了会议。当他走进会场时，各地的工业书记

---

① 《邓小平年谱（一九七五——一九九七）》（上），中央文献出版社 2004 年版，第 12 页。

② 《邓小平年谱（一九七五——一九九七）》（上），中央文献出版社 2004 年版，第 12 页。

争相与邓小平握手，他出人意料地一摆手说：今天不拉手了，因为工业形势不好。面对工业战线的领导干部，邓小平开宗明义地提出："现在有一个大局，全党要多讲。"那就是"把我国建设成为具有现代农业、现代工业、现代国防和现代科学技术的社会主义强国。全党全国都要为实现这个伟大目标而奋斗。这就是大局。"这实际上是把四化建设提升到政治高度，以此作为全党全国工作的落脚点和判断大是大非的标准，逐步把全党和全国人民的注意力引到现代化建设的轨道上来。他还批评一些同志存在不敢抓生产的思想，说："毛主席讲，要抓革命，促生产，促工作，促战备。听说现在有的同志只敢抓革命，不敢抓生产，说什么'抓革命保险，抓生产危险'。这是大错特错的。""去年一年，工业生产情况是不好的。今年是第四个五年计划的最后一年，生产再搞不好，势必影响第五个五年计划的实行。我们必须预见到这种形势，认真抓这个问题。""怎样才能把国民经济搞上去？分析的结果，当前的薄弱环节是铁路。铁路运输的问题不解决，生产部署统统打乱，整个计划都会落空。"他强调解决铁路问题的办法，最根本的是要加强集中统一，建立必要的规章制度，增强组织纪律性和反对派性。他着重谈到反对派性的问题，说："现在闹派性已经严重地妨害我们的大局。要把这个问题摆到全体职工面前，要讲清楚这是大是大非问题。这个问题不解决，光解决具体问题不行。对闹派性的人要再教育，要反对闹派性的头头。""教育过来，既往不咎，再不转变，严肃处理。另外一种是少数坏人……他们利用派性混水摸鱼，破坏社会主义秩序，破坏国家经济建设，在混乱中搞投机倒把，升官发财。对这样的人，不处理不行。"最后他说："要从大局出发，解决问题不能拖。拖到哪一年呢？搞社会主义怎么能等呢？"① 邓小平的讲话得到大多数

---

① 《邓小平文选》第 2 卷，人民出版社 1994 年版，第 4—7 页。

与会者的拥护。

全国工业书记会议结束后，中央发布了 9 号文件。这是一份极为重要的文件。文件要求全国所有铁路单位，坚决贯彻执行毛主席提出的"还是安定团结为好"的方针，认真学好毛主席关于理论问题的重要指示，掀起社会主义建设的新高潮。全国铁路实行以铁道部领导为主的管理体制，铁路运输必须由铁道部集中指挥。各省、市、自治区党委要加强对铁路工作的领导。对于当前极少数问题较多，严重影响全国铁路运输的单位，有关的省、市、自治区党委必须采取有力措施，限期加以解决，不能再拖。要建立健全必要的规章制度，加强组织纪律性，确保运输安全正点。所有铁路职工，都要做好本职工作，一切行动听指挥。对于一切破坏活动要依法严办。后来的实践表明，这份文件在铁路整顿中起了纲领性作用，在其他领域的整顿中发挥了指导性作用。

全国工业书记会议结束后，万里率领工作组首先到了以"乱"而著称全国的徐州铁路分局。3 月 9 日，徐州市贴出江苏省革命委员会的通告，正告徐州市"大搞打砸抢"的极少数人，限在两天内退出强占的一切公用房屋，交出抢走的车辆和其他公共财物；立即到公安机关检查交代自己的违法行为。同时宣布对煽动派性、搞打砸抢的坏头头顾炳华拘留审查。消息传开，全市震动，街谈巷议，人心大快。

万里会同江苏省委负责人主持召开了徐州铁路分局党委会、全体职工大会、家属大会和各种座谈会，反复宣讲中央 9 号文件及工业书记会议精神，参加者多达十万人次，范围遍及工矿企业、农村生产队和家庭。万里号召大家批判派性，说：对闹派性的人要寸土必争，寸权不让！中央整顿铁路的决心家喻户晓，妇孺皆知，一个贯彻中央 9 号文件的局面很快在徐州铁路分局和徐州市形成。许多干部群众表示，要坚决贯彻中央指示，把铁路运输搞上去。他们说："千条理，万条理，不顾大局，就没有理。"

徐州铁路分局重新调整了领导班子，并组织了一千多人的落实政策队伍，在不到一个月的时间内，对在各种运动中被打成"五一六"分子、叛徒、特务的冤屈者及其受牵连者，全部落实了政策。按照中央九号文件要求，徐州铁路分局建立健全了各项规章制度，有效保障了运输的安全正点。铁路分局把岗位责任制、技术操作规程、质量检验制度、设备管理和维修制度等"上墙上身，入脑扎根"，醒目地贴在班组、科室的墙上，印成小册子发给每一个职工，要求熟记在心，"入脑扎根"。各级领导干部深入生产第一线，跟车出勤，解决问题。仅半个月时间，徐州铁路分局生产开始好转。4月份提前3天完成了运输任务。

邓小平一直关注着9号文件的传达贯彻。自全国工业书记会议结束后的20天里，他先后两次主持国务院会议检查9号文件的贯彻情况。3月22日，邓小平和国务院有关领导人听取万里关于解决徐州铁路分局问题的汇报，决定万里在国务院全体会议上作进一步汇报。25日下午，邓小平主持国务院全会，听取万里汇报铁道部和徐州铁路分局的情况，讨论怎样运用徐州经验推动整个工交战线的整顿。万里发言结束后，邓小平说：平反工作要真正搞起来也快，要一批一批地搞，不要一个一个地搞。弄错了就要立即平反。在听到军队和铁路有的干部支持搞派性的汇报时，他指出：属于军队的，军队下命令调走；属于铁路系统的，铁道部赶快调走。中央、国务院下了决心，从四月一日开始行动。犯错误我们承担，我们已经等很久了。他还说：中央九号文件发下去之后，铁路运输迅速好转，对各行各业都有很大影响和推动。他们的主要经验，就是只要放手发动群众，同派性进行坚决斗争，生产就能搞上去。铁道部门这方面做得很突出，徐州的经验比较典型。这些经验值得大家很好地学习。他还说：铁路一通，就暴露出冶金、电力等各行各业的问题。各部都要自己打算打算，怎样工作，怎样解决老大难问题。下一步的中心是要解决钢的问题。①

这次国务院全体会议肯定了 3 月以来徐州铁路分局整顿的经验和整个铁路整顿的成绩，对铁道部提出了新的要求：3 月份要小上，4 月份要大上，要雷厉风行地解决领导班子、铁路秩序、运输生产等问题。同时，对各工业部门的整顿提出了指导性意见：9 号文件的精神，除了体制问题外，不仅适用于铁路工作，也适用于一切工业部门。

会后，万里又率领工作组去了太原、郑州、长沙等地，在地方的配合下，对问题严重的铁路局进行整顿，运输状况迅速好转。到 4 月底，堵塞严重的几个铁路局的所辖路段全部疏通，全国 20 个铁路局中有 19 个超额完成计划。全国铁路日装车平均达到 5.37 万车，比 2 月份平均日装车多一万余车；煤炭日装车达到 1.78 万车，是五年来第一次完成生产计划。6 月底，整顿工作大见成效。在第一季度运输生产受到破坏的情况下，上半年全路货运量比上年同期增长 8.6%，煤炭、木材等重点物资的运输实现一年时间过半、任务完成过半。万里在老百姓中赢得了"铁路正点万里行"的赞语。

（三）毛泽东号召学习"无产阶级专政理论"

1974 年 12 月 26 日，毛泽东在他 81 岁诞辰那天，同周恩来单独谈话时，除了谈到人事安排以外，还谈到有关无产阶级专政的理论问题。这是毛泽东 1974 年下半年以来不止一次谈到的问题。1974 年 10 月 20 日，毛泽东会见丹麦首相保罗·哈特林时就说："总而言之，中国属于社会主义国家。解放前跟资本主义差不多。现在还实行八级工资制，按劳分配，货币交换，这些跟旧

---

① 《邓小平年谱（一九七五——一九九七）》（上），中央文献出版社 2004 年版，第 28—29 页。

社会没有多少差别。所不同的是所有制变更了。"12月26日，毛泽东又说：列宁为什么说对资产阶级专政。要告诉春桥、文元把列宁著作中好几处提到这个问题的找出来。大家先读，然后写文章。"这个问题不搞清楚，就会变修正主义。要使全国知道。""我国现在实行的是商品制度，工资制度也不平等，有八级工资制，等等。这只能在无产阶级专政下加以限制。"他还讲：列宁说，小生产是经常地、每日每时地、自发地和大批地产生着资本主义和资产阶级的。工人阶级一部分，党员一部分，也有这种情况。无产阶级中，机关工作人员中，都有发生资产阶级生活作风的。"所以，林彪一类如上台，搞资本主义制度很容易。"

毛泽东关于"无产阶级专政理论"问题的谈话，是他"无产阶级专政下继续革命理论"的组成部分。长期以来，根据对某些经典理论的教条主义式理解，也由于中国传统文化中对商品经济的片面理解，在毛泽东的心目中，商品经济、按劳分配、八级工资制是一种与资本主义有着密切联系的不平等的"资产阶级法权"。1958年实行人民公社化的时候，他就曾激烈批评过"资产阶级法权"。后来纠正"共产风"，他一度批评过那种企图废除商品、货币的倾向，在某种程度上肯定社会主义条件下的商品生产和商品交换还有积极作用。但在思想深处，他对这些"跟旧社会没有多少差别"的商品制度一直抱有很深的疑虑。随着"文化大革命"的发展，毛泽东进一步把商品制度与"变修正主义""产生资产阶级"联系起来，与"林彪一类如上台"的忧虑联系起来。他的上述谈话，是他在政治上坚持"文化大革命"，在经济上推行一系列"左"倾错误政策的思想理论根源。他的谈话，显然误解了马克思关于"资产阶级法权"以及商品经济的论述，与此相联系，对于什么是社会主义，什么是资本主义的看法，也存在很大的片面性。而这些正是发动"文化大革命"的理论基础的重要组成部分。

1975 年 2 月 9 日，《人民日报》发表《学好无产阶级专政的理论》的社论，公布了毛泽东关于无产阶级专政理论问题谈话的部分内容。社论说："我们的任务，是不断铲除滋生修正主义的土壤"，"同新产生的资产阶级分子作斗争"。2 月 18 日，中共中央发出通知，正式将毛泽东关于无产阶级专政理论问题的指示发到全国。2 月 22 日，《人民日报》发表张春桥、姚文元选编的《马克思　恩格斯　列宁论无产阶级专政》里的三十三条语录。这些语录反映了当时希望引导人们对"什么是社会主义"进行深入理解。全国随即掀起学习无产阶级专政理论的运动。

上述摘引的马克思、恩格斯、列宁在 19 世纪中期和 20 世纪初期关于欧洲资产阶级、资本主义和社会主义的语录，主要围绕以下几个问题：（1）从资本主义社会转变为共产主义社会，必须经过无产阶级专政的时期，无产阶级专政是达到消灭一切阶级差别、进入无阶级社会的过渡；（2）共产主义革命要同传统的所有制关系和传统的观念实行最彻底的决裂；（3）小生产经常地、每日每时地、自发地和大批地产生着资本主义和资产阶级。资产阶级虽然已被击败，但还没有被根除和消灭。为了完全消灭阶级，要造成使资产阶级既不能存在，也不能再产生的条件，就要废除任何生产资料私有制。这些经典论述和观点，反映了 19 世纪和 20 世纪初伟大的无产阶级理论家、思想家对"什么是社会主义"的理解。这些理论的基本原理大多是正确的，但一些具体结论则因时代的发展而需要不断发展。如果不加分析地直接套用于当时的中国实践，则难免重犯教条主义的错误。

3 月 1 日，《人民日报》转载《红旗》杂志 1975 年第 3 期姚文元的文章《论林彪反党集团的社会基础》。这篇文章经过中共中央政治局讨论，由毛泽东批准发表。

为什么在"文化大革命"发动五年后，在中央领导层内会出现林彪反革命集团？这是世人关心的尖锐问题，也是姚文元文章要回答的主要问题。本来，林彪集团的形成与暴露，与中国高度集中的领导体制和多种原因有关。可是，姚文元的文章却利用毛泽东对"资产阶级法权"的误解，提出：林彪集团的出现不是偶然的现象，有着"深刻的社会阶级基础"。"林彪反党集团不但代表了被打倒的地主资产阶级复辟的愿望，而且代表了社会主义社会中新产生的资产阶级分子篡权的愿望"，"他们当中若干人本身就是新产生的资产阶级分子"。文章把林彪集团的出现，联系到资产阶级法权的存在，说资产阶级法权的存在，是产生新的资产阶级分子的重要的经济基础。中国现在实行的是商品制度，在分配和交换方面不可避免地还存在资产阶级法权。资产阶级法权"所带来的那一部分不平等"，"必然会产生两极分化的现象"。其结果，就是"在党员、工人、富裕农民、机关工作人员中都会产生少数完全背叛无产阶级和劳动人民的新的资产阶级分子、暴发户。"

文章按照毛泽东提出的"林彪一类如上台，搞资本主义制度很容易"的思路，说：为什么林彪一类上台搞资本主义制度很容易呢？"就因为我们社会主义社会中还存在阶级和阶级斗争，还存在产生资本主义的土壤和条件。为了逐步减少这种土壤和条件，直到最后消灭它，就必须坚持无产阶级专政下的继续革命。"文章进一步指出：必须巩固和发展全民所有制和集体所有制，"防止在所有制方面已被取消的资产阶级法权复辟，继续在较长时间内逐步完成所有制改造方面尚未完成的那一部分任务"，并在人与人的相互关系和分配关系方面，限制资产阶级法权，不断削弱产生资本主义的基础，实现无产阶级对资产阶级的全面专政。提出"全面专政论"是该文的核心思想。

这是当时很有代表性的一篇文章。姚文元的文章，把林彪集团的出现与新生的资产阶级分子和资产阶级法权联系到一起，再次肯定了"文化大革命"中出现的"新生事物"和进行这场

"大革命"的必要。因而，使限制资产阶级法权，否定商品制度和按劳分配原则，铲除"产生资本主义和资产阶级的土壤"的问题更加突出了。当然，姚文元文章所要达到的，不仅是探讨林彪集团产生的社会原因，更为重要的是在文章结尾部分，引用毛泽东在 1959 年的一段话，强调当前的主要危险是经验主义。

姚文元的文章发表后一个月，4 月 1 日，《人民日报》发表张春桥的文章《论对资产阶级的全面专政》。这也是一篇经中央政治局讨论，由毛泽东批准发表的文章。

张春桥的文章一开始就指出，中国仍然存在变修的危险，因为中国"不但老的地主资产阶级人还在，心不死，而且新的资产阶级分子正像列宁讲的那样每日每时地在产生着"。文章分析了中国所有制变更的情况后说：必须看到，在所有制方面，问题还没有完全解决。资产阶级法权在所有制范围内，也没有完全取消，在工、农、商业中还有部分的私有制。社会主义公有制并不都是全民所有制，而是两种所有制，全民所有制在作为国民经济基础的农业方面还很薄弱。此外，不论是全民所有制，还是集体所有制，都有一个领导权问题，就是说，不是名义上而是实际上归哪个阶级所有的问题。而只要有两种所有制，商品生产、货币交换、按劳分配就是不可避免的。城乡资本主义因素的发展，新资产阶级分子的出现，也就是不可避免的。如果不加限制，资本主义和资产阶级就会更快地发展起来。

文章得出结论：我们的经济基础还不稳固，资产阶级法权在所有制方面还没有完全取消，在人们的相互关系方面还严重存在，在分配方面还占统治地位，在上层建筑的各个领域，有些方面实际上仍然被资产阶级把持着，资产阶级还占着优势。随着城乡资本主义因素的发展，新资产阶级分子一批又一批地产生，无产阶级和资产阶级之间在意识形态方面的阶级斗争还是长期的、曲折的，有时甚至还是很激烈的。林彪一类人物上台，资产阶级的复辟，仍然可能发生。文章指出："历史经验告诉我们，无产阶级能不能战胜资产阶级，中国会不会变修正主义，关键在于我们能不能在一切领域、在革命发展的一切阶段始终坚持对资产阶级的全面专政。"

文章还引人注目地把"全面专政"比作土地革命战争中打反动地主武装盘踞的"土围子"，说："现在，资产阶级的土围子还很多，打掉一个还会长出一个"。文章影射说，"你要限制资产阶级法权吗？他说这可是好东西，应当扩大。他们是一批维护旧事物的专家，像一群苍蝇，一天围着马克思说的那个旧社会的'痕迹'和'弊病'嗡嗡叫……鼓吹什么物质刺激像臭豆腐，闻闻很臭，吃起来很香"。文章明显地为攻击周恩来、邓小平等党和国家领导人制造舆论。

张春桥文章与姚文元文章共同的思想是宣扬"全面专政论"。"全面专政论"抹杀了马克思主义关于无产阶级专政任务的丰富内容，根本不提生产力的发展，不讲正确区别和处理两类不同性质的社会矛盾，不讲发展科学文化和民主政治的建设等一系列重大问题，而把社会主义能不能巩固，归结为"能不能在一切领域、在革命发展的一切阶段始终坚持对资产阶级的全面专政"。"全面专政论"的提出，不仅从经济方面为"无产阶级专政下继续革命"的理论①提供了理论依据，而且，进一步扩大了"文化大革命"的范围和程度，开始把这场"大革命"由政治领域扩大到经济领域。

---

① "无产阶级专政下继续革命的理论"是毛泽东在社会主义社会阶级斗争问题上的"左"倾错误论点的总概括，形成于 1967 年 11 月 7 日《人民日报》、《红旗》杂志、《解放军报》纪念十月革命五十周年的文章《沿着十月社会主义革命开辟的道路前进》。文章首次把这一理论的要点概括为六条。

在学习"无产阶级专政理论"运动中，全国各行业在学习马克思、恩格斯、列宁三十三条语录的同时，进一步开展了大批判。对农村的所谓"金钱挂帅""自由种植"，工厂的所谓"奖金挂帅""物质刺激"，商业领域的所谓"金钱万能"，文艺界的所谓"艺术私有""等级观念"，等等，都展开了批判。不论哪一行业的批判，都鲜明地贯穿着"与旧的传统观念彻底决裂"的思想。与之相伴随，"兴无灭资"等口号和做法更加流行，"五七"干校、知识青年上山下乡等"新生事物"得到进一步宣扬和推广。1975 年，知识青年上山下乡的人数进一步增加，全国共动员 236 万城镇知识青年下乡，成为第四个五年计划期间动员下乡人数最多的一年。①

在"学习无产阶级专政理论"的过程中，原本有限的商品流通范围和市场调节作用受到进一步限制。1975 年这一年，国家正式把供销合作社并入国营商业，工业部门的自销门市部除了个别的外，一律交由商业部门经营，城镇集市贸易被严加限制。许多小商小贩、手工业者被取缔，或被组织参加集体生产劳动，不少地区以商品生产和交换为主要经济活动的大小城镇日趋衰落。在农村，一些地区农民的自留地被减少，家庭手工生产和经营的项目受到严格限制。受此影响，市场上农副产品严重不足，城市的猪肉、禽、乳、蛋的供应相当紧张。日用消费品凭证限量供应的范围越来越大，有的地区最多时曾达五十多种。

在 20 世纪 70 年代中期的中国，脱离开时代发展、国情差异和社会发展的不同阶段，简单化地照搬马克思、恩格斯、列宁在几十年、甚至一百多年前的一些语录，作为建设中国社会主义的理论指导，这种照抄照搬马克思主义经典作家只言片语的做法本

---

① 《中国知识青年上山下乡大事记》，人民日报出版社 2009 年版，第 125 页。

身，严重背离了党在长期革命和建设历程中形成的实事求是、一切从实际出发的理论原则，背离了毛泽东本人把马克思主义与中国实际相结合而创立的具有强大生命力的毛泽东思想。以马克思、恩格斯、列宁的语录以及对这些语录的教条化理解，来指导中国社会主义建设，却只字不提现代科学技术和生产力的发展，不提现代民主政治的建设，只能使党和国家与时代要求的差距越拉越大。

二、工业、财经领域里的整顿

（一）煤炭、钢铁领域整顿初见成效

把煤炭、钢铁生产抓上去，是党中央、国务院在 1975 年初就确定的任务。还在 2 月 10 日中央批转的《一九七五年国民经济计划》中，就把煤炭和钢铁生产作为国民经济的重点，指出："把国民经济搞上去，当前特别要把交通运输和煤炭、钢铁生产抓上去。"因此，对煤炭、钢铁行业进行整顿，也是克服国民经济薄弱环节，完成当年计划的重点之一。

煤炭和钢铁的生产之所以成为国民经济的重点，除了因为实现四个现代化，必须加快各行各业的发展，满足各行各业对钢铁和煤炭的需求外，主要是因为 1975 年初钢铁和煤炭都处于严重欠产的低谷期。由于"批林批孔"运动的冲击，1974 年全国钢产量猛跌到 2111.9 万吨，比 1973 年下降了 410 万吨，比 1974 年计划的 2600 万吨少产近 500 万吨。1975 年前四个月，全国钢铁仍严重欠产。按照年计划要求，全国钢的日产量为 65000 吨，1 月份每日仅完成 55600 吨，2 月份每日只有 44200 吨。两个月共欠产 90 万吨。同样，1974 年全国煤炭欠产 1700 万吨。这样，煤炭和钢铁都是在国民经济全局中"拖后腿"的部门。

在铁路整顿的带动下，工业各部门通过贯彻中央 9 号文件，生产出现了你追我赶、蒸蒸日上的势头。成效比较明显的是几个月前还是经济薄弱环节之一的煤炭工业。四届人大结束后，新成立的煤炭工业部①在新任命的徐今强部长领导下和几百万煤炭人朝着生产打"翻身仗"的目标努力。煤炭工业抓整顿、批派性，重点解决两省四矿的问题（山东省的枣庄、肥城、新汶和江苏省的徐州），涌现出义马千秋矿八一采煤队等"红旗"单位，生产形势日渐好转，煤炭产量逐日上升。4 月份，全国洗精煤平均日产量创造了历史最高水平。统配煤平均日产 75400 吨，比计划超产 19000 吨。煤炭生产逐日上升的形势，使煤炭工业部领导充满信心，酝酿不仅要完成当年计划，还要补足上年 1700 万吨的欠产。

其他行业通过整顿，生产也有大幅度上升：原油，一直稳产高产，月月超额完成任务。化肥，4 月份日产达到 75000 吨。发电量，4 月份为 5 亿零 100 万千瓦时，比 2 月份增长 12%。棉纱、棉布等轻工产品的产量都有上升。东北的木材产量，4 月底已接近完成全年计划的一半。1 月至 4 月，全国工业总产值 919 亿元，比 1974 年同期增长 8%。4 月份一个月比 1973 年同期增长 19.4%。

可是，钢铁工业仍然起色不大，扭转钢铁生产现状迫在眉睫。中央决定召开全国钢铁工业座谈会，迅速解决钢铁问题。1975 年 5 月 8 日至 29 日，钢铁工业座谈会在北京召开。这次会议决定，坚决扭转钢铁工业的落后局面，做到国务院领导提出的

---

① 1970 年煤炭工业部被撤销。四届人大召开前，国务院领导考虑到，实现四个现代化要求各行各业加快发展，煤炭需求量将有更大增长，加强煤炭工业建设十分紧迫，因此，决定恢复煤炭工业部，将其从燃料化学工业部分出，重新成立煤炭工业部。

"一吨不少""各家不让"。会议结束时，冶金工业部部长与各大钢铁企业和重要省市负责人联名，一家一家地给国务院和党中央写了《保证完成今年钢铁生产计划的报告》。冶金工业部核心小组向中央写出《关于迅速把钢铁工业搞上去的报告》。

5月29日晚，钢铁工业座谈会结束时，邓小平、叶剑英、李先念、陈锡联、纪登奎、华国锋等中央领导接见了参加钢铁工业座谈会的代表。邓小平讲了话。他提出工业重点要放在四个问题上：第一，必须建立一个坚强的领导班子。要找一些不怕打倒的人进领导班子。没有这一条，扭转不过来。"领导班子就是作战指挥部。搞生产也好，搞科研也好，反派性也好，都是作战。指挥部不强，作战就没有力量。""领导班子问题，是关系到党的路线能不能贯彻执行的问题。如果这个问题解决得不好，不要说带领群众前进，就是开步走都困难。""要使领导班子一不软，二不懒，三不散，说了话大家都能听，都能指挥得动，都能领导起来。"第二，必须坚决同派性作斗争。"对于派性，领导上要有个明确的态度，就是要坚决反对。""要敢字当头。对坚持闹派性的人，该调的就调，该批的就批，该斗的就斗，不能慢吞吞的，总是等待。对于派性，还要号召群众、发动群众起来共同反对。""各地经验证明，百分之九十五以上的群众是拥护中央精神的。"第三，必须认真落实政策。"落实政策是一个很重要的问题。""我们讲落实政策，不仅要解决戴上帽子的那些人的问题，而且要解决他们周围受到牵连的人的问题。""在落实政策时，还要特别注意那些老工人、技术骨干、老劳模，要把这一部分人的积极性调动起来。有些该回领导岗位的要调回来，摆到适当位置上。"第四，必须建立必要的规章制度。"紧接着就要发动群众把必要的规章制度建立、健全起来，这也是加强组织性纪律性的问题。""执行规章制度宁可要求严一些，不严就建立不起来。""我们要总结正反两方面的经验，把必要的规章制度恢复或建立起来。"①

邓小平提出的四条措施，不仅是对钢铁工业的要求，也是整顿开始以来对铁路、煤炭等行业整顿经验的首次总结。四条措施的提出，表明整顿的基本方针已经明确，这对整个工业战线乃至各个领域的整顿都有普遍指导意义。

在这次讲话中，邓小平首次提出"三项指示为纲"。他说：毛主席最近有三条重要指示，一条是关于理论问题的，要反修防修，再一条是关于安定团结的，还有一条是要把国民经济搞上去。这三条重要指示，就是我们今后一个时期各项工作的纲。这三条是互相联系的，不能分割的，一条都不能忘记。邓小平把前述毛泽东在不同时间、不同场合说过的三条指示联系在一起，提到全党工作的"纲"的高度，意在说明整顿是有毛泽东三项指示为依据的，这是整顿开始以来的一个新提法。随后，这一提法被概括为"三项指示为纲"。

6 月 4 日，中共中央发出第 13 号文件《关于努力完成今年钢铁生产计划的批示》。中央批示说，当前钢铁生产计划完成得不好的情况，值得引起我们的注意。钢铁工业没有一个大的发展，就不可能实现农业、工业、国防和科学技术的现代化，就会严重地影响战备，就会不利于巩固和加强无产阶级专政。

中央从上到下加强了对钢铁工业的领导。国务院成立了以谷牧为组长的钢铁工业领导小组，冶金工业部调整充实了领导班子，对派性严重、经过批评教育仍不改正的领导干部和头头坚决调离。经过整顿，钢铁生产的形势开始好转。到 6 月份，全国钢的平均日产量达到 72400 吨，超过全年计划的平均日常水平，开始补还亏产部分。

在铁路、钢铁整顿的带动下，中共其他工业部门也开始了整

---

① 《邓小平文选》第 2 卷，人民出版社 1994 年版，第 8—11 页。

顿，经济形势明显好转。7月17日，中共中央转发国务院《关于今年上半年工业生产情况的报告》，指出：三月以来，工业生产和交通运输一个月比一个月好。原油、原煤、发电量、化肥、水泥、内燃机、纸及纸板、铁路货运量等，五六月份创造了历史上月产的最高水平。

（二）"四人帮"挑起"反经验主义"的斗争

铁路、钢铁的整顿初见成效，本来是件振奋人心的好事，但"四人帮"与此却格格不入，这与他们在1972年的表现如出一辙。这次他们是打着反对"经验主义"的旗号发难的。

3月1日，与姚文元前述关于"无产阶级专政理论"文章发表的同一天，张春桥在全军各大单位政治部主任座谈会上以学习"无产阶级专政理论"为话题，提出了"反经验主义"的问题。他利用毛泽东过去批评"经验主义"倾向时所说的："现在，主要危险是经验主义"，对"反经验主义"的重要性大加发挥。他说：主席的话现在仍然有效，"对经验主义的危险，恐怕还是要警惕"。他重提毛泽东在九届一中全会的一段话：恐怕是相当大的一个多数的工厂里头，领导权不在真正的马克思主义者、不在工人群众手里，"他是跟着过去刘少奇那种路线走，无非是搞什么物质刺激，利润挂帅，不提倡无产阶级政治，搞什么奖金，等等"。他说：主席在九届一中全会的讲话中提出的问题，有一阵又恢复了，什么物质刺激、利润挂帅、奖金等，1971年、1972年都有。不要以为主席说过了，问题就解决了。如果理论上不搞清楚，他就跟着刘少奇那条路线走。张春桥把攻击矛头指向周恩来、邓小平，说：四届全国人大提出了一个很宏伟的目标，"无非就是搞几千亿斤粮食、几千万吨钢。但是，如果我们对理论问题搞不清楚，就会重复斯大林的错误。""他们是卫星上天，斯大林的旗帜落地"。他要求"以主席的指示当作纲"，也就是把学习

"无产阶级专政理论"、反对经验主义当作各项工作的"纲"。

"反经验主义"的问题提出后，"四人帮"及其帮派分子公然把 1972 年前后周恩来领导的批判极左思潮和 1975 年邓小平领导的整顿诬蔑为"经验主义"。姚文元指使《人民日报》发表社论，重点突出"主要危险是经验主义"，并要求新华社立即组织宣传，要搞典型、配评论，这样才效果好。江青亲自下达电话指示，强调"现在我们的主要危险不是教条主义，而是经验主义"，"经验主义是修正主义的帮凶，是当前的大敌。"一时间，什么"卫星上天，红旗落地"，"亡党亡国的危险"等言论充斥报刊、广播。4 月中旬，江青正式要求中央政治局会议讨论"反经验主义"的问题，并主张就此问题进行思想"交锋"。

"反经验主义"的鼓噪一起，"四人帮"在各地的骨干分子四处活动，公然鼓吹："又一次反潮流开始了！""要夺权！夺权！夺权！"他们扬言："要在平静的大海里不断给它投石头，叫它不平静""要拖住生产，硬把他们拖垮！""坚持斗争，与老家伙血战到底！"武汉街头出现了名为《无产者》的口号报，说什么"沉默只会死亡，我们的生存只有寄希望于战斗""让暴风雨来得更猛烈些吧！""四人帮"在各地的骨干分子重新拉起了"反潮流"组织。正如广东省委一位书记指出的：目前抬头的派性，表现形式有个特点，主要不是"派"与"派"之间闹，而是"派"与"派"联合起来向党闹。

"反经验主义"的声浪又一次扰乱了社会秩序。整顿工作遇到了障碍。

4 月 18 日，邓小平借陪同毛泽东会见朝鲜党和国家领导人金日成的机会，向毛泽东反映了一个多月来江青等人大反"经验主义"的问题，明确表示他不同意江青等人关于经验主义是当前主要危险的提法。毛泽东赞同邓小平的意见。4 月 23 日，毛泽东在新华社关于报道学习理论问题的请示报告上批示："提法似应提反对修正主义，包括反对经验主义和教条主义，二者都是修正马列主义的，不要只提一项，放过另一项。"毛泽东还批道："我党真懂马列的不多，有些人自以为懂了，其实不大懂，自以为是，动不动就训人，这也是不懂马列的一种表现。"①

根据毛泽东的意见，中央政治局于 4 月 27 日开会批评江青等人反对"经验主义"的错误。江青等人虽然在会上作了言不由衷的"检讨"，会下却攻击政治局会上大家的批评"讲话过了头"，是"突然袭击""围攻"，并商量由王洪文出面，以汇报会议情况为由，写信向毛泽东告状。王洪文在信中写道：4 月 27 日会上"攻得最凶的"是叶剑英，还有邓小平。叶剑英甚至激动地说："现在是运动就是一切，目的是没有的。"他称：这场争论，实际上是总理想说而不好说的话，由剑英、小平说了出来，目的是要翻前年十二月会议的案。这"只是个爆发点。争论是由来已久的，而所涉及的问题，又大都同无产阶级文化大革命和批林批孔，同九、十两次路线斗争联系在一起"。他还说：邓小平自出来工作以来，没有像像样样地讲过一次"文化大革命"的胜利和这场革命对自己的教育。这个时期来，各地右的思想又有抬头。

毛泽东虽然当时已年迈多病，仍对"四人帮"尤其是江青断章取义、打着"反经验主义"另搞一套的做法产生了警觉。5 月 3 日，毛泽东亲自召集在京中央政治局委员谈话。他说：一些人思想不一致，个别的人。他检讨自己也犯了错误，因患白内障不能看东西，张春桥那篇反经验主义的文章，自己只听了一遍，没有听出问题。他批评江青等人"反经验主义"、搞宗派活动、在"批林批孔"运动中搞"三箭齐发"（批林、批孔、又批走后

---

① 《对新华社〈关于报道学习无产阶级专政理论问题请示报告〉的批语》（1975 年 4 月 23 日）。

门）。他反复强调要安定团结和"三要三不要"的原则①，对江青等人说："不要搞四人帮，你们不要搞了，为什么照样搞呀？为什么不和二百多个中央委员搞团结，搞少数人不好，历来不好。"但是，他又说："我看问题不大，不要小题大做……上半年解决不了，下半年解决；今年解决不了，明年解决；明年解决不了，后年解决。"②

根据毛泽东的指示，5 月 27 日和 6 月 3 日，由邓小平主持中央政治局会议，继续对江青等人进行"告诫、帮助"。针对江青等人说上次会上"讲话过了头""突然袭击""围攻"，邓小平说：他认为谈不上突然袭击，过头。百分之四十的问题都没有讲，讲了有没有百分之二十也难讲。他还就江青把周恩来在 1973 年 11 月的一次外事活动说成是所谓"第十一次路线斗争""批林批孔"又批"走后门"和"反经验主义"这三件事，向江青等人说：倒是要提一个问题，为什么钻出这三件事？别的事情不那么雷厉风行，这件事情却雷厉风行。主席提了三个问题，却钻出这么三件事。倒是要问一问，这是为什么？不讲明白，没有好处。他说：主席要我们讨论"三要三不要"。三条总括了历史经验。搞小圈子历来不好。首先政治局要注意。不搞掉派性不行。"四人帮"值得警惕。叶剑英、李先念、陈锡联等相继发言，对"四人帮"进行批评。

在邓小平、叶剑英、李先念等人的批评中，江青、张春桥、王洪文、姚文元默然坐着。这是"文化大革命"发动九年来，中央政治局第一次连续开会严肃地批评江青一伙人。

---

①　即要搞马列主义，不要搞修正主义；要团结，不要分裂；要光明正大，不要搞阴谋诡计。

②　参见《共和国史记·第 3 卷》（上），吉林人民出版社 1996 年版，第 1053—1054 页。

不到一个月，江青等人向毛泽东和中央政治局上交了书面检查。江青在检讨中对一年多来"四人帮"干的三件事逐项进行检查："第十一次路线斗争"的问题，是她个人讲错了话，对不起恩来、剑英同志；"批林批孔"又批"走后门"，混淆了两类不同性质的矛盾，扩大了打击面，造成了不安定团结；关于个人自作主张到处送材料的问题，是无组织无纪律，破坏党的一元化领导；关于目前主要危险是"经验主义"的问题，这一提法是主观片面的，会造成思想上的混乱，扩大打击面，严重地造成不安定团结。最后，她承认："'四人帮'是个客观存在"，"有发展成分裂党中央的宗派主义的可能"。

王洪文在这个时期的表现，令原来对他没有很多了解、一直在留心观察他的毛泽东深感失望。毛泽东向周恩来、邓小平表示：王洪文政治上不强，"威望不高"。根据毛泽东的意见，王洪文于6月下旬被派往浙江、上海"帮助工作"。7月1日，叶剑英写信给毛泽东，建议由邓小平主持政治局会议，毛泽东批示："同意。"[1] 从7月初开始，中央的日常工作由邓小平主持。这以后，王洪文再也没有主持过中央工作。邓小平全面主持党中央和国务院的工作，为整顿的进一步展开创造了有利条件。

邓小平主持中央工作后，毛泽东同他谈过一次话。邓小平一开始就汇报：全国生产情况形势不错。钢没有完全达到指标，但是有希望。今年农业，夏粮是丰收了，秋粮还不错。接着，他又谈了解放干部问题、文艺政策问题。最后，他对毛泽东讲："都说我两次讲话叫复辟，说是刘少奇的班底又起来了，有人不高兴。"毛泽东说："再过两三年就好一些了。"邓小平说："有人讲点，有好处，没坏处。"毛泽东说："是啊，无非是挨骂。我历

---

① 《毛泽东传（1949—1976）》（下），中央文献出版社2003年版，第1739页。

来就是挨骂的。"①

邓小平全面主持党中央和国务院日常工作后，突出强调的一个问题是"三项指示为纲"。这一提法最早出现在 5 月 29 日邓小平在钢铁工业座谈会的讲话中。7 月 4 日，邓小平对中央读书班第四期学员讲话，再次谈到"三项指示为纲"。他说："前一个时期，毛泽东同志有三条重要指示：第一，要学习理论，反修防修；第二，要安定团结；第三，要把国民经济搞上去。这三条指示互相联系，是个整体，不能丢掉任何一条。这是我们这一时期工作的纲。毛泽东同志去年就讲过，文化大革命已经八年了，以安定为好。现在加一年，九年了，要团结起来，安定起来。我们有好多事要办。国际方面的斗争，事情很多。国内也有许多事情要做，特别是要把国民经济搞上去。"②

"三项指示为纲"的提出，把学习理论、反修防修放在首位，突出了毛泽东再三强调的要搞马列主义，不要搞修正主义的思想；而把原本没有联系的毛泽东的三项指示连成一体，提到"纲"的高度，既是针对着"四人帮"的反"经验主义"问题，也针对着他们对毛泽东的指示断章取义、另搞一套的做法，使"四人帮"暂时难于对整顿进行攻击。更为重要的是，把毛泽东的三项指示连在一起，特别是把毛泽东虽然说过却没有突出的后两项指示提升到"纲"的高度及对经济发展给予"文化大革命"以来从未有过的重视，是对"以阶级斗争为纲"的淡化和制约。如同提出四化建设是大局一样，邓小平对整顿指导思想的这种表述，是在复杂政治环境中的一个高明之举。

---

① 《毛泽东传（1949—1976）》（下），中央文献出版社 2003 年版，第 1739 页。

② 《邓小平文选》第 2 卷，人民出版社 1994 年版，第 12 页。

（三）财政整顿与"财政十条"

财政整顿在四届全国人大一次会议闭幕后即已开始。张劲夫是四届全国人大一次会议新任命的财政部部长。1月17日，张劲夫到财政部上任，开始了整顿财政的工作。

1975年初，国家财政处于严重混乱、收不抵支的困难境地。"文化大革命"发动后，财政金融纪律受到践踏，税收工作被削弱，一些部门和单位公开侵占、截留国家财政收入，偷税、抗税和任意减免税的现象十分严重。加上颠倒是非的"大批判"搞乱了人们的思想，经济核算和经营管理受到否定，"制度无用""税收无用"盛行一时。有的企业长期亏损，靠国家补贴过日子，有关领导却心安理得，认为这样做是摘掉了"利润挂帅"的帽子。有的企业亏损愈大，浪费愈大，企业积累水平显著下降，到1974年底亏损额比建厂的全部投资还多。由于生产连续下滑，经济效益下降，使国家财政支大于收。1974年1月至5月，全国财政收入比上年同期减少5亿元，财政支出却比上年同期增加25亿元，出现财政赤字5亿元。财政经济状况的恶化，到1974年底也未能扭转。1974年全年财政收入共783.1亿元，比上年减少26亿多元，出现财政赤字7.7亿元。

财政整顿，首先抓的是机构整顿。为了恢复、加强财政部的工作，财政部党组顶着"四人帮"的干扰，首先撤销财政部军事管制委员会，把原财政部和人民银行总行在"文化大革命"中被撤销的司、局组织建制全部恢复起来。财政部税务局也予以整顿加强，恢复为"税务总局"，加强了对全国税收工作的领导。同时，从财政部和人民银行合办的"五七"干校陆续调回大批干部，作为加强财政管理的骨干。

其次是抓思想整顿。财政部党组反复强调要贯彻执行毛泽东关于"把国民经济搞上去"的指示，强调"政治挂帅要挂到业务上"，要划清社会主义积累同"利润挂帅"的界限，理直气壮地抓社会主义积累，强调必要的规章制度不是"管、卡、压"，反对有令不行、有章不循、各行其是的混乱状态。根据国务院关于1975 年的财政金融工作要抓紧、抓早的精神，财政部和中国人民银行于 2 月下旬、3 月上旬分别在北京、上海召开财政银行工作碰头会，传达邓小平在全国工业书记会议上的讲话，要求财政、银行部门的领导干部思想上必须明确把国民经济搞上去这个目标，大胆地抓工作，财政、银行部门要努力做到收支平衡，略有节余。

再次是重申财经纪律，整顿财政工作秩序。针对财政工作中的混乱状况，1 月 19 日，国务院发出《关于进一步加强财政工作和严格检查 1974 年财政收入的通知》，要求扭转财政收支的不正常情况，纠正违反财经纪律的现象。该通知对企业生产成本、基建开支等逐项作出规定，要求抓紧 1975 年的财政工作，做到收支平衡，略有节余。这些措施的制定和贯彻，对于 1975 年的财政工作起了推动作用。

为了整顿财政工作秩序，严格财政纪律，4 月 7 日至 19 日，财政部还召开了全国税务工作会议，强调发挥税收作用。7 月 30日，财政部发出《关于开展税收政策检查，清理漏欠税款的通知》，进一步整顿纳税纪律。中国人民银行也于 6 月至 8 月多次召开不同类型的银行业务会议，严格控制货币发放，加强检查督促工作。

最后是抓财政收支，扭转支大于收的状况。一是与国家经委配合，两家共同抓企业的扭亏增盈工作。二是与国家计委配合，狠抓控制社会集团购买力，不仅节约了开支，而且树立勤俭节约的风气。三是扶持与促进生产，努力扩大财源。

以上这些措施，都在当年收到明显成效。

为了对财政工作进行深入整顿，1975 年 5 月 18 日，财政部根据李先念指示，开始起草《财政金融问题汇报提纲》和三个参阅资料——《国营企业积累情况和存在的问题》《基本建设情况和存在的问题》《市场货币流通情况和存在的问题》。6月28日，财政部和中国人民银行向国务院报送了《财政金融问题汇报提纲》。10月22日，《关于整顿财政金融的意见》（简称"财政十条"）写成草稿。这是一个要求从各方面入手扭转财政混乱状况的文件。

"财政十条"指出，当前财政金融方面存在的主要问题是：企业收入增长很慢，积累水平下降；基本建设战线过长，大量资金被抽调、挪用，分散了国家的财力，冲击了国家计划；财务管理混乱，损失浪费严重，贪污盗窃、投机倒把猖獗。文件认为，产生这些问题的一个重要原因是财政金融管理不严、监督不力、纪律松弛。

文件提出，要努力促进工农业生产的发展。要协助企业实现高产、优质、低消耗和安全生产，全面完成国家规定的各项经济技术指标。要支持商业外贸部门搞好商品的收购、运销和出口，扩大城乡内外交流。文件还提出："财政金融部门不但要做好服务工作，而且要做好监督工作。"对于工业企业盲目生产、粗制滥造、积压物资及商业外贸盲目进货、大量积压、积压资金等行为，必须坚决抵制，不予支持。文件强调，要切实作好经济监督工作，整顿财政收入，节约财政支出。

针对企业亏损严重的状况，文件强调，要迅速扭转企业亏损状况。国营企业，除政策允许亏损的以外，都必须盈利，不许赔钱。所有企业都必须建立经济核算制，用最少的消耗取得最大的成果。对未能按期扭亏增盈的企业，财政不补贴，银行不贷款；长期亏损又没有条件办下去的企业，应当有计划地调整转产。

"财政十条"还提出，加强信贷管理，控制货币发行，严格财经纪律。针对前几年生产遭到破坏，资金偏于分散的情况，要求进一步改进财政信贷管理体制：财政资金要适当集中；继续实行"统一领导、分级管理"的原则，管理权限主要集中于中央和省、自治区、直辖市两级。为了加强省、市、自治区管理本地区财政收支的权力与责任，文件还根据李先念的意见，提出从 1976 年起，实行"定收定支，收支挂钩，总额分成，一年一定"的办法。中国人民银行的业务要继续实行集中统一的方针。

为了贯彻落实"财政十条"，财政部还起草了一系列单项整顿性文件，如关于改进财政体制，加强预算管理、固定资产管理、国营企业财务管理和农业财务管理，以及扭亏增盈，等等。

"财政十条"的精神很快传达到各级财政、银行部门。这个文件提出的整顿财政金融的原则和措施，尽管由于"四人帮"干扰，没有正式公布，但是，文件的基本精神还是在实际工作中得到不同程度的贯彻，对控制货币投放和平衡信贷收支起了一定作用。①

（四）制定发展国民经济的长远规划和"工业二十条"

制定发展国民经济的长远规划、"五五计划"和 1976 年年度计划，是周恩来在四届全国人大一次会议上作的《政府工作报告》中提出的任务。

1975 年 3 月，国家计委发出通知，初步提出十年规划的指导思想、方针、政策，要求迅速把国民经济搞上去，壮大中国的经济实力和国防实力，做好反侵略战争的充分准备。通知要求坚持按农、轻、重的次序安排国民经济计划，坚持"工业为主导，农业为基础"的方针和一整套两条腿走路的方针，发挥中央和地方

---

① 引自《当代中国财政》（上），中国社会科学出版社 1988 年版，第 244、254—257 页；《当代中国的金融事业》，中国社会科学出版社 1989 年版，第 178—180 页。

两个积极性，使国民经济各部门达到有计划地、按比例地、高速度地发展。通知指出，今后十年发展生产主要靠挖潜，靠技术革新；要把企业的技术革新、技术改造计划和基本建设结合起来考虑；基本建设要集中力量打歼灭战，把在建项目迅速建成投产，发挥能力；新上项目一定要慎重，要严加控制。

根据国务院关于长远规划工作的部署，国家计委于 3 月 15 日至 4 月 25 日召开长远规划工作会议。会议讨论了各部门的十年规划，提出了进一步改善经济管理体制的意见。会议拟定了 1980 年工农业生产预计达到的指标①，提出解决经济管理问题的六项措施：一、进一步搞好企业下放。二、工业企业原则上实行省、市两级管理。三、基本建设投资一小部分由国家安排，大部分由国家定任务，地方统筹安排，包投资，包生产能力。四、物资分配有步骤地实行在国家统一计划下"地区平衡、差额调拨、品种调剂、保证上交"的办法。五、财政收支除地方仍按固定留成比例提取机动财力以外，地方财政收支实行"经常费比例包干、五年一定"的办法。六、尽快把六个大区的经济计划协作机构建立起来。会议要求在 6 月底再次召开研究十年规划和经济管理体制改革的会议，7 月份提出十年规划初稿，向国务院汇报。

在铁路、钢铁的整顿初见成效时，邓小平提出要召开长期规划务虚会。他说，前一段解决铁路问题、钢铁问题，都是一个一个地解决，光这样不行，要通盘地研究。

6 月 16 日至 8 月 11 日，国务院召开计划工作务虚会。会议认为，当前经济工作中的主要问题是乱和散，必须狠抓整顿，强调集中。与会者提出，要搞一个关于工业问题的文件，认真总结

---

① 1980 年工农业生产预计达到：粮食 6500 亿斤；棉花 5700 万至 6200 万担；钢 4000 万吨；煤炭 5.5 亿至 5.8 亿吨；石油 1.5 亿吨；电 3000 亿度；乙烯 120 万吨。

铁路、钢铁整顿的经验，对整个工业中存在的问题提出切实的解决办法，作出一些必要的规定。

7 月间，邓小平将起草这个文件的任务交给国家计委。这个文件是在三年前国家计委拟定的《关于坚持统一计划，加强经济管理的规定》（简称"工业十条"）的基础上起草的。文件起先拟定了十四条内容，简称"工业十四条"，标题是《关于加快工业发展的若干问题》。

8 月，邓小平审阅了文件草稿，于 18 日主持国务院会议专门进行讨论。他说：毛泽东同志历来主张要有章程。过去的工业七十条，基本上是好的，是修改的问题，不是要废除。文件修改后，可以先拿出来讨论。他讲了几点意见：1. 确立以农业为基础、为农业服务的思想。工业越发展，越要把农业放在第一位。2. 引进新技术、新设备，扩大进出口。这是一个大政策。总之，要争取多出口一点东西，换点高、精、尖的技术和设备回来，加速工业技术改造，提高劳动生产率。3. 加强企业的科学研究工作。4. 整顿企业管理秩序。5. 抓好产品质量。6. 恢复和健全规章制度。7. 坚持按劳分配原则。①

按照邓小平的意见，对"工业十四条"进行了补充和修改。8 月 22 日的讨论稿形成 20 条内容。9 月 2 日的讨论稿，内容又由 20 条压缩为 18 条（简称"工业十八条"）。最让"四人帮"恼火的，就是这个"工业十八条"。他们说："《条例》好厉害"，"字里行间，刀光剑影，杀气腾腾，要翻无产阶级文化大革命的案"，是"复辟资本主义的纲领"。②

这个文件稿以实现四个现代化为统领全篇的"纲"，针对

---

① 《邓小平文选》第 2 卷，人民出版社 1994 年版，第 28—31 页。

② 转引自《一场篡党夺权的反革命丑剧——评"四人帮"对〈二十条〉的"批判"》，《文汇报》1977 年 7 月 17 日。

"四人帮"在经济方面散布的谬论，对经济发展提出了一些重要观点：

1. 经济发展的速度问题是一个重大的尖锐的政治问题。文件指出："工业的发展速度问题，是一个重大的尖锐的政治问题"，"不注意生产，不努力搞好生产，把生产放在可有可无，可重可轻的地位"，"是要不得的，没有社会生产力的强大发展，社会主义制度是不能充分巩固的，决不能把革命统帅下搞好生产，当作'唯生产力论'和'业务挂帅'来批判"。

2. 加强党的领导，整顿领导班子。文件指出："整顿企业，首先要整顿党的领导"，"要改变那些'软、散、懒'的领导班子，调整那些没有得到改造的小知识分子和'勇敢分子'当权的领导班子，把坏人篡夺了的权力夺回来"。

3. 依靠工人阶级，坚决反对派性。文件提出："对于造反，对于反潮流，都应当进行具体分析。要看造哪个阶级的反，看反什么性质的潮流"，"要特别警惕少数坏人利用'造反'和'反潮流'的名义，搞破坏活动"，"凡是以'造反'和'反潮流'作为资本，向党伸手，要当党员、要做官的，一律不给，不但不给，而且要批评"，"要坚决同资产阶级派性作斗争，针锋相对，寸步不让"。

4. 建立以岗位责任制为中心的生产管理制度，建立强有力的独立工作的生产指挥系统。文件指出："生产管理和规章制度，什么时候都需要，一万年也要"，"一概反对企业管理，反对规章制度，势必造成无政府状态"，"所有企业，都要在党委统一领导下，建立强有力能独立工作的生产管理指挥系统，负责管理指挥企业的日常生产活动"，"不能事无大小，都由党委直接处理"。所有企业要把主要的经济技术指标抓起来，把质量、品种、规格放在第一位。要把建立责任制，作为整顿企业管理的重要一环。

5. 以农业为基础。必须把农业放在第一位。城市要带动农村，帮助发展农、林、牧、副、渔各业，举办小型工业，增加社队收入，改善城市供应。

6. 必须虚心学习外国一切先进东西，有计划有重点地引进国外先进技术。文件提出，世界上工业落后的国家赶上工业先进的国家，都是靠采用最先进的技术，我们也要这样做。必须有计划、有重点地引进国外的先进技术，以加快国民经济的发展速度。

7. 增加工矿产品出口。每个工业部门，都要研究国际市场的需要，积极增产能够出口而换汇率高的产品。为了加快我国煤炭、石油开发，可以在平等互利的条件下，按照国际贸易中延期付款、分期付款等通行做法，同国外签订长期合同，固定几个生产点，由他们供应适合我们需要的现代化的成套设备，然后用我们生产出来的煤炭和石油偿还。

8. 各尽所能，按劳分配。文件认为，限制资产阶级法权，决不能脱离现阶段的物质条件和精神条件，否定按劳分配，不承认必要的差别，搞平均主义。平均主义不仅现在不行，将来也是行不通的。在现阶段，按劳分配是基本适合生产力发展的要求的，必须坚决实行。不分劳动轻重、能力强弱、贡献大小，在分配上都一样，不利于调动广大群众的社会主义积极性。要对高温、高空、井下、野外、有毒、有害等劳动条件差、劳动强度大的工种，实行岗位津贴。要在调查研究的基础上，逐步改革现行的工资制度。

9. 关心职工生活。各级领导要生产、生活同时抓，把群众生活上的问题提到自己的议事日程上来。

10. 所有干部、工人、科技人员都要走又红又专的道路。科学技术人员，要钻研科学技术，精通业务。凡是真正愿意为社会主义事业服务的，都应当给予信任，积极地发挥他们的才能。

11. 必须加强纪律性。文件指出，必须加强纪律性，同一切违反政策、违反制度、违反统一计划、违反财经纪律、违反劳动纪律的现象作斗争。

12. 思想方法要反对形而上学，避免片面性。文件提出，要提倡唯物辩证法，对任何事物都要采取分析的态度，不可以不分青红皂白，一概肯定，或者一概否定。文件还提出，要实事求是，加强调查研究，使思想符合客观实际，不断地认识和掌握社会主义建设的客观规律。

之后的讨论稿，在修改中又由 18 条增加为 20 条，简称为"工业二十条"。"工业二十条"概括了铁路、钢铁整顿的经验和国务院务虚会讨论工业发展的认识成果。"工业二十条"是对邓小平 1961 年主持制定的"工业七十条"（《国营工业企业工作条例（草案）》）和 1972 年周恩来指示起草的"工业十条"的继承和发展。上述三个文件在纠正经济领域存在的无组织无纪律现象，恢复被废弛的工业企业规章制度方面，有共同之处。不过，相比较而言，"工业二十条"在批判极左思潮方面针对性更强；在迫切陈述把国民经济搞上去的重要性时，思想理论性也更强。"工业二十条"针对"文化大革命"以来流行的抓生产是"唯生产力论"、"反潮流"和"造反"是"大方向正确"、规章制度是"管、卡、压"、按劳分配是"物质刺激"、对外引进是"洋奴哲学"、学习科学文化是"白专道路"等进行了坚决反驳。这些反驳在一定程度上否定了"以阶级斗争为纲"的指导思想和方针政策，肯定了遭到"文化大革命"否定的、新中国成立以来党积累的正确的和比较正确的思想成果。尤其值得注意的是，这些认识中还包含着党以往的思想成果中没有的或没有明确提出的一些内容，如：扩大对外交流，可以采取补偿贸易政策，促进外贸发展；坚持按劳分配原则，在待遇上有所差别；改革企业中存在的革命委员会领导体制，改变党委包揽一切的状况，建立强有力的能独立工作的生产管理指挥系统，等等。

三、邓小平主持开展军队整顿

（一）坚决排除"四人帮"对军队建设的干扰

1975 年初，邓小平就提出了整顿军队的问题。他除了参加 1 月 19 日各大军区负责人座谈会，重申毛泽东关于"军队要整顿"的指示外，还在 1 月 25 日出席总参谋部机关团以上干部大会，作了军队要整顿的讲话，指出军队整顿是各方面整顿中极为重要的一环。

"批林批孔"运动发动后，由于"四人帮"的插手和煽动，军队有的单位出现了矛头向上、目无组织纪律、动辄造反的现象。军队一些单位的领导软弱无力，部队组织纪律明显松弛，战斗力被削弱。显然，自林彪集团覆灭后，能否保持党对军队的坚强领导、能否保持军队稳定等问题，不仅没有得到很好解决，反而随着"四人帮"企图篡夺军权的活动更加突出了。此外，军队多年来存在的另一个问题也愈益突出，这就是部队臃肿，人员严重超编。"文化大革命"中，军队人数逐年增加。70 年代初，随着参加"三支两军"的 270 多万军队干部陆续返回部队，到 1974 年底，人民解放军干部共有 152.6 万人，超编 46.7 万人。[①] 部队编制庞杂臃肿，战斗部队与保障部队、机关直属单位比例失调。

1975 年，当军队存在的问题不断暴露时，中国军事武装的第二支力量——民兵组织中存在的不正常现象，也到了十分严重的程度。"批林批孔"运动中，"四人帮"一方面攻击军队不可靠，企图篡夺军权，另一方面极力控制民兵组织。"四人帮"及其帮

---

① 《共和国史记·第 3 卷》（下），吉林人民出版社 1996 年版，第 1095 页。

派势力在一些地方撇开原有的民兵组织，另行建立起民兵指挥部，或拉起"民兵师""民兵独立团"一类组织。在他们的操纵下，一些地方的民兵组织实际上成了派性斗争的工具，卷入了两派武斗，给社会生产和人民生命财产造成严重损害。

1月25日，邓小平出席总参谋部机关团以上干部大会，是他担任中央军委副主席兼总参谋长后，在较大范围内与军队高、中级干部的一次见面。这次会上，他说：从1959年林彪主管军队工作起，军队被搞得相当乱，好多优良传统丢掉了，军队臃肿不堪。所以毛泽东同志提出军队要整顿。军队的总人数要减少，优良传统要恢复。这就有大量的工作要做。他讲，我们要遵照毛泽东同志关于安定团结的指示，整顿军队。这些年来，我们军队出现了一个新的大问题，就是闹派性，有的单位派性还很严重。有少数人热衷于搞派性。他们在军队内部搞，到地方去也搞。这一点我们一定要注意。不消除派性，安定团结不起来，军队战斗力也一定会削弱。今后军队干部的使用、提升，一条重要的原则，就是不能重用派性严重的人，不能重用坚持派性不肯改正的人。再一个问题是军队的纪律很差。军队要像军队的样子。现在提出加强纪律性，首先要从我们北京的机关、部队做起。所以，军队的整顿，一个是要提高党性，消除派性；一个是要加强纪律性。还有一些问题也要解决，如落实政策。现在有好多政策没有落实。各个单位要认真研究，把政策落实好，这样才有利于调动积极性，有利于安定团结。①

为了清除林彪在军队建设上的影响，2月5日，中共中央发出通知，取消1971年10月成立的军委办公会议，成立中央军委常务委员会，常务委员会的委员有叶剑英、王洪文、邓小平、张春桥、刘伯承、陈锡联、汪东兴、苏振华、徐向前、聂荣臻、粟

---

① 《邓小平文选》第2卷，人民出版社1994年版，第1—2页。

裕等十一人。新的中央军委常委会由叶剑英负责主持处理日常工作。在新组成的军委常委会第一次会议上，军委扩大会议的筹备工作就被提上日程。邓小平指出，军委扩大会议应集中解决军队的编制问题，以此达到整顿军队、加强战备、实现安定团结的目的。叶剑英强调，中心问题是解决人的问题，也就是编制问题，主要是压缩军队定额的问题、干部问题。

为了清除林彪、"四人帮"对军队建设的干扰，6 月 24 日至 7 月 15 日，中央军委召开扩大会议。7 月 14 日，邓小平出席会议并作了讲话。他指出，军队建设要解决"肿、散、骄、奢、惰"的问题；领导班子要解决"软""懒""散"的问题。他说，这次会议我们搞编制，就是整肿字。解决肿的问题，搞好军队的编制整顿、体制整顿，可以适当解决军队的其他问题。这次整编，要配备、健全各级领导班子。加强各级领导班子，选人要选得对，要好好了解。此外，针对林彪、"四人帮"对军队建设造成的恶劣影响，他提出要加强政治工作，增强党性，反对派性，加强纪律性，发扬艰苦奋斗的传统作风。要抓编制，抓装备，还要抓战略。针对军事训练受到严重削弱的现状，他提出，"要把训练放在战略问题的一个重要位置上"。[①]

7 月 15 日，叶剑英作总结讲话，就军队整顿作了具体部署。他说，军队要高度集中统一，决不允许派性存在。他提醒大家说：你们要注意，现在有的人到处送书、送材料、写信，把部队思想搞乱了。以后没有军委的同意，任何人不得这么做！不容许任何野心家插手军队，搞阴谋活动。会议期间，叶剑英采取个别谈话的方式，向出席会议的大多数高级干部打招呼，要求大家站稳立场、看清方向。

这次会议在指导思想上的一个重要突破，是对国际和国内形

① 《邓小平文选》第 2 卷，人民出版社 1994 年版，第 15—21 页。

势的分析。会议分析了国际形势，认为革命和战争的因素都在增长，一方面，战争不可避免，帝国主义仍然是战争的策源地；另一方面，战争不是三五年内一定打得起来的，有可能推迟。国家有必要也有可能争取时间，搞好工作，准备打仗。对国际形势的这种认识，扭转了那种认为世界战争迫在眉睫，军队要"立足于早打、大打、打核战争"的认识，使人民解放军得以摆脱长期处于临战状态的束缚，可以集中精力考虑较长期的自身建设。会议还认为，要加紧经济建设和国防建设，把国民经济搞上去，国防建设只有随着国家经济建设的发展才能相应地发展。关于这一点，邓小平说了一句很形象的话："真正的硬仗是钢仗"，意即加强国防必须以经济实力为基础。这是在军队建设上，理顺国防建设与经济建设的关系，使军队建设转向现代化建设轨道，并使军队建设服从全党工作大局的重要变化。

7月19日，中共中央转发了中央军委关于这次会议情况的报告和邓小平、叶剑英的讲话，要求全军"认真传达学习，贯彻执行"。军队的整顿随即在各大军区和各军兵种推开。

在整顿军队的过程中，叶剑英主持对军队25个大单位的领导班子进行了调整配备；对驻北京市及其附近战略要地的部队进行整顿和调动；同时落实干部政策，有效地稳定了军队。这对抵制"四人帮"夺取军队领导权的阴谋起了重要作用。无怪乎张春桥发牢骚说："我虽然名义上是总政治部主任，一点实权也没有。军委常委一开会，他们是多数，人又熟悉，背后又有周恩来控制，我是一个光杆司令，抗衡不了他们。军队不在我们手里，这是我们的致命弱点。"

军队整顿的又一内容是精简整编。军委扩大会议结束后，中央军委很快着手解决军队规模庞大、机构臃肿的问题，开始压缩军队定额、调整编制、安排超编干部的工作，计划三年内将军队总定额减少160万人。9月7日，中央军委批转总参谋部拟制的

《压缩军队定额调整编制体制的方案》。该方案确定的精简调整原则是：大力精简机关，裁并重叠机构，减少保障部队，压缩普通兵员，淘汰陈旧设备；有些部队实行简编，保留技术骨干和技术装备；保持一定数量的齐装满员部队，有重点地加强特种兵部队建设。这次精简整编从 1975 年第四季度开始实施，各军区、各军兵种按新编制进行整编，裁减部队，调整机构。到 1976 年，全军总人数比 1975 年减少了 13.6%，初见成效。

在整顿军队的过程中，民兵组织也进行了整顿。针对"四人帮"及其帮派势力插手民兵组织、拉起"第二武装"、利用民兵制造武斗等情况，邓小平要求取消"民兵指挥部""民兵小分队"，强调民兵应由省军区、军分区、人民武装部来管。民兵组织要在省军区、军分区、县武装部的领导下工作。一些省、市对问题严重的民兵指挥部进行了整顿，调换了领导班子，使"四人帮"企图搞"第二武装"的阴谋受到打击。

军事训练在军队整顿中再次受到重视。为了加强对军事训练的领导，1975 年 10 月，成立了以副总参谋长李达为召集人，副总参谋长何正文、总政治部副主任徐立清、总后勤部部长张震和副部长李元参加的总部训练小组。与此同时，总参谋部重新颁布了训练大纲、条令、教材，逐步恢复了正规化训练的秩序，使军事训练取得明显成绩。1975 年底，三总部召开全军训练会议，讨论通过了《一九七六年训练指示》。这个指示下发后，全军又掀起以"三打""三防"为主的群众性练兵热潮，军事训练再度出现好的形势。

（二）整顿国防工业，加快发展国防科技

在军队整顿的过程中，加强国防军事工业和国防科技事业的任务同时被提上日程。

为了加强国防工业的领导力量，四届全国人大一次会议对二

机部、五机部、六机部、七机部的部长进行了调整，任命刘西尧为二机部部长，李成芳为五机部部长，边疆为六机部部长，汪洋为七机部部长。

4月，当铁路形势好转时，邓小平和叶剑英也在关注着要改变国防建设的面貌。4月2日至14日，邓小平用五个半天的时间主持召开了国防工业重点企业汇报会。叶剑英、陈锡联、苏振华、徐向前、聂荣臻、粟裕等军委领导人，及总参、总后、国防工办、三机部、四机部、五机部、六机部的负责同志参加了会议。

这次会议强调，虽然军队减少人员、紧缩编制，但战斗力不能削弱，这就要解决装备问题。会议指出，军委现在一手抓编制，一手抓装备，这两件事不是小事，都是大问题。军队的装备问题很多，质量不过关、性能落后、装备缺编、不配套、失修严重等。要缩短战线，精简型号，搞好常规武器发展规划，加强集中统一管理，狠抓科研。

在听取汇报的过程中，邓小平等军委领导作了插话。当讲到国防工业有一些"老大难"企业时，邓小平说：光撤一个人解决不了问题，主要是坏人当政，把一派人带坏了。解决企业"老大难"的问题，不发动群众不行。他还说：国防工办要直接抓几个点，几个部也要抓一二个点。你们牌子不硬，用国务院的牌子，中央给你们"上方宝剑"。①

5月25日，毛泽东、周恩来批准了关于导弹武器的研制规划和常规武器十年发展计划。这之后，国务院、中央军委批准组成常规武器发展领导小组，由陈锡联任组长，负责统一部队装备体制和武器装备的发展方向、科研、生产等工作。为了对战术导弹的生产、研制进行统一管理，国务院、中央军委还于7月成立了

---

① 参见《邓小平与1975年的中国》，中共党史出版社2004年版，第182页。

导弹工业总局（简称八机总局）。

在整顿国防工业的过程中，国防工办对四百多个重点企业的领导班子做了调整、加强，有八百多名领导干部做了调动，提拔了六百多名中、青年干部，还组织进行了产品质量大检查，使科研、生产秩序有所好转。

军委扩大会议结束后，7 月 20 日至 8 月 4 日，中央军委接着召开国防工业重点企业会议。8 月 3 日下午，邓小平、叶剑英、李先念、陈锡联、华国锋等领导同志接见了参加会议的全体代表。邓小平还作了讲话。

邓小平主要讲了几个问题：第一，一定要建立敢字当头的领导班子。"你要斗派性，没有敢字当头的领导班子就根本不可能；要建立必要的规章制度，要落实政策，没有这样的领导班子也搞不成。"领导班子问题一定要抓紧解决，要找一些能够办事、敢于办事的同志来负责。解决领导班子的问题，主要是配备好一、二把手，一、二把手敢字当头，就可以把队伍带起来。第二，一定要坚持质量第一。质量问题与建立规章制度有关。没有必要的责任制度，质量难于保证，这方面要很好地整顿。"要发挥科技人员的积极性，要搞三结合，科技人员不要灰溜溜的。"科技人员应当受到重视。要给他们创造比较好的条件，使他们能够专心致志地研究一些东西。这对于我们事业的发展将会是很有意义的。第三，一定要关心群众生活。"群众对生活方面的议论是相当多的，不要以为都是讲怪话。我们党和国家一定要关心群众生活，现在应该提出这个问题了。"①

在整顿工作由工交领域向军事领域发展时，国防工业重点企业会议的召开，不论对军队整顿还是工业整顿都具有重要意义。一方面，它是贯彻中央军委扩大会议精神的具体措施，即精简整

---

① 《邓小平文选》第 2 卷，人民出版社 1994 年版，第 25—27 页。

编，加强装备，走精兵强军之路；另一方面，它也是贯彻"工业二十条"的实际步骤，是把工业条例具体化，加强企业管理，使整顿落实到国民经济的细胞——企业。正如时任国家计委副主任兼国务院生产小组副组长的袁宝华所说，8 月，小平同志提出要全面整顿企业。他在国防工业重点企业会议上作了《关于国防工业企业的整顿》的报告。这次讲话，实际是对企业实行全面整顿的动员令。①

发展国防科技，是国防现代化建设的战略任务。1975 年初，邓小平、叶剑英主持国务院、中央军委工作后，就将调整武器装备的发展目标和研制计划作为实现国防现代化的重要内容。在整顿军队的过程中，中共中央批准了导弹、核武器的研制规划和常规武器十年发展计划。对国防科技进行整顿，搞好尖端武器的科研和生产也随之被提上日程。

为了加强国防科技的领导力量，1975 年 3 月 8 日，中共中央决定由"文化大革命"发动后曾被打倒的张爱萍重新出任国防科委主任。

"文化大革命"发动后，正在蓬勃发展的国防科技事业同其他领域一样，遭到严重干扰和破坏。许多部门和单位陷于瘫痪、半瘫痪状态，科研和生产难于正常进行。国防科委是国防科技领域遭受破坏最严重的部门。"文化大革命"发动后，国防科委的一些重要部门分成了好几派。比如，研制航天设备的核心部七机部，长期以来派仗不断，几派中"山头"最大的是"915"派和"916"派，为争权夺利，这两派你攻我斗，打派仗打得在全国出了"名"。而国防科委大批领导干部和从国外学成归国的科技专家、技术人员，却被说成"里通外国""特务"，受到残酷批斗，

---

① 袁宝华：《千秋功业永世流芳》，《回忆邓小平》（上），中央文献出版社 1998 年版，第 272、268 页。

有的被折磨致死。科研和生产受到冲击，科研设备遭到毁坏，尖端武器质量下降，研制周期一再拖长。"批林批孔"运动兴起后，"四人帮"直接插手国防科委，煽动少数人"冲破障碍""放火烧荒"，更是把已被搞乱了的国防尖端部门搅得不得安宁。1974年进行的三次洲际导弹试验没有一次成功。①

张爱萍接受任命后，登门拜访了一些国防科委原来的领导干部，包括曾揭发、攻击过自己的人。他临危受命、不计前嫌、以事业为重的精神很快消弭了运动造成的隔阂。在相互谅解、沟通的基础上，国防科委组成了新的领导班子。

张爱萍决定从七机部入手，扭转国防科委的混乱局面。按照邓小平等领导人的指示，参照铁路整顿的经验，张爱萍把消除派性作为转变国防科技面貌的重点，在大会小会上对派性展开了坚决的、毫不留情的批判。3 月 27 日，他在七机部厂、所、部、站干部会上讲话，第一次在七机部也在整个军工战线提出了整顿的任务。他说：林彪反党集团的余毒没有完全肃清。这个余毒是什么？他认为，最大的罪恶是破坏七机部党内党外、上下左右的团结，搞分裂，把七机部搞乱了。他提出：我们必须整顿，特别要整那些派性迷了心窍的。要在党中央、国务院、中央军委的统一领导组织下，在最近几年拿出像样的武器来。从现在起，我们要好好记住党的利益，团结起来，共同奋斗，上下一条心，紧密合作，互相支持。他号召大家：在七机部处在艰难的时期，每一个人都要挺身而出，担负起责任，排除一切阻力，把这个局面扭转过来。

5 月 19 日，邓小平、叶剑英、聂荣臻、陈锡联等军委领导专门听取国防科委关于科研试验、发展规划的汇报，并作了指示。邓小平在听取汇报时说：不准再打派仗，凡是打派仗的，坚决按

---

① 东方鹤：《张爱萍传》（下），人民出版社 2000 年版，第 895 页。

中央九号文件办，不管什么老虎屁股都要摸。他对张爱萍、钱学森等国防科委领导说：要勇敢地干工作，不要怕说错话。只要你们大胆工作，错了我们（指邓小平自己和叶剑英——笔者注）负责。邓小平还说：要告诉那些搞派性的人，现在再搞派性就是顽固的资产阶级派性。学理论也要解决这个问题嘛。不能让国家利益等待他们，这样下去太不能容忍了！现在应该这样提出问题。从七月一号这天开始，凡继续闹派性的坚决调开，你们调不动，军委调。配的新班子一定要团结的、稳定的、能干事的。关键性的生产机构，领导干部要配好，吃饭不干事的，调出工作岗位，作编外处理。要特别注意培养一批年轻的、有发展前途的科技人员，放到适当的领导岗位上。他强调，大家都要做"七一"派，就是"共产党派""毛主席派"。

6月30日，中共中央发出第14号文件，批转国防科委《关于解决七机部问题的报告》。这是一个调整七机部人事、组织机构和巩固整顿成果的重要文件。它的下发，与整顿铁路的9号文件、整顿钢铁的13号文件一样，标志着整顿的广泛展开并取得阶段性成果。14号文件传达后，国防科委和国防科工战线的广大群众奔走相告，不到半个月就使文件家喻户晓。许多单位召开了"增强党性，反对派性，争做七一派，向七一献礼"的誓师动员大会。张爱萍在各种会上严正宣告：必须反对那种以派压党，在军队搞个人名堂的行为。今后不论是谁妄图在军队搞个人名堂，要顶，要坚决进行斗争。毫不留情，针锋相对，寸步不让。

国防科委果断地清除了各种帮派组织，撤销了"文化大革命"中产生的"指挥部""运动办""帮促办"等临时机构，恢复了党的各级工作机构。张爱萍还主持选编了毛泽东关于加强团结、克服派性、促进科研生产的语录，广泛印发给科技人员和工人学习。这一做法非常有效，严重对立的两派都不敢反对学习毛泽东的语录，不得不老老实实地坐下来学习，相互的攻击、扯皮逐渐消停了。

张爱萍因势利导地提出"团结一致，上下一心，树雄心，立壮志，尽早研制出战备需要的战略导弹"的要求，并大声疾呼："抢时间"拿出战略核武器。"抢时间，为 1977 年的任务而奋斗！"成了干部群众的行动口号。在七机部提出奋斗目标的同时，二机部、三机部、四机部、五机部、六机部也边整顿边生产，竞相立下"军令状"。

1975 年下半年，国防科学技术不断取得新突破，战略导弹、运载火箭和卫星的研制连续获得成绩。在张春桥到处宣称"卫星上天，红旗落地"时，1975 年中国连续成功发射三颗人造卫星，这在中国航天史上是史无前例的。人们把这一年喜称为"三星高照"。

四、整顿的全面展开和深入

（一）对各级党组织的整顿

1975 年 7 月，在铁路整顿、钢铁整顿初见成效的形势下，邓小平把整顿党组织的问题提上了日程。与此同时，中国科学院、教育界也开始整顿，文艺政策开始调整。在"农业学大寨"会议上，邓小平提出了全面整顿的任务。这是 1975 年整顿发展的必然结果。

在全国政治形势有利的情况下，邓小平把整顿党组织的问题提上了日程，这不仅是因为各级党组织在整顿中具有决定性的重要作用，更因为"文化大革命"以来，党组织遭受了破坏，特别是"批林批孔"运动对党组织再次造成了严重破坏，党的建设已经到了非抓不可的时候了。

整顿开始后，各级党组织存在的问题暴露得非常明显。与

"文化大革命"发动前相比，这时，党组织的状况发生了很大变化。以"四人帮"为首、以各地造反派为基础的帮派势力，已经从上至下地分布于党的各级组织中。当"四人帮"打起"反经验主义"的旗子时，在地方上就有帮派分子聚众闹事，搞乱社会。在整顿铁路时，一旦对铁路系统的帮派势力有所触动，就有地方造反派出来撑腰打气，支持他们进行反扑。"四人帮"与地方及各部门各行业的帮派势力已经纠结在一起，形成了盘根错节的关系。1975年，当整顿在每一个领域推开时，都遇到了这些帮派势力的阻挠。正如1975年7月中共广东省委一位书记所谈到的：目前抬头的派性，表现形式有个特点，主要不是"派"与"派"之间闹，而是"派"与"派"联合起来向党闹。派性问题不解决，加强党的领导不可能，发展大好形势很困难。

在整顿中，敢于"联合起来向党闹"的，许多是"文化大革命"发动后通过向党"造反"从而走上党和政府领导岗位的"新生力量"。他们中有的是"一月夺权"中"名噪一时"的老造反派；有的是在"整党建党"中作为"新鲜血液"，"纳入"到党内的所谓"先进分子"；有的是在"斗、批、改"阶段派驻到教育、文化、党政机关的工人代表和军队干部；还有的是一年前在"批林批孔"运动中出现的"反潮流分子"。

1975年的经验表明，要恢复正常的工作和生产秩序，必须在党组织中清除这些"反潮流分子"，打掉这股制造社会动乱的帮派势力。无论是对领导铁路整顿的万里，还是对领导地方整顿的省、市、区负责人，邓小平都一再强调必须坚决反对派性。他说："要敢字当头。对坚持闹派性的人，该调的就调，该批的就批，该斗的就斗，不能慢吞吞的，总是等待。"① "凡是帮派头子，有一个调开一个，再出一个再调开，一天调一个，一年调三

① 《邓小平文选》第2卷，人民出版社1994年版，第9页。

百六十五个。"①

7月4日，邓小平对中央读书班第四期学员作了一次讲话。他说："搞好安定团结，发展社会主义经济，需要加强党的领导，把我们党的优良作风发扬起来，坚持下去。这是一个非常重要的问题。""现在，相当一部分地方党的领导没有建立起来，党的领导削弱了。各级都有这个问题。没有党的领导怎么行？党讲话不大灵怎么行？解决这个问题，关键是建立省委一级的领导"。要"使省委说话有人听，能够担负起领导责任，做到一不是软，二不是懒，三不是散。""要维护省委的领导，帮助省委建立威信，使省委对工农商学兵、东西南北中，各项工作都能够领导起来。省委坚强了，敢于领导，就能帮助地委、县委。这样，我们党就能够实现自己的领导了。"他还讲到党的作风，说："反对宗派主义，也就是反对派性，增强党性，是很重要的一条……党员要按照党的章程办事，遵守党的纪律，不能搞宗派主义，树山头、垒山头，或者站到这个山头、那个山头。如果这样，党就分裂了，就没有战斗力了……现在解决各地区、各部门的问题，都要从反对派性、增强党性入手。""加强党的领导，反对派性，把毛泽东同志树立的优良作风发扬起来。这个问题，全党同志要注意，特别是中央委员、高级干部，更要注意。"②

解决派性问题，首先从浙江开始。中央决定，由国务院副总理纪登奎率领中组部、国务院有关部委和省、市干部组成的工作队赴浙江，帮助进行整顿。分管浙江工作的王洪文也随同前往。临行前，周恩来同纪登奎谈话时说："浙江历来是鱼米之乡，可现在却要吃北方省市支援的地瓜干、玉米面。在运粮的火车车厢上，还写有"送给浙江懒汉吃"的大字标语！我这个当总理的，

---

① 《邓小平文选》第 3 卷，人民出版社 1993 年版，第 34 页。

② 《邓小平文选》第 2 卷，人民出版社 1994 年版，第 12—14 页。

对不起浙江人民。"他再三叮嘱纪一定要制定出切实办法，解决好浙江问题。①

6月20日至8月4日，浙江省委召开了工作会议。按照中央指示，浙江省委的领导班子进行了调整，一些参加省委工作的军队干部被调回军队，驻地野战部队也进行了调动。这些措施从一个方面切断了地方派性与军队的联系。

7月13日，浙江省委向中央呈送了《关于正确处理突击发展的党员和突击提拔的干部的请示报告》，提出：对于突击提拔的干部，全部回到"批林批孔"运动以前的原单位、原岗位，经过一段时间的锻炼、培养和考察，对于表现好、符合干部条件的，再根据工作需要办理任命手续；对于突击发展的党员，经过考察，不够条件的予以除名；对于混进来的坏人坚决清除；要把被坏人篡夺了的那一部分权力夺回来。7月15日，邓小平召集政治局会议，听取了浙江省委的汇报。16日，毛泽东在邓小平报送浙江省委报告的当天，批发了这个文件。

7月17日，中共中央下发第16号文件，批转了浙江省委的报告。中共中央肯定了浙江省委关于处理突击发展的党员和突击提拔的干部的做法，同时指出：在整顿党组织的过程中，对突击发展的党员和突击提拔的干部要进行教育、考察、清理；要划清两个界限，一个是敌我界限，一个是无产阶级先进分子和一般的"反潮流"分子、"造反派"分子的界限。中央规定：对于混进来的个别坏人，经过调查，证据确凿的，必须坚决清除。凡有两派的地方，应当暂缓发展党员和提拔干部。一切共产党员决不容许参加任何派别活动。在中央批示中，邓小平加了一句醒目的话：在全国范围内"对党组织从思想上、组织上进行一次整顿是

---

① 《周恩来年谱（1949—1976）》下卷，中央文献出版社1997年版，第712页。

十分必要的。"这份文件不仅针对着浙江等地突击发展党员、突击提拔干部的问题，也在一定程度上涉及"文化大革命"开始后全国党组织存在的问题。这是在"文化大革命"还没有结束的情况下，准备进行整党的重要文件。

中央 16 号文件的下发为批判派性、纠正"双突"，提供了有力武器。根据中央指示，许多地区和部门贯彻执行中央解决铁路问题和钢铁问题的精神，推广江苏徐海地区的经验，在整顿中突出了反对派性、增强党性的教育。浙江省在杭州体育馆连续三次召开批判派性的群众大会，每场参加者逾万人。浙江省委还决定，废除造反派列席党委常委会的做法，撤销"民兵指挥部"和"批林批孔小组"等非法组织。整党试点工作同时在河南省展开。8 月 29 日，河南省委发出《关于增强党性，加强党的建设的决定》，刹住了突击入党、突击提干之风，把通过"双突"上来的 10 多万人，区别不同情况做了处理。

在进行整党试点的同时，邓小平考虑在 1975 年冬至 1976 年春进行全面整党。8 月 18 日，他在一次会上说：浙江的"双突"，不只是浙江一个省的现象，全国各省、市、区的一些地区和单位都不同程度地有这个问题，不整顿不行。不整顿，我们这个党就成问题。按照这个部署，从 1975 年 7、8、9 三个月开始，除了在"双突"问题严重的浙江、河南等省进行整党试点外，其他一些地区陆续对三分之一的单位进行整党试点。福建、湖南、江西、黑龙江、郑州、武汉等省及一些地、市、县，都大张旗鼓地召开了批判派性的大会。批判派性，扶正祛邪，沉重打击了"四人帮"的帮派体系，扭转了一个时期一些地区和单位"坏人当道，好人受气"的局面。

在批判派性、纠正"双突"过程中，中央在落实干部政策方面也加大了力度。自"文化大革命"发动后到 1975 年，在中央直管的地方和军队干部中，仍有二三百名高级干部没作结论。副部长、副省长以上被打倒后复出工作的老干部数量很少。一些老干部虽然解除了隔离审查但没有分配工作，还有许多老干部仍在关押审查之中，没有作出正式结论。根据毛泽东关于尽快结束专案审查、把人放出来的意见，3月6日，汪东兴、纪登奎、华国锋、吴德给中央写了《关于专案审查对象处理意见的请示报告》，提出：由中央专案第一、第三办公室和"五一六"专案组所管的670名审查对象，"大多数人的问题已经基本查清"。对上述审查对象，"凡是专案组能够作出结论的，应作出结论；一时还不能作结论的，应先放出来，以后均由中组部会同有关机关和人员再作结论"。① 除极少数人外，绝大多数人均予以释放，并妥善安置。3月7日，周恩来圈阅了这个报告。3月8日，毛泽东批准了这个报告，4月底，中央作出决定，除与林彪集团有关的审查对象和其他极少数人外，对绝大多数关押受审查者予以释放。根据这一决定，长期被关押的高级干部350人被释放出来。据此，"文化大革命"以来被关押的几百名干部几乎全都解除了监禁，许多人被安排工作或住院治疗。

在此期间，邓小平又不失时机地将原卫生部负责人贺诚女儿写给他要求给父亲分配工作的信件转给毛泽东，并对贺诚的任职提出了意见。邓小平的意见得到了毛泽东的肯定和支持。5月17日，毛泽东在中央军委关于贺诚任职的报告上作了指示："贺诚无罪，当然应予分配工作。过去一切污蔑不实之词，应予推倒。""傅连暲被迫死，亟应予以昭雪。贺诚幸存，傅已入土。呜呼哀哉！"毛泽东的这一指示进一步推动了干部政策的落实。

根据毛泽东的批示，6月9日，原八届中央政治局委员、中

---

① 《周恩来年谱（1949—1976）》下卷，中央文献出版社 1997 年版，第 698 页；《毛泽东传（1949—1976）》（下），中央文献出版社 2003 年版，第 1724 页。

央军委副主席、国务院副总理贺龙的骨灰安葬仪式在北京举行。
周恩来代表党中央致悼词说："贺龙同志是一个好同志"，"几十
年来为党、为人民的革命事业曾作出重大的贡献"，"他是忠于
党、忠于毛主席革命路线、忠于社会主义事业的"，他的逝世
"是我党、我军的重大损失"。按照毛泽东批示，7 月 18 日，中
央军委转发中共总后勤部党委《关于为傅连暲同志恢复名誉的报
告》。9 月 20 日，中共总后勤部党委为傅连暲的骨灰举行安放
仪式。

此外，毛泽东还在陆定一、陈丕显、王恩茂、陶铸、李维汉
等人的材料上作出批示，敦促有关方面抓紧解决他们的问题。这
些材料大部分是邓小平送阅或报批的。

对于被解除审查的老干部，邓小平注意尽快使他们重新归
队。这些老干部，有着长期的革命经历和丰富的领导经验，是党
在探索中国自己的建设社会主义道路过程中各条战线上的领导
者。他们对党在社会主义建设中正反两个方面的经验教训有比较
深切的体验，对"文化大革命"的"左"倾错误和"四人帮"
的面目有比较深刻的认识。因此，邓小平认为，当前存在的一些
令人担忧的现象能不能克服，几十年的优良传统能不能继承和发
扬，主要靠我们这些老同志的传帮带。他告诉一些中央部门和地
方的领导同志，要敢于在重要领导岗位上起用老干部，同时，要
注意选党性强、有经验、身体好的中、青年干部。他说，不要怕
人家有意见。不要怕有人说你是什么"还乡团""复辟""倒
退"，由他去骂。无非是让他骂十年。①

9、10 月间，邓小平在农村工作座谈会上讲话时又一次谈到
全面整顿及整顿的核心问题。他说："现在问题相当多，要解决，

① 参见《邓小平与 1975 年的中国》，中共党史出版社 2004 年版，
第 204 页。

没有一股劲不行。要敢字当头，横下一条心。""管你是谁，六十岁的老虎屁股也好，四十岁的老虎屁股也好，二三十岁的老虎屁股也好，都得摸。一摸，就见效了。"接着，他提出了整党的问题，说："整顿的核心是党的整顿。只要抓住整党这个中心环节，各个方面的整顿就不难……整党主要放在整顿各级领导班子上。"①

按照中央部署，中组部在进一步调查研究的基础上，开始起草《关于整党问题的汇报提纲》和《整党问题参阅材料》，并着手起草整党工作指示。据当事人回忆，整党工作指示（草稿）的主要精神有以下几点：第一，这次整党要消除派性，增强党性。要讲党性，讲纪律，讲团结，恢复党的传统作风。第二，在组织上彻底纠正违反党章规定的"双突"。第三，调整领导班子。选拔党性强，敢抓工作的领导干部进班子。② 这个文件虽然因"反击右倾翻案风"开始，没有最后形成，但是，它的基本精神，已经在中央第 16 号文件及浙江、河南省委的有关决定和纪登奎的讲话中有所体现。

从在浙江、河南进行整党试点，到起草《关于整党问题的汇报提纲》，再到提出整党是全面整顿的核心，全面整党的准备工作基本完成，一场全国性的整党即将展开。

（二）中国科学院和教育界的整顿

1975 年 7 月，邓小平提出要"整顿中国科学院，加强领

---

① 《邓小平年谱（一九七五——一九九七）》（上），中央文献出版社 2004 年版，第 105、106—107 页。

② 王英、孙中范：《一九七五年党组织整顿的前前后后》，《百年潮》2001 年第 8 期。

导"。① 此后，整顿中国科学院在全国整顿中处于影响全局的位置。

中国科学院是"文化大革命"的"重灾区"之一。"文化大革命"开始后，科研工作正确的方针政策遭到批判和否定，科研工作被指责为"三脱离"，即所谓"脱离无产阶级政治、脱离生产实际、脱离工农兵群众"，基础理论研究遭到否定，研究机构被肢解。大批领导干部和科学家受到批判和摧残，基础理论许多领域的研究工作处于停滞状态。

为了把科技工作搞上去，7 月间，中共中央批准了国务院关于整顿中国科学院的报告，决定派胡耀邦、李昌、王光伟等参加中国科学院党的核心小组，领导科学院工作。

7 月 14 日、18 日，李昌、王光伟与胡耀邦先后到中国科学院工作。胡耀邦等人到科学院后，首先着手调整院领导班子，向中央提出了科学院党的核心小组组成的建议。10 月，中共中央正式批准了中共中国科学院核心小组的组成，由郭沫若担任组长，胡耀邦任第一副组长，李昌、王光伟任副组长，刘华清、王屏、胡克实为核心小组成员。稍后，又增补武衡为核心小组成员。

新的核心小组建立后，废除了造反派"头头"列席核心小组会议的做法。这时，虽然科学院的革命委员会还存在，但是科学院工作的领导权基本上集中在核心小组，干部的审查、任命，科研方针的确定等重大事项都由核心小组讨论决定。这样，就在科学院的领导核心层排除了"四人帮"帮派分子的干扰。同时，改变了核心小组政治、业务"一把抓"的现象，把行政业务和党的工作分开，专门建立行政办公会议，分工专人抓业务。

胡耀邦等人到科学院后，大讲党的优良传统，强调今后谁要搞派性，就是分裂党，要受纪律制裁。同时，抓紧落实政策，复

---

① 《中国科学院》（上），当代中国出版社 1994 年版，第 161 页。

查在"文化大革命"中对受审查者所作的结论。对于没有作结论的对象，尽快作出结论；对于没有安排适当工作的科技人员，尽量给予安排。经过大量工作，科学院在4个月的整顿中，落实政策的达800多人。

胡耀邦等人重视并强调发挥研究所所长的作用。随着知识分子政策的逐步落实，胡耀邦提出：要重视选拔业务干部，在今后一定时期内要大力扶持业务干部的威信，支持他们大胆放手地抓业务工作。他还多次提出，要恢复所长制。对于五十岁以下、四十岁左右的业务副所长，要扶持他们向"家"的方向发展，让他们来做"专家迷"。他明确反驳所谓恢复室主任制是复旧的说法："说室主任制是修正主义路线，我看是形而上学。""说复旧就复旧……不要以名词吓唬人，把科研搞上去，谁都得服从这一条"。

有一次，胡耀邦与几位科技人员交谈，他们告诉他，这些年除了接受工人、农民的"再教育"，就是搞生产，与白菜、土豆打交道。有些研究所每周搞业务的时间不足二十个小时。为鼓励科技人员钻研业务，胡耀邦在大会小会都明确回答：科学院就是科学院，不是生产院、教育院、白菜院、土豆院，科学院就是搞科学的，是搞自然科学的。他说："所有搞科研工作的共产党员，业务上非打上去不行！今后二十五年赶上世界先进水平，这是我们赌了咒、发了誓的。科研工作搞不上去，不仅是犯错误，而是犯罪。……搞业务的台风要刮起来！刮八级不行，得刮十二级台风"。10月15日，他听取遗传所党委汇报时，说：业务、政治、行政三个部门有个共同目标——繁荣社会主义的科学技术，所有的工作为一个目标服务，为把科研工作搞上去扫清障碍，创造条件。

为使科学院的广大干部和科技人员牢固树立为实现四个现代化而奋斗的思想，10月24日，胡耀邦在科学院共青团纪念红军长征40周年大会上，专门作了《实现四个现代化是新的长征》

的报告。他说：全国人民要"再干一件惊天动地的事情，要进行一个新的长征"，这个新的长征就是"毛主席号召我们的……要在本世纪末实现四个现代化，把我们可爱的祖国建设成为伟大的社会主义强国。现在，我们新的伟大的长征的军号已经吹响了！""本世纪末我们一定要在科学技术上赶超世界水平，一定要站在世界科学技术的前列去"。胡耀邦的话，深深打动了在场的 2500 名年轻人，场上不时响起热烈的掌声。当他讲到激动的地方时，台下成片的听众流下了眼泪。这次会后，一些原来参加造反组织的年轻人，再没有批判"唯生产力论"了。胡耀邦提出的"新的长征"的口号传得很广，影响很大。直到 1975 年底，整顿工作受到批判时，有的刊物写社论，还在宣传"新的长征"的思想。

如何认识知识分子是"文化大革命"中被搞乱了的又一问题。在当时的历史条件下，胡耀邦等人从具体问题入手，尽量消除"左"倾错误的影响，为发挥科技人员的作用创造条件。

一是强调科学技术是生产力，在科技领域不要提无产阶级专政的口号。"科学技术是生产力"，是毛泽东在 1963 年听取十年科技规划汇报时谈到的思想。在整顿科学院的过程中，胡耀邦等人重新强调这一思想，尽量使大家明确：科技领域不属于上层建筑，不能把张春桥、姚文元宣扬的所谓无产阶级在上层建筑领域的"全面专政论"搬到科技领域，把广大科技人员当成专政对象。李昌多次说：科学技术战线不要提实行无产阶级专政，对科学技术不能专政。否则，容易把科技人员变成专政对象，不能调动科技人员的积极性。

二是否定"开门办所"的口号，明确搞科研就是联系实际。胡耀邦、李昌等明确否定了"开门办所"的做法，指出开门办所会产生压力，使人不敢搞理论。现在的主要倾向是知识分子不敢搞理论。他们还否定了科技领域的主力军是工农兵的提法，提出在科研领域专业队伍才是主力军，研究所里研究员是中心。他们指出，批"理论风"的口号是错误的。科研人员搞科研就是结合实际，不一定要到工厂、农村去。

三是否定"知识私有""白专道路""技术挂帅"等提法。胡耀邦、李昌明确否定这些提法，说：什么叫"知识私有"？"公有""私有"的界限是什么？什么叫"白专"？知识分子在科学上有成就，没有派性，不争官、争权、争名、争利，就有可学习的地方。搞派性的人才是白而不专。他们鼓励科技人员精通科学，要敢去图书馆看书、查资料，又红又专，向专家的方向发展。

1975 年 8 月，胡耀邦主持了有各部门负责人参加的科学技术规划座谈会。与会者强调了两个问题：（1）把国民经济搞上去，科技工作必须走在前面；（2）要充分发挥科技人员的作用，必须划清发挥科技人员作用与"专家路线"和钻研业务与"技术挂帅"等政策的界限。

胡耀邦等人到科学院后，面临的一个紧迫任务是，需要在半个月内，在全面了解和掌握科学院工作现状的基础上，向中央、国务院提出一个开展科学工作的意见，以便取得中央政治局，至少是国务院的支持和鼓励。

在调查研究的基础上，胡耀邦等参考 1961 年中央制定的《关于自然科学研究机构当前工作的十四条意见》，于 8 月中旬起草了《关于科技工作的几个问题（汇报提纲）》（讨论稿）。8 月 11 日，第一稿写出，后经广泛征求意见于 8 月 15 日改出第二稿。后又在征求意见的基础上再作修改，"有些地方吸收了参加讨论的一百多同志的好意见"。8 月 17 日，第三稿由胡耀邦、李昌、王光伟三人联名上报邓小平。这一稿的标题为《关于科技工作的几个问题（汇报提纲）》。从第三稿开始，这个稿子简称为《汇报提纲》。

这个文件稿共写了六个问题：（1）关于充分肯定科技战线上

的成绩问题；（2）关于科技工作的组织领导问题；（3）关于力求弄通毛主席提出的科技战线的具体路线问题；（4）关于科技战线知识分子政策问题；（5）关于科技十年规划轮廓的初步设想问题；（6）关于中国科学院院部和直属单位的整顿问题。稿子概括了科技整顿的指导思想和方针政策，写上了许多近十年来未曾明确的观点。

第一，稿子肯定新中国成立以来，"我国科学事业日新月异地向前迈进"，"建立了一支具有相当规模的和一定科学技术水平的科学技术队伍"，"为独立自主地解决经济建设和国防建设中的一些重大科学技术问题作出了贡献"。同时，"我们积累了发展社会主义科学事业的丰富经验"，"二十多年来，科技战线上的绝大多数领导干部、科技人员和广大职工，辛勤努力，成绩是主要的。必须加以肯定"。

第二，稿子肯定现有的四百万科技人员的绝大多数"是拥护党、拥护社会主义、愿意为人民服务的，反党反社会主义分子只是极少数。"新中国成立后我们自己培养的科技人员"绝大多数是好的或比较好的，做了大量的工作，许多人已经成为政治上、业务上的骨干"。"对于那些受审查而尚未作出结论的，要尽快落实政策，做出实事求是的结论。只要不是反党反社会主义分子，就应当安排使用。"

第三，稿子提出科技工作要正确处理六个关系：1. 政治与业务的关系。提出"政治是统帅"，"思想统一了，才能有统一的行动"。对科技工作"一定要既有坚强的政治领导，又有切实具体的业务领导"。2. 生产斗争与科学实验的关系。提出"科学技术是生产力。不打这一仗，生产力无法提高。科研要走在前面"，"没有科学技术现代化，也就不可能有工业、农业、国防的现代化"。3. 专业队伍与群众运动的关系。提出发展科学技术要靠两支队伍，一支是专业队伍，一支是群众队伍。"决不能否定和取消实验室的研究工作。不能不加区别地要求任何科学研究工作都要实行'以工厂、农村为基地'的三结合"。4. 自力更生与学习外国长处的关系。提出"外国的一切好的经验，好的科学技术，我们都要吸收过来，为我所用"，"必须经常地密切注意和调查研究国际上科学技术发展的最新动向"，"有必要从国外引进一些先进技术、先进设备"。5. 理论与实际、基础与应用的关系。提出"生产实践经验要总结提高，就要有理论研究。为了发展我们自己的创造，赶超世界先进水平，也必须有理论研究"，"从当前的情况来看，自然科学的理论研究还是不够的，要有计划地加强"，"而不应任意地加以贬低、指责甚至污辱"，"科学院的研究所和部分高等院校，有条件，也有责任更多地搞一些理论研究"。6. 党的绝对领导与百家争鸣的关系。提出"自然科学学术问题上不同意见的争论是好事不是坏事。必须实行百花齐放、百家争鸣的方针，通过学术讨论的办法，通过科学实践来解决，不能用行政命令办法，支持一派，压制一派。更不能以多数还是少数，青年还是老年，政治表现如何来作为衡量学术是非的标准。对资本主义国家、修正主义国家的自然科学家的学术观点不能盲从，但也不能把他们都说成是资产阶级的、修正主义的，随意加以否定"。

这个稿子观点鲜明，针对性强，在相当大的程度上反映了广大科技人员和领导干部对于明辨科技领域思想理论是非的迫切要求，是在科技领域系统地纠正"左"倾错误的一个纲领性文件。《汇报提纲》第四稿交给邓小平后，他说：这个文件很重要，不单管科学，而且对文化、教育各部门都有用处。

9月26日下午，邓小平主持国务院会议，讨论《汇报提纲》。讨论中，邓小平多次插话。当胡耀邦汇报到落实政策时，邓小平说：归根到底是领导班子问题，不把领导班子弄好，谁来执行政策？当胡耀邦说自己有"辫子"时，邓小平笑着说："辫子也确实有一点，比我强一点。我说过我是维吾尔族姑娘，辫子多。"他还说，不高兴你们的人是少数，希望改变现状的是 95%，相信这一点：经过整顿工作，最后是 99% 以上。

邓小平还说：我在大寨会上说，农业搞不好就要拉工业的后腿。如果我们的科学研究工作不走在前面，就要拖整个国家建设的后腿。科学研究是一件大事，要好好议一下。现在科研队伍大大削弱了，接不上了。陈景润就是秘密搞的。这些人还有点成绩，这究竟算是红专还是白专？像这样一些世界上公认有水平的人，中国有一千个就了不得。说什么"白专"，只要对中华人民共和国有好处，比闹派性、拖后腿的人好得多。中央表扬了这样的人，对他们应该爱护和赞扬。有位老科学家（指黄昆——笔者注），北京大学叫他改行教别的，他不会，这种用非所学的人是大量的，应当发挥他们的作用，不然对国家是最大的浪费。①

当华国锋讲到思想整顿工作量很大时，邓小平说，思想整顿关键是五千，不是四万五千（指科技队伍——笔者注），是班子。领导班子要真正执行主席科研路线的。一不懂行，二不热心，三有派性，为什么留着？科研人员中有水平有知识的为什么不可提当所长？后勤很重要。要为研究工作创造条件。这也是研究工作中的政治工作。科研机构，包括党的工作、科研工作、后勤工作三个部分，要有机结合。挑选些党性好的、组织能力强的人搞后勤。建议建立科技人员档案，把那些比较好的科技人员，那些有前途的记下来。要创造条件，关心他们，包括怪脾气、毛病大的，都应支持。他提出："科技人员是不是劳动者？科学技术叫生产力。科技人员就是劳动者！"②

邓小平的讲话，不仅提出了整顿科学院的方针，而且对整个科学技术乃至教育的整顿都具有重要指导意义。

---

① 《邓小平文选》（第 2 卷），人民出版社 1994 年版，第 32—33 页。
② 《邓小平文选》（第 2 卷），人民出版社 1994 年版，第 34 页。

这次会后，《汇报提纲》又进行了修改。《汇报提纲》第五稿上报毛泽东后，毛泽东说记不起自己讲过"科学技术是生产力"这句话，文件最终没有批准下发。这个文件虽然没有发出，但是整个文件的起草和修改，是在邓小平要整顿科学、整顿教育的思想指导下进行的。随着科学院整顿的展开，它的基本精神实际上已贯穿于整顿过程中。

自古以来，教育事业都是关系一个国家、一个民族发展兴旺的大事。任何一个希望进入现代化行列的国家都必须高度关注教育事业的发展。但在"文化大革命"中，中国的教育事业却受到空前的破坏。1972年周恩来整顿中，在教育领域批判极左思潮、落实党的政策成为一个重要方面，并一度取得一些重要成就。1975年邓小平领导的整顿中，同样面临着这个问题，也一度取得重要成就。在整顿中国科学院的过程中，邓小平提出教育领域存在着危机。9月26日下午，邓小平主持讨论《汇报提纲》时讲到教育问题，说："要后继有人，这是对教育部门提出的问题。大学究竟起什么作用？培养什么人？有些大学只是中等技术学校水平，何必办成大学？科学院要把科技大学办好，选数理化好的高中毕业生入学……这不是复旧！一点外语知识、数理化知识也没有，还攀什么高峰？中峰也不行，低峰还有问题。我们有个危机，可能发生在教育部门，把整个现代化水平拖住了……要解决教师的地位问题。几百万教员，只是挨骂，怎么调动他们的积极性？……教育战线也要调动人的积极性。"①

四届人大闭幕后，周荣鑫被任命为教育部部长。这位"文化大革命"前担任过浙江大学校长、国务院秘书长的老干部，到教育部工作后，对邓小平指出的教育界存在的危机，有很深的感触。

---

① 《邓小平文选》（第2卷），人民出版社1994年版，第33—34页。

　　周荣鑫到教育部后，通过调查研究，在广泛了解情况的基础上得出结论：教育界的主要问题并不是什么修正主义、"智育第一"、"知识私有"等，而是极左思潮。他指出："文化大革命"以来，教育界的主要问题是极左思潮的影响。他说，"文化大革命"以来，林彪的"最、最、最"影响很深，形而上学最厉害，在教育战线没有批透。现在有人总是把政治和经济、业务、技术割裂开。调子越来越高。口号越"左"喊得越凶。10 月 4 日，在一个会上，当教育部副部长李琦谈到北京大学把生物系都改掉了时，周荣鑫说：现在有的人，就是文化可以取消，理论可以取消，基础可以取消，教师可以取消，学校也可以取消，什么都可以取消。文科不是以社会为工厂，而是以土地为工厂。劳动可以冲击政治，政治可以冲击教学，政治可以冲击一切。他还说，以后别提七二年回潮了，不要讲"打土围子"，不要不加分析地批"智育第一""知识私有"。他认为，这些年教育上的问题，不在教师，也不在学校领导，根子在教育部门的领导，在管教育的。抓不到根子，这些问题就解决不了。

　　周荣鑫还说：把知识分子看作是资产阶级知识分子是错误的。当前知识分子大多数是愿意为工农兵服务，还是把"知识"当商品，卖高价，待价而沽，搞"知识私有"？不能一讲知识分子就骂一通。他还说，现在学习"无产阶级专政理论"，知识分子问题更复杂化了。批"知识私有"，批"智育第一"，反正运动一来就批知识分子，批得什么也不是。这是错误的。几百万教师在培养学生，还天天说他们是资产阶级知识分子，这不是自己打自己的嘴巴吗？

　　他针对迟群等人批判"知识私有"，反问：现在到底是"知识私有"，还是不学文化？"知识私有"是不是资产阶级法权？有知识的是私有，没有知识的就公有？那不要学校好了！他明确回答：没有那么多的资产阶级法权，而且也不能完全取消。现在我们的技术力量不是太多，而是太少了，技术人员只占工人数的2%。他还说：现在有个提法，要拆掉"读书做官"的梯子。是不是工农兵学员上了大学就不能当技术员，不能当干部，只能回去当工人农民？只能从城市到农村，不能从农村来城市？在20世纪内，我们要实现四个现代化，农业人口相对减少。县社也要办工业。一再强调社来社去，其他部门需要怎么办？好多问题带有方向性。不能什么口号都接受。

谈到对知识分子的认识，必然涉及1971年全国教育工作会议提出的"两个估计"，涉及上层建筑领域"革命"的必要性。周荣鑫对在上层建筑领域进行"革命"和实行"全面专政"的做法进行了抨击。他说："到底在上层建筑对资产阶级全面专政怎么专法？专对了没有？为什么提出这个问题？"他针对"两个估计"说："两个估计"实际上是一个估计，主要是知识分子政策不落实，认为十七年都是知识分子搞坏的。他强调，现在我国有2500万知识分子，大多数是爱国的、愿意为社会主义服务的。对知识分子的看法是个大政策，不是小政策。

周荣鑫亲自抓了《教育革命通讯》的宣传工作，组织编发了《全面关怀青少年的成长》《培养无产阶级革命接班人的正确道路》《研究基础理论为社会主义建设服务》《按照马克思主义认识论搞好基础理论研究》等文章。这些文章在一定程度上反驳了"四人帮"对科学文化知识和知识分子的污蔑，宣传了学习文化科学的重要性和党的知识分子政策。

针对"四人帮"把学习文化知识说成是"智育第一""复旧""回潮"等，周荣鑫极力强调学校教育的重要性，打消人们的思想顾虑，引导学生努力学习文化知识。

他公开反驳"与十七年对着干"的口号，说：不能这样干！和十七年教育路线对着干的提法是错误的。在公开场合，他引用毛泽东接见尼泊尔教育代表团时关于教育的主要问题是教条主义的讲话，说：十七年教育的主要问题是教条主义，照搬苏联的一套，搞"三脱离"。毛主席批评的是"三脱离"，从来没有讲过不要学文化。学校要以学为主，这是毛主席提出的。把学文化说成是智育第一，是不对的。根据这个思想，《教育革命通讯》发表了《修正主义教育路线的最大祸害——"三脱离"》一文，说：批判"三脱离"，"对划清两条教育路线的界限，全面贯彻执行党的教育方针"，"是很有必要的"，但"如果把开门办学和学习文化科学知识对立起来，把'以学为主'和'兼学别样'对立起来"，就会妨碍学生掌握文化科学知识。

周荣鑫大讲实现四个现代化对教育工作的要求。他说："本世纪要搞四个现代化，就向教育部门提出了要求。""四个现代化不是业务，是最大的政治。"现代化要搞上去，科学技术要走在前面，科技干部要靠学校培养。最后落脚要落到教育部门。不培养人是要拖后腿的啊！他还说：贫下中农为革命种田，工人为革命做工，学校为什么就不能提为革命读书?！世界科学技术进步很快，一定要看到形势逼人，差距很大。应该急起直追，迎头赶上。他还强调：现在不是开步走的时候，而是要跑步走的时候。

在周荣鑫领导下，1975 年 7 月 17 日成立了国务院文教规划小组。7 月 19 日至 8 月 15 日，连续召开了十一次研究长远规划的务虚会。会议按照实现四个现代化的目标和任务，重点研究了文化教育长远规划的方针、政策、综合平衡、奋斗目标和重大措施等问题。会议强调，要从指导思想入手，解决不少单位不敢提教育、不敢提文化，在科学研究和教学工作中忽视基础科学以及只顾当前、不顾长远等倾向。会议还提出，要挑中学生好的直接上大学，这几年没有实行，明年非实行不可。

重视基础理论的学习，是 1972 年周恩来就提出、后来遭到"四人帮"批判的问题。1975 年，邓小平等人提出对理论要恢复名誉的问题。周荣鑫及时在教育界传达并强调这一问题。他说，对理论要恢复名誉是什么意思呢？就是老批"基础"，把基础理论批臭了，搞不起来了。轻视理论是当前的主要倾向。他表示：对毛主席讲的三大革命实践理解不能太狭窄。只搞应用科学，不搞基础科学不行，我们国家不搞基础科学要吃大亏。他还说：把"朝农经验"完全推广到工、农、医、师，是不对的。在周荣鑫等人的努力下，教育部和报刊一度停止了宣传"朝农经验"。《教育革命通讯》从 1975 年第 8 期起，连续发表文章，宣传要全面关怀青少年的成长，使他们又红又专，学习科学文化知识。同时，针对"以干代学"的偏向，批判杜威"从做中学"的口号，指出："从做中学"是"有用即真理"的实用主义教育思想。①

为改进理科教育，教育部还根据周荣鑫的要求，编印了《周总理关于基础科学研究和理科教育革命的部分指示》。以后，又根据毛泽东曾经有过的要重视自然科学工作的论述，编印了《毛主席关于自然科学的部分论述》供内部学习，通过毛泽东关于自然科学工作的正确思想认识，去抵制、反对教育界的极左思潮。

随着思想整顿的开展，7、8 月间，周荣鑫与李琦等人在小范围内酝酿，准备向中央起草一个旨在推翻"两个估计"、修改《全国教育工作会议纪要》的报告。后因考虑到"两个估计"是毛主席批示"同意"的，要推翻它不但不可能，弄得不好还会引来严重后果，就没有走这一步。

待到在国务院讨论《科学院工作汇报提纲》时，周荣鑫又与李琦商量，要搞一个教育部向国务院的汇报提纲，以使今后的教育工作有所遵循。周荣鑫说：教育战线问题成堆。这个提纲汇报后，送到主席那里，如能经中央批发下去，一系列工作也就可以跟上去了。为防止走漏消息，受到干扰，汇报提纲是由周荣鑫和李琦亲自找人谈话，在半秘密的状态下起草的。

---

① 《实用主义教育思想剖析》，《教育革命通讯》1975 年第 10 期。

《教育工作汇报提纲》一共有三稿。11 月 10 日完成的第三稿主要有以下内容：

1. 教育革命取得了很大成绩。在当时的情况下，《教育工作汇报提纲》肯定了从 1971 年全国教育工作会议以来的四年里，教育工作成绩是很大的。

2. 新的形势重新把"十年树人"的历史任务提到我们面前。这一命题是 1957 年毛泽东提出的。当时毛泽东提出："我们要在十年内培养自己的无产阶级的庞大的技术队伍，百年树人，应该改为十年树人。没有这一条，社会主义建设不成。无产阶级没有庞大的技术队伍、理论队伍、专家队伍（有马克思主义思想的专家队伍）不行"。坚持这一论点，是《教育工作汇报提纲》公开打出的旗帜。《教育工作汇报提纲》提出：我们面对着一个严峻的问题，要是教育上不去，就会拖四个现代化的后腿。形势的发展迫切要求把教育整顿好。加快步伐，提高质量，培养实现四个现代化所需要的接班人。

3. 坚持党的基本路线，进一步搞好教育革命。文件提出：要使教育适应四个现代化的需要，要正确处理几个关系：（1）政治与业务的关系。有一种值得注意的倾向，就是排斥业务和不敢搞业务。排斥业务的倾向，看来很"左"，其实很右。林彪大搞"政治可以冲击其他"，实际上是破坏社会生产力的发展和社会主义的生产关系，破坏无产阶级专政的物质基础。（2）"以学为主"和"兼学别样"的关系。目前主要是有相当数量的学校没有坚持以学为主，劳动和各项活动搞得过多。不坚持以学为主，实际上是取消学校。要保证教学时间和质量，使学生在德育、智育、体育几方面都得到发展。（3）理论与实际的关系。要注意防止和纠正轻视理论、轻视读书的倾向。在实践的基础上着重向理论方面提高。对基础理论不但不应当反对而且应当加强。（4）普及和提高的关系。这几年来我们对于提高有所忽视，同四个现代化对我们的要求的矛盾很尖锐。如果再不重视，就将要犯很大的错误。各级各类学校的教育质量应当进一步提高。有条件的高等学校应办研究班、进修班，要努力培养水平较高的又红又专的专门人才，这些人也是"有社会主义觉悟的有文化的劳动者"中的一部分。那种认为大学培养各种专门人才就是"读书做官"，就是扩大资产阶级法权的看法是不对的。对基础科学、尖端科学和外语人才的培养，要研究出有力的措施。派遣留学生的水平要提高，还要增派科技进修生。此外，还要划清"师道尊严"同正确教育和管理学生的界限，划清"管、卡、压"同执行正确的规章制度的界限。

4. 落实党的知识分子政策，加强教师队伍建设。《教育工作汇报提纲》指出，现在，一个突出的问题是，在教师队伍中，有相当一部分人存在着"当教师倒霉"的思想。主要是党的知识分子政策没有很好地贯彻落实。动不动就训斥教员是资产阶级知识分子统治学校。目前的教师队伍和1971年相比，有一些变化。许多人正将跨进无产阶级知识分子的行列。要贯彻落实党的知识分子政策，善于团结教育他们，领导他们前进。建议在明年召开一次全国先进教员代表大会。

5. 坚持两条腿走路，充分发挥两个积极性。一些面向全国和大区的高等院校下放地方领导后，有些院校长期处于"三不管"（省教育局管不了，中央有关部门管不上，省委事多管不过来）的状况。少数院校可考虑改为中央部门与地方双重领导，而以部门领导为主。教育部拟有重点地抓一些综合大学、多学科理工科大学、师范和外语院校，与地方实行双重领导。

6. 整顿领导班子。搞好教育整顿，领导班子是关键。目前，相当一部分领导班子存在着"软、懒、散"的状况，领导思想、领导作风不端正。在领导作风上，近几年有几种风不好，如：凭"风"办事，看"风"不看线；只讲成绩，不讲缺点，等等。不少学校领导干部"怕"字当头，顾虑重重，跟不上形势发展。文件提出各级教育部门和高等院校领导，有必要开展一次整风。重点是思想整顿。另外，建议各地党委加强教育战线领导班子的组织建设。要进行组织调整，对坚持资产阶级派性、屡教不改的，尽快调离；对混进来的坏人，坚决清除。

尽管周荣鑫等人的讲话和秘密起草的《教育工作汇报提纲》没有作为正式文件下发，但是，有关的精神却在教育界不胫而走，广为扩散。人们回忆说，那时"记录周部长讲话的白纸条满天飞"。不少人感到："周荣鑫的这些观点很显然是同迟群、谢静宜尖锐对立的。"① 毛远新后来也说："教育部长很多讲话是针对辽宁教育革命来的。"对张铁生的答卷、"朝农经验"、机电学院两张大字报，"人家都提出了相反的意见"。② 这从反面证明，周荣鑫等人扭转教育局面的努力击中了"四人帮"的要害。

（三）调整党的文艺政策

整顿工作在工交、军队、科教领域深入发展，成效显见。但是，文化领域在江青等人的严密控制下依然是百花凋零、一片萧条。

1975 年春节前，以海岛女民兵为主题的电影《海霞》拍成，周恩来对影片表示肯定和赞赏。而"四人帮"却追查"谁向周总理推荐《海霞》的？"江青还授意文化部的亲信以文化部的名义给北影写了三封公开信，诬蔑《海霞》是"黑线回潮"的代表作，号召全厂展开批判。此事后来一直闹到中央政治局。在周恩来、邓小平等人的支持下，中央政治局作出同意《海霞》上映的

---

① 刘冰：《风雨岁月——清华大学"文化大革命"忆实》，清华大学出版社 1998 年版，第 220 页。

② 1975 年 12 月 1 日毛远新在市地委书记会议上的讲话。

决定。与此同时，另一部反映大庆石油工人艰苦创业的影片《创业》也拍摄完成，这是一部描写、歌颂石油工人自力更生、艰苦创业的好影片。"四人帮"同样对其大加指责，并指使文化部于3月10日提出报告，给《创业》罗织了"在政治上、艺术上都有严重错误"的所谓十大罪状①，要求停止发行上映，组织批判。《海霞》和《创业》的受阻，仅是"四人帮"在文艺界实行专制主义的两个事例。长期以来，人民群众对江青一伙独霸文坛、排斥百花、独尊样板的状况，早已怨愤不平。当时，社会上流传着这样的说法："八亿人民八个戏""八花齐放"，这是人们对文艺界现状的一种讽刺。

对于文艺界的状况和江青一伙的做法，毛泽东表现出了相当的不满。虽然，60年代前期的文艺批判是毛泽东指示开展起来的，"文化大革命"这把"火"也是经毛泽东批准从文化领域首先点燃的，但是，经过九年运动的实践，毛泽东在文艺问题上意识到了自己的某些失误，认识到江青一伙在文艺界实行专制主义走过了头。他希望通过调整文艺政策，改变这种局面，使文艺逐步活跃起来。

1975年7月，毛泽东几次作了关于文艺问题的谈话和批示。7月初，毛泽东同邓小平谈话时说："样板戏太少，而且稍微有点差错就挨批。百花齐放都没有了，别人不能提意见，不好，怕

---

① 即：1. "没有把这一题材表现好"；2. "给刘少奇、薄一波之流涂脂抹粉"；3. "给什么人树碑立传"；4. "写活着的真人真事"；5. "革命乐观主义表现得较差"；6. "周挺杉这个人物形象是单薄的、有缺陷的，因而是不典型的"；7. "工程师章易之的转变，一号人物周挺杉实际上并没有起到作用"；8. "报告文学脉络十分清楚，影片让人看不懂"；9. 影片"用了很大篇幅去写他（王铁人）的解放前，既造成浪费，又造成结构上的拖沓"；10. "人物的语言概念化"。

写文章，怕写戏。"7 月 2 日，毛泽东在原中宣部和文化部副部长林默涵的来信上批示："周扬一案，似可从宽处理，分配工作，有病的养起来并治病。久关不是办法。"7 月 14 日，毛泽东就调整文艺政策作了书面谈话，指出："党的文艺政策应该调整一下，一年、两年、三年，逐步逐步扩大文艺节目。一两年之内逐步活跃起来，三年、四年、五年也好。缺少诗歌，缺少小说，缺少散文，缺少文艺评论。""对于作家，要惩前毖后、治病救人，如果不是暗藏的有严重反革命行为的反革命分子，就要帮助。""鲁迅在的话，不会赞成把周扬这些人长期关起来，脱离群众。"7 月上半月，毛泽东连续作出两次谈话和一个批示，不仅点出了"四人帮"独霸文坛、实行文化专制主义、造成文艺界一片萧条的问题，而且提出了调整文艺政策的意见，为整顿深入到文艺领域创造了契机。

毛泽东关于调整文艺政策的指示，为改变文艺现状提供了有力武器。按照当时邓小平的话说，"文艺政策要调整，调整其实也是整顿。"① 不过，由于江青一伙独霸文坛的情况和文艺本身的特点，文艺整顿相对于其他领域的整顿而言，情况要复杂得多。

根据毛泽东关于调整文艺政策的指示精神，邓小平推动对文艺工作进行整顿。他提出，文艺要搞百花齐放，不要一花独放。他还指出，除百花齐放外，还有一个百家争鸣的问题。要防止僵化。现在的文章千篇一律，是新八股。"双百"方针没有贯彻执行。文学艺术不是更活泼、更繁荣。② 邓小平要求组织人收集有关文艺、教育、科技、出版等方面不执行"双百"方针的材料，

---

① 《邓小平文选》第 2 卷，人民出版社 1994 年版，第 35 页。

② 参见《共和国史记·第 3 卷》（上），吉林人民出版社 1996 年版，第 1083—1084 页。

向毛泽东转呈文艺界、教育界人士反映情况的信件和材料。这些收集、整理的材料，揭露了"四人帮"在长达六年的时间里引述毛泽东文艺方针时，只引"古为今用，洋为中用"和"推陈出新"三句话，公然砍掉了"百花齐放"这一句以及他们扼杀电影《创业》《海霞》，阻挠出版鲁迅著作等问题。这些情况整理成了两个材料，一个是报刊上宣传"百花齐放"方针情况的材料，一个是报刊上宣传"三突出"情况的材料，旨在反映当时"四人帮"控制的文艺单位和写作班子在文章中取消毛泽东"百花齐放"方针以及文艺创作强调搞"三突出"的情况。邓小平将这两个材料上报给毛泽东。

7月18日，影片《创业》的作者张天民就《创业》受江青扼杀上书，请邓小平转呈毛泽东。张天民在上书中对文化部的"十条意见"和决定表示不理解。7月25日，毛泽东在张天民的来信上作了批示："此片无大错，建议通过发行，不要求全责备，而且罪名有十条之多，太过分了，不利调整党的文艺政策。"毛泽东在批示中还写明："此信增发文化部及来信人所在单位。"① 这样，"四人帮"想封锁毛泽东的批示，也封锁不住了。"四人帮"阻挠《创业》上映的企图被挫败。

这个指示下达后，江青一伙惊慌失措。江青一方面声称"不知道""十条罪状"，另一方面又斥责张天民"告我刁状"，是有人给他"出主意"。毛泽东支持《创业》作者、批评"四人帮"的指示在社会上传播开来，长期受压制、打击的文艺工作者奔走相告，传递着难得的慰藉，再次激起对江青等人的憎恨。7月28日，文化部不得不向在京文艺团体传达毛泽东7月25日的批示，在容纳了二千六百多人的北京展览馆演出厅里，爆发出了雷鸣般

---

① 参见《共和国史记·第3卷》（上），吉林人民出版社1996年版，第1089页。

的掌声，经久不息。

在文艺工作者的共同抗争下，对文化部头头进行揭发、批判的材料，陆续送到国务院政研室，再转给邓小平。毛泽东对这些材料的批示及对有关问题的处理，又在更广的范围内引起连锁反应。7 月 25 日，被"四人帮"压制的故事影片《海霞》的编剧谢铁骊、导演钱江，给毛泽东写信申诉影片被压制的情况。信件也是通过邓小平转交给毛泽东的。7 月 29 日，毛泽东批示："印发政治局各同志。"30 日，邓小平主持部分中央政治局委员审看该片，看后支持了《海霞》摄制组的意见，同意按作者修改过的影片在全国公开放映。这是继影片《创业》通过发行后，对江青等人的又一次反击。第二天，于会泳就向张春桥哭诉："没地方说理去。"

毛泽东的批示，再一次批评了江青及其控制的文化部，使长期受到压制、打击的文艺工作者欣喜异常。8 月 8 日，在毛泽东关于《创业》指示的鼓舞下，中央五七艺术大学青年教师李春光贴出大字报，公开指斥忠实执行江青旨意的文化部几个头头扼杀《创业》，抵制毛泽东的批示和长期推行法西斯文化专制主义。这份大字报说："主席批示是一把火"，"谁想扑灭是办不到的"。这份大字报指斥文化部负责人："你们是文艺界危害最大的行帮！""为亿万人民所不容！"邓小平得到大字报的抄件后，又转呈毛泽东。毛泽东看后批给邓小平："此件有用，暂存你处。"

毛泽东还先后对邓小平转送的一些信件和材料作了批示，这些信件和材料有：冼星海夫人钱韵玲要求举办纪念人民音乐家冼星海、聂耳音乐会的信；姚雪垠要求支持历史小说《李自成》的写作和出版的信；周妙中关于发挥知识分子作用和有关社会科学研究、出版、图书馆工作的信；周海婴要求出版鲁迅书信和著作的信，等等。经中央政治局批准，7 月中旬，因"周扬一案"而被关押、监护的人员全部释放。一批被打入"冷宫"的电影陆续开禁，反映红军长征的话剧《万水千山》、组歌《红军不怕远征难》等一批作品重新出现在舞台上，观众喜爱的电影《洪湖赤卫队》《霓虹灯下的哨兵》等陆续开禁，纪念聂耳、冼星海音乐会得以隆重举行。

"四人帮"的文化专制主义政策连续被挫败，这使他们十分恼火，但有毛泽东的批示，他们不敢有什么动作。沉寂多年的文化领域开始显露一丝生机。

在整顿向全国铺开的过程中，邓小平还采取了一个大的动作，就是成立国务院政治研究室。根据邓小平的建议，1975年6月，国务院成立了政治研究室。

邓小平产生这一想法是在这年年初。就在中央刚刚发出任命邓小平为中央军委副主席兼解放军总参谋长的通知，毛泽东已经提议邓小平任中央副主席和国务院第一副总理的第二天，1月6日，邓小平约胡乔木谈话。邓小平说，考虑由胡乔木、吴冷西、胡绳、李鑫等人当国务院顾问，像过去"钓鱼台的班子"那样写一批反修反帝的文章。他还说，写这些文章要多找一些人，多带一些徒弟，组织一个写作班子。他还出了一些题目，如三个世界的划分、苏联的社会性质、战争与和平问题、资本主义世界经济危机等。当时，由于王洪文主持党中央日常工作，意识形态的几个部门控制在江青、张春桥、姚文元手里，邓小平考虑把这个研究室设在国务院，而不归属党中央。6月8日，邓小平再次找胡乔木谈话，重提此事。这次邓小平说不要叫"顾问"了，打算成立一个政治研究室，主要是做政治思想理论方面的工作。

7月5日，国务院发出政研室负责人的正式任命，共有七位负责人：胡乔木、吴冷西、胡绳、熊复、于光远、李鑫、邓力群。按照邓小平的要求，政治研究室的工作主要是配合着整顿的开展，着手调查文艺、教育、科技、出版等方面的情况；根据邓小平关于整顿的一系列讲话，撰写理论文章；同时分管中国科学院哲学社会科学部，出版一个刊名为《思想战线》的理论刊物。

　　二十多年后，于光远回忆起这段历史，说："我理解，邓小平给政研室提出这些任务，都是围绕整顿工作来考虑的……撰写理论文章，进行调查研究，办思想理论刊物，可以为整顿工作提供阵地，作舆论宣传；代管学部，则是组织理论队伍。政研室人数很少，但在邓小平心目中是同'四人帮'斗争的一个有力依靠。归纳起来，就是要抓旗帜、抓阵地、抓队伍。"

　　政研室一成立，便投入了全面整顿的斗争，在思想理论工作方面有力地配合了各条战线的整顿。

　　在各个领域进行整顿的过程中，邓小平多次批评"四人帮"控制的舆论宣传把毛泽东思想割裂了。他说："我总觉得现在有一个很大的问题，就是怎样宣传毛泽东思想……割裂毛泽东思想这个问题，现在实际上并没有解决……恐怕在相当多的领域里，都存在怎样全面学习、宣传、贯彻毛泽东思想的问题。毛泽东思想紧密联系着各个领域的实践，紧密联系着各个方面工作的方针、政策和方法，我们一定要全面地学习、宣传和实行，不能听到风就是雨。"①

　　在工业、科技整顿的过程中，政研室协助修改了《关于加快工业发展的若干问题》《关于科技工作的几个问题（汇报提纲）》等文件，还撰写了《论全党全国各项工作的总纲》（以下简称《论总纲》）等文章。

　　《论总纲》是政治研究室针对"四人帮"只讲学习无产阶级专政理论，却不提毛泽东关于安定团结和把国民经济搞上去这两条指示，根据邓小平"三项指示为纲"的提法，为阐述毛泽东三项指示及其关系而起草的文章。9 月 19 日，当胡乔木向邓小平报告说当前报纸上宣传安定团结、把国民经济搞上去的文章太少，

──────────

① 《邓小平文选》第 2 卷，人民出版社 1994 年版，第 36—37 页。

已经布置政研室写一篇全面宣传"三项指示"的文章时，邓小平极为赞同，说：文章很重要，要抓紧写出来。如果写得好，我可以约几个副总理研究一下，再送毛主席审阅。毛主席同意了，就可以交给政治局议，政治局批准了就可以作为《人民日报》社论发表。①《论总纲》一文分别论述了毛泽东的三项指示，着重指出：学习理论，要识破假马克思主义的政治骗子，他们对社会主义生产建设受到损失毫不痛心，长期热衷于拉山头，打派仗。文章提出：要加强组织纪律性，进一步落实各项政策，促进安定团结。文章还引用毛泽东曾在《论联合政府》中说的："中国一切政党的政策及其实践在中国人民中所表现的作用的好坏、大小，归根结底，看它对于中国人民的生产力的发展是否有帮助及其帮助之大小"，提出要把这个标准作为区别正确路线和错误路线、真干社会主义和假干社会主义的标准。

《关于加快工业发展的若干问题》、《关于科技工作的几个问题（汇报提纲）》和《论全党全国各项工作的总纲》是阐述全面整顿指导思想的重要文件。邓小平主持国务院和中央日常工作以来的一系列讲话，由他主持下发的文件以及这三个还未完成、发出但在广泛征求意见的文件、文章，虽然没有、当时也不可能直接触及"文化大革命"的根本问题，甚至还不免要重复当时的许多套话，但是，针对当时影响较大的"唯生产力论"、规章制度是"管、卡、压"、按劳分配是"物质刺激"、对外引进是"洋奴哲学"、学习科学文化是"白专道路"、知识分子是资产阶级等观点进行了反驳，提出了摆脱动乱、加快工业和科技发展的方针政策。这些思想观点，继承了过去党在"文化大革命"以前积累的正确的和比较正确的思想成果，力图在一些重要问题上把"文

---

① 《邓小平年谱（一九七五——一九九七）》（上），中央文献出版社2004年版，第100页。

化大革命"中被颠倒了的思想理论是非加以澄清，进行了当时条件下有限度的拨乱反正，孕育着一种新的思路。这种思路为后来突破"以阶级斗争为纲"的藩篱，把党的工作转到现代化建设的轨道上来，实行各方面的改革作了重要思想准备。正如邓小平后来所说："拨乱反正在一九七五年就开始了。""改革，其实在一九七四年到一九七五年我们已经试验过一段。""那时的改革，用的名称是整顿，强调把经济搞上去，首先是恢复生产秩序。"①

（四）"农业学大寨"会议和全面整顿的部署

整顿工作展开后，邓小平还提出要解决农业问题。3 月 5 日，他在全国工业书记会议上谈到全国形势时，就讲到农村状况，说："粮食产量按全国人口平均每人只有六百零九斤，储备粮也不多，农民的收入就那么一点。"② 他对农业现状的不满是明显的。中国农村长期存在的落后面貌，也是当时国务院大多数领导人想要解决的问题。但是，通过什么方法才能加快农业发展？如何改变农村面貌？这些却都是长期以来困扰着人们的问题。

1975 年 9、10 月间召开的全国"农业学大寨"会议，是一次具有全国影响的会议。这次会议的筹备工作开始于 1972 年，历时三年之久。这次会议的一再延期，与"批林批孔"运动对农业的冲击和中央领导层内部在农业问题上存在不同认识有着重要关系。学习"无产阶级专政理论"运动开始后，"限制小生产""消除差别"的声浪不断增高。在农村工作中，小集体所有制要不要向大集体所有制过渡？社员分配中允不允许存在差别？对社员的自留地、自留树等要不要加以限制？这些问题又一次被提了出来。

---

① 《邓小平文选》第 3 卷，人民出版社 1993 年版，第 81、255 页。
② 《邓小平文选》第 2 卷，人民出版社 1994 年版，第 4 页。

同年 8 月 24 日，陈永贵就农村工作向毛泽东提出建议，主张人民公社的基本核算单位应迅速由生产队向大队过渡，以缩小"农村现有差别"。此时，大寨大队、昔阳县在为全国"农业学大寨"会议准备的两个发言稿中，以很大篇幅介绍了继续进行生产关系方面的革命（如革自留地的命、革住宅私有的命、实行大队核算等）和限制"资产阶级法权"方面（如取消定额包工、死分活评、实行口粮自报公议或基本按需分配等）的一些做法和经验。对于这两封信，毛泽东先后在 5 月 23 日和 9 月 3 日批示印发中央研究。对于陈永贵的建议，毛泽东批转给了邓小平："此件请阅。请考虑一下，此件是否可以印发政治局同志，并在政治局讨论一次。"毛泽东的批语很委婉，也很耐人寻味。他并未像 1958 年"大跃进"时对急于过渡的意见那样热烈支持，也未像 1958 年底纠"左"时那样表示否定。历史的经验教训使他对急于过渡的做法更为慎重。大寨大队、昔阳县的发言稿，由于国务院和农林部负责人的抵制未能推行。陈永贵的建议，则留待"农业学大寨"会议期间 12 省负责同志座谈讨论。

这次有三千七百多人参加的全国"农业学大寨"会议，自 9 月 15 日至 10 月 19 日，先在山西昔阳县举行，后转到北京，会期长达一个月。

9 月 15 日上午，会议在昔阳县拖拉机厂新厂房开幕。华国锋主持会议，陈永贵致开幕词。在这个开幕词中，大寨的根本经验被概括为"坚持党的基本路线，大批修正主义，大批资本主义，大干社会主义"，这样，大寨这个原先以艰苦奋斗、集体主义为特色的农业典型，便具有了大批"修正主义"和"资本主义"的特点。

邓小平在开幕式上讲了话。在整顿工作深入展开的时刻，邓小平的讲话表明了对农村工作的重视。邓小平说，这个会议是很重要的，可以说是 1962 年"七千人大会"以后各级领导干部来得最多的一次重要的会议。① 这次会议涉及的问题，虽然不像 1962 年的"七千人大会"那样全面，但就实现 25 年的目标来说，这次会议的重要性仅次于那次会议，或相当于那次会议。② 他讲了几个问题：

和邓小平以往的讲话一样，他首先强调了四届人大提出的发展国民经济的任务，也就是到 20 世纪末实现四个现代化的宏伟目标。他说：形势大好，形势逼人。"二十五年来，在农业方面，我们由过去旧中国的半饥饿状态做到了粮食刚够吃，这件事情不可小视，这是一个伟大的成绩。在工业方面，我们也打下了一个初步的基础。但是，我们应该有清醒的头脑，尽管有了这个基础，但我们还很穷、很落后，不管是工业、农业，要赶上世界先进水平还要几十年的时间……不要疏忽大意，不要以为轻而易举。"实现四个现代化，照他个人的看法，关键是农业现代化。"四个现代化，比较起来，更加费劲的是农业现代化。如果农业搞不好，很可能拉我们国家建设的后腿……总之，形势要求我们走快一些。"接下来，他说："毛主席讲过，军队要整顿，地方要整顿。地方整顿又有好多方面，工业要整顿，农业要整顿，商业也要整顿，文化教育也要整顿，科学技术队伍也要整顿。"文艺，毛主席叫调整，实际上调整也就是整顿。"③ 这是整顿工作从一个个领域展开后，邓小平第一次提出全面整顿的任务，表明整顿不仅是要解决某一个局部的、当时迫切需要解决的问题，也是对

---

① 参见《共和国史记·第 3 卷》（上），吉林人民出版社 1996 年版，第 1111 页。

② 《邓小平年谱（一九七五——一九九七）》（上），中央文献出版社 2004 年版，第 98 页。

③ 《邓小平年谱（一九七五——一九九七）》（上），中央文献出版社 2004 年版，第 97—99 页。

全国工作的总体考虑，是关系全局的战略部署。全面整顿是1975年初开始的局部整顿发展的必然结果。

邓小平讲的又一个问题是，农业要整顿，把农业生产搞上去。对于农村的贫穷落后，邓小平在下放江西期间已有了直接的体会。① 这次会上，他讲："我们不能吹牛。类似大寨式的县、社、队，各地都有，但是很不平衡，全国还有部分县、地区，粮食产量还不如解放初期"②。这时，江青插话："不能那么说，那只是个别的！"邓小平反驳说："就是个别的，也是值得很好注意的事！"他一一列举道：据23个省、市、自治区统计，人民公社基本核算单位农业产值按人口平均124元，最低的贵州，倒数第一，只有六十几块。四川倒数第二，九十几块，这行吗？类似四川一百元左右的，还有好几个省，这是讲产值，还不等于社员收入，社员收入有的很少，有的还倒欠账。这种现状，我们能够满意吗？③ 江青默然。

邓小平谈到"农业学大寨"、普及大寨县的重要。他说，全国只要有三分之一的地方赶上大寨、昔阳县，我们的粮食就没地方搁了。现在的问题是，要有更多大寨式的县。要通过这个会议把学大寨的群众运动普及每一个角落。不过，他对如何学大寨的讲法却耐人寻味。他没有提陈永贵等人总结的大批"修正主义""堵资本主义的路"等经验，强调的是：真学大寨，回去就老老

---

① 1972年11月，邓小平到井冈山等地参观，农民群众的困苦生活使他非常难过。他对当地干部说："过去毛主席在这里干革命穷，现在还是穷，以后会好的。"见《邓小平在江西的日子》，中共党史出版社1997年版，第142页。

② 《邓小平年谱（一九七五——一九九七）》（上），中央文献出版社2004年版，第98页。

③ 《邓小平与1975年的中国》，中共党史出版社2014年版，第362—364页

实实地干。苦干、实干，不怕流汗，永远前进。他提出一个学大寨的标准："把手拿出来比嘛，手一比就知道了嘛，手上有没有茧?"这句话被不少会议代表概括为：用实际行动学大寨，一定要一身汗，一身泥，一手茧。（一年后"批邓"开始时，这被作为邓小平歪曲大寨经验的一条罪状。①）

对于农村政策问题，邓小平简略提到，陈永贵在人民公社的政策方面提出了意见，但是，中央还没有讨论，很多政策问题都需要研究。在当时的背景下，他肯定了人民公社制度，说应注意不少地方出现的"三自一分"的现象，并说：农业要上去，不纠正这种现象，不巩固和发展集体经济，不行!②

邓小平讲完话后，对农业一窍不通却极力插手这次会议的江青，不顾会议没有安排她讲话的议程，提出也要讲几句。但她不谈农业问题，却对学习"无产阶级专政理论"和评论《水浒》的意义大加发挥。她说，评《水浒》有现实意义，敌人把重要的领导岗位占领了，党内有人架空毛主席，等等。这些话很快在大寨干部群众中引起了思想混乱。

在全国农业学大寨会议召开的同时，根据毛泽东的批示精神，9 月 23 日至 10 月 21 日，中共中央在北京召开农村工作座谈会。会议由纪登奎、吴德主持，中央主管农业的负责人和 12 个省的省委第一书记参加了会议。

座谈会在讨论陈永贵关于短期内将人民公社核算单位从生产队过渡到大队的建议时，出现了意见分歧。一部分与会者赞成陈永贵的意见，主张"从现在开始，就分期分批过渡"。对于这种

① 《学大寨要以阶级斗争为纲》说：邓小平"把学大寨说成是什么'老老实实地干'，这样一来，学大寨仅仅就是学一个'干'字了。这是对农业学大寨运动最恶劣的歪曲。"见《红旗》杂志 1976 年第 4 期。

② 《邓小平与 1975 年的中国》，中共党史出版社 2004 年版，第 365 页。

急于过渡的"左"倾主张，广东省委负责人等表示了反对态度，说："现在最好不要一下就大量地改变核算单位，这样容易引起波动，也巩固不下来。"这位负责人又说："从现在开始，就分期分批过渡，这个提法值得考虑"，"我主张搞试点，宁可把准备时间拖长一点。"浙江省委负责人谭启龙说："三级所有，队为基础，主席讲过至少三十年不变，已深入人心，如果风一吹下去搞得不好，对群众有影响。"

9月27日和10月4日，邓小平参加了农村工作座谈会，并作了插话。邓小平说："当前，各方面都存在一个整顿的问题。农业要整顿，工业要整顿，文艺政策要调整，调整其实也是整顿。要通过整顿，解决农村的问题，解决工厂的问题，解决科学技术方面的问题，解决各方面的问题。我在政治局讲了几个方面的整顿，向毛泽东同志报告了，毛泽东同志赞成。"[1]

关于农业问题，邓小平说：城市、大中企业都要提出个任务，帮助附近农业搞快一点。工业支援了农业，就建立了蔬菜、粮食、肉食基地，包括搞点集体养猪场。城市、工厂支援农业，要搞个规划。在谈到核算单位是否由小队向大队过渡的问题时，邓小平说：有两条，第一条，由生产队过渡到大队、公社，是方向，势在必行，指导思想要有意识地向这个方向引导。第二条，要调查研究，不必急忙，所有制问题要慎重。步骤可以各有不同，要稳一点。这种谨慎的表态，实际上是在肯定人民公社制度和"农业六十条"的基础上，把陈永贵等人进行生产关系革命的建议搁置下来。[2]

在座谈会存在明显意见分歧的情况下，会议未就"过渡"问

---

① 《邓小平文选》第2卷，人民出版社1994年版，第35页。

② 《邓小平与1975年的中国》，中共党史出版社2014年版，第369、373页。

题作出决议。10 月 18 日，李先念、纪登奎、华国锋、吴德等将会议形成的《关于目前农村工作中若干问题的讨论意见》上报毛泽东，提出：关于农业的路线、政策问题，建议对"农业四十条"和"农业六十条"进行修改；在改变所有制的问题上，为慎重起见，要作进一步的调查研究。针对学大寨学什么的问题，这份意见提出："学大寨不学根本，在一些具体做法上生搬硬套，例如急急忙忙地去没收政策允许的自留地、家庭副业等等，这种情况必须继续注意防止和纠正。"该意见还提出：有些大队在一定时期内还要承认队与队之间的收入差别，切不可降低富队社员的收入，更不能抽肥补瘦，"一平二调"，重复刮"共产风"的错误。对穷队、富队，在农副产品收购上实行两种价格，这个办法是行不通的。该意见上报后，毛泽东考虑了不同的意见，没有批发这个文件。

10 月 15 日，华国锋代表中共中央作题为《全党动员，大办农业，为普及大寨县而奋斗》的总结报告（本节简称《报告》）。《报告》指出，如果我们不尽最大的努力来普及大寨县的经验和做法，而满足于目前的发展速度，在 20 世纪内就不可能实现农业的现代化，以及工业、国防和科学技术的现代化。《报告》肯定人民公社"三级所有、队为基础"的制度在多数地区与生产力的发展是适应的；同时说，随着建设大寨县运动的普及和提高，随着公社与大队两级经济的壮大，以生产队为基本核算单位的所有制，将逐步向以大队乃至以公社为基本核算单位的所有制过渡。《报告》说，社队企业的发展，使公社、大队两级经济强大起来，有效地帮助了穷队，促进了农业生产，加速了农业机械化的步伐。各地党委应积极推动社队企业的发展。《报告》要求各地区大搞农田基本建设，推动社队企业的发展，到 1980 年全国有三分之一以上的县建成大寨县，全国基本实现农业机械化。

这个《报告》反映了党中央、国务院大多数领导人在农业问题上的认识。华国锋的报告刚讲完，江青就起身离开了会场，并说这是一个抓生产的修正主义的报告。

全国农业学大寨会议期间，中共中央于9月16日发出《关于大力发展养猪业的通知》，指出，积极发展集体养猪，继续鼓励社员养猪的方针，是毛主席批准的现阶段发展养猪业的正确方针，不能改变；同时强调"不能把社员正当的家庭副业当作资本主义倾向去批判。"这是十年来以中共中央名义发出的第一个关于发展养猪业的文件。新中国成立后，以中共中央名义对某一具体事项下发文件，并醒目冠以大力发展养猪业的标题，实属罕见。"文化大革命"发动后，"兴无灭资""割资本主义尾巴"的声浪甚嚣尘上，"限制小生产"的提出更使这股思潮显得似乎有理论依据。在这种情况下，中共中央下发关于大力发展养猪业的文件，无异是对"割资本主义尾巴"的一种抵制，对社员养猪及其他家庭副业的存在筑起了一道防护堤坝。

此后，社员养猪得到较快发展。为了发展城市郊区的养猪和养鸡业，邓小平还批准国家专门拨出5亿斤粮食用于解决城郊机械化养猪、养鸡的饲料的问题。北京、上海等城市开始建立机械化养鸡场、养猪场以及与之配套的饲料工厂，并组织生产、科研、高校、设计等单位的专业人员，开展工厂化养鸡、养猪的实验。①

10月19日，中共中央批转了华国锋在农业学大寨会议上的总结报告。在农业学大寨、普及大寨县的过程中，许多地区发扬大寨人战天斗地、艰苦创业的精神，兴修水利、平整土地，有效地促进了农田基本建设。但是，也有一些地方脱离当地实际，照搬大寨的一套做法，急于向大队或公社核算过渡。这一年，全国大队核算单位占大队总数的比例呈上升趋势。

---

① 《当代中国的畜牧业》，当代中国出版社1991年版，第50—52页。

五、"四五"计划的完成和拟定十年长远规划

1975 年，是完成"四五"计划的最后一年。由于毛泽东对"四人帮"一定程度的抑制，也由于 1972 年周恩来领导的批判极左思潮和整顿及 1975 年邓小平主持的整顿取得了明显成效，"四五"计划在这一年得以完成。1972 年前后，在周恩来主持下，经过经济调整，才使计划指标过高引致的"三个突破"和"一个窟窿"造成的严重后果得以消除。在 1975 年，由于邓小平主持整顿工作，才使"批林批孔"运动给社会和经济秩序造成的破坏得到一定纠正。周恩来领导批判极左思潮和邓小平主持的整顿，得到广大干部群众的拥护。在 1972 年、1975 年，一些地区的武斗逐步减少，大部分地区社会秩序趋于稳定，国民经济由停滞、下降迅速转向回升。执行"四五"计划的曲折和这一计划的最终完成，是广大干部、党员和群众抵制动乱、坚持生产和工作所取得的成果。

1975 年全国工农业总产值达到 4467 亿元，按可比价格计算，比 1974 年增长 11.9%。其中，工业总产值 3207 亿元，增长 15.5%；农业总产值 1260 亿元，增长 4.6%。工农业产品产量与 1974 年相比：粮食产量达到 5690 亿斤，比上年增长 3.36%，创历史最高水平；棉花 4762 万担，比上年减少 3.3%；钢产量 2390 万吨，增长 13.16%；铁路货运量 8.9 亿吨，增长 12.9%；原煤 4.82 亿吨，增长 16.71%；原油 7706 万吨，增长 18.83%；发电量 1958 亿度，增长 17.39%。支农产品和轻工产品增长较多，如棉纱产量达 1162 万件，增长 16.9%。国家预算内基本建设投资完成 318 亿元，加上地方自投，总规模达到 392 亿元。实际施工的大中型项目 1539 个，其中 1975 年当年新建项目 90 个，全部建

成投产 167 个，部分投产 310 个，新增固定资产 250 亿元。社会商品零售额 1271 亿元，增长 92%。进出口贸易额 147.5 亿美元，超过以往任何一年的水平。财政收入 815.6 亿元，比 1974 年增长 32.5 亿元。1975 年尽管存在基建战线过长、积累率过高、财政收支出现 5.3 亿元赤字、职工人数增加过快等问题，但总的来看，这一年是"文化大革命"期间经济发展比较好的一年。

1975 年是完成第四个五年计划（1971—1975）的最后一年。按照"四五"计划要求，在这一年，农业总产值、工业总产值和大多数产品产量指标已经完成。工农业总产值完成计划的 101.7%，其中农业总产值"四五"计划规定 1975 年达到 1230 亿元，实际达到 1260 亿元，完成 104.5%，比 1970 年增长 19.1%，平均每年增长 3.6%。四种主要农产品中粮食超过指标，完成 103.5%，平均每年增长 160 亿斤；生猪、水产品达到指标；棉花产量计划规定为 5000 万担，1973 年曾经达到 5124 万担，提前实现"四五"指标，1975 年因灾减产，完成 95.2%。工业总产值完成 100.6%，比规定指标 3200 亿元略为超过，同 1970 年比较，五年增长了 53.9%，平均每年增长 9%。主要工业产品，原煤完成 109.5%，原油完成 110.1%，发电量完成 103.1%，棉纱完成 96.8%。钢产量计划规定为 3000 万吨，完成了 79.7%。铁路货运量完成 98.7%。预算内基本建设投资完成下限的 101.6%。财政收入完成 98%。"四五"期间施工的大中型项目共有 2579 个，全部建成投产的有 700 多个。其中包括：全长 902 公里的湘黔铁路、全长 800 公里的焦枝铁路、中国第一条电气化铁路——宝成铁路电气化工程、大港油田、刘家峡水电站等。这些施工项目的完成大大增加了生产能力，进一步改变了生产布局。"四五"期间，在航天事业方面，中国成功地发射了科学实验卫星"实践一号"和返回式人造卫星，成为继美国、苏联之后第三个能回收卫星的国家；洲际火箭首次试飞基本成功。农业科学上育成了强优势的籼型杂交水稻，并在南方 13 个省、市、自治区试种。确定从国外引进成套设备和单机的"四三"方案开始实施，金山石油化工总厂、武钢一米七轧机等一批重点工程开始施工建设。地方中小工业也有所发展。

在完成"四五"计划的同时，为了拟定好十年长远规划，国务院在召开计划工作务虚会之后，又于 1975 年 7 月下旬至 8 月底听取了有关部委关于十年规划设想的汇报。在此基础上，国家计委草拟出《1976—1985 年发展国民经济十年规划纲要（草案）》（下称《纲要（草案）》）。经过国务院多次讨论修改，10 月 25 日，邓小平主持中央政治局会议进行审议讨论，后报送毛泽东。

1975 年 10 月 26 日至 1976 年 1 月 23 日，国务院召开全国计划会议，讨论了发展国民经济的十年规划和 1976 年计划。会议原定还要讨论整顿经济工作和体制改革问题，由于会议期间开始所谓"反击右倾翻案风"运动，这两项议程没有进行。1976 年 1 月 30 日，国家计委将修改好的《纲要（草案）》报送中共中央和毛泽东审阅，并发给到会的各省、市、自治区负责人进行调查研究，做准备工作。

《1976—1985 年发展国民经济十年规划纲要（草案）》指出，今后十年是实现按两步设想发展的蓝图的关键十年。发展国民经济十年规划的奋斗目标是：在 1980 年以前，建成中国自己独立的比较完整的工业体系和国民经济体系。到 1985 年，进一步完善全国的经济体系，基本完成国民经济的技术改造，实现笨重体力劳动机械化。基本建成六个大区不同水平、各有特点、各自为战、大力协同、农轻重比较协调发展的经济体系。《纲要（草案）》要求到 1985 年工农业总产值达到 8800 亿~8900 亿元，比 1975 年翻一番，平均每年递增 7.1%~7.2%，其中工业为 8%，农业为 4.2%~4.7%。《纲要（草案）》提出要求：以粮为纲，全面发展，建立比较稳固的农业基础；以钢为纲，建立比较强大的基础工业；加强发展轻工业和石油化工；大力加强国防工业和国防科研，准备打仗；充实和加强三线战略后方基地，进一步发挥一、二线作用；坚持挖潜、革新、改造的方针；基本建设要集中力量打歼灭战；努力增加积累，重点保证经济建设；积极发展科学技术，繁荣文化教育事业；进一步扩大对外贸易，认真做好援外工作；逐步提高人民生活水平。

《纲要（草案）》对第五个五年计划（1976—1980）提出以下要求："五五"期间工农业总产值平均每年增长 7.5%～8.1%，农业总产值平均每年增长 4.1%～5.3%，工业总产值平均每年增长 8.8%～9.2%。建立起比较稳固的农业基础，粮食产量比 1975 年增长 16%～25%，棉花增长 18%～24%；建立起比较丰富多彩、适应国内市场和外贸需要的轻工业，棉纱产量比 1975 年增长 26%，纸增长 36%，糖增长 92%；建立起比较发达的重工业，钢产量比 1975 年增长 58%，煤炭增长 30%，石油增长 95%，发电量增长 60%；建立起基本适应经济发展和战备需要的交通运输网和邮电通信网，安排新建铁路 6082 公里，同时重点改造沿海地区铁路；有一个活跃城乡物资交流的商业网；有比较先进、发达的科学技术和文教卫生事业。

《纲要（草案）》安排基本建设投资 1600 亿元，比"四五"多 237 亿元。其中大中型项目 1621 个，占全部投资的 63.74%。

会议还讨论确定了 1976 年计划。要求工农业总产值比上年预计数增长 7%～7.5%，其中工业增长 8.2%～9%，农业增长 4%。进出口贸易总额 146.6 亿美元，增加 1.4 亿美元。新增职工 130 万人。人口自然增长率为 14‰。国家安排基本建设投资 326 亿元，加上地方自筹、军事工程、人防工程、集体所有制企业补助，共为 378 亿元。计划施工的大中型项目 1100 个。国家财政收入和支出各安排 890 亿元。会议认为经济发展中有三个突出问题，需要在计划执行中采取措施解决：一是国家安排的投资规模稍大；二是市场平衡有 40 亿元左右的商品差额；三是钢材比较紧，煤炭有 1500 万吨缺口。会议决定对固定资产折旧费实行企业自留 40%，地方与部门调剂使用 30%，国家财政集中 30% 的办法，先试行一年。

十年规划、"五五"计划和 1976 年年度计划的制订，是落实四届人大"两步走"实现宏伟目标的具体措施，体现了中共中央领导全国人民把国民经济搞上去，有步骤实现四个现代化的决心。虽然当时对实现四个现代化的艰巨性和长期性还缺乏充分认识，一些指标定得过高，但在当时情况下是难以避免的。

经过 1975 年整顿，广大干部群众通过执行"四五"计划的曲折实践和纠"左"、整顿的实践，进一步加深了对以周恩来、邓小平为代表的党内正确领导的认识。要求批判以"四人帮"为代表的极左思潮，要求经济加快发展，已经成为比较强烈的社会呼声。

第八章 "四五"运动和粉碎 "四人帮"的伟大胜利

一、"反击右倾翻案风"和全面整顿的中断

（一）"四人帮"借评《水浒》反对整顿

自1975年5月底至6月初毛泽东和中央政治局对"四人帮"进行严厉批评后，江青等人阴谋夺权的活动一度受到抑制，但他们仍然伺机攻击周恩来、邓小平等领导人，对整顿工作设置障碍。

1975年春，毛泽东双眼白内障十分严重，连阅读大字本的书也十分困难了。从5月29日起，北京大学中文系古典文学教师芦荻到毛泽东那里，为毛泽东读一些文史书籍。在这个过程中，毛泽东对一些作家、作品和历史问题发表了意见。8月13日，芦荻就中国历史上几部著名的古典小说的评价问题向毛泽东请教。毛泽东在谈论了《三国演义》《红楼梦》后，也谈到了《水浒》。芦荻联系到毛泽东曾在接见参加中央军委会议人员时说过"《水浒》不反皇帝，专反贪官。后来接受了招安"这句话以及学术界在讨论《水浒》时的分歧，向毛泽东请教：《水浒》这部书的好处在哪里？应当怎样读它？于是，毛泽东对《水浒》作了一番评论。他说："《水浒》这部书，好就好在投降。做反面教材，使人们都知道投降派。《水浒》只反贪官，不反皇帝。摒晁盖于108人之外。宋江投降，搞修正主义，把晁的聚义厅改为忠义堂，让

人招安了。"① 毛泽东关于《水浒》的这番话是他一向的看法。1973 年 12 月 21 日他同参加中央军委会议的人员谈话时也讲过"《水浒》不反皇帝，专门反贪官。后来接受了招安。"这次，他重申这种看法，可能隐含着他对"文化大革命"和国家前途的某种担忧。姚文元闻讯后，当天即给毛泽东写信，对评论《水浒》的意义大加发挥。他说，毛泽东关于《水浒》的评论"很重要"，"对于中国共产党人、中国无产阶级、贫下中农和一切革命群众在现在和将来，在本世纪和下世纪坚持马克思主义，反对修正主义，把毛主席的革命路线坚持下去，都有重大的、深远的意义。应当充分发挥这部'反面教材'的作用"。他建议印发毛泽东的这次谈话和他的这封信，并组织评论文章。姚文元在信中还建议将毛泽东的谈话和他的信，印发政治局在京同志，增发出版局、《人民日报》、《红旗》杂志、《光明日报》以及北京大学大批判组和上海市委写作组。由《红旗》杂志发表鲁迅论《水浒》的文章段落，并组织转载评论文章。要《人民日报》和《光明日报》就此事订一个规划。毛泽东阅信后批示"同意"。

中共中央转发了毛泽东评《水浒》的谈话和姚文元的信。姚文元的信将毛泽东的谈话与现实政治联系起来，与坚持马克思主义、反对修正主义联系起来，于是，本来只是对《水浒》的一点评论变成了在全国开展一场大规模政治运动的由头。

"四人帮"利用控制的舆论宣传工具，在全国报刊连续发表评论《水浒》、批判"投降派"的文章。8 月 28 日，《红旗》杂志第 9 期发表了经姚文元亲自修改的短评《重视对〈水浒〉的评论》。短评指出：评论《水浒》"是我国政治思想战线上的又一次重大斗争，是贯彻执行毛主席关于学习理论、反修防修重要指

① 参见《共和国史记·第 3 卷》（上），吉林人民出版社 1996 年版，第 1098 页。

示的组成部分"。"从马克思主义的观点来看，《水浒》这部书，好就好在写了投降的全过程，歌颂了投降主义路线，使它可以用来作为一部有意义的反面教材。"8月31日，《人民日报》在头版头条转载了这篇短评，并刊登了署名竺方明的长文《评水浒》。该文指出，古往今来，革命阵营中总会出现叛徒，出现投降派。宋江是古代投降派，修正主义者是现代投降派。"在社会主义历史阶段，要反修防修，坚持无产阶级专政下的继续革命，就必须知道投降派，识别投降派，反对投降派。"

此后，"四人帮"在全国各报刊发表的评《水浒》、批判"投降派"的文章铺天盖地。从1975年9月起，仅《红旗》杂志从1975年第9期到第12期就发表了21篇文章。这些文章打着毛泽东的旗号，故意制造似乎是毛泽东亲自发动和领导了这场运动的假象。实际上，这场运动在全国开展起来后，很长时间里，各级党委既没有接到中共中央正式文件，也没有听到正式传达的毛泽东指示，弄不清中央高层究竟发生了什么事。"文化大革命"后期，在"四人帮"的操纵下，中国政治已经发展到不得不依靠牵强附会的"影射史学"来维系和推动的地步。

"四人帮"借评《水浒》之机，把斗争矛头指向周恩来和邓小平。在此之前，江青在谈话中还是肯定宋江的。1973年2月，江青曾称宋江是一个有智有谋有正义感的了不起的历史人物，领导起义，同封建统治阶级坚决斗争，起了很大作用。评《水浒》开始后，她来了个180度的大转弯。1975年8月下旬，江青在召集文化部部长于会泳等人开会时，有意把毛泽东的"摒晁盖于108人之外"歪曲为"宋江架空晁盖"，提出《水浒》的要害是宋江架空晁盖"。她说："主席对《水浒》的批示有现实意义。评论《水浒》的要害是架空晁盖，现在政治局有些人要架空主席。"9月15日，江青在全国农业学大寨会议上讲话，强调评《水浒》"要联系实际"，她说：不要以为评《水浒》只是一个文艺评论,不单纯是文艺评论,也不单纯是历史评论。是对当代有意义的大事,因为我们党内有十次路线错误,今后还会有,敌人会改头换面藏在我们党内。宋江上了梁山,篡夺了领导权。他怎么篡夺的领导呢?他是上山以后,马上就把晁盖架空了。怎样架空的呢?他把像河北的大地主卢俊义——那是反梁山的,千方百计地弄了去,把一些大官、大的将军、武官、文吏,统统弄到梁山上去,都占据了领导的岗位。9月17日,江青在大寨召集有北京电影制片厂、长春电影制片厂、新闻电影制片厂、新华社、人民日报社、法家著作注释组、北大清华两校写作班子等单位的一百多人参加的座谈会。她在会上说:"评《水浒》就是有所指的。宋江架空晁盖。现在有没有人架空主席呀?我看是有的。""有些文章不给主席送,是我批了送主席看。""三十三条语录政治局一遍都没有学完。""他们反对学理论,反对限制资产阶级法权"。江青还说:"党内有温和派,有左派,左派领袖就是鄙人。"江青还把中央政治局开会批评她说成是迫害她,说:"最近,有那么一些人,把主席批评我的一封信,江某人向政治局传达的,政治局没有讨论,给传出去了。""我这个人天天挨骂,修正主义骂我,共产党员还怕吗?""在北京跟他们斗了半年多了。"①

在全国农业学大寨会议上,江青要求在会上放她的讲话录音,主持会议的华国锋为此请示了毛泽东。毛泽东批评江青的讲话,说:"放屁!文不对题。那是学农业,她搞批《水浒》。"毛泽东明确指示:"稿子不要发,录音不要放,讲话不要印。"②

对于江青等人不放过各种机会攻击周恩来和邓小平的用心,

① 参见《共和国史记·第3卷》(上),吉林人民出版社1996年版,第1114—1115页。

② 《邓小平年谱(一九七五——一九九七)》(上),中央文献出版社2004年版,第103页。

周恩来、邓小平是很清楚的。1975 年 7 月 1 日，身患重病住院治疗的周恩来与部分身边工作人员合影后说："我这是最后一次同你们合影。希望你们以后不要在我脸上打'××'"①。9 月 15 日，周恩来与人谈话时，就报刊宣传上开展对《水浒》评论一事指出：他们那些人（指"四人帮"）有些事情做得太过分了！最近评《水浒》、批投降派，矛头所指，是很清楚的。② 9 月 20 日，周恩来将接受大手术治疗，在进入手术室前，他要工作人员找来自己于 1972 年 6 月 23 日在中央"批林整风"汇报会上所作《关于国民党造谣污蔑地登载所谓〈伍豪启事〉问题的报告》的录音记录稿，用颤抖的手签上名字，并注明签字的环境和时间："于进入手术室（前），一九七五、九、二十。"进入手术室时，周恩来大声说道："我是忠于党、忠于人民的！我不是投降派！"③ 后来，邓小平在 9 月 27 日和 10 月 4 日中央召开的有部分省委第一书记参加的农村工作座谈会上说："评《水浒》是怎么回事？主席把七十一回本读了三个月，读了以后，主席发表了一通言论，有人借这大作文章，想搞阴谋。"

"四人帮"在受到毛泽东的批评后，虽然仍不时地在报刊上以批判"投降派"影射邓小平，但他们企图借此掀起一场批判运动的目的毕竟受到了限制。

（二）"反击右倾翻案风"

1975 年，是"文化大革命"后期党内几种力量激烈斗争的

---

① 《周恩来年谱（1949—1976）》下卷，中央文献出版社 1997 年版，第 714 页。

② 《周恩来年谱（1949—1976）》下卷，中央文献出版社 1997 年版，第 720 页。

③ 《周恩来年谱（1949—1976）》下卷，中央文献出版社 1997 年版，第 721 页。

一年。斗争的焦点是,是继续维护"文化大革命"的错误,还是有限度地纠正这种错误,使党和国家的工作有所前进。毛泽东既要在总体上坚持"文化大革命",又想纠正"文化大革命"的一些具体错误,抑制极左思潮,实现安定团结,保持经济正常发展。他支持邓小平主持党和国家的工作,是希望邓小平在肯定"文化大革命"的前提下,实现安定团结,把国民经济搞上去。但是,对各条战线进行整顿,势必触及"文化大革命"的"左"倾错误和政策并逐渐发展到对这些错误进行系统的纠正,这就有从根本上否定"文化大革命"的可能。这种发展趋势,既遭到"四人帮"的猖狂反对,也为毛泽东所不能容忍。

1975年下半年以后,毛泽东的病情逐渐加重,阅读、说话、行动都有困难,但是他始终担负着决定党和国家大事的重任。他接近和信任的人越来越少,对实际情况越来越不了解,对党和国家大事的设想和主张越来越抽象化,连当时的党中央副主席都难以见到他。他同中央政治局委员之间只能通过联络员来保持不多的联系。1975年9月下旬,毛泽东的侄子毛远新来到他的身边。毛远新是毛泽民①的儿子,毕业于哈尔滨军事工程学院,"文化大革命"开始后参加造反派,后来担任中共辽宁省委书记、省革命委员会副主任、沈阳军区政委。10月后留在病情越来越重的毛泽东的身边,成为毛泽东和中央政治局之间非正式的"联络员"。从此,毛泽东的意见由联络员传达,政治局开会也由联络员向毛泽东汇报。毛远新同江青等人在思想观点、政治倾向上是一致的。当时毛泽东已不愿意见到江青。江青便竭力把毛远新拉到自己一边,通过毛远新对毛泽东施加影响。在这种状况下,毛泽东更加不能准确地了解情况,作出的决策的错误也就更加严重。

在教育界形势开始有所好转的情况下,8月13日,清华大学

---

① 毛泽民是毛泽东的弟弟,于1943年在新疆被军阀盛世才杀害。

党委副书记刘冰、惠宪钧、柳一安和党委常委、政治部主任吕方正四人联名写了"小平同志转呈主席"的信，并附有《关于迟群同志问题的材料》，反映迟群在政治思想、工作和生活作风方面的一些严重问题。邓小平把刘冰等人的信呈送毛泽东。10 月 7 日，刘冰、惠宪钧、柳一安三人再次联名写了"给邓副主席并呈毛主席"的信，揭露清华大学党委书记迟群、副书记谢静宜的严重问题，"盼望中央解决我们班子的问题"。后一封信经教育部副部长李琦交胡乔木，于 10 月 13 日送给邓小平并转交毛泽东。当时，刘冰等人希望在教育领域的整顿中，给毛泽东写的这封信有利于解决清华大学的问题。没有想到，刘冰等人写信这件事引起毛泽东很大不满。

9 月 27 日，毛远新向毛泽东汇报说："自己感到社会上有股风，就是对文化大革命怎么看，是肯定还是否定，成绩是七个指头还是错误是七个指头，有分歧。"他特别提出：这股风"似乎比七二年批极左还凶些"。"我很注意小平同志的讲话，我感到一个问题，他很少讲文化大革命的成绩，很少提批刘少奇的修正主义路线"，"担心中央，出现反复"。他说："七五年国务院开的务虚会，辽宁省有两个人参加，他们把讲话稿带回去，我看了，觉得国务院几个副总理讲话有些问题。特别是中央七五年四号文件（指中共中央批转 1975 年国民经济计划的通知——笔者注），发下去以后，群众反映很多。有人找我说，形势刚好，社员积极性也起来了，看了四号文件不理解，有情绪，还问主席知道不知道。"[1] 他还说："三项指示为纲"，"其实只剩下一项指示，即生产搞上去了。"[2] 毛远新的这些看法，得到毛泽东的肯定。

---

[1]　《毛泽东传（1949—1976）》（下），中央文献出版社 2003 年版，第 1753 页。

[2]　《中国共产党历史大事记》，中共党史出版社 2006 年版，第 282 页。

10月19日，毛泽东同李先念、汪东兴等人谈话，讲到刘冰等人的信，认为刘冰等人的意见代表了对"文化大革命"不满甚至要算账的一批人的态度。他说："现在有一股风，说我批了江青。批是批了，但江青不觉悟。清华大学刘冰等人来信告迟群和小谢。我看信的动机不纯，想打倒迟群和小谢。他们信中的矛头是对着我的。迟群是反革命吗？有错误，批评是要批评的。一批评就要打倒，一棍子打死？小谢是带三万工人进清华大学的。"他又说："我在北京，写信为什么不直接写给我，还要经小平转。你们告诉小平注意，不要上当。小平偏袒刘冰。你们六个人（小平、先念、东兴、吴德、小谢、迟群）先开会研究处理。此两封信（指刘冰等人同年8月和10月的两次来信——笔者注）印发中央政治局在京各同志。清华大学可以辩论，出大字报。"① 本来，共产党员通过正当的组织手续，向党中央主席反映本单位负责人的问题，是符合党章规定的正常现象。而毛泽东却指责写这两封信的动机不纯，是想打倒迟群、谢静宜，又说他们的矛头是对着他的，而"小平偏袒刘冰"。这种武断的说法实际上反映了毛泽东对整顿的深入产生的不满。10月23日，邓小平主持召开中央政治局会议，传达讨论了毛泽东的谈话，决定召开清华大学党委扩大会议传达毛泽东的谈话。

10月25日，清华大学人事处负责人在迟群指使和参与下给毛泽东写信，状告周荣鑫想把迟群"从政治上搞臭，组织上搞倒，把他从教育部门领导班子中赶出去"，"千方百计地要否定科教组几年来的工作"，"已在全国特别是教育战线产生了很坏的影响"。毛泽东批示："先作调查，然后讨论一次。"

11月2日上午，毛远新向毛泽东汇报了他对形势的看法。他

① 《毛泽东传（1949—1976）》（下），中央文献出版社2003年版，第1754页。

说：今年以来，在省里（辽宁）工作，感觉到有一股风，主要是对"文化大革命"。"文化大革命"怎么看？主流，支流，十个指头，三七还是倒三七，肯定还是否定？"批林批孔"运动怎么看？主流，支流，似乎迟群、小谢讲了走后门的错话，干扰了"批林批孔"运动，就不讲"批林批孔"的成绩了。口头上也说两句，但阴暗面讲得一大堆。刘少奇、林彪的路线还需不需要继续批，刘少奇的路线似乎也不大提了。① 毛远新的话，对一直担心否定"文化大革命"的毛泽东产生了很大影响。毛泽东说："有两种态度：一是对文化大革命不满意，二是要算账，算文化大革命的账。""他们信中的矛头是对着我的。""你们告诉小平注意，不要上当，小平偏袒刘冰。""清华所涉及的问题不是孤立的，是当前两条路线斗争的反映。"② 自 1973 年邓小平复出工作后，毛泽东第一次用这样严厉的口吻批评他，反映出毛泽东态度的变化。

当晚，按照毛泽东的意见，毛远新同邓小平、汪东兴、陈锡联一起谈话。毛远新对邓小平主持工作期间的全国形势进行了攻击。邓小平进行了反驳，说："你（毛远新）的描述，是中央整个执行了修正主义路线，而且是在所有领域都没有执行主席的路线……这个话不好说。我是从今年三月九号文件开始抓工作，主持中央工作是七月。……上我的账要从九号文件开始算起。从九号文件以后全国的形势是好一点，还是坏一点，这可以想想嘛。"邓小平列举了 3 月以来做了哪些工作和讲了哪些话，说："对九

---

① 毛远新的笔记，1975 年 11 月至 1976 年 1 月。

② 《毛泽东传（1949—1976）》（下），中央文献出版社 2003 年版，第 1754—1755 页。

号文件以后的评价……是好是坏实践可以证明。"①

11月3日，毛泽东听取毛远新汇报2日晚四人谈话的情况，指示继续开会，范围扩大一点，扩大到李先念、纪登奎、华国锋、张春桥，八个人先讨论，然后政治局再讨论。毛泽东说："讨论限于文化大革命问题，做个决议。文化大革命是干什么的？是阶级斗争嘛。""对文化大革命，总的看法：基本正确，有所不足。现在要研究的是有所不足方面。三七开，七分成绩，三分错误。"毛泽东要"八个人先讨论。一次开不好，两次，三次，不要着急。"② 毛泽东希望能够通过对邓小平的批评，统一对"文化大革命"的认识，由邓小平主持作一个肯定"文化大革命"的决议，肯定这场运动是"三七开，七分成绩，三分错误"，同时给邓小平一个台阶，便于邓小平"转弯"。他还嘱咐毛远新：暂时不要把批评邓小平的事情告诉江青。

11月4日八人谈话会议后，毛泽东又听了毛远新的汇报。毛泽东强调："安定团结不是不要阶级斗争，阶级斗争是纲，其余都是目。"11月7日第二次八人谈话会议后，按毛泽东建议，指名批评的对象扩大到积极贯彻邓小平全面整顿精神的周荣鑫、胡耀邦、李昌、胡乔木等人。政治局会议的范围也扩大到健康状况能够参加会议的全体政治局成员。

11月20日，中央政治局根据毛泽东的意见开会，同邓小平"讨论文化大革命问题"，对邓小平作了错误的批评。毛泽东希望通过这个会议，在如何评价"文化大革命"的问题上统一认识。但是，邓小平没有接受毛泽东的建议。邓小平接过毛远新传达的

---

① 《邓小平年谱（一九七五——一九九七）》（上），中央文献出版社2004年版，第126页。

② 《毛泽东传（1949—1976）》（下），中央文献出版社2003年版，第1756页。

毛泽东曾将重新工作的老干部比作"桃花源中人"的话茬，明确回答："由我主持写这个决议不适宜，我是桃花源中人，'不知有汉，无论魏晋'"。① 邓小平在原则问题上不让步，致使对他的批评逐步升级。

12 月以后，根据毛泽东的意见，中央政治局继续开会，听取邓小平的检讨。这时，中共中央和国务院的许多重要事务还是由邓小平具体负责。1976 年 1 月 20 日，邓小平致信毛泽东，再次提请"解除我担负的主持中央日常工作的责任"。21 日上午，毛远新向毛泽东汇报 1 月 20 日邓小平的检讨发言后，毛泽东表示：邓小平还是人民内部问题，引导得好，可以不走到对抗方面去。他又说："小平工作问题以后再议。我意可以减少工作，但不脱离工作，即不应一棍子打死。"② 此后，邓小平不再主持中央的工作，毛泽东让他"专管外事"。

在"四人帮"一伙的煽动下，11 月，"反击右倾翻案风"运动逐步在全国推开。这场运动与 1973 年下半年"四人帮"的"反击右倾回潮"颇有相似之处，都是在教育领域"点火"、发难，然后由教育领域扩展到全国。

"教育革命大辩论"最先在清华大学展开。11 月 3 日下午，吴德在清华大学党委常委会扩大会议上宣布，根据毛泽东指示的精神，在清华大学展开大辩论，辩论刘冰等人两封信的实质。从

---

① 1976 年，毛泽东讲过"有些老同志七、八年没管事了，许多事情不知道，桃花源中人，不知有汉，何论魏晋"。此句古语引自陶渊明的《桃花源记》，原文为："自云先世避秦时乱，率妻子邑人来此绝境，不复出焉，遂与外人间隔。问今是何世，乃不知有汉，无论魏晋"。邓小平的回答见：《邓小平年谱（一九七五—一九九七）》（上），中央文献出版社 2004 年版，第 132 页。

② 《毛泽东传（1949—1976）》（下），中央文献出版社 2003 年版，第 1766 页。

当天起，迟群连续主持召开常委会扩大会议，对刘冰等人进行有组织的围攻。在迟群、谢静宜的操纵下，12日，清华大学党委常委会扩大会议进一步扩大到一千七百多人，展开"教育革命大辩论"。18日，清华大学党委召开全校师生大会，揭发、批判刘冰、周荣鑫等人"否定教育革命，翻文化大革命的案"，实际上矛头是指向邓小平。会后，清华、北大及其他学校相继贴出许多大字报，公开点名批判周荣鑫、刘冰。在教育部，周荣鑫和李琦被作为"右倾翻案风"的代表人物，受到追查和公开批判。"四人帮"在教育界提出"打倒邓小平、周荣鑫、李琦"的口号。所谓"教育革命大辩论"实际成为激烈的政治运动。

11月24日，中共中央在北京召开"打招呼"会议。按照毛泽东意见，参加这次会议的不仅有党政军机关一些负领导责任的老同志，也有少数中年、青年，共一百三十余人。会议一开始，由邓小平宣读根据毛泽东11月2日至3日的谈话作的《打招呼的讲话要点》，正式提出"反击右倾翻案风"问题。《打招呼的讲话要点》说：中央认为，毛主席对刘冰等人来信的指示非常重要。"清华大学出现的问题绝不是孤立的，是当前两个阶级、两条道路、两条路线斗争的反映。这是一股右倾翻案风。尽管党的九大、十大对无产阶级文化大革命已经作了总结，有些人总是对这次文化大革命不满意，总是要算文化大革命的账，总是要翻案。"《打招呼的讲话要点》进一步说：对此开展辩论是完全必要的。清华大学的这场大辩论必然影响全国。要向一些同志打个招呼，以免这些同志犯新的错误。

11月26日，中共中央转发《打招呼的讲话要点》至各省、市、自治区党委第一书记，各大军区、军委各总部党委书记、领导小组或党的核心小组组长，各军兵种党委第一书记，通报"打招呼"会议情况。这个谈话要点的下达，标志着"反击右倾翻案风"运动的开始。此后，"反击右倾翻案风"运动很快扩展到全国。邓小平主持的全面整顿至此中断。

12月4日，《人民日报》转载《红旗》杂志第12期刊登的北京大学、清华大学大批判组的文章《教育革命的方向不容篡改》。文章把按照中共中央指示、积极着手教育整顿的教育部部长周荣鑫的讲话说成是"奇谈怪论"，说："教育界的奇谈怪论就是企图为修正主义教育路线翻案，进而否定文化大革命，改变毛主席的革命路线。""要把教育革命的方向'扭'回去"。文章还说，"当前争论的焦点在于是坚持教育革命的方向，把无产阶级革命进行到底，还是为修正主义路线翻案，复辟资产阶级知识分子统治我们学校的旧教育制度？""教育战线上的这场争论，是当前社会上两个阶级，两种道路，两种路线斗争的组成部分。"这是"反击右倾翻案风"开始后第一篇把矛头指向周恩来和邓小平的有影响的文章。

12月14日，中共中央转发《清华大学关于教育革命大辩论的情况报告》（本节简称《报告》）。《报告》把清华大学刘冰等人向毛泽东反映意见的信说成是"诬告"迟群和谢静宜，"矛头实际上是对着毛主席的"，是有深刻背景的。《报告》还说："今年7、8、9三个月，社会上谣言四起，攻击和分裂以毛主席为首的党中央，否定无产阶级文化大革命，翻文化大革命的案，算文化大革命的账。这是一股右倾翻案风。""这场斗争绝不是孤立的，而是当前两个阶级、两条道路、两条路线斗争的反映，是无产阶级文化大革命的继续和深入"。这个《报告》下发后，"教育革命大辩论"随即从北京扩大到全国。

自11月下旬"打招呼"会议开始，"四人帮"指使他们直接控制的写作班子在报刊上发表了大量文章。从1975年9月到1976年10月，仅"梁效"一个他们御用的写作班子就发表60多篇文章。

在这些文章中，"四人帮"一伙攻击1975年的整顿是"要复辟资本主义",宣扬"走资派还在走,投降派确实有",把实现四个现代化攻击为"唯生产力论"和"阶级斗争熄灭论",是"为资产阶级重新登台作'嫁衣裳'";把坚持政治和经济的统一、革命和生产的统一的观点说成是"修正主义",用扣政治帽子的方法宣扬形而上学思维方法,对邓小平主持的整顿工作进行攻击和否定。1975年11月8日,张春桥在教育部对周荣鑫讲话时,提出:"宁要一个没有文化的劳动者,而不要一个有文化的剥削者、精神贵族"。这之后,毛远新在一次谈话中又提出:"宁可少读两年书,也别叫资产阶级熏染下一代。"[①]

二、伟大的"四五"运动

(一)周恩来逝世引起全国哀悼浪潮

"反击右倾翻案风"运动的展开,使全国形势发生了逆转。就在党和国家处于危难之时,1976年1月8日,党和国家主要领导人之一、中国人民解放军的主要创建人之一、人民的好总理周恩来逝世。当日,中央组成以毛泽东为首的"周恩来同志治丧委员会"。9日,中共中央、国务院发出"隆重追悼周恩来同志"的通知。10日和11日,党和国家领导人以及首都各界群众代表共一万多人,向周恩来的遗体告别。15日,在人民大会堂举行有五千多人参加的周恩来追悼大会,由邓小平致悼词。这一天,全国下半旗志哀,停止一切娱乐活动。

周恩来是伟大的马克思主义者,杰出的无产阶级革命家、政治家、军事家和外交家。新中国成立后,周恩来担任国家总理长

---

① 参见《共和国史记·第3卷》(上),吉林人民出版社1996年版,第1141页。

达近 27 年，对党和人民无限忠诚，鞠躬尽瘁。他在"文化大革命"中处于非常困难的境地，为了党和国家工作的继续运转，为了保护大批党内外干部，他顾全大局、任劳任怨，费尽了心血。他同林彪集团和"四人帮"的破坏进行了各种形式的斗争。周恩来的一生是光辉的一生。他不仅因对中华民族和世界进步事业的杰出贡献受到举世崇敬，而且以"鞠躬尽瘁，死而后已"的高尚品德赢得万众爱戴。周恩来的逝世，在全国人民中引起了巨大的悲痛。有一首当时的诗这样写道："天惊一声雷，地倾绝其维。顿时九州寂，无语皆泪水。相告不成声，欲语泪复垂。听时不敢信，信时心已碎。"这是人民群众得知周恩来逝世时悲痛心情的真实写照。

周恩来的逝世使全世界为之震动。在向周恩来遗体告别的日子里，各国政府、政党、团体和无数个人通过各种渠道发来的唁电、唁函如雪片般飞来。1 月 8 日，联合国决定，下半旗一周表示哀悼。当有的成员国代表表示反对时，联合国秘书长瓦尔德海姆说："世界上有哪一个国家的总理终身只有一个夫人？有哪个国家的总理终生受人民的爱戴？在国外银行无一分钱私人存款？"反对的人无言以对。联合国秘书长瓦尔德海姆在唁电中，高度评价了周恩来的一生："他是一位十分卓越和深受尊敬的领导人，几十年来他以极大的忠诚服务于自己的国家和人民。他对促进各国间了解和世界和平的献身精神受到举世的公认。在当前危急的时期，世界不再能得益于他的智慧和政治家才干，这是一大损失。凡有幸会见过周恩来先生的人，无不对他产生钦佩和尊敬。"1 月 12 日下午，在联合国安理会的会议上，联合国安理会主席成员国代表和联合国秘书长全体起立默哀，悼念周恩来总理逝世。全世界几乎所有的通讯社都发表了社论，登载周恩来逝世的消息或悼念文章。新华社香港分社 14 日在中国银行大厦举行了隆重的吊唁仪式，香港、澳门、台湾的同胞和华侨两万多人以及香港总督、澳门总督的代表前往吊唁。

然而，"四人帮"却不择手段地压制和阻挠人民的悼念活动，发出种种禁令，反对群众的悼念活动。1月9日，姚文元对《人民日报》总编辑鲁瑛说：总理逝世"没有报道任务"，各国唁电"不能占版面太多"，"唁电的标题要缩小"，"报上不要出现'敬爱的周总理'字样"。11日，姚文元打电话给鲁瑛，再次强调"不要突出总理"，"不要登广场群众悼念的场面"，"要以阶级斗争为纲"，"要登些抓革命方面的东西"。"四人帮"一伙还在许多单位规定：不准佩黑纱，不准戴白花，不准设灵堂，不准开追悼会，并要求文艺演出照常进行。在向周恩来遗体告别时，江青行礼故意不脱帽，当电视荧屏上出现江青这个举动时，激起举国上下一片唾骂。在"四人帮"的控制下，新华社从9日到14日追悼大会召开前的六天中，发布的有关党和国家领导人与首都各界代表向周恩来遗体告别的消息总共只有两条。

在"四人帮"的强行压制下，人民群众对于失去周恩来的悲痛，因感于国家前途的变幻莫测而更加沉重。在南京，为周恩来治丧期间，许多群众抬着花圈，有组织或自发地来到周恩来生活、战斗过的梅园新村，悼念周恩来。排队等候进馆的队伍蜿蜒数公里，短短7天，梅园新村纪念馆就接待了二千五百多个单位的32万群众。① 在北京，人们自发地汇集到天安门广场，在周恩来亲自镌写碑文的人民英雄纪念碑下献上自己制作的花圈，在苍松翠柏上系了一朵朵白花。1月11日下午，在为周恩来灵车送行时，首都百万群众扶老携幼，冒着严寒，连续几个小时伫立在十里长街两侧，同声哭泣，洒泪相送。深夜，灵车归来时，长街两

---

① 《中共南京地方史（1949—1978）》，中共党史出版社2009年版，第539页。

侧的人群仍在寒风中静候，泪眼相迎。

全国人民沉浸在悲痛之中，"四人帮"一伙却千方百计压制悼念周恩来的报道。从1月9日至14日，《人民日报》和新华社不报道首都和全国各地的悼念活动；《红旗》杂志不刊登周恩来遗像，不刊登讣告和悼词。13日这一天，姚文元三次给新华社下达指示，要求："不要因为刊登悼念总理的活动把日常抓革命促生产的报道挤掉了。""这几天报纸登唁电数量多，太集中，并且刊登在第一版上。唁电版面往后放，从三版四版开始。""采写吊唁消息时，要有工农兵学商几方面化悲痛为力量的内容，如学生化悲痛为力量反击右倾翻案风，在消息中要反映出来。"① 1月14日，即举行周恩来追悼大会的前一天，《人民日报》在头版头条刊出题为《大辩论带来大变化》的专题报道，开头一句为："近来，全国人民都在关心着清华大学关于教育革命的大辩论"，然后在最后一段的第一句写道："清华大学这场斗争得到全国人民的广泛支持"。姚文元得意地说："只有这篇文章才能压得住"，"这是关键时刻发表的典型文章。"广大读者看了这篇文章，纷纷提出抗议。有些读者把这份报纸撕得粉碎，有人将其踩在脚下。许多人给报社打电话，斥责报纸这种强奸民意的做法。人们质问："当前全国人民注视的、关心的大事是周总理逝世，是悼念周总理，怎能说都在'关心着'清华大学的大辩论呢？""为什么不宣传悼念周总理的活动？为什么不宣传周总理的丰功伟绩？登这篇文章究竟安的是什么心？"②

1月15日下午3时，在人民大会堂举行了有五千多人参加的周恩来的追悼大会。仍是中共中央副主席、国务院副总理的邓小

---

① 《共和国史记·第3卷》（下），吉林人民出版社1996年版，第1169—1170页。

② 《人民日报》1977年1月6日。

平致悼词。邓小平说:"我们怀着极其沉痛的心情,悼念中国共产党的优秀党员、伟大的无产阶级革命家、杰出的共产主义战士、中国人民久经考验的卓越的党和国家领导人周恩来同志。""周恩来同志忠于党、忠于人民,为……争取中国人民解放事业和共产主义事业的胜利,英勇斗争,鞠躬尽瘁,无私地贡献了自己毕生的精力。……全党全军全国人民衷心地爱戴他,尊敬他。……他是我们全党全军全国人民学习的榜样。"① 遵照周恩来生前遗言,周恩来的骨灰被撒在祖国的江河里和土地上。

周恩来追悼大会前后,全国各地成千上万的人冲破"四人帮"的控制,冒着刺骨的寒风,自发参加了悼念活动。15日上午10时左右,上海港许多船舶自发地拉响汽笛,向周恩来志哀。下午3时整,当年周恩来曾经乘坐的"友谊号"游艇再次率先拉响汽笛,全体船员列队甲板,举手敬礼。黄浦江上停泊的船只和正在行驶的中外轮船,同时鸣笛志哀。黄浦江面波涛汹涌,汽笛长鸣。有的船上,船员干脆把拉笛的栓绳拴在舵轮上,对着上海市委大楼鸣笛长达三十分钟。

(二)"四人帮"抓紧"批邓""反周"激怒全国人民

在周恩来逝世、邓小平不再主持中央工作的情况下,1月21日上午,毛远新向毛泽东汇报情况时,讲到华国锋、纪登奎、陈锡联提出国务院请主席确定一个主要负责同志来牵头,他们三人做具体工作。毛泽东说:要告诉王洪文、张春桥让一下,认为还是华国锋比较好些。毛泽东提出,由华国锋出任国务院代总理,这个决定表明华国锋将主持中央日常工作。

华国锋这年55岁,"文化大革命"前和"文化大革命"开始后,多年在湖南做地方工作,1971年调国务院工作,是九届、十

---

① 《人民日报》1976年1月16日。

届中央政治局委员，在四届人大被任命为国务院副总理。毛泽东认为：华国锋既有基层工作的经验，又有在省里和中央工作的经验；为人老实忠厚、办事"公道不蠢"。① 鉴于中共中央和国务院的大量日常工作急需有人主持，1月28日，毛泽东正式提议由华国锋主持中央日常工作。2月2日，中共中央发出通知：经毛泽东提议，中央政治局一致通过，由华国锋任国务院代总理。中央还决定，"在叶剑英同志生病期间，由陈锡联同志负责主持中央军委的工作"。实际上，当时叶剑英身体健康，并无不适的情况。

在周恩来逝世、中央领导层出现空缺的重要时刻，毛泽东把党和国家的最高领导权最终交给华国锋，深为江青、张春桥等人所不满。江青等人对最高领导权觊觎已久，本来，他们指望打倒邓小平以后，由王洪文重新主持中央日常工作，张春桥主持国务院工作，并已开始做这方面的准备。周恩来逝世不久，"四人帮"在上海的帮派分子就贴出"要求"张春桥当总理的大标语。一月下旬，王洪文私下准备了一篇在中央"打招呼"会议上的讲话稿，打算以中央工作主持人的身份作报告。没有想到，毛泽东的提议和中共中央的决定，彻底打破了他们的谋算。2月3日，在中共中央任命华国锋为国务院代总理的第二天，张春桥写下《1976年2月3日有感》："又是一个一号文件，去年发了一个一号文件，真是得志更猖狂，来得快，来得凶，垮得也快，错误路线总是行不通的。可以得意于一时，似乎天下就是他的了，要开始一个什么新'时代'了。他们总是过高地估计自己的力量。"②

---

① 毛远新笔记，1975年11月至1976年1月；《毛泽东传（1949—1976）》（下），中央文献出版社2003年版，第1767页。

② 参见《共和国史记·第3卷》（上），吉林人民出版社1996年版，第1175页。

2月7日，华国锋首次以国务院代总理的身份出面接见外国驻华使节。几天后，姚文元针对海外媒体有关"（中国）搞经济工作的是求实派"的说法，在日记中写道："经济工作什么时候能由真正的马克思主义者来领导呢？"① 在关系到党和国家命运的关键时刻，毛泽东没有让"四人帮"夺取党和国家最高领导权的野心得逞，对大半年后党能够顺利地粉碎"四人帮"起了非常重要的作用。

华国锋担任国务院代总理职务后，开始主持中央日常工作。这时，"反击右倾翻案风"运动正在全国展开。

2月5日，中共中央将1975年11月根据毛泽东的谈话作的《打招呼的讲话要点》扩大传达到党内外群众。6日，中共中央批转中央军委关于停止学习和贯彻执行1975年7月邓小平、叶剑英在军委扩大会议上的讲话的文件。2月9日下午，所谓"问题多一些的省"——浙江、福建、江西、云南、四川五省的负责人座谈会开始，主要内容是传达学习毛远新根据毛泽东1975年10月至1976年1月多次谈话整理而成的《毛主席重要指示》，作为"反击右倾翻案风"的指导性文件。2月中旬，"打招呼"会议扩大到第二批12个省、市、自治区②的负责人。2月25日，中央召集各省、市、自治区和各大军区负责人会议，"继续打招呼"。已担任国务院代总理、主持中央日常工作的华国锋主持了这次会议。这次会上传达了由毛远新整理的《毛主席重要指示》。这个文件汇集了毛泽东自1975年10月至1976年1月听取毛远新汇报时的多次谈话。毛泽东在这些谈话中，继续从"无产阶级专

---

① 姚文元日记1976年2月16日。

② 即北京、上海、天津、河北、山西、内蒙古、辽宁、吉林、黑龙江、江苏、山东、安徽的负责人以及南京、沈阳、北京、福州、成都、昆明、济南等大军区的负责人。

政下继续革命的理论"出发，沿用阶级和阶级斗争的思维方式和思想方法，对最近几年出现的一些问题进行反思。这是毛泽东在世时为"文化大革命"做的一个最后结论。

毛泽东再次肯定了阶级斗争的理论和实践。他说："社会主义社会有没有阶级斗争？什么'三项指示为纲'，安定团结不是不要阶级斗争，阶级斗争是纲，其余都是目。""一九四九年提出国内主要矛盾是无产阶级对资产阶级之间的矛盾。十三年后重提阶级斗争问题，还有形势开始好转。文化大革命是干什么的？是阶级斗争嘛。刘少奇说阶级斗争熄灭论，他自己就不是熄灭，他要保护他那一堆叛徒、死党。林彪要打倒无产阶级，搞政变。熄灭了吗？""旧的资产阶级不是还存在吗？大量的小资产阶级不是大家都看见了吗？大量未改造好的知识分子不是都在么？小生产的影响，贪污腐化、投机倒把不是到处都有吗？刘、林等反党集团不是令人惊心动魄吗？"

他认为一些老干部对"文化大革命"不满，是因为思想还停止在民主革命阶段。他说："问题是自己属于小资产阶级，思想容易右。自己代表资产阶级，却说阶级矛盾看不清楚了。""一些同志，主要是老同志思想还停止在资产阶级民主革命阶段，对社会主义不理解，有抵触，甚至反对。对文化大革命两种态度，一是不满意，二是要算账，算文化大革命的账。""民主革命后，工人、贫下中农没有停止，他们要革命。而一部分党员却不想前进了，有些人后退了，反对革命了。为什么呢？做了大官了，要保护大官们的利益。他们有了好房子，有汽车，薪水高，还有服务员，比资本家还厉害。社会主义革命革到自己头上了，合作化时党内就有人反对，批资产阶级法权他们有反感。搞社会主义革命，不知道资产阶级在哪里，就在共产党内，党内走资本主义道路的当权派。走资派还在走。一百年后还要不要革命？一千年后要不要革命？总还是要革命的。总是一部分人觉得受压，小官、学生、工、农、兵，不喜欢大人物压他们，所以他们要革命呢。""上了大学，不想和工人画等号了，要做工人贵族。""有些人站在资产阶级知识分子立场，反对对资产阶级知识分子的改造。"

毛泽东还谈到对"文化大革命"的评价。他说："对文化大革命，总的看法：基本正确，有所不足。现在要研究的是在有所不足方面。三七开，七分成绩，三分错误，看法不见得一致。文化大革命犯了两个错误，1. 打倒一切，2. 全面内战。打倒一切其中一部分打对了，如刘、林集团。一部分打错了，如许多老同志，这些人也有错误，批一下也可以。无战争经验已经十多年了，全面内战，抢了枪，大多数是发的，打一下，也是个锻炼。但是把人往死里打，不救治伤员，这不好。""有的人受了点冲击，心里不高兴，有气，在情理之中，可以谅解。但不能把气发到大多数人身上，发到群众身上，站在对立面去指责。"

毛泽东批评了邓小平。他说："小平提出'三项指示为纲'，不和政治局研究，在国务院也不商量，也不报告我，就那么讲。他这个人是不抓阶级斗争的，历来不提这个纲。"毛泽东同时又说："他还是人民内部问题，引导得好，可以不走到对抗方面去。""邓与刘、林还是有一些区别，邓愿作自我批评，而刘、林则根本不愿。要帮助他，批他的错误就是帮助，顺着不好。批是要批的，但不应一棍子打死。对犯有缺点和错误的人，我们党历来有政策，就是惩前毖后，治病救人。要互相帮助，改正错误，搞好团结，搞好工作"。

毛泽东还谈到对待老同志和造反派的问题以及正在开展的运动。他说："不要轻视老同志，我是最老的，老同志还有点用处。对造反派要高抬贵手，不要动不动就'滚'。有时他们犯错误，我们老同志就不犯错误？照样犯。要注意老中青三结合。"他还说："当前大辩论主要限于学校及部分机关，不要搞战斗队，主要是党的领导。不要冲击工业、农业、商业、军队。但是，也会波及。现在群众水平提高了，不是搞无政府，打倒一切，全面内战。"

毛泽东的这些谈话，仍然坚持社会主义条件下要"以阶级斗争为纲"，坚持"无产阶级专政下继续革命"的观点，不过，他对"文化大革命"的评价已经开始了一分为二的变化。"三七开"的看法虽然不正确，但承认"文化大革命"犯了两个方面的错误，还是反映了他反思这场运动时思想上理性的一面。可是，他在总体上仍然坚持"文化大革命"，并进一步发展了"党内走资派"的错误观点，提出资产阶级就在共产党内，试图在共产党内寻找产生"走资派"的阶级根源，这不仅在理论上违背逻辑，而且在实践上是违背事实的。不过，毛泽东在邓小平已挨批判时，把邓小平问题定性为"还是人民内部问题"，提出"不应一棍子打死"，也限制了江青等人把"批邓"升级，将邓小平彻底打倒、置之死地的企图。

华国锋主持了二月下旬起分批举行的"打招呼"会议，并在会上作了经政治局讨论、毛泽东审阅同意的讲话。他说：要把学习《毛主席重要指示》和中央文件"摆在首位"，在此基础上，"深入揭发批判邓小平同志的修正主义路线错误"，"要牢牢掌握斗争大方向"。他提出画一个界限："以这次会议打招呼为界，这次会议前的问题，中央负责，有这样那样问题的地方，应转好弯子。这次会议后，还不转过来就不好了。"他还说："注意不要层层揪邓小平在各地的代理人。""在有问题的单位，注意不要算历史旧账。不要纠缠枝节问题。对邓小平同志的问题，可以点名批判，但点名的大字报不要上街，不要广播、登报。""对犯有错误的同志，要遵照毛主席的教导，实行'惩前毖后，治病救人'的方针。不要揪住不放。不要一棍子打死。""允许犯错误,允许改正错误,改了就好。"他强调:"整个运动要根据毛主席指示,在党委一元化领导下进行。不搞串连,不搞战斗队。要抓革命、促生产、促工作、促战备。通过反击右倾翻案风的斗争,进一步促进安定团结,发展巩固文化大革命和批林批孔运动的伟大成果。"

根据毛泽东的意见,为了"帮助各省领导思想上转好弯",3月3日,中央发出《关于学习〈毛主席重要指示〉的通知》,转发了毛泽东关于"批邓、反击右倾翻案风"的讲话,同时转发了华国锋在中央召集的各省、市、自治区和各大军区负责人会议上的讲话。"批邓"的问题正式在党内公开。

"四人帮"利用毛泽东决定公开"批邓"的机会,加紧批判邓小平和一批老干部。邓小平被说成是"翻案风总头子""党内不肯改悔的走资本主义道路的当权派""买办资产阶级",邓小平提出的"三项指示为纲"成了"翻案复辟的政治纲领","实现四个现代化"被说成是鼓吹"阶级斗争熄灭论"和"唯生产力论",等等。

江青、张春桥等人提出:"老干部就是民主派,民主派就是'走资派'"。江青在一次讲话中说:"老干部百分之七十五都是民主派,民主派发展到走资派是客观的必然规律。"张春桥进一步将大批老干部说成是比老资产阶级还厉害的"走资派",强调这些人是"敌人"。他提出:要研究社会主义革命的性质、对象、任务,研究现在的阶级关系;颠覆政权的不是老资产阶级,而是"党内走资派"。他要求上海立即召开一个理论工作座谈会,并要求讨论"究竟什么叫停留在资产阶级民主革命阶段""限制资产阶级法权怎么限制法"等题目,要求上海在这方面"要早做准备"。①

---

① 参见《共和国史记·第3卷》(下),吉林人民出版社1996年版,第1173页。

2月1日至6日，江青、张春桥向文化部的亲信下达"写与走资派作斗争"作品的任务。江青要求文化部抓紧赶写"与'走资派'作斗争"的文艺作品，以配合"当前的斗争"。① 张春桥说："现在很需要安排，文艺界与走资派作斗争的作品，搞这样的戏是当前斗争的需要，应该写一个地区、一个市、一个省，甚至一个部，这样作用就大了。"他还说："要注意刻画走资派，把邓小平那种特点写出来。"根据江青、张春桥的指示，文化部于3月16日至23日召开"创作座谈会"，刘庆棠在会上说："现在是大的斗争前夕，拿出戏来当炮弹用"，"要写走资派，而且是不肯改悔的走资派的作品"。② 31日，文化部党的核心小组在报告中称：座谈会提出"要敢于写较高级干部中的走资派，因为走资派越是职位高、权力大，它的危险就越大"。

在"四人帮"指使下，1976年3月，《红旗》杂志、《人民日报》相继发表经姚文元修改的《从资产阶级民主派到走资派》《批判党内那个不肯改悔的走资派》等文章，论证"老干部就是民主派，民主派就是走资派"。《从资产阶级民主派到走资派》说：党内不肯改悔的走资派，是带着资产阶级民主主义思想来参加无产阶级革命队伍的，他们在组织上入了党，思想上并没有完全入党，甚至完全没有入党。"当革命从新民主主义革命阶段向社会主义革命阶段转变的时候，他们的思想并没有随着革命的转变而转变"，"他们的身子虽然进了社会主义社会，思想却还停止在民主革命阶段，这就决定了他们对社会主义革命必然产生抵触甚至反对。资产阶级民主派的立场和世界观，代表资产阶级，就

---

① 江青、张春桥在1976年2月间的一次谈话。据于会泳揭发材料，1977年3月1日。

② 参见《共和国史记·第3卷》（上），吉林人民出版社1996年版，第1200页。

是右倾翻案风的阶级根源和思想根源"。《从资产阶级民主派到走资派》宣称："从资产阶级民主派到走资本主义道路的当权派，从民主革命时期党的同路人到社会主义时期的反对派、复辟派，从思想停止在资产阶级民主革命阶段到搞修正主义，这不正是不肯改悔的走资派所实际走过的道路吗？"①

3月2日，江青在中央会议期间，擅自召集12个省、市、自治区负责人开会并发表长篇讲话，污蔑中国向资本主义国家出售原油、煤炭、棉布是"汉奸行为"，攻击搞四个现代化是"为资本主义准备物质基础"，攻击合理的规章制度是"修正主义王法"，是"搞管、卡、压"，攻击体现按劳分配原则的政策和措施是"强化资产阶级法权"，等等。他还说邓小平是"大汉奸"，是"买办资产阶级，代表买办、地主资产阶级"，是"国际资本家的代理人"，等等。她甚至竭力主张把大庆油田进口的美国设备拆掉。江青还说："有人写信给林彪说我是武则天，有人又说是吕后，我也不胜荣幸之至。吕后是没有戴帽子的皇帝，实际上政权掌握在她手里，她是执行法家路线的"，"武则天，一个女的，在封建社会当皇帝啊……不简单啊"。她还说："诽谤吕后，诽谤武则天，诽谤我，就是诽谤主席嘛。"张春桥也在这次会上诬称邓小平"对内搞修正主义，对外搞投降主义"。

3月10日，毛泽东得知江青这个讲话后批示："江青干涉太多了，单独召集十二省讲话。"他要人转告华国锋，江青的这个讲话是不对的。对江青要求印发有关"风庆轮"问题材料一事，毛泽东批示："不应该印发，此事是不妥的。"②

在"四人帮"的煽动下，极左思潮再度泛滥。诸如什么"宁

---

① 池恒：《从资产阶级民主派到走资派》，《人民日报》1976年3月2日。

② 《关于"风庆"轮问题的批语》（1976年3月10日）。

要社会主义的草，不要资本主义的苗""宁要社会主义的低产，不要资本主义的高产""宁要社会主义的晚点，不要资本主义的正点"等观点屡见报端。"四人帮"硬把"草"、"低产"、"晚点"、封闭自守和社会主义等同起来，把"苗"、"高产"、"正点"、对外开放说成同资本主义是一回事，这是对社会主义的极大歪曲。

各条战线在整顿中出现的较为稳定的局面遭到严重破坏。一年前坚决执行整顿方针政策的领导干部再次受到批判斗争。曾在铁路整顿、中国科学院整顿、国防科委整顿和教育部整顿中起了领头作用的万里、胡耀邦、张爱萍、周荣鑫等人，被"四人帮"污蔑为"邓小平的黑干将""刮右倾翻案风的四大金刚""还在走的走资派""大刮右倾翻案风的四条汉子"，受到残酷批斗。

自"教育革命大辩论"开始，周荣鑫便被陷入无休止的围攻之中。张春桥曾企图以解脱为诱饵使周荣鑫承认错误，但一无所获，只能哀叹："九头牛也拉不回来"。① 1975 年 12 月 14 日，在中共中央转发的《清华大学关于教育革命大辩论的情况报告》中直接点了周荣鑫的名，说："教育部长周荣鑫同志到处讲话，制造和散布种种否定教育革命的奇谈怪论，反对毛主席的教育路线，篡改教育革命的方向，并且直接插手刘冰等人的诬告信。"在"反击右倾翻案风"运动中，周荣鑫被残酷批斗五十余次。1976 年 4 月 12 日，周荣鑫在连续遭批斗 5 天的情况下，心脏病突发去世。

"批邓、反击右倾翻案风"运动从一开始就遭到广泛的抵制。许多干部群众公开对这场运动提出质疑。贴出来的"批邓"大字报，经常被群众在夜间撕掉，大字报栏也被毁坏。"批邓"在许

---

① 周少华：《周总理和我的父亲周荣鑫》，《传记文学》1993 年第 5 期。

多单位流于形式，无法深入。开批判会时，上面发言的人慷慨激昂，下面织毛衣的、打瞌睡的、聊天的，比比皆是。有的群众公开说："文化大革命"以来"转弯子"转得太多，头都转晕了。有的基层党支部、团支部明确表态：对"批邓"我们有看法。在运动中，他们坚持不写批判稿，不出大批判专栏，坚持生产，保质保量提前完成各项任务。①

三、以天安门事件为代表的"四五"运动

人民群众自发悼念周恩来的活动使"四人帮"恐慌。追悼周恩来的大会一开完，姚文元就下令："治丧报道要立即结束！"新华社原定16日要发布的全国人民沉痛悼念周恩来的综合报道，被姚文元一刀砍掉了。2月13日，"四人帮"的写作班子又在《光明日报》头版发表"高路"（即"四人帮"写作班子"梁效"）写的《孔丘之忧》一文，说什么"让旧制度的'哭丧妇'抱着孔丘的骷髅去忧心如焚，呼天号地吧"，公然把影射攻击的矛头指向悼念周恩来的广大群众。

"反击右倾翻案风"运动，完全违背了广大干部群众的愿望，进一步激起了人们的不满和愤恨。人民群众中有越来越多的人挺身而出，公开驳斥"四人帮"的极左谬论。1月上旬，中国轻工业进出口总公司司机何庆华发出《致北大、清华大批判小组的一封公开信》，指出他们是"一小撮假马克思主义分子"，"打着红旗反红旗"，已经"遭到了全国人民的唾弃"。2月中旬，北京市出现中央广播事业局共产党员窦守芳贴出的传单，指出："张、

———————

① 参见《中共南京地方史（1949—1978）》，中共党史出版社2009年版，第533—534页。

江、姚是林彪式的小舰队，是陈伯达式的政治骗子，他们欲把大批老同志置于死地而篡党夺权"。她号召："起来！起来！战斗！战斗！全国人民紧急行动起来，以实际行动向叛徒、野心家、阴谋家张春桥、江青、姚文元之流进行坚决斗争"。数日后，窦守芳遭逮捕。2月23日，福建省机械局的刘宗利贴出大字报《"阿斗"的呼声》，历数"四人帮"及其党羽的六大罪状，震动了福州市。许多工人、学生、战士在大字报上留言，表示赞同和支持。与此同时，贵州、福建、浙江等地也都出现群众自发撰写的大字报或传单等，痛斥江青、张春桥等的反党、乱军罪行；希望安定团结，早日实现四个现代化。这些大字报在社会上广泛传播，造成了很大的社会影响。

3月上旬和下旬，长期被"四人帮"控制的重要舆论工具上海《文汇报》连续制造了两起事件，进一步引发了广大群众一直被压抑的愤怒。3月5日，新华社播发了沈阳部队指战员学习雷锋的报道，其中全文引用了周恩来对学习雷锋的题词。全国报刊大都原文转载。《文汇报》却在转载这篇报道时公然删去周恩来给雷锋的题词。3月25日，《文汇报》在第一版发表的《走资派还在走，我们就要同他斗》的文章中，出现了"党内那个走资派要把被打倒的至今不肯改悔的走资派扶上台"的句子，明目张胆地攻击周恩来和邓小平。

《文汇报》的这两篇文章刊登后，再次激起了广大干部和群众的愤怒。质问和抗议的电话、电报、信件连珠炮般发向《文汇报》。数日之内，各地向《文汇报》发去的抗议信、电报达四百多件，打去电话一千多次。人们责问："《文汇报》成了谁家的报纸？""你们是站在什么立场上？是谁指使你们砍去的？"群众纷纷指出："反周总理的人不得人心！"他们要求《文汇报》"向全国人民交代事件的真相！"对此，张春桥却说："为什么惟独查《文汇报》？""不要批评报纸了，报纸以后还要删！"王洪文说：

"删掉总理题词算个屁事!"姚文元表态说:"编辑不删稿子,那就不要办报了!"①

人民胸中积蓄已久的爱与恨终于像火山熔岩一样迸发出来。群众自发举行的悼念周恩来、反对"四人帮"的集会游行,是从古城南京开始的。3月25日下午,南京大学历史系的部分学生臂缠黑纱,抬着自制的花圈,排成5路纵队到梅园新村纪念馆,冲破纪念馆"不能接待"的禁令,举行悼念仪式。

28日,南京街头出现"保卫周恩来!""打倒张春桥!"的标语。南京大学计算机专业和数学系的四百多名师生抬着周恩来的巨幅遗像和写有"光辉永照后来人"金字的大花圈,绕道繁华闹市新街口,前往梅园新村悼念周恩来。沿途,不断有工人、学生、干部加入游行队伍,交警为他们开绿灯放行,车辆为他们让路,群众向他们致意。这是南京市民反对"四人帮"的第一次大规模示威游行。3月29日至31日,南京大学数百名学生分成二十多个小组走上街头,把"《文汇报》的反党文章是篡党夺权的信号弹""不揪出《文汇报》的黑后台誓不罢休""打倒大野心家、大阴谋家张春桥"等大标语刷写在街上、楼上。许多干部、工人、学生也加入游行队伍,佩戴白花、黑纱,抬着花圈和抗议的巨幅标语前往梅园新村或雨花台烈士陵园,抗议"四人帮"反对周恩来的罪行。愤怒的群众还把"谁反对周总理就打倒谁!""警惕赫鲁晓夫式的人物篡夺党和国家的最高领导权!""揪出《文汇报》的黑后台!"等大标语,刷在往来的公共汽车、长途汽车和火车上,让南来北往的列车把南京人民斗争的信息传向北京、上海、成都,传向四面八方。②

---

① 《光明与黑暗的一场大搏斗》,《文汇报》1978年11月18日。

② 参见《中共南京地方史(1949—1978)》,中共党史出版社2009年版,第541—545页。

南京市人民率先反对"四人帮"的斗争消息，迅速传到江苏省常州、无锡、淮阴等城市，以及北京、杭州、郑州、西安、太原、福州等大中城市。许多地方的群众也冲破"四人帮"的阻力，利用清明节祭祀祖先的传统习俗，自发举行悼念周恩来的活动。3月25日，武汉市出现署名"寒城牛"的传单——《绝不对资产阶级野心家卑躬屈膝》。26日，武汉锅炉厂有200人集会，指名批判江青、张春桥。武汉市街头出现"继承总理志，实现四个现代化"的大幅标语。①

"四人帮"预感到这场大火势必越烧越旺。3月30日，王洪文对他们在《人民日报》的帮派骨干说："南京事件是因为省委有走资派"，"南京事件的性质是对着中央的，是转移批邓大方向，他们借着《文汇报》删稿大做文章"，"那些贴大字报的是为反革命复辟造舆论"。姚文元说："南京事件会很快影响到北京，你们要注意一下北京的情况。"4月1日，以中共中央的名义发出的关于南京问题的电话通知称：南京贴出大字报、大标语，"矛头指向中央领导同志，是分裂党中央"的，干扰破坏当前"批邓、反击右倾翻案风"的大方向，要求追查"幕后策划人"和"谣言制造者"。当晚，中共中央政治局开会讨论"南京事件"及各地出现的动向，认为需要由中央再发一个文件，制止事态发展，并扩大《毛主席重要指示》传达范围，推进"批邓、反击右倾翻案风"运动。

各地流传的《周总理遗言》等传单，使"四人帮"极为恼火。他们宣称这类材料的矛头是对着党中央的，是分裂党的反革命谣言。王洪文说：去年反革命谣言就没有好好追，今年我们要追，天皇老子也要追，不要认为是老干部就不敢追，涉及国务

---

① 参见《共和国史记·第3卷》（下），吉林人民出版社1996年版，第1203页。

院、党中央系统也要追。① 4月2日，毛远新将政治局的意见书面报告毛泽东。报告说："当前全国各地流传所谓'总理遗嘱''总理给主席的诗词'欺骗了一些不明真相的人，干扰破坏当前反击右倾翻案风的斗争，南京已有人借故闹事，还要利用清明节（四月四日）搞什么扫墓活动，并要以纪念杨开慧烈士名义送花圈。北京等地也有很多类似东西，这个动向值得注意。"② 同时提出将《毛主席重要指示》扩大传达到支部书记和各级机关的党员干部。以上意见得到毛泽东的认可。"四人帮"要求各省、市、自治区、军队系统成立"追查反革命谣言领导小组"，并要由主要负责人领导此项工作。仅浙江省就收缴到了五万多份各种传单，逮捕了数十人。③

尽管群众自发悼念周恩来的活动遭到压制，但是，人民群众没有屈服。

4月1日，南京铁路中学的一位教师带领学生在校园里和食堂门口的水泥地上写了每个字有一平方米大小的悼念周总理的标语，并写下，"打倒张春桥，清除隐患，挖出定时炸弹！"4月1日至4日，杭州爆发了悼念周恩来、反对"四人帮"的大规模群众运动。1日凌晨3时，杭州钢铁厂职工群众将直径3米镶嵌有周恩来遗像的大花圈悬挂在杭州延安路解放街市劳动局大楼的旗杆上。凌晨6时，杭州公交公司的职工在湖滨的大街上安放一个大花圈，并将"谁冲击、诬蔑、诽谤敬爱的周总理就打倒谁！"

① 参见《共和国史记·第3卷》（下），吉林人民出版社1996年版，第1206页。
② 毛远新关于中央政治局4月1日会议情况给毛泽东的报告，1976年4月2日。
③ 参见《中共南京地方史（1949—1978）》，中共党史出版社2009年版，第547—548页。

"谁反对周总理就是人民的公敌！""誓与林彪一类野心家、阴谋家血战到底！""坚决打倒野心家马天水！"等大标语张贴在杭州闹市街头。浙江省其他地、市也出现悼念活动。4 日，杭州市的悼念活动达到高潮。解放街一带以及少年宫广场、浙江省展览馆前出现大批悼念周恩来的花圈、挽联和诗词，解放街墙上张贴着邓小平在周恩来追悼大会上致的悼词和"总理伟大，小平不倒！"的标语。许多单位的群众列队游行，高呼"坚决揪出化装成美女的毒蛇！""谁反对周总理谁就是人民的公敌！"等口号。杭州市的干部群众自发地聚集在大会堂，慷慨激昂地发表演说。路经杭州的火车，被书写上"绞死《文汇报》那条向周总理狂吠的疯狗！""马天水贩卖政治谣言要彻底追查！"等标语。①

1976 年清明节前后，人民群众对"文化大革命"和"四人帮"的不满情绪，集中地通过在天安门前悼念周恩来、反对"四人帮"、支持邓小平所代表的党的正确领导的强大抗议运动爆发出来。

首都群众对于"四人帮"的行径早就义愤填膺。工厂里、学校里、部队里，到处议论纷纷。3 月 19 日，人民英雄纪念碑前出现了朝阳区牛坊小学红小兵献的第一个花圈。之后，花圈逐渐增多。3 月 30 日，北京市总工会工人理论组曹志杰等 29 人在人民英雄纪念碑南侧贴出第一份公开署名的悼念周恩来的悼词，决心继承周总理遗志，"同野心家、阴谋家血战到底！"人民英雄纪念碑周围放满了花圈、花篮，大量悼词、诗文和传单贴在松柏、灯柱上，如"昔日悼总理，悲痛若断肠。今朝想总理，浑身是力量。豺狼何所惧，虎豹咱敢降。识破假马列，怒斥妖婆娘。"

---

① 1978 年 10 月 13 日，中共浙江省委、杭州市委宣布为所谓"杭州清明节反革命事件"平反。参见《共和国史记·第 3 卷》（下），吉林人民出版社 1996 年版，第 1207—1208 页。

4月1日，山西坞城路三局机电队共青团员王立山在纪念碑上贴出诗词"欲悲闻鬼叫，我哭豺狼笑。洒泪祭雄杰，扬眉剑出鞘。"4月2日，北京市出现了第一支由中国科学院109厂职工组成的游行队伍。他们用四辆卡车开道，抬着四个大花圈（两个献给周总理，一个献给陈毅，一个献给杨开慧）和四块巨型诗牌，上书"红心已结胜利果，碧血再开革命花。倘若魔怪喷毒火，自有擒妖打鬼人。"游行队伍穿过王府井大街，走进天安门广场，把诗牌放在人民英雄纪念碑的高处。不到半天工夫，这火一般的诗句就传遍了北京城。

清明节前群众自发悼念周恩来的活动使"四人帮"万分恐惧。4月2日，姚文元给其在《人民日报》的心腹打电话说："要分析一下这股反革命逆流，看来有个司令部。"他还说："现在天安门前纪念碑送花圈悼念周总理，和当前批邓精神不相适应，是针对中央的，是破坏批邓的。清明节是旧习惯，这样的行动是违反中央大方向的。这股反革命逆流这样猖狂，是没落阶级的表现。"同一天，他们用中共中央的名义发出电话通知，认为南京出现了矛头指向中央领导同志的大字报、大标语，这是分裂以毛主席为首的党中央，转移"批邓"大方向的政治事件。要求各地领导机关对这次政治事件的幕后策划人，要彻底追查。北京市各单位传达了中央关于南京问题的电话通知，说什么"清明节是鬼节"，"送花圈是四旧"，"天安门有反革命分子捣乱"，不让群众去天安门广场悼念周恩来。

这道禁令不仅没有拦住群众，反而引起更多群众的愤怒。4月3日，一大早就有成千上万的人从四面八方涌向天安门广场。北京广播器材厂的职工队伍，胸佩白花、臂戴黑纱，在早上7点多钟就冒着细雨出发了。职工们走到天安门广场后，在纪念碑前举手宣誓，然后把30多个大花圈放在碑前。中午，中国科学院半导体研究所近千人抬着12个大花圈走进天安门广场，横幅上写着"巨星陨落，神州内外赞光明正大，痛悼英烈；挥泪操戈，举国上下恨阴谋诡计，怒斥妖魔。"

在难以计数的诗词中，针锋相对地驳斥"四人帮"谬论的诗词增多了，如："谁说清明是四旧？谁说清明习惯臭？年年奠祭我先烈，今发禁令何理由！莫道《文汇》亮鬼火，自有人民写春秋。寄言魑魅慢猖狂，勿学林贼把命丧。""紧急通知二三遍，岂知令出违人愿。首都群众何所惧，谁是阿斗再受骗?!""素纸黑纱含恸剪，苍松翠柏和泪扎。谁言献花是旧俗，明朝她死定无花。"

这些非正式发行的诗词，被人们争相传抄，广为传诵。这些诗词的作者绝大多数是普通的工人、农民、战士、干部，来自四面八方、各行各业，素不相识，也没有统一的组织，但是凭着这些诗词表达出的惊天地、泣鬼神的战斗精神，大家的意志格外坚定、步调格外一致。

这一天，送花圈的队伍绵延不绝，群情激奋，在天安门广场和东西长安街形成了声势浩大的游行示威。送花圈的队伍，有的有几十人，有的有几百人，有的有几千人，单位有中央机关、国家机关、解放军总部机关，北京市各工厂、机关、学校、商店、人民公社，还有天津、湖北、沈阳、陕西等外地来京的人们。人们群情激奋，高唱《国际歌》："起来……这是最后的斗争，团结起来到明天，英特纳雄耐尔就一定要实现。"

也在这一天，姚文元在日记中写道："中国这个国家，激烈的斗争不断，但解决矛盾（某一个方面、部分）却总是不彻底。为什么不能枪毙一批反革命分子呢？专政究竟不是绣花。"在这种心态下，姚文元下令《人民日报》写社论《牢牢掌握斗争大方向》，他在此文中加了两句话："必须从无产阶级对资产阶级的斗争，去分析运动过程中出现的各种倾向和口号的阶级实质"，"必须实行无产阶级专政"。当日夜，北京市公安机关以各种罪名抓捕了 26 人。①

4 月 4 日，清明节这一天，天安门广场的悼念活动达到高潮，整个广场淹没在人潮花海之中。天安门广场上人民英雄纪念碑前的十三根旗杆上，悬挂着"敬爱的周总理我们永远怀念您"的方框大匾，横贯整个广场。两束挂着"怀念总理""革命到底"巨幅挽联的大气球高悬在空中。人民英雄纪念碑下，安放着周总理的巨幅画像，画像下面是一条用黑布白花装饰的大型横幅，横幅上书写"民族英魂"四个大字。纪念碑周围的松墙上，系满了小白花。从广场北侧到南端，摆放着各式各样精制的花圈和花篮，灯柱上、华表上吊满了条幅，挂满了白花。正如一首诗所形容的："丙辰清明，泪雨悲风。英雄碑前，万众云涌。百花滴血，祭文高诵。怀念总理，天地情恸。"

上午 7 时，青云仪器厂的职工分四列纵队共 275 排，抬着 34 个花圈，从西单来到天安门广场，绕场一周后，举行了隆重的悼念仪式。8 时，曙光电机厂的两千多名职工在东单整队集合，排成 8 路纵队，抬着 34 个大花圈，最前边是周总理的巨幅画像，录音机放着哀乐，气势雄伟地走进天安门广场。绕场一周后，在纪念碑前排成整齐的方阵，举行隆重的悼念仪式。在庄严肃穆的气氛中，人们高声朗诵诗词，发表演说。

这一天，广场上出现了许多可歌可泣的事迹。北京铁路分局青年工人王海力在一块白绸子上用鲜血写下："敬爱的周总理！我们将用鲜血和生命誓死保卫您！"首都钢铁公司青年工人李铁华发表了慷慨激昂的演说。他说："我们的好总理呀！您忠于党、忠于人民，对敌人大义凛然、横眉冷对；对人民父亲般地关怀，母亲样地慈爱！您老人家光明磊落、胸怀宽阔、任劳任怨、从无

---

① 参见《共和国史记·第 3 卷》（下），吉林人民出版社 1996 年版，第 1212 页。

倦态。您一辈子工作、战斗，战斗、工作，不辞辛苦，不分昼夜，您为中国革命和建设事业，英勇斗争，鞠躬尽瘁。"他哭着说："您老人家活活累死的呀，总理！死前对人民还是那样地热爱，您把骨灰都用来造福于人民。这样崇高的人格，这样无私的品德，古今中外，有谁能与您媲美！"当他说道："我们发现有那么一小撮人，把矛头对准周总理，这是我们绝不允许的。谁反对周总理就打倒谁！"这时，上万群众跟着他振臂高呼。广场上出现了震天动地的动人场面。

这一天，据有关部门统计，花圈总数在 2000 个以上，最大的花圈直径达 6 米。整个天安门广场到处是花圈、诗词、悼文，出现了共和国历史上罕见的"花山诗海"。

广大群众对"批邓、反击右倾翻案风"的抵触、厌恶情绪，也在"四五运动"中达到高潮。在天安门广场周围的松树上，除了挂着数不清的条幅、白花以外，还挂着许多小瓶子。人们用这种特殊的中国式隐喻表达对"小平"的呼唤。

人民群众在痛悼周恩来，怒斥"四人帮"的同时，还喊出了打破现代迷信、捍卫社会主义民主的时代强音。有一首《要真正的马列主义》的诗写道："中国已不是过去的中国，人民也不是愚不可及。秦皇的封建社会一去不复返了，我们信仰马列主义。让那些阉割马列主义的秀才们见鬼去吧！我们要的是真正的马列主义。为了真正的马列主义，我们不怕抛头洒血，我们不惜重上井冈举义旗！总理遗志我们继承，'四个现代化'实现日，我们一定要设酒重祭"。还有一首词写道："四个现代化，'两步'走到底。遗愿化为宏图日，国祭告总理。"

一些诗中包含有爱憎的句子，如："历史有纪念碑，历史有斩妖台，历史是审判员。谁是历史的主人？我们——无产阶级劳动人民。历史将把人民的忠臣，敬在纪念碑上——永远怀念。历史也将把人民的奸臣，押上斩妖台——怒斩！""如果有人想重新充当'天才'、'天马',爬到人民头上,欺压人民,想当'秦始皇'、'武则天',重建'蒋家林氏王朝',他们一定会被人民唾弃,摔得粉碎。"

这些诗句,庄严地表达了人民群众要求把中国建成现代化强国、实现社会主义民主、把思想从"四人帮"实行的封建专制主义的禁锢中解放出来的呼声。在"文化大革命"已经持续了近十年,全国局面处于万马齐喑的时候,这呼声强烈地震撼着人民的心灵,表明人民已经开始用行动敲响了"四人帮"覆灭的丧钟,呼唤着新的历史时期的来临。

清明节前后,在南京的梅园新村和雨花台、郑州的二七纪念塔、杭州的西子湖边、古城西安的钟楼、武汉长江大桥的桥头、山西太原五一广场……群众自发悼念周总理、反对"四人帮"的活动达到高潮。各地群众怀念周恩来的丰功伟绩,赞扬邓小平狠抓整顿的成绩,痛斥"四人帮"的反党活动,表达着一个共同的意志:悼念人民的好总理,声讨万恶的"四人帮"。

清明节前后出现的全国性抗议活动,深深刺痛了"四人帮"。他们不择手段,极力歪曲事实,欺骗中央。从4月1日到6日,他们通过在人民日报社的心腹,在他们编写的《情况汇编》上歪曲事实,想方设法把天安门事件打成反革命事件,说成是"完全是有组织、有计划的反革命政治行动"。

4月4日晚,华国锋主持召开中央政治局会议(叶剑英、李先念未参加),讨论连日来天安门广场发生的事态。会议认为:天安门事件"性质是清楚的,就是反革命搞的事件","是反革命煽动群众借此反对主席、反对中央,干扰、破坏斗争的大方向"。江青等人以广场上出现的题为《第十一次路线斗争大事记》的传单点了江青的名为借口,说:"中央的人身安全都没有保证了",提出要立即清理花圈,逮捕"反革命"。会议决定在当晚开始清理天安门广场的花圈和标语;布置民兵和公安人员围住纪念碑,阻止群众再去送花圈和集会；调动卫戍部队"在二线准备"。

毛远新将政治局会议讨论情况和决定书面上报毛泽东。4月5日凌晨5时，毛远新给毛泽东写报告说："这样大量的在天安门前集中那么多群众场合下，公开发表反革命的演说，直接攻击毛主席，是建国以来没有的。很显然，这是有计划有组织的，不仅北京，全国不少地方都有。""这次看出存在一个地下的'裴多菲俱乐部'，有计划地在组织活动。"毛泽东当天圈阅了这个报告。①

4月5日凌晨，天安门广场所有的花圈、诗词、挽联都不见了，一些自愿彻夜守卫花圈的群众被逮捕了，人民英雄纪念碑周围已布上三道戒备森严的封锁线。目睹此情此景，群众异常气愤。上午9时左右，数万群众聚集在人民大会堂东门外，有些人以为被收走的花圈藏在人民大会堂的地下室里，便高呼着"还我花圈，还我战友"的口号，拥到人民大会堂东门口。怒不可遏的群众同一部分民兵、警察和解放军战士发生了冲突。群众高呼"人民万岁""谁反对周总理就打倒谁"，把公安部门的"广播宣传车"和几辆汽车推翻烧着。下午，天安门广场东南角的"工人民兵指挥部"起火，部分群众和民兵、警察受伤。

下午6时30分，中共北京市委第一书记、市革命委员会主任吴德奉命出面发表广播讲话，称："在天安门广场有坏人进行破坏捣乱，进行反革命破坏活动"，要求人们"认清这一政治事件的反动性"，"立即离开广场，不要受他们的蒙蔽"。这个讲话在天安门广场反复播送，许多群众闻讯逐渐走散。晚上9时30分，预先准备好的一万多民兵和警察奉命手持木棍跑步进入广场，驱赶、殴打和逮捕滞留在广场上的群众。

4月6日凌晨，中共中央政治局开会听取北京市的汇报，会

---

① 毛远新关于中央政治局4月4日讨论天安门事件情况给毛泽东的报告，1976年4月5日。

议认为"今天取得了胜利，但教训太深了"，应"提高警惕，准备应付更大的斗争"，要将这次事件"尽快通报全国"，并给予公开报道。会后，毛远新给毛泽东送去关于政治局会议情况的报告，毛泽东当天在报告上批示，赞同中央政治局的处理意见。①

4月7日，毛远新两次向毛泽东进行歪曲性汇报，致使毛泽东同意公开发表《人民日报》记者关于天安门事件的所谓"现场报道"。这篇由张春桥、姚文元组织编写的所谓"现场报道"，诬陷广大群众悼念周恩来是"反革命活动"，天安门事件是"反革命政治事件"，"妄图扭转当前批邓和反击右倾翻案风的大方向"。据此，毛泽东肯定了政治局对天安门事件所采取的措施，提议由政治局作出两项决议：（1）任命华国锋为中共中央第一副主席、国务院总理；（2）撤销邓小平党内外一切职务，保留党籍，以观后效。他主张公开发表这两项决议和有关天安门事件的报道，表示：（1）首都；（2）天安门；（3）烧、打。性质变了。当晚，中共中央政治局开会，宣读并通过了以中共中央名义发表的这两个决议。一小时后，广播电台全文播放了两个决议、《天安门广场的反革命政治事件》的报道以及中共北京市委负责人在天安门广场的广播讲话。值得注意的是，在四届全国人大已经召开一年、全国人大常委会已经恢复工作后，这次国家重要领导人的变更，并不是由全国人大及其常委会讨论决定的，甚至没有从形式上履行一下法律手续。

4月8日，《人民日报》在第一版显著位置登出《天安门广场的反革命政治事件》。这篇文章诬蔑天安门广场人民群众悼念周恩来、反对"四人帮"的活动，声称："一小撮阶级敌人打着清明节悼念周总理的幌子，有预谋、有计划、有组织地制造反革

---

① 参见《毛泽东传（1949—1976）》（下），中央文献出版社2003年版，第1776页。

命政治事件"，他们"公开打出拥护邓小平的旗号，丧心病狂地把矛头指向伟大领袖毛主席，分裂以毛主席为首的党中央，妄图扭转当前批邓和反击右倾翻案风斗争的大方向，进行反革命活动"，要在中国"搞修正主义，复辟资本主义"。文章发出后，举世震惊，议论纷纷。

以天安门事件为中心的全国性抗议运动，是全国人民反对"四人帮"、要求实现党提出的四个现代化建设的正确主张的集中表现，也是在特殊历史条件下一次最真实的民意测验。在已经持续近十年的"文化大革命"中，人民群众对"文化大革命"的抵制和对"批邓、反击右倾翻案风"的厌恶，在这次抗议运动中爆发出来。这次运动中的许多积极分子是知识分子和上山下乡的知识青年，他们中相当一部分人正是"文化大革命"初期的红卫兵。随着"文化大革命"的发展，他们的思想不断觉醒，对于社会主义的思考逐步加深。他们明确地提出了反对专制主义和个人崇拜的要求，并把党和国家的前途与实现四个现代化的宏伟目标联系在一起，同"四人帮"篡党夺权的阴谋活动进行了英勇斗争。这次抗议运动的实质，是拥护以周恩来、邓小平为代表的党的正确力量的领导。人们把社会安定、国家强盛的希望寄托在周恩来、邓小平等老一辈革命家身上，鲜明地表现了人心的向背，表现了社会主义事业不可扭转的发展趋势。这次抗议运动虽然被镇压下去了，但是，它为后来粉碎江青反革命集团奠定了伟大的群众基础。

四、"四人帮"又一次反扑

（一）"四人帮"借机使"批邓、反击右倾翻案风"升级

天安门事件后，毛泽东的身体状况进一步恶化。他会见外宾

的次数逐渐减少，以至不再露面。他已经没有精力再来领导整个国家了。在"四人帮"的操纵下，更大规模的"批邓、反击右倾翻案风"运动在全国展开。

4月8日，中共中央发出电话通知：要求各省、市、自治区立即召开群众大会宣读中央的两个决议，进一步开展"批邓、反击右倾翻案风"运动。各地区奉命行事，举行了拥护中共中央决议的游行集会，并开始追查所谓"政治谣言"，逮捕天安门事件和其他类似事件的积极参与者和"幕后策划者"。

这些违背人心的强制措施，虽然使广大干部群众的感情受到更加严重的挫伤，但是人们没有屈服。4月8日这天清晨，在上海人民广场中心的旗杆上飘扬着一面白色绸旗，上挂周总理遗像，下书"沉痛悼念，恩来总理"。同一天，广州半导体材料厂青年工人庄辛辛写信给《人民日报》、《红旗》杂志，提出："支持邓小平，打倒张春桥、打倒姚文元、打倒江青！"北京部队某部副营长王勤听完广播后，写出一张题为《对当前形势的看法》的小字报，贴在营房附近十字路口的树上，指出："张江等"是"假马列"，"邓副主席是我们的贴心人"，"向天安门广场的英雄们学习！"4月12日，人民日报社收到一封署名"一名现场工人民兵"的来信，信封正面写着"北京人民日报总编辑收"，背面写着"请戈培尔编辑收"。信中装着4月8日的《人民日报》，报纸第一版上写着："令人震惊！党报堕落了！""从今改为：法西斯党机关报""打倒野心家阴谋家江、张、姚！"

随后，一次大审查和大镇压很快在全国展开。"四人帮"布置各部门、各学校搜查、逮捕"反革命"，追查"政治谣言"。凡是4月初去过天安门、照过相、传抄过悼念周总理诗词的人，都要受到追查，甚至连毛泽东在1974至1975年批评江青等人的言论，都要作为"政治谣言"追查。许多"四五运动"的积极参加者被拘捕或被判刑。至6月17日，北京市公安局搜出的悼文、诗词原件近六百件，强令群众交出的悼文、诗词和照片有十万多件。北京共拘捕群众三百多人。以隔离、办学习班、谈话等方式审查的人数以万计。

在"四人帮""追查""销毁"的道道命令前，人们冒着可能坐牢、被杀头的危险，想方设法保护和珍藏天安门广场的诗词、祭文、悼词。北京第二外国语学院汉语教研室的十六位教员（后化名"童怀周"）和七机部502所、中国科学院自动化所等单位的群众，四处搜集、整理天安门诗抄。轻工业部的一名干部，按照只有他自己才看得懂的排列顺序，把诗词抄在纸上，然后用很厚的棉线绕成一个纸团。还有的人把抄录的诗词用塑料布包起来，藏在壁炉中、花盆内、地底下……人们相信这些诗词总有一天会重见天日。

"四人帮"同时全国开展了更大规模的批判邓小平的运动。4月28日，《人民日报》发表"梁效"的文章《邓小平与天安门广场反革命事件》，说天安门事件"是当前两个阶级、两条道路、两条路线尖锐斗争的一个突出表现"，邓小平就是"匈牙利反革命政变的头子纳吉"。5月16日，姚文元在《人民日报》送审的《党内确有资产阶级——天安门广场反革命政治事件剖析》文稿中，亲笔加上"邓小平就是这次反革命政治事件的总后台"。同日，《人民日报》、《红旗》杂志、《解放军报》编辑部联合发表《文化大革命永放光芒——纪念中共中央一九六六年五月十六日〈通知〉十周年》的文章，再次强调"文化大革命"的正确性和必要性，攻击邓小平，说："党内最大的不肯改悔的走资派邓小平，就是这次大刮右倾翻案风，直至天安门广场反革命政治事件的挂帅人物"，"'三项指示为纲'，是邓小平翻案复辟的政治纲领"，全面整顿"是邓小平翻案复辟的行动部署"，"所谓整顿，其实质就是资产阶级整无产阶级，就是资本主义复辟"，等等。

"四人帮"除了把邓小平打成天安门事件的"总后台"，对邓小平进行恶毒的人身攻击外，还把 1975 年邓小平主持起草的《关于加快工业发展的若干问题》（即"工业二十条"）、《科学院工作汇报提纲》（即《汇报提纲》）等文件，说成是所谓"邓小平修正主义纲领的产物"，连续发表文章对其展开批判。4 月 1 日，《红旗》杂志第 4 期发表程越的《一个复辟资本主义的总纲——〈论全党全国各项工作的总纲〉剖析》。3 日，《人民日报》发表北京大学、清华大学大批判组的《翻案复辟的自供状——评党内那个不肯改悔的走资派授意炮制的一篇文章》。4 月，《学习与批判》发表康立、延风的《〈汇报提纲〉出笼的前前后后》。5 月 12 日，《辽宁日报》发表《翻案复辟的铁证——剖析邓小平授意炮制的一篇文章》。5 月 14 日，《文汇报》发表《两个提纲一条黑线——从〈二月提纲〉到〈汇报提纲〉》。5 月 31 日，《人民日报》发表吕达的《一个加快复辟资本主义的〈条例〉——批判邓小平授意炮制的〈关于加快工业发展的若干问题〉》。6 月 3 日，《北京日报》发表首都钢铁公司工人理论组的《加快工业发展是假、复辟资本主义是真——批判邓小平指使炮制的所谓发展工业的〈条例〉》。7 月 1 日，《红旗》杂志第 7 期发表上海钟表元件厂工人理论小组的《一个复辟倒退的条例——〈关于加快工业发展的若干问题〉的批判》。

为了推进"批邓"，"四人帮"还搜集、整理了中共中央和国务院领导的大量材料。1976 年 8 月，王洪文调阅了国务院、中央军委、国防工办等单位从 1975 年 6 月至 1976 年 1 月的部分文件和会议简报。也在 8 月，江青等人擅自决定印发 1975 年邓小平主持起草、还没有来得及同广大干部群众见面的《关于加快工业发展的若干问题》《科学院工作汇报提纲》以及根据邓小平多次讲话精神而起草的《论全党全国各项工作的总纲》（本节简称《论总纲》）等三个文件，将其诬之为"三株大毒草"，掀起批判所谓"三株大毒草"的新浪潮。对这三个文件，《工业二十条》

和《汇报提纲》邓小平亲自看过并作过修改，《论总纲》邓小平当年并没有看到。尽管这样，由于这三个文件总结了整顿的经验，打到了"四人帮"的痛处，因此，成为"四人帮""批邓"的重要目标。"四人帮"将这三个文件和邓小平的多篇讲话、指示、批示，编印成所谓《邓小平言论摘录》等下发到全国基层单位，开展群众性的大批判。其中，三个文件的小册子被大量印发，发至各基层单位，直到公社一级，总数达几千万份。与此同时，由"四人帮"的亲信把持的上海市总工会，以断章取义的手法，整理了中央和地方领导人的材料 43 种，擅自印发 25 万多份，被点名的中央政治局委员、副总理、副委员长达 15 人，中央、国务院各部门负责人 20 多人，省委第一书记 13 人。这些材料仅在上海的印刷量就达五百多万份。

8 月 23 日，《人民日报》发表社论《抓住要害，深入批邓》，把三个文件说成是"三株反党、反马克思主义的大毒草，是难得的反面教材，是'走资派还在走'的铁证。"社论说：《论总纲》是邓小平复辟资本主义的政治宣言。集中了邓小平 1975 年的一系列讲话，明目张胆地否定以阶级斗争为纲，反对党的基本纲领，篡改党的基本路线，大肆兜售"三项指示为纲"这个修正主义纲领，贩卖"阶级斗争熄灭论"和"唯生产力论"。《汇报提纲》是邓小平妄图从科技阵地"打开一个大缺口"，反对无产阶级在整个上层建筑领域对资产阶级实行全面专政的一个修正主义标本。《关于加快工业发展的若干问题》（指"工业二十条"）则是邓小平洋奴买办的经济思想和一整套修正主义的办企业路线的写照，名为"加快工业发展"，实为加快资本主义复辟。这三个材料都是"三项指示为纲"的产物，都是邓小平翻案复辟的罪证，是打着红旗反红旗，打着马列主义的旗号，篡改和阉割马列主义的黑货。社论强调，要深入批判这"三株大毒草"，特别是批判《论总纲》，"进一步认清邓小平修正主义路线的反动性和欺骗性"。从 8 月 13 日至 10 月 6 日，仅《人民日报》发表的批判所谓"三株大毒草"的文章、通讯就有一百余篇。"四人帮"对这三个文件横加罪名，进行诬蔑和攻击，把实现四个现代化说成是"源于李鸿章之流所创始的洋字号药铺"，是"根本不能实现的复辟梦想"；把加强社会主义计划经济和企业管理说成是"为条条专政翻案"，是"搞修正主义的管、卡、压"；把提倡又红又专、培养知识分子队伍说成是"白专道路""专家路线"，把在独立自主、自力更生的基础上引进先进技术，说成是"把我国工业的命运系在外国资本家的裤腰带上"，是对国家主权的"大拍卖"，是走"蒋介石的老路"。

"四人帮"的倒行逆施从反面促进了广大干部群众的思想觉醒。由于这三个文件揭露了"四人帮"的本质，打中了他们的要害，启发了人们进行思索。这些材料，使邓小平关于国家建设的主张广泛地传播开来，在干部群众中产生了较大的影响。人们对于坚持正确路线、方针、政策，"不怕第二次被打倒"的邓小平等领导同志有了更多的了解和信任。广大干部和群众更加看出"四人帮"祸国殃民的真面目，"批邓、反击右倾翻案风"受到了广泛的、不同形式的抵制，"文化大革命"进一步走向了自己的反面。

"四人帮"在"批邓"的同时，反复宣传"资产阶级就在共产党内"，宣称，邓小平被打倒后，阶级斗争并没有结束，"走资派还在走"，"还有穿军装、戴帽徽、领章的走资派"，"走资派不是几个人，而是一层人"，等等。迟群在几次讲话中提出，要特别警惕"中央出修正主义"，要"一级盯一级"，"一级一级往上盯"，"一直盯到中央政治局"；"仍然会有斗争，还会有别的机会主义头子，别的挂帅人物跳出来"。在张春桥、姚文元的授意下，中央报刊先后发表《无产阶级专政的伟大胜利》《党内确有资产阶级》《走资派就是党内的资产阶级》《评邓小平的买办资产阶级经济思想》等批判文章，企图攻击和整倒从中央到地方的大批党政军领导干部。

"批邓、反击右倾翻案风"运动的升级，使全国形势再度恶化。在"四人帮"支持下，一年前被撤职或调离的造反派头头重新受到重用，一些已经被撤职的造反派核心人物又活跃起来。他们在各地煽动打砸抢，层层揪斗干部，胁迫领导干部"转弯子"，致使一些地区派性斗争再次泛滥，发生了新一轮冲击党委、抢夺公章、围攻揪斗领导干部的社会动乱。

2月10日，张铁生在山西太原讲话说：走资派"就是这些资产阶级性质的民主革命派的一个变种"，是国内、党内"出修正主义的一个大祸根"。他还说：中央召集一些老干部开了一个"打招呼"会议，"就是给那些还在走的走资派打招呼"，"给那些还在继续搞资产阶级民主革命的，不干共产主义的这样一些民主革命派打招呼，给他们下场毛毛雨，打个预防针，应当清醒清醒嘛，不要错误地估计形势，不要不自量力，不要没皮没脸"。张铁生的讲话引起山西省多数干部、群众的强烈反对，中共山西省委下令封存了张铁生的讲话录音。但是，江青却在中共中央召开的"打招呼"会议四川小组会上支持张铁生，说张铁生"到了太原，请他讲话，他点了火，他才是真正的又红又专"。①

2月18日，七机部造反派头目、党的核心小组成员舒龙山在七机部党的核心小组会议上攻击邓小平"搞复辟很快"，"他比林彪搞得更快"。3月18日，王洪文指名诬陷七机部的主要领导人"坐在右的一边"，1974年"右"，1975年"更右了"，要求七机部"领导班子，除部、院两级外，有些厂、所班子问题也要解决"。在"四人帮"的唆使下，舒龙山等人猖狂攻击1975年中共中央关

———————

① 参见《共和国史记·第3卷》（下），吉林人民出版社1996年版，第1177页。

于解决七机部问题的 14 号文件是"修正主义纲领",在七机部层层揪"走资派",对七机部从部、院到基层的大批领导干部打击陷害、开除党籍、撤职降薪、关押揪斗。从 1976 年 4 月开始,七机部系统在北京的厂、所以上单位的领导班子被改组了 80%。①

2 月 25 日,一年前由中央组织部和浙江省委宣布,正式受到批判、下放到河北遵化县西铺大队劳动的浙江帮派头目张永生,给江青写信要求"平反"。3 月,张永生被王洪文接到北京。4 月 3 日,王洪文、张春桥、江青在人民大会堂接见张永生,说不能把造反派的棱角磨掉,支持张永生向"走资派"作斗争。当晚,张永生就当着王洪文、张春桥、江青的面,对被叫到人民大会堂的浙江省委第一书记谭启龙进行攻击,诬陷谭启龙在浙江推行一条"邓小平的修正主义复辟路线"。②

河南那个 1975 年时被万里点名批判的省委常委唐岐山,在中央"打招呼"会议期间得到江青接见,被许诺当河南"省委第一书记",并要他"代表中央过问湖北的事情"。江青还毫无根据地指责中共福建省委负责人"涂炭福建人民"。福建地区的帮派头目陈佳忠公开声称:"我有我的中央支持","我有天线,天线就是江青"。唐岐山回河南后疯狂地攻击邓小平等领导人是"老右""投降派",污蔑河南省委负责人是"走资派",公开宣称:"我的方针就是一个字:乱!"他带领造反派在郑州市搞百辆汽车大游行,冲击领导机关和公安机关,制造流血事件。河南省已经

① 1978 年 10 月,舒龙山因反革命罪被逮捕,被判处有期徒刑 15 年,剥夺政治权利 3 年。参见《共和国史记·第 3 卷》(下),吉林人民出版社 1996 年版,第 1167—1169 页。

② 1978 年 8 月,张永生因反革命罪、打砸抢等罪被逮捕,经杭州市中级人民法院审理,被判处无期徒刑,剥夺政治权利终身。参见《共和国史记·第 3 卷》(下),吉林人民出版社 1996 年版,第 1183—1184 页。

恢复和健全的规章制度被废除，正常的经济秩序被破坏，工农业生产全面下降，1976年全省工农业总产值比1975年下降了10.2%，财政收入比1975年下降了32.7%，许多机关、学校、企事业单位一度发不出工资。①

此外，"四人帮"在四川、云南、湖北、甘肃、湖南、江苏、江西等地的帮派分子也都有恃无恐地活跃起来。他们或聚众冲击省市委领导机关，层层揪"复辟势力"、打"还乡团"、进行"第二次夺权"，或围攻揪斗各级领导干部、抢夺公章、控制武器装备仓库，制造各种事端和动乱。

江青一伙一方面加紧"批邓"，一方面加强学习无产阶级专政理论的宣传。1976年5月9日，《人民日报》发表题为《社会主义大集好——辽宁省彰武县哈尔套公社改造农村集市的调查》一文。所谓哈尔套公社的"社会主义大集"，是当时任辽宁省委书记的毛远新一手制造的典型。1975年元旦，他们组织哈尔套公社的社员群众，由各大队的干部带领，挑着自家的农副产品，敲锣打鼓，从四面八方赶到哈尔套街里，把产品卖给供销社，然后再从供销社买回自己需要的商品。这样，他们就把过去可以自由交易的农副产品全部转归国营商业和供销社经营，取消了党的政策允许的农村集市贸易，挫伤了农民发展家庭副业的积极性，使国营商业失去了必要的补充。哈尔套经验出笼后，被当成"学习无产阶级专政理论"的最新典型，极左做法流毒全国。

"批邓、反击右倾翻案风"运动开始后，哈尔套大集进一步向"政治大集"发展。5月9日《人民日报》关于哈尔套公社改造农村集市的调查一文称：哈尔套大集"是在两条道路斗争中涌现出来的社会主义新生事物"，"不仅是打击资本主义活动的一种

---

① 参见《共和国史记·第3卷》（下），吉林人民出版社1996年版，第1201页。

措施,也是教育农民,改造小生产,限制资产阶级法权的一个实际步骤,""为堵住小生产通向资本主义的渠道,有效地限制农村商品交换领域中的资产阶级法权,逐步铲除滋生资本主义的土壤和条件,提供了新鲜经验"。8月5日,哈尔套第十一次"社会主义大集"以新的面孔出现了。除本省外,全国有11个省、直辖市、自治区派出代表前来学习经验,哈尔套经验在全国传播开来。大集除了以往的文艺演出和自欺欺人的购销活动之外,突出特点是反"右倾翻案风"和限制"资产阶级法权"。大集的组织者决心办"政治大集",对今后赶大集作出若干规定,其中的两条是:必须有批斗"走资派"和"限制资产阶级法权"的内容。于是在彰武县乃至阜新市又掀起了"文化大革命"初期那种批判迫害干部特别是老干部的风潮。

"批邓、反击右倾翻案风"运动使全国形势再度急剧恶化。许多地区交通堵塞,大批工矿企业的生产秩序混乱,陷入瘫痪、半瘫痪状态,计划指标无法实现。6月14日,国家计委向中共中央报送《关于上半年国民经济计划执行情况和下半年安排意见的报告》,说:经济战线上问题比较突出的是铁路运输,许多地区产品运不出来,燃料、原材料运不进去。由于煤电和原材料供应不足,加上有些企业内部存在的问题没有解决,1月至5月,全国欠产钢123万吨,钢材少产86万吨,化肥少产58万吨,棉纱少产57万件。这些产品产量的下降,影响了生产建设的物资供应,影响了市场和财政收入。影响市场少供应商品14亿元,财政减收20亿元。年初全国计划会议上确定的1976年国民经济计划已经不可能完成。

1976年工农业总产值只比1975年增长1.7%,大大低于计划要求的7%~7.5%的速度。从全年看,钢产量只完成2046万吨,仅达到计划数的79%,低于1971年的水平。这使从1974年到1976年连续三年计划拿下2600万吨钢的指标,第三次落了空。

全国的工交、商业企业亏损额达 113 亿元，粮食的亏损额达 50
亿元，而当年的财政收入不过 776 亿元。作为国民经济命脉的铁
路则有十几条干线经常不通畅，铁路货运量为 8.4 亿吨，只完成
计划数的 93%。1976 年实际比计划少运 4600 多万吨物资。仅郑
州铁路局一年就发生了 12 起全局性大堵塞，使京广线处于半瘫
痪状态。全年少运煤炭近 1100 万吨，造成 12 个省、市缺煤少电，
相当一批工厂停工停产，影响达半个中国①。农村情况也很严重。
1970 年到 1976 年，陕西、甘肃、宁夏、新疆、内蒙古、贵州等
省区已由调出粮食变为调入粮食。过去一直提供商品粮较多的四
川、黑龙江、吉林、广东、江西等省，粮食产量也大幅度下降，
有的已调不出粮食。到 1976 年，四川省竟也需要国家大量返销
粮食。1976 年全国人均占有粮食只有 614 斤，和 1956 年差不多。

（二）唐山大地震与抗震救灾工作

1976 年，在"批邓、反击右倾翻案风"运动的冲击下，经
济发展的停滞状态只是全国局势的一个方面，接踵而来的天灾人
祸进一步加剧了政治形势的险恶。

7 月 6 日，伟大的无产阶级革命家，党、国家和军队的卓越
领导人之一的朱德委员长逝世。朱德是中国人民解放军的主要创
始人、杰出的革命家和军事家。新中国成立后，他先后担任中央
人民政府副主席、中国人民解放军总司令、中华人民共和国副主
席、全国人大常委会委员长等职。朱德的逝世，使全国人民深切
悲痛和怀念。同日，中共中央由毛泽东、华国锋等组成朱德治丧
委员会。9 日和 11 日，在首都北京为朱德举行吊唁仪式。

7 月下旬，一场特大灾难突然降临。7 月 28 日凌晨 3 时 42

---

① 《中国社会主义经济简史（一九四九——一九八三）》，黑龙江人
民出版社 1985 年版，第 412—413 页。

分，河北省唐山、丰南地区发生里氏 7.8 级强烈地震，"突然地光闪射，雷声轰鸣，房倒屋塌，地裂山崩"①。震中在北纬 39.6 度，东经 118.2 度。震源深度为 12 千米；震中烈度达 11 度。有上百年历史的华北工业重镇唐山数秒内被夷为废墟。地震波及天津、北京地区，涉及 14 个省、市、自治区，总面积相当于国土面积的三分之一，破坏范围超过 3 万平方公里。地震使人民生命财产遭受很大损失，尤其是唐山市遇到的破坏和损失极其严重。地震中共有 242769 人死亡，164581 人重伤，轻伤需治疗者达 36 万人之多。因地震造成鳏、寡、孤、独 3547 名，截瘫 1814 人。地震灾情之重，损失之大，为历史所罕见。这就是震惊中外的"七二八"唐山大地震。

唐山市是河北平原著名的煤都，是连接中国华北与东北地区的交通大动脉——京山（北京至山海关）铁路的枢纽，是冀东地区政治、经济、文化中心，拥有一百多万人口。强烈地震袭击之后，整座唐山城变成了一片废墟。据统计，唐山市城区和农村民用建筑的破坏率分别为 96% 和 91%，工业建筑倒塌或严重破坏的约占 70%～80%。城市的生命线工程亦遭到严重破坏，道路开裂，铁轨变形，烟囱折断，井架歪斜，通信、交通、供水、供电等均被中断。

在极其严重的灾害面前，唐山人民开展了英勇顽强的自救互救。地震刚过，幸免于难的唐山人就奔走于瓦砾之间，奋力扒挖被埋压的人员。他们人自为战、楼自为战、街自为战，奋不顾身地从死亡中抢救生命，大大减少了人员的伤亡。市区被埋压的 60 万人中有 30 万人自救脱险。

此难百年不遇，全国震惊。中共中央、国务院获悉唐山发生强烈地震后，立即作出重大决策，全力支援灾区人民战胜震灾并

① 唐山纪念碑碑文。

开展了规模空前的救灾工作。当天，中共中央向灾区人民发出慰问电。中共中央、国务院、中央军委立即成立了抗震救灾指挥部，在国务院设立了抗震救灾办公室，统一领导和组织对唐山灾区的救援活动，还迅速组织全国力量，立即向灾区派遣救灾队伍和运送救灾物资。

在中共中央、国务院的号召和指挥下，全国各地人民迅速行动起来。从地震发生的当天到7月底，短短4天之内，各地支援灾区的人员已达15万多人次。其中人民解放军10万多人，医务人员近2万人，工业、交通、邮电等系统的干部、技术人员和工人3万多人。全国29个大煤矿派出矿山救护队迅速飞往唐山。各地派出的汽车达五千多辆。一批批药品器械被运往灾区，一批批空运物资凌空而降，各路解放军昼夜兼程赶赴灾区。7月28日至30日，仅唐山飞机场就起降飞机874架次，运进救灾人员2800余人，运来救灾物资1941吨。大震过后，余震不断，天降暴雨，河水猛涨。人民子弟兵成为抢险救灾突击队，舍生忘死、排险救人、清墟建房、疏散交通。医护人员及干部群众运送物资、解民倒悬、救死扶伤。截至1976年10月的统计显示，全国共支援救灾物资约70万吨、其中熟食品近500万公斤，成品粮7500万公斤，价值总计达2.4亿多元，许多群众寄去了人民币、粮票、蔬菜、粮食、衣服等，甚至还有刮脸刀、梳子、红领巾等物品。

8月4日，中共中央、国务院派出以华国锋为总团长的中央慰问团，到达强烈地震受灾地区，慰问受灾群众，转达毛主席、党中央对灾区人民的极大关怀，鼓舞灾区人民奋发图强、自力更生、发展生产、重建家园。到8月10日，共有12245名群众获救；到8月25日，共有100263名伤员被转运到全国11个省、市。

灾后，在全国人民的大力支援下，唐山人民开展了气壮山河的抗震救灾斗争。8月7日，开滦煤矿马家沟矿在震后第11天开始部分恢复生产。同日，京山铁路修复，全线通车。8月11日，因地震被困在井下 15 个昼夜的赵各庄矿 5 采区夜班工人获救，创造了井下生存 15 天的奇迹。8 月 25 日，唐山钢铁公司广大职工经过 28 天艰苦奋战，炼出了震后第一炉钢。

中共中央、国务院对震后可能发生的疫情十分重视，采取了果断有力的措施：一方面指示各救灾单位把防疫灭病作为与安排群众生活、恢复工农业生产并列的三大任务之一，另一方面从全国各地调运大批医务人员、医药用品支援灾区，并派出飞机数百架次，喷洒防疫灭病药物地区的面积达四十二万多亩。在军民的共同努力下，唐山大灾之后"疾病减少，瘟疫未萌"①，不仅无大疫，传染病发病率比常年还低。

其中，中共中央决定将唐山地震的重伤员转运到全国各地医院治疗。先后动用飞机运转伤员 20700 余人，开出专列转送伤员 72800 余人，包括其他运输方式在内总计运转伤员 105589 人。这些伤员分别被转送到吉林、辽宁、山东、河南、安徽等 9 个兄弟省及河北省石家庄等地区的医院治疗。还有部分伤员被转送到北京、天津、上海等市的医院救治。

经过一个月的艰苦奋斗，灾区人民的衣、食、住、医得到安排，京山、通坨铁路和一些被破坏的公路已全部修复通车，邮政、通信联络已经畅通。唐山市及唐山地区受灾各县已有一批厂矿恢复生产，农业生产转入正常。

8 月 18 日，中共中央发出《关于唐山丰南一带抗震救灾的通报》，号召全党、全军、全国人民努力做好支援灾区的各项工作。9 月 1 日，唐山丰南地震抗震救灾先进单位和模范人物代表会议在北京召开，来自唐山、天津、北京抗震救灾第一线的三千五百多名代表出席了大会，党和国家领导人华国锋、叶剑英等出席大会，并接见出席会议的全体代表。

---

① 唐山纪念碑碑文。

在党中央、国务院的坚强领导下，在全国人民和解放军的大力支援下，唐山大地震灾区人民恢复生产、重建家园、再造新唐山，在地震废墟上重新建起了一座崭新的城市。

在全国人民积极支援救灾斗争时，"四人帮"却持另一种态度，说什么"抹掉个唐山算得了什么"，攻击抓抗震救灾工作是"以救灾压批邓"。8月11日《人民日报》根据姚文元在一次编前会上的讲话，发表社论《深入批邓　抗震救灾》。社论强调，要进一步战胜地震灾害，必须以阶级斗争为纲，说"解放以来的历史事实证明，每当出现严重自然灾害的时候，也是两个阶级、两条道路、两条路线斗争激烈的时候。党内机会主义路线的头子，总是妄图利用自然灾害造成的暂时困难，扭转革命方向，复辟资本主义。"上海的《学习与批判》第9期发表文章《山崩地裂视若等闲》，引用姚文元强调的太平天国时的一首诗："地转实为新地兆，天旋永立新天朝"，影射攻击中央领导人利用地震"复辟资本主义"。

五、粉碎"四人帮"

（一）毛泽东逝世与"四人帮"加紧篡党夺权活动

1976年，毛泽东的病情逐渐加重。尽管如此，他仍然殚精竭虑地思考、筹划着中国革命、建设的现实和未来。他要求全党认真学习他派人选出的马克思、恩格斯、列宁关于无产阶级专政条件下限制资产阶级法权的语录。他始终认为"文化大革命"的理论和实践是马克思主义的，是为巩固无产阶级专政所必需的，这是他的悲剧所在。

他知道党内和国内反对"文化大革命"的人不少，深为未来担忧，因此，在他病情日趋沉重并对邓小平失去信任时，选谁做他的接班人，把党和国家的领导权交给谁，是他反复掂量、思考的问题。虽然为了发动和维护"文化大革命"，毛泽东起用并重用了江青、张春桥、姚文元、王洪文等人，在1971年林彪事件发生后，又选定王洪文做党的副主席，实际上是安排王为他的接班人，但是随着"文化大革命"的发展，特别是在"批林批孔"运动前后，毛泽东明显地表现出对江青等人的不满，表现出对王洪文的不信任。这种不信任和不放心，使他在不久于人世时，最终没有将党和国家的领导权交到"四人帮"的手里。1976年2月，他选定1971年从湖南调到国务院、"忠厚少文"的华国锋任国务院代总理。从这时起，华国锋同时主持中共中央和国务院的日常工作。同年4月，天安门事件发生后，邓小平被撤销党内外一切职务，华国锋开始任中共中央第一副主席、国务院总理。设党中央第一副主席，在党的历史上还属首次。当时，在中共中央内部，身为中央副主席的王洪文、政治局常委张春桥及江青等人，眼中均无华国锋，而毛泽东又不想把领导权交给"四人帮"。因此，毛泽东在华国锋这位中共中央"副主席"前面加个"第一"，使其成为中共中央第一副主席，其扶持华国锋、防范"四人帮"的用意是十分深远的。毛泽东临终前的这一安排，虽然带有浓重的个人色彩，不符合领导集体交接班的原则和制度规定，但却避免了由"四人帮"直接掌握党和国家最高领导权而造成的更大灾难。

1976年4月30日晚，华国锋向毛泽东汇报情况时说："最近我处理了几件事，现在有几个省发生一些问题，我已同政治局的同志研究，作了处理，签发了中央文件，形势正在好转。国际上也有些事。我经验不多，有事多同政治局的同志商量，看主席有什么意见。"毛泽东说："国际上的事，大局已定，问题不大。国内的事，要注意。"因为毛泽东这时说话已不清楚，华国锋听不明白，即要来纸和笔，在纸上写道："慢慢来，不要着急。""照过去方针办。"你办事，我放心。"这些话，是就具体问题而言的，但从总体上讲，毛泽东希望华国锋能继续贯彻他既定的反修防修、巩固无产阶级专政的方针的心情，也是清楚的。

这年6月下旬，毛泽东同华国锋谈话时，又写下"国内问题要注意"几个字。"国内问题"指的是什么？他没有具体说明。7月间，王洪文给毛泽东写信说：毛主席最近指示"国内问题要注意"，他看国内问题还是要批邓。全国运动有几种情况，一种搞得好的，一种比较一般，还有一种是问题比较多的。这后面两种，占全国多数，都需要解决领导班子问题，特别是第三种不解决不行。国务院有些部，军委有些部门，也是这样。解决的办法要像有的部已经做的那样把主要领导干部换掉。对王洪文的这种"解释"，毛泽东没有作答复。①

毛泽东在病重时回顾往事，把自己的一生概括为做了两件大事，第一件大事是打垮了蒋介石，赶走了日本帝国主义，解放了全中国；再就是另一件大事"文化大革命"。② 这时，毛泽东对

---

① 《毛泽东传（1949—1976）》（下），中央文献出版社2003年版，第1782页。

② 叶剑英在中共中央工作会议闭幕会上的讲话记录，1977年3月22日。也有一种说法：1976年，毛泽东在他的住地召见华国锋等。他说："'人生七十古来稀'，我八十多了，人老总想后事。中国有句古话叫'盖棺定论'，我虽未'盖棺'也快了，总可以定论吧！我一生干了两件事：一是与蒋介石斗了那么几十年，把他赶到那么几个海岛上去了；抗战八年，把日本人请回老家去了。对这些事持异议的人不多，只有那么几个人，在我耳边叽叽喳喳，无非是让我及早收回那几个海岛罢了。另一件事你们都知道，就是发动文化大革命。这事拥护的人不多，反对的人不少。这两件事没有完，这笔'遗产'得交给下一代。怎么交？和平交不成就动荡中交，搞不好就得'血雨腥风'了。你们怎么办？只有天知道。"见《毛泽东传（1949—1976）》（下），中央文献出版社2003年版，第1782页。

"文化大革命"的看法，显然已不像以前那么自信了。虽然他的看法有了一些变化，但是，毛泽东把"文化大革命"视为他一生中所做的两件大事中的一件，可见"文化大革命"在他心目中仍占有重要的地位。不过，纵观毛泽东的一生，把他的后半生概括为发动"文化大革命"，显然是不够准确的。在毛泽东的一生中，他以前半生探索中国新民主主义革命的道路，领导党和人民，推翻了帝国主义、封建主义和官僚资本主义在中国的统治，完成了民主革命的任务，取得了造福千秋万代的伟大胜利。在后半生，他领导党和人民以带有中国特色的方式完成了社会主义改造，开始努力探索中国自己的建设社会主义的道路。他是这种探索的开创者和杰出领导者。他领导党和人民抗拒来自国外的强大影响和压力，坚持进行这种探索，对中国的社会主义建设提出过许多有独创性的思想主张，并取得了举世瞩目的伟大成就，为后来开辟有中国特色的社会主义建设道路奠定了基础。虽然在他的探索过程中，经历了许多曲折，并且出现了"文化大革命"这样严重的错误，但是，毛泽东作为这种探索的开创者的伟大功绩永远记载在中国的史册上。

9月9日，伟大的马克思主义者，无产阶级革命家、战略家和理论家毛泽东逝世。毛泽东是中国共产党、中国人民解放军中华人民共和国的主要缔造者。9日下午4时，当中共中央、全国人大常委会、国务院、中央军委发出《告全党全军全国各族人民书》时，在辽阔的土地上，从城市到农村，从万里边疆到南海诸岛，行人肃立、车辆停驶。飘扬在祖国上空的千万面五星红旗，下半旗志哀。《告全党全军全国各族人民书》说："毛泽东主席是当代最伟大的马克思主义者。半个多世纪以来，他根据马克思列宁主义的普遍真理和革命具体实践相结合的原则，在同国内外、党内外阶级敌人的长期斗争中，继承、捍卫和发展了马克思列宁主义，在无产阶级革命运动的历史上写下了极其光辉的篇章。他把自己毕生的精力，全部贡献给了中国人民的解放事业，贡献给了全世界被压迫民族和被压迫人民的解放事业，贡献给了共产主义事业。""他为中国人民、为国际无产阶级和全世界革命人民立下的丰功伟绩，是永存的。他赢得了中国人民和全世界革命人民衷心的热爱和无限的崇敬。毛泽东主席的逝世，对我党我军和我国各族人民，对国际无产阶级和各国革命人民，对国际共产主义运动，都是不可估量的损失。"① 同日，华国锋、王洪文、叶剑英、张春桥等 375 人组成毛泽东治丧委员会。

为了表达全党全军全国各族人民对毛泽东的崇敬和哀悼，9月9日至18日，全国各地和中国驻外使领馆及其他驻外机构下半旗志哀，并停止一切娱乐活动。

9月11日至17日，在人民大会堂举行毛泽东吊唁仪式，党和国家领导人守灵。中共中央委员、候补中央委员、中央党政军机关和北京市等各方面负责人及人民群众的代表参加了吊唁。同时，全国各机关、部队、厂矿、企业、商店、农村、学校、街道等一切基层单位都组织群众收听、收看追悼大会。

为了表示对毛泽东逝世的沉痛哀悼，二百多个国家、政党和组织及其领导人发来唁电、唁函，对中国和世界的杰出政治家毛泽东表示深深敬意。朝鲜、阿尔巴尼亚、柬埔寨等约30个国家宣布下半旗志哀。其中，朝鲜、斯里兰卡、坦桑尼亚、塞拉利昂的哀悼期长达9天。朝鲜党政机关联合决定，为表达对毛泽东逝世的深切哀悼，将9月10日至18日定为全国哀悼期，全国下半旗，并在18日这一天举行全国哀悼活动。刚果人民共和国最高领导机构对在全国举行哀悼作出五项决定，其中一项规定为，今后每年将在毛泽东逝世周年举行纪念活动。许多国家的政界人士

---

① 《人民日报》1976 年 9 月 10 日。

和各阶层著名人士到中国驻该国大使馆吊唁。

9月9日,联合国总部下半旗志哀。联合国安理会10日开会时,安理会主席致悼词,联合国秘书长瓦尔德海姆和成员国代表发表哀悼讲话。瓦尔德海姆在致中国政府及华国锋的唁电中说,毛泽东把他的整个一生贡献于建立一个新中国。他实现自己理想的勇气和决心将继续激励今后的世世代代,并保证他在中国人民的历史中占有独一无二的地位。半个多世纪来他的献身和领导使他赢得了本国人民的热爱和全世界的尊敬。他为增进国际了解和促进世界和平所作的孜孜不倦的努力将永远为人们所记忆。许多国家的电台、电视台和报纸大量报道了有关毛泽东革命活动的剪辑、照片和纪录片。

9月18日下午3时,首都北京举行隆重的追悼大会。中央党政军机关干部和各界群众百万人秩序井然地肃立在天安门广场和东西十里长安街上。仰望天安门城楼上悬挂的毛泽东遗像和27年前毛泽东亲手在天安门广场升起的第一面五星红旗,许多人泪流满面。华国锋在大会上致悼词,他说:"伟大领袖毛主席毕生的事业,是同广大人民群众血肉相联的。长期受压迫受剥削的中国人民,是在毛主席的领导下翻身作了主人。灾难深重的中华民族,是在毛主席的领导下站立起来了。中国人民衷心地爱戴毛主席,信赖毛主席,崇敬毛主席。国际无产阶级和进步人类,都为毛主席的逝世而深切哀悼。"悼词回顾和缅怀毛泽东在半个多世纪国内外的斗争中建立的生平业绩,提出:"中国人民的一切胜利,都是毛泽东思想的伟大胜利。毛泽东思想的光辉,将永远照耀着中国人民前进的道路。"悼词最后号召全党全军全国人民:"积极响应党中央的号召,化悲痛为力量,继承毛主席的遗志,'要搞马克思主义,不要搞修正主义;要团结,不要分裂;要光明正大,不要搞阴谋诡计',在党中央的领导下,将毛主席开创的无产阶级革命事业进行到底"。① 追悼大会在庄严的《东方红》乐曲声中结束。

追悼大会实况通过电视台和广播电台传遍全国城乡。全国各处的火车、轮船、军舰、工厂鸣笛三分钟。悲壮的哀乐声传遍祖国城乡和高山大川。人们在行进的列车、舰船上，在炼钢炉前、手术台旁，在所有的工作岗位上（除不能中断工作的以外），肃立志哀。

人们缅怀毛泽东，同时也因为周恩来、朱德、毛泽东的相继去世，而对国家前途深感忧虑。这时，在干部和群众中，虽然有相当一部分人已经对毛泽东身边的"四人帮"极其厌恶，对"文化大革命"也丧失了热情，但是对大多数人来讲，毛泽东的逝世，使他们顿感失去了思想和精神的依靠，同时也在客观上促使他们今后越来越多地从实际生活中去寻求"中国怎么办"的答案。

毛泽东的逝世，使"文化大革命"发动后，党内、国内一直潜藏的政治经济危机更加尖锐了。"文化大革命"进行了十年，不仅搞乱了党的组织和国内的政治关系，打倒了一大批党政军领导干部、民主党派负责人和各界知名人士，使一些投机分子、野心分子和阴谋分子混进党和政府的内部，党和政府的各级机构一直陷于瘫痪和不正常状态，更为严重的是，毛泽东在世时没有彻底解决的"四人帮"问题，在他去世后更加突出了。

还在1976年4月，北京发生天安门事件后，"四人帮"就布置在上海的帮派骨干、中共上海市委书记、上海市革委会副主任马天水、徐景贤和王秀珍等人进行民兵"应急战备"演习，进一步加强所谓"第二武装"的力量。6月，马天水、徐景贤、王秀珍等人密谋向他们控制的民兵发放枪支、弹药，以装备上海民

---

① 《人民日报》1976年9月19日。

兵。徐景贤提出，"军队要出乱子，要打内战"，"手里要有点力量"。王秀珍说，"当前复辟势力很严重"，要准备应付复杂情况，把民兵抓好，"准备打仗"。①

在毛泽东重病的8月下旬，马天水、徐景贤、王秀珍指示上海突击发放大批武器，加速装备民兵，共发枪7.4万多支、炮300门、枪炮的弹药1000多万发。8月31日，上海民兵指挥部在给中共上海市委、市革命委员会的报告中称："根据市委领导指示精神，8月11日和13日，我们分别召开了武器发放工作会议，进行讨论、安排，重点是加强边防和防空降地区。……目前除了宝山、崇明因防震未领回之外，其余的均已下发完毕。"②

毛泽东逝世后，"四人帮"夺取最高领导权的活动更加露骨。他们从多方面着手企图推翻华国锋，取而代之。

9月11日，王洪文撇开中央办公厅值班室，布置他身边的工作人员以中央办公厅名义通知各省、市、自治区党委，在毛泽东吊唁期间，各省市发生的重大问题要及时向王洪文或他指定的人员请示和报告，企图切断党中央同各地的联系，由他们指挥全国。9月12日，江青几次要求调看毛泽东处的文稿和手迹，要保管毛泽东留下的文件和书籍。

"四人帮"加紧了上台"登基"的准备活动。他们布置清华大学、北京大学、新华社等单位的一些人给江青写"效忠信""劝进信"，有的在信中公然提出要江青"立即出来挑起这副重担，迅即宣告全党、全军、全国人民"。9月12日，谢静宜、迟群用清华大学、北京大学全体师生员工和革命家属的名义，向江

① 《共和国史记·第3卷》（下），吉林人民出版社1996年版，第1244页。

② 《共和国史记·第3卷》（下），吉林人民出版社1996年版，第1262页。

青写"效忠信"："恳切地向党中央建议：江青同志担任中共中央主席和军委主席；增加春桥同志担任中共中央副主席和军委副主席；增加洪文同志担任军委第一副主席……"

9月16日，"四人帮"在《人民日报》、《红旗》杂志、《解放军报》社论《毛主席永远活在我们心中》中抛出"按既定方针办"的所谓毛泽东临终嘱咐。所谓"按既定方针办"就是"永远遵循毛主席的教导，坚持以阶级斗争为纲，坚持党的基本路线，坚持无产阶级专政下的继续革命。"此后，姚文元不断要求新闻界反复宣传所谓临终嘱咐，江青一伙竭力把自己打扮成毛泽东的忠实继承人，以党内"正统"自居。

"四人帮"加紧了和在上海的亲信的秘密串连。9月21日，张春桥在北京听取了上海突击发枪的汇报，嘱咐徐景贤："要谨慎小心，要注意阶级斗争的动向。"9月22日，张春桥致信上海，要求"切实准备好对策"。他在给马天水的信中说："上海是具有光荣革命斗争传统的城市，是毛主席发动文化大革命的起源地。毛主席始终认为，上海大有希望。现在，毛主席和我们永别了，你们要警惕党内出修正主义，主要是中央，在上层。像林彪那样的人物，确实是大有人在的。希望你们切实准备好对策。"9月23日，王洪文在电话中对王秀珍说："要提高警惕，斗争并未结束，党内资产阶级他们是不会甘心失败的，总有人会抬出邓小平的。"9月27日张春桥再次要求上海"警惕中央出修正主义"。9月28日，张春桥派人送口信给上海市委某些领导人，传达他的意见："阶级斗争形势要经常分析，一方面要提高警惕，一方面要提高信心。"他示意"上海还没有真正经受过严重考验"，"上海有大考验，要打仗"，"要提高警惕"，并且说："要看到曲折，要看到资产阶级还有力量，问题是谁挂帅?"①

江青等人四处游说,进行煽动。10月1日,江青在清华大学大兴分校说:"我也要向你们年轻人宣誓,一定要锻炼好身体,和他们斗,阶级斗争、路线斗争还长着呢。"并说:"等着特大喜讯,准备学习公报。"10月2日,王洪文私拍了准备"上台"时用的"标准像"并下令文艺界拍摄《盛大的节日》等影片。10月3日,他在北京市平谷县讲话时声称:"中央出了修正主义,你们怎么办?打倒!""今后还可能出什么唐小平、王小平之类,要警惕!""要把眼睛睁得大大的,看着修正主义。"②"四人帮"在上海的同党则散布10月7、8、9日有"特大喜讯",在上海商店争购鞭炮和大红纸,"准备庆祝"。

10月2日,华国锋在批阅外交部部长乔冠华送审的在联合国大会第31届会议上的发言稿时指出:"稿件中引用毛主席的嘱咐,我查对了一下,与毛主席亲笔写的错了三个字。毛主席写的和我在政治局传达的都是'照过去方针办',为了避免再错传下去,我把它删去了。"张春桥看到华国锋的批示后,以"免得引起不必要的纠纷"为理由,阻止上述批语的下达。时隔两天,10月4日,"四人帮"的写作班子又在《光明日报》头版头条的位置发表《永远按毛主席的既定方针办》一文,说:"篡改毛主席的既定方针,就是背叛马克思主义,背叛社会主义,背叛无产阶级专政下继续革命的伟大学说","任何修正主义头子,胆敢篡改毛主席的既定方针,是绝然没有好下场的",公然把攻击矛头直指华国锋、李先念等主持中央工作的领导人。

---

① 参见《共和国史记·第3卷》(上),吉林人民出版社1996年版,第1275页。

② 参见《共和国史记·第3卷》(上),吉林人民出版社1996年版,第1277页。

形势已经越来越紧张，华国锋等多数中央政治局成员与"四人帮"之间的矛盾和斗争也越来越尖锐。种种迹象表明，"四人帮""全面夺权"的危险已经如箭在弦，一种多年未有的险恶政治形势出现在中共中央领导层内部，中国处于新中国成立后少有的危机之中。在这种形势下，资历不深、走上党和国家领导岗位不久的华国锋能否在气焰嚣张的"四人帮"面前，稳住全国局势，承担起历史的重任？这不仅关系到华国锋个人的命运，也关系到中国今后的前途和命运。

（二）粉碎"四人帮"的伟大胜利

在"四人帮"篡党窃国的活动面前，为党和国家的前途、命运深感忧虑的，不仅仅是华国锋，还有叶剑英、李先念、陈云等老一辈革命家。1975年，周恩来在同叶剑英谈话中嘱咐：要注意斗争方法，无论如何不能把权落到"他们"（指"四人帮"）手里。① 1976年9月底至10月初，中央领导同志从不同渠道相继获得一些消息：上海民兵指挥部向民兵紧急下发枪支、子弹；"四人帮"的骨干到北京郊区某装甲部队活动；上海部分群众到商店抢购红纸、鞭炮，准备开"庆祝大会"，等等。这些动向引起了中央的高度警惕。

面对"四人帮"咄咄逼人的攻势，叶剑英对华国锋表示了坚决支持。还在毛泽东逝世的当天夜里，当江青在政治局会议上大叫"批邓"，干扰毛泽东治丧工作，并对主持会议的华国锋进行刁难时，叶剑英就站出来支持华国锋说："当前最重要的事情，是紧紧团结在以华国锋为首的党中央周围！"在王洪文私设"中央办公厅值班室"一事被发现后，华国锋和叶剑英迅速同中央政

---

① 《周恩来年谱（1949—1976）》下卷，中央文献出版社1997年版，第724页。

治局多数同志通气，决定让王洪文立即关闭那个值班室，并以中共中央的名义发出通知：各省、市、自治区党委和军队系统凡重大问题，均应向以华国锋为首的党中央请示报告。叶剑英还亲自到华国锋住处与其交换看法，劝华国锋多到老同志那里走走谈谈。

在历史发展的关键时刻，身为中共中央第一副主席、主持中央日常工作的华国锋，也认识到必须消除这个党和国家的痈疽。1976年9月11日，在毛泽东吊唁仪式的第一天，华国锋到李先念住处，商讨解决"四人帮"的问题，认为同他们的斗争不可避免，并请李先念代表他去找叶剑英，请叶剑英考虑以什么方式、在什么时间解决为好。① 9月14日，李先念到叶剑英处，转达了华国锋的意见，并征求叶剑英对解决"四人帮"问题的意见。② 9月15日，叶剑英和汪东兴谈话时说："他们（指'四人帮'——笔者注）正在挖空心思向华国锋施加压力，向中央常委会要权力……'四人帮'乘机作乱，中国革命处于危难之中。"③ 9月19日，华国锋决定，毛泽东的一切文件、材料和书籍由汪东兴负责，暂时封存。21日，中共中央办公厅开始封存毛泽东的文件。

当时，虽然陈云、邓颖超等老一辈革命家大多数处境困难，但是，在关系到党和国家命运的关键时刻，他们仍采取各种形式互通信息，提出扭转危局的建议，酝酿解决"四人帮"问题的办

---

① 《李先念文选》，人民出版社1989年版，第518页。

② 《李先念传》编写组：《一则重要考订——有关华国锋、李先念、叶剑英商谈解决"四人帮"问题的两个关键时间》，《党的文献》2001年第3期。

③ 武健华：《粉碎"四人帮"的策划、实施过程》，《中华儿女》2000年第10、11期。

法。9 月 21 日，聂荣臻通过代总参谋长杨成武转告叶剑英："四人帮"的问题一定要设法解决。要防止他们先下手。解决"四人帮"问题，采用党内斗争的正常途径来解决，是无济于事的，只有我们先下手，采取果断措施，才能防止意外。9 月 25 日，华国锋与叶剑英长谈，分析"四人帮"活动的动向和情况，研究解决"四人帮"问题的办法。其后，华国锋、叶剑英、李先念、汪东兴等频繁接触，决定采取隔离审查的办法解决"四人帮"问题，并认为：我们同"四人帮"的斗争是势不两立、你死我活的斗争，已超出正常的党内矛盾和党内斗争的范围，不宜采取党内生活的正常手段来解决，但又要尽量做到合法解决，避免引起动乱。

10 月 3 日，汪东兴向华国锋汇报了解决"四人帮"问题的行动方案，华国锋听后认为可行，并要汪再向叶剑英汇报，听取叶剑英的意见。10 月 4 日，汪东兴向叶剑英作了汇报，叶剑英也表示同意。三人意见完全达成一致。华国锋、叶剑英、李先念等人经过慎重考虑和反复商量，在征得当时中央政治局多数同志的同意后，决定以召开会议宣布对"四人帮"采取隔离审查的形式进行断然处置。

华国锋亲自把制订行动计划的任务交给汪东兴。考虑到"四人帮"的心理状态、当时政治局开会的行事惯例、行动地点的合理性和行动的方便性，接受任务的中央办公厅副主任张耀祠和中央警卫局副局长、8341 部队政委武健华两位同志反复研究后提出：以商议建造毛主席纪念堂选址问题为内容，在中南海怀仁堂召开中央政治局常委会会议，在王洪文、张春桥来开会时对其实行隔离审查。这套方案得到了华国锋和叶剑英的认可。为了万无一失，华国锋、汪东兴亲自过问了行动前一系列的准备工作。

10 月 6 日，在华国锋、叶剑英、汪东兴的精心部署下，经过反复挑选，从中央警卫局和中央警卫团中抽调了二十几名干部，分成4个行动小组，分别负责对4人的隔离任务。当日下午，中共中央办公厅发出于当日晚8时在中南海怀仁堂召开中央政治局常委会会议的通知。通知说，常委会会议的议题为：研究毛泽东纪念堂的设计方案和中南海毛泽东故居的安置。通知还说，由于需要改动毛泽东的文稿，姚文元列席中央政治局常委会会议。晚6时半，执行任务的4个行动小组准时集中于指定地点。看似平静的中南海怀仁堂是这次行动的主战场。

按照通知，10月6日晚8时，华国锋、叶剑英在中南海怀仁堂召集中央政治局常委扩大会议。7点55分，王洪文首先走进怀仁堂，未及开口讲话，就被当场抓住。直到被戴上手铐，王洪文才如梦方醒地说："想不到你们这样快！"8时刚过，随后而来的张春桥也在怀仁堂被顺利"解决"。华国锋分别向他们宣布："你不顾中央的一再警告，继续结帮拉派，进行非法活动，阴谋篡党夺权，对党和人民犯下了不可饶恕的罪行。中共中央决定，对你实行隔离审查，立即执行。"与此同时，住在丰泽园的毛远新在住地被隔离审查。随后，8时30分，张耀祠率行动小组又至江青住处春藕斋，对江青宣布："我按华国锋总理电话指示，党中央决定将你实行隔离审查，马上执行。你到另一个地方，你要老实向党坦白交代你的罪行，要遵守纪律。"最后，华国锋亲自打电话让姚文元来怀仁堂开会。姚文元在怀仁堂东休息室被宣布实行隔离审查。解决"四人帮"的全部行动过程总共用了35分钟。

与此同时，北京卫戍部队负责解决了"四人帮"在北京的骨干分子。就这样，前后不过一个小时，没费一枪一弹，没流一滴血，就粉碎了"四人帮"。

当晚9时，华国锋、叶剑英按照事先商定的计划，指示耿飚率部队迅速接管了新华社、中央广播事业局、中央广播电台、北京电视台等新闻机关。公安部也由卫戍部队接管。

当晚10时至10月7日凌晨4时，中央政治局在北京玉泉山

9号楼召开紧急会议，通报粉碎"四人帮"的消息，商讨粉碎"四人帮"后党和国家的重大问题。在叶剑英的提议下，会议通过了由华国锋任中共中央主席、中央军委主席的决定。这个决定后来由1977年7月举行的中共十届三中全会追认。会议还决定，就粉碎"四人帮"问题，中央政治局将分批召集各省、市、自治区及各大军区负责人会议。会议特别研究了解决"四人帮"上海余党、稳定上海局势的问题。会议要求北京市委一定要控制和稳定首都局势，北京不能乱。粉碎"四人帮"，这场党中央在非常形势下采取特殊方式进行的斗争终于获得胜利。

"四人帮"虽然被一举粉碎，但他们散布在各地的余党仍是社会的不安定因素，特别是在"四人帮"苦心经营多年的上海，形势更是严峻。10月8日，当"四人帮"在上海的帮派骨干、中共上海市委书记、市革委会副主任徐景贤和王秀珍探知江青等在北京被隔离审查后，立即召开会议，实行紧急动员，决定"要干"，"拉出民兵来，打一个礼拜不行，打三天、五天也好，让全世界都知道"。徐景贤下达手令，调集和部署民兵33500名，组织了指挥班子，设立了两个秘密指挥点，他们还研究了武装叛乱的初步方案。10月9日，上海民兵指挥部召集10个区、5个直属民兵师负责人开会，部署了叛乱的具体步骤，准备动用各种枪炮、车辆，开始集中物资和食品。10月12日，他们准备发表《告全市全国人民书》，并拟定了21条反革命标语。当晚，中共上海市委常委王少庸、上海市革委会常委兼写作组负责人朱永嘉等人开会策划停产罢工、举行游行示威、控制电台、封锁中央消息，并提出"还我江青、还我洪文、还我春桥、还我文元"的口号，扬言"要与中央决一死战"，"使上海瘫痪，造成震动世界的大事件"。

中共中央对解决上海问题作了周密的安排，采取了有力措施。10月7日，先将中共上海市委书记、市革委会副主任马天水召到北京，随后又通过马天水将徐景贤、王秀珍召到北京，使"四人帮"在上海的余党陷入群龙无首的困境。10月12日，中共中央政治局举行会议讨论上海问题，决定由中央军委常委、海军政委苏振华，中共北京市委书记、市革委会副主任倪志福，中共江苏省委书记、省革委会主任、南京军区政委彭冲等一批干部带领中央工作组①到上海稳定局势，开展工作。同日，中央政治局成员集体接见马天水、徐景贤、王秀珍等人，劝导他们同"四人帮"划清界限，站到正确立场上来。此前，人民海军在东海海面、南京军区某部的几个师在无锡、苏州到上海一线，已做好了应付事变的准备。"四人帮"残余势力在上海策划反革命武装叛乱，遭到上海广大干部、群众的抵制和反对。当18日中央正式宣布粉碎"四人帮"的消息时，人们纷纷起来声讨"四人帮"。上海市民兵得知真相后也反戈一击，武装叛乱的阴谋顷刻瓦解。

10月7日至14日，中共中央政治局在北京分批召开中央党、政、军机关，各省、市、自治区及各大军区负责人参加的打招呼会议，通报了王、张、江、姚反党集团事件，提出既要解决问题，又要稳定局势的方针。10月8日，中共中央、全国人大常委会、国务院、中央军委作出了关于建立毛泽东主席纪念堂的决定。10月18日，中共中央将《关于王洪文、张春桥、江青、姚文元反党集团事件的通知》下发至县团级党组织，传达到全体党员，正式公开宣布粉碎"四人帮"的消息。10月20日，中共中央决定成立专案组，审查王、张、江、姚的罪行。

得知粉碎"四人帮"的消息，亿万群众衷心拥护，全国一片欢腾。10月21日，首都150万军民举行声势浩大的庆祝游行，欢庆华国锋任中共中央主席、中共中央军委主席，欢呼以华国锋

---

① 中央工作组总人数226人，其中，省部级干部17人、司局级干部59人。

主席为首的党中央继承毛主席的遗志，代表全党全军全国各族人民的根本利益和共同心愿，取得一举粉碎王洪文、张春桥、江青、姚文元"四人帮"的历史性胜利。10月22日，《人民日报》报道了10月21日首都150万军民举行声势浩大的庆祝游行的盛况：

首都全城今天到处充满了团结、战斗、胜利的革命气氛。从清晨开始，一队又一队的工人、人民公社社员、人民解放军指战员、民兵、革命干部、革命知识分子、红卫兵、街道居民和各界人民群众，由各级党政军领导干部带队，抬着伟大的领袖和导师毛主席画像，高举红旗，敲锣打鼓，兴高采烈、斗志昂扬地从四面八方涌向天安门广场。十里长安大街上，欢庆胜利的人群如汹涌的潮水；雄伟的天安门广场，红旗如林，歌声震天，万众欢腾，锣鼓声、鞭炮声和激昂的口号声响成一片。游行群众高举的横幅大标语上写着："热烈庆祝华国锋同志任中国共产党中央委员会主席、中国共产党中央军事委员会主席！""热烈庆祝粉碎'四人帮'篡党夺权阴谋的伟大胜利！"广大工农兵群众在天安门前仰望城楼红墙中央伟大的领袖和导师毛主席的巨幅画像，心潮澎湃，同声欢呼我们伟大的领袖毛主席生前的英明决策已得到迅速实现。

中共中央各直属单位，国家机关各部门，人民解放军各总部、各军种兵种，北京市党政机关，以及首都钢铁公司、北京矿务局、北京铁路分局毛泽东号机车组、北京石油化工总厂、北京长辛店二七机车车辆工厂、北京新华印刷厂、京郊卢沟桥人民公社、四季青人民公社、北京市百货大楼、清华大学、北京大学、中央民族学院等单位的干部、群众都兴高采烈地参加了今天的游行。广大游行群众热烈欢呼粉碎王洪文、张春桥、江青、姚文元反党集团的伟大胜利，愤怒声讨"四人帮"阴谋篡党夺权的滔天罪行。广大群众指出，以华国锋主席为首的党中央，采取果断措施，一举粉碎了这个反革命阴谋集团，消除了党内一大祸害。

广大军民纷纷谴责王洪文、张春桥、江青、姚文元这伙阴谋家、野心家进行反党篡权的阴谋活动。以华国锋主席为首的党中央为我们除了四害，真是大快人心，大得人心。人们不断高呼："打倒王洪文、张春桥、江青、姚文元反党集团！""伟大的、光荣的、正确的中国共产党万岁！""战无不胜的马克思主义、列宁主义、毛泽东思想万岁！"

英雄的人民解放军 8341 部队、北京部队、北京卫戍区指战员和首都工人民兵，结成浩浩荡荡的队伍，高呼口号，威武雄壮地通过天安门广场，受到人们的热烈欢呼。广大指战员激动地说，我们坚决拥护以华国锋主席为首的党中央对"四人帮"采取的果断措施，一定要同"四人帮"反党集团斗争到底。我们要永远为捍卫毛主席的无产阶级革命路线，为保卫以华国锋主席为首的党中央，为巩固无产阶级专政，为保卫社会主义祖国而英勇战斗！

首都人民的盛大庆祝游行从清晨一直持续到夜晚。入夜，天安门广场和各高大建筑物上，华灯齐放，辉耀全城。首都八百万人民沉浸在一片胜利的欢乐中。

22 日，首都军民继续举行盛大庆祝游行。仅 10 月 22—25 日 4 天中，全国 29 个省、市、自治区及人民解放军各部队纷纷举行盛大集会和游行活动，人数达五千多万，表达了全国军民对中共中央的无限信赖和坚决拥护，显示了誓同王洪文、张春桥、江青、姚文元反党集团斗争到底的钢铁意志和坚强决心。

10 月 27 日，中共上海市委召开党员干部会议，苏振华宣读中共中央的决定：撤销张春桥、姚文元、王洪文在上海的党内外一切职务；苏振华兼任中共上海市委第一书记、市革委会主任，倪志福兼任中共上海市委第二书记、革委会第一副主任，彭冲任中共上海市委第三书记、市革委会第二副主任。10 月 30 日，《人民日报》发表评论员文章《喜看上海大好形势》。中共中央对"四人帮"在其他各地的骨干分子也采取了果断措施，保证了全国政治局势的稳定。

在全国军民热烈庆祝粉碎"四人帮"重大胜利的日子里，很多大、中城市的烟花爆竹销售一空，大小商店的酒柜前排起了长队。人们载歌载舞，开怀畅饮。金秋十月正是菊黄蟹肥的季节，许多家庭的餐桌上不约而同地摆上了四只螃蟹，而且一定要三公一母，人们一边大啖其肉，一边戏谑地说："看你能横行到几时?"人们讽刺不可一世的"四人帮"是"飞蛾扑火""蚍蜉撼树"，最终落个可耻的下场。85 岁高龄的郭沫若抑制不住内心的喜悦，于 21 日作词一首："大快人心事，揪出四人帮。政治流氓文痞，狗头军师张，还有精生白骨，自比则天武后，铁帚扫而光……"心系祖国命运的海外华人华侨也兴高采烈，奔走相告，表示"心中的一块石头落了地"。香港、澳门各界爱国同胞举行了庆祝会。外国通讯社纷纷以此为特大新闻发表消息。南斯拉夫一家报纸称之为"人类近代史上最巧妙最漂亮的一仗"。

1976 年 12 月 10 日，中央向全党全国批发了王、张、江、姚反党集团的罪证材料之一；以后，罪证材料之二和之三也相继下达。全国掀起揭批"四人帮"的群众运动。1977 年 1 月，中共中央决定对原中共上海市委和市革委会进行改组，任命新的市委常务委员会，增加任命新的市革委会副主任，并对"四人帮"在上海的骨干马天水、徐景贤、王秀珍等人立案审查。

江青反革命集团是党的历史上存在时间最长、危害最大的一个集团。江青等人在"文化大革命"中把"左"倾错误推到极端，犯下的罪行罄竹难书。粉碎"四人帮"，解除了一场严重的政治危机，实现了党和人民的共同意愿，是"文化大革命"时期代表正确发展趋势的力量长期与之斗争的结果。在粉碎"四人帮"的斗争中，毛泽东生前所做的正确的人事安排是重要的一步。此外，华国锋、叶剑英、李先念等起了重要作用，汪东兴也做了许多有益的工作。粉碎江青反革命集团的胜利，从危难中挽救了中国的社会主义事业，结束了"文化大革命"这场灾难，顺应了党和人民的共同意愿，得到全国亿万群众的衷心拥护。这是党和人民的重大胜利，是中国社会主义事业的重大胜利，为党和国家的历史实现伟大转折创造了前提。

在党的历史上，"文化大革命"是"左"倾错误指导思想在党中央占主导地位持续时间最长的时期，这场"大革命"给党、国家和全国各族人民带来沉重的灾难，留下了极其惨痛的教训。实践证明，"文化大革命"这场内乱极大地损害了马克思列宁主义、社会主义和中国共产党的崇高声誉，玷污了人民民主专政，严重地影响了社会主义建设事业的进程，是必须彻底否定的。但是，在这十年中，由于毛泽东对极左思潮一定程度的限制，由于党、人民对"文化大革命"和林彪、江青两个反革命集团的抵制和抗争一直没有停止，"文化大革命"的破坏受到一定程度的限制，中国的国民经济、科学技术等仍然在一些方面取得了进展。全面地分析"文化大革命"的十年，科学地总结"文化大革命"的教训，为我们找到中国建设社会主义的正确道路提供了历史借鉴，对于我们在新的历史条件下不断加强执政党的建设也具有重要意义。

邓小平指出："过去的成功是我们的财富，过去的错误也是我们的财富。我们根本否定'文化大革命'，但应该说'文化大革命'也有一'功'，它提供了反面教训。没有'文化大革命'的教训，就不可能制定十一届三中全会以来的思想、政治、组织路线和一系列政策。"①

---

① 《邓小平文选》第 3 卷，人民出版社 1993 年版，第 272 页。

主要参考文献

1. 《毛泽东文集》第 5—7 卷，人民出版社 1996、1999 年版。

2. 《毛泽东传（1949—1976）》（上、下），中央文献出版社 2003 年版。

3. 《毛泽东年谱（1949—1976 年）》下卷，中央文献出版社 2013 年版。

4. 《毛泽东和他的秘书田家英》，中央文献出版社 1989 年版。

5. 《周恩来选集》下卷，人民出版社 1984 年版。

6. 《周恩来年谱（1949—1976）》下卷，中央文献出版社 1997 年版。

7. 《周恩来书信选集》，中央文献出版社 1988 年版。

8. 《朱德年谱》，人民出版社 1986 年版。

9. 《刘少奇传》（下），中央文献出版社 1998 年版。

10. 《刘少奇年谱（1898—1969）》下卷，中央文献出版社 1996 年版。

11. 《邓小平文选》第 2 卷，人民出版社 1994 年版。

12. 《邓小平年谱（1975—1997）》（上），中央文献出版社 2004 年版。

13. 《回忆邓小平》（上），中央文献出版社 1998 年版。

14.《邓小平与 1975 年的中国》，中共党史出版社 2004年版。

15.《陈云文选》第 3 卷，人民出版社 1986 年版

16.《陈云年谱（1905—1995）》下卷，中央文献出版社 2000 年版。

17.《陈毅传》，当代中国出版社 1991 年版。

18.《张闻天文集》，中共党史出版社 1995 年版。

19.《张爱萍传》下卷，人民出版社 2000 年版。

20.《中国共产党第九次全国代表大会文件汇编》，人民出版社 1969 年版。

21.《中国共产党历史·第二卷（1949—1978）》，中共党史出版社 2011 年版。

22.《中国共产党执政四十年》，中共党史资料出版社 1989 年版。

23.《中国共产党执政四十年（增订本）》，中共党史出版社 1991 年版。

24.《共和国史记·第 3 卷》（上、下），吉林人民出版社 1996 年版。

25.《中华人民共和国教育大事记（1949—1982）》，教育科学出版社 1984 年版。

26.《中国共产党北京市组织史资料（1921—1987）》，人民出版社 1992 年版。

27.《历史的审判》，群众出版社 1981 年版。

28.《历史的审判》（续集），群众出版社 1986 年版。

29.《中国社会主义经济简史（一九四九—一九八三）》，黑龙江人民出版社 1985 年版。

30.《当代中国的安徽》上卷，中国社会科学出版社 1988 年版。

31. 《当代中国财政》（上），中国社会科学出版社 1988 年版。

32. 《当代中国的外交》，中国社会科学出版社 1988 年版。

33. 《当代中国政治体制的沿革》，中共党史资料出版社 1988 年版。

34. 《中华人民共和国经济史（1967—1984）》，河南人民出版社 1989 年版。

35. 《当代中国的金融事业》，中国社会科学出版社 1989 年版。

36. 《位卑未敢忘忧国——"文化大革命"上书集》，湖南人民出版社 1989 年版。

37. 《大动乱的年代》，河南人民出版社 1988 年版。

38. 《被"革命"的教育——"文化大革命"中的"教育革命"》，中国青年出版社 1999 年版。

39. 《新中国法制建设 50 年》，江苏人民出版社 1999 年版。

40. 《中华人民共和国人民代表大会文献资料汇编（1949—1990）》，中国民主法制出版社 1991 年版。

41. 《当代中国的农业》，当代中国出版社 1992 年版。

42. 《中华人民共和国新闻史》，经济日报出版社 1992 年版。

43. 《中国科学院》（上），当代中国出版社 1994 年版

44. 《当代中国的钢铁工业》，当代中国出版社 1996 年版。

45. 《追寻 1978——中国改革开放纪元访谈录》，福建教育出版社 1998 年版。

46. 《风雨岁月——清华大学"文化大革命"忆实》，清华大学出版社 1998 年版。

47. 《中华人民共和国法制通史》（下），中共中央党校出版社 1998 年版。

48. 《中华人民共和国经济史》上卷，经济科学出版社 1999

年版。

49.《中华人民共和国经济史》上册，中国经济出版社 1999 年版。

50.《北京社会主义革命与建设史》，北京师范大学出版社 2000 年版。

51.《中共党史教学参考资料》第 25-27 册，中国人民解放军国防大学党史党建政工教研室，1986 年。

52.《王力反思录》上下册，香港北星出版社 2001 年版。

53.《吴法宪回忆录》上下册，香港北星出版社 2005 年版。

54.《陈丕显回忆录——在"一月风暴"的中心》，上海人民出版社 2005 年版。

55.《中共南京地方史（1949—1978）》，中共党史出版社 2009 年版。

56.《老外侃中国》，作家出版社 2003 年版。